DITS ET GESTES
DE BENOÎT LACROIX
PROPHÈTE DE L'AMOUR ET DE L'ESPRIT

Photos de la page couverture
À gauche, le jeune dominicain à l'époque de son ordination (1941). (Archives de la Côte-du-Sud et du Collège de Sainte-Anne, Fonds Collège de Sainte-Anne, F100/714.1) À droite, photo de Benoît Lacroix prise vers 1992–1993. (Archives Benoît Lacroix)

Dits et Gestes de
Benoît Lacroix

Prophète de l'amour et de l'esprit

sous la direction de
Giselle Huot

Éditions du Noroît
Fondation Albert–le–Grand

Le Noroît souffle où il veut, en partie grâce aux subventions de la Société de développement des entreprises culturelles du Québec et du Conseil des Arts du Canada.

Lecture et révision des textes : Guy Pelletier, o.p., Thérèse Codère-Fournier, Lucille Côté, s.s.a. et Madeleine Grammond, s.s.a.
Recherches dans les Archives des Dominicains : Albert Dumont, o.p.
Infographie : Normand Champagne

Dépôt légal : 3e trimestre 1995
Bibliothèque nationale du Québec
ISBN 2-89018-337-8
Tous droits réservés
© Éditions du Noroît 1995

DISTRIBUTION
EN LIBRAIRIE
Diffusion Prologue inc.
1650, boul. Lionel-Bertrand
Boisbriand (Québec) J7E 4H4
Téléphone : 1-800-363-2864

AUTRES
Le Noroît
1835, boul. Les Hauteurs
Saint-Hippolyte (Québec) J0R 1P0
Tél. et télécopieur : (514) 563-1644

Fondation Albert-le-Grand
2715, Chemin de la Côte-Sainte-Catherine
Montréal (Québec) H3T 1B6
Tél. : (514) 731-3603
Télécopieur : (514) 731-0676

Imprimé au Canada

Tout ce qui est voilé sera dévoilé.
Tout ce qui est caché sera connu.
Tout ce que vous aurez dit dans l'ombre
sera entendu au grand jour.
Tout ce que vous aurez dit à l'oreille
dans le fond de la maison
sera proclamé sur les toits.

JÉSUS dit le CHRIST

(*Quelque part en Bellechasse*, p. 7, *Trilogie en Bellechasse*, p. 149)

Préface à voix basse

Comme le soleil, les nuages, les étoiles, la pluie, comme eux il est toujours en voyage. Les « habitants » l'appellent soir et matin, à leur guise : le *Local*, le *Montant*, le *Descendant*, le *36*, la *Chenille*.

Peut-être qu'il t'arrivera, à toi aussi, de le croiser au détour de la Route 3. Depuis que ça m'est arrivé à moi, il est mon ami et je ne pense qu'à lui. J'en rêve le jour, la nuit, le matin, l'été, le printemps. Je le rencontre à tout bout de champ : une vraie obsession, quoi !

Je t'en parle, comme un enfant parle de son cerf-volant, un peintre de ses nuages, un poète de ses mots. Lis à la façon dont « il » écrit : de gauche à droite, de droite à gauche, peu importe ! L'amitié fera le reste.

(*Le P'tit Train* p. 9, *Trilogie en Bellechasse*[1] p. 85)

Dits et Gestes de Benoît Lacroix, prophète de l'amour et de l'esprit

Pourquoi le présent ouvrage en l'honneur de Benoît Lacroix ? L'on pourrait évoquer plusieurs raisons.

Benoît Lacroix — le sait-on ? — n'écrit plus de livres

D'abord, parce que depuis que Benoît Lacroix n'écrit plus de livres, il fallait que d'autres prennent le relais. Remarquez que c'est lui qui dit qu'il n'écrit plus de livres. Mais, mystère insondable, il publie !

Ah ! le nombre de « dernier livre » (non dans le sens de dernier paru mais dans le sens du dernier à paraître) qu'il a écrits ! Ce discours a commencé, du moins selon mon expérience, en 1967. Son premier *dernier* livre a été *L'Historien au moyen âge* : « je ne publierai pas d'autres livres si jamais je publie mon dernier livre qui sera un opuscule plutôt, *L'Historien au moyen âge* » (Lettre de Montréal, 31 décembre 1967) ; l'opuscule a tout de même 300 pages ! Comme s'il lui fallait s'en convaincre, il récidive un mois plus tard : « mon brouillon sur *L'Historien au moyen âge...* qui sera, comme vous savez, mon *dernier* livre » (Lettre de Montréal, 31 janvier 1968).

Même son deuxième conte, *Les Cloches*, qu'il avait commencé en 1964 et qui n'allait être publié que dix ans plus tard, voyait son existence menacée. Et puis, il ne voulait plus terminer ce conte parce que c'était trop beau... « Je vous ai fait parvenir mon *dernier* livre...(!) [encore *L'Historien...*] puisque je ne veux pas me débarrasser des cloches, parce que c'est trop beau comme sujet et "imagination". » (Lettre de Montréal, 29 mars 1971). Nous l'avons échappé belle !

Alors que la lettre accompagnant un exemplaire des *Cloches* (1976) commençait ainsi : « Voici mes dernières folies, mon dernier livre, mon testament [...] », il dira également de *Quelque part en Bellechasse* (1981) — dont le manuscrit portait le titre de *Jésus en Bellechasse* : « C'est mon testament. », mais ceci dans une autre dimension également.

Je n'ai pu pour vous taquiner, ô mon maître ! m'empêcher de relever dans la chronologie toutes vos « déclarations » — seulement celles que je connais en plus ! — plus ou moins fracassantes sur le fait que vous n'écriviez plus.

Les livres qui ont suivi, arborant sa signature, des apocryphes ? Ce n'étaient pas des livres assurément. Tout ce qui a poussé par la suite, et jusqu'en 1995, était tout sauf livre : fleur en bout de plume, amalgame savant d'encre et de papier, parcelles de vie, d'esprit, d'amour qui ont choisi de s'incarner dans des mots qui par hasard se regroupent et se retrouvent sous une forme qui ressemble à un livre, c'est soit un opuscule, soit une anthologie, soit une collection d'articles, soit un dossier... Parce que je le taquinais sans désemparer sur ses toujours « dernier livre », il m'a avoué, exactement le 4 juillet 1991 à 15h30, qu'il avait commencé le début de sa préface de *Jeunes et Croyants* pour me faire taire : « Un livre ? Pas exactement. Un dossier plutôt. »

Il y a *La Foi de ma mère* (commencé à l'époque où il n'écrivait évidemment déjà plus), pendant de *La Religion de mon père*, livre — que dis–je ? — manuscrit de 500 pages dactylographiées m'a–t–il dit une fois, 600 une autre fois, qui attendent d'être revisitées une dernière fois avant de s'envoler vers les presses.

Il travaille actuellement à un livre en collaboration aux Éditions Sogides, mais il n'écrit pas : il parle, l'autre écrit... Il a promis un autre manuscrit à Pierre Filion pour les Éditions du Silence — où vient de paraître *Amour*, le 8 septembre 1995 ! –, sur le *Cosmique*, qui l'a toujours fasciné mais qui le passionne de plus en plus. Comment va-t-il l'expliquer ? Nul doute que *Cosmique* ne sera pas un livre. Un opuscule ? Une prophétie ? Un rêve ? Une élucubration ? Une tentation ? Une parole donnée à tort plutôt qu'à travers ?

Biographie

Une biographie est impossible maintenant et quel travail en perspective ! Benoît Lacroix lui–même ne sait pas tout ce qu'il a fait ! Lui, encore, luttera contre l'idée avec la dernière énergie. Mais quel prétexte pour recueillir matière à biographie future. Tout n'est pas là bien sûr, de beaucoup s'en faut. Mais c'est un commencement. Ce livre, bien qu'il contienne des éléments biographiques, n'a donc pas de prétentions biographiques qui répondraient au vœu du recteur de l'Université de Montréal, Monsieur René Simard (p. 139).

Pas de mélanges !

Il y a exactement vingt–cinq ans des lettres émanant de l'Institut d'études médiévales avaient été envoyées pour recueillir des textes pour des *Mélanges Benoît Lacroix*. Mais, pour des raisons fatidiques, l'entreprise n'avait pu être menée à bien.

Benoît Lacroix s'est toujours défendu de vouloir qu'on lui consacre des mélanges : est–il allé jusqu'à prier pour faire échouer le projet ? Nous n'avons pas pris de chance, nous l'avons entrepris en secret. Pour s'en justifier, il rappelait sans cesse la parole de son maître, Henri–Irénée Marrou, qui disait : « Quand on nous offre des mélanges, c'est que la mort est proche », ou encore « Quand on offre des mélanges à quelqu'un c'est pour lui dire poliment qu'il est grandement temps qu'il prenne sa retraite : il devient gâteux. »

Le 17 mai dernier en roulant vers Québec, Benoît Lacroix m'a parlé le premier des mélanges offerts récemment à Fernand Dumont [2] et auxquels il a collaboré. J'ai sauté sur l'occasion — c'était effrontément tardif puisque la presque totalité des textes étaient alors rentrés ! — pour lui demander quelle était, à part la raison invoquée plus haut, son aversion pour des mélanges en son honneur, lui qui a contribué par des articles à en étoffer plusieurs. Il m'a répondu qu'à son avis pour bien « servir » — parce que ce doit être bien entendu pour « servir » — il faut qu'il y ait une thématique.

– La culture populaire ?

– Oui, la culture populaire. Cela pourrait rendre grand service.

Bon ! Nous avons un thème : Benoît Lacroix. C'est un « phénomène populaire », un phénomène de « religion populaire », de « culture populaire », voire un « phénomène » tout court et même « populaire » tout court !

Servir ! Pour lui, faire plaisir n'est pas suffisant. Pour que ça lui fasse plaisir, il faut que ça serve aux autres. Si c'est un cadeau pour lui en notre esprit, c'en est aussi un pour nous puisqu'il nous est donné encore par ses dits, écrits et gestes. D'autre part, si c'est un tel plaisir pour nous tous de jouer du piano, du violon, de la viole de gambe, du cor, de la trompette ou des grandes orgues, lui qui a tant notre bonheur à cœur, pourrait-il nous le refuser si cela nous rend si heureux ?

Le raisonnement est peut-être un peu spécieux. Mais, bon, il faut ce qu'il faut ! Nous ne pouvons lui demander de nous pardonner d'avoir outrepassé ses volontés, puisque, à l'instar de celui qui n'écrit plus, nous dirons que ce ne sont pas des mélanges !

Remettons-lui sous les yeux le proverbe rwandais — il adore proverbes et dictons ! — qu'il nous a autrefois offert en son livre : « Ce qui remplit le cœur déborde sur la langue. » (*Le Rwanda. Mille heures au pays des mille collines*, p. 23)

Entreprise du cœur

Ceci est donc une entreprise du cœur. L'esprit y est bien sûr, l'esprit du cœur et le cœur de l'esprit.

Pour Benoît Lacroix, pour qui les autres sont de première importance — sa religion ne se pouvant concevoir sans eux — pouvions-nous lui faire plus de plaisir que de nous réunir fraternellement en son nom ?

Nous « savons », mais il est des moments spéciaux consacrés à la « remembrance », décantés de l'urgence des occupations serviles quotidiennes, qui s'endimanchent bien qu'ils habillent les mêmes cœurs, les mêmes âmes, qui parviennent ce jour-là à une conscience exacerbée de cette « chance » qui est leur d'avoir rencontré sur leur route un être qui à jamais l'a marquée et souvent redressée, « illuminée et enluminée » dirions-nous pour reprendre une expression qui lui est chère. Nous ressentions le besoin de le lui dire publiquement et collectivement.

Aux mélanges scientifiques traditionnels, nous avons préféré une formule plus personnelle et plus familière, qui serait centrée autour de Benoît Lacroix, et qui pourrait plus facilement rejoindre tous les milieux où il se dévoue et toutes les personnes qu'il rencontre, sans compter qu'elle dévoilerait les multiples facettes de ses talents et de ses engagements.

Quatre-vingts ans, 54 ans de prêtrise, à 50 ans du début de son enseignement, tout cela n'est que prétexte. La seule raison, c'est que nous l'aimons et aimons le lui dire.

Parce que, en présence de Benoît Lacroix, nous ne pensons jamais à son âge. Nous n'ignorons évidemment pas son âge *chronologique*, mais c'est son âge *chronique* qui nous accroche toujours, son éternelle jeunesse dans la foi, l'espérance, l'ouverture et l'émerveillement constant, son éternelle jeunesse qui lui vient d'un cœur qui a la propriété de toujours se renouveler : « Vous commencerez à vieillir le jour où vous cesserez d'aimer », a-t-il redit bien des fois, avec quelques variantes. (Entre autres, dans « Graduation », *Maintenant*, mai 1964, p. 167)

Nous ne pouvons évidemment pas faire littéralement le tour de sa vie, juste un tour d'horizon. Nous ne pouvons tout dire malgré ce qu'indique la citation en exergue du volume, vous êtes trop riche, votre vie est trop riche, l'index montrera un peu à quel point ! Mais pour reprendre une image que vous aimez beaucoup, nous voyons le fleuve avec ses multiples vagues en toutes saisons, les expressions de vos œuvres, alors que le chenal, bien là, nous est invisible parce que trop profond.

Notre but était de lever un peu le voile sur l'humaniste, l'homme universel, l'amoureux à qui rien n'est étranger ni des êtres ni des choses, qui s'est élancé si généreusement et avec tant de fructueux profit sur tant de routes, qui a rejoint tant de milieux scientifiques et populaires.

Le livre est divisé en quelques grandes étapes de sa vie. Nous ne pouvions tenter de rejoindre tous les êtres chers à Benoît Lacroix, c'est le monde entier et, en microcosme, des milliers de personnes. Certains — hélas ! trop — sont disparus, mais nous avons tenté d'en faire revivre quelques-uns, parents et ami(e)s en citant de leurs écrits ou des écrits de Benoît Lacroix sur eux.

Nous avons voulu que ce livre ne contienne pas que des choses sérieuses. Ignorer son sens de l'humour, son côté taquin voire coquin, provocateur, joueur de tours, serait-ce vraiment à l'image de Benoît Lacroix ? Les anecdotes — ou « légendes » ou « tradition orale » — sont « authentiquement authentiques » dirait-il, écrites par les témoins tandis que les autres émanent de source sûre, la plupart m'ayant été racontées, lorsque je n'en étais pas témoin moi-même, par Benoît Lacroix lui-même — s'il y a fabulation, c'est la sienne !

C'est un vibrant hommage amoureux, c'est un hymne d'amour à l'amour, à l'image de celui qui l'a inspiré. Une entreprise du cœur. C'est dans cette veine qu'elle doit être jugée. Ce ne sont pas des mélanges scientifiques traditionnels, quoique certains textes ne les dépareraient pas. Mais tous les textes sont beaux, peu importe qu'ils proviennent de professionnels de la littérature ou pas, parce qu'ils sont tous écrits avec cœur et gratitude et parce que tous ils nous apprennent quelque chose... sur Benoît Lacroix, donc sur la culture populaire... Plus que des jeux de mots, ce sont des jets de cœur et d'esprit. À chacun de leur nom et de leur visage s'attache une parole, un geste qui a un peu changé le monde parce que Benoît Lacroix a été amour et présence au milieu du besoin et du néant peut-être. Il a changé les paysages intérieurs. Des graines ont été semées qui ont fleuri et tigé à leur tour.

Toutes celles et tous ceux qui y ont participé ont été soumis à des délais très courts et ont tous répondu avec une très grande générosité au défi à relever. C'était comme si la générosité légendaire de notre parent, ami, collègue, était contagieuse et déteignait sur nous tous. Il a bien mérité de la patrie, de la vraie, celle qu'il porte en lui et qu'il a fait naître, fait vivre, ressusciter, chanter et édifier pour nous et en nous.

Les textes sont différents dans leur conception et leur forme et ils reflètent les diverses personnalités autant que les différentes approches illustrent les multiples disciplinarités, la personnalité multidimensionnelle de notre ami réunie en l'unité de l'amour. C'est une édition de libre expression, c'est une édition du cœur libre.

Comme ce que nous aimons le plus en vous, c'est vous, le livre est construit autour de vous comme toute votre vie a été construite autour de nous. Il contient de vos écrits pour nous et nos textes vous diront, ou tenteront de vous dire, l'amour que vous nous avez prodigué avec tant de tendresse et de largesse.

Comme vous avez dit : « Quand j'ai publié en 1981 *Quelque part en Bellechasse* aux Éditions du Noroît, c'était un peu pour lui rendre hommage, comme on rend hommage à un compagnon–itinérant de nos routes familières. » (*Témoignage*, p. 29). Ce livre est conçu dans le même esprit.

Cet ouvrage vous montrera — un peu — à quel point votre enseignement n'a pas été vain. Parce que sans prêche — ni prêchi–prêcha surtout ! — toute votre personne est enseignement. « L'amour n'est jamais perdu », « Il n'y a pas de plus grand amour que de donner sa vie pour ceux qu'on aime », aimez–vous redire souvent. L'amour engendre l'amour. C'est le temps de la moisson de reconnaissance. Il y a eu beaucoup de moissons, et il y en aura beaucoup d'autres. Celle–ci en est peut–être d'une année d'abondance.

Vous vous insurgerez peut–être de ce que nous sommes « folles » et « fous » de vous encenser ainsi — puisque vous êtes allergique à la louange à haute dose. Et comme vous avez la réplique toujours prête, preste et prompte — jésuitique dis–je toujours pour vous taquiner — vous allez rétorquer que vous n'avez fait que votre « job », « C'est tout ! » (quel merveilleux tout !), que vous n'y êtes pour rien, que Dieu a tout fait par vous, à travers vous — quoiqu'un jour, de moins grande humilité ? vous avez protesté véhémentement : « Là, il ne faudrait pas que tu exagères ! » — ce à quoi nous ne pouvons que répliquer que nous vous rendons grâce de L'avoir laissé faire !

Une part de vous, donc, absorbera malaisément tant de louanges, mais vous « craquerez » sous l'impact de l'amour que ressentent pour vous tous vos parents et ami(e)s, toutes celles et tous ceux, n'en doutez pas, qui n'ont pu écrire comme ils l'auraient désiré — allez voir en page 597 — et les autres que nous n'avons pu rejoindre ou que nous n'avons pu inviter à se joindre à nous : votre cœur est trop grand et a trop d'amis pour qu'ils soient tous contenus en ces pages — il aurait fallu publier une encyclopédie !

Autrefois, dans un texte de jeunesse que vous avez peut–être oublié mais qu'un de vos confrères de collège, l'abbé Léon Laplante, nous a fait parvenir, vous disiez : « J'aime qu'on m'aime autant que j'aime quand j'aime. » (p. 93) Votre vie par la suite s'est illustrée dans la gratuité, mais vous aimez tout de même que nous vous aimions — quoique cela ne soit jamais pour vous incitation à agir.

Votre sœur Cécile rappelle que vous savez vous laisser aimer (p. 74), il faut nous laisser ainsi vous dire ce que nous avons sur (?) ou dans le cœur. Et puis, nous n'en doutons pas vraiment car nous nous souvenons de cette parole de Saint-Denys Garneau que vous avez si souventes fois citée : « On grandit quelqu'un en acceptant qu'il nous donne. »

Et votre Prieur Provincial a eu le mot très juste lorsqu'il déclare — ce n'est pas un ordre, mais un souhait, si l'on suppose que chez un supérieur l'un est l'autre — que « l'authentique humilité inclut la reconnaissance » (p. 20).

N'avez-vous pas clamé à plusieurs reprises : « Lorsque je suis entré chez les Dominicains, on m'a promis le centuple. Je veux le centuple ! J'exige le centuple ! » Si nous ne pouvons tous assurément aimer aussi bien que vous, nous sommes plus de cent — 173 auteurs de textes exactement et plusieurs « associés » au projet, sans compter toute votre famille et tous les autres — réunis en ces pages et nous serons plusieurs centaines à la fête, au lancement du volume le 24 septembre 1995.

Nous ne savons pas actuellement — début juillet — si le secret du volume sera gardé jusqu'à cette date. Espérons que oui. Nous désirons tous tellement vous concocter un complot à l'échelle nationale et internationale, à vous l'impénitent joueur de tours sans peur et sans reproche !

Rassembleur, l'un des plus beaux titres dont vous vous gratifiez, vous êtes aujourd'hui lieu de rassemblement pour nous toutes et nous tous. Comme le Christ a dit : « quand vous serez deux à vous rassembler, je vous accorderai ce que vous me demanderez », nous sommes plus d'une centaine, nous serons plusieurs centaines à la fête, au lancement du volume, à Lui demander — puisque tout n'a pas été dit — de nous accorder de pouvoir vous consacrer un autre livre d'hommages dans dix ans et un troisième dans vingt ans. Après, c'est nous qui ne serons plus là...

Comme vous aimez bien aller là où l'on a le plus besoin de vous, c'est nous qui avons plus besoin de vous que Dieu. Ou Dieu a besoin de vous pour nous. Sans vous, le paysage québécois serait chaviré.

Il faut célébrer le monde en *beauté*, le Bien, le triomphe de l'Amour et si ces hommages vous paraissent un peu « exagérés », dites-vous qu'ils *servent*, ont l'intention de *servir* à proclamer que la Bonne Nouvelle n'est pas tombée en terre stérile, mais qu'elle a fleuri dans les âmes qui, elles, à cause de vous ou par vous, la diront à leur tour.

Le monde a besoin d'espoir, d'amour, d'entendre la Bonne Nouvelle, il a besoin de savoir — pour ceux qui n'ont pas eu la chance de le connaître — qu'un homme tel que Benoît Lacroix existe, lui qui a tant semé, et dont la récolte — une infime partie seulement — apparaît en ces pages. Point de malheur à la une ici mais la proclamation de l'Amour et l'encensement de celui qui le proclame si haut, si fort.

Nous avons voulu une entreprise qui célébrerait glorieusement Benoît Joachim Lacroix mais qui tout en illustrant des mystères joyeux, glorieux et douloureux, nous laisse en deçà des mots. Benoît Lacroix est tout ce qui est décrit en ces textes nés d'amour et de reconnaissance et il est encore infiniment mieux, infiniment plus aimable et l'amour, l'Amour lui est infiniment aimable et il l'illustre infiniment aimablement ou caritativement.

Merci d'être vous, d'être amour, pour le monde et pour nous, merci d'être l'image de l'Amour — bien qu'imparfaite si vous insistez — mais tout de même bienheureuse image ! La séduction de la charité.

Hommage au Père Benoît Lacroix

Jean–Claude, cardinal Turcotte
archevêque de Montréal

En célébrant les anniversaires de notre ami le Père Benoît Lacroix, dominicain, nous rendons hommage à un grand spirituel qui sait communiquer de façon profondément sympathique la présence qui l'habite. On retrouve chez lui la qualité des grands spirituels : la simplicité. En disant mon estime et mon admiration au Père Benoît Lacroix, je suis sûr de traduire les sentiments de milliers de gens qui l'ont connu, fréquenté et aimé.

Ce dominicain qui fait l'honneur de son Ordre et de l'Église est aussi un homme de culture. Il n'a pas seulement des dons d'érudition. Il met aussi à la disposition de tous un charisme exceptionnel de conteur. On apprécie particulièrement sa connaissance et son amour du folklore et de la religion populaire. Son sens des traditions nous permet de conserver bien vivantes nos racines. Au lieu d'entretenir une nostalgie du passé, il y puise des richesses où l'on trouve des semences d'avenir. Chez lui, la beauté n'est pas un caprice d'esthète. Elle est un émerveillement constant qu'il sait partager avec les autres. Il faut dire ici que, chez lui, le sens de la beauté revêt un aspect éminemment social. Ses confrères, et tous ceux qui le fréquentent souriront de façon sympathique en pensant à son musée et à ses archives.

Il ne s'agit pas là de manie de collectionneur. C'est un haut lieu qui doit être connu par notre Église et notre société du Québec.

Le Père Lacroix est beaucoup sollicité comme guide spirituel. Il excelle dans ce rôle qui demande de hautes qualités évangéliques, une grande capacité d'écoute et une ouverture d'esprit qui s'allie à une compétence théologique vraiment sûre. Il faut noter ici que, chez le Père Lacroix, on trouve sans conteste une vraie théologie spirituelle, et non pas une simple théologie didactique.

Le Père Lacroix n'a jamais cherché la popularité et pourtant, il est le conseiller, l'inspirateur et l'ami des professionnels du monde des médias. Avec un charme qui lui est propre, le Père Lacroix a l'art d'encourager les autres et de faire lui–même quand il le faut les interventions les plus diverses, sur un très grand nombre de sujets, dans les journaux, à la radio et à la télévision.

Heureux dominicains qui ont un tel confrère qui est leur aîné tout en étant si jeune. Heureuse Église qui compte dans ses rangs un tel mystique et un tel pasteur.

Cher Père, bravo et grand merci. Que le Seigneur vous comble de sa joie.

Benoît (Joachim) Lacroix, o.p.
(1915-09-08)

Thomas Raymond Potvin, o.p.
prieur provincial

Depuis sa prise d'habit comme frère prêcheur, le 4 août 1936, notre jubilaire est connu de ses confrères sous le nom de « Benoît ». J'ignore les raisons qui ont poussé le frère Benoît ou plutôt son père maître, comme c'était la pratique, à choisir ce nom, mais, chose certaine, il en dit beaucoup sur sa personnalité et sa conception de la vie.

En effet, le frère Benoît, à l'image de son illustre homonyme, le saint abbé Benoît, est un grand contemplatif. La liturgie conventuelle, la méditation, les observances régulières semblent lui convenir tout à fait naturellement et, quand l'occasion s'y prête, il les défend avec conviction. Le frère Benoît est aussi « bénédictin » par le genre de travail auquel il s'est consacré pendant presque toute sa vie adulte, c'est-à-dire les études médiévales et l'étude du folklore québécois. Sa compétence en ces domaines est bien reconnue et respectée dans le monde académique.

D'autre part, le frère Benoît a su maintenir un équilibre harmonieux entre sa vie de contemplation et d'étude et un témoignage vivant, dynamique et chaleureux rendu à la Bonne Nouvelle du Règne de Dieu présent et à l'œuvre dans le monde contemporain de ses frères et de ses sœurs, quels que soient leur genre de vie, leur place dans la société, leur profession.

Le trait qui, pour moi, caractérise le mieux notre jubilaire est son humanité. Ce religieux convaincu, cet intellectuel ferré, est en même temps un homme attentif, compréhensif, accueillant et aimant. Pourtant, son humanisme ne porte nullement atteinte aux principes de l'Évangile de Dieu auxquels il tient fermement et desquels il tire vie et dynamisme. À l'image de son Maître et Sauveur, le Verbe fait chair, le frère Benoît est bien « incarné ». En outre, son témoignage à la Vie se fait dans la joie, l'assurance et la confiance. Son réalisme n'éteint pas sa joie de vivre. Les défauts, les limites et même les péchés de ses frères et sœurs ne l'empêchent pas de les aimer sincèrement et de manifester tangiblement cet amour par sa présence, son écoute, son accueil fraternel dépourvu de tout soupçon de condamnation. Son accueil, comme celui de son Maître, est universel. Pourtant, il demeure fidèle à ses convictions évangéliques, et ne se prive pas de les partager avec qui veut les entendre.

Frère Benoît n'est pas triste ; il ne joue pas au prophète de malheur. Sa méthode tire plutôt son inspiration de la tradition sapientielle. Là encore, le frère Benoît est aussi convaincu que Job de la présence du mal dans le monde ; aussi conscient du peu d'efficacité de nos efforts que l'était Qohélet. Mais, fort de sa foi dans le Christ Jésus, puissance de Dieu et sagesse de Dieu (*1Co* 1, 24), le frère Benoît manifeste, dans ses nombreux contacts avec ses contemporains, une paisible et joyeuse confiance et un optimisme qu'on retrouve dans le livre de *La Sagesse*, le *Siracide* et surtout chez Jésus de Nazareth, Christ et Seigneur. Comme si le frère Benoît avait fait sienne la recommandation de saint Paul : « Ne te laisse pas vaincre par le mal, mais sois vainqueur du mal par le bien » (*Rm* 12, 21).

On le trouve partout, ce frère Benoît. Qu'on ouvre la télévision, le journal, un magazine, une revue scientifique, qu'importe, on a une chance de le retrouver, livrant un message fortement imprégné de l'Évangile du Règne de Dieu. Les gens — petits et grands — aiment l'entendre. Il a le tour de les rejoindre là où ils sont. Il prend du temps pour chacun. Son écoute est phénoménale, son énergie apparemment sans bornes. Des frères qui n'ont que la moitié de son âge ne pourraient pas le suivre. Ici encore, le frère Benoît imite son Maître, que les christologues contemporains aiment qualifier de « Personne–pour–les–autres ». On est ainsi conduit à penser que la source de l'énergie du frère Benoît doit être la même que celle de son Maître : l'Esprit Saint de Dieu.

J'entends déjà le frère Benoît s'exclamer en lisant ces lignes : « Mais de qui parle–t–il, mon provincial ? » Je parle de toi, mon cher frère Benoît ! car tu sais que l'authentique humilité inclut la reconnaissance, pour en rendre grâce à Dieu, des talents, dons et charismes reçus de notre Dieu–Trine. Mais je ne voudrais pas te changer pour tout l'or du monde, et surtout pas à ton âge. Reste le frère effacé, sans prétention, en même temps que taquin, que tu as toujours été selon le témoignage unanime de tes frères. Permets–nous, tout de même, de te regarder et d'admirer la façon dont tu as su combiner, dans ta propre vie, la contemplation et l'action ; la Vérité et l'Amour de Dieu ; l'Évangile du Règne de Dieu et l'accueil inconditionnel de tes frères et sœurs. Laisse–nous, également, nous joindre à toi pour louer et bénir le Père, le Fils et l'Esprit Saint pour tout ce qu'Ils ont accompli en toi et par toi.

Ad multos et illustrissimos annos, cher frère Benoît.

TÉMOIGNAGE DE BENOÎT LACROIX [3]

(Donné aux « Déjeuners de la prière »,
le 22 novembre 1990 à l'hôtel Reine–Élisabeth à Montréal,
devant 600 femmes et hommes d'affaires de Montréal.)

Au fait, ce qui nous réunit ce matin à l'aurore, c'est autant le silence que la parole, c'est ce désir subtil en nous de savoir comment chacun, chacune de nous, franchit cet espace du temps relié à sa vie et comment nous habite, à différents titres, le désir d'absolu. À travers souvenirs et événements personnels, j'essaierai de vous raconter de mon mieux à quel point Dieu me manifeste sa grande miséricorde. Ainsi chante la tradition unanime d'Israël au psaume 103 : « Le Seigneur est miséricordieux et bienveillant, lent à la colère et plein de fidélité... Le Seigneur est tendre... il sait de quoi nous sommes faits... Bénis le Seigneur, ô mon âme ! »

Nous sommes en 1990. Je suis du 8 septembre 1915. 75 ans. Toutes ces années m'ont permis de traverser assez largement ce XXe siècle. Même si ce siècle m'a offert plusieurs tragédies dont deux grandes guerres et d'autres infortunes, ce n'est pas un mince privilège que d'être du siècle de Gandhi, de Jean XXIII, de Martin Luther King, de Teilhard de Chardin, du pèlerin Jean–Paul II, de mère Teresa, de Jean Vanier et d'autres encore.

Je suis né dans un milieu strictement rural, sur une terre boisée traversée par la voie ferrée. À cette époque, chez nous, ni téléphone, ni radio, ni auto ; seulement la « gazette » reçue une fois par semaine, le dimanche après la grand–messe au village, à la poste du village.

De 1915 à 1990 ?

Passer de la lampe à l'huile ou de la lampe Aladin à l'éclairage au néon ;

passer des chemins de terre à la piste asphaltée ;

passer du boghei ou de la sleigh au Jet 747 ;

passer des veillées de tradition orale faite de paroles et de récits à la tradition visuelle de la télévision ;

passer des chansons de la Bolduc ou du soldat Lebrun à Berlioz ou à Beethoven pour ne pas nommer Tchaïkovski ;

passer d'un rang de 25 « habitants » à une ville de 2 millions et plus d'habitants ;

passer du temps rural et astral au temps accéléré du travail urbain ;

passer du silence d'une maison à proximité de la forêt à une chambre en bordure du chemin de la Côte-Sainte-Catherine, voilà quelques mutations qui ne sont pas sans provoquer chez moi des bouleversements intérieurs, des affrontements et des choix difficiles.

Même si, par plaisir autant que par devoir, j'ai beaucoup voyagé, c'est encore ici au pays que je me retrouve. Et vite je m'explique avant que ne soient déjà trop alertés certains réflexes. Mon pays que je n'ai jamais quitté intérieurement, mon pays qui a peu à voir avec les États-partis, mon pays, don de Dieu, don reçu avant d'être choisi, c'est le Troisième Rang ouest de la paroisse Saint-Michel-de-Bellechasse.

Je n'ai sûrement pas mérité de voir durant toute mon enfance ces paysages merveilleux de Bellechasse. Au sud, les Appalaches ; au nord, les Laurentides, et plus près, à Saint-Michel, en face, l'Île d'Orléans ; en bordure du village, le fleuve Saint-Laurent.

Pourquoi ai-je le goût des grands récits cosmiques de la Genèse ? Pourquoi ai-je une prédilection pour les longues surfaces, pour la pensée globale, pour les grandes fresques de Chagall, pour les tapisseries de Micheline Beauchemin, pour les peintures de Jean-Paul Lemieux ? D'où vient ce goût de l'espace élargi ? D'où vient cet amour pour les poèmes de Saint-Denys Garneau, *Regards et Jeux dans l'Espace*, sinon des paysages de mon enfance et du magnifique panorama que nous avions quand nous arrivions sur la côte du Deuxième Rang : le fleuve, l'Île, les montagnes.

Ce goût de l'ESPACE, je le tiens aussi de mon père qui, chaque matin, je le revois encore, interrogeait les quatre points cardinaux à la manière amérindienne, tout comme il interrogeait les nuages et le vent. C'était, disait-il, pour connaître l'air du temps.

Du même encadrement rural, j'ai gardé aussi le goût de l'aurore, du lever tôt, de la régularité astrale, du travail régulier fondu dans le temps et non minuté par des conventions dites collectives.

La vie rurale m'a enseigné, et sans passer par Oka, que la nature était divine, maternelle, généreuse malgré ses orages ; qu'elle était gentille pour les oiseaux au printemps, pour les chevreuils à l'automne, pour les renards et les lièvres en tout temps.

Dans ma jeunesse, souvent à bicyclette, j'allais voir le fleuve, simplement pour le voir passer et, sans le savoir peut-être, j'apprenais sa présence fidèle, son sens du devenir, sa manière d'absorber les vagues, sa soumission glacée en hiver. Le plus beau était le passage des outardes chantantes dans la brume en même temps que sonnait l'angélus du matin ou du midi. Inoubliable !

Du fleuve encore, j'ai appris que le quotidien était supérieur à l'actualité. Comme disait mon père : « Regardez le fleuve, i' passe, i' dure, i' revient. Les vagues, i' font beaucoup de bruit mais elles s'éteignent à mesure. Ce sont des étoiles filantes. Ne te fie pas aux apparences. Le vrai fleuve, c'est le courant de fond qui oriente la vie du chenal. »

De plus en plus, ma vie avec toutes ses années à la suite m'apparaît comme un chemin fluide : il y a des vagues, des tempêtes aussi, mais un courant de fond. De même que le fleuve a ses bouées et ses phares pour nous rassurer, ainsi j'aurai appris que la meilleure bouée de ma vie est la prière, les psaumes, l'eucharistie quotidienne.

À la maison

Je vivais à la maison une situation étonnante. Le quatrième d'une famille de cinq enfants, nommé Joachim (les Dominicains ont voulu m'adoucir en me nommant Benoît), j'avais un père qui portait le nom romain de Caïus et ma mère s'appelait Rose-Anna Blais. Mon père était rouge ; ma mère était bleue. Mon père parlait beaucoup ; ma mère était silencieuse. Mon père était plutôt léger et folichon ; ma mère, rangée et sérieuse. Mon père était religieux mais peu dévot ; ma mère très dévote et très ritualiste.

DE MA MÈRE, j'ai appris le sens du devoir, de l'horaire respecté, de la piété quotidienne, du silence, de la loyauté vis-à-vis des amis. À cause de ma mère j'ai développé un amour tout simple de la Vierge Marie, sans vouloir m'interroger sur les mots ni sur les dogmes. Marie demeure encore aujourd'hui ma mère d'en haut ; avec le Christ, elle constitue pour moi un couple sacré. À cause d'elle, ou pour d'autres raisons que je confie aux psychiatres, j'ai toujours eu pour les femmes, surtout les femmes religieuses et mystiques, ce que j'ose appeler faiblement... un faible !

À voir prier ma mère et à cause des cérémonies d'église, la prière aura toujours été pour moi un acte essentiel. À l'école du rang, j'ai appris ma religion par cœur. Surtout le catéchisme avec ses questions-réponses. Puis il y avait l'histoire sainte. Pendant longtemps, j'ai préféré l'Ancien Testament au Nouveau, par exemple l'histoire de l'Arche de Noé, le passage de la mer Rouge, Jonas dans la baleine, Abraham et son grand couteau, Samson aux grands cheveux ; j'aimais bien les histoires d'Esther, de Judith et surtout de la belle Suzanne. Le Nouveau Testament paraissait plus ordinaire, surtout que Noël passé et quand le bedeau avait défait la crèche, il ne restait plus à voir que le Christ mort sur une croix pour nos péchés.

Avant de quitter mon enfance, j'aime me souvenir que je dois mon premier appel à la vie religieuse à un goût de tout donner pour une cause plus grande que celle de ma petite existence rurale. C'était vers les 10 ans, à l'église Saint-Michel-de-Bellechasse, qu'en écoutant un franciscain, coparoissien, en plus missionnaire au Japon, le Père Égide Roy, je me suis dit : Moi aussi, je partirai ailleurs.

Un autre geste qui m'invitait, inconsciemment, à quitter mon Rang pour aller à l'univers des autres peut paraître bien ordinaire. Et pourtant ! Petits nous allions voir passer les « grosses chars » du CNR. Or le train était dirigé par celui que nous appelions le conducteur ou l'ingénieur au contrôle, un homme assis à la fenêtre de la locomotive. Et quand le train passait à toute allure, vitesse d'enfant, souvent le conducteur nous envoyait la main. Et nous aussi lui envoyions la main. À partir de ce moment, l'étranger quel qu'il soit, où qu'il soit, est devenu pour moi, comme un frère, un ami. Et je me sentais déjà mûr pour aimer tout le monde de tous les trains possibles.

AU COLLÈGE DE SAINTE–ANNE–DE–LA–POCATIÈRE, de 1927 à 1936, je me suis trouvé dans un autre cadre enchanteur, près d'une montagne. Pensionnaire durant neuf ans, sauf pour quelques jours de congé à Noël et les deux mois des vacances d'été pour venir travailler aux foins, j'ai passé là, avec une soixantaine de prêtres, des années inoubliables. C'est au Collège, par la médiation de professeurs tout adonnés à leur tâche que j'ai appris à aimer Homère et Virgile, à faire du grec et du latin, à lire des auteurs français romantiques. Corneille, Racine, Molière : c'étaient mes amis. Nous avions souvent comme châtiment d'apprendre par cœur deux, trois pages d'Horace, ou même tout l'*Ars poetica* si nous avions trop malmené nos maîtres de discipline. Quand j'y pense, ces prêtres étaient des humanistes–nés. Au Collège de Sainte–Anne, j'ai été aussi instruit à la musique symphonique, grâce à un abbé Gamache qui nous conduisait à sa chambre pour nous faire entendre son auteur préféré : Beethoven. C'est là que j'ai été initié au théâtre comme machiniste de l'arrière–scène. Nous avions encore des concours d'art oratoire. Les grands de ce monde venaient parfois y faire leur tour et ça finissait par un congé !

C'est au même Collège que j'entendis des Pères Blancs qui allaient en Afrique et des Dominicains qui parlaient fort durant les sermons. Et le goût mystérieux d'une vocation religieuse s'affermissait en moi. Entre–temps un de mes frères aînés devenait prêtre séculier. Quoi qu'il en soit, un 26 juillet 1936 au matin, pleurant comme un bébé, seul en voiture avec ma mère qui conduisait le boghei, je partis vers la gare de La Durantaye pour monter à Saint-Hyacinthe. Un an novice dominicain et je me trouvais aux études à Ottawa, le 5 août 1937.

Ma vocation dite spirituelle, dite intellectuelle, je la dois aux Pères Dominicains. Disons que je leur dois à peu près tout et, comme Dieu, ils m'ont montré beaucoup de miséricorde. Ils m'ont converti à l'étude. Un pédagogue sorcier comme le Père Louis–Marie Régis ne se trouve pas partout. *La Vie intellectuelle* de Sertillanges, dominicain français, me fit découvrir qu'il y avait une vie intellectuelle plus belle encore que le sport qui avait été un peu ma raison de vivre. La lecture directe des textes latins de Thomas d'Aquin enseignait que toute vérité, qu'elle arrive des Arabes, des Grecs, des Juifs ou d'ailleurs, venait de l'Esprit Saint. En outre, Thomas d'Aquin plaçait l'étude des Écritures, comme Parole vivante de Dieu, au–dessus de tout. Aux Dominicains je dois aussi d'avoir connu les grands Platon et Aristote qui sont venus à moi sous forme de cours et de lectures rituelles. Je dois encore aux Dominicains mon goût de la prière partagée, de la prière chorale (si j'avais été plus courageux, je serais entré chez les Bénédictins!). Disons que j'ai été souvent encouragé à aimer la prière et à lui accorder une grande importance pour la bonne raison (et je devance un peu) que j'ai souvent vu les juifs prier sur le mur de Jérusalem, les musulmans à Sarajevo, les shintoïstes et les moines bouddhistes à Kyoto et les Africains animistes au Rwanda. Les Dominicains m'ont tellement instruit que si j'énumérais à la suite les dix livres qui m'ont le plus marqué, presque tous ont été lus à Ottawa.

Le Petit Catéchisme de Québec, le manuel d'histoire sainte de la petite école du Troisième Rang, mais surtout *La Vie intellectuelle* de Sertillanges, l'*Introduction à la sainteté* du P. Petitot, *L'Esprit de la bienheureuse Thérèse de l'Enfant Jésus*, la *Somme théologique* de Thomas d'Aquin, *Les Évangiles de Jésus Christ* de M.J. Lagrange (1936), *Regards et Jeux dans l'Espace* de Saint-Denys Garneau (1937), *Le Prophète* (1956) de Gibran et la *Métaphysique* d'Aristote.

Durant la même période d'études intenses au Collège dominicain d'Ottawa, j'ai rencontré sainte Thérèse de l'Enfant-Jésus par la médiation d'un livre qui s'intitulait *Introduction à la sainteté*. À sainte Thérèse de Lisieux, je devrai toute mon orientation spirituelle qui a misé sur la miséricorde divine, sur l'amour, sur le quotidien ordinaire, sur la prière et sur une ascèse libre et doucement consentie. Voilà qui m'a beaucoup réconforté. Les circonstances ont voulu que je sois invité à enseigner trois ans de suite à l'université normande et française de Cæn. Cæn était par voie ferrée à 20 minutes du Carmel de Lisieux. Chaque fois que je me sentais égaré à tous égards, je me rendais au Carmel. Au Carmel, c'était la grâce. De la lecture assidue des écrits de Thérèse de Lisieux, j'ai encore appris que l'amour devait être personnalisé, élargi non seulement à ses parents, à ses amis, mais aussi aux personnes, aux étudiants et étudiantes en particulier. J'y ai appris que le professeur, le prêtre devait imiter le médecin qui ne soigne pas ses malades en groupe, mais les aide un par un.

Introduit dans le monde mystérieux des idées, l'on m'envoya en 1941 me spécialiser au Pontifical Institute of Mediæval Studies de Toronto parce que Étienne Gilson serait mon superviseur d'études médiévales. Ce qui fut fait. À partir de ce moment où je fus converti à l'étude des sciences religieuses, j'entrai dans le processus souvent délicat des mutations que vous savez. Comment tout dire ? Passer des certitudes du Petit Catéchisme de Québec à la Somme théologique de saint Thomas d'Aquin avec ses questions et ses doutes ; passer d'une religion dite populaire à une religion savante ; passer de la religion reçue à la religion choisie, de la religion respectée à la religion suspectée ! passer des certitudes des cours d'apologétique du Collège Sainte-Anne aux grandes interrogations de la théologie contemporaine ; passer à travers la Révolution tranquille et ses raccourcis, passer de l'église paroissiale du 6 juillet 1941, jour triomphal de ma première messe, à l'Église humiliée des prêtres accusés de 1990 ; passer de l'université cléricale à l'université laïque ; passer de l'habit blanc des dominicains à l'habit de rue ; passer du saint sacrifice de la messe dos au peuple à l'Eucharistie dite rassemblement festif ; passer du latin au français, essayer d'oublier le Vendredi saint en noir pour mieux préparer la vigile pascale en blanc, et même pour Noël, passer du célèbre *Minuit, chrétiens !* à une fête intérieure du mystère d'un Dieu humanisant la vie, c'est être aux prises avec des changements d'âme et de cœur autrement plus exigeants que les seules mutations socioculturelles dont je parlais il y a quelques instants. Pendant que tant de confrères et de consœurs ont quitté la vie religieuse, vous vous demandez peut-être pour quelles raisons la divine miséricorde persiste à motiver celui qui vous parle ?

1945-1985. Permettez encore que je remercie Dieu de m'avoir propulsé dans un univers qui était bien loin de mon Troisième Rang, bien plus large à tous égards que celui de mon enfance : un univers qui s'appelle, sans jeu de mot, l'UNIVERSITÉ. Celui qui avait rêvé d'être missionnaire au Japon ou en Afrique est invité par l'Université de Montréal en 1945 à y donner des cours à l'Institut d'études médiévales : j'y ai enseigné l'histoire des idées, l'histoire de l'écriture et de la culture médiévale. Me voilà, en milieu universitaire, pour

40 ans, dont trois en France (1973–1976), un au Japon (1961) et un en Afrique centrale en tant que professeur invité (1965–1966).

L'université fut le lieu privilégié d'un merveilleux contact avec la civilisation européenne, la culture française à laquelle je me sens encore profondément attaché et le pluralisme ethnique, religieux et culturel. En étudiant sous toutes ses facettes le moyen âge occidental (500–1500), j'ai appris comment se font les pays. Il y faut du temps, des frontières, de l'amour, beaucoup de solidarité dans la diversité. À l'Institut d'études médiévales, comme à l'Institut québécois de recherche sur la culture, j'ai rencontré quelques vrais universitaires. Certains m'ont largement influencé. À l'abbé Groulx de la dernière heure, je dois le goût de la durée et de la fidélité au message essentiel ; aux professeurs Gilson et Marrou, le goût de l'histoire qui permet des vues relatives sur la vie, les êtres et les situations ; le témoignage de ces croyants pour qui la foi était non un manque mais un plus. C'est encore à l'Institut d'études médiévales des années 50–60 que je dois le besoin de la comparaison dans la réciprocité du regard scientifique sur une période charnière : 500–1500 ; un rabbin y enseigne la philosophie juive, un arabisant égyptien y enseigne la philosophie arabe, une musicologue d'origine slave résume l'histoire de la musique, le Français Verdier récapitule l'histoire de l'art. L'humaniste Klibansky enseigne Platon. En même temps, quelques dominicains convaincus mettent sur pied une bibliothèque spécialisée qui comptera en 1980 plus de 60 000 volumes consacrés au moyen âge. Tout cela est une indication de ce que je dois à l'université comme lieu culturel privilégié.

À l'université, j'ai fréquenté des administrateurs, des professeurs, des gens de la maintenance et des étudiants. Le monde étudiant m'a davantage attiré. Pourquoi ? Très tôt il m'a semblé que Dieu me demandait de leur donner ma vie, au besoin mon cœur, et le plus de temps possible. J'ai beaucoup aimé mes étudiants. Trop peut–être ? Peut–on trop aimer ?

Je ne dirai jamais assez tout ce que je dois à mes étudiantes et étudiants. Les jeunes ? Les mêmes partout : fragiles, frondeurs, menacés par l'anonymat des grandes écoles ; cherchant souvent de peine et de misère leur cœur en quête d'amour. Bien entendu ils critiquent la génération qui les a précédés ; le même comportement est en honneur à toutes les époques. Pour les avoir souvent accompagnés en voyages internationaux : Rome, Assise, Avila, Proche–Orient, je puis certifier qu'ils sont meilleurs que leurs actes, plus grands que certaines de leurs revendications officielles.

Un jour, en 1973, j'ai été confirmé dans mon amitié et mon admiration pour les jeunes lors de mes visites aux cimetières de guerre en Normandie. Je ne puis vous raconter tout ce que cela m'a fait. D'abord de lire sur les croix des noms de chez nous, leur âge surtout : 19, 20, 24, 27 ans. Tout à coup j'ai pensé que, sans eux qui ont donné leur vie, sans leur intervention, je ne serais peut-être pas professeur dans cette université de Cæn, ni ailleurs. Et tout à coup je me suis rappelé certaines paroles du Christ : *Il n'y a pas de plus grand amour que de donner sa vie pour ses amis.* Tout me disait qu'il me fallait aller au bout de ma vie et la donner à ceux et à celles qu'on aime.

Plus tard, de retour au Canada, et souvent au temps de la semaine sainte alors que l'on célèbre rituellement la mort du Christ, je ne peux pas ne pas penser à ces soldats morts en Normandie.

Comprenez que l'an dernier j'ai été — avec vous — et je le suis encore — très remué par la tuerie de l'École Polytechnique. Tout comme lorsque je célèbre des funérailles de jeunes qui se suppriment à la suite d'une névrose ou d'une volonté de refuser la société. Sans juger les intentions et souvent sans connaître les circonstances de leur mort-mystère, je me dis que plusieurs de ces suicidés nous ont donné littéralement leur vie, comme les soldats de Normandie : par amour pour nous, mais sans trop savoir, comme pour nous amener à réfléchir... et peut-être à changer notre univers intérieur.

Ces jeunes, ils sont même religieux pour la plupart, mais à la manière naturelle, j'oserais dire. Avec la crainte de se faire embarquer par une religion ou par une autre, ils répètent parfois les critiques primitives de leurs anciens professeurs, ignorant la religion, mal instruits, plutôt que de mauvaise volonté. (Pire que de ne pas savoir, il y a mal savoir, mal ignorer...) Plusieurs abordent la religion comme ils ont abordé leur sexualité à 14 ans ; d'une manière spontanée, primitive.

Un autre groupe qui m'a toujours fasciné à l'université : l'univers silencieux des chercheurs de la recherche scientifique dans les laboratoires des sciences pures et en sciences tout court. Voir ces personnes, au masculin et au féminin, passer des heures et des heures à observer, à vérifier, à recommencer, sans résultat immédiat, sans publicité, c'est d'une richesse humaine étonnante. Sans pouvoir, incognito, ces savants furent et restent pour moi un peu les contemplatifs de la cité universitaire. Il n'est pas étonnant qu'ils soient aujourd'hui ceux qui posent à l'humanité les plus graves questions éthiques sur le sens de la vie, de la mort et de l'évolution de l'humanité vers son point oméga, comme dirait Teilhard de Chardin. Sans ces savants, pas d'université possible. Sans ces contemplatifs de la science, pas d'avenir possible.

À 65 ans, je quittais volontairement l'université, tel que prévu dans les règlements officiels. Je l'ai fait à regret. À la même occasion, je rejoignais, à temps complet cette fois et comme prêtre, cette université élargie que j'appelle maintenant l'université des âmes et des cœurs, ce qui inclut mon Église, les autres Églises mais aussi, j'allais dire, surtout ceux qui cherchent autrement et ailleurs.

À travers tant de visages, d'amitiés reçues, d'amitiés perdues en route (on est si occupé!), j'apprenais d'expérience ce que le Christ avait dit un jour à la Samaritaine : ton premier temple, c'est ton cœur. La présence du Christ dans ma vie ne serait plus limitée aux sacrements ni aux églises en pierre ou en bois, pas plus que le Christ n'est qu'au tabernacle, ni dans les rites, les églises ou les cérémonies. Je le trouve partout dans la rue, dans les maisons, chez les grands, chez les petits, chez les riches, chez les pauvres.

Il me faut m'expliquer à propos de ma compréhension du Christ : pendant longtemps je ne l'ai connu que par les crucifix, et il y en avait partout : il était mort pour nos péchés. M'appelant en plus LACROIX ça n'arrangeait pas les choses. C'est grâce aux liturgistes de ma communauté que, peu à peu, le Christ en moi est ressuscité, qu'il est devenu mon plus grand ami... vivant. Quand j'ai publié en 1981 *Quelque part en Bellechasse* aux Éditions du Noroît, c'était un peu pour lui rendre hommage, comme on rend hommage à un compagnon–itinérant de nos routes familières.

Entre–temps, et surtout grâce à un œcuménisme actif, j'aime mettre en tout premier de la pyramide qui se présentait au moyen âge, comme une hiérarchie incontournable, la *Parole de Dieu* ou mieux la science de Dieu, qui, elle, donne lieu à la Parole de Dieu, qui, elle, donne lieu à Jésus Parole de Dieu incarnée, qui, lui, donne lieu à l'Église comme enseignante, qui, elle, donne lieu à des penseurs, à des théologiens et à des mystiques. Depuis, les déclarations de mon Église m'invitent d'abord à retourner à la même Parole de Dieu, parole vivante, plus mystérieuse, plus complète que tous les mots et toutes les déclarations de la terre.

J'aime l'Église. Pas n'importe laquelle, pas nécessairement celle décrite par les journaux écrits et télévisés, pas seulement celle qui n'arrive que par des textes romains dans un vocabulaire latin froidement objectif, pas seulement l'Église du pape ou des évêques, pas seulement l'Église des théologiens et des exégètes, pas seulement l'Église des pauvres. En un mot, j'aime l'Église globale, totale, universelle, divine et humaine ; l'Église commencée avec Abraham,

Moïse, dirigée, promue par le Fils de Dieu en union avec le Père et animée par l'Esprit. J'aime l'Église passée, présente et à venir, l'Église qui enveloppe les humains, mes amis, les défunts, les saints, connus, inconnus, l'Église souffrante, militante et triomphante. Cette Église — et je ne veux pas séparer ce que Dieu a uni — c'est ma vie.

Médiéviste qui en a vu de toutes les couleurs en histoire religieuse, j'aime l'Église–mystère, son sens de la tradition, ses spiritualités, sa durée, sa manière de rebondir quand elle est mise au pilori, sa capacité d'encaisser la critique. Aujourd'hui elle est une voix de la conscience inquiète du monde, un lieu de réflexion étonnant. Je connais peu d'institutions, sauf la synagogue, qui puissent avoir un tel impact sur le vécu du monde. Parce que j'aime l'Église, j'aime de plus en plus les prêtres. D'autant plus que depuis deux ans je suis devenu un prédicateur de retraites sacerdotales. À cause de leur vie difficile, à cause de leur misère à vivre affectivement dans une société aussi permissive, mon amitié pour eux augmente. Je les vois un peu comme ces bouées ballottées au bord du fleuve, exposées à tous les vents et tempêtes possibles.

Disons que, malgré tout, mes raisons d'espérer demeurent à cause de ces prêtres et évêques malmenés par l'opinion publique, mais généreux, à cause de ces jeunes qui ont le sens du mystère... autant que nous avons eu, nous les aînés, le sens critique, à cause surtout de la Parole de Dieu qui, comme la vérité, rend libre... qui s'y confie. L'arrivée des spiritualités orientales, peut-être mal comprises pour le moment, est une autre de mes raisons d'espérer.

Bien sûr il y a eu de grandes peines, de grands deuils : des amitiés perdues, des parents, des amis et des modèles de vie partis l'autre bord, comme on disait chez nous. On ne franchit pas trois quarts de siècle sans que les deuils se multiplient, sans que les feuilles tombent, comme on disait dans Bellechasse pour signifier une absence, une épreuve.

Mais il faut dire qu'entre-temps des textes merveilleux me reviennent à la mémoire, comme ils s'inscrivent dans ma prière chorale chez les Dominicains. Ces textes j'aimerais bien les entendre le jour de mes funérailles (entendre ?), j'ai presque l'intention de vous les citer, d'autant plus que je suis sensible à cette pensée de certains Pères de l'Église qui disent que Dieu a, pour chacun, chacune de nous, réservé des textes qui font davantage partie de notre vie intime. Voici mes mantras préférés :

1. Et la Parole s'est faite chair.
2. Il y a plus de bonheur à donner qu'à recevoir.

3. Il n'y a pas de plus grand amour que de donner sa vie aux gens qu'on aime.

4. Dieu est Amour.

5. Dieu est plus grand que notre cœur.

6. Dieu nous a aimés le premier.

7. Dieu a tellement aimé le monde qu'il lui a donné son Fils unique : toute personne qui croit en lui ne périra pas et obtiendra la vie éternelle.

À mesure que j'avance et que j'enregistre tous les changements, j'apprécie cette idée de saint Augustin que nous rappelait un vieux prêtre du Collège de Sainte-Anne, Mgr Lebon, grand admirateur et ami du chanoine Lionel Groulx : « Mes enfants, vous êtes sur la terre comme des voyageurs, des pèlerins en route vers ailleurs. Et ne l'oubliez pas. » Plus tard j'ai souvent cité dans mes homélies cette pensée de Catherine de Sienne : « La vie est un pont, surtout n'y construis pas ta maison... ». Pour sa part, Thérèse de Lisieux aimait transcrire cette pensée qui m'habite à la manière du fleuve : « Le temps est ton navire et non ta demeure. »

Alors comment navigue un prêtre de 75 ans, en 1990, en fin de siècle ?

Ma vie m'apparaît de moins en moins comme un tableau de Riopelle tout en couleurs diversifiées, chaque personne rencontrée étant d'une couleur particulière, moins même qu'un tableau de Jean-Paul Lemieux avec des visages mystérieux dessinés sur un grand espace nordique. De plus en plus, ma vie se simplifie à la manière des derniers Borduas : du blanc, du noir, surtout du blanc avec beaucoup de vides et de silence. À l'horizon, toujours l'essentiel de la vie : aimer, être aimé, faire aimer l'amour, donner, prier pour...

Après 50 ans de vie sacerdotale, à quoi pense un prêtre ?

Il pense, bien sûr, à tout ce qu'il vous a dit ; il pense à la brièveté de la vie, sans être tellement attaché à cette vie qu'il aime pourtant beaucoup ; il s'ennuie toujours de ses parents et amis défunts ; il regarde venir sa mort en misant doucement mais totalement sur la miséricorde de Dieu, non sans crainte normale du mystère de l'au-delà. Il est comme cette Iroquoise, dont parle quelque part Félix Leclerc : elle regarde passer le fleuve... elle sent qu'il vient de quelque part et qu'il va quelque part. Ainsi passe la vie, ainsi va l'amour, ainsi se sont écoulées à travers mers et marées 75 années qui, je l'espère, me mèneront un jour à l'océan, symbole mystique de l'Éternité.

Sois remercié, Dieu de tendresse et de miséricorde, pour tant de bienveillance à mon égard et pour m'avoir permis de partager cette bienveillance avec d'autres qui, eux aussi, te cherchent en te désirant, comme un veilleur désire l'aurore, et le fleuve désire l'océan. Amen ! ! !

Troubadour d'Amour

Il ne pouvait pas supporter quelqu'un dans la peine sans aussitôt aller le consoler.

En plus de ça, un bon mot pour tout le monde, un conseil par–ci, un conseil par–là, un service, une tisane, un onguent :

– Vous êtes fatigué ? Je vous aide.

Il y avait [...] du printemps dans ses mots, de la danse dans ses pas et du feu dans ses yeux avec un joyeux goût de vivre.

Il paraissait si inspiré que certaines gens du Troisième Rang croyaient que le Bon Dieu s'était fait *habitant*.

– Rien qu'à le voir, on a envie d'être meilleur.

(*Marie de Saint–Michel*, 1986, p. 93)

TROUBADOUR D'AMOUR OU *DOCTOR AMOR*
UNE ÂME À CŒUR BATTANT
OU LA SÉDUCTION DE LA CHARITÉ

Giselle Huot

Le multiple et l'un

Joachim de Saint–Michel, il est devenu Benoît en Bellechasse et par–delà, dans tout l'univers cosmique des êtres, des idées et de la nature, après s'être dissimulé le temps d'un livre et de quelques articles sous le pseudonyme de Michel de Ladurantaye.

Il est multiple en ses manifestations et en ses productions. C'est un être panoramique. Dominicain — son plus beau titre dit–il — qui englobe celui de prêtre — mot et réalité chéris — médiéviste, professeur et excellent pédagogue, ici et à l'étranger — Asie (Japon), Europe (France) et Afrique (Rwanda) —, chercheur (entre autres à l'Institut québécois de recherche sur la culture, maintenant Institut national de la recherche scientifique), historien, théologien, historien de la religion, de la culture ou des cultures, de la littérature, amoureux de la tradition orale et folkloriste à ses heures, penseur, philosophe, écrivain, essayiste, conteur, poète, auteur d'édition critique — sa monumentale édition des *Œuvres* de Saint–Denys Garneau a suscité de grands remous de découvertes et de multiples travaux (livres, thèses, articles), promoteur de l'édition critique des œuvres de Lionel Groulx —, auteur de textes liturgiques, bibliographe (de la religion populaire), fondateur du Centre d'études des religions populaires, un des directeurs fondateurs d'une collection littéraire (« Vie des lettres canadiennes » des Presses de l'Université Laval), l'un des directeurs de collection (« Classiques canadiens », Fides), directeur de numéros spéciaux de revues (*Relire Saint–Denys Garneau* dans *Études françaises*), orateur naturel, communicateur, conférencier, prédicateur de retraites (communautés religieuses, laïques, paroissiales, sacerdotales, jusqu'à celle des évêques du Québec en 1994), un des rédacteurs des textes qui ont servi pour les homélies du pape Jean–Paul II lors de sa venue au Québec et au Canada en 1984, observateur lucide et passionné — grand spécialiste — de la société et de l'Église québécoises à la télévision, à la radio et dans la presse écrite, membre fondateur de fondations (Mireille–Lanctôt, Albert–le–Grand, de Saint–Denys–Garneau), de différents organismes (dont le Centre d'interprétation des nouvelles religions), de revues (*Feu vert* — revue pour handicapés — *Les Cahiers d'histoire du Québec au XXe siècle* (directeur fondateur), les

Cahiers de Saint–Denys Garneau (codirecteur fondateur), membre de différentes commissions culturelles (Musée des religions de Nicolet, etc.) et historiques (causes de canonisation de Délia Tétreault, d'Élisabeth Turgeon), organisateur de congrès, de colloques et éditeur des actes, membre de jurys, idéateur et initiateur dans des domaines divers, il se joint aux travaux de comédiens (troupe *Parole Plus*), de musiciens (livrets pour les compositions d'Anne Lauber, de Pierre Grandmaison), aux scientifiques pour parler de spiritualité et d'éthique (les Symposiums de la Santé Positive organisés par le Dr Jacques Genest), aux représentant(e)s de « l'élite » québécoise (« Déjeuners de la prière ») et il est de plus un bienfaiteur insigne et à la fois fort discret associé à tant d'œuvres caritatives et de pastorale qu'on ne peut les citer toutes, etc.

Il ne peut, naturellement, être aussi omniprésent que Dieu. Mais il lui fait une sérieuse concurrence.

Élu à l'Académie des sciences morales et politiques (1971), à la Société royale du Canada (1971), professeur émérite de l'Université de Montréal (1981), prix du Québec 1981 (Léon–Gérin), docteur *honoris causa* en théologie de l'Université de Sherbrooke (1990), Officier de l'Ordre du Canada (1985), Chevalier de l'Ordre national du Québec (1991), il est aussi prophète en son pays, Membre d'honneur de la Société historique de Bellechasse (1987) et, à Saint–Michel, la bibliothèque porte son nom (1987).

Auteur de 35 ouvrages, trois au moins sont en gestation, et de tant d'articles (savants, préfaces, éditoriaux, billets, comptes rendus ; entre autres, éditoriaux, témoignages, articles, billets de toutes sortes dans *Le Devoir* depuis 30 ans, il fut collaborateur régulier de *Maintenant*, etc.) qu'ils n'ont pas encore tous été répertoriés, ainsi que de sermons, homélies, prêches de retraites, conférences qui se chiffrent par centaines de même que ses passages à la télévision qu'on a cessé de compter tant ils sont nombreux (entre autres, plusieurs billets réguliers pendant plusieurs saisons à *Parole et Vie*) ainsi qu'à la radio (entre autres, l'émission *Messe sur le monde*, le dimanche matin à Radio–Canada pendant plusieurs années), les sollicitations de la presse écrite, etc.

Il est aussi multiple que ses signatures — qu'il signe « normalement » Benoît Lacroix, parfois suivi de o.p., ou Joachim ou Moé, Moi ou Lui ou le garçon à Caïus ou Ben de la Cruce ! ou Ton ami, Ton chum, grand–père, L'ancêtre, Ton ancêtre, Joachim Le Sage, Joachim le Trotteur, le Courailleux, le Vagabond, qu'il se surnomme, mais pas d'un même souffle, le rassembleur, le cabotin, le vieux lion des bois de Montréal, le léopard, le papillon, le P'tit Train, le vent, le saule, etc.

Il est également comme les autres le décrivent ou le perçoivent, ange, grand, incomparable, béatifique, bienheureux, guide spirituel, conseiller, ami, doté d'une grande capacité d'écoute et d'ouverture d'esprit, sans fin de sentiment ni de personne, gai, jovial et d'une simplicité remarquée et remarquable, il incarne la joie de croire, la joie de vivre, la vie intérieure profonde, etc. (vouloir faire ici une compilation de toute la terminologie qualificative contenue dans les textes qui suivent serait trop long).

Cet homme qui possède de multiples talents, dont certains cachés et un peu inorthodoxes, aime l'art roman, la représentation des anges, Fra Angelico, Le Greco, Borduas, au cinéma Ingmar Bergman et Charlie Chaplin, la musique classique, Mozart, la musique médiévale, et un moment la musique yé–yé !, *Carmen* de Bizet, son opéra préféré, la Bible, les psaumes, les poètes, Kahlil Gibran, de Saint-Denys Garneau et tant d'autres, les dictons et les proverbes, les bandes dessinées, qui lit aussi bien que les poètes, les historiens, les sociologues, les philosophes, les théologiens, et toutes les revues savantes et de culture imaginables (à 6 heures le matin dans la bibliothèque où il fait une razzia périodique et puis à temps perdu qu'il ne perd ainsi jamais), cet homme aime encore les outardes, les vaches, les marguerites, le tennis, le vin de Bourgogne, les fraises, etc., l'on n'en finirait plus de tout énumérer, puis, assises de sa vie, le silence, la méditation, la solitude et, par-dessus tout, cela va de soi, son Dieu et tous les êtres de l'univers.

Cette énumération de titres et de vertus, une litanie dirait–il, s'il est tout cela, ce multiple est un, et si je devais choisir un seul mot pour le définir ce serait AMOUR.

Là sa couronne, son aura, son charisme, ce qui baigne tout, explique tout, « illumine et enlumine tout », pour parler en ses mots.

Le royaume de l'enfance et ses influences

Il était une fois, des siècles d'amour passés, dans le beau pays de Bellechasse, à Saint-Michel plus précisément, le 8 septembre 1915, en ce jour de la nativité de la Vierge, l'arrivée dans la famille de Rose-Anna Blais et de Caïus Lacroix, de leurs trois enfants, Marie-Jeanne, Léopold et Alexandre, auxquels se joindra plus tard Cécile, la petite dernière, d'un enfant nouveau-né, prénommé comme le père de Marie, Joachim. Sans le savoir, Saint-Michel accueillait alors en ses rangs son futur chantre.

Ces cloches qu'il a si bellement célébrées par la suite ont, les premières, annoncé sinon à la face du monde du moins à tout le village, qu'il avait, le 9 septembre, de tous ses prénoms, Joseph Joachim François–Xavier, renoncé « à Satan, à ses œuvres et à ses pompes ». Le règne du Seigneur commençait. Ses parents, et bien d'autres, ont dû par la suite de son enfance se poser parfois des questions sur le règne de qui l'animait : pour parodier *Les Cloches* (p. 44), s'il avait le bon Dieu au cœur il avait surtout le diable au corps. Mais il allait un jour faire taire les spéculations les plus légitimes du moment.

Des cinq enfants de Rose-Anna Blais et de Caïus Lacroix — de l'aînée, Marie-Jeanne, qui épousera Émile Gagnon (13 enfants), Léopold, qui héritera de la terre paternelle et épousera Marie-Louise Rochefort (14 enfants), Alexandre, prêtre, Joachim, et Cécile qui joindra les rangs des religieuses Missionnaires de l'Immaculée–Conception — l'enfant qui ressemble le plus à son père, au dire même de sa famille, est Joachim.

De sa mère « bleue », conservatrice au moral comme au politique, douce — mais ferme lorsqu'il le faut — plus timide, effacée, plus silence que parole, il « tient » cet amour du silence, cette foi solide, cette vie intérieure intense, en même temps qu'une certaine timidité qu'il apprendra vite à dissimuler sous les rires et les taquineries qui protègent ainsi sa nature secrète. Parfois il commet des ouvertures plus grandes, au moyen de la parole ou de l'écriture ou des deux mêlées comme corps et âme *(Témoignage,* p. 21-32). L'être secret s'exprime beaucoup en allégories, dans ses contes. Aussi n'eut-il pas conscience au début à quel point il nous racontait son être. Lorsque pour la première fois, en 1964, nous lui avons fait remarquer que *Le P'tit Train*, qui est peut–être le plus autobiographique de ses contes, c'était lui tout craché, il a absolument refusé cette assertion (heureusement qu'il n'en avait alors pas conscience, sinon l'aurait–il écrit ?), s'entêtant à dire que *Le P'tit Train*, c'était... le P'tit Train. Ce n'est que lorsque son maître, le grand savant et philosophe français Étienne Gilson — à qui soit dit en passant il n'avait pas osé montrer son conte de peur qu'il ne le trouve trop léger, lequel livre s'étant retrouvé entre les mains du maître par les bons offices du Père Albert-M. Landry — décréta que ce livre était le meilleur de ses ouvrages et qu'il était à son image et à sa ressemblance, qu'il consentit enfin à y croire et à admettre qu'après tout c'était peut–être lui. Ce « petit train parabolique », dira–t–il ensuite (Carte postale de Montréal, 19 juin 1971).

De son père Caïus, au prénom romain, grand seigneur terrien, droit en sa stature et dru en ses mots, indépendant de corps et d'esprit libre, le rouge qui croit le ciel bleu davantage son fief que celui des bleus d'allégeance, le libéral notoire et sans fin de paroles, il tient son être libéral (la politique en moins !), le bagoût du raconteur, la parlure savoureuse et imagée — « Bellechasse est une terre de contes et de chansons », dira-t-il *(La Religion de mon père,* p. 129) —, le côté plus flamboyant de sa personnalité, l'être enraciné qui ne demande qu'à aller voir ailleurs pour mieux revenir chez soi, cette ouverture aux autres — sa mère a droit aussi au crédit —, l'intelligence et la curiosité multiple de s'intéresser à tout et à tous, une religion sans bigoterie, sans scrupules, qui vient équilibrer celle plus rigide de la mère, le caractère frondeur et la justification gouailleuse, le même sens de la provocation, de la taquinerie et cet amour de mener les gens en bateau (p. 70).

Alors que son père, tout raciné soit-il, est constamment sollicité par l'ailleurs, sa mère représente la stabilité sans failles dans un quotidien toujours recommencé et toujours renouvelé, un quotidien qu'il apprendra à aimer et à rechercher (p. 69-70). De ses parents il a hérité cette merveilleuse dualité unifiée en l'Amour.

Influences ou « retrouvailles » de mêmes qualités ? Et bien sûr il y a l'unique Joachim et Benoît, l'incomparable et l'indicible, impossible à cerner complètement, de trop de richesse et de trop de profondeur, le chenal invisible aux yeux qui doivent se contenter d'assister au déferlement des vagues de toutes hauteurs et de toutes couleurs et de tous caractères et de toutes humeurs. Cette image du chenal, toujours présent mais invisible, revient souvent dans ses dits et ses écrits.

Et là dans son pays, dont « il a reçu de Dieu la grâce ultime » *(Esprit-Vivant,* 24 mai 1979, p. 13), sa petite patrie à écrin de plaine, de fleuve et de montagnes, il s'énamoure de l'ailleurs.

La soif et la curiosité de l'ailleurs

Car tout a vraiment commencé par sa soif insatiable de l'ailleurs.

Cet être libre parle dans son *Témoignage* de missions, d'espace, d'ailleurs, du fleuve qui coule et du train qui passe. Comme son confrère, le Père Georges-Henri Lévesque, o.p., le train a entraîné ses rêveries vers l'inconnu, l'ailleurs, tout ce qui était au-delà des montagnes qui fermaient l'horizon.

A-t-il déjà regardé un champ avec autant d'amour qu'il regarde le fleuve ? Ce qui l'a davantage marqué ou ce qu'il a davantage remarqué, ce n'est pas le blé lever, mais le train passer et le fleuve couler, inexorablement vers l'océan, dont il rappellera plusieurs fois au cours des ans l'image, l'océan sans commencement ni véritable fin qui définit le temps qui ne finit jamais.

Le fleuve à Saint-Michel. Le fleuve dont il ne voit ni le début ni la fin. L'image du temps qui passe. « Le temps est ton navire et non ta demeure », rappelle-t-il plusieurs fois en citant sainte Thérèse de Lisieux. Le temps qui mène vers sa finalité irréductible.

Le fleuve ! Admiration sans trêve depuis l'enfance. Lors de ses multiples voyages à Rimouski, alors qu'il était président de la Commission historique dans la cause de canonisation d'Élisabeth Turgeon, il y avait quatre pauses obligatoires — le reste du temps étant consacré au travail (le voyage dure environ 7 heures en autobus) : lorsque nous traversons le pont Jacques-Cartier, à la hauteur de Saint-Michel-de-Bellechasse, puis de La Pocatière — là son regard alterne du fleuve au collège qui trône sur la montagne — et, à l'arrivée, un peu avant Rimouski, à partir du Bic surtout. À la seule vue du fleuve, ses yeux s'embrument et partent en voyage intérieur. Un silence bordé de musique. « L'eau est un élément sacré. » « Nous étions encadrés, inspirés par la présence de l'eau. » (« Les quatre éléments », *Parole et Vie*, saison 1992-1993)

Ses contes comportent toujours un appel vers l'ailleurs. Même ses cloches, emmurées au clocher, trouvent le moyen de s'évader une fois l'an pour le voyage vers Rome afin de mieux, à leur retour, enfiler leurs notes qui s'égrènent par tout le pays et le fleuve enchanté qui roucoule sous elles.

S'il dit que son animal préféré est la vache — à cause de ses grands yeux qui le reposent ! — et depuis des années nous échangeons toutes sortes de cartes illustrées sur ce thème — les représentants du règne animal qu'on retrouve le plus en ses contes sont les oiseaux... — les oiseaux migrateurs surtout, ceux qui partent, qui reviennent au nid mais pour mieux en repartir. Que de fois n'aura-t-il pas contemplé ses oiseaux préférés, les outardes, s'envoler vers des pays lointains et si attirants qui n'existaient alors que dans ses rêves ? Mais ce sont toujours les rêves qui font les plus abondantes moissons.

On lui reconnaît spontanément ses racines paysannes, mais il est homme de voyage. Il tient à sa condition de paysan, pourvu qu'il puisse l'exercer à la mode du coureur des bois.

De Bellechasse, il est « Beau Chasseur », comme le dit de son père Luc Lacourcière (p. 375). Il est un « voyageur » comme on appelait ces hommes qui parcouraient le fleuve, la première « grand-route » de nos pères.

Ce n'est pas suffisant pour lui de se colleter à la terre et de se faire régir par le rythme des saisons, le texte de sa sœur Cécile vous renseignera sur cette crainte qui hantait son adolescence et sur son besoin et désir d'évasion (p. 72-73). Il lui faut l'aventure. Il lui faut défricher de nouvelles terres pour engranger de nouvelles moissons. La moisson qu'il espère est d'un autre ordre et il ne peut la faire lever en restant sur place.

Il est paysan à la manière du coureur des bois qui défriche l'espace à sa manière du temps. Mais lui c'est un coureur des âmes. L'espace ne fait que l'« engrossir » de connaissances et d'amitiés et le temps est celui de l'ici et maintenant, attentif à l'âme en attente d'écoute, en attente d'être et à toutes ces richesses de l'esprit qui attendent d'être découvertes, par lui.

Il est le conquérant de l'espace intérieur. Le P'tit Train raccorde ses routes en chamaille qui partent dans toutes les directions.

Il a la mouvance aux semelles, les ailes aux idées et un extraordinaire ancrage au cœur pour tout ce qu'il laisse derrière lui et tout ce qu'il rassemble en chemin. Il s'écrit de mémoire en devenir et en avenir.

Il transporte son pays, ses racines, comme sa foi transporte les montagnes. Son pays reste le port d'attache du navire ou la gare du train où il revient toujours pour en mieux repartir, après s'y être ressourcé. Oasis pour la conquête du temps et de l'espace, et partant des personnes, des âmes, des cœurs et des idées.

Il célèbre son pays dans tous ses contes et y fait entrer toutes les personnes de sa famille par leurs noms et leurs traits de personnalité, d'autres aussi, amis, voisins, présents en son cœur et en ses mots. Il entraîne également, outre sa famille, tout le comté à la Société royale du Canada, dans *La Religion de mon père* et dans *La Foi de ma mère* qui, espérons-le, paraîtra bientôt.

Portrait du prophète de l'amour et de l'esprit
Trinité du corps, de l'esprit et du cœur

De taille moyenne, 1 mètre 75, à stature de géant, « je maintiens ma beauté..., écrit-il, dans l'uniformité de 170 livres bien engraissées... » (Lettre de Butare, 2 décembre 1965)

Il est beau, aussi physiquement, mais plus encore de toute cette vie intérieure qui affleure et lui baigne le visage. S'il lui est permis de parler à la blague de sa « beauté », il ne faut surtout pas lui dire qu'il est beau. Sceptique, il tranche : « I' paraît que la vraie beauté est invisible. Alors... » ou encore « La beauté n'a pas d'âge : celle-ci a ... ans ! »

Donc... ». Pour le taquiner nous lui citions ce dicton arabe :
« Contempler la beauté, c'est faire l'aumône à Dieu. »

Il a le visage en joie. Il y a des joies graves. Tout en étant profonde, sa joie est triomphante et gaie. Triomphalement gaie.

L'œil bleu limpide, vif, scrutateur, voire inquisiteur, mais franc et loyal, changeant comme le fleuve de Bellechasse, coquin, taquin, grave, mais toujours lumineux. Regard parfois chaviré de douleur et de compassion, yeux qui brillent d'allégresse, de fine acuité, d'intelligence, de profondeur sondeuse ou foreuse, qui cherchent à drainer l'essence de ce qui n'est pas dit, des yeux en écoute même du silence.

À part le visage, les yeux — à remarquer que dans ses contes tous les yeux sont bleus —, et la lumière du sourire, le rire communicatif, le trait que l'on remarque le plus — ou qui se fait le plus remarquer — qui annonce son caractère batailleur, gouailleur, frondeur, voire un tantinet contestataire, rebelle aux conventions : son « toupet » — qu'il possède d'ailleurs au sens propre comme au figuré — qui allait toujours dru devant, le précédant de quelques centimètres partout où il passait et auquel j'ai autrefois consacré un hymne à la manière de Cyrano. Maintenant, il s'est assagi quelque peu (le toupet), mais n'allons surtout rien en déduire !

Ses mains m'ont toujours fascinée. Lorsqu'il parle on ne peut s'empêcher de les voir s'envoler, sa main gauche surtout, celle plus directement reliée au cœur ! — ses mains qui dansent dans la lumière de ses mots, un ballet aux gestes doux, amples et généreux, des gestes larges d'ouverture, les mains déployées en étoiles qui se posent à peine pour pouvoir s'éployer de nouveau et pourtant tout en rasant les cœurs à tire d'ailes elles emplissent l'espace — on les regarde s'envoler pour le pur plaisir de la gratuité et peut-être aussi un peu pour le plaisir de supposer ce qu'elles contiennent car ce qu'elles contiennent est plus à nous qu'à lui. Aucune de ses mains ne sait ce que donne l'autre, elles n'en gardent aucune mémoire trop occupées qu'elles sont à engranger pour l'avenir et à ensiler pour chacune et chacun qui vient y puiser. Elles sont un puits. Et c'est inaltérable et insondable et infini.

Une démarche qui peut être vive lorsque le temps le presse, mais généralement presque pensive, recueillie, qui suppose l'écoute.

Le corps est un ami mais à la condition de ne pas se montrer trop encombrant ni de l'empêcher de vaquer à ses affaires qui sont multiples et urgentes. Indomptable, il rappelle son père Caïus, que je n'ai connu qu'à la fin de sa vie, qui refusait de s'en laisser conter par son corps et l'arquait dans sa marche quotidienne parce que d'aucune manière il ne voulait larguer sa liberté et son indépendance. Invincible dans l'âme il le mate à son désir de poursuivre sa tâche... et de reprendre la fréquentation du court de tennis.

L'opération d'une hernie requiert en effet toute une planification. Pour la première, en 1993, il a marchandé avec son chirurgien pour que la fin de sa période de convalescence coïncide avec l'ouverture de la saison de tennis. La deuxième, prévue au début de 1994, attend toujours, le temps nécessaire ne s'étant jamais présenté au rendez-vous. Et il possède un remède immanquable, imbattable pour soigner une pleurésie, en donnant des conférences dans cinq villes différentes dans la semaine et en se soignant à coups de verres d'eau et de pastilles (décembre 1994).

L'esprit en l'homme

Curieux et ouvert, son esprit cherche à englober toutes sciences et découvertes, accueillant toutes notions toutes diversités confondues. Tout l'attire et le retient. Humaniste, universaliste, comme il aime tout le monde et l'univers, il aime toutes sciences et cultures, la populaire et la savante.

L'on ne pourra jamais dire de lui, pour citer un poème de Saint-Denys Garneau : « L'avenir [le] met en retard ». Intelligence intuitive et perceptive du visionnaire, c'est un orthodoxe... en avance sur son siècle. Les idées viennent à sa rencontre dirait-on parce qu'elles savent qu'il aura au moins l'esprit assez ouvert pour les accueillir et puis pour les questionner, avant finalement, le cas échéant, de les adopter. Il chambarde les idées reçues, en déterre d'autres qu'il remet à l'ordre du jour, en crée de nouvelles, construit des ponts. L'esprit gonflé à bloc, il est celui qui montre les voies, qui ouvre les voies. Et quand il les a ouvertes, il laisse à ses disciples ou à d'autres le soin de poursuivre les découvertes pendant que lui s'affaire déjà à œuvrer en un autre champ. Il a toujours été ainsi. Il lui faut tailler dans du neuf à grands coups de faux.

Il y a peu d'hommes qui aient travaillé et réussi dans des sphères aussi diversifiées : historien de formation, médiéviste, spécialiste d'abord donc du Moyen Âge et de l'Antiquité, philosophe, théologien, sociologue à ses heures, il palpe le pouls de la société québécoise en ses dimensions religieuses et culturelles. Il en est également une éminente figure de proue à l'étranger où il a non seulement enseigné, avec son extraordinaire talent de pédagogue, les matières de sa compétence — nombreuses comme l'on sait —, mais où il a aussi contribué à mieux faire connaître le Québec, son peuple et sa culture. Ce livre tente de faire ressortir un peu le caractère multidimensionnel de ses talents, de ses préoccupations et, également, de ses réalisations.

Universel autant dans son esprit que dans son cœur, son esprit de coureur des bois l'entraîne à l'aventure, à tout découvrir sans préjugés, tandis que l'esprit de l'historien est aux aguets afin d'accepter ce qui est et non ce que d'autres pensent qu'on devrait trouver. (Nous allons parlé plus spécifiquement du professeur et du chercheur plus loin, p. 173 ss)

Qualités remarquées dans ses portraits

Dans les portraits qu'il brosse des autres, l'on peut observer les qualités qu'il admire... et qu'il possède, peut-être parce que les ayant admirées chez les autres il a voulu les reproduire chez lui, mais beaucoup sans doute par affinités naturelles, ce qu'on pourrait écrire de lui-même. Quelques exemples. Du Cardinal Paul-Émile Léger, il dit :

> [...] une vérité dans les attitudes et les paroles, qui oscille entre la distance sacrée qu'il tient de sa vocation privilégiée et l'espèce de familiarité que suscite le personnage. « Il a du panache » comme on dit, et, en même temps, il ne se gêne pas pour montrer ses incertitudes et faire voir ses limites d'homme. [...] la personne que nos gens espèrent encore de leurs prêtres. C'est-à-dire ? qu'ils soient aptes à produire des gestes qui indiquent le mystère et qu'ils sachent aussi rester humains parmi les humains. [...] le Cardinal Léger est un héros, une vedette, un ami, mais aussi bien celui à qui, n'importe quand pour n'importe quoi, on aurait envie de parler sans être intimidé. Jésus devait être un de ces personnages sacrés, lointains et prochains, mystérieux et tout près, tout près...
>
> Merci, cher Cardinal ! Restez ce que vous êtes. De toute façon vous pourriez difficilement être autrement. Nous vous aimons ainsi.
>
> (« Cher Cardinal Léger », *L'Informateur catholique*, vol. 2, n° 44, 30 janvier–12 février 1984, p. 5)

De Lionel Groulx, il remarque, entre autres, et admire la liberté, bien que Benoît Lacroix ne corresponde pas à ce qu'il relève des hommes politiques dans *Mes mémoires* :

> Il est LIBRE aussi. Il le dit et proclame. Libre de tout le monde, sauf de lui-même. Toujours debout, comme lorsqu'il parle, en croisade et jusqu'à la fin épris de franchise totale, il ne craint personne, ni aucune institution. Pas même l'institution qui pourrait le censurer. Libre des pouvoirs civils tout autant, il n'est pas gêné, bien que toujours poli, pour contester Monsieur Laurier

> qu'il estime, MacKenzie King qu'il n'aime pas du tout, M. Louis Saint-Laurent qu'il aurait voulu mieux aimer et M. Duplessis en qui il souhaiterait avoir au moins confiance. Seul Daniel Johnson (†1968) lui plaît vraiment. Les *Mémoires* sont, de ce point de vue, pleins de vantardises ou de réticences qui manifestent jusqu'à quel point Lionel Groulx a été un homme libre et sans pitié pour les esclaves de la politique, de l'argent et du pouvoir clérical même.
> (« Lionel Groulx cet inconnu », *Revue d'histoire de l'Amérique française,* numéro spécial *Lionel Groulx,* vol. 32, n° 3, décembre 1978, p. 331)

Cette liberté est cela même qui fait rechercher son autorité, à l'instar de Groulx en son temps, et comme le disait Guy Frégault de Lionel Groulx, il détient « mieux que le pouvoir, il possède l'autorité » (*Lionel Groulx tel qu'en lui-même*, Montréal, Leméac, 1978, 240 p., p. 25).

De Philippe Verdier, qu'il présente à la Société royale du Canada, il remarque l'humanisme généreux, sans forfanterie, et salue en lui le citoyen du monde :

> Votre humanisme est si vrai qu'il n'est jamais pédant, ni égocentrique. Au contraire, vous créez chez vous une humanité quotidienne faite tour à tour d'amitié, de bienveillance et de charité. Déjà trop distrait pour identifier ceux qui vous envieraient, vous passez votre vie à aider les autres, à raconter, à partager. [...] Comme Sénèque, vous êtes chez vous partout où vous allez. La vraie culture rend citoyen du monde. Chaque maison est votre pays, chaque personne votre concitoyenne [...]
> (*Présentation*, Société royale du Canada, Ottawa, n° 33, 1978-1979, p. 97-102)

Des traits du professeur relevés par Benoît Lacroix chez Paul Zumthor pourraient s'appliquer à lui-même :

> [...] vos étudiants [...] vous ont écouté sans broncher, tandis que vous leur parliez, avec une éloquence sans pareille, de la civilisation médiévale. À les entendre rire au besoin, on pouvait ou on devait se demander si leur professeur n'était pas venu d'une autre planète, incarnation d'une vie antérieure où il aurait été tour à tour troubadour, trouvère à la cour, chroniqueur du roi ou même jongleur sur la place.
> (*Présentation*, Société royale du Canada, Ottawa, n° 37, 1981-1982, p. 65-67)

Enfin, du dernier qui est peut-être la première grande influence hors du milieu familial, l'abbé Clément Leclerc, son professeur au

Collège de Sainte-Anne-de-la-Pocatière, il célèbre la même joie communicative que la sienne (p. 92-93).

Il relèvera souvent chez de Saint-Denys Garneau la gratuité de ces vers : « Moi ce n'est que pour vous aimer / Pour vous voir / Et pour aimer vous voir » (poème *Accueil*). La gratuité !

L'homme de cœur ou l'amour des autres

À une grande finesse d'esprit, il allie une sensibilité exquise et même une extrême sensibilité, qui lui permet de saisir toutes les nuances des êtres. Bien des fois il dira : « Je la (le) connais bien. » Et c'est vrai, alors que l'inverse n'est pas nécessairement exact (je m'en suis aperçue en cherchant des collaborateurs « qu'il connaissait bien » pour ce volume, qui m'ont répondu que, hélas ! ils le connaissaient peu).

Plutôt naturellement doux avec ses remous de violence passionnée mais généralement bien contrôlée, sauf quelques rares débordements, voir le ressentiment qu'il a gardé longtemps au sujet de sa thèse (p. 121), puis la plus grande colère de sa vie (p. 182-183), en passant par de moindres mouvements d'agressivité, lorsque, par exemple, il parle de son dentiste... : « je passe de la rage modérée à la miséricorde immodérée envers ces êtres qui vous sourient en vous piquant » (lettre du 21 juillet 1964).

La science lui aurait-elle suffi ? Non, la science ne lui aurait jamais suffi. Il l'humanise, l'amoure. D'abord et avant tout, il est résonance, résonnement du cœur plutôt que raisonnement de l'esprit.

Outre ses immenses qualités et capacités intellectuelles, son trait par excellence, ce qui le définit le mieux et tout entier, c'est l'amour, son don gratuit, universel, sans limites et sans barrières de langue, de religion, de nationalité, d'âge, de milieu. Phare dans la nuit, il se rend responsable du poids du monde, il n'a pas de frontières. Il est une âme illimitée.

C'est depuis le don de lui-même à l'Amour — à la surprise générale de ses confrères semble-t-il (p. 104) — qu'il a commencé vraiment à devenir ce qu'il est. C'est à partir de ce moment qu'il a commencé à développer ses innombrables talents et ressources qu'il avait plus ou moins laissés en friche auparavant.

Son devoir d'état qui était pour la plus grande partie de sa vie celui de professeur — il a commencé à enseigner il y a 50 ans — et celui de prêtre — depuis 54 ans — qui célèbre baptêmes, mariages et funérailles en nombre incalculable, c'est tout cela et à la fois beaucoup plus, les mille gestes tout simples de la vie quotidienne.

Toutes les tâches sont grandes qui en appellent au service, si elles sont urgentes, si elles comblent un besoin.

Ah ! tout ce que l'édition critique des *Œuvres* de Saint–Denys Garneau m'a appris, à part le métier ! Que la vie n'est pas qu'esprit, qu'il n'est rien si le cœur ne le côtoie et l'embarque à sa suite, là où parfois la raison n'a rien à voir, que l'esprit peut être incarné dans la vie quotidienne vouée aux gestes simples et nécessaires, faits avec amour. Bref, mon maître a aussi été un maître en charité.

Une jeune mère célibataire (c'était ainsi qu'on disait dans le temps, au milieu des années soixante) qui avait plus de problèmes que de joie, et des problèmes de gardienne par surcroît, Benoît Lacroix réglait ces derniers prestement. Il nous fallait travailler. Peu importe où. Nous allions donc garder des soirs ou des fins de semaine. Travail entrecoupé de changements de couches — il sermonne joyeusement le bébé : « Toi tu ne mouilles plus ta couche avant... » telle heure ! — et de biberons, de périodes de détente à jouer avec le bébé, et le reste à travailler lorsqu'il avait tellement amusé le bébé que celui–ci s'endormait d'épuisement, un sourire ravi aux lèvres.

D'autres fois, il fallait s'arrêter en chemin à l'appartement d'amis partis en Europe pour arroser leurs plantes, etc. Il participe au déménagement d'amis, il s'inquiète de la situation financière de ses étudiants et de bien d'autres personnes, leur trouve un petit boulot s'il le peut ou leur prête de l'argent en attendant des moments meilleurs (il a fait ça tant de fois !), leur trouve même chambre et pension, s'inquiète de savoir si nous mangeons, et bien, alors que c'est bien la dernière de ses préoccupations pour lui–même (combien de repas n'a-t-il pas sautés ou remis à des heures indues pour avoir le temps de rendre le plus de services possibles au plus grand nombre possible de personnes). Il est frugal lorsqu'il est seul ou hors de la galerie. Autrement, il mange comme tout le monde — et il apprécie, oh combien ! — tout en avouant quelques péchés mignons, plusieurs, dit–il, mais ils sont mignons ! Son austérité, son ascèse n'a rien d'ostentatoire, il la vit en secret.

Il possède une mémoire phénoménale des personnes, de leurs particularités, des événements qui leur sont importants. D'où, outre les téléphones et messages selon la tradition orale, des lettres, cartes — qu'il choisit avec soin selon la personne ou l'événement — billets, livres, préfaces, messages, notes, notations bibliographiques à l'intention de ceux et celles qui préparent des articles, ouvrages, mémoires, thèses (d'où l'importance des petits bouts de crayons et des petits papiers qu'il garde constamment sur lui).

Il est attentif à tous les détails de la vie comme quelqu'un qui aime inconditionnellement et dans la gratuité la plus pure.

Ce n'est jamais le mérite de la personne qui est en cause — pour la bonne raison que toute personne a ses mérites indéniables d'être unique, aimée de Dieu et de lui — mais le besoin qui détermine l'acte. Il est celui qui ne dit jamais non.

Il a accompagné et accompagne toujours sur le chemin de la vie éternelle tant de personnes, enfants, adolescents, femmes, hommes de tous âges et de toutes conditions. Il accompagne, peu importe la reconnaissance ou pas ou encore, dernier rempart contre la solitude, la simple re–connaissance. « Elle ne me reconnaît pas la plupart du temps. Ça ne fait rien. Je continue à aller la voir. Je suis là. »

Concélébrant de nos joies, sanctuaire de nos peines, constamment en branle–bas de combat sur les ailes de l'amour, au front de toutes les souffrances et des besoins spirituels, moraux, et même physiques et pécuniaires, il répète sans cesse : « Je suis là ! » Combien de fois n'avons–nous pas tous entendu cette petite phrase magique qui réconforte de par sa seule énonciation. Autant il est cœur autant ce cœur est toujours disponible et toujours présent. Lui qui aime bien les recommencements du quotidien (p. 70), il est toujours là, en accueil, en disponibilité constante, ouverture, écoute, encouragement, le cœur sur la main, tant que nous aimerions à notre tour nous sentir de quelque utilité... Il ne peut concevoir de s'éloigner cet été pour prendre des vacances pourtant bien méritées — lui qui trime sans arrêt du matin au soir, malgré sa retraite — parce que, dit-il, il lui faut avoir « l'esprit libre » pour partir en vacances. Et il ne peut l'être puisqu'il accompagne plusieurs personnes, cancéreux en phase terminale, sidéens. Son rôle n'est pas de partir sur les routes mais d'accompagner sur la route dernière ceux qui comptent sur lui. Il reste donc. Il est là. Il est.

Non seulement est-il disponible, mais qu'il est abordable et confortable ! D'une simplicité désarmante. Il possède ce don inouï, malgré ce regard scrutateur mais en même temps tout accueil, bonté, hospitalité, et on ne s'y trompe pas. Nul être tout en étant si grand n'arrive à se faire si petit, je veux dire, à s'ajuster à la hauteur de chacun dans le plus grand respect des personnes pour établir des rapports d'égal à égal. Mais pour lui les petits sont grands et il trouve toujours chez eux motif à admiration.

Sa générosité le fait s'éparpiller en ses dons et se dépouiller. Ses multiples collections sont maintenant ailleurs que chez lui, là où le plus de gens y auront accès. Sa crèche du Rwanda est à l'Oratoire Saint–Joseph, son musée d'objets religieux du 2715 servira de base à un musée qui s'ouvrira dans une grange, en plein champ, près de Drummondville. Sa bibliothèque est dispersée, une partie — livres du Moyen Âge, de l'Antiquité, d'histoire — à la bibliothèque de l'Institut d'études médiévales chez les Dominicains, une partie — sur la religion populaire — au Centre de recherche Lionel-Groulx et, enfin, les livres de littérature et d'art à la bibliothèque qui porte son nom depuis 1987 en son village natal de Saint-Michel-de-Bellechasse.

Ne vous en faites pas si votre cadeau se retrouve en d'autres mains que les siennes. Il a eu du plaisir à le recevoir. Mais si quelqu'un le convoite et comme il tient peu aux objets et beaucoup aux personnes — très beaucoup — il peut le lui abandonner. Ce faisant il ne vous trahit pas vous et votre présent, il vous associe à sa générosité et garde en son cœur le geste que vous avez posé. Point n'est besoin d'objet pour le lui rappeler.

L'être qui témoigne d'un amour excessif — là il va spontanément protester : l'amour n'est jamais excessif, « Peut-on trop aimer ? » — lui qui a toujours conservé ce côté enfant qui s'émerveille de tout, qui espère tout sans pourtant rien attendre, n'arrête jamais de s'émerveiller de ce qu'on l'aime, de ce qu'on l'aime « trop » et il trouve toujours que nous manquons d'objectivité et de « modération » dans nos élans, parce qu'il n'en est pas « digne ». Et il le pense vraiment !

Marcher avec le Christ, avec Dieu, en présence de Dieu, expression répétée tant de fois dans son *Compagnon de Dieu,* n'est possible qu'à la condition de passer par l'amour des autres, l'une des bases essentielles de la religion catholique. Sans eux il n'est pas de consécration possible à son Dieu.

Le prêtre

« Dieu est Amour : celui qui demeure dans l'amour demeure en Dieu et Dieu demeure en lui. » (*Jean,* 4,16)

« À ceci tous reconnaîtront que vous êtes mes disciples : si vous avez de l'amour les uns pour les autres. » (*Jean* 13, 35)

« Je suis venu au milieu de vous non pour être servi, mais pour servir. » (*Matthieu* 20, 28)

La loi de l'amour échappe aux conventions établies, aux règles et aux politesses froides, c'est celle de l'attention, de l'écoute attentive, de la gratuité sans fin et du pardon qui oublie jusqu'à son nom. C'est l'accueil en gestes et en paroles d'acclimatation et d'apprivoisement, inconditionnel, sans fin, sans trêve, sans attente de réciprocité.

Il aime sans d'autre raison que l'amour d'aimer, et rappelle

dans quel sens va l'action sacerdotale (qui ne devrait pas être la seule vocation des prêtres) quand il s'agit de dépanner, aider, rendre heureux. C'est toujours cela qui m'a séduit dans le sacerdoce : l'Eucharistie qui est identification — communion avec le Christ, et le don universel aux autres quels qu'ils soient quand ils ont besoin. Donner m'a toujours paru plus vrai que recevoir (même si la nature réclame plutôt de recevoir que de donner) parce que le *don* est initiative, amour premier, gratuité. Et tout cela ressemble étrangement à la vocation du Christ.
(Lettre du 30 novembre 1967)

Lui qui aime à cor et à cri a dit si souvent : « Il n'y a pas de plus grand amour que de donner sa vie pour ceux qu'on aime. » Et le voir vivre m'a fait mieux comprendre le célibat du prêtre, tel qu'il le conçoit. Ça n'a rien à voir avec le rejet de l'amour humain, qu'il a d'ailleurs bellement chanté, mais tout à voir avec, à part l'amour de son Dieu et son désir d'une vie à Lui consacrée dans les plus hautes exigences, la disponibilité constante du cœur et de l'esprit. Il lui faut être LIBRE pour voyager dans l'ESPACE et dans le TEMPS au secours des PERSONNES (tous mots qu'il affectionne).

Être libre de toute attache personnelle pour voler au secours de tout un chacun qui a besoin de lui. Pour être tout à tous. Autrement, les devoirs familiaux entreraient en conflit avec ses devoirs pour l'autre, l'universel, et aussi pour chanter plus hautement et plus librement encore le Seigneur, car sa vie est conçue prière et sacrifice.

Sa vie est un hymne magnifique au célibat du prêtre qui a porté l'amour à un degré angélique, séraphique. Voir haut et grand et surtout le vivre hautement, profondément, grandiosement, n'est-ce pas tout cela qui nous attire tant en lui ? Il est ce que de Saint-Denys Garneau appelle un phare.

Il est sur la mer plusieurs bateaux guidés par un seul phare. Que deviendraient tous ces bateaux si ce phare voulait à son tour être bateau ? Je ne peux autrement le concevoir qu'avec toute sa panoplie de généreuse grandeur. Il est humain, bien sûr, mais transcendantalement, jamais acceptation de l'humain en plongée, mais de l'humain ascendant.

Il représente dans ce siècle réducteur où il faut tout niveler, tout uniformiser, dans cette « société buffet » comme l'appelle le sociologue Jacques Grand'Maison, mais qui peut-être s'achemine vers la lumière, la beauté de la grandeur et du dépassement.

Une quête spirituelle constante lui permet un don éternel. Sans doute que sa sagesse lui vient de la grande part qu'il accorde au silence et à la prière : « La prière aura toujours été pour moi un acte essentiel » (*Témoignage*, p. 23). Comme il a le don de se faire aimer, de se laisser aimer, il accepte aussi de recevoir de Dieu force et lumière. Il possède cette humilité — la « force terrible » de l'humilité reconnaîtra-t-il en citant Dostoïevski — de la réception à la grâce. Silence, prière, méditation, solitude, sa vie en est remplie malgré tout, ces mots et la nécessité de ces actions reviennent constamment dans ses dits et écrits. Même dans les journées d'intense labeur, il trouve toujours le temps de prier. On se demande d'ailleurs où il prend le temps soit de tant prier soit de tant écrire soit de tant s'occuper des gens. Car nul n'a autant lié vie moniale, pastorale, culturelle et scientifique.

Très exigeant pour lui mais sans pharisaïsme, sans trop de pruderie ou de scrupule bien qu'il soit scrupuleusement religieux et pour lui-même d'une fidélité absolue à son idéal et à la vie qu'il a choisie un jour, choix constamment renouvelé depuis, il est d'une indulgence infinie pour les autres. Par amour il se choisit naïveté, puisque la personne, rappelle-t-il en citant Martin Luther King, est toujours meilleure que ses actes.

Il a toujours manifesté une telle ouverture, ne se scandalisant de rien — et son côté provocateur prend parfois plaisir à tenir des propos outrageants pour le pur plaisir de voir les réactions fuser — qu'il a peine à croire qu'il puisse lui-même scandaliser, mais il y arrive...

Sur les traces du Christ dont l'amour est sans limites — et qui, soit dit entre parenthèses, a aussi fait scandale en son temps —, il est orthodoxe mais à la manière avancée : il travaille, dit-il, pour les chrétiens de l'an 2000. La religion s'adressant à des personnes ne peut être évaluée d'une façon purement théorique.

Tout pétri de Dieu, soudé à Dieu, fondu en Lui, on ne sait où commence la partie de l'homme et la partie de Dieu. Jamais il ne parle de Dieu « de force ». Bien sûr qu'il prêche, homélies, sermons, retraites, etc. Mais s'il reçoit des personnes incroyantes, agnostiques, athées ou d'autres religions, jamais il ne tente de « convertir » par des arguments d'autorité. Lui-même « se convertit » à l'autre en ce sens qu'il l'accueille et l'écoute sans condition et sans jugement, si ce n'est celui du cœur qui projette toujours sa loi impérieusement douce d'aimer sans chaînes, en gratuité, dans la liberté la plus totale pour l'autre et pour lui.

Il dit Dieu par son être. Tout son être est amour ce qui est la seule façon de prêcher et n'est pas prêcher du tout. Il prend charge d'âme, il aime et il prie dans le silence par amour. Et c'est bien la plus belle façon de prêcher. Ce qui fait la force de son témoignage, charismatique : il ne parle pas de parole, il parle d'être. Silence qui parle dans les ténèbres.

Lui qui possède, en effet, une grande liberté de pensée, d'action, de témoignage, de langage, il est, il croit, il dit, mais toujours il laisse place à la conscience et à la liberté de l'autre, il l'éclaire mais ne lui dicte rien.

Certains catholiques d'extrême droite n'apprécient pas toujours son discours libre et libéral sur la conscience et la liberté, par exemple sur la primauté de la loi intérieure sur la loi extérieure. Le lundi de Pâques dernier, le 17 avril, à l'émission *Le Point* de Radio-Canada, « Jean-Paul II à la croisée des siècles », il a encore répété que « La conscience est le pouvoir intérieur ; la loi est le pouvoir extérieur. Le pouvoir intérieur est plus important que le pouvoir extérieur. » Et il a ajouté que « Là où il y a liberté, il y a intelligence. » Et quelques-uns ont protesté.

Le Dieu de Benoît Lacroix, c'est le Dieu de la Présence, de la Miséricorde, de l'Amour infini. C'est pourquoi il aime tant sainte Thérèse de Lisieux, à qui il consacre un livre en 1947, dont il parle toujours en 1995 et dont il affiche la photo — un autre trait commun avec Lionel Groulx — dans son bureau. Car c'est sur l'amour qu'il entend que Dieu le juge, comme le proclame la sainte Thérèse d'Avila (p. 472).

Jusqu'à la fin, l'ultime voyage qui ne sera qu'un commencement, il en sera ainsi. Il a, un jour de partage — un autre parmi des millions —, donné la note qui doit être jouée, il n'y en a qu'une qui se répercute et jaillit et se reproduit en harmoniques multiples, la note du chef, celle qui donne le ton, LA mour, cette note jouée sur tous les temps qu'il veut faire présider à ses funérailles.

Et c'est pourquoi, à la messe du 24 septembre, tous ces textes lui seront offerts parce que lui qui ne demande jamais rien les a désirés, les a confiés à la parole, à la tradition orale qui s'est encrée sur papier pour nous les rapporter (*Témoignage*, p. 30-31).

A-t-il quelque défaut ?

Plusieurs se posent la question.

Son humilité légendaire n'a pas longue patience pour trop beaux ou trop successifs ou trop longs compliments. Ah les discours sur l'objectivité ! Parce que si un discours ne lui plaît pas ou attente à son humilité on est subjectif ou subjective... Il paraît que les femmes sont pires, à ce qu'il dit !

Lui qui a fait de moi une auteure d'édition critique me refuse tout esprit critique lorsque je l'enlouange. « Tu es folle à craquer », m'a-t-il souventes fois fait remarquer (peu charitablement ? mais il faut le dire bien taquinement). Lorsqu'il est en veine « normale » de charité ou « réfléchissant sur l'objectivité en amitié », il « songe » plutôt à Voltaire : « L'exagération est le mensonge des honnêtes gens. » Et de commenter suavement : « Que vous êtes honnête ! » Et de tourner, délicatement ! le fer dans la plaie : « Ce n'est pas un reproche : c'est un *fait* historique ! » (Lettre de Montréal, 31 décembre 1967 via 1968) Grrrr...

J'ai retrouvé cette citation de Voltaire dans une autre lettre, du 19 avril 1995. À près de 30 ans de distance ! L'homme a de la suite dans les idées ! Mais moi aussi...

Puisqu'il insistait pour dire qu'il n'était pas parfait, je me suis souvenue que, lorsqu'il présidait la Commission historique pour la cause d'Élisabeth Turgeon, il nous disait qu'il fallait lui trouver des défauts — ce que nous avions beaucoup de difficulté à faire — parce que ses vertus en deviendraient plus « crédibles ». Faisant suite à cette pieuse recommandation — tout pour le satisfaire — je m'attelle à cette tâche herculéenne de lui trouver un défaut.

Euréka ! Le seul défaut que je puisse découvrir après acharnement méningistique, c'est l'envers de sa générosité. Il est tellement habitué à donner, et parce qu'il aime plus donner que recevoir, s'il sait recevoir, il y a une zone d'ombre où il n'accepte plus ou en tout cas difficilement, une zone de réserve.

Son seul manque à la charité que je lui connaisse donc, c'est qu'il va toujours bien. Nous, pauvres mortels qu'il aide et réconforte, nous aimerions aussi lui rendre parfois la pareille. « Vous ne pourriez pas nous dire juste une fois que ça va mal, pour nous faire plaisir », lui ai-je dit un jour. Et, bien sûr, il a ri mais ... il allait toujours bien... Bon là, j'exagère, c'est vrai. Quelquefois, quelques rares fois, il se dit fatigué ou souffrant si nous insistons suffisamment, mais jamais il n'entame ainsi un discours, jamais il ne nous inflige — ce qu'il pense sûrement — de se plaindre sans être sollicité de le faire ! Et lorsqu'il le fait, ce n'est pas une plainte qu'il émet, c'est une réalité qu'il constate et qu'il écarte du revers de la main, sans grands égards pour ses os : « ça ne fait rien, ce n'est pas grave, ça va passer ».

Alors je lui ai dit que le seul défaut que je puisse lui trouver, puisqu'il insistait, c'était de ne pas se laisser consoler, qu'il lui fallait accepter que nous aussi nous puissions lui rendre la pareille. Il a répondu spontanément, sans la moindre hésitation, avec presque un regard d'excuse :

– Ce qui me rend triste c'est la douleur des autres. Si tu veux me consoler, il faut donc que tu ailles les consoler, eux.

Me voilà de nouveau assaillie de grandeur et les défauts, pardon, LE défaut déchu de son essence. Vous n'êtes pas parfait, dites-vous. Moi, je veux bien vous croire, Benoît Joachim, si cela vous fait plaisir, mais il nous faut la foi ! C'est comme pour Dieu, il faut croire sans jamais voir.

J'ai eu ma leçon, je n'ai pas l'intention de recommencer l'exercice. Je ne ferai que suivre son exemple après tout. LUI s'est-il jamais acharné à trouver des défauts aux autres ? Pourquoi faudrait-il lui en trouver ? C'est à lui de nous montrer la voie... encore une fois. Je lui ai donc posé carrément la question.

– Nommez-moi vos défauts, puisque vous en avez.
– ...

Ce qu'il a réfléchi ! Le silence a remplacé la spontanéité de la réplique citée plus haut.

– Difficile, hein ?
– Bien, je suis léger, superficiel, folichon, pas sérieux...

J'ai balayé du revers de la main. Dire qu'il m'offre un défaut sur un plateau et que je le refuse !

Ici il nous faut aborder la question de l'humour, du rire. Folâtre ou folichon comme son père, dit-il, il y a chez lui la pure joie du jeu comme chez l'enfant, le rire comme un trille de joie. Joueur de tours invétéré, il s'expose à la réciproque (voir p. 131).

Il y a aussi le rire-soupape, une forme peut-être d'exorcisme, de catharsis, un exutoire. Voir l'épisode du chat raconté par sa sœur alors qu'il est jeune novice pour tromper son ennui (p. 74). Nous sommes plusieurs à nous demander comment il lui est possible de côtoyer tant de douleurs et de problèmes et de savoir si bien les porter tous. Nous ne devinerons jamais à le voir, parce qu'il n'affiche pas sa tristesse, qu'il est en deuil presque perpétuel, surtout à mesure que les années passent, il n'est pas de semaine qu'il ne perde un être cher, un parent, un ami, une personne qu'il accompagne. À part la force spirituelle qu'il trouve dans la prière, la méditation, le silence, la solitude, le rire lui est oxygène nécessaire pour pouvoir respirer dans la densité de la douleur à laquelle il est intensément et incessamment confronté. La gravité le rattrapera évidemment toujours mais sans jamais l'embourber dans la morosité.

Puis, il y a le rire–masque sous lequel se cache sa pudeur, sa timidité bien camouflée sous les rires, les taquineries, les attitudes plus familières, qui sont rapprochement des autres, en même temps qu'une autre distance sur sa propre vie, sur ses secrets.

Mais on ne peut dire que c'est un défaut. C'est une forme d'armure, d'autoprotection, de système de défense naturel. Qui d'entre nous n'y a jamais eu recours ?

– Essayez autre chose.

Autre moment d'intense réflexion.

– Mon défaut, c'est de ne pas connaître mes défauts !

Quelque temps après il dira : « Pourtant je crois au péché originel. Donc j'ai des défauts... » (5 juillet 1995)

S'il semble si naturellement parfait, nul doute qu'il n'y ait eu conquête de haute lutte sur certains champs de bataille plus spécialement. Sa personnalité est trop forte, trop « personnalisée », pour qu'il en soit autrement.

Par exemple, comme il nous prend en patience ! Qu'il est patient ! Pas naturellement, non. Bien que cela semble sans douleur, il a dû se dompter beaucoup pour être aussi patient tout en douceur... tout spontanément, nous semble–t–il. Depuis 33 ans que je le connais, ça fait 33 ans qu'il me dit qu'il apprend à être patient... Mais je ne l'ai vu perdre patience qu'une seule fois et tout de suite son visage a reflété le regret de qui vient de commettre une faute grave. Et sans doute que pour lui c'en était une.

Influence

Peut–on mesurer l'extraordinaire ascendant de cet homme, professeur et prêtre ?

Il est impossible d'évaluer l'impact de sa présence et de son influence à sa mesure ou plutôt à sa démesure. Professeur pendant plus de 40 ans, il a marqué des milliers d'étudiants de plusieurs générations, dont moi–même. Il s'est illustré si grandement et si diversement dans la vie culturelle et scientifique, son immense érudition mise au service du défrichement des connaissances, à la jointure de l'esprit et du cœur. Quoi qu'il fasse, il nous appelle à la transcendance, à ne pas avoir peur de l'inconnu, à vivre intensément, avec le regard de celui que le passé accompagne mais sans l'entraver dans sa marche, pour mieux le faire servir à la construction de l'avenir. Une phrase qu'il a dite à plusieurs reprises avec quelques variantes : « Celui qui s'avance vers le soleil laisse son ombre derrière lui. »

L'âme vaste comme les plaines de Bellechasse, l'amour aussi profond et aussi inaltérable que le fleuve qui longe tout Saint–Michel et le pays et l'idéal plus haut que les cimes des Laurentides qui barrent l'horizon de son pays natal.

Il est séduisant de charité. Personne ne s'en sort indemne. Il éveille, il encourage et soutient les initiatives au monde de l'esprit et des connaissances, il touche, il émeut, il émerveille. Il attendrit. Il fait naître le sourire, éclater le rire, attendrir de grandeur, éveiller ou réveiller au spirituel. Il fait bien rager quelques catholiques d'extrême droite qui le trouvent trop à gauche, mais ils constituent l'exception qui confirme la règle.

Il a le don de nous propulser hors de nous–mêmes dans une dimension de grande ouverture et de grande générosité, parce qu'il nous apprend l'amour sans frontières et sans limites.

Parce qu'il a fait de la vie une fête, et pour nous et pour lui — un simple bonjour distillé avec son regard ensoleillé donne naissance à notre jour — il est havre dans la tempête, oasis dans le désert.

Chacune et chacun le raconte ici à sa manière.

Un jour, le 22 novembre 1963, il a transcrit ces vers de Marie Noël en parlant de lui :

> Mon nom, ma place parmi les hommes : SURPLUS
> Surplus de troupeau
> Surplus de maison
> Surplus d'amitié

Dans *Le P'tit Train*, il écrit : « Lui ! il arrive en surplus : un vrai cadeau ! » (p. 18 et *Trilogie en Bellechasse*, p. 92) C'est beaucoup mieux, car s'il n'est pas surplus mais nous est, oh ! combien nécessaire, il est vraiment un cadeau, un cadeau du ciel, ce ciel dont il nous montre la route à force d'être et d'amour. Il traverse nos routes, il est notre route.

Et pourtant, le croirait–on, il se sent parfois inutile. Parce qu'il est si fort, l'on en oublie qu'il est humain aussi et qu'il puisse avoir ses « doutances ».

Plutôt que surplus, il est nécessité, richesse et plénitude.

Il est terre d'accueil et vent du large, pays reconquis et à découvrir. Aucun dogme ancré à la tunique, il a porté au faîte les grands commandements de Dieu : « Aime ton Dieu et ton prochain, comme toi–même pour l'amour de Dieu ».

Il représente l'amour, l'Amour, dans son expression la plus pure dans un cœur d'homme, un goût d'éternité, la chance innombrable pour nous non seulement d'être apprivoisés, mais aussi d'être pris en charge et en responsabilité sans jamais de relâche et dans une constante amitié qui dépasse tout ce à quoi on peut s'attendre dans cette vie de finitudes et de brisures.

Toute votre vie a été amour comme le Christ et c'est bien pour cela que vous avez non seulement tant donné mais tant apporté. C'est cela votre charisme. Tout le monde s'accorde à vous en accorder un, même les gens qui ne savent la nommer reconnaissent cette réalité. Doux et humble de cœur, vous êtes en même temps flamboyant, en ce sens que tout le monde vous remarque et personne ne vous oublie. Jamais il ne s'affiche d'être mais il affiche l'être spontanément. Comment vous rendre honneur et gloire d'avoir par votre vie tant glorifié le Seigneur et de l'avoir tant et si bien incarné en vous qu'il détient sur nous pour ainsi dire, par osmose, sans violence, sans effraction. Je veux vous rendre grâce d'exiger simplement par votre être sans discours qu'il nous faille rendre grâce au Seigneur de vous avoir donné à nous. Vous annoncez chaque seconde de votre vie l'amour et chaque seconde est donc naissance, le Christ nous naît par vous.

Il a été ma foi lorsque je n'en avais plus. « Ça ne se peut pas que Dieu n'existe pas puisqu'il le projette par tout l'être. » Je lui ai dit un jour : « Vous êtes ma meilleure preuve, ma plus belle preuve de l'existence de Dieu. » Mais lui de répliquer — c'est lui tout plein : « Bien... ça commence mal ! »

Il agrandit tout ce qu'il touche et grandit ceux qu'il côtoie. L'on ressort toujours de chez lui avec un incroyable bien-être à l'âme, une paix à la fois fragile parce que nôtre et forte de sa foi à lui et de son indicible et indéfectible amitié et espérance. Parce qu'il cherche le bien et qu'il est persuadé qu'il se trouve en tout être, il le trouve. Nous tâchons d'être à la hauteur où il nous élève. L'on est meilleur tout à coup. L'on a grandi en quelques minutes.

Benoît, Benito, nom qui sent la bénédiction qu'il appelle sur les êtres. Il a mis tant de soleil au monde depuis qu'il est né à sa vie de prêtrise, parce qu'il a tant de soleil en lui. Un saint est celui dont la vie est exemplaire, celui dont on suit l'exemple. Lorsqu'il était président de la Commission historique dans la cause de canonisation d'Élisabeth Turgeon, Benoît Lacroix a écrit, Sœur Rita Bérubé, r.s.r. le rappelle, qu'un « saint est à la fois inculturé dans le pays et inculturé dans l'Évangile » (p. 450). Quelle tentation d'en tirer une conclusion qui le ferait rougir ! De toute façon, c'est lui dont j'ai choisi de suivre l'exemple car il est incarné et l'expression vivante et joyeuse de Dieu, l'expression à voiles toutes déployées du Dieu de l'Amour.

Oh ! bienheureux Benoît, bien heureux ceux qui ont la chance de vous connaître, de vous avoir rencontré sur leur route.

Comment vous remercier d'être ? Comment vous remercier d'être vous ? Comment vous remercier d'être notre ami ?

Que le Seigneur soit loué ! *Alleluia ! Deo gratias !*

Comme saint Thomas d'Aquin est surnommé *Doctor Angelicus*, le docteur angélique, nous avons surnommé Benoît Lacroix, cette âme à cœur battant, le *Doctor Amor*.

Un jour il a répondu à l'amour pour toujours et à jamais. L'amour ne l'a jamais quitté et s'il s'est donné sans se reprendre, son être prenait encore plus profondément racine tout en voguant de cœur en cœur, de mal en misère et d'amitié en rire, en fait d'amour en éternité.

Nous l'attendions de toute éternité je crois. Il est venu en notre temps qui maintenant ne pourra plus qu'être éternel avec lui éternellement en nous.

Jamais nous ne vous oublierons, Benoît Joachim Lacroix, toujours nous vous aimerons, quoi qu'il arrive, sur la terre comme au ciel.

I

LES GENÈSES

Je m'appelle [Joachim] :
on m'appelle [Joachim] de Saint–Michel.
Saint–Michel, c'est le nom de ma paroisse,
ce tout petit « pays » où ma mère sarclait
son jardin en été et faisait des confitures
en hiver. Mon père y avait une maison,
une grange, trois vaches et un poulailler.

.... on a longtemps habité
cette maison blanche du Troisième ouest,
face au Trécarré, là où Maska et la Track du CNR
font la courbe qui mène à l'Hêtrière.
..
Moi, je suis de septembre.

                    (*Marie de Saint–Michel*, 1986, p. 5)

Saint-Michel-de-Bellechasse
LA PETITE PATRIE

Cher village de village qui n'a pas son pareil au monde.

Ciel bleu ou ciel gris, beau temps mauvais temps, tu es tout à la fois : l'arbre, la racine et les fleurs.

Tes maisons à pignons, tes cheminées échevelées, tes pins, ton quai, ta clôture fleurdelisée, ton cimetière quadrillé, ton moulin à scie, ta boulangerie, ta forge, ton fleuve, tes gens, le rire de tes enfants, le « parlement » de tes allées, tes bouleaux qui chantent, la broderie de tes poudreries, tes nuages en bordure, tes écureuils sur la neige, tes goélands, tes poulettes au vent, tes waguines, nous n'en finirons pas de t'aimer !
(*Les Cloches*, 1974, p. 13, *Trilogie en Bellechasse,* p. 15)

* * *

Votre pays, le mien aussi, Saint-Michel, rangs et village, Bellechasse en Haut, Bellechasse en Bas, j'en connais tous les coins et recoins, routes et raccourcis. J'en connais tous les cris et piaillages.

Délires du nordet, vantardises des vents du sud-ouest, forêts bavardes de Saint-Nérée, couacs des corneilles sur la neige, brisures de branches, que sais-je encore ?

Et vos déserts blancs sur les montants de vos pentes, et le dais bleu du firmament brodé les soirs de février, et ce joli clos de marguerites derrière les bâtiments, et jusqu'au parfum des fleurs, et l'odeur humide des cèdres du cimetière...

... Mais à quoi bon l'univers si tu perds ton âme ?

Je t'ai aimée, je t'aime, ô patrie énigmatique,
comme toutes les patries terrestres.

Je t'aime
comme le bois aime sa maison
comme le chemin aime sa plaine
comme l'hiver aime ses cheminées.
(*Quelque part en Bellechasse*, 1981, p. 78, *Trilogie en Bellechasse,* p. 219)

LA FAMILLE

« J'AI POUR MON DIRE... » CAÏUS LACROIX

La paroisse reste sa grande communauté de référence. Pas le pays ni la province, *sa* paroisse : Saint-Michel-de-Bellechasse, avec ses trois rangs du nord et du sud, son village, son curé, ses deux chapelles, le cimetière et le quai. « J'ai pour mon dire que c'est une des plus belles paroisses du comté fondée en 1678, s'il vous plaît ! » C'est vrai qu'avec son fleuve qui l'enlumine en été et qui lui donne en hiver comme un petit air de reposoir, avec ses montagnes qui ondulent et le gardent des bourrasques du nord, avec son quai dans toute sa longueur, les goélettes qui passent, le chenal pour les *Empress*, un presbytère historique, une église toujours bien peinte, des maisons propres, la chapelle de Lourdes, vraie réplique de celle de la France, paraît-il, et la chapelle Sainte-Anne pour les processions, il est difficile de trouver mieux quand on est déjà prédisposé à aimer les siens et sa terre. « Cherches-en dans le comté des paroisses aussi bien meublées. » [...]

En 1928, on compte 263 familles pour une population de 1 393 âmes. 1 393 âmes ! Mais le paysan des rangs a cette idée bien ancrée que les « âmes » du village sont d'un style bien spécial : des rentiers, des capitaines de goélettes, des pilotes au long cours, des visiteurs d'été, des marchands et quelques gens de métiers nécessaires à la vie de toute municipalité qui se respecte. « Tu sais, au village, ça ne travaille pas tellement et la municipalité ne pourrait pas vivre sans les concessions. Encore moins le curé. Faut jamais oublier cela si tu veux comprendre ta paroisse... »

De vrais Français de France !

Lui, il était arrivé dans le rang le soir même de ses noces qui avaient eu lieu en 190[2], dans son village natal à Saint-Raphaël de Bellechasse. Il n'avait alors que 18 ans. Depuis il a toujours habité le même pays, Saint-Michel, qui est devenu le pays de ses enfants, de ses amis, de son député et de son curé. Quelle fierté lorsqu'il en parle aux visiteurs... et même aux gens de Saint-Raphaël. Saint-Michel-de-Bellechasse n'avait-il pas vu naître tant d'hommes et tant de femmes célèbres dont le ministre Auguste-Norbert Morin, deux évêques, un préfet apostolique, des curés, des religieux, des religieuses « à la pelletée » ? Les ministres Turgeon et Bourassa, « i' sont venus et ça savait la parole, ces gens-là ».

Quant à ses ancêtres Lacroix, ils seraient venus « de ben plus loin encore » : ils seraient venus de la Normandie et du Poitou. « Des vrais Français de France ! Des gros travaillants qui n'avaient pas peur de risquer leur vie... Pas des espèces de feluettes comme t'en entends à la radio et qui se font aller les babines pour ne rien dire. » Marié en 1802, Pierriche Lacroix, un aïeul, aurait défriché lui-même sa terre, « de la maudite terre à roches ». Le grand-père Abraham, Bram I, comme on l'appelait, s'est marié en 1846 à Saint-Vallier. « Ça fait que son fils Bram II, mon père, a pu, le jour de mon mariage, me donner cette belle terre que je vais donner à mon garçon pour qu'il la donne un jour à ses enfants. Vendre un jour sa terre ? Mais ça serait pire que vendre son âme au diable ! »

Né en 1883

Il porte un nom romain déniché, comme par hasard, par ses parents en feuilletant le calendrier ecclésiastique. Né en 1883, à la Petite Cadie de la Deuxième-à-Saint-Raphaël de Bellechasse, Caïus Lacroix aurait eu 102 ans le 9 décembre 1985. Terrien avant tout, il raconte volontiers ce que son père lui a dit en mourant, il était l'aîné : « J'pars content, j'ai travaillé comme deux hommes, ma terre est belle maintenant. Faites-en autant, mes garçons. »

Cabaleur d'élections, libéral pratiquant, raconteur de peurs et crieur à la porte de l'église après la grand-messe, mon père était devenu dans les années 1928-1930, comme par enchantement, secrétaire de la Commission scolaire des Rangs. Pour garantir l'efficacité et la permanence de sa charge et pour mieux mener à terme ses petites intrigues de politicailleur, il avait appris par cœur, lui qui était peu instruit, tout le code municipal. Question de se donner de l'autorité auprès de ses compères et du député Boulanger. Effort amplement récompensé, car son ascendant sur les commissaires, les paroissiens, les députés, voire le ministre de l'Agriculture, tenait parfois du mystère.

Rien ne l'énervait. Surtout pas notre science et nos diplômes, encore moins nos discussions soi-disant théologiques. C'est que le frère aîné ayant, selon la coutume, « épousé » la terre, il avait été décidé de toute évidence que les autres enfants, garçons et filles, passeraient par les études. Prestige de l'instruction dans un milieu rural ? Décision instinctive ? Amour de la parole bien dite ? De toute manière, il nous arrivait au retour du collège de vouloir tout dire et tout savoir. Ah ! quelles ripostes nous attendaient : « De l'instruction, t'en as peut-être ben plus que moé, et j'sus pas sûr encore... Mais du raisonnement, t'apprendras jamais ça dans tes écoles... Finis ton cours et on verra ».

Une question va comme de soi : cet homme, né de la terre et relié à tout ce qui est héritage et parole, serait-il religieux au sens traditionnel du mot ? Qui le saura ? Par quel sondage mystérieux deviner tout ce qui peut trotter dans la tête d'un habitant gai luron qui a sa science à lui et qui ne va en ville que pour voir son député ? J'estime, pour ma part, et j'espère avoir tort un jour, que jamais nos machines à calculer et autres détecteurs de chiffres à penser ne viendront à bout de la sagesse d'un habitant de Bellechasse.

« J'ai un règne à vivre »

Maintenant qu'il dort au cimetière, il nous semble que sa vie n'obéissait à rien de très théorique ; elle tenait plutôt à une intuition qui s'est affermie avec le temps et la tradition : « J'ai toujours pensé que la vie ne m'appartenait pas. Mais j'ai un règne à vivre : pour ça j'ai eu une femme, des enfants. Sans moé tu ne serais pas icitte ; le sais-tu au moins ? »

(*La Religion de mon père*, 1986, p. 10-14)

CARTE POSTALE DE JOACHIM À CAÏUS

Paris, le 14.2.53

Cher Papa,

Merci pour votre lettre. J'y réponds par une carte qui se déplie. Tout va bien ici. Luc Lacourcière arrive aujourd'hui à Paris. Je dînerai avec lui chez M. Marrou Mardi gras.

Un service à vous demander : vous serait-il possible de mettre par écrit au clavigraphe, à deux espaces, tout ce dont vous vous souvenez au sujet du passé : contes, chansons, façons de vivre des anciens. Écrivez cela comme ça vient et quand ça vient pour que j'aie cela à mon retour d'Europe à l'automne. Ne vous occupez pas des fautes. Ça nous rendrait tellement service. Par exemple : votre histoire de Garcia Moreno, comment la racontez-vous ?

Vous vous ennuyez parfois ? Voulez-vous lire ? Je vous enverrai des livres si vous voulez. L'important : *faites* quelque chose. Alors, vous commencez ?... J'ai reçu la lettre de Marie-Louise. La réponse viendra un peu plus tard... mais elle viendra.

Merci
Joachim

Maman !

Née Rose-Anna Blais, à Saint-Raphaël de Bellechasse, le 10 juillet 1882, décédée depuis vingt-huit ans, elle était, comme plusieurs de nos mères, tout à la fois : première à la maison, première dans nos cœurs, première à deviner ses enfants et les événements, comme elle fut évidemment première à nous porter et à nous éduquer.

Le féminisme, tel qu'il s'affirme dans certains milieux urbains, n'aurait pas eu de sens pour elle. Elle était déjà trop première en tout l'essentiel de la vie pour penser même à le devenir davantage. Mon père était d'un tout autre style : plus fantaisiste, plus créateur en un sens, rempli d'idées et pourtant, comme elle, fils de la petite école et d'une éducation écourtée. Maman, elle, était à la maison du Troisième Rang de Saint-Michel et comme épouse et fermière, ce que Marie fut à Nazareth. Plutôt discrète, mais davantage présente. Elle n'avait pas besoin de crier pour s'imposer : elle était plus subtile, plus efficace. À ses funérailles, l'église était trop petite pour contenir toute la paroisse et les amis venus y assister. Pourtant elle n'avait jamais fréquenté beaucoup de gens, elle n'avait jamais prêché, ni même essayé de paraître. Non qu'elle eût désiré être en second, ou vouloir s'effacer. Mais plutôt, entièrement féminine et entièrement identifiée, il n'était pas nécessaire ni surtout utile qu'elle s'imposât des étiquettes pour être ce qu'elle fut toujours : vraie et présente.

Il y a en chaque maman du monde toujours quelque chose, une qualité, un fait, un dévouement, pour qu'elle devienne elle aussi, et sans qu'elle le sache, un signe ou une parabole de Marie, Mère de Dieu. Il n'y a pas à creuser longtemps pour deviner cette qualité. Chacun peut la trouver vite. Il suffit d'avoir la mémoire du cœur. [...]
(Dans *Esprit-Vivant*, vol. 4, n° 35, 10 mai 1979, p. 13)

* * *

– Madame Marie, prenez-en ma parole. Je sais ce que je veux dire. Votre garçon est un vrai de vrai, un homme comme il ne s'en fait pas dans le pays : du vrai de vrai. Droit comme une règle, sûr comme un compas. Emmanuel aime tout le monde, respecte tout le monde, salue tout le monde, ne se laisse pas influencer par qui que ce soit. Il est le plus grand citoyen de tout le Comté. Madame Marie, soyez fière parce qu'on ne devient jamais grand sans sa mère.
(*Marie de Saint-Michel*, 1986, p. 95)

L'ENFANCE

Il paraît que les mamans exagèrent quand il s'agit de leurs enfants. Mais tu aurais dû voir le mien marcher, courir. Déjà à deux ans il avait *sa* manière de renifler l'air, d'annoncer les orages, d'écouter le tonnerre, de regarder les étoiles et d'accompagner son père, ici feuilletant les framboisiers, là chantant avec les oiseaux ou épiant la moindre sauterelle entre les trèfles. Un vrai François d'Assise ! [...]

Notre petit était de ceux qui sont les plus désirables au monde : pétillant de vie, poli, bienveillant, espiègle à ses heures comme il se doit, mais en même temps épris de silence, de psaumes, tout en regards et jeux dans l'espace. Mon plaisir, ma joie profonde était de l'observer. [...]

Il était rempli de rêves, d'inédits et d'inattendus.
(*Marie de Saint-Michel*, 1986, p. 39, 43, 47)

* * *

Commençons par le commencement : papa, maman m'aiment parce qu'ils s'aiment. J'avais, paraît-il, des larmes à tout propos autant qu'un cœur facile. Tou[t] peti[t], papa me racontait des faits d'histoire sainte. J'entendais parler d'Ève, de Ruth que j'aimais beaucoup, de Déborah, de Dalila, de Judith, d'Esther, mais à cause de Jephté obligé d'immoler sa fille je courais vers maman : j'avais tellement peur que je voulais aller dormir chez les voisins.

– Tu es mieux de t'habituer ; le monde n'est pas tout du bon monde comme toi, répétait maman.

Tous les trois, chaque dimanche d'été avant la grand-messe, nous allions au quai voir passer les goélettes. J'y appris que la vie était faite pour aller de l'avant. Maman disait souvent : « Le temps est ton navire et non ta demeure. » Ça me rendait quelque peu songeu[r].
(*Marie de Saint-Michel*, 1986, p. 6)

MON PLUS BEAU SOUVENIR D'ENFANT

J'avais un père et une mère tout à fait différents. Un père, dont j'hérite paraît-il, folichon, raconteur... Il était un peu blagueur sur les bords. Plus souvent absent que présent. Il aimait s'occuper d'élections. Il aimait voyager. Tout était prétexte pour partir.

Ma mère était une femme stable, timide, disciplinée, très croyante. Elle assurait la continuité à la maison.

Mon plus beau souvenir d'enfant ? À la maison nous n'avions, en ce temps-là, ni radio ni téléphone ni poste rurale. Lorsque mon père s'absentait pour aller, par exemple, juger les grains au nom du ministère de l'Agriculture d'un gouvernement nécessairement libéral, il ne nous restait, pour savoir quand notre père revenait à la maison, que le petit train qui arrivait de Lévis allant vers Rivière–du–Loup. Alors les soirs, vers les six heures, nous surveillions le passage du « 36 ». Le train passait tout près, en face de la maison. Et quand à la fenêtre d'un wagon nous voyions flamber un mouchoir blanc que mon père tenait dans sa main, le signal était donné : il est à bord ! Youppie ! C'était la joie totale. Nous étions fous, excités. Le retour du père ! Que les psychiatres continuent à analyser cette situation, moi, j'ai ma petite idée : je trouve cela très beau. Amour et désir à l'état pur !

(Dans *Les Temps changent. Une génération se raconte.* Propos recueillis par Jean–Paul Lefebvre, 1988, p. 11-12)

MON ENFANCE

Je suis né en 1915 dans un milieu rural et pauvre. Les valeurs sont celles que l'on trouve alors dans les campagnes : du plaisir à travailler, la fidélité dans ses amours, la fierté de posséder sa terre, un grand souci d'hospitalité, le respect des ancêtres, un amour naïf mais profond de la France. Oui, souvent mon père chantait, et je l'entends encore :

> Jadis, la France sur nos bords
> Jeta sa semence immortelle,
> Et nous, secondant ses efforts,
> Avons fait la France nouvelle.
> Ô Canadiens, rallions–nous...

J'irai revoir ma Normandie était une autre de ses chansons préférées des veillées du temps des Fêtes.

Nous étions cinq enfants. La vie à la maison n'avait rien de spectaculaire. Sauf en temps d'élection ! Mon père y était très actif. Libéral à en mourir, grand bavard, il ne manquait aucune occasion d'intervenir à temps et à contretemps. « Mon garçon, des élections ça ne se gagne pas en se promenant dans le chemin : il faut aller dans les cuisines. » J'ai vu comment la politique locale fonctionnait et, depuis, ma confiance en elle n'a guère fait de progrès...

Ma mère, née au village Saint–Raphaël de Bellechasse en 1882, un an avant mon père, s'est mariée à dix–huit ans ; elle devint vite malade à force de trop travailler sur la terre. Elle se taisait, écoutait, priait. À cause d'elle, la religion était très importante. À la maison comme à l'église. Moins à cause des obligations de pratiquer que par la vie qu'elle nous imposait. Chaque saison avait ses fêtes ; chaque semaine son dimanche ; chaque journée ses trois angélus, ses prières matin et soir ; sans oublier les spéciaux comme la neuvaine à la Bonne Sainte Anne.

Peut-être ai-je été fortement marqué par ce rythme à l'intérieur de nos vies domestiques ? J'avoue avoir été toujours fasciné par les recommencements, ce qu'on appelle maintenant d'une manière défavorable : la routine. « Petit train va loin ! » répétaient les habitants du Rang. Depuis ce temps, j'adore recommencer, refaire les gestes essentiels, redire les mêmes prières, reprendre un texte, une page, un livre. N'est-ce pas ainsi que procède la nature ?

(Dans *Les Temps changent*, 1988, p. 165-168)

CAÏUS LE FANTAISISTE

« Pour vous dire vrai, je m'ennuie beaucoup de Papa et de ses tours et de ses répliques. Il m'est difficile d'entrer dans ma tête que je ne le verrai plus. Quel fantaisiste il a été jusqu'à la fin ! » (Lettre du 20 octobre 1969)

Et c'est précisément son fils Joachim qui a été la victime « innocente » de son dernier tour d'envergure.

C'était à l'époque de la vague ou de la vogue des défroqués, à l'hiver de 1969.

Je servais de chauffeur — de chaufferette disait Benoît Lacroix à ses confrères dominicains pour les faire « étriver » — pour une autre visite à son père au village de Saint-Michel-de-Bellechasse.

« Après la visite à Papa avec vous, m'écrit-il quelques mois plus tard, le bruit court au village Saint-Michel que je suis sorti de communauté... et marié. Papa s'amuse beaucoup et s'amuse à son tour à faire "papoter" les gens en disant que la nouvelle n'est pas fausse ! Tel père, *tel fils* ! » (Lettre du 15 juin 1969)

J'ai appris plus tard comment le grand-père Caïus, comme je l'appelais, avait répondu aux premiers « questionnements » de ceux qui tentèrent de lui tirer les vers du nez :

– Cout'don, ton gars, i'é-tu défroqué, pis marié ?

Et Caïus Lacroix, vieux renard, une loi en soi, au lieu de tuer la rumeur dans l'œuf, avait prestement rétorqué :

– C'est-i' de vos affaires ? C'est sa vie. I'est assez grand pour savoir quoi faire !

ECCE HOMO : LE PRÊTRE QUÉBÉCOIS ET SON FRÈRE ALEXANDRE

[...] Prenons *le cas du prêtre diocésain*. Mon frère, que j'ai conduit au cimetière le 26 avril dernier, en était un. [...]

Nous en arrivons au point où se situe exactement la vie héroïque du prêtre diocésain. Sans communauté immédiate de soutien comme peuvent en avoir les prêtres religieux, isolé dans un presbytère conçu par une autre forme de chrétienté, solidaire de rites et de décisions qu'il n'a pas le temps d'étudier à fond, seul ou presque à tout prévoir et à tout faire : semaine, dimanche, jour, nuit (appel aux malades), catéchisme, animation de toutes sortes d'organisations paroissiales, visites au Foyer, à l'Âge d'Or, préparation au mariage, etc. ; soumis parfois à des épreuves affectives normales si on est soi-même normal et quelque peu représentant de la tendresse de Dieu ; voyant ici et là la jeunesse s'en aller sans même avoir rencontré Dieu à la maison ; instruisant des enfants mal encadrés par des parents en crise religieuse, que voulez-vous qu'il fasse ? Comment voulez-vous qu'il soit ? Eh bien, disons-le sans fanatisme sentimental (car nous nous aimions bien), mon frère fut un prêtre diocésain semblable à ceux dont parle M. Jacques Leclerc, heureux de donner sa vie sans compter ses pas ni ses échecs, certain que malgré toutes les déceptions (qui n'est pas déçu en 1983 ?) toutes ses forces allaient à sa paroisse, assuré que Dieu lui permettait de réagir en homme de temps à autre pour mieux en rire ensuite avec ceux-là même qui, comme lui, cherchaient à donner le Christ au monde de maintenant.

C'est la grandeur et aussi l'épreuve du prêtre diocésain d'avoir à tout donner en même temps, de rencontrer toutes les générations à la fois, de n'avoir pas à choisir la forme de son don, d'être obligé à toutes les qualités tout en étant vite certain de ne pas les posséder toutes, d'être jugé comme devant être parfait, tout en étant vulnérable et fragile comme n'importe qui d'entre nous. Le prêtre diocésain québécois vit une insécurité multidimensionnelle que peu de prêtres religieux connaissent. Être prêtre de paroisse, c'est tout simplement se vouer à l'héroïsme du semeur qui ne sait même pas si la moisson viendra. Sainteté de défricheur !

Avant que mon frère Alexandre ne décède, à 73 ans, je lui ai demandé à brûle-pourpoint quelle était l'image du Christ qu'il préférait. « *Regarde sur le mur* ». Il avait fait peindre à l'huile, par une main artisanale, la reproduction d'un *Ecce homo*.

Ecce homo : tel est le prêtre québécois diocésain en 1983. Jadis couronné d'honneurs, de prestige et de fleurs ; maintenant il porte une couronne d'épines. Tant mieux ! Les Québécois, qui souffrent beaucoup, le reconnaîtront mieux de cette manière, identifié au frère souffrant, pareil au Christ de la croix plutôt qu'au Transfiguré du Mont Thabor. À chaque période de la chrétienté ses accents spirituels.
(Dans *L'Informateur catholique*, vol. 2, n° 12, mai 1983, p. 5)

QUELQUES FAITS, BIEN OUI

Cécile Lacroix, m.i.c.

Parler de mon frère dominicain ne me fatigue pas : je l'aime tant et il est si bon pour moi la petite dernière qu'on appelait communément la « Cécillon ». Je commencerai par ses premiers exploits.

Maman était très bonne mais ferme aussi, surtout quand il s'agissait d'éducation. Chez nous en ces temps–là l'électricité brillait par son absence. Tous, frères et sœur, ainsi que belle–sœur, on se serrait les coudes pour aider.

Mon frère Joachim qui avait affaire à mon frère aîné, cultivateur de naissance, bourreau de travail, reçut pour emploi non rémunéré l'emploi de pomper l'eau pour les animaux. Tous on se demandait ce qui se passerait avec cet anti–cultivateur. Joachim cria au gros cultivateur :

– D'accord je vais y aller. Je pomperai 50 coups pas plus ni moins. Si ton baril n'est pas plein je ne viendrai pas finir. Si après 30 coups il déborde tu t'arrangeras avec les dégâts car je me suis engagé pour 50 coups.

Les deux résultats vinrent prouver la véracité de l'engagement.

J'ai insinué plus haut que mon frère était anti–cultivateur.

– Maudits habitants ! Je n'en serai pas un... disait–il.

Le temps de fréquenter le collège classique était arrivé. Maman qui n'avait pas d'instruction s'était juré que ses enfants connaîtraient les gros livres. Elle avait aussi une grande psychologie. Face à son jeune ennuyeux, elle dit :

– C'est à ton tour de fréquenter le Collège Sainte–Anne.

– Maman, je ne veux pas y aller car je vais trop m'ennuyer.

Pauvre maman, elle s'ennuierait, mais l'ennui face à l'avenir... Elle reprit :

– Correct. Tu ne veux pas aller au collège, je vais t'acheter une terre...

– Maudits habitants ! Je n'en veux pas. Je vais partir dès que tu le voudras.

Disons que cet argument magique a dû se réitérer chaque fois que l'ennui se faisait sentir.

À la rentrée au collège, maman avait conclu un marché avec son fiston :

— Je veux des beaux bulletins.

Bien oui, le premier bulletin venu décelait le rendement scolaire excellent mais la conduite en dehors des cours : médiocre. Il n'en fallait pas tant pour faire réagir maman. Joachim répondit :

— Maman, je donne plein rendement en classe, mais après laissez-moi m'amuser.

Il s'amusa si bien qu'il faillit prendre la porte. Revenu à la maison sa bicyclette et sa petite amie l'accaparèrent plus que la pompe à eau qui avait disparu.

Un jour, Joachim étrennait une bicyclette depuis longtemps convoitée. Toujours est-il qu'il devait revenir de la maison du coin où une copine aimait souvent à lui dire BONJOUR. Bien oui, revenait-il de cet endroit, je ne sais, mais arrivé dans la grande montée paternelle, le cycliste et son bijou préféré et neuf prirent une fouille dans le gros fossé et plusieurs rés se brisèrent... Quelle déception ! Ce fut peut-être la première vraie, mais avec le temps la bicyclette fut réparée et le cycliste retrouva son entrain pas perdu...

Et Dieu sait si la bicyclette roula mais pas toujours vers la maison du coin. Après ces multiples randonnées, maman crut bon de faire la leçon à son espiègle :

— Joachim, tu sors trop.

Et lui de répondre :

— Maman, vous ne connaissez pas ça, vous vous êtes mariée à 18 ans.

Pourtant Joachim était un enfant docile mais qui aimait à jouer des tours et à rire. Que dire de ces jeux à la balle molle composée d'un œuf non cuit et lancé vers le plafond aussi souvent que ça énervait les autres. Disons qu'aucun œuf ne s'est brisé à notre grand soulagement. Ce qui était frappant, c'est que ce jeu s'effectuait quand le grand ménage du salon était terminé.

Disons aussi que c'est grâce à Joachim si nous avions du dessert aux repas. Bien oui, combien d'amis de collège venaient passer quelques jours à la maison. Repas arrivés, pauvre maman, si elle a eu chaud jusqu'au jour où elle réalisa que l'attitude maternelle devait être neutre quand elle entendait dire :

— Bon, aujourd'hui, nous allons avoir du dessert puisqu'il y a de la visite avec nous.

Joachim était tendre, trop même. Que dire de son départ pour le noviciat de Saint-Hyacinthe. Les adieux préparés n'eurent pas lieu puisque ses derniers moments avec la famille furent subito presto.

Quel ennuyeux que notre Joachim ! Quel débrouillard aussi ! Voici de quelle façon il se désennuya au noviciat lors d'un bien gros ennui. C'était la retraite des religieux dominicains et ces derniers priaient dehors. Pour tromper son ennui mon frère avait fait la découverte d'un chat qu'il conduisait au bout d'une corde au milieu des retraitants qui durent rentrer un par un au couvent. Le reste se passe de commentaires.

Mon frère religieux et la joie

Impossible de séparer la joie de cette personnalité attachante. Devenu religieux on aurait dit qu'il creusait davantage le puits de joie qu'il avait en profondeur. Les siens il les visitait souvent quand il passait par leur chemin. Parfois en arrêtant et parfois de loin. C'était le bonheur que de le recevoir et disons que le bonheur grandit avec les années. On l'aime, c'est visible, et je dirais qu'il sait se laisser aimer. Près des siens les plus intimes le « fou » sort et c'est réciproque. C'est tellement familial et charmant qu'on répond par de larges sourires.

Mon frère aime beaucoup les rassemblements de famille. Là encore il trouve le moyen d'adresser un bon mot « jovial » à tous et chacun, même aux toujours pressés : les serveurs. À ses noces d'or sacerdotales nous avons tellement joui que nous repoussions l'heure du retour. À un moment donné nous avions mis nos ceintures de sécurité et décidé de partir quand arrivèrent près de l'auto trois petits tricheurs qui regardèrent mon frère. Celui-ci comprit. Il enleva sa ceinture, débarqua de l'auto et lia conversation avec les petits échappés. Ce fut son dernier acte de gratuité cette journée-là.

L'homme du Peuple

Ici je le perds un peu. Je sais bien qu'il parcourt la Province de l'est à l'ouest, du nord au sud, afin de proclamer la Parole de Dieu qui vit profondément en lui. Peut-être d'autres raisons le mènent loin aussi. Sur place, il m'en échappe en dehors de la télévision, la radio, les comités, etc. Après des randonnées assez longues il m'a simplement avoué qu'il avait hâte de retrouver son lit au 2715. Il est donc heureux chez lui même s'il est pigeon voyageur.

Ses jours de congé ou de grandes fêtes il les passe auprès des personnes âgées ou malades. C'est une joie pour lui.

Il ne faudrait pas passer sous silence la belle suavité et le bon entrain qui l'animent sans le laisser. Sa vie intérieure profonde doit sûrement être la source de pareille joie.

RACINES ET LIENS FAMILIAUX

Rolande Lacroix–Lamontagne

Être native de Saint–Michel–de–Bellechasse ne signifie pas seulement avoir eu le privilège de cohabiter avec le fleuve, les vallées et le chaînon de montagnes à perte de vue.

Dans mes souvenirs, je revois plutôt le petit rang du 3e où se situait la maison familiale que plus d'une génération de Lacroix s'est partagée et/ou léguée au fil des ans.

C'est dans cette ambiance de partage qu'allait se sceller avec « mon oncle Joachim » un esprit de complicité qui encore aujourd'hui se poursuit et s'intensifie avec notre maturité et notre sagesse... Hum ! Hum !

D'aussi loin que je puisse me rappeler, « mon oncle Joachim » habitait à la maison entre ses sessions scolaires. Durant ses séjours, il avait cet art de nous transmettre la joie de vivre, d'animer nos esprits taquins et espiègles, de transformer nos corvées en jeu... et j'en passe.

N'allez pas croire en entendant tous ces éloges qu'il était parfait et qu'il reflétait l'image d'un « ange ». Bien au contraire, il avait des défauts mais sa subtilité et son sens de l'humour savaient amenuiser les situations les plus critiques.

Né d'une famille de rudes travailleurs, il se distinguait des autres par sa volubilité. Il avait solution à presque tout mais ne s'occupait que très rarement de l'exécution des tâches manuelles. C'était un « intellectuel », comme le disait si bien mon père, son frère Léopold. Ses cheminements spirituel et de carrière en sont un parfait exemple.

Bien qu'ayant quitté depuis fort longtemps Saint–Michel, témoin de multiples retours éclairs, et que nos routes aient été différentes, je suis à même de constater que cet homme, issu d'un milieu rural, a conservé sa simplicité et sa propre identité.

Sa discrétion, sa facilité de compréhension ont permis à une multitude de gens de se laisser guider à travers la loi de leur conscience, et de solutionner bien des problèmes.

Tout au cours des dernières années, il a été sollicité de toutes parts pour animer et donner de nombreuses conférences. Sa bonhomie et ses nombreuses connaissances en font un orateur de grand talent.

Pourtant, au plus profond de moi lorsque le nom de « l'illustre Benoît Lacroix » est prononcé, je revois plutôt « l'oncle Joachim » avec son sourire moqueur, son air espiègle et ses nombreuses surprises.

Je pourrais encore élaborer très longtemps sur les caractéristiques de cet homme qui m'est cher mais je ne saurais trouver tous les mots voulus pour lui rendre dignement hommage.

Je me contente donc de terminer par cette phrase qui résume tout le fond de ma pensée :

« MERCI d'être ce que vous êtes JOACHIM LACROIX. »

LETTRE À ROLANDE LACROIX ET À CLÉMENT LAMONTAGNE

[Montréal], 1er janvier 1995

Chers vous autres !

Pour être digne de la carte que j'ai reçue la semaine de Noël, j'ai pensé vous écrire plutôt une lettre. Ça fait solennel, grandiose... et plus émouvant !

D'abord je vous souhaite une *Heureuse Année*, et comme toujours, remplie de générosités de toutes sortes.

Tous les gens à qui je présente Rolande et Clément sont favorablement impressionnés et veulent vous revoir. Je dois les retenir ! ! S'ils sont si impressionnés, je crois que c'est parce que je suis un oncle *sage*, *tranquille*, *aimable*, *sérieux* (... le reste est dans le dictionnaire Larousse) : c'est ce que je pense et j'ose espérer que ma nièce Rolande est d'accord.

Tout ceci pour vous dire aussi *merci* de tant de bontés en 1994. Et souhaitons-nous de nous revoir ainsi tout au long de 1995.

Joachim
XXX

Salutations à tous les enfants... et petits-enfants !

CHER ONCLE BENOÎT-JOACHIM

Benoît Gagnon

... Certes, il n'a pas inventé la poudre à canon.
Il n'est pas Einstein non plus.
Tout le monde le sait.
Lui aussi.
Mais l'important :
Il arrive,

Il repart.
Il ré–arrive,
Ré–repart, ré — ré ...

Ce préambule est un extrait de son livre *Le P'tit Train*.

Comment peut–on penser être à sa hauteur ?
Lui qui sait si bien s'ajuster à notre hauteur.

Une initiative s'imposait :
Être le neveu d'un oncle qui a su
vulgariser son 3e Rang Ouest natal dans tous les pays
qu'il a si fièrement parcourus.

Le Canada, le Québec, un grand nombre
d'universités et d'organismes l'avaient honoré.

Pour ma part, je n'avais qu'une chance
d'être auteur.
Il fallait immortaliser le train du ciel
à Saint–Michel–de–Bellechasse.
Le 23 août 1987 fut le grand jour,
« Bibliothèque Benoît–Lacroix ».
Les nombreux Gagnon, Lacroix, Bélanger, Laflamme,
parents et amis présents n'ont eu que de la joie
à entériner cette immortalisation.
Le vivant était désormais à la hauteur
de sa grande profondeur.
Comme nous en sommes tous fiers !

Cher oncle Benoît–Joachim,
aujourd'hui, ce sont plus de 160 personnes
qui rendent hommage à votre hauteur,
votre dignité,
votre bonté,
votre simplicité,
 votre...

                                    Au nom de la famille Gagnon
P.–S. Votre qualité de vie fait que déjà nous nous préparons tous
  pour vos 160...

Juste à temps

Arthur Lacroix
pour la famille du 3e Rang Ouest de Saint-Michel

Qui donc compte les minutes et les secondes ?...

On se souvient que pour aller prendre le train à La Durantaye, il n'y avait aucune seconde à perdre. Même avec le transport à cheval il fallait compter la distance et la vitesse. Tout était pensé pour ne pas rater son départ. Enfin presque tout, car il est déjà arrivé à Joachim de manquer le petit train.

Joachim semblait toujours avoir une solution. Regardant l'heure et disant : « On a assez de temps pour se rendre au village de Saint-Michel et prendre l'autobus. » Heureusement qu'il gardait sa valise à la main. Il sautait de la carriole pour ensuite embarquer à toute vitesse dans l'autobus. Pas besoin de spécifier qu'il n'y avait aucune minute d'attente, sinon que c'était le chauffeur d'autobus qui attendait Joachim.

Comme on peut le constater, dans une famille de cinq ils n'ont pas tous appris à calculer de la même façon ! Son frère Léopold avait toujours une demi-heure à l'avance sur ses rendez-vous. Quant à lui, Joachim, il vivait toujours à l'heure reculée. L'invention de la montre n'a certainement eu aucun effet dans sa vie.

L'oncle Joachim

Pour la famille Lacroix-Bégin
par Élaine Lacroix-Bégin

L'oncle Joachim, c'est la fraîcheur de l'érable au printemps, et toute la chaleur de son feuillage en automne. L'oncle, en voyage, apporte toujours ses racines ; en fait, il pousse partout. Plus encore, l'oncle est son propre coup de vent ; il s'éparpille sans cesse, généreux, affable, rieur et modeste.

L'oncle Joachim, c'est notre P'tit train à nous, celui qui dit : « il n'y a que cela, le travail, les services qu'on peut rendre, l'amour que l'on donne. C'est bon de voir et revoir, de venir, repartir, aimer, aimer encore. »

Mais l'oncle ne nous appartient pas ; nous avons l'honneur de l'avoir partagé, puisque l'avoir retenu, c'eut été « appauvrir l'univers ». C'est pourquoi nous avons appris à « l'aimer durant son voyage »... en sachant à quel point il nous le rendait bien.

Lettre de l'oncle Joachim à sa petite-nièce Élaine Lacroix-Bégin

27-11-93

Chère Élaine,

Après avoir relu ta lettre et *Le temps d'un jardin*[4], il ne m'a pas été difficile de constater la justesse instinctive d'une intuition que j'avais eue en lisant le poème que tu avais jadis écrit pour ton père, cet inconnu prestigieux de ton cœur fracturé par un départ aussi inattendu : tu es une écrivain, tu es poète. Quoi dire de plus que te transcrire mon impression sur l'envers d'un poème de St-Denys Garneau photocopié du manuscrit original[5] !

Mais je voudrais te souhaiter une bonne année 1994 de création littéraire, avec tout ce que cela exige de travail ardu mais bon au possible. Tu suivras des cours oui, mais pour mieux y poursuivre ton chemin proche et les thématiques qui t'habitent.

Que j'étais heureux que ta pensée principale soit celle du temps. La recherche de l'instant qui ouvre sur l'avenir, le goût du futur au présent, le respect de la Terre qui te materne au moment où elle t'attend, tour à tour pierre et mousse, neige et ondée, clarté et noirceur, jour et nuit.

Ce qui me fascine aussi à distance — car je suis si loin... *et si près de toi* — c'est que nous puissions au-delà des parentés communier à des intentions-mystères, à un « ailleurs » que les mots ne peuvent que symboliser.

J'ai retrouvé le thème de la cage chez Garneau aussi[6]. *La cage* ! Tu sais, elle peut enfermer mais elle peut aussi sauver l'oiseau apeuré. Eh ! oui j'en aurais long à te dire probablement sur les saisons de ta jeune vie. Par ailleurs je ne sais rien ou près de ce qui te fait chanter ou pleurer, écrire ou taire. Je voudrais simplement trouver un jour l'occasion à la fois discrète et presque hors du temps « adulte » pour que dans *le matin que la rosée baptise* des propos *échevelés* deviennent tout à coup sagesse d'amour. Je suis certain que sous la terre de ton jardin habitent des promesses... mais lesquelles ? Je suis ton conseil : *je n'essaie pas de te suivre... mais laisse-moi t'apercevoir de loin et t'aimer le temps d'un jardin*[7].

Ton oncle qui te félicite et t'attend,
XXX
J

Fête du jubilé d'or de prêtrise à Saint-Michel

[...] Un autre texte que j'aurais aimé recevoir de Nicole (mais elle doit être suroccupée) est le texte qu'elle a si bien lu et dit le 8 septembre dernier.

Encore une fois je n'ai pas assez de mots pour vous dire à quel point j'ai apprécié tout ce que vous avez fait pour moi le 8 septembre dernier. Fêtes parfaitement réussies et inoubliables pour moi. Ça nourrit mes... vieux jours ! [...]

Joachim
(Lettre à Rolande et Clément Lamontagne, 14 octobre 1991)

Texte intégral adressé à Joachim Lacroix par sa famille pour commémorer ses 50 ans de prêtrise

Nicole Lamontagne

Ce matin aux petites heures déjà nous pouvions prédire qu'une belle journée s'annonçait.

Quelques heures encore et nous prendrions la route pour retourner là où tout a commencé.

Effectivement c'est ce qui s'est passé. D'un peu partout au Québec une grande famille a sillonné les routes pour revenir à ses sources : à SAINT-MICHEL-DE-BELLECHASSE, dans la belle région du Bas du Fleuve, le plateau Laurentien.

On est venu rejoindre tous les autres qui y sont demeurés. Une occasion de fête en est la cause :

50 ans de prêtrise d'un individu exceptionnel, *l'illustre* Benoît Lacroix, l'homme de foi, le médiéviste, le professeur, le conférencier, l'homme de la télévision, hum ! hum !... mais avant tout, au fond de nos cœurs, *l'oncle Joachim,* digne fils de Caïus et de Rose-Anna, le p'tit gars élevé dans le Troisième Rang de Saint-Michel, un homme qui a fait son chemin et qui a su faire sa place dans nos cœurs.

« Cher oncle », toute famille qui se respecte se devait de profiter de l'occasion pour remettre à jour vos origines, vos traits de caractère, anecdotes et souvenirs heureux.

Prenez bien votre souffle car nous avons fait le ménage dans plusieurs tiroirs à souvenirs et mis à l'épreuve plusieurs mémoires.

Écoutez ce qu'il en est ressorti :

– Disons pour débuter que de votre père vous avez hérité de cette facilité de communication (on dit que Caïus était un orateur mal compris pour son époque), de son avant-gardisme et de ses idées parfois farfelues.

– De votre mère vous aurez acquis droiture et sens de l'organisation (ça en prend avec le carnet mondain que vous avez). L'Autorité ? ? non nous ne croyons pas.

– Votre sœur Cécile, pour sa part, se rappelle très bien toutes vos « entourloupettes » pour vous exempter des corvées et enjamber votre bicyclette le matin pour ne réapparaître qu'en fin de journée. On dit que vous avez brisé bien des cœurs en quittant le 3e Rang. Est-ce vrai ? ?

– Au cours des années vos neveux et nièces Gagnon/Lacroix voyaient toujours avec joie vos visites à la sauvette puisque celles-ci électrisaient l'ambiance de la maisonnée.

– On se souvient que le peu de cheveux de Léopold lui dressait sur la tête lorsqu'il vous voyait arriver avec les cheveux longs et le toupet dans les yeux.

– Combien de fois aussi avez-vous déconcerté votre sœur Jeanne en vous présentant chez elle avec les souliers troués et un manteau d'hiver qui fermait avec une vieille ceinture. Il faut dire que ça c'était chronique, car même vos amis européens étaient découragés lorsqu'ils vous voyaient apparaître à la passerelle de l'avion, vêtements usés.

– Disons que l'un des seuls à avoir bien ri de toutes ces situations a été votre frère Alexandre. Bien que très différent de vous, il savait lui aussi nous mettre en confiance et rendre cocasse une situation au préalable dramatique. Disons qu'il avait un bon rire de Lacroix.

– Enfin pour nous autres arrière-petits-cousins, et petits descendants… « L'Oncle Joachim » c'est un exemple de vieux mon oncle *open*.

De tous les commentaires entendus, nous avons retenu que le nom de « Joachim » et la description du personnage se confondent autour d'un individu attachant. Nous sommes d'avis que ce qui vous a toujours caractérisé est votre grande modestie (même avec tous vos titres honorifiques), votre amour de vos origines et de la famille, ce noyau aux multiples ramifications.

Même dans vos nombreuses conférences et dans vos écrits (nous ne les comptons plus), vous avez toujours trouvé une place pour parler de l'un de nous.

Aujourd'hui, « mon oncle Joachim », cette belle famille, toutes ces belles faces de GAGNON, LACROIX et la descendance veulent rendre hommage à toutes ces années qui sont derrière vous et qui ont été marquées par votre implication sociale et humaine.

Vous avez mis votre talent de communication et de compréhension au service de tous en empruntant votre vocation. Tout au cours de ces 50 dernières années de prêtrise, vous avez peut-être privé une femme d'un bon mari mais vous avez rendu à terme bien des mandats importants.

Nous espérons que les années à venir seront pour vous aussi fructueuses que les 76 précédentes. Nous terminons en vous souhaitant de conserver encore longtemps ce dynamisme et ce goût de la vie si essentiels dans l'univers qui nous régit.

P.–S. Ne nous essoufflez pas trop. Entre les conférences, la télévision et tout le reste on a parfois de la difficulté à vous suivre.

Sans rancune...

Votre famille
par Nicole Lamontagne, « petite–nièce »

Pensées profondes pour vous « Mon Oncle Joachim »

Nicole Lamontagne
de la lignée de Caïus –> Léopold –> Rolande Lacroix

Bien qu'ayant longuement réfléchi, je constate qu'il est très difficile de rendre hommage et de décrire quelqu'un qu'on apprécie, ou plutôt n'ayons pas peur des mots, quelqu'un qu'on aime énormément, sans se perdre dans la panoplie de nos idées, de nos souvenirs et de nos sentiments.

C'est pourquoi en tant que « petite-nièce privilégiée », puisque nous nous sommes fréquemment côtoyés depuis mes tout premiers pas et qu'au cours des ans vous avez été bien malgré vous le prophète de ma conscience, j'ai préféré vous faire passer toute la chimie de mon message de la façon la plus simple :

« Imaginez mon regard et toute la merveille de mon *silence...* »
(P.–S. Pas facile tout cela pour de volubiles *Lacroix*.)

Bonjour Benoît

Rosaire Lacroix, ptre

Me voici, comme l'ouvrier de la dernière heure, pour te redire mon amitié, mon admiration et ma reconnaissance.

Benoît, tu es le « Grand » de la famille Lacroix, tu es notre fierté, mais en même temps, tu es cette personne humble, dévouée et fidèle aux siens et à sa terre natale.

Oui, tu es celui que l'on sait fort occupé, mais qu'on ne dérange jamais. Tu es nôtre, mais comme tu te donnes si aisément, à notre tour, il nous fait plaisir de te partager avec le monde entier.

Benoît, merci pour ce que tu es pour Lui, pour les autres, pour les tiens et pour moi.

En toute amitié.

P.-S. Lors de ta prochaine visite à Saint-Michel, je t'invite à passer faire un tour chez moi. Nous échangerons simplement sur les grands problèmes du monde... et cela, tout en ayant les deux pieds dans le Saint-Laurent, avec comme fond de scène l'Île d'Orléans et ces chères Laurentides. Quel beau coin de pays pour la « Célébration des saisons ».

LETTRE OUVERTE

Denyse Bélanger

de mon « havre de paix », le 10 mai 1995

Benoît,
comme il me plaît de vous appeler.

Comment être brève quand il s'agit de parler avec et de vous ? Je pense à vos échanges avec Rolande [8] et cette complice et amicale compétition à qui en dirait le plus. Sage vous êtes, et souvent vous avez cédé la parole. Comme Clément, je me faisais plus silencieuse, nous vous écoutions et avions plaisir à le faire. La mère de la mairesse Boucher, de Sainte-Foy, avait l'habitude de lui dire : « La bouche parle de l'abondance du cœur. »

Malgré la différence d'âge, la distance, vos nombreuses tâches, occupations et préoccupations, vous savez trouver le temps pour écouter, et les mots pour encourager tous ceux que vous connaissez ou pas, prier pour eux et plus encore. Vous l'avez fait pour moi. Je vous en suis, et serai toujours reconnaissante. Merci...

Parmi tous les souvenirs, il y a vos voyages à Québec, à Lévis, à Sainte-Catherine, etc. ; la nature, le Saint-Laurent, les chutes Montmorency, la pointe de l'Île d'Orléans. Il y a aussi la musique, ce repos et cette tranquillité, nécessaire comme l'air qu'on respire.

Je vous dois aussi d'avoir connu des poètes et des auteurs, tels de Saint-Denys Garneau, Catherine et Giselle.

Quant à Giselle et moi, notre voyage au Collège de Sainte-Anne-de-la-Pocatière à la recherche de vos traces, le mois dernier, est digne que vous nous réserviez quelques minutes pour vous le raconter et vous remettre ces photos, preuves de notre plaisir et de notre complicité.

Surpris celui qui aime bien surprendre les autres, comme chez Rolande, le 6 mai dernier, lors du passage au Québec de Monique et de Bob [9] !!!

Je vous remercie encore et ne peux passer sous silence votre aide précieuse en ce début de novembre dernier, triste et difficile pour moi, que je n'ai jamais aimé, et l'hiver donc...

Votre lettre où vous me disiez alors :

> Denyse, sans vouloir te contredire (... oh ! non !...), j'aimerais te dire que novembre est un mois *prophétique* !! Dans un mois, ou près, la lumière reviendra le matin. Timidement bien sûr, de goutte à goutte, de seconde à seconde, mais elle s'en vient. Il paraît que sous terre, *en novembre*, les racines parlent déjà du printemps ! En novembre, [...], quand il fait beau, tu vas voir de jolis nuages qui ont envie d'atterrir !

Ces phrases, je les ai lues et relues. Porteur d'espoir vous êtes et vous aviez raison : le printemps est là et la vie me sourit. Je vous remercie de tout cœur. Dans mes « mots simples », je tenais absolument à dévoiler et à souligner, par un geste tangible, toute ma gratitude et ma reconnaissance à votre égard.

Je vous avoue également que je me suis servie de votre texte pour apporter, à des amis et connaissances, réconfort et espoir.

Avant de terminer, j'aimerais vous raconter qu'un « grand homme » que j'ai connu, et qui a beaucoup donné dans son milieu, malade dans les dernières années de sa vie, disait : « J'ai beaucoup donné. J'attends ma récompense. »

Je demande à Dieu de vous garder parmi nous encore plusieurs années. Il saura vous donner la patience d'attendre pour recevoir votre récompense. Il y a aussi votre projet, dont vous m'avez parlé et qui attend... Il vous faut aussi voir réalisées les suggestions que vous m'avez proposées. Je n'oublie pas ; un jour, bientôt, j'ai confiance...

De tout cœur, je vous félicite pour vos 80 ans. Je vous souhaite un Joyeux Anniversaire, entouré de tous ceux qui vous aiment, la santé et de conserver cette joie de vivre qui vous caractérise.

Maurice [10], natif du 3e Rang comme vous, avec ses 84 ans, bel exemple à suivre n'est-ce pas, me prie de vous transmettre ses meilleurs souvenirs et ses vœux de Bon Anniversaire et de longue vie. Madeleine se joint à lui.

Respectueusement, en vous disant que je vous admire et vous aime bien.

LES DEUX PROCÈS OU LA MORT CONTRARIANTE

Les Bellechassois avaient un temps la réputation d'être fort procéduriers ; c'était peut-être une façon de se faire du cinéma.

Benoît Lacroix aime beaucoup raconter cette histoire à propos de son grand-père Abraham Lacroix, Bram II.

Sur son lit de mort, le curé lui demande s'il ne regrette rien. La réponse ne se fait pas attendre :

– Oui, je regrette de ne pas vivre assez longtemps pour voir si je vais gagner mon 2e procès.

LES AMIS BELLECHASSOIS

Il n'y a jamais de départ trop humble pour participer à la mission apostolique

Roger Lacasse, ptre

La lecture de la Bible nous amène à faire facilement ce constat. On y découvre la pédagogie de Dieu qui veut avoir besoin des humains pour parler et faire signe aux humains. On y remarque même la préférence de Dieu pour les instruments modestes dans son œuvre de salut. Qu'on se rappelle David, Jérémie, Marie, Jean-Baptiste, Jésus lui-même et les apôtres.

Il y a 2 000 ans, les gens de la haute société de Jérusalem ont raté le rendez-vous historique de l'humanité avec Dieu parce qu'ils avaient oublié cette caractéristique de Dieu. En effet, ils n'ont pas su reconnaître Dieu en Jésus, cet enfant aux origines modestes. « Peut-il sortir quelque chose de bon de Nazareth ? » se plaisaient-ils à répéter.

Peut-il sortir quelqu'un de bien du Troisième Rang Ouest de Saint-Michel-de-Bellechasse ? Assurément, et le Père Benoît en est la preuve vivante. S'il est vrai que la géographie physique d'un lieu influence la géographie humaine et déteint sur ses habitants, alors on trouve ici l'explication du large potentiel intellectuel et de la vaste culture du Père Benoît. La paroisse de Saint-Michel, sise sur la rive sud du majestueux Saint-Laurent, jouit d'un panorama unique : une plaine agricole fertile aux grands espaces et aux larges horizons.

Une des facettes attirantes de la personnalité du Père Benoît est son attachement à l'histoire et son enracinement dans la culture québécoise. Originaire d'une paroisse plus que trois fois centenaire, il est tributaire d'une longue et riche tradition. Puisant dans la mémoire vivante des aînés, il a su en conserver les trésors pour les redonner aux générations actuelles et futures.

Plongé dans la belle nature de Saint-Michel, il a su s'y attacher et en saisir le langage. Bien plus, à travers elle, il a rencontré Dieu, il L'a apprivoisé, il L'a connu, il L'a aimé. Ses premières catéchèses, il les a, sans doute, vécues seul dans les verts pâturages de la ferme familiale. Son premier atelier évangélique fut la maison paternelle, là où il apprit le sens du sacré, le goût de vivre, le partage, le service.

Une pensée éclairée et une volonté déterminée, une tête ordonnée et un cœur enraciné, un homme lié à son terroir natal et un baptisé branché sur le Christ : voilà ce qui nous permet de découvrir chez le

Père Benoît un prophète des temps modernes : PROPHÈTE DE L'INTÉGRATION DE LA FOI ET DE LA CULTURE.

À la suite de Jésus, par sa vie, le Père Benoît nous dit qu'il est possible d'être en même temps, tout à fait enfant d'un milieu et fils de Dieu. Par tout ce qu'il est, le Père Benoît nous démontre qu'il est encore possible de s'épanouir pleinement et harmonieusement en demeurant ancré dans son milieu et fidèle à sa foi chrétienne. Bref, dans la personne du Père Benoît, c'est Dieu qui visite le terroir québécois et c'est notre peuple qui habite le cœur de Dieu. C'est ainsi que le Père Benoît est tout à fait prêtre de Jésus–Christ : un pont entre Dieu et les hommes.

En 1995, il nous faudrait éviter l'erreur des gens de Jérusalem. À travers le témoignage du Père Benoît, on devient capable de saisir, encore une fois, le paradoxe chrétien : la richesse qui émane de la pauvreté, la gloire qui s'enracine dans la simplicité.

La paroisse de Saint–Michel–de–Bellechasse est fière de compter parmi ses enfants le Père Benoît (Joachim) Lacroix, o.p. Loin de s'enorgueillir de ce fait, les paroissiens et les paroissiennes y voient un signe de la présence de Dieu et savent en rendre grâce :

Vraiment, par le Père Benoît,
Dieu a visité son peuple
à Saint–Michel, en Bellechasse, au Québec,
au Canada et dans le monde entier.
Dieu soit béni ! Alléluia !

LETTRE AU PÈRE BENOÎT

Germain Lamontagne, ptre

Cher Père Benoît,

Fier d'être compté parmi vos bons amis, je suis heureux moi aussi de vous souhaiter un joyeux 80e anniversaire de naissance.

Originaire du même coin de pays, j'ai toujours admiré votre goût et votre fierté pour cette belle paroisse qu'est Saint–Michel–de–Bellechasse.

Ancien curé de Saint–Michel et natif de La Durantaye (soit à quelque trois kilomètres de chez vous), j'ai connu plusieurs personnages de vos écrits et contemplé les mêmes beaux paysages qui ont enchanté votre enfance. Je me rappelle aussi du petit train que vous aimiez tant et qui passait près de nos maisons, que nous devions surveiller pour la traverse des animaux et qui rythmait le temps de nos journées.

J'ai toujours été émerveillé par votre grande dévotion à « Marie de Saint-Michel ». Il est vrai que la belle chapelle de Notre-Dame de Lourdes, qui a attiré bien des pèlerins, a dû vous inspirer dans vos prières et votre vie. Les plus chauvins prétendent que beaucoup de faveurs demandées à Sainte-Anne-de-Beaupré ont été exaucées à Saint-Michel lors des pèlerinages en bateaux, tellement la Vierge elle-même trouvait belle cette réplique de Lourdes.

Au nom des gens de Saint-Michel et de La Durantaye, je vous redis toute notre admiration et vous remercie pour votre belle amitié.

Pour Benoît Lacroix
Marie-Laure Côté et cie

Une hirondelle de Bellechasse qui ne peut battre des ailes comme toi...

Enfin tu es fêté, ton vœu est exaucé, ce que l'armée aurait aimé partager.

Bon anniversaire, avec toute mon amitié.

LES ÉTUDES

L'école du Troisième Rang Ouest de Saint-Michel (1920-1927)

Une école de rang, une vraie école de rang telle qu'en décrit Jacques Dorion dans son livre paru aux éditions de l'Homme en 1979. Nous y allions nu-pieds. Je m'en souviendrai toujours. Nous marchions. Nu-pieds en mai, juin, septembre. Et l'hiver, en traîneau, souvent conduits par un chien ou le cheval. C'était dur à vivre. Surtout l'hiver où faute de chemins ouverts, à cause du froid et de la neige, nous étions empêchés de sortir de la maison. Parfois durant quinze jours, pas d'école, pas d'église. À peine la grange. Quelle réclusion pour des enfants altruistes ! C'était dans les années 1920-1927. Aller à l'école était toute une épopée : l'automne pour y jouer, l'hiver pour y geler !

[...] J'y ai appris les rudiments d'un certain savoir. Mais pas davantage. Faute d'efforts de ma part ? Sans doute. [...] J'ai encore beaucoup d'admiration pour l'institutrice rurale dont le dévouement me paraissait infini. [...]

Ces jeunes femmes faisaient l'école à tous les enfants du rang. Imaginez ! De six à quatorze ans. Garçons et filles en même temps. Tiens, un détail peu gentil pour les « camarades » féministes : notre école était mixte. D'un côté les garçons, de l'autre les filles. Le pire châtiment que je pouvais subir lorsque j'avais été moins sage était d'être obligé de m'asseoir à côté d'une fille. Disgrâce ! Et dire qu'aujourd'hui j'en ferais une promotion. Je n'ose pas consulter Freud à ce sujet !

(Dans *Les Temps changent*, 1988, p. 169-170)

À BICYCLETTE !

Martin Blais

J'ai connu Joachim Lacroix à Saint-Michel-de-Bellechasse dans les 1930. Il a vu le jour, en 1915, dans le 3e Rang Ouest ; moi, en 1924, dans le 3e Rang Est. Comme les terres de Caïus Lacroix et de Louis Blais étaient situées à deux « milles » de distance, nous n'avons pas fréquenté la même petite école.

À cette époque, les enfants poussaient dru : dans un rang de deux milles et demi, on en comptait cent au primaire. Il y avait donc deux petites écoles dans le 3e Rang : sept divisions chacune, cinquante élèves, une seule institutrice, 250$ par année. Joachim a fréquenté celle de l'ouest ; moi, celle de l'est. Nous n'avons jamais joué au baseball ensemble non plus, car, à l'époque, on recrutait les équipes dans le voisinage immédiat : chaque joueur n'avait pas sa bicyclette et le téléphone n'existait pas.

La première image qui me revient du Joachim de cette époque, c'est celle d'un jeune homme qui passait à bicyclette, allant je ne sais où, en direction de Saint-Vallier. Chose certaine, il n'allait pas voir les filles... Il pédalait le corps droit comme une mère supérieure pendant la lecture d'une adresse. En passant devant chez nous, il avait presque toujours un mot d'esprit ; parfois, il faisait son signe de croix comme pour chasser les petits diables que nous étions.

Ma sœur Marguerite pensait plutôt que les diables, c'était elle et ses sœurs... Les pères rédemptoristes l'avaient convaincue que les filles étaient l'écueil numéro un des vocations... Mes sœurs auraient pu le rassurer en lui révélant qu'elles entreraient toutes au couvent, que le danger était plus grand de leur côté que du sien. D'ailleurs, son père Caïus n'avait-il pas dit que le diable, sous quelque forme qu'il se présente — jeune fille ou monstre —, est un « pisseux » ; dès que tu l'attaques, il s'enfuit dans le bois « comme un chevreux ».

LE COLLÈGE DE SAINTE-ANNE-DE-LA-POCATIÈRE (1927-1936)
LE DÉPART POUR LE GRAND COLLÈGE

Mon P'tit Train de Saint-Michel filait, filait, oh ! filait à toute vitesse, pareil à mon traîneau sur la glace des *cavées*, comme si rien n'existait à part lui. Je l'entendais hurler, crier comme un perdu.

Première réaction d'adulte : je me mis à douter. Pourquoi fuir ? Pourquoi me traîner là-bas ? Je n'avais pas dit oui !... Je veux bien croire, maman avait écrit, monsieur le Curé avait payé, papa surtout avait décidé :

– Mon garçon, tu vas au pensionnat. Que ça te plaise ou non. Le pays a besoin de toi, moi pas.

Serait-il complice ? Lui aussi ! Malgré moi, et encore ému de mon premier départ de la maison, je me mis à chercher des défauts au P'tit Train. Il les avait tous. Je l'accusai de violer ma liberté, de bousculer les gens, de manquer d'imagination, de suivre toujours les mêmes routes, de doubler les goélettes ; je l'accusai d'être plus salaud qu'un marsouin, plus vorace qu'un requin, de faire peur aux outardes, d'avoir peur des Express...

Changeons de propos.

(*Le P'tit Train*, 1964-1980, p. 52-54, *Trilogie en Bellechasse*, p. 127-128)

Nos maîtres au collège

Au Collège Sainte–Anne–de–la–Pocatière. Soit de septembre 1927 à juin 193[6]. Tout ce temps ! Chaque année, neuf mois pensionnaire, sous surveillance. Avec des prêtres ! Or, croyez–le ou non, j'ai gardé de ces années un souvenir que mes amis dévotement anticléricaux ne comprennent pas, à tel point que j'ai de la difficulté à leur en causer.

J'ai vécu cette période du Collège dans un contexte de fraternité extraordinaire. Non, je n'ai jamais été brimé. Ce milieu était peut–être différent de celui d'autres collèges de l'époque. Nous étions presque tous pensionnaires, pas riches, éloignés de nos familles. Il en était de même pour les professeurs. Ils ne faisaient pas du neuf à cinq, mais plutôt du minuit à minuit. Les sports y étaient bien organisés et les fêtes religieuses aussi belles que les fêtes sportives.

Il faut dire que la majorité de ces prêtres éducateurs étaient d'origine rurale, « habitants » comme nous, lucides et capables de comprendre. Ils savaient jusqu'à les prévoir nos dissipations, nos fuites, grâce à la montagne tout près. Ils perdaient rarement la face et leurs colères semblaient si calculées que, sauf rares exceptions, elles ne réussissaient pas à nous convaincre d'être plus sages. Entre eux et nous : une certaine connivence, même une secrète amitié. « Ne me faites pas trop de misère et je ne vous en ferai pas trop. » Nous avons tellement ri, surtout au dortoir et à la chapelle, nous avons été tellement turbulents que je ne cesse, encore maintenant, de scruter la patience de ces curés qui nous ont endurés. Comme nous, ils étaient isolés et ils savaient que nous nous devions de lâcher notre fou pour vaincre l'ennui, la vie quotidienne, des études trop sérieuses à notre avis, et les rudesses d'un pensionnat plutôt strict. Il y avait des règlements et pour la grande salle et pour la petite salle ; nous avions des confessions obligatoires, des messes obligatoires, des examens de conscience, des chapelets, des vêpres dominicales, de longs offices en latin, des heures d'adoration, et quoi encore ! ! Quand on est cinq cents garçons à vivre ensemble ce type de pression, on apprend vite à se défendre. Soyez–en certains. Il nous arrivait d'accommoder la religion à nos humeurs. Nous pouvions être plus ou moins distraits. Nous ne lisions pas nécessairement toujours dans notre missel !

Hommes merveilleux que ces célibataires ! Je n'ai aucune réticence à le redire. Certes, ils nous punissaient. Parfois injustement. Mais quand je réalise maintenant que, pour nous punir d'une façon exemplaire, ils nous faisaient apprendre par cœur l'*Art poétique* de Boileau ou même d'Horace, mon dépit d'autrefois se change aujourd'hui en admiration. Surtout quand j'apprends qu'ailleurs on envoyait les plus dissipés dire leur chapelet à la chapelle... ou au cimetière !

Entièrement voués à l'éducation, ces prêtres comptaient des hommes d'une belle qualité humaine et spirituelle. Tel prêtre était musicien, il avait même gagné le prix d'Europe. Un autre, fondateur d'un musée d'histoire naturelle, était un botaniste remarquable. Monsieur Rousseau, lui, paraissait savoir tous ses classiques français par cœur. Tel autre, grand conteur et excellent comédien, nous racontait les batailles de Napoléon. La leçon durait pratiquement deux semaines. Que de fois nous sommes montés à Waterloo... sans jamais y arriver !

Certains de ces professeurs étaient littéralement en amour avec Eschyle, Euripide, Sophocle (oh, *Antigone* !), Horace, Virgile. L'un d'eux nous traduisait à haute voix, et en suivant à peine son texte latin, les amours de Nisus et d'Euryale. Nous en avions les larmes aux yeux. Et pour cause ! Car, dans un collège où il n'y a que des garçons, les amitiés masculines sont plus faciles, en un sens. Les récits nous justifiaient d'avoir des petits yeux sur les plus jeunes de la salle A. Forcément nous transposions notre affectivité sur des garçons. Cela faisait partie, je crois, de la vie dans un collège masculin. Je n'ai jamais vu rien d'anormal dans cela. Et je ne suis pas homosexuel ! Pas encore du moins !

De retour du Collège nous vivions dans nos milieux respectifs une sorte de dignité et d'envie qui étaient de nature à nous encourager au respect de l'institution. La fierté peut absorber bien des inconvénients. Le Collège Sainte-Anne-de-la-Pocatière fut peut-être un de ces rares collèges classiques à ne pas avoir laissé trop de souvenirs douloureux. Plus tard j'ai appris qu'il n'en avait pas été ainsi partout et j'ai constaté que les étudiants des milieux ruraux étaient davantage habiles à contourner l'autorité, tout en lui offrant les signes extérieurs de la vénération.

(Dans *Les Temps changent,* 1988, p. 170–172)

LE PROFESSEUR QUI M'A LE PLUS MARQUÉ AU COLLÈGE

L'abbé Clément Leclerc, décédé aujourd'hui. Pourquoi ? Cet homme respirait le bonheur et la bonne humeur. À chacun il donnait une bonne et franche amitié. Puis, il disait sa messe en quinze minutes et nous aimions beaucoup la servir pour aller ailleurs... Avec lui qui était chargé du théâtre au Collège, nous préparions décors et pièces. Et les répétitions donc ! Quels souvenirs ! Que de rôles merveilleusement manqués ! L'Abbé enseignait parfois l'histoire du Canada. Il était à sa manière — l'abbé Groulx l'aurait aimé — si nationaliste que toutes les batailles militaires et politiques tournaient en faveur des Canadiens français, même lorsqu'ils étaient vaincus. Enfin, il faut dire que monsieur Leclerc nous a donné l'exemple jamais équivoque d'un saint prêtre qui consacre joyeusement sa vie, toute sa vie, aux jeunes. Son souvenir m'instruit encore.

Il y avait en rhétorique l'abbé Camille Mercier. Il bégayait. Mais quelle mémoire ! Nous étions impressionnés autant qu'indisciplinés. Ce qui ne l'empêchait pas de revenir tous les jours avec la même patience nous parler des grands de la littérature française. Quel héroïsme !

(Dans *Les Temps changent*, 1988, p. 172–173)

DÉDICACE DU *P'TIT TRAIN* AU PROFESSEUR QUI L'A LE PLUS MARQUÉ, 30 ANS PLUS TARD

À l'inoublié, l'inoubliable M. Clément Leclerc avec toute l'amitié d'un espiègle irrépentant !

Benoît (Joachim) Lacroix, o.p.
Juin 1964

(Volume conservé à la bibliothèque du Collège de Sainte-Anne-de-la-Pocatière.)

INÉDITS DE JOACHIM LACROIX — JUIN 1933
À LÉON LAPLANTE

Juin 1933

Cher « *Ami* »,

À toi, je dois le plaisir d'écrire pour une première fois dans un autographe ; c'est pourquoi j'en suis d'autant plus reconnaissant. Je viens un peu hardiment — mais franchement — jeter quelques mots d'amitié en reconnaissance de ta bonté passée qui est de nature chez toi...

Depuis que je t'ai connu... le jour *comme la nuit*...? je t'ai estimé surtout parce que j'ai pu trouver en toi ce qu'on appelle un « bon camarade ». « De loin comme de près » : c'est la devise de l'amitié... et par contre ma devise. Si, un jour, je dois aller loin de toi... j'aurai soin d'apporter avec moi ton souvenir... et si le hasard me met en ta compagnie... ce qui serait mon grand désir... je pourrai goûter ainsi les charmes d'une amitié enracinée depuis bien des années.

J'aime qu'on m'aime autant que j'aime quand j'aime.

Un ami,
J. Lacroix

Merci !

Un ami sincère

Gonzague Caron

Extrait d'une page dans mon autographe écrite par Joachim Lacroix le 17 juin 1933 :

Cher ami,

Un merci reconnaissant pour m'avoir trouvé digne de prendre place dans tes amitiés.

Je suis bien malcommode mais souviens-toi que dans mes bons moments comme dans mes moments agités, j'aime toujours ceux qui m'aiment.

Un confrère,
Joachim L.

C'est un ami sincère mais je ne l'ai revu que rarement.

Premier article de Joachim Lacroix

(Dans *L'Aiglon* [11]. Numéro souvenir. Organe du 104e cours, Belles-Lettres 1932-1933, Juin 1933, p. 8. Devise : « Aiglon est fils de roi ! Noblesse oblige ! »)

Évolution du 104e

Moi, je me permet[s] de faire de l'arithmétique... sans inconnu[e]s ! Je vous dirai tout simplement le nombre de ceux qui ont eu le bonheur de faire partie du 104e.

En Éléments, nous fûmes 69 ; en Syntaxe, nous étions 71, mais avec 18 nouveaux : ainsi 16 nous avaient quittés l'année précédente. En Versification il y a 61 élèves : deux nouveaux mais 8 manquent.

Et maintenant en Belles-Lettres, nous étions au début de l'année 44, avec un nouveau, soit 17 de moins que l'an passé ; nous en avons perdu trois dans des circonstances vraiment tragiques [voir texte suivant] et puis un autre nous a quitté[s] par maladie ; deux nouveaux sont venus se joindre à nous en février.

Nous en avons donc perdu 41 depuis les Éléments : sur cela 10 sont partis... malgré eux !

Personne n'est mort proprement dit : elles sont rares en effet, les classes qui n'ont pas à regretter la disparition de quelques confrères : nous voyons l'avenir sans crainte puisque le plus petit pèse 120 livres et le plus gros... 162 ! ! ! ! !

Joachim Lacroix

Il est à noter qu'avant le fatal 2 Novembre, le 104e possédait le record de grosseur de tout le collège...

Minuit l'heure des crimes

Guy Piuze

Minuit sonne au clocher du collège, lorsque deux ombres blanches sortent soudain de leur lit pour se diriger à tâtons, l'une vers la petite veilleuse du dortoir, et l'autre vers la chambre de toilette. Quelques élèves, avertis d'avance sur les événements qui allaient se passer, se soulèvent la tête pour mieux suivre les différents actes des voyageurs nocturnes. L'élève chargé d'éteindre la lampe monte doucement sur un lit avoisinant et souffle de tous ses poumons sur la petite lumière qui persiste à demeurer allumée. Ceux qui sont éveillés ne peuvent s'empêcher de rire tout bas, car dans de telles circonstances, la consigne défend de faire du bruit. Tout à coup, un élève dit assez haut pour être entendu : « Tourne donc la petite roulette ». Le monsieur grimpé sur le lit ne se le fait pas dire deux fois, car la situation est critique, ce petit échec lui fait craindre le réveil du surveillant ; enfin le dortoir entre dans une obscurité complète. Sans perdre une minute celui qui est enfermé dans la chambre de toilette, sort de ce lieu infect, tenant dans ses mains un gros globe lumineux, et se dirige vers la porte où il dépose sur l'armoire numéro 47 la fameuse citrouille qui va faire tant parler d'elle. Elle est là, jetant ses étranges rayons lumineux dans tout le dortoir. Après que nos deux mousquetaires sont couchés, des cris de toutes sortes, des hurlements qui font frémir remplissent le dortoir ; mais soudain le silence se fait : une ombre noire se dirige vers l'objet fatal. C'est bien lui, c'est le surveillant qui s'est décidé à mettre un terme à cette représentation. Il prend la citrouille dans ses mains et souf[f]le par les yeux, par le nez, par la bouche de ce masque improvisé, mais la petite lumière ne bouge même pas. Des rires entrecoupés et des petits cris saluent cet échec, mais il se fait un nouveau silence : le deuxième surveillant, semblable à un touriste dans un omnibus, vient de se sortir la tête par son carreau et inspecte le lieu du drame. Au moment où le maître parvient à éteindre le bonhomme citrouillard, une voix se fait entendre : « *Mortuus est* ». Le maître rallume la petite veilleuse ; tous se rendorment un peu agités. Le surlendemain, une enquête commence à la chambre du premier surveillant qui s'est improvisé avocat ; tous les suspects sont appelés en cour. Au bout de cinq jours, les juges prononcent une sentence de renvoi pour trois confrères qui nous quittent le 7 [novembre]. À vrai dire ces trois bons copains n'étaient pas

capables de renverser le collège. Ah ! citrouille de malheur, nous nous souviendrons longtemps de toi...
(*L'Aiglon*, juin 1933, p. 14)

Les années de collège de Joachim *dit* Benoît Lacroix

Charles–Édouard Cliche

Neuf ans de septembre 1927 à juin 1936. Le 104e cours divisé en trois puis deux classes est regroupé dans la même classe pour les années de Belles–Lettres, Rhétorique, Philo I et Philo II, tous ensemble pour le meilleur et pour le pire. Quatre années importantes pour le développement physique, intellectuel et moral. D'à peu près 120 en Éléments latins, le 104e cours est réduit à 20 en Philo II. Il y a le cours commercial qui se donne avant les Éléments latins pour former des commerçants et employés dont certains deviennent des hommes d'affaires importants en ce temps–là. Le Collège Sainte–Anne continue une tradition qui le distingue des autres collèges comme Lévis et le Séminaire de Québec... Mais, c'est une perte de temps — au moins un an — pour Joachim et la plupart de ses confrères. La vie étudiante, un peu routinière, reste pleine d'imprévus, à chaque nouvelle année : changement de locaux, d'effectifs, de professeurs, etc... Vu la maladie d'un professeur, la troisième « C » est fusionnée au début d'avril 1929 avec les troisièmes « A » et « B » : quel inoubliable et grand dérangement !

Dans ce milieu, Joachim est un élève d'apparence enjouée, moqueur, un peu gamin, rêveur très profond, au physique agréable avec toupet proéminent (celui de Jaromir Jagr, hockeyeur, sans la queue de cheval) qui entre difficilement dans la casquette partie du costume (suisse réglementaire marine avec ceinturon vert). Sa place en classe (près d'une fenêtre mais pas trop) lui permet d'avoir une vue en éventail sur tout ce qui se passe à l'extérieur (oiseaux, papillons, etc.). Son œil inquisiteur ne manque rien et lui permet d'écouter le maître. Joachim sait très bien ménager la chèvre et le chou dans ses relations avec les maîtres et confrères.

Les jours de mauvais temps et de froid intense, spécialement, il puise dans ses ressources pour dérider de belle façon ses compagnons de captivité du 104e cours. La vie de pensionnaire n'est pas une sinécure (même les élèves externes couchent au collège). La discipline est sévère, la nourriture, saine mais frugale, les locaux, à tout prendre confortables. L'emploi du temps est strict et fragmenté par la cloche et le timbre — encore chanceux d'avoir pu faire son cours classique malgré les années de crise économique sévère de 1929 à 1934. Les Petites

Sœurs de la Sainte-Famille pourvoient à tous nos besoins ménagers et remplacent nos mamans. Il reste que Joachim doit manquer, comme ses confrères, d'au moins une heure de sommeil par jour et subir le froid intense de certains jours sans prendre la voie d'évitement comme « LE P'TIT TRAIN », l'habillement d'hiver du temps manquant de confort. L'infirmerie et l'abbé infirmier attendent les grippés, incluant Joachim, à bras ouverts pour les remettre sur la bonne voie. Toutefois, dit-on, il est peu de gens que la maladie rend meilleurs.

Joachim assure sa survie et sa croissance avec les expédients du temps. Certains élèves, fils d'épiciers, opèrent un commerce « illégal » de barres de chocolat (*Oh Henry!* et *Cherry Blossom*) et de petits gâteaux avant « VACHON » pour compléter le menu de la collation (brioche et pain beurré de mélasse). Joachim succombe à la tentation mais s'en tient surtout aux fruits disponibles et à la tire Ste-Catherine (*kisses*). Plus tard, on peut l'appeler Joachim le bienheureux lorsqu'il sert à tour de rôle les tables des élèves et des prêtres. Quelle évasion gastronomique !

À mesure que les années passent, la liberté d'action augmente pour l'élève et pour Joachim. Le Bocage ou la « Montagne » du collège longe toute la cour de récréation du cours classique. Quelle aubaine pour Joachim et les autres, surtout pendant l'automne et le printemps — pour les audacieux, l'hiver est tout aussi bon.

Les quatre dernières années, il y a beaucoup d'activités à l'écart de la masse des élèves, en plus d'avoir son coin de la cour de récréation. En Philo II, on organise la glissoire et pendant la belle saison on peut circuler et méditer librement dans le « Bocage ». Mais avant, tous les moyens sont bons pour faire une escapade. Joachim, au jeu de balle au mur, sait envoyer la balle dans le Bocage par-dessus le mur central et prolonge la recherche, disparaissant dans la nature pour un séjour plus ou moins long. Le manège continue pour toutes les autres balles — tennis, baseball, balle molle — expédiées hors la cour de récréation. Joachim a des ailes et grimpe dans le Bocage ou la Montagne comme un chevreuil ou plutôt une chèvre de montagne. Ami de l'abbé René Tanguay, ornithologue réputé, Joachim l'accompagne de temps à autre pour des excursions prolongées dans le Bocage. Les jours de congé, on fait des excursions : l'automne au Cap Martin, au bord du fleuve, et le printemps à la P'tite Rivière dans les terres. Comme l'armée de Napoléon, on se rend à pied (*pedibus cum jambis*) aux lieux d'excursion et l'on pique-nique en plein air avec foyers improvisés. Joachim est tout transformé au contact de la nature vraie, des senteurs et des cris des oiseaux. Malheur au changement subit de climat ! Les nuages cirrus et cumulus deviennent vite des stratus et des nimbus. L'orage et le tonnerre éclatent sans avertir... Chanceux que Joachim et ses compagnons ne soient pas de chocolat.

Au cours classique, les professeurs (maîtres) sont les meilleurs amis et les confidents des élèves. La discipline est l'apanage du préfet des études et du directeur des élèves qui sont supposés en user avec modération. En lettres et en philosophie, les professeurs sont tous diplômés d'outre-mer, et ils le sont des États-Unis en sciences, en mathématiques et en anglais. Rappelons entre autres les noms des chanoines Robert Côté (vivant) et Robert Rousseau, des abbés Alexandre Jean (lettres) et Antoine Lévesque (Philo I) et des monseigneurs Camille Mercier (lettres), Paul Bernier (Philo II) et Joseph Diament (sciences), vivant ; ils donnent le goût de la culture et du savoir et ils forgent de plus les outils pour développer le potentiel de chacun. Ces outils sont nombreux : lectures, théâtre, musique, débats, académies, etc... Les manuels de philosophie thomiste sont en latin. L'abbé Antoine Lévesque pique des saintes colères contre les philosophes rebelles aux thèses thomistes. Au contraire, tout peut évoluer dans les sciences appliquées. En physique, c'est la théorie de la relativité et celle de l'énergie (ondulatoire ou corpusculaire ?). En chimie, il y a les éprouvettes et les mélanges détonants. Joachim réussit à ne pas exploser.

Tiraillé par diverses influences, l'élève-type ne peut jouir de la liberté totale d'expression dans les écrits, mais il se reprend dans les paroles de belle façon. La lecture assidue des journaux (*L'Action catholique* et *Le Devoir*) depuis quelques années alimente la discussion libre de tous les thèmes de l'heure, et en ce temps-là il y a moins de nouvelles qu'aujourd'hui mais plus d'idées dans l'air. Quel beau champ magnétique pour l'ami Joachim ! La philosophie est pour l'homme et non l'homme pour la philosophie...

Coups pendables de Joachim Lacroix ? S'il y en a, ils sont tenus secrets par les exécutants ; car les roches parlent au pensionnat. Le paratonnerre contre ces gestes est la sévérité de la discipline et aussi la présence du grand Alexandre Lacroix, frère de Joachim et un géant au physique qui a été abbé séminariste et prêtre au collège lors du séjour de Joachim. L'élève auteur d'un coup supposé pendable passe devant le Comité de discipline et s'évapore du collège sans dire bonjour à ses amis et sans laisser de trace, avec en plus beaucoup de difficulté à continuer son cours classique dans une autre institution. Plusieurs membres du 104e cours sont expulsés du collège pour des peccadilles et des gestes insignifiants. La discipline prime tout... Ouï-dire que le feu dans une poubelle de classe aurait pu dégénérer en un incendie majeur ; que les cloches et le timbre électrique ne fonctionnent plus ; que certaines portes du collège ne s'ouvrent plus et ne ferment plus ; qu'à la cuisine les aliments en bouillon ou en sauce ont été sévèrement saupoudrés de sel et de poivre et aussi que les confitures sont devenues salées ; qu'à certains jours du carême il faudra manger de la morue salée parce que celle congelée venant d'Halifax est disparue des entrepôts ; que le carreau de beurre va diminuer de volume ; qu'après une promenade des gars du cours classique un gros train du Canadien National a déraillé ; que la prise d'eau du Lac Bourgela alimentant le collège a été bousillée, etc... Il faut soumettre Joachim alias Benoît à un interrogatoire serré pour qu'il prouve son absence des lieux à chacun des méfaits ci-dessus. Il a peut-être participé à un ou deux de ces méfaits, mais pas sûr du tout. Ce n'est pas son genre ou son style. Il préfère de beaucoup mimer certains événements cocasses comme :

1. Le premier sermon d'un jeune prêtre : « Mes bien chers frères », long silence... « Excusez-moi, je ne me souviens plus de mon texte... », considéré comme le meilleur et le plus court jamais entendu.

2. Mgr Camille Mercier (le Père Cam), bon comme du bon pain, mais souffrant d'épilepsie. Si souvenance est bonne, Joachim, lors d'une attaque, saute par-dessus la table-pupitre, plonge à la tribune et arrache le col romain du Père Cam. Une autre fois, fatigué, il annonce la bibliothèque pour l'après-midi : « Il y aura de la bi... bibli... bibli... etc. ; il y en aura cet après-midi. »

3. Un élève secoué par le directeur et traité d'ignorance crasse. ? ? ? Cette ignorance crasse est-elle vincible ou invincible ? ? ? On en discute.

4. Pour les vacances de Noël (3 ans de suite de frustrations) :

a) Une année de billets très réduits, on doit avoir des chars (wagons) spéciaux. Quelle horreur ! C'étaient des chars (wagons) à bestiaux comme le train d'Abitibi dans la série télévisée *Les Filles de Caleb*.

b) Quel hasard ! Les filles du Couvent Saint-Pascal ne sortent pas à Noël le même jour que les gars du Collège Sainte-Anne.

c) Un autre hasard manipulé dans le train vers Québec et ailleurs, on installe un wagon à bagages entre celui des filles de Saint-Pascal et celui des gars de Sainte-Anne. Avec un peu de temps, les gars de Sainte-Anne, débrouillards, contournent la difficulté. Le tout dérange un jour de sortie. Enfin libres. Ça prend trois ans à solutionner un problème qui n'en est pas un. Que de blabla et de discussions. Joachim dans son livre *Le P'tit Train* n'y fait pas allusion. Dommage qu'il n'ait pas de sœur ni de blonde à Saint-Pascal.

Dans les mois suivant la violente grève d'Asbestos en 1949, il y a un conventum du 104e cours au collège. Les confrères encore jeunes passent la nuit blanche à placoter. Joachim est présent avec André Roy, journaliste à *L'Action catholique* et secrétaire des Syndicats catholiques. Tous deux harmonisent les plus violentes attaques contre le gouvernement Duplessis, anti-ouvrier et ami des patrons. La marmite est en train d'éclater.

Joachim est un rassembleur d'individus et de groupes. Lors de sa nomination comme Ancien de l'année du Collège Sainte-Anne en 1989, on réunit sur les lieux vingt-cinq personnes du 104e cours (confrères et conjointes). Fait remarquable !

Il y a cinq ans, fin juillet, les Sœurs du Saint-Rosaire l'invitent comme conférencier lors de leur réunion annuelle à Rimouski. On est allé le chercher à la fin de l'après-midi pour le conduire à Notre-Dame-du-Lac (un détour en retournant à Montréal). 700 religieuses sortent sur l'esplanade de la Maison mère en même temps que Joachim et avec les parents et amis venus les chercher, ça fait au moins 1 000 personnes. Un vrai bain de foule. Des centaines de poignées de mains et des saluts en masse.

En auto, comme au collège, il continue d'être rêveur et peu bavard, admirant la beauté des paysages le long du fleuve et dans la Seigneurie du Lac Témiscouata.

Joachim est un rêveur et un poète qui aime garder le contact avec la nature vraie et qui s'attendrit sur les nuages, le brouillard et les marées en plus de tout le reste. À Sainte-Anne, il y a l'École d'agriculture avec sa ferme et en plus la ferme expérimentale fédérale : le tout agrémenté de temps à autre par des expositions agricoles où c'est le réveil de la nature. Quelle aubaine pour un fils de fermier de la Côte du Sud !

« Qui veut faire l'ange fait la bête », a dit Pascal. Joachim reste attaché au terroir et a dans plusieurs de ses écrits de douces paroles pour la corneille (oiseau protégé) et le moineau. Il vit dans une région d'archanges qu'il a fait descendre du ciel : Saint-Michel, Saint-Raphaël et Saint-Gabriel de La Durantaye.

Joachim : *AD MULTOS ET FAUSTISSIMOS ANNOS !*

L'ÉTUDE ET LES LIVRES

Au collège je n'aimais pas beaucoup étudier mais c'était plutôt par légèreté que par paresse. Les études m'ont toujours plu. Écrire aussi m'a toujours hanté. Je ne sais pas beaucoup... pourquoi. Un instinct ? Probablement. Petit, je m'enfermais seul dans ma chambre et je m'entourais de livres... que je ne regardais que pour les regarder.

(Extrait d'une lettre de Benoît Lacroix, Cambridge, Mass., 16 août 1959, cité dans Denise Daudelin, *Essai de bio–bibliographie du R.P. Benoît Lacroix, o.p., Docteur ès Sciences Médiévales*, 1961, p. 2)

MON ANCIEN CONFRÈRE DU COLLÈGE DE SAINTE-ANNE

Jacques Flynn, c.p., c.r.

J'ai beaucoup d'admiration et d'estime pour cet ancien confrère du Collège de Sainte-Anne. Je dois toutefois souligner immédiatement que mon souvenir de lui, de cette époque, n'est pas très précis. En effet, en Syntaxe et en Versification il y avait deux classes et nous n'étions pas dans la même. Nous ne nous sommes vraiment trouvés ensemble que pour l'année de Belles-Lettres puisque j'ai quitté le Collège en juin 1933, pour poursuivre mon cours classique au Petit Séminaire de Québec.

Je n'ai retrouvé Joachim, plutôt Benoît, qu'une trentaine d'années plus tard, par ses écrits d'abord et ensuite par la télévision, — j'ai pu encore l'écouter et le voir il y a à peine quelques jours [le 17 avril au *Point* de Radio-Canada]. Il me fut toute une révélation car au Collège, il m'avait laissé l'image d'un jeune homme timide et tranquille, incapable de coups pendables... Ce fut un réel plaisir, il y a quelques années, de le rencontrer en personne, au Collège, lorsqu'il fut désigné comme l'ancien de l'année [1989], une distinction bien méritée. Nous avons alors pris le repas à la même table ce qui nous a permis de causer de nos souvenirs, non seulement du Collège, mais aussi de notre parcours respectif depuis.

Je ne sais pas si Joachim, en 1933, songeait déjà à entrer dans l'Ordre des Frères Prêcheurs. Pour ma part, pour avoir été baptisé à Saint-Hyacinthe, à l'église Notre-Dame-du-Rosaire, par un dominicain qui avait souhaité que j'en devienne un éventuellement, j'ai pendant un certain temps cru à cette vocation, mais je dois avouer qu'au moment où je quittai le Collège de Sainte-Anne, je penchais déjà du côté du droit.

Au Père Lacroix, Joachim ou Benoît, mes félicitations et mes vœux les meilleurs à l'occasion de son 80e anniversaire que, de mon côté, j'aurai atteint quelques semaines plus tôt.

Le confrère Joachim

Camille Albert

J'ai revu le Père Benoît Lacroix aux conventums et quelques fois aux réunions des Anciens. En 1989, il a été désigné l'ancien de l'année.

Comme élève, il a toujours été studieux et appliqué, un modèle d'étudiant.

À un camarade, mon cadet d'un jour

Louis–Philippe Langlois

Pince–sans–rire, incorrigible joueur de tours, devenu tour à tour un orateur éloquent, écrivain de qualité et conseiller écouté : Tu es l'orgueil du 104e cours. MERCI.

L'étudiant au Collège de Sainte–Anne–de–la–Pocatière

Raymond Paré

Comme quelques–uns seulement de ses confrères du 104e cours, Joachim Lacroix arriva au Collège de Sainte–Anne–de–la–Pocatière en septembre 1927 pour y faire, sans doute, son « Cours commercial », car il entrait en *2e Anglaise*. En effet, ceux qui optaient pour les diplômes classiques préféraient ne se présenter que deux ans plus tard, en Éléments latins. Moins préparés en anglais mais souvent plus doués en mathématiques. Quoi qu'il en soit, changea–t–on d'idée pour ses études car, les 2e et 3e Anglaises terminées, en septembre 1929, il se dirige en Éléments latins, études classiques.

Natif de Saint–Michel, comté de Bellechasse, Joachim était fils de cultivateur et avait le même tempérament que son père : jovial, sociable, dévoué aux œuvres paroissiales et autres. Il n'arrivait pas avec la même mélancolie que la majorité de ses confrères, car il arrivait avec son frère Alexandre qui entrait en Belles–Lettres, d'un caractère plus pondéré, qui deviendra prêtre séculier.

Joachim Lacroix était d'intelligence très supérieure, mais, durant ses sept années d'études classiques, il n'en donna peut–être que la moitié : ce qu'il fallait pour obtenir le nombre de points voulus. Aussi, dans toutes listes d'examens, il se situait au milieu : ce n'était pas un premier de classe non plus qu'un dernier, aussi bien en Lettres qu'en Philosophie–Sciences. Il possédait aussi un jugement sûr et ce qu'il faisait semblait lui être dicté d'instinct.

En général, ceux qui ont ces deux belles qualités d'intelligence et de jugement vivent heureux, surtout dans leur jeunesse, car ils jouissent d'une discipline ou espèce de sagesse qui les empêche d'avoir des adversaires impérieux ou d'être jugés comme ami à ne pas choisir. Attention cependant, car ces qualités, Joachim Lacroix ne les a exploitées qu'à moitié, il était un individu quelque peu indifférent et insouciant.

Cela a surtout été constaté vers son année de Belles–Lettres qui était alors son année de pleine adolescence et l'année où son frère Alexandre était séminariste au Grand Séminaire de Québec : il faut s'amuser pour vrai, dans cette vie. Ses confrères de classe et tous ceux de son entourage à la salle d'étude découvrirent, un bon jour, un plan de correspondance avec un voisin du cours suivant, maintenant décédé, qui fut curé d'une paroisse de notre diocèse de Sainte-Anne-de-la-Pocatière : un plan fort original mais peu classique.

Certes, il faut les voir : entre confrères de classe, alors qu'on peut se *dire* tout ce qu'on décide plutôt de s'*écrire*, d'un seul trait, c'est une question courte et simple ; mais... oh ! là ! s'écrire par « *rouleaux de papier* » de trois pouces de largeur sur une longueur de trente à quarante pieds et enrouler la lettre par le début du ruban, là commence la drôlerie... En effet, pour lire cette curieuse lettre, il faut dérouler... ! rouler de nouveau ou se trouver avec une charge de banderoles de papier... et puis...

Mais pas fini la patente : le plus intéressant, c'était le texte écrit : soit tous les défauts, les manies, les faiblesses, ou toutes les qualités, les chances de succès, les chemins à suivre pour réussir dans la vie... et *les idées* sont tellement palpitantes et intrigantes que le destinataire sentait le besoin de répondre... et souvent, ça continue... La correspondance a surtout duré avec son sympathique ami qui, surtout sur la sortie des défauts, était plus piquant.

Vous avez une idée de l'originalité de ce plan de loisirs et des pensées ! Cette manœuvre a duré un an — vers 1933 — jusqu'au jour où celui qui en recevait un autre rouleau, le jetait tout simplement au panier... Alors, on écrivait à d'autres ; mais l'affaire devint connue comme un travail extra-scolaire à rejeter — chaînes de lettres, quoi ?

À travers toutes ces balivernes littéraires et pertes de temps, il réussit à passer ses examens de baccalauréat et obtint son titre de B.A. Ses deux années de Philosophie furent plus studieuses, la sévérité des professeurs aidant, il fut obligé de délaisser de plein gré ses histoires de lettres. Résultats : il réussit assez bien ses autres examens, cette fois non plus en Lettres, mais en Philosophie et Sciences, baccalauréat et titre de B. ès E.

Il termina donc son cours classique en juin 1936. Avec ses confrères et comme les finissants des années antérieures, il ira à Rivière-Ouelle, signer devant la Madone son ruban selon la couleur attitrée de sa future profession, soit « crème » pour Dominicain. Au beau soir de la distribution des prix, avec ses confrères les finissants du 104e cours, après avoir été visiter la Madone du Collège où chacun allait choisir et épingler son ruban, Joachim descendra, cette fois, plus sérieux, la Grande Allée devant le Collège, son ruban crème bien épinglé à la pagode gauche de son veston.

Ce fut un éclat d'applaudissements, les uns pour un tel, les autres pour tel autre, mais ce fut une surprise générale : Joachim Lacroix entre chez les « Dominicains »... ! Oui, seulement, y restera-t-il ? Ils étaient quatre à désirer fixer leur vie chez les Pères Dominicains ! Lui seul y restera : Benoît-Marie Lacroix, o.p.

À la belle salle académique, après la distribution des prix, ce groupe de vingt finissants entonna son traditionnel adieu : « Fils de Sainte-Anne, en cette heure suprême qui nous rassemble une dernière fois, offrons encore au Collège qu'on aime, l'hommage de nos cœurs et de nos voix. » Raymond Paré, président, fit alors le discours d'adieu.

L'ADIEU DES FINISSANTS

C'est aujourd'hui l'*Adieu des Finissants*.

Bien sûr, pour les plus jeunes, les très jeunes surtout, c'est une autre sortie, trois autres mois de liberté, les grandes vacances. Mais pour les plus âgés, pour nous surtout de la 104e promotion, c'est la fin, vraiment la fin. Nous sommes venus à la gare saluer ceux qui partent, car nous restons au Collège jusqu'à ce soir. Aujourd'hui et dans un seul jour nous sommes devenus les « vieux » [...] Déjà !... [...]

Selon un usage que nos professeurs disent féodal tant il est ancien, Rhétoriciens et Finissants, les seuls demeurés sur le quai de la gare, échangent mots et souhaits. Étranges moments ! Les conversations tombent, les yeux des jeunes se font plus recueillis, les visages des moins jeunes plus tristes. [...]

Bien des années ont passé depuis ce 21 juin. Pourtant je te vois encore Guy, toi aussi Luc, dans ce dernier wagon, agitant vos mouchoirs qui s'enflamment au vent.

Pour la première fois, nous apparut l'image exacte de la vie et ses itinéraires de jours et de saisons, chaque heure déroulant son tapis sans jamais revenir un moment en arrière. Irréversibilité des départs et des adieux : amitiés conquises, amitiés perdues. Comme le P'tit Train, à chaque arrêt, peu à peu nous perdons ceux qui furent un peu nous-mêmes. Nous les laisserons, ou bien ils nous laisseront pour d'autres horaires que les nôtres, pour d'autres voies, transversales ou parallèles : jamais les mêmes.

Après tout, et nous le pensions déjà sans vouloir nous l'avouer tout haut : ces années de Collège avaient été remplies à déborder d'imprévus et d'amitiés, un peu comme le P'tit Train la veille de Noël. Tous les ans, du neuf. Mais ce midi, autant pour faire les forts que pour tuer notre peine, nous commençâmes machinalement à causer stupidement d'un nuage hypothétique qui menacerait peut-être la fin de la journée... si, *comme de raison*, il pleuvait.

Les souvenirs revinrent, les aveux, les dernières confidences, les espiègleries... les mêmes partout dans le monde probablement :

– Te souviens-tu de la leçon sur Homère quand, monsieur Mercier mettant le feu au cheval de Troie, nous eûmes tous les deux la même idée étrange d'allumer le panier à papiers ? Le collège faillit y passer. Et nous deux !

– Te souviens-tu quand le Préfet de discipline t'avait dit à toi aussi : « Henri, je sais tout. Dites-moi le reste » ?

Nonchalamment tu avais répondu : « Monsieur, je préférerais vous dire « tout » plutôt que le « reste »...

– Te souviens-tu, l'an dernier, dans le P'tit Train, lorsque nous avions enfermé Cantin dans les toilettes et tiré la cloche d'alarme ? La police faillit s'en mêler et comme toujours les plus innocents font les meilleurs coupables.

(*Le P'tit Train*, 1964-1980, p. 58-62, *Trilogie en Bellechasse*, p. 132-136)

CONVENTUMS

Raymond Paré

Pour les Conventums du 104e, le Père Lacroix n'a pas été tellement assidu : à cause de ses diverses occupations surtout. Nous gardons le souvenir de deux d'entre eux à cause de leurs particularités.

Cinquième conventum : 6 septembre 1982

Pour favoriser la présence des confrères de la région de Montréal, les organisateurs décidèrent de faire la réunion à Québec et d'en faire une très amicale, avec *costumes* et *relations*. On choisit le Manoir

Montmorency près de Courville, propriété des Pères Dominicains. On va voir notre ami Joachim dans son plus beau costume dominicain !

Vers trois heures, les confrères arrivaient de tous côtés, se serraient la main, toute conversation extrêmement vivante car certains ne s'étaient pas vus depuis la fin de leurs études à Sainte-Anne. Nos deux Oblats, chacun de son côté, notre Sénateur et son épouse, notre Père Blanc d'Afrique... et d'autres encore. Et soudain, une drôle d'auto et notre Père Dominicain, en petit chandail jaune « vacances » !

C'est au souper surtout que l'on remarqua le bon goût du costume de chacun et de chacune. À la table du bout, où se trouvaient nos deux Oblats et un autre couple, les deux premiers avaient revêtu leur costume entier de Communauté. Leur arriva soudain une des organisatrices qui leur demanda :

– Le spécialiste qui publie dans les journaux et revues ou qui prononce à la télévision des récits ou des remarques appréciés ou très appréciables, il serait dans votre groupe... est-ce ici ?

L'un des religieux répondit :

– Le Père Lacroix, Dominicain ? Ah ! Non... Il est à la troisième table, là derrière vous, l'homme blond.

– Avec un petit chandail jaune et des pantalons jaune plus foncé ?
– Oui.

– Il devrait avoir sa tunique blanche si c'est un Dominicain ! C'est étrange, il a l'air d'un enfant d'école.

– Comme vous voulez, Madame, mais c'est bien le Père Benoît-Marie Lacroix, o.p.

Neuvième conventum : 1er octobre 1989

C'était la Journée des Anciens du Collège. Nous avions la coutume de le faire deux ou trois mois plus tôt à cause d'une température plus chaude ; sa durée était toujours plus longue et plus fraternelle. Il nous fallait bien faire ce conventum à cette date car il fallait bien aussi que le Père Lacroix y assiste, puisque l'Amicale lui décernait le titre d'« Ancien de l'Année » : un honneur mérité...

La remise de l'emblème eut lieu à la chapelle du Collège puisque la belle salle académique faisait maintenant partie du Cégep de La Pocatière adjacent au collège, côté Est. C'est le recteur, M. Jean Foster, qui lui en fit la présentation. Le Père Lacroix remercia bien humblement, même si les Anciens s'attendaient à un éloquent plaidoyer sur l'instruction.

Ce fut ensuite la messe et le cocktail avant le souper. Au souper, à la table des Anciens du 104e, la présence de l'évêque, Mgr Charles-Henri

Lévesque, et autres dignitaires. Le président du 104ᵉ offrit les hommages spéciaux de la part de ses confrères.

Fils de Sainte-Anne

Guy Pelletier, o.p.

Fils de Sainte-Anne !... C'est ainsi que le frère Benoît Lacroix me salue, chaque fois que nous nous croisons... Et Dieu sait que ça arrive souvent, puisque nous demeurons sous le même toit, nos chambres sont dans le même coin de la maison et nos bureaux sont en face l'un de l'autre...

Pourquoi « fils de Sainte-Anne » ? Sans doute parce que nous avons étudié au même collège : lui, de 1927 à 1936 (104ᵉ cours) et moi de 1942 à 1950 (118ᵉ cours), mais surtout parce que reviennent alors spontanément à son esprit des moments qui ont été décisifs dans sa vie... Des moments que lui-même a évoqués le premier octobre 1989, alors que Monsieur Pierre Beaudoin, président de l'Amicale des anciens élèves du Collège, le proclamait « Ancien de l'année ».

J'avais pensé présenter ici quelques extraits du « Mot de l'Ancien », mais je me suis vite rendu compte qu'il est très difficile, voire impossible de résumer le frère Benoît... Il est tellement entier dans ce qu'il écrit, que tout y est important et tout se tient ! Si on omet un mot, une phrase, ce n'est plus pareil...

Je vous le cite donc en entier :

Le mot de l'Ancien

Benoît ou Joachim LACROIX du 104ᵉ

Je remercie, en premier lieu, tous ceux et toutes celles qui ont prémédité, pensé, préparé cette fête que j'appellerais la FÊTE DE LA MÉMOIRE ET DU SOUVENIR ! En somme, je vous remercie tous.

Vous avez senti, par la présentation de Monsieur Pierre Beaudoin, une certaine surprise : la surprise que je sois appelé par un verdict mystérieux. Justement, tout à l'heure, il a été dit qu'on pouvait approuver et des choses bien faites et des choses mal faites, comme dans un bloc. Auriez-vous, comme par hasard, approuvé des « choses mal faites en bloc » ? Eh oui, je suis très, très surpris, surpris, étonné surtout de pouvoir tout à coup parler librement dans une « chapelle » où il m'était autrefois défendu de parler. Il m'est arrivé d'avoir mérité un « assez bien » en religion, en piété comme on disait, pour avoir trop parlé à la chapelle durant les offices religieux. Étonné, inquiet aussi, parce que je vois devant moi un confessionnal, un lieu traditionnel de tortures. En plus, comment expliquer que, n'ayant pas été tellement bien doué, ni ayant tellement trop travaillé, tout à coup on me découvre quelques mérites ? Comme si une étoile était apparue au firmament à travers les ombres d'un passé nuageux.

Ma surprise augmente encore du fait que dans ces lieux, sites sacrés qu'on appelait la Butte, la Madone dont on a fait l'éloge tout à l'heure et la montagne qui est toujours à l'ombre derrière la Madone, je n'aie pas été exactement exemplaire. Aussi, en toute honnêteté et s'il vous plaît en toute miséricorde et tolérance, recevez–moi ancien de l'année. En même temps, je voudrais que l'on reçoive comme « anciens de l'année » tous mes aimés confrères du 104e cours, tous ceux qui, pendant presque neuf ans, m'ont supporté dans ce Collège, tous ceux qui, ce soir, nombreux, font ma couronne et... mon auréole.

En cette fête du souvenir et de la mémoire, deux, trois idées fortes me viennent à l'esprit. Après avoir beaucoup voyagé, enseigné ici et là et être entré en contact avec d'autres cultures, je me plais à me souvenir de mon milieu collégial. En tout premier, je veux louer l'environnement dans lequel nous avons été éduqués. Je ne sais pas si nous nous en rendons tous bien compte. Cet environnement est superbe : le Collège, la montagne, les montagnes plutôt, le fleuve, le grand air de La Pocatière. L'ampleur et la qualité du territoire sont exceptionnelles. J'en ai pourtant vu des campus et des campus et des paysages, celui–ci m'émeut encore profondément. Oui, je suis très heureux que ce Collège continue, qu'il soit très vivant, élargi mais dans le même environnement, avec la montagne qui a été respectée et l'horizon lointain qui ne changera jamais. Oui, je dois féliciter, remercier tous ceux, toutes celles qui ont respecté ce territoire sacré.

Autre point, ici, j'ai appris la solidarité, une vraie solidarité, difficile à répéter ailleurs. Bien sûr, les temps ont changé, il est inutile de revenir sur le passé à moins de vouloir s'en inspirer par des pensées positives. J'ai appris d'expérience, visuellement et oralement, la solidarité étonnante d'un vrai milieu éducatif : des professeurs et des étudiants bien ensemble. Eux, les maîtres ; nous, les élèves. Ah ! les gamins que nous étions ! Et pourtant, ces prêtres nous aimaient. Nous les aimions à notre façon, en les craignant et en nous faisant craindre. Loin de nos familles souvent, nous nous sentions protégés. Malgré nos méchancetés plus ou moins réussies, les professeurs nous aidaient. Et les maîtres de salle donc ! Quel héroïsme de leur part ! Je n'oublierai jamais ces mêmes maîtres qui nous accompagnaient à chaque sortie, jusqu'à la gare de Sainte-Anne. Quand nous sommes sortis pour la dernière fois en juin 1936, j'en ai vu qui ont essuyé des larmes. Or c'étaient ceux–là même que nous avions fait souffrir. Quelle générosité !

Enfin, j'aimerais vous parler de l'amitié qu'il y a entre plusieurs d'entre nous : une longue et profonde amitié. Comme l'affirme le proverbe : « L'amitié ne gèle pas en hiver ». La preuve est que ce soir, plusieurs d'entre nous se retrouvent après 50, même 60 ans de fidélité. Faut le faire ! Quand les épouses des confrères se sont jointes à nous, les amitiés ont doublé de vérité.

En terminant, je dis donc merci à vous, merci au Collège, merci aux anciens d'avoir préparé cette fête de la solidarité et de l'amitié. Et quand on s'aime, l'essentiel est acquis. Merci ! Merci !

(1er octobre 1989, *L'Union amicale*, novembre 1989, p. 3-4)

Et voilà ! Vous comprenez maintenant le pourquoi de la complicité qui habite les anciens du Collège de Sainte–Anne–de–la–Pocatière, les fils de Sainte–Anne comme on dit, lorsqu'ils se croisent...

UNE FIGURE DE PROUE : BENOÎT (JOACHIM) LACROIX, O.P.

Guy Piuze, o.m.i.

Heureux de participer à cette contribution dans la recherche des faits dominants marquant les 80 années d'un illustre et respecté confrère.

I — *Sa vie au Collège de Sainte-Anne–de–la–Pocatière*

Il se décrit lui–même, lors de l'attribution et de la réception du titre de « L'Ancien de l'Année », le 1er octobre 1989 : « Un élève ordinaire, pas studieux à l'extrême mais très curieux, en somme modèle en rien même à la chapelle... »

Je me souviens d'un confrère attentif aux autres, souriant, réservé, excellent conteur, imitateur peu ordinaire, et sans malice, des manies, du langage, des traits de caractère de certains de nos maîtres, en particulier du Père « Cam » Mercier et de l'abbé Antonio Boulay. Il était déjà un rassembleur et un fin psychologue. Le trait dominant de son caractère était alors fait d'émerveillement et de sourire à la vie.

II — *Ses études ecclésiastiques et religieuses. Enseignement prodigieux*

Joachim a connu un cheminement aussi discret et humble que toujours progressif dans les sphères des études supérieures philosophiques et théologiques. On découvre en lui un talent révélateur et un acharnement à développer un potentiel tenu jusque là en veilleuse et un élan à se surpasser. Après de brillantes études, « il enseigne dans différentes universités, Montréal, Laval, Kyoto au Japon, Ca[en] en France, Tournay en Belgique. » « L'élève pas trop studieux est devenu un éminent pédagogue. Il se produit parfois de ces miracles naturels. Son lieu ferme d'attache fut l'Institut d'études médiévales de l'Université de Montréal dont il a été le Directeur pendant de nombreuses années. » (Pierre Beaudoin, Président des Anciens du Collège, *L'Union amicale*, 1989)

On doit souligner ici l'attraction et le grand ascendant que le Père Benoît suscita alors auprès de centaines d'étudiants et son grand rayonnement auprès du corps professoral de l'Université.

III — *Ascendant et rayonnement dans de multiples sphères des activités humaines et chrétiennes*

Vers l'âge de la retraite pour beaucoup d'éminents maîtres de la Pensée, de la Parole et de l'Écrit, le Père Benoît ne s'arrêta pas dans sa foulée de maître et de pédagogue. Reconnu et invité par les mass media, tels la presse, la radio et la télévision, il fait bénéficier un vaste auditoire de ses enseignements et de son influence prépondérante. On se souviendra de ses fins billets inscrits dans la page éditoriale du *Devoir* pour marquer les grandes fêtes liturgiques de Noël et de Pâques. Il déborde les sentiers universitaires pour se mettre au service de toutes les couches de la société. Intellectuels et gens de la masse réclament son enseignement et son dévouement sans bornes. Des groupes d'animateurs se forment sous son égide. Il est un conférencier recherché dans tous les milieux. On se demande, à 80 près, où il puise tant d'énergie et de disponibilité. Il ne peut répondre à toutes les demandes et invitations à animer et à instruire tant de groupes. Il est réclamé comme prédicateur de retraites par les communautés religieuses, par les assemblées de prêtres diocésains, par les instituts religieux contemplatifs, tels les Pères Cisterciens d'Oka. L'Assemblée des Évêques fait appel à lui pour la prédication de sa retraite annuelle. Les associations de laïcs, tant patronales qu'ouvrières, recourent à ses services et bénéficient de ses enseignements.

Il conviendrait ici de souligner la présidence par Benoît de nombreux grands événements de Pastorale : baptêmes, fiançailles, mariages, funérailles. Que de personnes ont été saisies et orientées par la profondeur et la simplicité de sa doctrine.

Pour conclure cet écrit ébauché rapidement et sobrement, je citerai ces mots de M. Pierre Beaudoin lors de la présentation de Benoît comme « L'Ancien de l'Année » par l'Amicale de La Pocatière :

« Benoît Lacroix est un homme qui a pu suivre, selon l'expression du Chanoine Lionel Groulx, la ligne de sa Vie ! » J'ajouterais, la ligne de sa Vie est celle d'un Prêtre et Religieux selon la pensée et le cœur du Divin Maître.

Portrait d'un malcommode

Bruno Roy

M'a-t-il déjà joué des tours ? Probablement pas ; mais comment s'en vanter sans passer pour naïf ? En tout cas, je ne me souviens pas qu'il m'ait servi à boire dans un verre sans pied, ou qu'il m'ait fait asseoir sur un coussin péteur. Ni qu'il m'ait donné un exemplaire de ce livre qu'il avait jadis expédié à un malheureux collègue, *La Psychologie des imbéciles*. Prudent, je me tenais à une bonne distance de lui, surtout aux environs du 1er avril. Pourtant...

Un jour où je donnais un cours au Département d'études françaises de l'Université de Montréal, une étudiante que je ne connaissais pas vint au pupitre pour me demander, sur un ton confidentiel : « Est-ce bien vrai que votre mère était Iroquoise ? » La première surprise passée, je voulus savoir d'où lui venait cette idée bizarre. Il me fallait éclaircir la chose.

Je pus enfin savoir que l'étudiante allait souvent travailler à la Bibliothèque des Dominicains ; j'y envoyais en effet mes étudiants pour qu'ils connaissent l'odeur des vieux livres et le calme d'un *scriptorium*. Elle y voyait de temps à autre, me dit-elle, un Dominicain, ancien professeur de l'Institut d'études médiévales, qui venait y travailler, et qui offrait gentiment ses services aux lecteurs désorientés. J'en savais déjà assez. Ainsi, c'était bien lui qui avait lancé la rumeur ; un autre de ses coups pendables.

Iroquoise, ma mère ? C'était aussi invraisemblable que de penser que Damase Lacroix, Adélard et Adjutor, les oncles de Joachim, aient été des Tchétchènes, des Bosniaques ou des Ossètes, ou que ma tante Amazélie, qui avait épousé Gaudiose, frère de ses oncles Amédée et Émile Gagnon, nos voisins immédiats, ait été une Hottentote. Comment ne savait-il pas que ma mère et mon père, Rachel et David, étaient aussi peu bibliques que son père Caïus n'était Romain ? Allez comprendre la logique d'un « joueux de tours »...

Je ne l'ai pas connu à Saint-Michel, faisant moi-même partie de la deuxième tranche de notre famille de treize enfants, de ceux qui faisaient les quatre cents coups non pas avec ses frères et sœurs, mais avec ses neveux et nièces, à l'école du Troisième Rang. Quand j'eus l'âge d'aller étudier à La Pocatière, il y avait déjà terminé ses études. Son nom évoquait pour nous, les *navots* frais débarqués, celui d'un personnage très *calé*, mais passablement *insécrable*. Un jour que j'étais malade à l'infirmerie du collège — était-ce d'une indigestion de morue ? — je passais le temps en regardant les murs, les draps, le lit. Je soulevai la petite table de nuit, et qu'est-ce que je découvris, sous la tablette inférieure ? Une trace comme celles que les historiens recherchent, et pour lesquelles ils seraient prêts à vendre leur âme. C'était un graffiti : « J'ai ch... ici le... du mois de... 19... Joachim Lacroix » (j'ai oublié les dates). Je l'ai perçu comme un message fraternel de mon aîné, par-delà les générations. Et je ne l'ai pas oublié.

LA VOCATION

Parce qu'il se montrait plus souvent à l'église, les vieux, surtout ceux du Village, pensaient que « le garçon du défunt Joseph entrerait au Grand Séminaire l'automne prochain ».

Au presbytère, on tenait la rumeur pour absolument folle, à cause qu'Emmanuel « n'était pas instruit », « qu'il n'avait pas tellement brillé à l'école », « qu'il était trop imaginatif » et « pas assez logique » pour faire même un vicaire.

– Que voulez-vous, Excellence, on ne fera jamais de bons abbés avec des gens qui ne savent pas se ranger.

Je ne disais rien. C'était son affaire. Mais un jour de nervosité, malgré moi, je me suis laissée aller à propos de ma cousine Édith qui venait d'épouser Joseph-Aimé Larochelle. Il m'a simplement répliqué :

– Mais c'est que je suis marié ! Comme toi, maman, tu es mariée à tous ceux que tu aimes.

Ce soir-là j'ai cru deviner un peu ce que serait peut-être sa vie.
(*Marie de Saint-Michel*, 1986, p. 73)

LES OUTARDES

Il les appelait ses *saintes gitanes*.

Chaque automne, chaque printemps :

– Viens maman ! viens papa ! Elles sont là.

Elles vont, elles reviennent du fin fond de l'horizon par volées et triangles sans cesse recomposés. Elles chantent, elles s'attendent, elles s'alignent et se réalignent vers leurs mystérieux villages aériens.

Emmanuel les fixe jusqu'à ce qu'elles disparaissent dans les nuages ou le ciel marin, là-bas au bout de son regard allumé d'admiration. À l'observer, nous pensions deviner, Joseph et moi, les espaces illimités de ses désirs et de ses rêves.

– C'est leur vie de partir, commentait-il, c'est leur vie de revenir. On dirait même que nos outardes ressuscitent à chaque année.
(*Marie de Saint-Michel*, 1986, p. 64)

* * *

Lente à devenir, ma vocation religieuse devient encore. En ce sens qu'elle n'est jamais définitive. Je deviens un « moine ». Je ne le serai jamais parfaitement.

Depuis longtemps j'étais attiré par l'*ailleurs*. Tout a commencé à la maison quand mon père me racontait des histoires de trappistes qui ne parlaient pas. Ni lui ni moi n'étions convaincus que nous pouvions les imiter. Mais l'idée d'une consécration possible était là. Puis, un jour, à Saint–Michel–de–Bellechasse, nous eûmes à la grand–messe la visite du franciscain Égide Roy, enfant de la paroisse en plus, qui devait partir en mission pour le Japon. Il fit ses adieux à l'église. Je fus impressionné. Les adieux, les départs de missionnaires à l'époque avaient de quoi étrangler la gorge de n'importe quel adolescent émotif. La moitié de la paroisse pleurait, l'autre moitié donnait à la quête. L'idée de partir *ailleurs* me hantait toujours. Au Collège, nous avions la visite des missionnaires de passage. Il y avait parmi eux, un certain père Bissonnette, Père Blanc d'Afrique, qui nous faisait peur avec des histoires de lions féroces rencontrés dans la jungle. J'étais séduit par le pittoresque, le fantastique, les récits et surtout par l'audace de ces hommes prêts à partir, prêts à tout risquer. Je rêvais de partir *ailleurs*. Pourtant je ne m'ennuyais pas dans mon pays. Loin de là.
(Dans *Les Temps changent*, 1998, p. 173)

COMPAGNON DE DIEU

[...] le mystère de la vocation reste précisément le mystère d'un Dieu créateur, infiniment bon, infiniment miséricordieux, qui nous appelle à ÊTRE et à MARCHER avec Lui. Non il n'est pas de chose plus importante à penser que de se savoir exister, que de se sentir constamment porter par cet Autre, soutenu dans l'existence chaque jour, à chaque battement de son cœur, par un acte d'amour. Ah ! je voudrais tellement que vous le sachiez : Dieu vous aime, Dieu est Amour, Dieu vous a aimé le premier. [...] *J'accepte pleinement le mystère de ma vocation qui est d'être avec vous là où je travaille, un des petits derniers à qui vous avez pensé de toute éternité.*
(*Compagnon de Dieu*, 1961, p. 30–31)

CÉLÉBRATION DU PRINTEMPS

....
Célébrons le printemps avec ses promesses,
ses réalités, sa jeunesse,
    ses risques et ses folies...

....
Plus et mieux que toute autre saison,

le printemps et surtout son mois de mai,
    si capricieux soit–il,
représente l'espérance à son meilleur,
la plénitude au summum du possible.
Le printemps est adolescence
et jeunesse des saisons,
certitude fleurie après le grand hiver blanc.
....
Le printemps !
    Fête de la terre.
    Fête de communion et de partage.
Le printemps multiplie
les instants de communion...
....
ressentir le goût d'un printemps,
pour l'homme, c'est communier.
....
Le printemps touche aussi les hommes.
Il n'est pas possible que nous demeurions
les seuls dans la création à n'être pas
changés par la grâce du printemps.
Il nous faut faire advenir
le printemps des hommes.
Faire advenir ce printemps,
c'est croire aux forces qui montent en nous,
c'est permettre l'éclosion des zones
de notre être demeurées encore endormies,
c'est prendre au sérieux certaines intuitions
à la fois fragiles et fortes
comme une semence.

Le printemps de la nature arrive tout seul ;
le printemps des hommes,
il faut le faire en offrant sa vie à l'humanité.
....
(*Célébration des âges et des saisons*, 1993, p. 89–91)

LE DÉPART POUR LE VOYAGE VERS L'AMOUR

Un jour, ils l'ont vu quitter sa mère en larmes, ses cousins, ses amis qui ne comprenaient rien.

– Où c'est qu'tu vas ?

Mais lui leur a répondu comme toujours :

– Il faut ! il faut !...

Tandis qu'à mi-voix, en serrant les dents, il se murmurait à lui-même :

– Non ! je ne m'habituerai jamais à les quitter.

Au tournant de la Forge, il rencontre Madeleine qui lui dit :

– Tu pars ?

– Eh oui ! mais un jour je reviendrai et jamais plus tu ne pleureras.

Ne saviez-vous pas, gens de Saint-Michel, que je me dois aux terres d'en Haut comme aux terres d'en Bas, que chaque geste, chaque parole de vous me retiendrait trop, qu'il m'en coûte à chacune de vos cheminées de m'en aller loin de vous, à Saint-Raphaël, à Saint-Nérée, à Armagh et jusqu'aux Lignes des U.S.A. ?

De même que vous vous gardez libres pour ensemencer vos champs, il me faut moi aussi rester prêt pour aimer, faire aimer l'amour, traverser coteaux et rangs à tout venant, n'importe quand.

Ne le sais-tu pas Marthe, et toi aussi Marie, cet amour que je vous porte, il est si fort que je me dois de le dire à tous. Autrement, tel le soleil du midi sur la fleur unique, il brûlerait celle qu'il darde.

(*Quelque part en Bellechasse*, 1981, p. 10-11, *Trilogie en Bellechasse*, p. 152-153)

L'ORDRE DES FRÈRES PRÊCHEURS OU LA FAMILLE DOMINICAINE

L'Ordre des Frères Prêcheurs (1936–1995–)

Je suis entré dans l'Ordre en 1936, il y a donc cinquante ans. C'est vous dire que vous entendez un « ancêtre » ! Au Collège Ste–Anne de La Pocatière, ce que je souhaitais, c'était devenir missionnaire. Pour réaliser ce désir, je voulais entrer chez les Pères Blancs. Un jour, je me suis présenté à Saint–Hyacinthe, parce qu'on m'avait dit que c'est là que se trouvaient des « prêtres en blanc ». Mais, une fois rendu, ce sont des Dominicains que j'y ai trouvés. On m'a informé d'une mission au Japon, ce qui m'a tout de suite passionné et je suis demeuré dans l'Ordre des Frères Prêcheurs. Pendant les premières années, j'ai cultivé cette idée missionnaire, mais au contact de certains professeurs, dont le père Régis, j'ai compris qu'il n'y avait pas que les pays lointains qui pouvaient compter quand on rêve de donner sa vie aux autres.
(Dans *L'Ordre des Frères Prêcheurs. Les Dominicains, qui sont–ils ? que font–ils ? où sont–ils ?* 1986, p. 28)

L'arrivée chez les Dominicains à Saint–Hyacinthe (26 juillet 1936)

[...] je suis certain d'y avoir été conduit par un appel spécial plutôt que par mes seules aspirations du moment. J'ai failli commettre une erreur au départ. Les Dominicains étaient en blanc, les Pères Blancs aussi. Peu s'en fallut que je me trompe de communauté !

Aussitôt entré chez les Dominicains en août 193[6], je songeai aux missions au grand désespoir de ma mère qui multipliait les neuvaines contre mon projet. Toujours en moi la même idée de partir, une idée de *coureur de bois*, d'aller ailleurs, de quitter ma famille, ma petite amie Thérèse, les copains, les voisins du Rang, pour donner ma vie, toute ma vie aux autres que je ne connaissais pas et qu'à l'avance j'avais bien hâte de connaître.

Mes sentiments étaient, je le reconnais, très humains. Je ne savais pas bien ce que je faisais. J'étais attiré vers une forme de vie qui me permettrait de tout donner. Il y avait de l'orgueil dans mon attitude et sans doute un grand désir de promotion sociale. Mes parents seraient fiers de moi.
(Dans *Les Temps changent*, 1988, p. 173–174)

Joachim métamorphosé en Benoît

C'est son père maître chez les Dominicains, le Père Émile–Alphonse Langlais, qui a rebaptisé Joachim en Benoît (« J'étais content parce que mon prénom n'avait plus que deux syllabes au lieu de trois ! »). Benoît Lacroix aurait comme patron le Pape Benoît XI (1240–1304), 192e pape (1303–1304), ancien général des Dominicains (1296), qui mourut probablement empoisonné.

Joachim qui n'aimait pas outre mesure ce pape, mais qui, par contre, aimait beaucoup le grand saint Benoît qui est resté son patron officieux, aurait préféré avoir ce dernier pour patron officiel. Mais son père maître — qui ignorait encore jusqu'à quel degré d'excellence se hausserait son jeune novice — maintint fermement son choix, en faisant remarquer à notre ami que Benoît XI était « bien assez bon pour toi... puisqu'il n'est, lui, contrairement à saint Benoît de Nursie, que bienheureux »...

(Ainsi raconta Benoît Joachim le 5 mai 1995 à 15h30)

Les études au Couvent des Dominicains à Ottawa (1937–1941)

Chez les Pères Dominicains, je ne m'attendais pas du tout à ce qui m'est effectivement arrivé. Voilà que je rencontre des hommes généreux qui vivent au nom de l'intelligence. Au Collège, et en raison de la tendance spiritualiste de l'époque, l'accent était mis sur la formation de la volonté. La volonté ! La grande affaire à surveiller ! Tous les jours, tous les instants ! À la chapelle, en classe, aux sports, le meilleur serait le plus volontaire. Or chez les Pères, au *Studium* d'Ottawa, on me dit que l'intelligence est supérieure à la volonté. Quelle histoire ! Peu à peu — influence du milieu — je me convertis à l'étude, j'y prends goût, même à la philosophie et surtout à la théologie et à l'histoire. Je rencontre là un pédagogue extraordinaire dont je n'ai jamais trouvé ailleurs l'équivalent : le père Louis–Marie Régis, dominicain. Véritable sorcier, il pouvait nous enseigner tout ce qu'il voulait et nous convaincre des pires sophismes. Impossible avec lui de gagner dans les discussions publiques ou privées. Dialecticien, penseur original, l'inattaquable Thomas d'Aquin devait se plier à sa manière de dire. Puis je le voyais prier. Tout pour séduire un jeune religieux à la recherche de sa vocation. Il était devenu sans doute mon père, un père idéal, un père instruit et diplômé !

(Dans *Les Temps changent*, 1988, p. 174)

Extrait de *Sous les cloîtres*

Chronique des Frères étudiants dominicains d'Ottawa, (février 1941)

Au moment où j'ouvre la bouche pour célébrer la gloire immortelle de Benoît Lacroix, o.p., B.A., ex–élève du collège de Sainte-Anne-de-la-Pocatière, ex–berger, ex–linger, ex–appariteur, secrétaire et président de la Saint-Vincent, caricaturiste, graphologue, poétereau, et, par–dessus tout doyen sortant de charge (son avenir nous est inconnu), je me sens également confondu par la grandeur du sujet et, s'il m'est permis de l'avouer, par l'inutilité du travail... Quelle partie du monde habitable n'a pas ouï les victoires du Frère Lacroix et les merveilles de sa vie ?... Nous ne pouvons rien, faibles orateurs, pour la gloire des âmes extraordinaires ; le Sage a raison de dire que « leurs seules actions les peuvent louer ». Le Frère est salué par des applaudissements unanimes. Il croit bon, dans un avant–propos, de féliciter — à juste titre — son successeur à la présidence de notre Société.

Puis le conférencier aborde un problème très sérieux, ce qui pourrait sembler curieux à un œil peu attentif. En un polysyllogisme, l'orateur part de notre fin surnaturelle et nous apprend que pour atteindre la fin, il faut prendre les moyens. Ainsi est–il amené à nous donner le principe de solution de sainte Thérèse : la présence de Dieu. Comme le reste, la conclusion est brève. Il faut dire que le geste gracieux du Frère se serait volontiers passé de la carte tenue à la main.

Je viens de vous dire que le Frère faisait des rimes à ses heures. Je ne puis résister ici à l'envie de terminer ce rapport en vous remémorant une des dernières publications du Frère Lacroix. Écoutez, frémissez, jouissez.

Adieux au décanat

Ô tristesse d'un soir,
Larmes sur le trottoir,
Oui, pour moi tout est noir,
Ce soir !

Adieu, cher décanat,
Des joies tu me donnas,
Et des souffrances avec ça,
Décanat !

Jusqu'au bout portant la croix,
J'ai bien soufflé parfois,
Mais je suis resté toujours, je crois,
Lacroix !

À présent, libre mon cœur,
Pourra garder sa fleur,
Pour un choix unique et vainqueur,
Mon cœur !

Les études à Toronto

C'était en 1941. En principe je devais aller étudier la liturgie en Belgique. Mais la guerre ! Toujours la guerre ! Mes supérieurs décident de m'envoyer plutôt au Pontifical Institute of Mediæval Studies de Toronto où vivaient et enseignaient Étienne Gilson et Jacques Maritain. Ils devinrent pratiquement mes voisins, car nous habitions chez les Pères Basiliens qui étaient eux-mêmes de généreux frères pour nous. Maritain m'inspirait par son côté mystique et silencieux, il parlait toujours à voix basse. Durant ses leçons, données dans un anglais plus que douteux, il était d'une obscurité consommée. Nous l'aimions. Le voir suffisait. Gilson, lui, respirait davantage la force, l'énergie, la science exacte, l'amour du moyen âge, avec une logique et une information à toute épreuve. Il savait tout du moyen âge latin. C'était notre maître à tous. Comme Gilson et Maritain étaient français, il m'était plus facile de dialoguer avec eux. À la même époque, je rédigeai ma thèse sous la double tutelle pacifique de Gilson et de celui qui est devenu aujourd'hui le cardinal Flahiff, homme d'une grande délicatesse d'âme et d'esprit.

(Dans *Les Temps changent*, 1988, p. 174–175)

* * *

Votre dernière lettre me rappelle en effet des moments intenses de ma vie de solitaire à l'Université de Toronto alors que je préparais en toute lucidité mais dans la rage d'un désespoir vertueux, une thèse de doctorat qui ensuite serait utilisée par mes professeurs sans qu'ils en indiquent la source.

(Lettre de Montréal, 11 décembre 1969)

* * *

J'ai gardé un très mauvais souvenir des derniers mois de ma thèse, tellement que je réussis mal à en parler encore aujourd'hui à 20 ans de distance presque... Il faut contester un jour cette manière de faire ou de faire faire des thèses au service de nos maîtres lointains...

(Lettre de Montréal, [9 mai 1970])

QUI EST SAINT DOMINIQUE ET QU'EST-CE QUE L'ORDRE DES DOMINICAINS ?

Dominique pour moi ? Un témoin, un modèle, *le* modèle qu'il nous faut aujourd'hui, j'ose dire, surtout auprès des jeunes. Un homme ouvert, généreux, intelligent, qui n'a pas eu peur de la pauvreté, qui a cru à l'étude, qui a été capable de tout risquer pour aller au bout de ses options. Dominique : la tradition ouverte. Il fonde un ordre apostolique urbain, un lieu de foi miséricordieux, vaste, fraternel, mais en même temps il emprunte au monachisme des rites, des habitudes, un cadre immédiat de travail à l'intérieur duquel il introduit beaucoup de liberté : un office, des dispenses, contemplation, action, clôture, voyages.

Parlons études. Un Dominicain qui veut se spécialiser dans un domaine ou l'autre, soit la théologie, l'exégèse, la philosophie ou les sciences de la religion, ne se trompe pas, il joue une carte d'avenir. Ce Dominicain est attendu. Personnellement je dis que, parmi les jeunes qui se joignent à nous actuellement, s'il y avait deux ou trois frères qui devenaient savants, au sens violent du mot, l'avenir des Dominicains au Canada comme « champions de la foi » serait ici totalement assuré. C'est dans ce sens que le Collège [dominicain de philosophie et de théologie à Ottawa] reste le premier risque à prendre pour prévoir l'avenir. Je le répète : il est notre institution dominicaine numéro 1. [...] Couvent d'études, pivot central, point de ralliement d'où viennent plusieurs vocations qui permettront un nouveau rapport avec le monde universitaire. C'est l'objectif même de saint Dominique : foi reçue, foi vivante, foi priée, foi intelligente. [...]

De fait, il me semble que nous sommes confrontés à deux problèmes : la pauvreté et le silence.

La pauvreté est une valeur essentielle à la vie apostolique. Les gens nous observent. La pauvreté se répercute dans notre manière d'être. Qui osera ? Quel chapitre osera s'attaquer à ce problème déjà crucial au temps de Dominique ?

Le silence, lui, est menacé. Surtout par les médias. Il faut individuellement apprendre à nous protéger, comme Dominique qui se tenait à l'écart des frères quand il se déplaçait à pied lors d'un voyage. Silence, *gardien des observances*, disait-on autrefois.

Pauvreté, silence, travail, études, culture, pastorale, témoignage individuel, témoignage collectif : tout à la fois dans une alternance à l'intérieur d'un cadre qui favorise et la vie de l'apôtre et la vie du contemplatif. Tant mieux si nous nous retrouvons dans cet équilibre instable. C'est la vie !

(Dans *Les Dominicains, qui sont-ils ? que font-ils ? où sont-ils ?*, 1986, p. 29 et 28)

LA VOIE DE THÉRÈSE DE LISIEUX

Aimer et se faire *petite* : voilà la solution, voilà la voie à suivre. [...] Charité et humilité, vertus fondamentales pour toute vie spirituelle [...] C'est ce qu'enseigne l'Église depuis le début du christianisme. *Mais il fallait y penser !*

[...] Le premier devoir de l'âme du pécheur de la *petite voie*, c'est d'aimer en regrettant.

« *Ô ma Mère, qu'elle est douce la voie de l'amour ! sans doute on peut tomber, on peut commettre des infidélités ; mais l'amour sachant tirer profit de tout, a bien vite consumé tout ce qui peut déplaire à Jésus, ne laissant plus au fond du cœur qu'une humble et profonde paix* » (ch. VIII).

Il y a dans toute cette attitude du pécheur repentant de Sœur Thérèse un détour habile de l'âme qui, en s'abandonnant à la miséricorde, a retrouvé l'humilité que son péché lui avait fait perdre, et en trouvant l'humilité elle s'est rendue de nouveau présente à l'Amour. La petite *voie de l'amour* est décidément une voie surnaturelle, mais réelle et humaine sous bien des rapports. Une fois de plus la grâce s'établit dans et avec la nature, sans la détruire, mais pour la rendre à sa perfection. Sainte Thérèse aura dit souvent à Dieu qu'elle était audacieuse... Sa petite *voie d'amour* l'est aussi. Mais Dieu aime cela.

La *petite voie* promet d'être un succès dans la vie de l'Église, et c'est une grande grâce que nous la connaissions, nous du XXe siècle. Son succès vient de sa simplicité. Sœur Thérèse oriente *immédiatement* l'âme vers son Principe et sa Fin qui est Dieu. Elle la met immédiatement en face de cette définition essentielle qui contient et explique tout depuis la Création jusqu'à la dernière grâce que le Ciel nous accorde : *Dieu est Amour*. La route à suivre est donc *droite, courte, toute nouvelle* pour chaque âme : c'est la *voie de l'Amour*.

(Michel Deladurantaye [pseudonyme de Benoît Lacroix], *Sainte Thérèse de Lisieux et l'histoire de son âme*, 1947, p. 144 et 148–149)

CE TRÈS CHER BENOÎT LACROIX, L'INCOMPARABLE

Georges–Henri Lévesque, o.p.

C'est un *regard* qui vous reconnaît et vous choisit personnellement dans le champ immense de son universelle sympathie ;

C'est un *sourire* qui sait vous accueillir tel que vous êtes, sans crainte ni préjugés ;

C'est une *poignée de main* généreuse, franche et loyale, qui révèle un grand cœur sur lequel on peut toujours et entièrement compter.

Est-il pour moi plus un frère qu'un ami, ou plus un ami qu'un frère ? Je ne sais plus. Il est tellement et si merveilleusement les deux à la fois !

Je lui souhaite le plus heureux 80e anniversaire d'une vie si richement pleine, culturellement, socialement et spirituellement.

AVANT–DIRE

Paul–Henri Girard, o.p.

J'ai été invité récemment à collaborer à ce quatrième « vingt ans » du Père Lacroix. Puisqu'il ne s'agit pas de dire mais de suggérer, je vous envoie ma contribution.

Une poésie ! Certains diront peut-être : Benoît Lacroix méritait mieux. C'est bien le mal connaître. Je lui ai toujours reconnu l'âme d'un poète. Depuis des siècles, nous prions le Seigneur à l'aide des Psaumes. Je ne vois pas pourquoi nous ne fêterions pas notre Frère avec les mots de la poésie.

Le Père Lacroix, c'est l'homme qui a osé dire Dieu dans sa vie de prêcheur, comme Dieu a osé dire l'Homme à travers le Verbe de vie. Ils sont tous deux de connivence, je crois. Je le dis à ma façon.

PSAUME DOMINICAIN

À Benoît–Joachim Lacroix, o.p.

Ose Dieu
comme Dieu ose l'homme
et habite sa chair
Conjugue le Verbe
décline-le à tous les temps

... jusqu'à la nouvelle borne
Dis la Parole, creuse le sillon
Prépare les arrhes de la moisson
Rajeunis les racines du mystère

Ces pèlerins que tu mènes
prie sans cesse avec eux
Là où habites, sois la maison
où brûle le Bois du foyer
parfume l'odeur du Pain
Étends les nappes
non pas pour deux ou trois
mais pour toute la maisonnée
Moi au milieu de vous
blotti, transfiguré

Rompu au feu de l'Esprit
ta cendre m'appartient
J'en ranime les braises
Enflamme à ton tour l'autre
qui tremble à cause d'un pays qui se fait
Vois, je t'apporte
une rose qui a moins d'épines.

L'être entier est louange :
ta bouche, tes mains, tes pieds
Danse et chante, n'hésite pas
Je suis là au milieu de ton doute
Ne te désâme pas tant !
Derrière la foulée des générations,
raconte aux plus jeunes
l'Homme qui envoûte Dieu

Deviens présence à l'autre
Déracine l'intolérance,
Fais jaillir la croisée du dialogue
Ma Parole n'est pas
miroir embué mais fenêtre
et sa borne s'appelle horizon
Elle soude rochers et nuages
le bleu du ciel

Elle suit les louvoiements
d'un grand fleuve

As–tu remarqué : ta voix a mué
Hier toute frileuse
aujourd'hui si rieuse,
comme visage d'enfant
Saint et benoît sois–tu...
Tu vis en mon Corps
Je me revêts de ta joie
ce manteau d'accueil

Ne parle pas de souffrance
si tu ne vois en moi
la marque du Serviteur
Ne raconte pas la résurrection
si ta parole ombrage la Croix
Attention aux mots de ta prière.
Qu'ils ne soient pas
caresses à un dieu
Méfie–toi d'une pitié
qui écrase le zèle de celui qui débute
Rassure son cœur rissole ses mains,
au souffle du Septiforme

Vois Dominique : sa maison
à la lisière de l'incroyance
Fixe ton regard sur le sang de tes pieds
Il rougit les pierres de la sente
Suis les courbes de son évangile
entre noirs et blancs cailloux
Sois flamme de vérité
Ne donne pas réponse à tout
Sinon le silence de Dieu
te fera trébucher

Si j'approche tu épies mon pas,
Si je ne bouge plus tu paniques
Invente les mots pour dire
aux autres que nous sommes un

Chaque année je meurs et renais
aux flancs de l'Église
Le message devient chaleur d'été
nuages de l'Avent
Aux attentes de Joachim et d'Anne
aux joies de Joseph et de Marie
répond le cri d'une Naissance

J'agonise chaque jour pour toi
pour ceux et celles qui fixent
le Pain que tu élèves
Sonne chaque année le gong de Pâques
Ne regarde pas les mirages
Ne t'effraie pas du temps
si court de mes visites
de l'âge qui fond trop rapidement
Si Dieu ose sans cesse l'homme
toi, n'arrête pas
Conjugue le Verbe
au temps de l'éternité

SEL DE LA TERRE

Michel Gourgues, o.p.

Je suis conscient de partager avec bien d'autres certains titres qui me valent d'apporter mon « grain de sel » à cet hommage. Ainsi, en allant du plus au moins commun : l'admiration, l'amitié, la même appartenance dominicaine, une expérience partagée de vie à l'étranger... Mais sommes-nous beaucoup à pouvoir nous réclamer du même lieu d'origine ? Nés l'un et l'autre à Saint-Michel-de-Bellechasse, Benoît Lacroix au Troisième Rang, moi au « Bord de l'eau », nous maintenons tous deux indéfectible la conviction du Caïus Lacroix de *La Religion de mon père* : « J'ai pour mon dire que c'est une des plus belles paroisses du comté fondée en 1678, s'il vous plaît ! »

Par métier, nous sommes aussi l'un et l'autre lecteurs de vieux textes : lui, ceux du Moyen Âge ; moi, ceux du premier âge chrétien. Ma contribution en sera donc colorée.

* * *

– C'est fait. Quand on allume une lampe, ce n'est pas pour la cacher à la cave... Si je m'écoutais, j'irais allumer le soleil !

C'est ainsi que, dans *Marie de Saint-Michel*, Emmanuel traduit pour aujourd'hui la parole de Jésus sur la lampe et le boisseau. À ma connaissance, il n'a pas repris celle sur le sel de la terre qui l'avoisine chez Matthieu (5, 13). Cette image-là me vient spontanément à l'esprit quand je pense au rôle et au type de présence que tient parmi nous, depuis toutes ces années qu'on voudrait encore voir s'étirer, Benoît Lacroix.

« Si le sel s'affadit, avec quoi va-t-on le saler ? »

Cette parole, les premières communautés la conservaient jalousement, comme une perle précieuse. Seulement, l'écrin était perdu : la parole circulait à l'état isolé et plus personne, semble-t-il, ne se souvenait dans quelles circonstances Jésus l'avait prononcée. La preuve, c'est que Matthieu, Marc et Luc la situent chacun en des endroits différents, là où sans doute elle prenait le plus de sens à leurs yeux.

Marc, ou Benoît Lacroix l'historien

Chez Marc, la parole vient tardivement, à la fin du chapitre 9. Jésus s'achemine vers Jérusalem. Par deux fois déjà (8, 31 ; 9, 31), il a annoncé aux siens les souffrances et la mort qui l'attendent. Et par deux fois, les disciples s'avèrent incapables d'entrer dans ces vues. Tout allait si bien jusqu'à maintenant. Ces foules qui couraient après Jésus, avides de l'entendre, même un peu encombrantes à l'occasion — au point que parfois on n'avait pas même le temps de manger ou qu'il fallait renoncer à se reposer (3, 20 ; 6, 31) — restaient malgré tout tellement consolantes. On pouvait avoir l'impression de voir pousser le grain de sénevé. Au moment où on le croyait sur le point de devenir un grand arbre (4, 32), faudrait-il donc affronter l'échec et la mort ? Non, surtout pas cela, proteste Pierre (8, 33), tandis que les autres, comme s'ils n'avaient rien saisi de la gravité des annonces de Jésus, discutent de gloire et de préséance (9, 34).

Marc a estimé que la parole sur le sel figurerait bien dans ce cadre. Comme s'il avait associé l'image du sel qui s'affadit à l'expérience de disciples qui suivent dans l'enthousiasme quand tout va bien, mais qui cherchent à tirer leur épingle du jeu quand il devient onéreux de suivre Jésus.

Médiéviste en même temps qu'historien de la culture et des mentalités populaires, Benoît Lacroix a souligné maintes fois que « nous sommes les descendants directs du Moyen Âge latin. Même langue à sa racine, des institutions similaires jusqu'en 1960, mêmes réflexes religieux, même goût de la politique et de la logique, même dualisme aussi. »[12]

« ...jusqu'en 1960 » : à l'écoute de maints acteurs et facteurs de transformation de la société et de l'Église d'ici, possédant dans l'une et l'autre des entrées et des contacts privilégiés, il a pu observer mieux que quiconque l'évacuation rapide d'une bonne part de nos affinités médiévales et la mue radicale que traverse depuis trente-cinq ans le christianisme d'ici en passant de l'omniprésence institutionnelle au dépouillement progressif : « Pratiquement désarmé, le "peuple catholique" peut se présenter en "citoyen", dire son idée, d'autant plus qu'il subit avec courage, avouons-le, toutes les critiques possibles jusqu'à l'insulte ouverte » (*Ibid.*).

Clairvoyant, lucide, Benoît Lacroix a su maintenir une étonnante sérénité. Celle, sans doute, de l'historien qui en a vu d'autres, capable de recul et de comparaisons.

— Qu'allons-nous devenir ? lui demandai-je, un jour que nous parlions par hasard de l'évolution du christianisme d'ici.

— Une minorité signifiante ! me répondit-il sans une hésitation.

J'eus l'impression que le croyant ici relayait l'historien. Qu'une certaine profondeur d'enracinement dans l'espérance évangélique permettait de prévenir les paniques, de traverser courageusement les désinstallations, d'entrevoir ce que peut signifier, dans un contexte de mutation culturelle, l'image du sel de la terre.

Matthieu, ou Benoît Lacroix l'homme de l'Évangile

« Vous êtes le sel de la terre » : chez Matthieu, la parole figure parmi les tout premiers enseignements de Jésus. Plus exactement, l'image vient à la suite des neuf proclamations de bonheur qui, dans le premier évangile, ouvrent le Sermon sur la montagne (5, 13).

Si vous savez investir du côté de la pauvreté en esprit, de la douceur et de la miséricorde, proclame Jésus ; si vous êtes assoiffés de justice, artisans de paix, purs de cœur, alors vous serez sel de la terre, lumière du monde, lampe pour toute la maisonnée. Vous trouverez le bonheur pour vous-mêmes et vous signalerez aux autres la voie du sens.

Respecté, invité, consulté de toutes parts, Benoît Lacroix n'a jamais fait mystère de ses allégeances. Pour tous, celles-ci restent bien claires. On veut parler au « Père Lacroix ». C'est lui qu'on invite à rédiger chaque année les éditoriaux de Noël et de Pâques dans *Le Devoir*. C'est au « Père Lacroix » qu'on s'adressera pour obtenir un éclairage chrétien sur une de ces questions difficiles qu'il a le courage d'abord à chaud. C'est lui que les auditoires les plus divers, à proximité ou à distance de la foi et de la pratique chrétiennes, chercheront à entendre, assurés à l'avance d'une parole ouverte, pertinente, originale, dépourvue de banalité, respectueuse des autres mais néanmoins bien identifiée. Sel de la terre.

Luc, ou Benoît Lacroix le frère prêcheur

Chez Luc, c'est dans un autre contexte encore que se présente la parole sur le sel. Comme Marc et Matthieu cependant, il paraît l'avoir comprise en relation avec l'expérience des disciples. Elle suit en effet, à la fin du chapitre 14, l'énoncé d'une série d'exigences radicales que doit être prêt à rencontrer quiconque se décide à devenir disciple de Jésus. L'option en faveur de l'Évangile exige que l'attachement à ce dernier l'emporte même sur les liens humains les plus chers (14, 26). Dans certains cas, elle pourra conduire à renoncer aux biens matériels (14, 33). De toute façon, elle ne pourra faire l'économie, sous une forme ou l'autre, de la croix à porter (14, 27).

Puisque tel est le sérieux de l'option évangélique, mieux vaut donc s'asseoir, prévient Jésus, et bien réfléchir pour être sûr d'aller jusqu'au bout. Sinon, on sera comme ce bâtisseur ridicule contraint d'abandonner, faute de ressources, la construction d'une tour qu'il a entreprise dans l'enthousiasme ; ou encore comme ce roi fonçant tête baissée dans une guerre qu'il n'a pas les moyens de poursuivre (14, 28–32).

Dans ce contexte, l'image du sel perdant saveur et utilité évoque naturellement l'idée d'une ferveur initiale qui s'est émoussée, au fond l'absence de prise au sérieux de ce que représente la foi comme expédition au long cours.

Certaines des exigences auxquelles Luc applique l'image du sel ont été associées depuis toujours à cette forme particulière d'existence chrétienne que représente la vie religieuse. C'est celle que Benoît Lacroix a choisie et dont il donnerait l'impression à ses frères de la rechoisir sans cesse avec la même ferveur.

À l'occasion, en nous moquant gentiment, il nous arrivera de qualifier de « vedette » tel ou tel de nos frères particulièrement connu et en demande. Tous savent bien cependant que s'il peut l'être à l'extérieur, il lui sera plus ardu de le devenir à l'intérieur. Entre nous, il n'y a que des frères qui s'efforcent de couler leur existence évangélique dans le rythme vital dominicain. Un rythme fait d'un double mouvement, comme celui du battement cardiaque : un mouvement de systole tourné vers l'intérieur et fait d'étude, de fraternité, d'intériorité et de prière partagée ; un mouvement de diastole tourné vers l'extérieur et fait de prédication, d'enseignement, de proclamation et de mission.

Pour nous tous, le frère Lacroix demeure un témoin exceptionnel de la symbiose de ces deux mouvements. Un témoin joyeux, par surcroît, comme le père des Prêcheurs lui-même, dont les premiers frères assurent que « nul n'était plus joyeux que lui ». « Et comme il aimait tout le monde, ajoutent les chroniqueurs médiévaux, tout le monde l'aimait ». Sel de la terre.

L'ADMIRABLE FRÈRE AÎNÉ

Louis Roy, o.p.

De 1966 à 1968, au couvent Saint-Albert, nous, dominicains en formation qui étudiions la philosophie, observions avec sévérité les imperfections de nos frères aînés. Devant ce tribunal de jeunes dans le début de la vingtaine, qui n'avaient pas encore découvert l'esprit d'indulgence, Benoît Lacroix était l'un des rares qui non seulement s'en sortait indemne, mais qui s'avérait même grandement estimé par ses frères cadets dans l'Ordre dominicain.

Cette admiration s'est toujours maintenue. Sans doute à cause du fait qu'il parvient à concilier, dans son être et son agir, des aspects de la vie dominicaine qui se trouvent souvent en tension : fidélité à la prière communautaire et disponibilité à la mission, recherche spirituelle et attention à l'actualité, humour joyeux en même temps que présence aux personnes dont l'existence prend une orientation tragique, souci de notre héritage historique ainsi que vif intérêt pour les mille et une formes de la culture contemporaine.

BIEN PRIS QUI CROYAIT PRENDRE

Albert Dumont, o.p.

Un beau jour Benoît Lacroix reçoit une lettre de demande de prédication. Le Père Abbé d'une importante abbaye bénédictine d'Angleterre lui écrit pour lui demander s'il accepterait de prêcher la retraite annuelle de ses moines. L'ami Benoît, fort flatté de cette demande imprévue, répond que ses occupations à l'Université de Montréal et ailleurs, ainsi que son manque d'aisance dans la langue parlée de Shakespeare, l'obligent à regret à décliner une aussi flatteuse invitation. Quelques jours plus tard, il reçoit une lettre du Père Abbé, tout étonné, qui lui fait savoir qu'il n'est certes pas l'auteur de cette demande. Inutile de dire que le Père De Durand se déclare heureux de son coup de maître !

Après la publication de *Orose et ses idées*, en 1965, l'auteur est avisé par télégramme qu'il est le corécipiendaire du Prix Fustel-de–Coulanges pour cet ouvrage. Il vient bien près de croire à cette galéjade, mais à la lecture du nom de l'autre récipiendaire : « M. Able Fisher », et de la date du télégramme : « 1er avril », il comprend vite que le Père De Durand est de nouveau à l'œuvre !

Demandez et vous ne recevrez pas

Lorsque les Dominicains demeuraient sur l'avenue Rockland à Outremont, leur numéro de téléphone ressemblait étrangement à celui d'une rôtisserie connue.

Et, bien sûr, les commandes affluaient au couvent. Les pères et les frères expliquaient poliment que c'était un mauvais numéro. Mais ça continuait de sonner de plus belle et de réclamer du poulet.

Un dimanche — jour de repos comme chacun sait — Benoît Lacroix avait charge de répondre au téléphone. Au début, digne émule de l'hospitalité dominicaine, il répondait aussi poliment que ses confrères. Mais le nombre d'appels émoussa quelque peu sa patience et, excédé, il finit par prendre les commandes...

Et les coups de téléphone redoublaient : on ne réclamait plus seulement du poulet, on réclamait désormais le poulet promis et non livré.

Il assure qu'ensuite les erreurs furent beaucoup moins nombreuses.

Notes

M(m)oyen Â(â)ge : en minuscules sous la plume de Benoît Lacroix. Pour les autres auteurs, en majuscules.

1. *Trilogie en Bellechasse* (Éditions du Noroît) est une édition révisée des trois contes : *Le P'tit Train*, *Les Cloches* et *Quelque part en Bellechasse*.
2. Sous la direction de Simon Langlois et Yves Martin, *L'Horizon de la culture. Hommage à Fernand Dumont*, Sainte-Foy, Les Presses de l'Université Laval et Institut québécois de recherche sur la culture, 1995, 556 p.
3. Ce texte inédit n'a pas été revu par l'auteur avant la publication : le Père Lacroix a donné au Père Guy Pelletier, o.p., sous-prieur, l'autorisation d'utiliser ce texte comme il l'entendait.
4. Suite de poèmes écrits par Élaine Lacroix-Bégin en 1993.
5. Il s'agit en fait de deux poèmes de Saint-Denys Garneau, *Ma solitude n'a pas été bonne* et *Glissement*.
6. *Cage d'oiseau*, poème de Saint-Denys Garneau dans *Regards et Jeux dans l'Espace*.
7. Les propos en italique sont des extraits de la suite de poèmes *Le temps d'un jardin*, rapportés librement par l'oncle Joachim.
8. Rolande Lacroix, nièce de Benoît Lacroix, et, plus bas, son mari, Clément Lamontagne.
9. Monique Lacroix, sœur de Rolande et nièce de Benoît Lacroix, et son mari Bob Braun, qui demeurent en Floride.
10. Maurice Bélanger et sa femme Madeleine, parents de Denyse, de lointains cousins de Benoît Lacroix.
11. Obligeamment envoyé par le rédacteur Jacques Flynn.
12. « Utopies pour l'an 2000 », *Le Devoir*, 4 février 1982, p. 23 et *La Religion de mon père*, p.291.

1.

2.

3.

4.

5.

6.

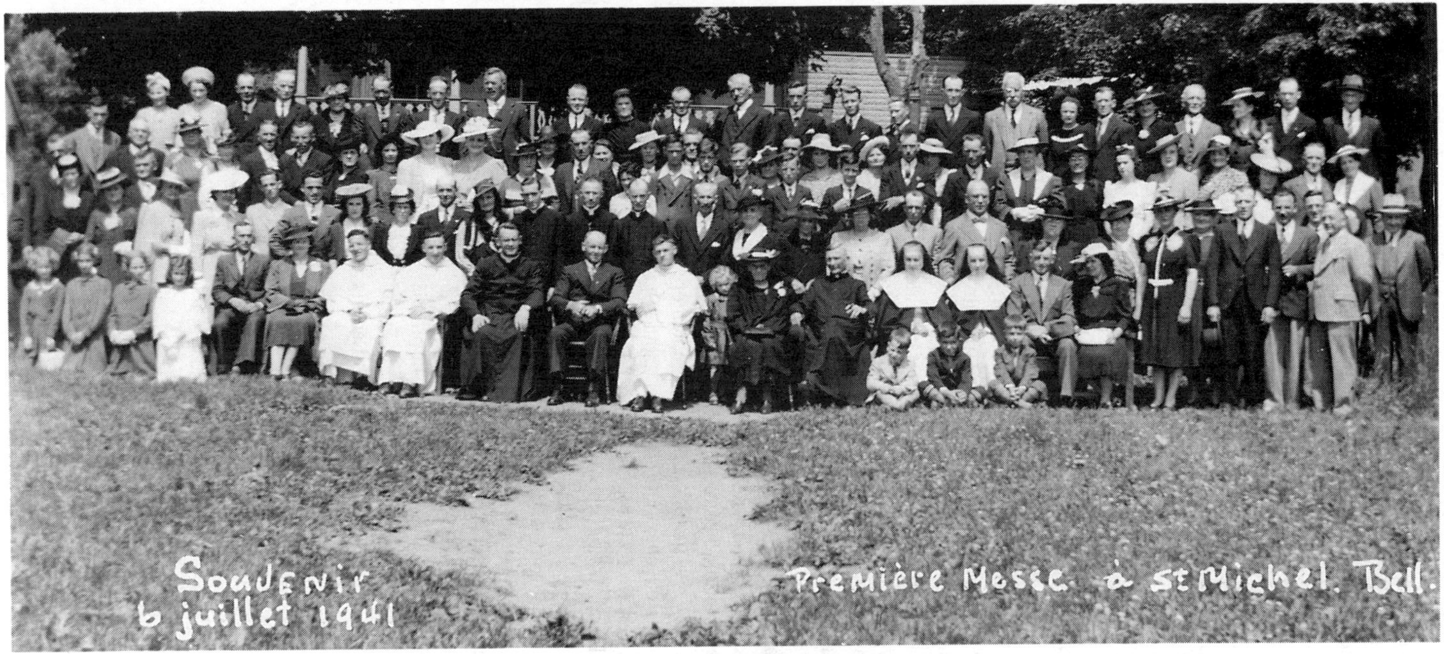
Souvenir
6 juillet 1941
Première Messe à St Michel. Bell.
7.

8.

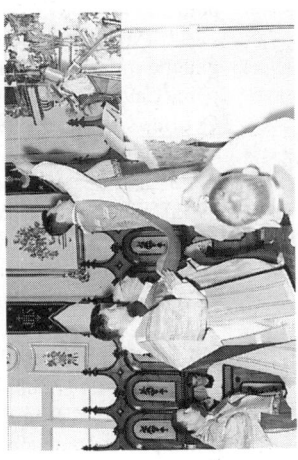

Légendes des photos
Section I

1. Le village de Saint-Michel-de-Bellechasse sur fond de fleuve Saint-Laurent et des montagnes des Laurentides.
« Pourquoi ai-je le goût des grands récits cosmiques de la Genèse ? Pourquoi ai-je une prédilection pour les longues surfaces, pour la pensée globale [...] ? D'où vient ce goût de l'espace élargi ? [...] sinon des paysages de mon enfance et du magnifique panorama que nous avions quand nous arrivions sur la côte du Deuxième Rang : le fleuve, l'Île, les montagnes. » (*Témoignage*, p. 22. Photo G.H., août 1968)

2. L'église de Saint-Michel-de-Bellechasse (1873). Devant, la statue de l'archange saint Michel. À gauche, l'on aperçoit le calvaire du cimetière paroissial. (Photo G.H., juillet 1992)
« Tous plus ou moins alignés sur le clocher ils s'en viennent des Rangs, de l'Anse, de la Baie [...] Ils entrent à la maison de leur Dieu, chacun avec son complot : la Vierge à quémander, la Bonne Sainte Anne à remercier, monsieur le Curé pour se confesser. » (*Les Cloches*, p. 19, *Trilogie en Bellechasse*, p. 23)

3. La Bibliothèque Benoît-Lacroix au 8, avenue Saint-Charles du village de Saint-Michel-de-Bellechasse. Au-dessus de la porte, plaque commémorative du 23 août 1987 (p. 387). (Photo G.H., juillet 1992)

4. Photo de la famille Lacroix devant la maison familiale, vers 1931-1932. De gauche à droite, première rangée : la sœur de Joachim (Benoît), Marie-Jeanne, son père, Caïus, sa mère, Rose-Anna Blais, son frère Léopold ; seconde rangée, sa sœur Cécile, son frère Alexandre et Joachim (Benoît). (Collection Rolande Lacroix-Lamontagne)

5. La maison familiale des Lacroix au 3e Rang Ouest de Saint-Michel (15 juin 1935). (Collection Rolande Lacroix-Lamontagne)

6. L'une des dernières photos réunissant les deux fantaisistes de la famille Lacroix, le père et le fils, Caïus — qui décédera le 13 septembre 1969 — et Benoît, au village de Saint-Michel-de-Bellechasse. (Photo G.H., août 1968)

7. Souvenir de la première messe de Benoît Lacroix, le 6 juillet 1941 à Saint-Michel-de-Bellechasse. De gauche à droite, assis en première rangée : Émile Gagnon et son épouse Marie-Jeanne Lacroix, deux pères dominicains, l'abbé Nadeau, Caïus Lacroix, Benoît , Rose-Anna Blais, le curé Maxime Fortin, Cécile Lacroix, m.i.c. et une compagne, Léopold Lacroix et son épouse Marie-Louise Rochefort. Dans la deuxième rangée, entre Caïus et Benoît, le chanoine Joseph Lacroix, oncle de Benoît. (Collection Rolande Lacroix-Lamontagne)

8. Trois générations de prêtres à l'autel, lors de la première messe de Raymond Lacroix, Père Blanc, à Saint-Michel-de-Bellechasse, le 30 juin 1963. Derrière lui, à genoux, à gauche, son grand-oncle, le chanoine Joseph Lacroix et, à droite, son oncle, Benoît Lacroix. (Collection Cécile Lacroix, m.i.c.)

II

L'ESPRIT DANS LE TEMPS ET L'ESPACE À CHEF-D'ŒUVRER

INSTITUT D'ÉTUDES MÉDIÉVALES

Professeur (1945–1981) et directeur (1963–1969)

L'Université de Montréal rend hommage au Père Benoît Lacroix, o.p.

René Simard
recteur

Rendre hommage au Père Benoît Lacroix, o.p., c'est pour moi, c'est pour l'Université de Montréal un privilège, un honneur, une source de fierté.

Privilège de s'arrêter pour célébrer avec émotion et admiration une personnalité bien de chez nous, une personnalité qui reflète le Québec, ses lointaines racines, ses sources et ses ressources, ses valeurs et ses aspirations les plus riches et les plus profondes.

Honneur de prendre la plume devant ce maître du dire et du récit, devant cet écrivain dont on ne compte plus les discours et les œuvres, devant ce chercheur accompli qui conjugue avec une harmonie peu commune la sagesse du penseur, la rigueur du scientifique, la poésie de l'artiste, et les effluves inédits qui montent discrètement du pays–en–Bellechasse.

Fierté de rappeler, en ces heures solennelles d'un double anniversaire, les nombreux titres que l'Université de Montréal a de rendre hommage à l'un des plus méritants de ses professeurs émérites.

Faisant un simple compte à vue, notre université peut revendiquer à son avantage — au bénéfice de ses étudiants en études médiévales surtout, mais non exclusivement —, plus de la moitié de la vie de Benoît (Joachim) Lacroix et la quasi–totalité de la carrière universitaire du Père Lacroix.

En effet, c'est à trente ans, en 1945, que le Dominicain Benoît Lacroix commence à enseigner à l'Université de Montréal. Et l'on peut soutenir qu'il y demeure encore aujourd'hui, à quatre–vingts ans, même si l'éméritat qui lui a été accordé en 1981 a marqué le couronnement officiel de sa carrière dans notre établissement.

Cette carrière de professeur du Père Lacroix s'est déroulée de 1945 à 1981 à l'Institut d'études médiévales, à l'exception de séjours au Japon, au Rwanda et en France où il a enseigné la civilisation médiévale. Ses publications sont nombreuses et traitent autant de culture québécoise (*Folklore de la mer*, 1980 ; *Œuvres de Saint-Denys Garneau,* 1971), que de sciences médiévales (*Orose et ses idées,* 1965 ; *L'Historien au moyen âge,* 1971).

Pour prendre la mesure de l'homme, il faut partir de deux repères qui expliquent les grandes lignes de force de sa vie : son engagement religieux et son enracinement terrien.

Benoît Lacroix est d'abord un prêtre, au sens le plus authentique du terme, j'ajouterais aussi un prêtre dominicain, avec tout ce que cela signifie d'ouverture d'esprit et de curiosité intellectuelle. À l'instar de beaucoup de chrétiens de sa génération, marqués par la philosophie de Gilson et de Maritain — et les Dominicains n'étaient pas les derniers à s'y rallier —, il crut voir dans le Moyen Âge un temps fort où la foi, la science, la beauté, la mesure coexistaient dans une société harmonieusement construite. Les historiens ont fait un sort à cette vision quelque peu idyllique d'une époque spécialement marquée au sceau d'un plan divin, et qu'il fallait tenter de faire revivre. Benoît Lacroix, dès la fin des années cinquante, en a pris acte, et de bonne grâce.

Il est ensuite un terrien, un terrien pauvre de Saint-Michel-de-Bellechasse, avoue-t-il avec fierté, et j'imagine aisément que pour lui l'enracinement dans un terroir n'est que la contrepartie nécessaire d'un enracinement dans la foi. Cela veut dire, d'un côté, patience, ténacité, chaleur, humour, mémoire longue, art du conteur, familiarité avec la vie dans toutes les manifestations, ruse aussi, sans aucun doute ; de l'autre, tolérance, disponibilité, compréhension étonnante du monde moderne, souci constant de la dimension spirituelle de l'homme.

Nul doute que ces qualités qu'il revendique avec fierté ont coloré profondément ses choix intellectuels et ses rapports avec autrui et expliquent en grande partie son intérêt pour les gens simples et sans grades chez qui il recherchait les ressorts et les manifestations de la religion et de la culture populaires.

Benoît Lacroix a été davantage un enseignant et un animateur qu'un chercheur, ce qui correspondait peut-être mieux à ses besoins affectifs et spirituels. Il a su passionner des générations d'étudiants à l'étude d'un Moyen Âge, sur lequel, il faut bien le dire, ils n'avaient guère de lumières, surtout avant les années soixante.

J'ai connu Benoît Lacroix à la fin des années 50, au sortir de mes études classiques en pleine époque du duplessisme et ce n'est pas en fréquentant ses cours que j'ai pu mesurer la dimension de l'homme puisque à l'époque, j'étais étudiant en médecine. On peut se demander pourquoi des étudiants brouillons, turbulents et contestataires, étudiants en médecine par surcroît, avaient tant de plaisir à rencontrer ce Dominicain porteur d'un savoir qui leur était plus ou moins étranger.

C'est que nous admirions et aimions l'homme qui nous entretenait de mille sujets sans rapport avec le Moyen Âge, ni avec la médecine. Toujours souriant, il bavardait longtemps avec nous sans jamais nous prescrire « des remèdes ». Les problèmes que nous lui apportions, il les analysait, décortiquait, hachait pour nous en faire découvrir les éléments essentiels. Nous avions fini par croire, sans que cela fût dit, qu'une visite chez le Père Lacroix signifiait, à elle seule, la compréhension de notre univers d'alors.

Le premier, il a su nous démontrer la noblesse et la valeur de la démarche scientifique mais aussi les pièges qui peuvent résulter d'extrapolations abusives en dehors de la quête rigoureuse et légitime de connaissances nouvelles ; pourquoi il ne fallait pas s'embarrasser des règles logiques qu'exige la rigueur scientifique lorsqu'on lit par exemple les textes religieux ; et comment la voie de la science et la route de la foi sont deux chemins différents où la faute est de prétendre mêler l'un et l'autre.

Son action, hors de l'Institut d'études médiévales, ne fut pas moins importante. Il connaissait tout le monde, à l'Université bien entendu, et aussi ailleurs, un ailleurs si large et si varié, que lui seul en connaissait la complexe géographie. Ayant sondé avec perspicacité les reins et les cœurs, il savait utiliser avec mæstria ses relations qui étaient aussi, dans la plupart des cas, des amitiés. Toutes les fois qu'un problème surgissait, il lui suffisait de quelques coups de téléphone, de quelques visites discrètes, de quelques propos bien placés, pour le solutionner. De cela, il ne se vantait guère, mais tout le monde était au courant de la « méthode Lacroix ». Qui pourra en écrire l'étonnante histoire ? Qui pourra magnifier l'œuvre extraordinaire de l'homme et du prêtre qu'on veut honorer en cet aujourd'hui de l'année 1995 ?

BENOÎT LACROIX

Paul Lacoste

J'ai connu le Père Lacroix alors que j'étais étudiant. À l'époque il n'était pas question de dire « Benoît Lacroix ». C'était il y a quelque cinquante ans et il débutait dans l'enseignement universitaire par un cours sur l'historiographie médiévale. En 1945, un étudiant d'une vingtaine d'années ne pouvait guère gêner un jeune professeur, mais la classe comptait quelques personnes beaucoup plus impressionnantes, parce que déjà avancées dans les études supérieures et peut-être aussi âgées que le professeur lui-même. Celui-ci semblait parfois quelque peu intimidé, mais son humour naturel créait une ambiance fort sympathique.

Surtout, le jeune universitaire donnait toujours des leçons soigneusement préparées, qui témoignaient de sa maîtrise de la matière, de sa vaste culture et de ses dons d'expression. Déjà il dépassait le niveau de l'information et des questions techniques pour nous ouvrir de larges horizons. Pour ma part, je retiens en particulier ses réflexions sur la relativité de la conception que les historiens se font de leur rôle, d'une époque à l'autre, et aussi sur la relativité de la perception du temps qu'ont eue les hommes au cours des siècles. Le simple fait qu'après cinquante ans, un ancien étudiant ait retenu quelques idées fondamentales témoigne que le nouveau professeur avait l'étoffe d'un maître.

En rappelant ce passé déjà lointain, je ne puis m'empêcher d'évoquer l'Institut d'études médiévales des années de la guerre. Cet institut était d'une qualité tout à fait exceptionnelle dans l'Université de Montréal du temps, qui n'était pas beaucoup plus qu'un regroupement de modestes écoles professionnelles auxquelles on avait ajouté quelques embryons de facultés dites « de culture ». L'Institut présentait une concentration d'hommes d'une grande qualité, presque tous religieux dominicains, qui avaient reçu une formation très avancée et qui avaient le culte, combien rare à l'époque, des études désintéressées.

Puis Benoît Lacroix et moi nous sommes retrouvés collègues dans le corps professoral de l'Université. À vrai dire nos carrières furent très différentes et pendant longtemps, je ne l'ai rencontré qu'à l'occasion. J'apprenais avec plaisir que chez lui la maturité confirmait largement les qualités du débutant. De prestigieuses invitations témoignaient de son autorité et de son prestige. Très sollicité et toujours disponible, sa personnalité chaleureuse et communicative le faisait partout apprécier. Si l'on me permet un souvenir personnel, j'ai conservé une très belle lettre qu'il m'avait écrite lors du décès de mon père, alors que nous n'avions eu aucun contact depuis assez longtemps.

Benoît Lacroix a été aussi un des témoins les plus lucides de la profonde évolution qu'a subie notre société au cours de la dernière génération. Comme prêtre et religieux, il a vécu de l'intérieur la crise de l'Église et particulièrement celle du clergé. Il a sûrement été très sensible à certains départs et au peu de renouvellement des brillantes équipes qu'il avait connues à ses débuts. Toujours fidèle à ses engagements tout en manifestant une exceptionnelle ouverture d'esprit, il fait à juste titre figure de chef de file, respecté tant des croyants que des incroyants.

Depuis sa retraite de l'Université, son action a pris de plus en plus un caractère sacerdotal. Il exerce un ministère à la fois intellectuel et spirituel dans les milieux les plus divers et dans lesquels il semble se trouver également à l'aise. Je songe en particulier à l'analyse magistrale qu'il fit en 1988 de la personnalité intellectuelle et de la carrière de son grand aîné, le Père Louis-Marie Régis. Nous retrouvions alors toutes les qualités du brillant universitaire et un peu plus tard, il présidait les funérailles d'une personne beaucoup plus modeste et devant un auditoire tout différent, mais avec un égal bonheur.

Toujours heureux de le retrouver débordant d'activité et témoignant de toutes ces qualités que j'avais tant appréciées il y a cinquante ans, je souhaite au Père Lacroix de poursuivre encore longtemps cet apostolat dont notre milieu a grand besoin.

POURQUOI AIMER LE MOYEN ÂGE (1950)

[...] Il y a toutes sortes de raisons d'aimer le moyen âge. Chacun peut avoir les siennes. Il y en a que l'on pourrait appeler *générales* et collectives. Puis, il y a celles, plus *spéciales,* du jeune Canadien français.

I

Le moyen âge, c'est, malgré toutes ses barbaries et au-dessus de ses contradictions, un âge d'équilibre et d'unité. Tout n'y est pas parfait. Sans doute. Tout de même cet âge a su dans chaque sphère de son activité culturelle et religieuse préserver une vision extraordinairement clairvoyante de l'existence. Ce regard total, qui l'a rendu si « un », il l'a reçu de sa croyance. Toujours un livre, un seul livre, continue à enseigner [...] c'est la Bible. Autour de cette écriture, *sainte,* et de ces pages de foi et de prière, le moyen âge vient organiser, unifier et contrôler sa vie. C'est même pour mieux lire la « divine page » que le moyen âge ressuscite la culture antique. [...]

II

[...] En faisant l'Europe, le moyen âge a fait la Gaule. C'est même elle qui pendant longtemps l'a surtout caractérisé. En se rappelant cette vérité historique le Canadien français aimera alors le moyen âge, comme il aime son enfance, c'est-à-dire comme un temps où il a vraiment senti la joie de vivre et d'espérer, le bonheur de la découverte et la hantise de l'exploration dans l'inconnu.

M. Gilson, dans son discours de réception à l'Académie française, a parlé du moyen âge comme du temps des « enfances françaises ». Rien ne pouvait être plus exact. Enfances linguistiques, oui, mais enfances théologiques, enfances philosophiques, enfances littéraires et enfances artistiques aussi. Le moyen âge a appris au Français à parler, à écrire, à penser, à bâtir. [...]

Nous sommes, je le répète, des transplantés d'outre-Atlantique, des « survivants » de l'Europe. Notre histoire « américaine » commence chronologiquement parlant au moyen âge (XVe siècle), et notre histoire « canadienne » débute exactement au moment où celle du moyen âge s'achève : au XVIe siècle. Même le XVIe siècle, dont nous dépendons plus directement, est plus médiéval qu'on ne le dit habituellement. M. Gilson l'a montré pour la philosophie et Focillon pour l'art. Une enquête dans tous les domaines de la pensée aboutirait aux mêmes conclusions. C'est d'ailleurs une loi historique, avec laquelle les historiens de profession sont familiers, que les coupures « historiques » en âges, en périodes ou en siècles sont plus commodes que vraies. [...]

[...] *Nous serions en effet, à cause de notre histoire et de nos origines, les héritiers directs et fidèles du plus beau et du plus pur moyen âge : celui des XIIe et XIIIe siècles.* L'histoire de nos croyances, celle de notre folklore, de nos habitudes, de nos coutumes et de notre langue, le prouverait.

Le moyen âge est en chacun de nous, et nous ne nous en écartons pas en l'oubliant, pas plus que nous ne l'effaçons en l'ignorant. Le moyen âge est fortement inscrit en tout Canadien français dont les ancêtres remontent au Régime français. Le caractère robuste et tendre à la fois de nos paysans, leur force physique qui fait échec à une extrême sensibilité ; tout ce qui relève de leur vie sociale ; par exemple, la politesse un peu prétentieuse parfois et souvent rituelle de plusieurs de nos bonnes gens, résidu des vieilles habitudes de cour et de la chevalerie, ces qualités d'ordre et de mesure, ce besoin d'équilibre au sein même de l'ardeur, cet idéalisme foncier ; ce goût aussi pour les idées, pour la logique, pour la dialectique, qui se transpose dans les conversations les plus ordinaires, dans les discussions et dans les débats politiques, tout cela est médiéval *d'abord*. Quand je lis par exemple cette définition du prud'homme :

> Tant est prud'homme, si com semble
> qui a des deux choses ensemble
> Valeur de corps et bonté d'âme

comment oublierais-je alors tout ce qui caractérise et marque le Canadien français comme type spécial d'homme ? [...]

Enfin, le moyen âge étant ce qu'il est [...], il n'est peut-être pas si mal que nous nous en trouvions les descendants. Il n'est plus question d'y revenir pour y vivre : nous sommes et restons du XXe siècle. Mais il s'agit d'exploiter, dans le sens du plus heureux des progrès, le meilleur de cet héritage. [...]

(*Pourquoi aimer le moyen âge,* p. 1–10, 14–15)

RENCONTRES AVEC BENOÎT LACROIX

Raymond Klibansky

Ma rencontre avec les savants dominicains qui avaient fondé l'Institut d'études médiévales est une des impressions les plus fortes que j'aie éprouvées en arrivant d'Oxford à Montréal, un an après la Deuxième Guerre mondiale.

Parmi ces pères, chacun doté d'une personnalité marquée et de dons hors du commun, on ne pouvait pas ne pas remarquer un des plus jeunes, au regard empreint d'autant de fermeté que de douceur. Le Père Benoît Lacroix rayonnait déjà de cette intelligence, de cette prescience, qui a éclairé une œuvre profonde et diverse, ainsi que de cette bonté qui lui assurait la confiance immédiate des étudiants.

Fruit de longues recherches, son livre *Orose et ses idées* constitue une œuvre magistrale qui met en relief l'importance capitale de l'histoire universelle, *Historia adversus paganos,* du protégé de saint Augustin et de saint Jérôme et l'influence qu'a exercée sur les auteurs médiévaux sa démonstration de la vocation providentielle de Rome dans l'histoire de l'humanité. Elle souligne le rôle du fait de l'histoire du Christ dans l'histoire romaine et décrit les misères de Rome au temps des invasions barbares. Les travaux du Père Lacroix mettent également en lumière un aspect plus problématique de l'œuvre d'Orose « qui dirige l'histoire collective de l'humanité vers un régime impérialiste qui bénéficierait de l'approbation de Dieu lui-même ».

Après avoir remarqué les défauts de l'auteur, il pose la question qui doit concerner tout philosophe de l'histoire : L'historien moderne, dans son désir d'établir des périodisations et de créer des certitudes immédiates aux dépens des faits, est-il si loin de la méthode d'Orose et de ses idées ?

Comment écrire l'histoire ? Dans le traitement de ce sujet, dans un cadre plus vaste, présenté par le livre qui suivra, *L'Historien au moyen âge,* le lecteur découvrira un chef-d'œuvre. Il y voit que l'histoire de cette période est un récit dans lequel deux traditions se rencontrent : d'une part, la judéo–chrétienne, de l'autre, la lignée des célèbres historiens de l'Antiquité latine, tels qu'ils étaient accessibles dans les manuscrits préservés. S'il est reconnu comme le premier devoir de l'historien de présenter les faits tels qu'ils sont arrivés, se pose immédiatement le problème de la vérité. En effet, comme le dit une des nombreuses et heureuses citations dont le livre abonde : « c'est la lanterne de vérité qui guide le marcheur et éclaire à mesure sa voie ».

En faisant ressortir les traits saillants et les limites de l'historiographie médiévale, l'ouvrage invite à la réflexion sur les problèmes qui confrontent tout historien, de nos jours non moins que dans le passé.

Les études savantes n'ont pas enfermé le Père Lacroix dans la proverbiale tour d'ivoire. Des voyages ont produit des œuvres d'une nature différente mais empreinte de la même intuition, du même regard de bonté. Après des souvenirs du Japon, un poétique petit ouvrage sur le Rwanda, dont il chante les beautés, témoigne de sa profonde sympathie pour un peuple qui a conquis son affection. Il décrit la religion coutumière et le rôle du dieu Imana ainsi que la contribution canadienne à la formation de l'Université. Il met en garde contre le penchant facile à juger tout en Occidental. Surtout, on ne peut lire sans un serrement de cœur une réflexion qui, à la lumière des événements tragiques que l'on connaît, prend des allures de prophétie : « Évidemment, la plus grande menace pour ce peuple reste toujours la rivalité des clans, la guerre civile, les jalousies de castes qui durent depuis des siècles. »

Ces dons de lucidité dans l'analyse se retrouvent aussi dans les manifestations de son intérêt pour les religions populaires et les pèlerinages au Québec comme pour le développement de l'urbanisme social à Montréal. Le Père Lacroix est en effet un des meilleurs interprètes du Québec que je connaisse, de son histoire comme de son présent, qu'il en admire les régions ou qu'il étudie l'œuvre de Lionel Groulx. Ses recherches sur le grand poète québécois Hector de Saint–Denys Garneau, en particulier, l'ont occupé pendant deux décennies et ont abouti, après plusieurs travaux, à une édition monumentale, en collaboration avec Jacques Brault, des œuvres de cet auteur dont la production publiée de son vivant se limitait à un seul ouvrage et quelques articles. La place qui est due à Saint–Denys Garneau dans la littérature mondiale est désormais assurée.

Si diverses que soient les œuvres de Benoît Lacroix, elles ont en commun la limpidité du meilleur style français unie à une chaleureuse sensibilité québécoise.

Qu'il nous soit donné de jouir longtemps de sa rayonnante présence et de sa fructueuse activité.

HOMÉLIE À L'OCCASION DES FUNÉRAILLES DE LOUIS–MARIE RÉGIS, O.P. AU COUVENT SAINT–ALBERT–LE–GRAND LE 5 FÉVRIER 1988

Proverbes 3, 13 ; *Siracide,* 4 ; *Matthieu* 13, 1 et suiv.

[...] Louis–Marie Régis ! Jusqu'à quelques heures avant sa fin, cet homme d'étude et de savoir n'a cessé de réfléchir, de scruter, de penser. L'étude fut sa vie, son plaisir et, pour reprendre le mot biblique, sa sagesse. Toutes les démarches possibles et impossibles de l'esprit humain, de l'abstraction, de l'analyse à la synthèse, de l'opinion à l'affirmation globale, de la simple appréhension au raisonnement appliqué, il les pratique toutes, il ne veut rien négliger de l'appareil mental. Durant les toutes dernières années de sa vie, l'anatomie du cerveau humain le préoccupe au plus haut point. Et il risque ses hypothèses. L'apprenti philosophe, comme il souhaite s'appeler, cherche son bien partout. Même dans les doutes. Son ami et frère Thomas d'Aquin lui a dit : « Éclaire–toi de tes doutes ! » Une phrase du philosophe Alain le retient, d'autant plus qu'elle lui est venue d'un vieux maître français, le dominicain Sertillanges : « Il n'y a qu'une méthode pour bien penser qui est de continuer quelque pensée ancienne et éprouvée. »

Louis–Marie Régis interroge longuement les philosophes grecs, latins, d'autres. Cette même recherche assidue et tenace de la vérité le conduit à s'ouvrir aux grands courants de la pensée moderne et à donner à ses recherches un caractère de plus en plus universel qui le pousse à négliger le particulier, l'anecdotique, le détail, les cadres extérieurs et les institutions trop évidentes. Il est si alerte, si subtil, si charmeur à tous égards, qu'il attire le respect et l'amitié de plusieurs grands philosophes contemporains européens et nord–américains. Il aime dialoguer. Confrontation aimable des idées, aucune mesquinerie chez lui, une grande humilité : c'est un sage. Même son maître bien–aimé, Thomas d'Aquin, n'est pas là comme penseur absolu : il devra lui aussi être relu, réétudié. Ce qu'il appelle un jour (1949) *l'Odyssée de la métaphysique* est au fond cette longue recherche acharnée de l'être, de la dignité philosophique incarnée surtout dans la métaphysique. Et, comme il disait durant ses cours, il faut y mettre le temps et des heures lentes, préférer le matin à la soirée (c'est son point de vue), la campagne à la ville quand c'est possible, savoir s'isoler.

Autre point auquel Louis–Marie Régis est profondément attaché : la liberté. Mais la liberté par la vérité. Selon l'adage chrétien connu : « la vérité vous rendra libres ». Aussi lui–même apparaît souvent comme un être sans frontières, sans censure et, même à l'université, le lieu privilégié de son action intellectuelle, il ne conçoit pas que l'institution puisse fonctionner simplement par des statuts et des règlements. L'institution comme la loi n'ont de sens que si elles servent l'intelligence. La foi elle–même n'est viable que si elle est aussitôt confrontée à la pensée. Foi sans intelligence : foi d'enfant. Foi intelligente : foi d'adulte.

Il est un être de charité : la charité de l'intelligence. Or, pour exercer cette charité, il est doué d'un talent pédagogique remarquable doublé d'un goût à la fois instinctif et redoutable pour la discussion, la logique et la dialectique. Quel pédagogue il fut ! Assez unique en son genre. Cet homme de grand savoir aime partager ses idées, entendre celles des autres, comparer, argumenter, oublier un instant une conclusion, un principe, pour aussitôt revenir et encercler : c'était son plaisir. Plaisir socratique du discours oral. Après un cours de deux et même de trois heures, il est au coin du bureau, au tableau, et la discussion continue encore une heure, deux heures. Et c'est ainsi qu'il enseigna, sema la parole, et des idées, et des idées : au Canada français, au Canada anglais et ailleurs. Durant 50 ans et plus. Des milliers et des milliers d'étudiants et d'étudiantes l'ont entendu, connu : au cours, en conférence, dans les médias. Directeur intellectuel, directeur spirituel, des centaines de personnes ont profité de ses conseils et de ses propos pacifiants et généreux, comme son esprit. [...]

Homélie aux funérailles du Frère Albert–Marie Landry au Couvent Saint–Albert–le–Grand le 29 décembre 1988
Lc 12, 35–38 ; *Mt* 25, 21 ; I *Cor* 15, 54–58.

La Parole de Dieu qui vient d'être proclamée nous invite à situer la vie laborieuse de notre frère et ami, Albert–Marie Landry, dans le contexte plus global, et peut–être plus équitable pour ceux qui ne l'auront connu que durant ces derniers mois, de la persévérance au travail. C'était, à sa manière qui ne pouvait qu'être la sienne, un partisan du travail acharné, méticuleux, un fidèle du pas à pas qui fait la route, un fidèle de la lettre qui fait le mot et le suivi du texte. Fidélité humble, secrète, timide même, mais persistante. [...]

Il est normal qu'étant si fidèle au présent, Albert–Marie Landry ait éprouvé quelque crainte vis–à–vis de l'avenir. Le moment qu'il redoutait le plus est arrivé au lendemain de Noël en la fête de saint Étienne, le lundi 26 décembre à 21h45. À cette heure difficilement attendue, Dieu, notre Dieu, le Dieu vivant de Jésus–Christ est venu le chercher. Quelques minutes avant, trois frères dominicains avaient dit les prières et récité le *Salve Regina*. [...] Lui l'homme des détails et des fermes décisions, lui qui aimait tant prévoir, lui qui avait jadis pratiqué l'analyse textuelle au point de mériter un 100% à son examen doctoral, lui qui avait été longtemps attaché à l'Université de Montréal où il fut professeur de philosophie, directeur d'institution, lui l'éditeur acharné des textes et des livres à imprimer et, jusqu'en ces derniers mois, l'archiviste et le traducteur méticuleux, lui qui fut en outre et longtemps, pour ne pas dire toujours, procureur, administrateur, lui qui avait présidé à l'achat du terrain qui circonscrit cette église, lui qui organisa le premier cette maison, lui l'ultraprévoyant accepta difficilement le temps d'être à son tour malade et finalement ou officiellement inefficace. Sa grande épreuve fut de ne plus pouvoir prévoir ce qui arriverait à sa santé de plus en plus menacée.

Après des heures et des heures d'analyse intérieure et de questionnements acharnés — et je puis en témoigner — Albert–Marie Landry, le fidèle en tant de détails, a compris que Dieu aussi est fidèle, que Dieu aime la fidélité au point d'en faire une promesse de bonheur durable. « Heureux ces serviteurs que le maître à son arrivée trouvera fidèles à veiller... ». « C'est bien, bon et fidèle serviteur, tu as été fidèle en peu de choses, sur beaucoup je t'établirai ; viens te réjouir avec ton maître. » [...]

L'HISTOIRE DANS L'ANTIQUITÉ (1951)
Préface de Henri–Irénée Marrou

Parmi les tâches qui attendent le labeur des humanistes modernes, la composition de recueils groupant les témoignages principaux des auteurs grecs ou latins sur un ordre de questions déterminées figure au premier plan [...]

Qu'est–ce que les Anciens ont pensé de l'histoire, de son but, de ses méthodes ? Suivre à travers la littérature antique, d'Hérodote à Tacite, les réponses que les grands historiens grecs et romains ont données à ces questions n'est pas seulement un moyen de pénétrer plus avant dans la compréhension de l'humanisme antique : c'est aussi, pour un homme d'aujourd'hui, une occasion de réfléchir avec plus de fruit sur le problème de l'histoire elle-même : quelle place devons–nous lui accorder dans notre culture ? Un dialogue avec les grands esprits d'autrefois, une confrontation de leurs jugements avec les aspirations de l'âme moderne, voilà un des exercices les plus profitables auxquels un homme vraiment cultivé peut songer à se livrer. [...]

Ce recueil si nécessaire, le R. P. Lacroix a su le réaliser avec un remarquable succès : le choix des textes a été fait d'une main sûre, avec un sens très fin des valeurs permanentes de l'humanisme antique ; les éditions et les traductions consultées sont toujours les meilleures ; enfin l'étude finale sera pour le lecteur un guide commode et utile pour pénétrer plus avant dans la compréhension de cette pensée ancienne, à la fois si proche et si lointaine de nous.

OROSE ET SES IDÉES (**1965**)

Enfin, nous savons tous que l'influence d'un auteur n'est pas nécessairement égale à ses mérites.[...] l'œuvre d'Orose obtient à travers tout le moyen âge et jusqu'à la Renaissance inclusivement, une audience presque égale à celle du *De civitate Dei*. Orose est vraiment un des fondateurs du moyen âge, au sens où E.K. Rand l'entendait [1] : c'est-à-dire un nom à retenir, l'auteur à lire pour prévoir la mentalité d'une époque et connaître ses idées.

[...] Signalons [...] l'influence que les idées d'Orose ont eue sur le moyen âge et par l'intermédiaire de ce dernier sur la pensée moderne. Orose a rendu beaucoup service. Son coup d'œil universaliste, qu'il ait tenu compte des Barbares autant que des Romains, son goût pour la tradition orale, son besoin de retourner aux sources, ses tentatives d'expliquer l'histoire dans ce qu'elle a de plus cruel et de plus méprisable, ont sûrement servi les hommes du moyen âge. Ce qu'on a voulu appeler l'*augustinisme politique* viendrait beaucoup plus d'Orose, à notre avis, que de saint Augustin [2]. Le fait qu'Orose, connu et lu par les rois, affirme ouvertement le principe de l'autorité monarchique, le fait qu'il croit à l'empire, qu'il lie l'Église au pouvoir temporel, qu'il croit implicitement à un empire totalement chrétien gouverné par un empereur chrétien auquel tous les autres viendraient se joindre au nom de la paix évangélique, tout cela fait corps avec les thèmes médiévaux du *sacrum romanum imperium* [3], de la *translatio imperii* et de la *translatio studii*, peut-être aussi avec l'idée de *Treuga Dei* [4], celle d'une Cité de Dieu sur terre. [...] Orose a contribué à répandre l'idée, si chère à Dante, d'une monarchie unique [5] ; il est responsable, du moins en partie, de certaines vues théocratiques du moyen âge [6]. Il a, en effet, identifié dans son esprit, comme régime idéal, un pouvoir temporel soumis à Dieu, une religion d'état qui serait le christianisme. [...] le concept d'*église* au moyen âge fut effectivement celui d'Orose, plutôt que celui d'Augustin. [...] les Arabes l'ont lu et traduit. Il suffit de lire les adaptations et les identifications d'un Othon de Freising au XIIe siècle, qui utilise les deux textes, le *De civitate Dei* et l'*Historia adversus Paganos*, pour se rendre compte qu'Orose est celui que l'on comprend et copie le plus facilement. Nous nous sommes souvent demandé si le *De civitate Dei* n'avait pas été plutôt le livre des théologiens savants, surtout à partir du XIIIe siècle [7], tandis que les *chrétiens moyens* se seraient contentés d'Orose, plus facile, plus populaire.

Orose n'a pas rendu que de bons services. [...] Sa théologie populaire invite un lecteur mal préparé à l'intolérance vis-à-vis de tout ce qui n'est pas romain ni chrétien. [...] Toutes ces luttes douloureuses qui existent entre Chrétiens et hérétiques, au moyen âge, comme entre Chrétiens, Juifs et Païens, Orose ne les a pas créées, mais il y a peut-être contribué, indirectement du moins. On sait qu'à la Renaissance, Jean Bodin conseille entre autres textes la lecture d'Orose pour la connaissance de l'histoire religieuse [8].

Ne soyons pas trop sévère. Sommes-nous si loin de la méthode d'Orose et si loin de ses idées ? Les synthèses d'un Bossuet [9], d'un Spengler, d'un Toynbee [10], d'un Dawson [11], sont-elles si différentes de celle d'Orose ? Cette nécessité, en temps de crise, de revenir à l'histoire universelle [12], à la philosophie religieuse [13], ce besoin d'abréger l'histoire et de tout concentrer autour de grands thèmes, ce retour à la « périodisation » [14] et aux grandes idées d'empire, de civilisation, de religion, d'état, de progrès, de culture, ne font-ils pas un peu penser à lui ? Ainsi, derrière nos mots *civilisations, culture, sciences historiques*, n'y a-t-il pas un besoin trop urgent de simplifier, une tendance à éliminer le mystère, à créer des certitudes immédiates aux dépens des faits, besoin qui rappelle Orose au Ve siècle ? Bien sûr, les quatre « royaumes » d'Orose ont été dépassés : mais jusqu'à quel degré Hegel et ses empires, l'oriental, le grec, le romain et le germanique ; Voltaire et ses siècles, siècles de la Grèce, de Rome, de la Renaissance et de Louis XIV ; Dawson et ses quatre âges de la culture, culture primitive, civilisation archaïque, religion mondiale, civilisation occidentale, ne rappellent-ils pas le schéma d'Orose ?

Enfin, pour plusieurs d'entre nous, la civilisation occidentale n'est-elle pas ce que fut Rome pour Orose ? Pouvons-nous accepter que cette civilisation passe elle aussi, et qu'une autre lui succède ? Nous voulons que les jeunes peuples se joignent à nous ; nous désirons qu'ils viennent à nous parce que nous nous croyons encore les grands civilisateurs du monde. Mais avons-nous l'idée que ces mêmes peuples « barbares » pourraient un jour devenir nos maîtres ? Bref, les problèmes du *devenir des civilisations* qui se posaient à Orose en 417 se posent encore aujourd'hui.

(*Orose et ses idées*, p. 207–210 [dernières pages du texte])

BENOÎT LACROIX, O.P., ET LES HISTORIENS DU MOYEN ÂGE
Serge Lusignan

Benoît Lacroix est membre de l'Ordre des Frères prêcheurs, et professeur émérite de l'Institut d'études médiévales de l'Université de Montréal. Il a beaucoup écrit sur le Moyen Âge. J'aimerais rappeler ici l'une de ses œuvres, celle que je relis toujours avec plaisir et profit, afin que sa mémoire ne se perde jamais. Je rédigeais encore ma thèse sur Vincent de Beauvais, lorsqu'en 1971 Benoît Lacroix me dédicaça ainsi son livre *L'Historien au moyen âge* (Conférence Albert-le-Grand, Institut d'études médiévales, Vrin, 1971) :« *Mini Speculum historiale, ubi invenies plus utilitatis quam decoris* ». Ce livre était utile ; c'est tellement juste, que je le trouve encore cité dans le dernier mémoire de maîtrise à me parvenir de l'un de mes anciens étudiants.

Benoît Lacroix s'est consacré à l'étude des historiens du Moyen Âge à une époque où ceux-ci avaient partout mauvaise presse. D'abord chez les historiens, les vrais, que n'attirait pas alors l'Institut d'études médiévales, mais qui dans les départements d'histoire se consacraient à l'histoire économique et sociale. Pour ceux-là ne comptaient que les sources véridiques, chartes, censiers, pouillés, et données archéologiques. Relisons ce qu'écrivait l'historien Robert Delort, à propos des historiens médiévaux qu'étudiait au même moment Benoît Lacroix : « De tels textes, souvent contemporains d'événements qu'ils décrivent, ont déjà droit au titre de "sources" ; mais leur caractère plus ou moins élaboré les désigne néanmoins comme "narratifs". C'est-à-dire qu'ils sont séduisants, puisqu'ils nous fournissent des témoignages ou une suite d'événements relativement ordonnés. Toutefois, ils sont *a priori* suspects car leur subjectivité est évidente » (*Introduction aux sciences auxiliaires de l'Histoire*, coll. U, 1969, p. 41–42).

Auprès des spécialistes de la philosophie médiévale si intensément présents alors dans notre Institut, les historiens médiévaux ne trouvaient guère une meilleure place. J'ai beau relire le chapitre d'Émile Gilson « Le Moyen Âge et l'histoire » (*L'Esprit de la philosophie médiévale*, 1948) que cite et recommande Benoît Lacroix, j'y trouve un bel exposé sur la métaphysique chrétienne et la temporalité historique, je n'y trouve rien sur Grégoire de Tours ou Othon de Freising. L'étude de Thomas d'Aquin ou de Bonaventure ne fournissait au mieux comme argument, qu'une *captatio benevolentiæ* pour la lecture des historiens médiévaux.

Et l'histoire de la littérature latine, toujours dans le champ des préoccupations de l'Institut d'études médiévales ? Benoît Lacroix savait bien par ses propres recherches que pour l'Antiquité, il n'y avait pas d'hésitation possible : Tacite ou Tite–Live étaient des monuments de la littérature latine. Mais avec la latinité chrétienne commençait le déclin « littéraire » des historiens. Paul Orose (eut–il des idées ? la question obsédait le Père de Durand) et d'autres historiens de l'époque demeuraient des auteurs mineurs à côté d'Augustin. Quant aux historiens médiévaux, on pensait qu'ils écrivaient mal ou de façon banale, d'autant qu'eux–mêmes le reconnaissaient souvent (*L'Historien au moyen âge*, p. 105 ss.).

Ce ne sont pas non plus les études médiévales dominicaines qui poussaient Benoît Lacroix vers les historiens médiévaux. À première vue, l'histoire semble une activité intellectuelle bien secondaire chez les Frères Prêcheurs du Moyen Âge. Il est cependant possible que d'autres recherches sur la question nous conduisent un jour à nuancer ce jugement ; je lance l'idée aux étudiants. N'y eut–il pas Géraud de Frachet, Vincent de Beauvais, Jacques de Voragine, et bien d'autres ? Mais les études médiévales modernes leur ont fait bien peu de place au côté de Thomas d'Aquin ou d'Albert le Grand ; leur rôle dans l'histoire de l'Ordre dominicain reste à être réévalué.

Alors, les historiens, annalistes ou chroniqueurs médiévaux avaient–ils leur place à l'Institut d'études médiévales ? Curieusement, oui, et d'après mon souvenir elle était fort importante. Tout d'abord à la bibliothèque. Bien plus que d'avoir constitué un très riche fonds de philosophie et de théologie médiévale, la plus grande fierté du Père Raymond Giguère, notre bibliothécaire, était de posséder la série complète des *Monumenta Germaniae historica*. Le Père Albert Landry me racontait comme un grand moment dans sa vie, ce jour où il avait déniché chez un libraire d'Oxford la collection intégrale des *Rolls Series* anglais. Moi–même, après plus de vingt–cinq ans de fréquentation de la bibliothèque des Dominicains, je constate que celle–ci demeure particulièrement riche dans deux grands domaines : les sources intellectuelles et les histoires et chroniques médiévales. Dans un

Institut si profondément latin, les chroniques étaient la seule littérature vernaculaire systématiquement acquise.

Pourquoi ? Je garde l'impression que les historiens et les chroniqueurs médiévaux assuraient à l'Institut sa dimension historique. L'Institut puisait dans ces sources l'idée du temps qui lui permettait de se dire « médiéval ».

Alors, en relisant *L'Historien au moyen âge*, il m'arrive de m'interroger sur ce que fut le projet de Benoît Lacroix en écrivant ce livre. Au départ, il y eut son intérêt pour « les mentalités populaires de l'époque, ses phénomènes religieux de masse, les rites et les mécanismes de sa tradition orale » (p. 13). Effectivement, le livre contient de belles pages sur ces questions, en particulier lorsqu'il traite de l'importance des sources orales et de l'expérience immédiate des événements pour l'historien médiéval. Mais il y a beaucoup plus dans cet ouvrage. Ce livre est une introduction à la spécificité du discours historique médiéval. À une époque où trop d'historiens ne comprenaient rien à son fonctionnement, Benoît Lacroix a proposé un certain nombre de clés pour en décrypter le sens. Il nous décrit les méthodes de travail de l'historien médiéval et son système conceptuel pour appréhender le temps et l'espace. L'ouvrage nous propose aussi des voies d'approche pour étudier les rapports de l'historien médiéval à son milieu et pour évaluer l'influence de son œuvre sur ses contemporains. Le travail de Benoît Lacroix constitue avec *Histoire et Culture historique dans l'Occident médiéval* de Bernard Guenée (Paris, 1980) les deux travaux dont j'impose la lecture à tous mes étudiants qui s'intéressent à l'histoire du Moyen Âge.

Mais *L'Historien au moyen âge* est plus qu'un ouvrage méthodologique ; il nous transmet l'esprit de ce que furent les histoires et chroniques du Moyen Âge, par son mode de composition qui en fait un quasi-florilège. L'ouvrage est médiéval dans sa composition même. Benoît Lacroix a quelque chose de Vincent de Beauvais par la surabondance de citations qu'il juxtapose pour illustrer son propos. Chaque énoncé théorique est corroboré par une profusion d'extraits de chroniques ou d'histoires médiévales, dont Benoît Lacroix sait merveilleusement rendre la vie par son remarquable talent de traducteur.

Je me rends compte, au terme de cette réflexion, que j'ai glissé du style « souvenir d'antan » à celui de « compte rendu d'un ouvrage présent ». C'est ma façon de dire l'actualité de *L'Historien au moyen âge*, et de souhaiter longue vie à l'œuvre et à son auteur.

L'Historien au moyen âge (1971)

« La vérité, ici comme ailleurs, est que si nous cherchons notre conception de l'histoire au moyen âge, il est certain d'avance que nous ne l'y trouverons pas, et si l'absence de notre histoire équivaut à l'absence de toute histoire, on peut être assuré que le moyen âge n'en a aucune. On prouverait aussi facilement d'ailleurs, par la même méthode, qu'il n'a eu aucune poésie, comme on a cru longtemps, en face des cathédrales, qu'il n'avait aucun art et comme l'on soutient encore, en présence de ses penseurs, qu'il n'a eu aucune philosophie »[15]. Parce que nous avons été nourris de logique, formés aux techniques rigoureuses de l'érudition et tournés de plus en plus vers les sciences de l'homme et de la nature, nous nous étonnons forcément de la simplicité un peu fruste des historiens médiévaux qui évoluent en outre dans une optique biblique qui nous est de moins en moins familière. Leurs défauts n'en paraissent que plus évidents : des vides quasi inexplicables qui peuvent durer jusqu'à un demi-siècle, une disproportion redoutable entre le récit et son importance objective, des répétitions à la chaîne, des autorités immuables. Comment ensuite peuvent-ils nous faire franchir en deux ou trois folios des milliers d'années et nous bousculer ainsi d'Adam au dernier roi Louis ? [...]

Et pourtant quels récits ! Admirables et merveilleuses chroniques de Saint-Albans et de Saint-Denis ! Grégoire de Tours, Bède, Guillaume de Malmesbury, Matthieu Paris, Joinville, Salimbene, Commynes, Froissart, tous excellents raconteurs ; ils ont surtout le goût instinctif du détail final et une manière ingénue, propre aux âges de la tradition orale, de relancer sans cesse la narration à notre grand plaisir. Témoins uniques de leur espèce de l'âme populaire, ils nous font assister aux événements les plus divers, du plus quotidien au plus étonnant : naissance, maladie, mort, miracles, aventures de guerres, voyages. Comme ils sont instruits des passions élémentaires du peuple ! [...] rien n'est à retrancher. Au contraire, nous touchons aux espérances de la masse ; c'est bien l'image de l'homme moyen avec son besoin instinctif d'admiration et de justice immédiate. Autour d'un même événement, tout à coup se groupent ciel et terre, anges et démons, l'homme, son passé, ses amitiés, ses haines, ses rêves et ses misères : perspectives généreuse[s] d'une historiographie ouverte à tout, illimitée dans le temps comme dans l'espace.

Tandis que nous nous demandons encore si le moyen âge est civilisé ou pas[16] et que nous épiloguons par synthèses et dossiers cumulatifs sur la papauté, sur la royauté, la race, la nation, le féodalisme, la bourgeoisie, le prolétariat, eux récitent et racontent les faits. Sans appareils idéologiques ils nous disent le plus simplement du monde les gestes et dits de leur roi, de leur abbé, de leur évêque, de leurs clercs et de leurs gens. Témoins par excellence des mentalités collectives, ils n'ont qu'à nous raconter et nous apprenons. Jean Bodin a raison : « Il n'y a rien d'inutile et de faible importance quand l'opinion publique s'en saisit » [17]. C'est vrai que ces mêmes maîtres dans l'art de la chronique événementielle entassent tout pêle-mêle, et qu'ils confondent le meilleur et le pire ; mais ne reflètent-ils pas autant la vie réelle, sinon davantage, que notre manière de réciter le passé par fiches et preuves [18] ? Le fait qu'ils n'écrivent pas comme nous, qu'ils écrivent dans un latin que nous appelons *décadent*, est-ce le signe si évident qu'ils écrivent toujours mal ?

Savons-nous tout ce que nous leur devons ? Ils ont, sans toujours le savoir, véhiculé comme un héritage intouchable une grande part de l'historiographie romaine latine ; ils sont les premiers à avoir écrit les premières synthèses, fragiles mais quand même réelles, de l'histoire juive et de l'histoire gréco-romaine ; ils ont surtout préparé les retours de la Renaissance. N'est-ce pas assez significatif que dans les listes des auteurs à lire préparées par Jean Bodin [19], comme plus tard par Mabillon [20], apparaissent les noms de plusieurs historiens du moyen âge ? [...]

(Conclusion de *L'Historien au moyen âge*, p. 269-277)

LE PLUS GRAND DÉFI DU PROFESSEUR (1945-1986)

La compétence. Non pas la compétence en soi, pour moi, mais celle qu'on offre aux autres en les aidant, en les aimant. Les autres ? Les étudiants surtout. Mes modèles de compétence demeuraient le père Régis, Gilson, un peu moins Maritain et, quelques années plus tard, Henri-Irénée Marrou avec qui j'ai beaucoup travaillé. Marrou ? Homme de lettres, historien, philosophe, musicien, spiritualiste, pédagogue, humaniste et grand savant. L'idéal quoi ! Pourtant il avait tous les tics possibles, des gestes gauches et démesurés, respirait « à haute voix » à cause de sa surdité, parlait vite. Mais Marrou c'était un feu d'artifice de science et de mots, un savoir flamboyant de vitalité et de générosité. Laïc accompli ! Durant quarante ans j'aurai essayé mais essayé, sans jamais y réussir, d'imiter cet universitaire du « merveilleux savoir » altruiste.

J'ai enseigné de 1945 à 1986. Bienheureuses années ! Je recommencerais tout de suite. À cause des étudiants. Quarante ans d'enseignement à l'université, cela représente beaucoup d'étudiants. Beaucoup de changements dans les mentalités. Mais je remarquai qu'au temps fou de la contestation ouverte, à chaque fois que je préparais bien mes cours, je réussissais. L'étudiant sait, devine, il reste habituellement un juge perspicace et honnête du professeur.

Tel était donc mon défi : étudier, imiter, donner, vivre, partager le savoir, promouvoir la science chez les jeunes. Toute la spiritualité de ma communauté m'invitait à ce défi qui consistait à ne rien apprendre pour soi et à tout savoir pour les autres. On ne voit pas toujours les résultats. Peu importe, l'important dans la vie est ce que tu donnes. Autre le semeur, autre le moissonneur !

(Dans *Les Temps changent*, 1988, p. 175–176)

BENOÎT LACROIX, HUMANISTE

Ghislain Morin

À mon arrivée comme étudiant à l'Institut d'études médiévales de l'Université de Montréal en 1963, le Père Lacroix en était le nouveau directeur. Et quel directeur !

Sorti tout juste de l'excellente formation sulpicienne, j'étais en contact avec la dominicaine. Dès le départ, je devais rencontrer le Père Lacroix pour les formalités d'usage de l'Université. Que tout était simple pour lui ! Il a toujours su accueillir les étudiantes et les étudiants avec sérénité ; pas de différences entre les cultures, entre les sexes, entre les âges, entre les formations, etc. N'est–ce pas là une preuve d'humanisme que celle donnée par l'acceptation et l'amour de la différence ?

Benoît Lacroix était plus qu'un directeur habile qui savait aller chercher de grands penseurs tels Gilson, Marrou, Chenu, Vignaux, Jolivet, Delhaye (mon directeur de thèse de doctorat en Belgique) et combien d'autres. Il était la cheville ouvrière de l'Institut et trouvait malgré tout le temps de rencontrer chaque personne en particulier.

À son bureau de l'université, il préférait le Couvent des Dominicains. Peu importe le moment, on pouvait le voir à la bibliothèque (où se dévouait le Père Giguère sans arrêt), à l'église conventuelle ou dans un tout petit bureau. Vêtu en dominicain, petit chapelet à la ceinture (pourquoi pas le grand chapelet dominicain ? je ne l'ai jamais su), il écoutait le sourire aux lèvres.

Un soir de novembre 1963, j'avais des problèmes financiers et je pensais quitter l'université. C'était un samedi soir. Seul le Père Lacroix pouvait m'aider. « Passe une bonne fin de semaine et reviens lundi avant la messe », m'a-t-il dit. Tout s'est réglé. Comment a-t-il fait ? Il ne me l'a pas dit ; c'est un homme discret. Merci, Père Lacroix de m'avoir donné une telle chance. Je vous dois ma formation universitaire et je ne pourrai jamais l'oublier. De 1963 à 1968, je vous ai connu et aimé et ça continue.

Dans ses cours à l'Institut, Benoît Lacroix savait éveiller notre curiosité. Passant des philosophies aux littératures, de l'histoire aux religions, il était un pédagogue exceptionnel. Mais je retiens surtout les séminaires avec lui. Je me souviens encore de l'étude de la Règle de saint Benoît où je devais aborder la grande vertu d'obéissance ; de l'amitié chez Cicéron ; encore de l'amitié dans l'*Éthique à Nicomaque* ; et combien d'autres sujets. On avait hâte à chaque semaine pour le séminaire avec le Père Lacroix. Quelle culture il avait ! Quel humanisme le dirigeait !

Jamais le professeur ne se plaçait en état de supériorité sur nous. C'était une autorité au service des étudiants qu'il accompagnait comme un guide dans les Alpes. Il portait le flambeau et nous faisions route ensemble. Quelles belles routes vous nous avez ouvertes ! Quels beaux sentiers vous nous avez fait découvrir !

Benoît Lacroix est un humaniste qui aura marqué l'intelligence québécoise. Il continue toujours à faire son chemin et je lui en souhaite un fort long. Vous avez encore beaucoup à nous apprendre ; nous avons besoin de vous.

Il y a de rares êtres humains qui occupent une place privilégiée dans nos cœurs. Cher Père Lacroix, vous êtes aux premiers rangs et vous y resterez toujours.

On vous dit merci. Je vous remercie et je vous aime comme un fils aime le Père.

BENOÎT LACROIX COMME DISCRET ANGE GARDIEN

Pierre Robert

Étudiant à l'Institut d'études médiévales de 1963 à 1967, j'y ai connu Benoît Lacroix au temps où il en était le directeur, et j'ai eu l'occasion de suivre la plupart des cours qu'il a donnés durant cette période. Mais supposant cette dimension reconnue, c'est d'un autre aspect dont je voudrais parler : cette présence attentive et discrète, légère, qui était la sienne, et la diversité des milieux avec lesquels il était en contact.

Il y a un art de l'homélie sur semaine. Benoît Lacroix livrait toujours un court message bien au point ; quelques minutes de réflexion où chaque phrase portait. De telle sorte qu'on avait le goût de l'entendre et qu'on était heureux de le voir revenir.

Dira-t-on comment cet homme fort occupé a trouvé pendant des années, et plus souvent qu'à son tour, le temps de célébrer l'Eucharistie de 12h00 ou de 17h00 avec une fidélité admirable...

On m'excusera d'être un peu personnel, mais c'est pour une bonne cause... Ainsi, durant l'été 1969, j'ai résidé à Saint-Albert. Au milieu de ses activités et devinant sans doute que je me sentais un peu isolé, le Père Lacroix avait trouvé le temps de m'inviter à jouer au tennis un bon après-midi (où il m'a battu d'ailleurs, mais c'est une autre histoire...).

La vie passe. Durant la fin des années 1970, j'ai vécu comme semi-ermite dans le Centre-sud de Montréal. Or encore là j'y ai retrouvé Benoît Lacroix. Collaborant au journal *Esprit Vivant,* il écrivait une chronique sur la vie intérieure ou répondait aux questions des gens, il parlait de ses rencontres avec des jeunes convertis reliés au Café Chrétien Centre-sud. Il serait d'ailleurs curieux de faire figurer ces textes à côté d'études plus sérieuses... « Je ne refuse jamais, me dit-il alors que je m'étonnais de cette diversité de champs d'action, je ne refuse jamais. Si on me demande, je réponds. Si cela ne convient pas, on ne me demande plus... »

À preuve de ceci, il est même venu un samedi soir célébrer l'Eucharistie d'un petit groupe de jeunes à la paroisse où je demeurais...

La vie continue. De retour à l'Université de Montréal pour des études au doctorat en théologie, je retrouve le Père Lacroix dans les parages, cette fois-ci indirectement. En effet, on me demande de donner un cours d'initiation méthodologique. Ce cours sera donné chaque automne pendant six ans pour être finalement mis par écrit. Or il est la reprise du cours « Art et technique du travail scientifique » que Benoît Lacroix avait donné en 1963. Les fameuses quinze étapes s'y retrouvent (regroupées progressivement en cinq principales)...

Voici un extrait de la gentille lettre que le Père Lacroix m'a adressée après que je lui aie remis un exemplaire de ce Guide méthodologique: « Écrire un guide, c'est être comme un ange gardien. À la fois présent, invisible, efficace dans la mesure où il y a coopération de l'étudiant. »

Le Père Lacroix parlant de l'ange gardien, je me rends compte que cette présence délicate et discrète, qui tombe à pic d'une fois à l'autre, c'est un peu l'expérience que j'ai eue de lui au cours de ces années.

Mais il y a plus profondément ce que ces traits révèlent. Cette disponibilité à aider « qui frappe à la porte » (donne à qui demande, dit l'Évangile), cet élargissement du cercle pour aller vers les « autres » ont quelque chose de profondément chrétien. La vie intellectuelle déborde ici la vie académique pour se faire service. Et cet esprit de service anime la vie académique elle-même, loin d'en altérer la qualité professionnelle, au contraire.

Qui cherche une façon chrétienne de vivre la vie intellectuelle en verrait assurément une incarnation dans cette présence aussi discrète que soutenue au cours des années.

ARNOUL GRÉBAN ET LE PÈRE LACROIX

Michel Leclerc

J'ai connu le Père Lacroix dans « les années soixante », lorsque j'étudiais à l'Institut d'études médiévales ; j'enseignais en même temps au Collège Marie-Anne. J'enseignais, à cette époque, plusieurs « matières », mais surtout la littérature médiévale et de la Renaissance ; les cours de Benoît Lacroix m'ont passionné et m'ont surtout fait découvrir le théâtre du Moyen Âge.

J'avais réussi à convaincre les étudiantes de préparer, de répéter et de présenter « des pièces de théâtre médiéval », tout un exploit, à cette époque. Nous avions, une première année, présenté *Le miracle de Théophile* et le Père Lacroix était venu rencontrer les étudiantes avant le spectacle et avait présidé cette « cérémonie », parce que c'était, en effet, un mélange. Une cérémonie (un cérémonial) et un spectacle, du théâtre, devant les parents et amis des élèves ; parents et amis qui devaient bien se demander pourquoi le professeur ne choisissait pas du « théâtre un peu plus contemporain ». À la fin du spectacle, le Père Lacroix, à ma demande, parlait du théâtre médiéval ; tous les acteurs et les spectateurs écoutaient religieusement, ils succombaient à la magie de la parole de Benoît Lacroix.

L'année suivante, nous avons présenté *La Passion* de Gréban : une longue et difficile aventure. Après le spectacle, la même magie s'installait lorsque le conteur Benoît Lacroix parlait avec amour du théâtre médiéval.

Après la fin de mes études à l'Institut, j'ai revu le Père Lacroix plusieurs fois et il a baptisé mes deux fils, Étienne et Mathieu, en écrivant, dans plusieurs de ses livres, des messages qu'ils pourraient lire lorsqu'ils seraient plus vieux. Des dédicaces, à la première page de livres comme *Les Cloches*, *Le P'tit Train* ou *Quelque part en Bellechasse*.

Benoît Lacroix est, pour moi, un poète, un dominicain, un professeur, mais surtout quelqu'un de profondément humain qui a aimé les êtres qu'il a rencontrés.

TÉMOIGNAGNE D'UNE ÉTUDIANTE

Élise Fournier

Paysan d'origine, pasteur par choix, intellectuel par les circonstances, professeur par tempérament, pédagogue dans l'âme, visionnaire par son intuition, poète dans son cœur et dans ses mots, ami en tout temps, c'est l'homme qui est entré dans ma vie, le jour de la fête de saint Albert le Grand en 1964 et dont je suis toujours très fière d'être l'amie.

Il était venu nous rencontrer au Collège, la classe de Philo I, pour nous parler des intellectuels et des poètes, des nouvelles sciences qui se développaient dans les universités québécoises, des meilleurs professeurs, de Montréal ou de Laval. Il nous enchantait par ses légendes anciennes ou familiales, par son humour, par sa complicité. Il venait nous inviter à l'université, nous convier à joindre cette confrérie jusque–là toute masculine. Quand il le fallait, il convainquait les pères et les maris de notre intelligence et de nos capacités ! Irrésistible...

Je l'ai tellement cru et j'ai tellement voulu lui ressembler que je me suis inscrite à l'Institut d'études médiévales deux ans plus tard. Comme directeur et professeur, il a toujours été complice avec les étudiants pour trouver les meilleurs professeurs, inviter les grands intellectuels : Marrou, Gilson, Chenu et combien d'autres, pour multiplier les échanges entre eux et nous. Il lui convenait de donner ses cours le vendredi soir... pour regrouper les plus intéressés ! Surtout, surtout : trouver de beaux sujets de thèses qui maintiendraient la passion... jusqu'au bout. Être disponible quand l'inspiration tombait en panne, comme à huit heures le matin avant d'entreprendre une journée de thèse à la bibliothèque.

Le Père Lacroix n'a pas été un professeur ordinaire : il aidait même les étudiants dans les cours donnés par ses collègues. À cet égard, je me souviens, à ma première session de première année, d'avoir eu à présenter un séminaire sur « Les origines de l'esthétique médiévale dans le *Banquet* de Platon ». Après plusieurs jours de lecture du *Banquet*, de savants livres sur l'esthétique, après avoir épuisé les rudiments de mes connaissances sur l'Antiquité et le Moyen Âge et les trésors de mon imagination... je sombrai dans la panique. Désorientée, je rencontre le Père Lacroix, qui réussit en dix minutes à bâtir un plan avec moi, à me souligner quelques ressources bibliographiques et surtout à me donner confiance en moi. C'était la première fois, c'était loin d'être la dernière. Je me suis tirée de ce séminaire honorablement. J'ai surtout appris à ne pas avoir peur de l'inconnu et du risque dans la vie intellectuelle, et à trouver l'adresse du Père Lacroix quand la situation s'est représentée.

Le Père Lacroix ne nous enseignait pas l'histoire, il nous apprenait le métier de l'historien. Il a été un précurseur de l'histoire ethnographique. À « Médiéval' » d'aucuns le trouvaient un peu trop audacieux de lancer les étudiants sur des pistes nouvelles : la tradition orale, les témoignages iconographiques, les traditions populaires, bref, tous les langages de l'histoire étaient à explorer. On pouvait laisser libre cours à l'imagination à la condition d'être rigoureux. Les revues de littérature l'intéressaient peu à côté de l'étude des sources quelle que soit leur nature. On pouvait travailler très fort en ayant beaucoup de plaisir : plaisir de découvrir, d'imaginer, d'interpréter, de démontrer et plaisir d'écrire. Séduire, conquérir son lecteur et surtout le garder jusqu'à la fin.

Le Père Lacroix était aussi attentif à notre situation financière, à notre vie personnelle ; il se réjouissait de nos bonheurs et nous aidait dans nos malheurs. Toujours, cette confiance, cette foi que l'amour de Dieu est plus grand que nous et que le destin peut prendre des détours mystérieux. J'ai vu le Père Lacroix avoir de la peine, je ne l'ai jamais vu se scandaliser. Son amour a quelque chose de divin. Il n'a pas que le mot juste, sa parole est vraie, c'est celle d'un artiste qui nous révèle la beauté du monde et la vérité des expériences humaines.

Je ne peux passer sous silence la correspondance du Père Lacroix. Tout prétexte est bon pour envoyer des souhaits, pour nous donner sa nouvelle publication, son nouveau conte, des histoires sérieuses et pour s'amuser aussi. Comme tant d'autres, j'ai eu le plaisir de ses lettres un peu fofolles auxquelles on voudrait répondre sur le même ton, avec la même chaleur. Je m'attarde un peu à cette dimension de mon ami parce qu'il a ainsi entretenu des amitiés et une fidélité dans l'amitié qui lui est tout à fait personnelle. J'aimerais donner un exemple de cette correspondance qui nous le rend si présent.

Un jour, j'ai eu à donner une première communication savante à un congrès sur le traitement des textes médiévaux par ordinateur. Il s'agissait d'explorer une nouvelle méthode d'analyse de texte qui pourrait éventuellement permettre de trouver un nom à tous ces poètes et écrivains anonymes, qui permettrait de savoir si un texte comme *La chanson de Roland* était d'un seul auteur ou de plusieurs. J'avais choisi de travailler le poème de Narcisse, écrit au XIIe siècle, d'un auteur anonyme, qui me paraissait un petit bijou par son équilibre. Le traitement de texte me permettait de vérifier dans l'intimité de l'écriture différents paramètres de cette construction poétique. Très inquiète du défi à relever, même si je n'étais plus son étudiante, je suis allée frapper à la porte du Père Lacroix. Il m'a rassurée, donné les conseils d'usage, m'a dit qu'il viendrait et s'assoirait en face de moi. Si on me posait des questions embêtantes, je ne devais pas hésiter à faire répéter la question pendant que je réfléchirais. Si jamais j'étais prise au dépourvu... il répondrait à ma place. Finalement, tout s'est bien passé.

Quelques jours plus tard, le mercredi 24 février 1973, je reçois la lettre suivante :

> Chère Élise–Dané,
> Vite je m'identifie. Mais c'est un secret entre toi et moi. Je suis *l'Anonyme* qui a écrit *Narcissus*. Moi qui n'avais pas tellement voyagé en ces derniers siècles, je me suis surpris à ressusciter devant mon histogramme. J'ai revécu, je revis en continu et chaque unité lexicale de ma vie est comme mon cœur qui, en fréquence 1 mais par une vitesse d'accroissement, bat pour toi. Oui je revis en occurrence cumulative et le découpage de mes souvenirs sur graphiques savamment dessinés m'a remué de lyrisme. J'ai retrouvé tout à coup le listing de mes verbes et jamais depuis, à cause de toi, l'échantillonnage de mes mots ne cessera de se multiplier au rythme de ton ordinateur bien–aimé que je remercie puisque c'est lui qui, en définitive, m'a permis de me retrouver.
>
> Narcissement vôtre
Moé

Oui, le Père Lacroix est un grand cadeau que la vie m'a donné. J'ai suivi ses enseignements, j'ai entendu ses homélies, j'ai partagé quelques–unes de ses amitiés, j'ai lu ses livres avec tendresse et admiration et j'ai toujours infiniment de plaisir à le voir ou à lui parler.

EN L'HONNEUR DES **80** ANS DU PÈRE BENOÎT LACROIX
À PROPOS DE SA QUALITÉ DE CONTACT

Louise Noiseux

À la fin de mes études classiques, poussée par un bon vent dans le sillon de certaines enseignantes et femmes de tête inspirantes, je désire poursuivre mes études en philosophie. À vingt et un ans, je veux maintenir une vue profonde sur les choses et les humains, et ma famille me porte sur la route de la connaissance des humanités.

Je me vois encore marcher sur les sentiers bordés de pelouse vers le pavillon principal de l'Université de Montréal, à la recherche du département de philosophie. Je veux rencontrer quelqu'un en personne, comme si je voulais vérifier que ces penseurs existent vraiment ; je frappe à la porte. On me remet poliment un formulaire d'inscription et on ne me dit rien de plus, sauf pour me préciser qu'il y a aussi un Institut d'études médiévales qui loge dans la maison grise du coin Louis–Colin, au pied de la côte.

Le mot institut évoque pour moi un lieu bénit, presque sacré, comme ce couvent de pierres anciennes où j'ai été pensionnaire autrefois, entourée de religieuses attentives et dévouées. Je me présente au secrétariat, situé au troisième étage dans mon souvenir, pourquoi, je l'ignore.

On oublie souvent qu'il n'y a pas de hasard et un peu plus tard, on croit reconnaître une forme de synchronicité.

La porte d'un grand bureau est ouverte et du fond, j'entends « Bonjour » qui vient d'un homme vêtu d'une soutane claire. « Entrez », dit–il, et ses propos s'étirent avec légèreté sur le pourquoi et le comment de ces études philosophiques dans l'enclave protégée de l'Institut. À la fin, je demande :

– Qui êtes–vous ?

– Benoît Lacroix, répond–t–il, je suis le directeur.

Figée de surprise, je répète bêtement « vous êtes le directeur », et il me dit avec un sourire qui me ramène à la réalité :

– Ma secrétaire Lise vous le confirmera, et bonne journée mademoiselle Louise.

Il était le vrai directeur, en personne.

Quand un être se présente moulé dans un alliage subtil de connaissance, de dignité et de simplicité, la rencontre semble toujours se propulser d'elle–même comme en une quatrième dimension que j'ose appeler la grâce du moment. Les comédiens diront que c'est ça le « momentum » et d'autres aimeront croire qu'il s'agit du passage de l'ange. À tous égards, bien que des choses concrètes y soient transigées, chacun en ressort chaque fois avec un léger fil de joie qui vient vous entourer comme un cadeau.

Est–ce que je rêve quand j'évoque l'expérience passée de mon contact de trois ans avec Benoît Lacroix ? Il y a plus de vingt–cinq ans ? Je ne crois pas ; ce que je voyais se dérouler avec moi et avec d'autres tenait à vrai dire de la magie de la présence. Un jour, on a la chance de rencontrer une personne qui semble totalement là à l'instant du contact, comme si tout son être était au rendez-vous ; c'était toujours ainsi avec lui.

Et le hasard, existe-t-il, s'est pointé à nouveau. Il y a sept ans, le vent me porte cette fois sur les rives d'une recherche globale concernant la vaste question de la place de la mort dans nos vies. Je travaille comme psychologue désormais, et je ne sais plus très bien pourquoi j'appelle au monastère des Dominicains à ce moment précis, souhaitant rencontrer le Père Lacroix ; je désire lui faire part de mon projet. Je cherchais sans doute le regard d'un père en esprit pour m'assurer de ne pas m'égarer, au-delà des balises de la connaissance, dans les méandres d'une question aussi tragique. Se souviendra-t-il de moi ?

Rendez-vous à telle heure, me dit-on, et j'y suis. Il a vieilli et moi aussi, mais il a ce même regard et me dit des paroles précises et bienveillantes, comme autrefois. Le temps ne l'aurait-il qu'effleuré ? Ce même alliage de son être émane dans l'instant présent, et pourtant aucun de ses propos ne revient vers lui ; je ne sais rien de lui. Il m'offre alors une longue rencontre gratuite, comme s'il disposait d'un surplus d'être qui rejaillira en force sur moi et m'habite encore, lorsque j'y repense.

Cet homme porte le souffle du désir de vivre, et cela paraît si naturel qu'une personne peut s'y tremper, comme en un lac profond, sans que lui-même semble vouloir s'enorgueillir ou protéger son avoir.

S'il est vrai que le nectar de l'existence ici-bas se cueille dans les instants de contact que les humains s'accordent entre eux, je peux avouer que j'y ai trempé les lèvres, grâce à lui.

Avec mon souvenir respectueux.

TÉMOIGNAGE POUR BENOÎT LACROIX

Filipe Batista

C'est Benoît Lacroix qui accueillait, avec affection et tendresse, un jeune étudiant d'origine portugaise à l'Institut d'études médiévales en 1966. Tout cela met en émoi les souvenirs les plus chers et les plus émouvants de mes débuts au Québec et qui font maintenant partie de mon nouveau regard de Québécois. C'est un privilège de pouvoir rendre hommage à celui qui incarne la plus grande simplicité et sagesse du monde ainsi que la joie de vivre.

Pour témoigner ma gratitude et mieux exprimer les sentiments qui m'animent en ce jour de fête, à Benoît Lacroix, j'ai choisi quelques images du poète portugais Urbano Tavares Rodrigues :

Benoît Lacroix est l'aube des caresses et du sourire, il est le jour limpide de la fête collective, il est l'écho d'une chorale de paternité rêvée et assumée, il est le plus pur sillon de l'eau qui transforme le présent en avenir et qui arrache à la tradition la flamme du matin. Ses mots ce sont comme des fleurs entre nos lèvres, ses idées ce sont comme des caresses qui se transforment en rosée de l'espérance ; il se hisse comme la figure de proue, le messager, l'aède, l'humble, le multiple, le doux, le superbe chantre de la sagesse et de la paix. Il est la crête et la flamme la plus tendre de clair de lune sur la forêt en colère de la poésie.

Il y a *un quelque chose* dans cet homme qui dépasse les langues et les cultures. Son souci et la minutie du détail, la profondeur de son regard alliée à la capacité de communiquer son savoir, font de lui l'un des plus illustres penseurs du Québec d'aujourd'hui.

Ce voyage dans ma jeunesse et le temps de ma rencontre avec Benoît Lacroix me permet de retrouver les images et les figures qui résonnent encore en moi comme l'écho de ma mémoire retrouvée pendant ce merveilleux moment ! Cet instant a vite passé mais il a laissé sur moi un murmure de joie et sur mon être un frisson de plaisir. Cet entrelacement des mots, des émotions et des sentiments suscite en moi le goût de célébrer et de lever ma coupe à la santé du MAÎTRE bien vivant parmi nous !

BENOÎT LACROIX, L'HOMME DU DÉPART

Anne Doran

Il y a les gens du départ ; il y a les gens de l'arrivée. Il y a ceux qui vous font voir l'évidence d'entreprendre et d'autres qui poseront les grandes synthèses du projet accompli. Ceux qui donnent l'élan, ceux qui, par la force de leurs idées, vous aident à mettre en place les vôtres. Les gens pour qui la connaissance est appel, qui tâtent de tout, parce que tout leur paraît appel à la vie et développement possible. Et les gens qui, au nom de cette même connaissance, analysent, scrutent, élaguent, retranchent, rejettent pour n'engager que le certain et l'essentiel. Il y a les gens qui éveillent et mettent en branle. Il y a ceux dont la rigueur conceptuelle pourra vous permettre d'aboutir.

Probablement y a-t-il de ces deux hommes chez Benoît Lacroix, mais, pour moi, il est essentiellement l'homme du départ. Il est d'abord celui qui a réussi à ce que l'Institut d'études médiévales ait l'air tellement attirant que j'ai décidé d'y rester. Et cela non pas par des arguments scientifiques mais parce que la spontanéité, l'évidence du contact et de l'accueil ouvraient un espace. Nous n'étions pas convaincus qu'il fallait apprendre par démonstration, nous y étions invités par le plus fort des appels, parce que nous y avions une place, notre place. Tous différents mais tous à l'aise dans ce qui constituait notre intérêt propre. Tous différents, mais tous aussi ardents, aussi joyeusement partis à la conquête d'une connaissance qui nous paraissait appel infini parce que nous étions libres de nous y mouvoir et que nous y avions une place.

Je me rappelle un cours de méthodologie, cours pour les débutants évidemment, et, faut-il le dire, cours ennuyeux s'il en est un dans son objet. C'était un cours donné par le Père Lacroix. Je n'ai même pas vu la méthodologie ; j'en ai fait, sans doute, comme monsieur Jourdain faisait de la prose, sans m'en apercevoir. Fascinée par l'histoire comparée des religions, je m'étais alors lancée à la conquête de la symbolique de l'eau et de la lumière dans les *Confessions* de saint Augustin. Entreprise téméraire très certainement, j'étais loin d'être spécialiste, mais entreprise belle, par la ferveur et l'audace de la conquête qu'elle suscitait.

Je me rappelle encore le plaisir que nous avons eu à étudier la Règle de saint Benoît. Toujours avec le Père Lacroix. Est-ce qu'elle était trop paternaliste ? Comment y comparer celle de Taizé ?... Toutes questions que nous avons eu très sérieusement à débattre. Nous avons dû dire dans le feu de la discussion bien des choses que j'hésiterais à endosser maintenant. Mais peu importe... Dans le cours sur les grands courants spirituels du christianisme que j'ai donné cet hiver, je n'ai pu m'empêcher d'inclure quelque chose sur ces deux règles. Souvenir d'un enthousiasme resté vivant à communiquer à d'autres...

Son rôle au Centre d'études des religions populaires relève du même talent d'éveilleur. Il créait un espace, il donnait un lieu où tous ensuite n'avaient qu'à prendre place. Cela relevait à la fois de la bonne fée avec sa baguette, du magicien ou de l'enchanteur : quand il évoquait quelque chose, le monde se mettait à fourmiller de pistes à explorer, les intuitions, les idées jaillissaient. Sa présence suscitait l'air du large et le vent, le vent qui souffle, qui pousse, le vent qui entraîne, qui fait bouger, décoller, s'élever. Il donnait vie à des petites idées qui sans lui n'auraient eu l'air que de ce qu'elles étaient, des petites idées sans beaucoup de fondements et qui, avec cette impulsion, ouvraient un monde. Son talent relevait de celui de nos conteurs populaires, et ce n'est sans doute pas pour rien qu'il s'est intéressé aux religions populaires qu'il sentait de l'intérieur : talent d'évocation, capacité de faire voir, de faire sentir tout ce qui est sous-jacent à la réalité et qui vit à sa manière, hors des catégories de l'habituel savoir, et qu'on sait depuis toujours sans l'avoir jamais aperçu. L'implicite devient réel, présent, vivant, autonome. Technique de poète qui recrée le monde, qui recrée un monde ou le dévoile, à partir de quelques mots. Technique millénaire des conteurs de mythes qui découvrent un monde jaillissant. Quelques mots, quelques gestes, une expression du visage et la réalité bien concrète, palpable et massive perdait sa consistance et ne devenait qu'un pâle reflet de tout ce qui dormait en elle, de tout ce qu'elle recelait de latent et de caché. Avec lui, l'intuitif devenait plus réel que le réel.

Que dire de plus ? Bien sûr, il serait possible d'évoquer son rôle dans le cheminement, le développement de telle idée–force dans l'étude des religions populaires : telle son étude sur le folklore de la mer dans son rapport au religieux. Mais ce qu'il y a de plus précieux chez lui, n'est-ce pas ce qui l'apparente au sourcier ou au prospecteur. Capacité de déceler le filon, la source, que d'autres viendront exploiter, capacité de susciter des enthousiasmes et des énergies, capacité de rassembler autour d'un projet. Capacité surmultipliée par le fait qu'il était capable d'amitiés profondes, fidèles et nombreuses : beaucoup d'amis qui partent dans tous les sens à la recherche de toutes les pistes et qui se réfèrent à lui comme au centre de tous ces chemins.

LE CHAT

Réjean Bergeron

Benoît Lacroix ! Benoît Lacroix ! Ses racines sont si profondes qu'on en vient à se demander quand il est né. Condisciple de Lionel Groulx et compagnon de Saint–Denys Garneau, il a été aussi, on le jurerait, l'élève de Paul Orose qu'il a connu mieux que quiconque. Entre l'an 375 et notre XXe siècle, il s'est fait tant d'amis qu'il nous a présentés avec tant de chaleur et de vérité qu'on ne peut croire qu'il soit né en 1915. Son extrait de naissance, il convient, à n'en pas douter, de le considérer comme un faux produit par le curé de Saint–Michel–de–Bellechasse.

Benoît Lacroix, cela semble l'évidence, a plutôt partagé le berceau de l'Europe médiévale et il a été le grand frère de la francophonie qu'il a défendue avec ardeur, passion et succès. C'est du moins la conviction que nous laisse la lecture de ses innombrables écrits.

Pourtant quand on rencontre l'homme, on ne peut croire qu'il a l'âge qu'il avoue (toujours avec le sourire en coin et l'œil relevé pour épier l'effet produit), tant il paraît jeune. En fait, il n'est pas « encore vert » comme l'on dit parfois, il est au physique comme à l'esprit jeune. J'ai parmi mes souvenirs une certaine leçon de tennis (une raclée, une déconfiture devrais-je écrire) que le nouveau retraité et professeur émérite de l'Institut d'études médiévales bondissant comme un chat a donné au jeune étudiant de doctorat que j'étais alors. Les idées nouvelles, celles de ma génération, que je levais comme un drapeau lui étaient non seulement familières, mais partagées par lui.

Après l'avoir mieux connu je ne me demandais plus quand il était né (peut-être était-il plus jeune que moi), mais combien de fois cet étonnant chat avait vu le jour.

Non seulement le savoir et les racines de cet homme jeune sont-elles plus que millénaires, mais son activité l'a amené à explorer, à aimer et à faire connaître et aimer un territoire débordant sans cesse la ligne d'horizon qui semblait sa fin. Il nous a si bien parlé de la France médiévale, de la Nouvelle France d'Ancien Régime, du Japon et du Rwanda contemporains. Ses amis sont non seulement de toutes les époques mais encore ils vivent aux quatre coins de la planète.

Mais plus encore que l'intellectuel, plus encore que le professeur remarquable que j'ai eu la chance de connaître à sa dernière année d'enseignement, plus encore que le chercheur à l'origine de tant de projets, c'est l'homme que j'ai connu que j'aimerais saluer pour cet anniversaire.

C'est l'homme né *Quelque part en Bellechasse* qui m'a un jour embarqué dans son *P'tit Train* pour me faire connaître son monde et partager ses rêves que je voudrais saluer. C'est l'homme qui m'a fait monter dans la barque des pêcheurs qui sentaient bon la mer pour me faire partager la beauté de leurs chants, l'étrangeté de leurs habitudes, la force de leurs croyances et de leurs espoirs que je voudrais saluer.

C'est l'homme qui m'a enseigné tant de choses sur moi-même et comme à mon insu que je voudrais saluer. C'est l'homme qui a su m'encourager quand il était temps de le faire et me consoler dans des moments plus difficiles que je voudrais saluer. C'est l'homme qui a toujours eu la délicatesse de ne pas me conseiller et la gentillesse de m'écouter que je voudrais saluer. C'est l'homme qui sait si bien croquer dans la vie et en partager la saveur que je voudrais saluer. C'est l'homme qui cache son savoir, ses souvenirs, sa science et son art dans les petits plis qui rayonnent autour de ses yeux que je voudrais saluer. C'est l'homme qui donne son savoir, ses souvenirs, sa science et son art comme l'on fait un sourire que je voudrais saluer.

C'est enfin l'homme qui m'a fait découvrir l'immensité et la beauté de ce pays qui peut-être naîtra cet automne et qui est déjà tout entier au fond de lui que je voudrais saluer.

Alors, Benoît Lacroix, salut !

Secrétariats de la Faculté de philosophie et de l'Institut d'études médiévales

Fermés : 1re semaine de juillet 1963
Vacances du personnel

Le doyen est en Europe, les professeurs préparent les cours de septembre à leur chalet, les trois secrétaires et le Père Lacroix partent en Gaspésie.

Voyage improvisé à la suite d'un défi lancé au Père Lacroix.

– Lise Gingras, secrétaire du doyen de la Faculté de philosophie, chauffeur expérimenté et infatigable.

– Danielle Briard, Française, 17 ans, secrétaire à la Faculté de philosophie, qui revient d'Hampton Beach, défait sa valise le dimanche soir et la refait le lundi matin.

– Lise Gauthier, secrétaire à l'Institut d'études médiévales, sa mère est rassurée : le Père Lacroix part avec elles.

Une semaine de rires, de chansons, de levers et de couchers de soleil avec le fleuve et l'air salin.

1967

Nous sommes toujours au secrétariat. Les secrétaires ne sont plus les mêmes, sauf Lise Gauthier : on ne quitte pas son poste quand Benoît Lacroix est le patron !

Une maille à l'endroit, une maille à l'envers,
Et je tricote, et nous tricotons,
Et c'est long, pour qui portera le tricot !
C'est l'heure du lunch. Tout y passe : la mode,
les chums, les patrons...
Heureusement il y a l'aumônier.

***

Lise Gauthier-Gagnon

Une 11e commerciale, 20 ans, et trois années d'expérience. Monsieur Dupras, au service du personnel, m'assigne au poste de secrétaire à l'Institut d'études médiévales où le patron est un père dominicain.

« Hum, je suis sûre que je changerai d'emploi avant longtemps »... et j'ai quitté à 27 ans, à la naissance de mon premier bébé !

C'est le Père Landry, alors directeur de l'Institut d'études médiévales, qui m'a accueillie en me faisant dactylographier des textes latins. Le Père Lacroix lui a succédé quelques mois plus tard.

Une secrétaire heureuse de travailler, ça se peut ?

« Tu manges ton pain blanc ! » disait ma mère.

Être secrétaire du Père Lacroix, c'était, le matin, trouver sur mon bureau un mot, une réflexion, une caricature, que je conserve toujours dans mes archives personnelles. C'était préparer l'horaire des cours à la satisfaction des professeurs, et des étudiants. C'était dactylographier les notes remises aux étudiants, des sermons, le manuscrit du « dernier » livre : un conte, un livre savant, la conférence Albert-le-Grand, les textes de la 1re édition critique des *Œuvres* de Saint-Denys Garneau. Transcrire la correspondance dictée la veille, toujours surprise que les lettres se composent aussi facilement.

Être la secrétaire du Père Lacroix, c'était aussi voir de quelle façon il dirigeait les professeurs et les étudiants, comment il entretenait les relations interfacultés, s'occupait des professeurs invités, réglait les différents conflits, savait siéger le temps qu'il faut au conseil de direction, et tout ça, en continuant à enseigner, à écrire.

Mais être secrétaire du Père Lacroix c'était surtout apprendre : à aimer, à ne pas juger, à donner sans attendre, et je le cite : « On commence à vieillir le jour où l'on cesse d'aimer dans la gratuité. »

Ai-je compris ? j'ai 53 ans et trois cheveux blancs !

***

Janine Roumain-Durand

Je connais le Père Benoît Lacroix depuis 30 ans cette année. Je l'ai rencontré le 19 juin 1965 à l'Université de Montréal. Ayant fait une demande d'emploi comme secrétaire et ayant bien pris soin de mentionner que je voulais travailler dans un département où les gens parlaient et travaillaient exclusivement en français, je me suis retrouvée dans le bureau du Père Lacroix pour une entrevue au département de philosophie et d'études médiévales.

Durant quatre ans, j'ai côtoyé un homme extraordinaire, humain, ne se prenant pas pour un autre. Le Père Lacroix m'a écrit souvent des lettres aux moments importants de ma vie : mariage, naissance de mon fils, lors de son séjour en France à Caen, à l'achat de ma première maison, etc.

Mais ce que je retiens le plus de cet homme, c'est le goût de son pays qu'il a su me transmettre en me parlant des poètes, des écrivains, des chansonniers du Québec et en me faisant des suggestions de lecture. Trente ans après, je l'en remercie et je lui dis que je suis très heureuse ici, que je ne déménagerai pas et que si je ne suis pas Québécoise de naissance (je suis d'origine haïtienne), je le suis de cœur un peu grâce à lui.

Merci.

* * *

Céline Cossette-Dupuis

J'ai le bonheur de connaître le Père Lacroix depuis l'automne 1966. Je l'ai connu à la « corvée vaisselle », après un bon repas pris autour d'une table amicale rue Saint-Denis à Montréal. Comme j'avais été impressionnée, avec la naïveté et la spontanéité de mes 16 ans, de voir en chair et en os un religieux, un érudit à rayonnement international, partager les « linges » à vaisselle avec moi pour s'acquitter lui aussi de son devoir « après-repas ».

Ce que je ne savais pas, c'est que je n'étais pas au bout de mes surprises avec le Père Lacroix et surtout, que j'aurais le privilège de partager sa vie professionnelle quelques mois plus tard et ce, pour plusieurs années.

Après toutes ces années, ce que je retiens du Père Lacroix c'est son bonheur de vivre et sa jovialité, sa bonté dans le sens le plus profond du terme, sa disponibilité et sa simplicité envers tous, sans égard au statut social ou professionnel, à l'âge, à la race ou à la nationalité de ceux qui ont besoin de lui. Il sait se mettre au niveau de ses interlocuteurs, ce qui permet à monsieur Tout-le-monde de profiter des conseils et des avis de ce grand sage. C'est un être VRAI, sans prétention ni malice, ce qui en fait un être exceptionnel puisqu'il est rare de retrouver toutes ces qualités en même temps chez un être humain.

***

Lorraine Mercier-Goyer

Bonjour cher Père Lacroix,

Aujourd'hui c'est à votre tour de vous laisser parler d'amour.

Durant les années 67 et 68, « sous mes mèches de cheveux », j'ai pu observer un grand homme, digne, jovial, disponible et rempli de simplicité.

Merci pour ce bon et beau souvenir. Longue vie et bonne santé. Sincèrement.

***

Myriam Obadia-Hazan

Je n'ai pas connu le Père Lacroix aussi bien que les autres secrétaires, mais l'image que j'ai de lui c'est « l'éternelle jeunesse, la gaieté et la bonne humeur ».

LE SAULE

Juliette Valcke

Né « quelque part en Bellechasse » en 1915, Benoît Joachim Lacroix se voit offrir des mélanges quatre–vingts ans plus tard. Parler de l'historien, du médiéviste, du poète, du dominicain, parler de l'homme, tout simplement, de sa plus que générosité ou encore aborder son immense tendresse : les choix abondent, plongeant ceux qui veulent rendre hommage au Père Lacroix dans un abîme de perplexité...

Je l'avais rencontré dans le but de lui faire raconter ses souvenirs en tant que « dernier des Mohicans », comme il se désigna lui–même, c'est–à–dire en tant que dernier pionnier de l'Institut d'études médiévales. Plus de cinquante ans séparaient alors l'apprentie médiéviste que j'étais du célèbre dominicain. Séparaient, ou plutôt unissaient : lui voir faire renaître l'Institut des années quarante à quatre–vingt, l'entendre raconter des anecdotes sur les gens, sur les événements, voir son humour faire place à la sérénité lorsqu'il évoquait les périodes difficiles constituèrent autant de ponts par lesquels il me rendit le passé accessible. Simplicité, gentillesse et rires caractérisèrent nos entretiens.

Il avait été parmi les premiers dominicains à œuvrer à l'édification de l'Institut d'études médiévales, affilié à l'Université de Montréal en 1942. En effet, arrivé à l'Institut en 1945, Benoît Lacroix ne devait le quitter qu'en 1981. Il fut donc témoin de presque tous les aléas de l'Institut.

Il assista à ses débuts difficiles, durant les années quarante-cinquante, quand la pertinence des études médiévales en terre d'Amérique était toujours à démontrer. Débuts difficiles, certes, mais aussi prestigieux : dès sa fondation, l'Institut se trouva en constante relation avec les plus grands médiévistes européens et de nombreuses publications témoignèrent rapidement de sa rigueur scientifique. Très vite considéré comme un haut lieu des études médiévales, enrichi d'une admirable bibliothèque patiemment constituée par le Père Raymond–Marie Giguère, o.p., l'Institut connut l'un de ses plus grands moments en 1967, avec le quatrième Congrès international de philosophie médiévale organisé par le Père Lacroix et le Père Albert–Marie Landry, o.p. Ce dernier, aidé d'une seule secrétaire, en publia les Actes deux ans plus tard. Survinrent ensuite, durant les années soixante–dix, des changements majeurs dans les programmes de l'Institut : traditionnellement scolastiques, dirigés par des enseignants essentiellement religieux, ils se caractérisèrent alors, sous la poussée de nombreux professeurs laïques, par la multidisciplinarité. De ces changements le Père Lacroix dira sereinement, vingt ans plus tard, qu'ils étaient nécessaires, même si cela équivalait pour lui et pour les Dominicains de l'Institut à tourner une grande page d'histoire.

La mutation de l'Institut en département, effectuée en 1989, et celle, toute récente, du département en centre auront ainsi marqué l'aboutissement de plus de cinquante ans d'études médiévales à l'Université de Montréal, cinquante ans dont le Père Lacroix représente la mémoire vivante.

Quittant les couloirs du Couvent Saint–Albert–le–Grand, je demandai ensuite à plusieurs anciens étudiants, professeurs et secrétaires de faire à leur tour revivre l'Institut qu'ils avaient connu quelque trente ans auparavant. Leur enthousiasme et la gentillesse avec laquelle ils m'accueillirent firent aussitôt pressentir l'harmonie de leurs souvenirs : ambiance familiale, intimité, respect, dynamisme, les mêmes termes revinrent sans cesse. Un nom ponctua également ces souvenirs, celui du Père Lacroix.

Avec chaleur, avec amitié, avec respect, on me traça le portrait d'un homme à l'esprit évangélique, un homme avec qui chacun se sentait comme seul au monde, tant il était attentif. Un infatigable saint Jean–Baptiste, confia également Giselle Huot, c'est–à–dire un professeur qui ouvrait les voies, donnait des pistes de recherches à tout le monde, des références écrites sur mille et un petits papiers et toujours accompagnées d'un petit mot gentil et humoristique. Un enseignant dont les cours constituaient de véritables spectacles ; un diplomate aussi, l'élément unificateur de l'Institut dans les années plus troublées, le sourire qui empêchait les gens de faire des grimaces... Benoît Lacroix ? Le « patron » pour qui les secrétaires, de leur propre aveu, donnaient plus sans même en avoir conscience. L'organisateur de congrès, aussi, qui tenait des réunions dans des restaurants où les décisions se prenaient « à l'unanimité » — à deux membres votants, ce n'était pas difficile, avouera-t-il ensuite ! — devant un bol de salade. Enfin, le récipiendaire d'un doctorat honorifique, le professeur émérite qui, chargé de reconnaissances officielles, n'hésitait cependant pas à aller arroser les plantes d'une personne absente, qui se dévouait, et se dévoue toujours, pour tout le monde, et à tous les niveaux.

Évocation admirative, profondément amicale, et unanime. L'Institut n'existe plus, mais le Père Lacroix, troubadour moderne — il n'hésitera pas à confier une chanson à un répondeur téléphonique ! —, ressemble au saule de *Quelque part en Bellechasse* (p. 77) :

> Ce saule peut abriter les plus gentils oiseaux du monde.
> L'arbre est droit et beau.
> Il aura [quatre-vingts] ans à l'automne.
> Le vent ondule entre ses feuilles qui valsent.
> Chacun y vient
> > pour le voir
> > aimer le voir
> > pour l'ombre
> > sans plus.

LE DIRECTORAT DE BENOÎT LACROIX (1963-1969) OU L'ÂGE D'OR DE L'INSTITUT D'ÉTUDES MÉDIÉVALES (1942-1993) EN CE 50ᵉ ANNIVERSAIRE DU DÉBUT DE SON ENSEIGNEMENT

Giselle Huot

C'est en 1945 que le jeune dominicain Benoît Lacroix — qui n'est pas encore docteur ès sciences médiévales (Toronto), puisque sa thèse ne sera soutenue qu'en mai 1951 — donne son premier cours à l'Institut d'études médiévales. Il en prendra sa retraite en 1981. Pas sa retraite de l'enseignement, puisqu'il continuera de donner des cours, à la Faculté de théologie, entre autres, jusqu'en 1986.

En 1942, l'Institut d'études médiévales (IEM) affilié à la Faculté de philosophie de l'Université de Montréal — déménagé d'Ottawa où il avait pris naissance au Couvent des Dominicains sous l'impulsion du Père Benoît Mailloux, o.p., aidé des conseils et des encouragements du grand philosophe français Étienne Gilson — offrait ses premiers cours au Couvent des Dominicains, sis alors au 831 de l'avenue Rockland à Outremont. Le Père M.D. Chenu, o.p., médiéviste prestigieux en fut l'âme et le directeur pendant les cinq premières années.

Vingt ans plus tard, le 7 mars 1962 allait altérer à jamais le cours de l'histoire... de ma vie. Notre professeure de philosophie au Collège Marguerite-Bourgeoys de Westmount, Madame Lise Bouchard, qui préparait une thèse de doctorat à l'IEM dont Benoît Lacroix était directeur, avait réservé un cadeau à ses élèves de Philo I en cette journée du patron des philosophes, saint Thomas d'Aquin. Ce cadeau d'un jour allait devenir celui de toute une vie.

Il est arrivé en coule blanche, en regard bleu ciel de Bellechasse (cela je l'ignorais alors), tout à la fois direct, franc, scrutateur et rieur, le visage en joie, et, à la main, des cahiers d'écolier. Je ne me souviens pas de toutes ses paroles sans exception, mais il nous apporta une tranche de l'univers, nous parla de l'Institut d'études médiévales où il était professeur et du poète de Saint-Denys Garneau, dont il travaillait à l'édition critique des *Œuvres* et à qui il avait consacré le n° 4 de la collection « Classiques canadiens » de Fides dont il était l'un des directeurs (1956, rééditions en 1967 et 1969), cet opuscule dont nous nous servions parce que de Saint-Denys Garneau était à notre programme cette année-là. J'adorais de Saint-Denys Garneau, ma connaissance du poète étant cependant limitée à ce que nous en offrait l'opuscule préparé par le Père Lacroix, mais dont je savais une grande partie par cœur.

Les cahiers d'écolier que tenait à la main Benoît Lacroix étaient... des cahiers — les originaux ! — du *Journal* de Saint-Denys Garneau, les trois premiers, je crois, dont le 3e assurément. Je ne savais évidemment pas à l'époque que c'était le 3e cahier, mais j'en suis sûre parce que, à la fin de l'exposé, une grande partie des étudiantes s'étant rassemblées autour du pupitre du maître pour un prolongement de la discussion, j'avais pu feuilleter ce fameux cahier, avec une incroyable presque vénération, et j'y étais tombée sur le texte sur *La Pathétique* de Tchaïkovski qui, avec la *Symphonie n° 40* de Mozart (j'apprendrai plus tard à quel point de Saint-Denys Garneau l'aimait), avait alors mes prédilections. Si l'on m'avait dit à ce moment qu'un peu plus d'un an plus tard Benoît Lacroix ferait de moi sa collaboratrice pour la préparation de la première édition des *Œuvres* de Saint-Denys Garneau, j'aurais été mystifiée d'une telle élucubration.

Il m'avait à ce point impressionnée que prétextant sa participation à titre de délégué du Conseil des recherches des humanités du Canada, section Conseil des Arts, au congrès sur les problèmes de l'éducation qui s'était tenu du 4 au 8 mars à l'hôtel Reine-Élisabeth de Montréal, et dont il nous avait parlé ce fameux 7 mars, j'étais allée avec une compagne l'interviewer pour le journal du collège, le *Bourg-Joie* (vol. 18, n⁰ 7, avril 1962, p. 9). Après quelques rencontres, j'avais décidé de m'inscrire à l'Institut d'études médiévales qui comblait mes désirs, plutôt que de me spécialiser soit en histoire, soit en littérature, d'étudier un monde circonscrit dans le temps (v^e–xve siècles), une civilisation, sa mentalité, sa culture. Le retour aux sources m'intéressait — il avait dû aussi nous parler de nos racines qui plongent dans le Moyen Âge. J'arrivai donc à l'IEM en septembre 1963 au début du directorat de Benoît Lacroix avec 12 autres nouveaux étudiants, dont Ghislain Morin et Pierre Robert qui signent également un texte, plus fort contingent de première jusqu'alors, dont la majorité avait été recrutée par Benoît Lacroix : le rassembleur à l'œuvre une fois de plus.

À ce moment, l'IEM jouit d'une réputation plus qu'enviable, c'est déjà un centre de recherche international tant par son orientation académique, ses publications savantes en grand nombre (chez Bellarmin à Montréal et Vrin à Paris) que par la composition de ses professeurs et de ses étudiants.

En gros à l'IEM, l'on vise le caractère universel des études sur la civilisation du monde occidental des ve au xve siècle, dans les disciplines de la philosophie, de la théologie, de l'histoire, de la littérature, de l'art, du droit canonique, de la musique, de la paléographie, etc. Mais il est évident que ces cadres sont débordés, parce qu'on ne peut connaître le Moyen Âge sans connaître l'Antiquité grecque et romaine, ses historiens, fief de Benoît Lacroix, ses philosophes, Aristote, Platon, le monde musulman (le *Coran*), arabe (Averroès) et le monde byzantin et aussi la Renaissance, avec des percées jusqu'en notre xxe siècle.

À l'université à l'époque, il y avait davantage de cours magistraux que de séminaires, fort peu connus dans les autres facultés. En ce sens, l'IEM faisait figure de pionnier, puisqu'une grande partie des cours étaient divisés en cours magistral et séminar ou séminaire. Acteur dans sa propre discipline, l'étudiant faisait l'apprentissage de la recherche personnelle tout en apprenant l'art de présenter sa matière : la plupart des étudiants passant par l'IEM se destinaient à l'enseignement.

En acquérant une méthode de travail et de pensée, l'étudiant en études médiévales ne se coupe pas pour autant du monde dans lequel il évolue puisque la dimension historique acquise lui permet une meilleure compréhension des événements du monde contemporain. À l'IEM, pas de cantonnement, pas de « réductionnisme », mais une ouverture à tous les siècles, à tous les pays, à toutes les tendances, à toutes les écoles. L'étudiant garde en mémoire cet énoncé de Bernard de Chartres (XIIe siècle), comparaison plus tard reprise par Newton : « Nous sommes des nains juchés sur des épaules de géants (les anciens). Nous voyons ainsi davantage et plus loin qu'eux, non parce que notre vue est plus aiguë ou notre taille plus haute, mais parce qu'ils nous portent en l'air et nous élèvent de toute leur hauteur gigantesque... »

Pour les quatre années — baccalauréat (2 ans), licence (plus tard maîtrise) avec mémoire (un an) et doctorat (un an de scolarité, 7 ans en tout pour la thèse) — nous étions une quarantaine d'étudiants à plein temps, auxquels il fallait ajouter les étudiants à temps partiel, les étudiants libres, ceux de la Faculté de philosophie, des étudiants dominicains et ceux en rédaction de thèse.

Ce petit groupe pouvait compter sur presque autant de professeurs, et quels professeurs ! J'exagère ? À peine ! Voyons.

Le plus gros des effectifs de nos maîtres réguliers était constitué de dominicains tous plus compétents les uns que les autres dans leurs spécialisations : les Pères Louis-Marie Régis, l'un des maîtres de Benoît Lacroix qui disait encore de lui tout récemment (18 mai 1995) : « C'était un sorcier, c'est le meilleur pédagogue que j'aie connu. » (voir aussi p. 145), Albert-Marie Landry (p. 146), Matthieu De Durand, Raymond-Marie Giguère, aussi directeur incontesté et incontestable de la Bibliothèque de l'Institut d'études médiévales, Albert-Marie Dumont, le même qui est membre du Comité du 80e, qui travaillait avec le Père Giguère à la bibliothèque, Antonin Papillon, Adrien-Marie Brunet, Paul-Marie Pilon, Louis-Marie Gignac, Vincent Harvey. À part un franciscain, le Père Camille Bérubé, un rabbin, Chaim Denburg, des professeurs laïques, Messieurs Jacques Brault, l'un de nos grands poètes québécois, qui travaillait alors avec Benoît Lacroix à l'édition critique des *Œuvres* de Saint-Denys Garneau, Claude Sutto, Guy H. Allard, Jacques Heyen, Pietro Boglioni, Bruno Roy, Vianney Décarie, professeur à la Faculté de philosophie, Philippe Verdier.

Les professeurs invités étaient tous d'origine européenne : le Père Louis-B. Geiger, o.p., docteur en philosophie de l'Institut catholique de Paris, professeur aux Facultés canoniques du Saulchoir et à l'Université de Fribourg (Suisse) ; Géza Sajo, D.Ph. Budapest, ancien conservateur en chef de la Bibliothèque nationale de Budapest ; Paul

Vignaux, directeur d'études à l'École pratique des hautes études (Sorbonne) ; Jean Jolivet de la Faculté des lettres et sciences humaines de Paris ; Raymond Klibansky de l'Université McGill, une sommité internationale sur Platon ; Mgr — que nous avons d'abord connu chanoine — Philippe Delhaye, spécialiste de morale, de l'Université de Louvain, expert au concile de Vatican II (lui et Benoît Lacroix s'entendaient comme larrons en foire).

Les deux grands maîtres de Benoît Lacroix étaient invités régulièrement. Monsieur Étienne Gilson, le grand philosophe français, le mentor de Benoît Lacroix à Toronto, celui qui lui fit découvrir le poète de Saint–Denys Garneau (p. 342) et Henri–Irénée Marrou, professeur à la Faculté des lettres de Paris (Sorbonne) (p. 154).

Il y a eu naturellement plusieurs autres professeurs de grand calibre et de belle personnalité à l'IEM, je ne parle ici que de ceux dont j'ai suivi les cours.

Notre directeur–maître, Benoît Lacroix

Trônait — façon de parler car tous ceux qui connaissent Benoît Lacroix savent que c'est loin d'être son style — sur tout ce beau monde Benoît Lacroix, qui avait succédé au Père Landry à la direction de l'IEM. Toutes mes années d'études (1963–1967) se sont passées sous son directorat.

Et si cette nouvelle fonction avait pour conséquence, écrit–il, que « mon rythme de vie s'est violemment accéléré depuis que je suis à ce poste "mal digéré" de directeur » ([fin décembre 1963]), si, intérieurement, il maugréait contre le « froid fonctionnarisme », comptant les jours et les mois — « du fonctionnarisme pour 23 1/2 mois encore ! » (13 juillet 1964), le pôvre il ignorait qu'il hériterait d'un second mandat, « il ne me reste que 16 mois. Bravo ! » (30 novembre 1967) — il n'a jamais été un froid fonctionnaire, au contraire c'en est l'antithèse même, et il s'est révélé une large bénédiction pour les professeurs et les étudiants en instaurant un règne qui fait époque dans les annales de l'Institut.

D'abord, il n'a pas voulu que ce poste qui demandait beaucoup de son temps altère de quelque façon son devoir premier, celui du professorat, car il est avant tout un professeur dans l'âme.

Ses cours, d'une grande diversité — c'est sa marque de commerce —, couvraient aussi bien des sujets qui auraient pu se révéler mortellement ennuyeux mais qu'en pédagogue hors pair il rendait passionnants (*Méthodologie historique, Art et technique du travail scientifique*). Dans ce dernier cours, il nous parlait de l'enseignement qui devait être « une recherche avec l'étudiant » et nous donnait la définition du bon maître : « Un bon maître est celui qui enseigne à ses étudiants à se passer de lui. » Il offrait également cette autre pensée qui définit si bien toute la vie de Benoît Lacroix : « Le savoir qu'on pense avec les autres, par les autres et si possible pour les autres. »

Pour donner une bien mince idée de sa science, voici les titres de ses cours pour les années 1963–1967 : *Initiation à l'étude du Moyen Âge*, *Initiation à l'étude de la civilisation médiévale* (répartie sur deux années), *Les historiens français du moyen âge*, *Les historiens latins du moyen âge*, *La théologie de l'histoire au moyen âge*, *Les institutions monastiques du moyen âge*, *La Règle de saint Benoît*, *Poètes et prosateurs latins du moyen âge*, *« Le Philobiblion » de Richard de Bury*, *Les théoriciens de l'amour au moyen âge*, *Le rôle de l'événement au moyen âge*, *La littérature latine au moyen âge* (Boèce, Pseudo–Denys, Grégoire de Tours, Éginhard et sa *Vie de Charlemagne*, *Chanson de Roland*, Alcuin, Hugues de Saint–Victor, *Les lettres d'Héloïse et d'Abélard*, etc.).

Pour une meilleure illustration — bien faible encore — de son savoir, donnons quelques détails supplémentaires à propos d'un de ses cours. Dans le cours *Religion et littérature d'après l'expérience médiévale*, qui commençait par une définition de l'amour et de l'amitié, l'on y étudiait la Bible, le *Lysis* et le *Banquet* de Platon, le *Traité des noms divins* du Pseudo–Denys, *L'Éthique à Nicomaque* d'Aristote, le *Trattato d'Amore* d'Andrea Capellano, le *De spirituale amicitia* de Aelred de Rievaux, le *Dialogue sur l'amour* (*Eroticos*) de Plutarque, le *De amicitia* de Cicéron, *L'Art d'aimer* d'Ovide, l'amour courtois avec *Le Roman d'Enéas*, *Les Chansons* de Conon de Béthune, *Le Roman de la rose* de Guillaume de Lorris et Jean de Meun, les textes de Guillaume de Machaut, puis *Aucassin et Nicolette*, en passant par la charité chez saint Thomas, en poussant une pointe au XIXe siècle avec le *De l'amour* de Stendhal, au XXe siècle avec la notion d'amour dans *Le Prophète* de Khalil Gibran, etc.

Le professeur–directeur, toujours l'accueil souriant et sans faille, toujours disponible, apportait non seulement savoir, stimulation, encouragement dans la recherche (aide, compliments, notes d'orientation, notes critiques ou bibliographiques, petites lettres de félicitations pour souligner un bon travail écrit ou une présentation à un séminaire), mais aussi un support moral dans la vie spirituelle et sociale des étudiants, de même qu'il s'inquiétait constamment de leur situation matérielle (avaient–ils suffisamment d'argent ? — sinon il conseille sur les meilleurs moyens d'en trouver (prêts, bourses), trouve des solutions en leur cherchant un petit boulot ou en leur avançant de l'argent — étaient-ils bien logés ? — il écrit des lettres pour annoncer un logement vacant — mangent-ils bien et suffisamment ? etc.). Sa générosité légendaire et son extraordinaire ouverture à l'autre le rendent attentif à tous les détails.

Plusieurs cours se donnaient alors chez les Dominicains, au Couvent Saint-Albert-le-Grand, au 2715, chemin de la Côte-Sainte-Catherine, ce qui nous permettait de prolonger nos réflexions et d'attiser nos ardeurs studieuses à la bibliothèque (60 000 volumes aujourd'hui, 200 revues spécialisées) qui restait ouverte tard tous les soirs (de 9h00 à 22h00) sauf la fin de semaine (samedi : 9h00 à 18h00, fermée le dimanche). Lorsque nous voulions travailler durant les heures de fermeture les fins des semaines, nous pouvions demander au Père Lacroix ou au Père De Durand de nous ouvrir la porte de la bibliothèque. Ils n'ont jamais rechigné, se réjouissant de voir leurs étudiants prendre tant de goût au savoir qu'ils nous dispensaient si généreusement. Ceux et celles qui exagéraient trop se virent confier une clef de la bibliothèque où ils pouvaient travailler jusqu'à des heures indues.

Il aura instauré un climat d'incroyable atmosphère familiale et savante à la fois à l'Institut. Enseignement d'une haute rigueur — qui existait il faut le dire avant son directorat — en même temps qu'un encouragement extraordinaire à la recherche personnelle dans un climat d'amitié, de confraternité, de joie, de rires et d'ouverture, climat prolongé et entretenu, en plus de nos contacts quotidiens universitaires, par des réunions sociales, « extraordinaires », soit au Couvent Saint-Albert, soit au chalet des Dominicains à Saint-Donat, soit ailleurs, la plupart du temps dans divers chalets dans les Laurentides. Nous nous aidions beaucoup dans diverses situations de la vie courante (déménagements, etc.) et nous nous soutenions aussi pendant les heures plus sombres (visites des professeurs et des étudiants à leurs confrères hospitalisés). Lors des départs, il y avait toujours une délégation à l'aéroport composée de professeurs, de notre directeur la plupart du temps, et d'étudiants, même quand c'était un étudiant qui partait ou qui rentrait au bercail.

Plusieurs étudiants ont poursuivi leurs études en Europe. Encore là, notre directeur veillait à tout, aussi bien à nous orienter vers telle université, celle de Poitiers, de Lyon, de Paris, de Louvain, d'Aix-Marseille, qu'à s'assurer auprès de nos futurs directeurs de thèse, qu'il connaissait personnellement et avec qui il entretenait des relations épistolaires, qu'ils n'imposeraient pas des conditions ou des idées qui nous nuiraient ou encore nous handicaperaient au retour, puisque notre carrière se ferait au Québec et non en France ou en Belgique.

Directeur de mon mémoire de maîtrise sur le *Speculum maius* de Vincent de Beauvais, c'est encore lui qui a suggéré mon sujet de thèse de doctorat sur *La Légende dorée* de Jacques de Voragine, aussi bien qu'il m'a dirigée vers Aix–en–Provence et le grand spécialiste de l'histoire des mentalités, le professeur Georges Duby, alors directeur du département d'histoire, aujourd'hui au Collège de France et membre de l'Académie française. Ma lettre d'anniversaire de l'été 1967 (p. 224) fut la plus sérieuse de toutes mes lettres d'anniversaire : il m'offrait en cadeau tout un programme d'études, non seulement pour la poursuite de mes études au doctorat mais aussi pour la rentrée au Québec avec en perspective la pensée que je reviendrais prêter main forte à ce qui deviendra le Centre d'études des religions populaires (CERP).

Centre d'études des religions populaires

C'est au printemps de 1967, effectivement, qu'il s'ouvrit de son projet à deux de ses étudiants en partance pour des études doctorales en Europe.

Ici, il nous faut rectifier une conséquence de sa trop grande générosité, rétablir les faits, la « réalité historique », dirait-il : notre rôle à Pierre Jacques et à moi est infiniment plus modeste que ce qu'il en dit (*Communauté chrétienne*, novembre–décembre 1977, p. 681 ; voir aussi p. 369). Seul Benoît Lacroix est le concepteur, l'idéateur et l'animateur de ce qui deviendra le Centre d'études des religions populaires qui sera intégré à l'Institut d'études médiévales.

Nous, ses étudiants, n'étions que les premiers réceptacles de ses rêves, ses premières recrues, ses premiers disciples, il rêvait tout haut devant nous et, évidemment, il nous demandait notre avis, lui qui a toujours eu à cœur, encore maintenant, de croire en la jeunesse et de lui confier des tâches que personne d'autre ne s'aventurerait à offrir à des novices. Nous n'étions donc que les premiers — et loin d'être les derniers ! — qu'il essaiera, et réussira, à entraîner dans cette entreprise. Je n'aurai finalement connu ces débuts exaltants que par les comptes rendus fervents que m'en faisait Benoît Lacroix dans ses lettres, ainsi qu'en assistant au premier colloque à Saint-Gervais de Bellechasse dans le fief de son frère Alexandre — qu'aucune personne présente n'a pu oublier.

Je n'ai pu me joindre au CERP à mon retour au Québec — jusqu'alors rat (rate ?) de bibliothèque, la vie de mes enfants, Stéphane et Sylviane, tous deux renés en ses mains par le baptême, me fascinait et j'avais décidé d'y consacrer quelques années — et je m'en suis toujours sentie un peu coupable, comme si j'avais trahi la confiance de mon maître, bien qu'évidemment il n'ait jamais voulu accepter cette idée.

Nos rapports de travail se seront d'abord concentrés en édition critique, en premier lieu avec celle des *Œuvres* de Saint-Denys Garneau, puis celle à laquelle il m'invite à participer à la fin des années soixante-dix, l'édition des *Œuvres* de Lionel Groulx. Il m'écrivait il y a peu de temps :

> Chacun nous avons œuvré selon nos directions particulières, mais le plus étonnant est que nous nous retrouvions côte à côte avec ces deux géants de notre culture québécoise : de St-Denys Garneau et Lionel Groulx. Deux géants quelque peu boudés par notre milieu qui n'aime pas trop dire oui aux causes qui contredisent d'une manière ou d'une autre ses intérêts immédiats. Mais j'estime que tous ceux qui aujourd'hui boudent démesurément Garneau et Groulx seront vite enterrés... Eux — Garneau et Groulx — sont promis à la survivance. Déjà !
> (Lettre de Montréal, 12 mars 1995)

C'est bien lui de nous mettre sur un pied d'égalité ! Mais toute mon orientation, mon métier, c'est à lui que je les dois, comme c'est lui qui a inspiré ces travaux. Je n'ai fait que marcher sur les voies qu'il a ouvertes. Il s'est également généreuseusement dépouillé et m'a offert toutes ses archives sur de Saint-Denys Garneau pour m'aider dans mon travail de la deuxième édition des *Œuvres* du poète. Et maintenant ce livre, construit autour de lui, pour lui, c'est donc encore lui, mais d'une autre façon, qui l'a inspiré. Décidément je suis marquée ! Ou j'ai beaucoup de mal à couper le cordon ombilical.

Mes études à l'Institut m'auront donc ouverte à toutes sortes de savoirs, celui de la civilisation médiévale, en m'incitant à prolonger l'expérience en Europe, celui de la culture populaire ainsi que de la littérature québécoises, et une spécialisation en édition de par mon initiation à l'édition critique des *Œuvres* de Saint-Denys Garneau.

Je ne connais aucun autre professeur qui à ce moment aurait donné tant de latitude et fait autant confiance à une étudiante de première année. Ah ! les souvenirs magnifiques que je garde de cette expérience qui aura marqué et orienté ma vie professionnelle. Ah ! les batailles homériques autour des règles, celles qui existaient et qu'il nous fallait suivre, d'autres dont on aurait bien voulu se passer, d'autres qu'on rejetait, d'autres qu'il nous fallait créer pour les besoins spécifiques de l'édition, les points, les virgules, les variantes, et ... les taquineries sans fin. J'aurai travaillé quatre ans à ce projet à Montréal (1963–1967), 20 heures/semaine pendant l'année universitaire et à temps complet pendant l'été. Lorsque j'étais en Europe (1967–1970), le travail s'est poursuivi par correspondance.

En parlant de correspondance, j'ajoute un détail à ce que je disais plus haut sur la façon dont Benoît Lacroix savait prendre en charge les problèmes de ses étudiants. Lorsqu'étant partie étudier à Aix–en–Provence, je m'étais aperçue que mes problèmes auditifs m'empêchaient de bien suivre les séminaires du Professeur Georges Duby et, prise de panique, j'avais écrit à Benoît Lacroix. Il avait alors pris l'initiative de s'en ouvrir à M. Marrou qui avait aussi de tels problèmes : « Puisque votre lettre abordait douloureusement le fait de votre surdité, j'ai pris l'initiative d'écrire à Marrou et de lui demander un nom de médecin et un n° d'appareil d'audition. » (19 novembre 1967) M. Marrou m'avait gentiment répondu, me disant que ce n'était pas la peine de venir à Paris, qu'il existait d'excellents spécialistes dans le sud de la France et qu'il écrivait à ce sujet à son ami M. Jean–Rémi Palanque, doyen de la Faculté des lettres à Aix–en–Provence, pour qu'il me prenne sous son aile, lequel m'écrit pour me proposer une adresse d'un spécialiste à Marseille, et, ainsi que sa femme, m'invite pour le thé, pour le déjeuner, etc. Une chaîne incroyable de solidarité entre les grands esprits occupés de mille travaux savants et qui prennent le temps de s'occuper d'une petite étudiante. J'en suis encore émue.

Quoi d'étonnant à ce que nous ayons aimé nos maîtres et que nous nous soyons épanouis sous leur tutelle et que nous ayons tant appris à leur contact ? et pas seulement du point de vue de la science et de la culture mais de tout l'être et des rapports humains. Notre institut était la véritable université telle qu'elle existait au Moyen Âge, constituée de professeurs et d'étudiants et d'une vie tissée de relations où l'esprit et le cœur s'interpellaient sans cesse.

Et cela me fait penser à la « grande colère » de Benoît Lacroix :

> Je connais aussi bien ma grande colère. Durable elle aussi. Mais moins noble que l'amour. Latente, violente, elle continue. Même aujourd'hui. Elle s'appelle ma grande déception de constater lors des réunions et des comités de toutes sortes, dans les universités et dans les groupes interuniversitaires, le matin, le soir, la nuit, que l'étudiant n'est pas une préoccupation essentielle. Je ne parle pas de « mon » Institut d'études médiévales à l'Université de Montréal, une oasis rare pour un étudiant ! Durant ces rencontres dites parfois journées d'études, assemblées de professeurs, cha-

> cun, chacune, titulaire ou chargé de cours, pense surtout à lui, parle surtout de lui, de sa recherche, de son année sabbatique, de son augmentation de salaire, d'une grève possible... Est-ce normal ? Parce que je suis historien et médiéviste, je ne peux pas oublier que l'université fut, à ses origines, un vrai collège d'étudiants et de professeurs, sans syndicats, sans filières, sans mille secrétariats. C'était au moyen âge. Changeons de sujet.
> (Dans *Les Temps changent,* 1988, p. 177-178)

Je veux ici témoigner de tout ceci car je n'ai trouvé en aucun autre lieu de haut savoir cet esprit d'ouverture à la culture, à la science, à l'autre, dans la joie et la fraternité, dans l'entraide et les discussions qui se poursuivaient hors les cours avec les professeurs et parfois aussi seulement entre étudiants, parce que les cours étant si intéressants nous étions fatalement intéressés, qui n'étaient jamais si exhaustifs cependant qu'il ne nous restait plus rien à apprendre. Nous étions une famille, une grande famille, avec quelques pépins et quelques malentendus, mais qui s'éclipsaient bien vite dans l'atmosphère qui surnageait toute mesquinerie et toute faute humaine, les querelles vite noyées dans l'atmosphère générale et généreuse. Ah ! que nous avons aimé nos maîtres et comme ils nous ont aimés. Si nous n'avons pas toujours été des anges — eux non plus ! — nous nous sommes toujours souvenus d'eux avec reconnaissance et tendresse, d'une mémoire indélébile, à jamais.

LES « DISPUTES »

J'ai noté plus haut que les discussions se poursuivaient hors les cours. Or certains étudiants, encouragés par certains maîtres, pratiquaient la « *disputatio* », débat contradictoire adapté par nous sans toutes les règles du Moyen Âge ni tout son sérieux, qui n'était que prétexte à dialoguer.

Dans une lettre, Benoît Lacroix — l'un de ceux qui se prêtaient au jeu, on l'aura deviné — parle de l'importance de la « *disputatio* » : « L'accueil à cette édition [*Œuvres* de Saint-Denys Garneau] a été excellent partout. Je suis heureux que nos disputes autour des variantes aient été si utiles à l'humanité... Au fond la "dispute" (je pense au moyen âge maintenant) est un élément fondamental de la science et de l'amitié. » (Montréal, 29 mars 1971)

Et cet élément était omniprésent à l'IEM, ces « disputes » ou « querelles » pour rire qui nous faisaient multiplier les échanges.

L'on n'avait pas peur alors d'aborder les grandes et graves questions métaphysiques, celle du vouvoiement des anges par exemple.

En ce temps de son directorat, Benoît Lacroix vouvoyait invariablement ses étudiants. Or, à la même époque, l'on avait remplacé le vous du *Notre Père* par le tu. La question était celle-ci : « Puisque l'on tutoie Dieu, ne devrait-on pas en toute logique tutoyer aussi les anges (les étudiants) ? »

Le Père Lacroix l'ayant traitée en question négligeable qu'il disait qu'elle était et non en argument convaincant qu'elle était censée être, nous avions fait appel à des experts en la matière. (Il y avait longtemps que la « dispute » couvait puisque Benoît Lacroix écrivait du Rwanda, le 10 décembre 1965 : « *Murabelso* = puisses-tu être vivante ou Bonsoir. En Rwandais on tutoie... Ce sont des primitifs ! ! ! Ou nous le sommes ! ! ! C'est à voir... »)

Nous avions donc consulté le Belge pince-sans-rire, Mgr Philippe Delhaye, notre professeur d'histoire de la morale — que nous appelions affectueusement devant lui le moraliste, moralisant, moralisateur, et qui s'en bidonnait. Un autre de nos maîtres fin spécialiste de l'humour, qui se moquait constamment de sa spécialisation — il faut dire qu'il était soumis à bien des taquineries à cause d'elle, par notre directeur entre autres. Il disait des choses du genre : « Moraliste, on l'est pour toujours. Dans le genre du Card. Ottaviani qui se comparait à un "carabinier" (gendarme). On garde la morale même si la morale change ! Que me faites-vous dire là. Elle reste ce que les gens intelligents (donc nous) pensaient depuis toujours. » (Lettre de Namur, 28 décembre 1970)

En attendant sa réponse, paniquant à la pensée qu'un expert au concile est peut-être trop coupé de la réalité, nous avons tenté d'en appeler à un représentant d'un ordre réputé pour son ouverture : les Dominicains, en la personne de notre distingué patrologue le Père Matthieu De Durand. La question non sitôt formulée, il trancha péremptoirement et, ravi et triomphant, le Père Lacroix ne put s'empêcher de commencer sa lettre suivante par la réponse assassine :

« Chère Ange !

Le Père De Durand vient de me dire qu'on peut tutoyer Dieu, mais surtout pas les anges ! Donc une autre question résolue... » (Jeudi 9 nov. 1967. Première neige ! Alleluia !)

Je lui répondis vengeressement que j'avais aussi consulté les hautes autorités et il s'en montra inquiet : « Quant à votre consultation "canonique" auprès de Mgr Delhaye sur la manière dont on doit ou ne doit pas tutoyer les anges, je mets en doute et le procédé de consultation, et l'*autorité* en cause. Évidemment, c'est du certain à l'avance : il ne peut que dire comme vous. Je note qu'il prend rendez-vous avec vous en Belgique [...] Comment pourrai-je l'emporter sur un "monseigneur" qui a ses entrées au Vatican ? Je capitule en protestant. » (11 décembre 1967)

Mais la réponse de l'expert au concile reflétait bien son travail et il répondit de façon ambiguë tout en personnalisant : « Mais ce qui me chiffonne plus encore c'est votre raisonnement polysyllogistique [...] C'est la seconde mineure qui me fait difficulté. Un ange est un messager de bonnes nouvelles. Or vous répandez la terreur sur les routes d'Europe [j'avais la réputation de conduire vite] pour faire songer à la mort [sujet de ma thèse] [...] Non, vraiment, je ne crois pas que vous puissiez remonter plus haut dans l'échelle des êtres que le démon de Socrate... » Et il concluait : « Au revoir, Giselle, garde ton bon moral. Ne t'en fais pas trop. On en sort toujours. *Tibi addictissimus.* » (Louvain, 22 novembre 1967) Au fond, il faisait appel à la liberté de conscience si chèrement défendue par Benoît Lacroix lui-même.

Quand au Père Lacroix, la victoire lui était douce et il ne ratait pas une occasion de la rappeler : « Donc j'ai bien dormi en rêvant aux anges... que je tutoyais dans mes rêves. » (21 décembre 1967) Pour lui, la question était entendue... pour un temps... parce que maintenant... C'est une des rares fois — probablement la seule — où les étudiants l'ont précédé sur la voie des découvertes, de la modernité.

Un doute me vient après tant d'années. Père De Durand, est-ce bien ce que vous aviez dit ? Après réflexion, c'est probablement ce que vous aviez dit. Pourquoi avoir choisi de prendre parti pour Benoît Lacroix qui vous a joué tant de tours pendables qu'ils sont presque aussi innombrables que les sables de la mer ?

Je n'y vois qu'une seule explication : nous donner raison aurait été vous exposer à vous soumettre à votre propre diktat... Et lorsqu'on est spécialiste en patristique, grosso modo du Ve siècle en descendant, le tout faisait peut-être un petit peu futuriste...

Ou bien était-ce une douce vengeance à cause du parfum ?

Parce qu'en ces temps nous ne dissertions pas que sur l'essence des êtres.

Un jour, travaillant sagement à la bibliothèque, je vois arriver deux robes blanches qui se suivaient comme sœurs siamoises. Benoît Lacroix suivi de très près par le Père De Durand, s'arrêta, me dit quelques mots anodins tout en coulant malicieusement des regards du côté du Père De Durand qui ne pipait mot mais surveillait d'un œil d'aigle ceux de son confrère. Ils repartirent dare-dare et je n'y comprenais goutte.

La filature dedurantienne ayant dû se relâcher ou notre directeur — qui était passablement élusif à ses heures — ayant dû la semer, le Père Lacroix finit par me rejoindre seul pour m'expliquer la scène du matin. Le Père De Durand ayant eu le malheur et l'imprudence infinie de lui confier qu'il n'aimait pas le parfum et que son « nez » avait détecté chez moi cette odeur qui n'était pas d'encens, le Père Lacroix ne fit ni un ni deux : « Je vais le lui dire. » Le Père De Durand, pris de panique — nous en étions aux balbutiements premiers de la connaissance — le lui interdit, ce qui ne fit qu'ancrer l'idée dans la caboche de Benoît Lacroix qui peut parfois être aussi dure que la terre rocailleuse de la P'tite Cadie de l'arrière-grand-père Bram Ier. Et le Père Lacroix de s'élancer vers la bibliothèque, le Père De Durand, bien décidé à bloquer la fuite de sa malencontreuse confidence, lui emboîtant le pas. La promenade matutinale était expliquée.

Étant une joueuse de tours bien avant de connaître Benoît Lacroix et ne pouvant, vous comprenez, m'être réformée à son contact, à chaque fois que je me rendais aux cours du Père De Durand, je prenais un soin jaloux et un malin plaisir à m'asperger copieusement de parfum et à me placer en première rangée.

Un jour, Benoît Lacroix décida de faire publier *Orose et ses idées* (il nous conseillait la lecture d'Orose dans son cours sur la *Méthodologie historique*) que le Père De Durand tenait en bien piètre estime — « le même Père De Durand considère cet écrivain comme un misérable raté du Ve siècle latin. Je lui réponds que mon volume se vendra plus que le sien [sur Cyrille d'Alexandrie], et la discussion se termine par ce défi que l'avenir seul saura résoudre. » (26 juillet 1964)

Lorsque l'année suivante ce fameux volume parut chez Vrin et que nous voyions le Père De Durand tard le soir dans un coin sombre et reculé de la bibliothèque, nous disions qu'il lisait *Orose* en cachette après l'avoir tant dénigré. Mais revenons à l'avant-publication.

Les épreuves d'*Orose* étant arrivées à la fin de l'année universitaire pendant les examens et la remise des travaux et étant, naturellement, exigées avant même l'envoi, Benoît Lacroix, dont j'étais l'assistante pour l'édition critique des *Œuvres* de Saint-Denys Garneau, m'avait demandé de corriger les épreuves.

Comme c'était un long travail, je ne pouvais espérer remettre à temps tous mes travaux universitaires. Tentative exploratoire du côté du Père De Durand qui me dit — ce qui, compte tenu de ses idées sur *Orose et ses idées*, était, comme vous en conviendrez, d'une extrême magnanimité —, de lui envoyer mon travail en France, à Toulouse, où il allait se réfugier pendant l'été pour se reposer de ses étudiants et du parfum.

Oh ! que la générosité n'est pas toujours récompensée et que les maîtres s'exposent à d'étranges remerciements de la part de leurs étudiants. Mon travail terminé, je décidai d'enduire littéralement et libéralement mes 10 pages de parfum.

Lorsque le Père De Durand ouvrit l'enveloppe et que le parfum ayant résisté à la traversée l'assaillit et « l'embauma » derechef, sa première réaction fut, *dixit*, de donner la note zéro à mon travail. Puis, bon prince, ou mieux encore sublime dominicain, faisant abstraction de tout contexte odoriférant, il finit par m'accorder une note plus que généreuse.

Il m'assure qu'il a dû laisser sa fenêtre ouverte pendant une semaine avant que l'odeur du parfum ne s'évapore. Mais à Toulouse, en mai, n'est-ce pas normal de laisser sa fenêtre ouverte ? À moins qu'il ne la tint fermée pour se protéger du parfum des fleurs et que, des deux maux, il préférât le moindre ?

Plus tard, lorsque j'étais en Europe, Benoît Lacroix m'écrivait souvent que le Père De Durand s'ennuyait du parfum et ne mettant pas une seule fois sa parole en doute — pouvait-il mentir ? pouvait-il ne pas dire la vérité si chère à saint Thomas ? — j'envoyais prestissimo une carte parfumée — des pires parfums que je pouvais trouver, entre autres un parfum au mimosa absolument irrespirable — au pauvre Père De Durand (cher Père De Durand, pardonnez-nous nos offenses...). J'ai aussi découvert là-bas pourquoi le Père De Durand exécrait tant Louis Veuillot. Comment pouvait-il aimer l'auteur des *Odeurs de Paris* et du *Parfum de Rome* ?

Si le Père De Durand avait rarement le dessus dans l'immédiat versus Benoît Lacroix, il ne s'en défendait pas moins âprement (voir les anecdotes rapportées par le Père Dumont, p. 130), et aussi contre toutes les taquineries des étudiants qui avaient suivi Benoît Lacroix.

Je dois avouer un autre forfait. Lors du *Jeu de Saint-Nicolas* présenté par des professeurs et des étudiants de l'IEM au Collège Jean-de-Brébeuf le 12 mars 1968, on m'avait demandé de faire une introduction au jeu, qui est de courte durée, pour augmenter la longueur de la représentation. Comme l'on sait très peu de choses « officielles, historiques et scientifiques » sur saint Nicolas qui a par contre suscité maintes légendes, c'est de celles-ci dont j'avais évidemment dû m'inspirer pour écrire sur la *vita* du saint. Je n'avais pu m'empêcher de glisser dans le texte dit par saint Nicolas ce petit passage pernicieux : « Si comme j'ai ci-haut mentionné / Certains faits de ma vie nagent en profonde obscurité / Là n'est pas à dire que tout est sans fondement. / Loin de moi l'idée / D'accuser personne d'impiété. / Mais je sais d'aucuns trop poussés en esprit critique / Et qui s'occupent de patristique, / Accorder peu de crédit à mes dires / Et oser les qualifier de fables et de mensonges. » Le public, constitué par un bon nombre d'initiés, avait évidemment éclaté de rire. Et le Père De Durand, après la représentation, de me demander si par hasard j'avais fait allusion à lui. Et de lui avouer qu'effectivement il avait été une grande source d'inspiration. De me menacer des pires représailles, mais j'avoue avoir oublié s'il a mis sa menace à exécution (si oui, ça ne devait pas être bien méchant).

* * *

Plus tard, des controverses surgiront qui, hélas ! n'étaient pas pour rire. Conséquemment, l'Institut d'études médiévales n'existe plus.

Nous avons toujours cru que cela n'aurait pu arriver si Benoît Lacroix avait été là. Il a des talents particuliers et bien précieux de conciliateur, de rassembleur, et un système qui pour trancher sur les voies diplomatiques usuelles n'en fonctionne pas moins à merveille, — le recteur actuel de l'Université de Montréal parle fort justement de ce « système Lacroix » (p. 139).

L'Institut ne peut cependant mourir tout à fait, porté par nos esprits, perpétué en nos mémoires, en images fabuleuses, inoubliables, qui, elles, ne s'éteindront jamais.

L'ENSEIGNEMENT À L'ÉTRANGER

L'Université Nationale de Kyoto (avril — août 1961)

Mon arrivée [21]

Je jouis du prestige que le Japon accorde au professeur d'université, en plus de la situation privilégiée du *guest–lecturer*, et aussi de la réputation, juste ou injuste, que donne fatalement le fait de venir d'aussi loin que le Canada et d'être le délégué de son pays dans quelques réunions savantes. En outre, j'enseigne à l'Université Nationale (Impériale), département des lettres et de la philosophie. Cela aussi ouvre des portes. Immédiatement les contacts sont possibles, ils se multiplient. Ce vieux et cher Japon, plusieurs fois millénaire, au moins cinq fois plus vieux que le Canada, a un sens inné de la continuité historique : il veut s'intéresser même au moyen âge latin ! Ce pays qui s'est volontairement isolé du monde occidental pendant presque toute sa longue histoire, encore tout ému de sa défaite aux mains des Américains, industrieux et efficace, en plein essor industriel, vient à peine de sortir de son moyen âge à lui et il cherche le dialogue en même temps qu'il cherche sa perfection. Alors, le moyen âge l'intéresse comme lieu de culture et de rencontre. À l'Université Nationale de Kyoto, je donnerai vingt leçons sur le moyen âge et j'apprendrai en même temps à connaître le milieu, les lieux, les gens, leurs aspirations. [...]

À l'Université de Kyoto

L'Université Nationale de Kyoto, fondée en 1897, portait le somptueux titre d'Université Impériale, avant que Tokyo eût remplacé Kyoto comme capitale du Japon. On a cru et l'on répète encore que Kyoto est vraiment l'endroit idéal pour une université nationale d'état. À huit heures de train de la capitale, dans une ville facile où les étudiants ne perdent pas leur temps dans les tramways. Kyoto ! Certainement une des plus belles villes du Japon et une des villes les plus pittoresques au monde. Son université d'état est à proximité des plus beaux temples, juste au pied des montagnes, près du merveilleux temple shintoïste de Sheian. Puis, il y a les jardins, la tranquillité, le recueillement nécessaire à l'étude. [...]

Parlons des étudiants. Ah ! les *gamins* ! Les mêmes partout ! la race d'hommes et de femmes que j'ai toujours préférée : agités, un peu désinvoltes, libres ; ils aiment la bagarre, la liberté ; ils critiquent, ils n'ont rien à perdre pour le moment. [...]

L'étudiant japonais arrive à l'Université, conscient — et comment ! de sa situation d'étudiant. Enfin ! il a l'indépendance. Les conventions tombent. Il vient de laisser sa famille. Il se sent libre, il est seul. Bien sûr, comme tous les étudiants, il aimerait le bruit, les succès faciles, la publicité, les *girls*, le défi. Mais il sait aussi ce qui l'attend. Il FAUT travailler. La compétition est énorme. Le Japon a beau montrer tous les signes extérieurs de la prospérité, il n'y a pas de postes pour tout le monde. L'étudiant japonais découvrira très vite *la lutte pour la vie*. Entre-temps, il pourra se permettre quelques aventures d'ordre sentimental. Et encore ! Le campus se prête peu à ce genre de sport. [...]

Toute l'agressivité de l'étudiant, son besoin d'agir et de s'imposer, son besoin d'émancipation, se passe au sport, à préparer une grève, à s'accrocher à une démonstration syndicale, à taquiner la police locale. J'ai pu voir les démonstrations contre le projet de loi Ikeda sur le droit de démonstrations [...] Beaucoup de bruit, peu de solidarité. Je sais qu'à l'étranger, de loin, ces manifestations d'étudiants paraissent énormes et qu'elles sont devenues le signe fatal du danger marxiste au Japon. C'est une erreur. Elles indiquent le plus souvent la faiblesse même du Parti étudiant. Car ces étudiants qui crient et marchent, y vont sans malice, par plaisir. Le temps de leur conviction est souvent plus court que celui de leur marche.

Comprenons bien la mentalité des étudiants d'aujourd'hui. C'est important. Vienne la guerre, ils sont toujours les premiers sacrifiés ; suit la paix : on ne veut plus les écouter. L'étudiant japonais, plus que tout autre, est sensible à cette inconséquence. Alors il se groupe, voudrait s'imposer, parler : c'est le Zengakuren [...] [qui] unifie dans une fédération globale les divers groupements indépendants des étudiants d'université.

Le bouddhisme

[...] une de mes premières résolutions en arrivant à Kyoto, fut de profiter des heures de liberté que j'avais pour me mettre à l'étude des grands textes bouddhistes et shintoïstes. [...]

Le bouddhisme est tellement extraordinaire qu'on peut dire qu'il est peut-être la plus parfaite conquête de l'esprit humain. Rappelons qu'il compte encore dans le monde plus de 490 millions d'adeptes contre 300 millions de catholiques. Quelle ne fut pas notre surprise, en effet, en arrivant au Japon de trouver non seulement un pays qui n'a pas été influencé par la Grèce, qui a à peine été touché par le christianisme, mais aussi de trouver dans le bouddhisme une religion totale. J'ai tout retrouvé ici : un pape, un clergé, des moines, et même des moniales (bonzesses) à tête rasée, des diacres, des monastères, l'office choral, des processions publiques, des reliques, des statues (1,000), la cloche, des sermons, l'offrande de l'encens, le culte des morts, le chapelet, même des bénédictions de routes et de ponts (sans discours...), des pèlerinages avec des gestes de prières, des offrandes, l'eau sacrée. Autour des temples, les foires d'usage [...] Le peuple aura toujours besoin de croire... et de voir. Mais une religion qui a une théologie, une métaphysique, une littérature, son hagiographie, ses saints mêmes, ses récits extraordinaires, ses apparitions, sa doctrine de salut, ses croyances au ciel, à l'enfer, à la confession (au Thibet, dit-on), le célibat de certains de ses clercs, son culte des morts, et qui croit à la transmigration des êtres, qui a le sens du péché (un sens naturel du bien et du mal), qui croit à la coutume, correspondant à ce que nous appelons la loi naturelle, cette religion, dis-je, ne peut être traitée à la légère : c'est une *grande* religion. [...]

Le Zen

Mais il ne faudrait pas réduire le bouddhisme au Zen, car c'est surtout à lui que nous pensons, à une technique de concentration. Nous sommes en face d'une spiritualité authentique. Tout ce que disent les mystiques chrétiens sur la purification des sens et surtout de l'esprit, comme moyen d'approche de Dieu, vous le retrouvez ici, à l'état de finalité. Maîtrise des passions, soif d'absolu, refus de discussions inutiles, dépassement, besoin de vaincre l'illusion du terrestre, autant de thèmes que l'histoire de la spiritualité chrétienne traite quelquefois comme d'un *bien personnel.*

L'autre point à noter au sujet du bouddhisme, c'est son sens du mystère, de l'inconnu, de l'infini, de l'Inaccessible. C'est quelque chose que même de très bons chrétiens ont perdu. Parce qu'il ne s'appuie pas d'abord sur le raisonnement de l'homme, à cause de sa foi dans les 14,000 voies de salut de Bouddha, le bouddhisme apparaît comme une religion presque surnaturelle. Ce sens de l'intuition, de l'esprit de nuance ou esprit de finesse, ce sens de la perception, ce goût de l'émotion esthétique, une partie de son art traditionnel, le Japon le doit au bouddhisme comme l'Europe doit ses cathédrales au christianisme. Le bouddhisme aime la nature ; il la sert, il la respecte. Et ceci aussi est très important car les hommes les plus religieux de tous les temps ont toujours vécu en accord avec la nature. La fin du XXe siècle, qui promet déjà un renouveau religieux indéniable, le montrera davantage quand l'homme sera invité à adorer les espaces infinis qu'il a si longtemps ignorés et qu'au lieu de se prendre pour le centre du monde, il reconnaîtra enfin l'ordre divin du cosmos et trouvera dans son contact avec l'univers de nouvelles sources d'harmonie. Or, nous ne ferons ici que rejoindre, après un long détour, le détour de l'individualisme, ce que le bouddhisme n'a jamais cessé de savoir en adorant la nature jusqu'à la servir.

Cette autre et simple vérité élémentaire, les Orientaux nous l'auront apprise : mais quand ? Quand quitterons-nous notre complexe de supériorité ? — Cette vénération des ancêtres, ce respect des vieillards, cette croyance toute simple à la transmigration des êtres qui fait songer à *notre* résurrection, tout cela prouve non seulement que le bouddhisme a fait du Japonais un être essentiellement spirituel mais que loin d'avoir l'esprit impie de ceux qui préfèrent ne pas penser à ces choses, il est d'une âme *naturellement* chrétienne. [...]

Le Zen a marqué le Japon traditionnel un peu comme les Bénédictins ont inspiré le moyen âge latin. On retrouve son influence partout. Celle-ci est rarement à découvert, mais elle est là quand même dans l'architecture, dans les jardins, les pierres, le culte du cérémonial, etc. [...]

Vers une crise ?

[...] Rappelons que le Japon est une île, il est vieux comme le monde ; il a déjà son écriture, sa culture, sa littérature, ses traditions et un fonds folklorique extraordinaire. C'est un pays essentiellement stable, malgré ses crises. Le Japonais a le génie de l'adaptation. Sa jeunesse est dynamique ; révoltée oui, mais avec encore un sens inné de la rectitude. [...]

La vocation du Japon de demain ? Nous la définirions volontiers comme une vocation spirituelle : celle d'apprendre à l'homme « technique » à vivre davantage accordé avec le spirituel ; celle de raccorder l'esprit de géométrie et l'esprit de finesse. Plus concrètement, le Japon, terre d'expérience et de rencontre par excellence, pourrait être une terre idéale pour fusionner ce qu'il y a de mieux en Occident et en Orient. Enfin, nous croyons que le bouddhisme, malgré son idéalisme, malgré sa passivité devant les forces du matérialisme, contient trop de valeurs spirituelles pour que ces valeurs ne fassent pas un jour partie de l'héritage spirituel de tout l'Occident chrétien. Non, un pays aussi riche en expériences spirituelles ne peut pas ne pas être d'avenir, d'autant plus qu'il s'honore déjà d'un très antique passé.

(*Le Japon entrevu*, 1965, p. 11, 43-44, 56-58, 68-71, 74, 110-111)

L'Université nationale du Rwanda
(novembre 1965–février 1966)
Le Rwanda. Mille heures au pays des mille collines

(Extraits du texte publié et de lettres inédites)

Premières impressions

Tout ce que j'aurais à vous raconter déjà ! L'atmosphère féerique, le climat d'été, les arbres, les fleurs rouges, les herbes... [...] Il y a les lieux, pittoresques et inédits, le paysage tout en collines et en huttes, avec des chemins–sentiers sur lesquels passent et repassent tout le jour en costumes de tout style, hommes, femmes et enfants. C'est sympathique au possible, séduisant j'allais dire. Tout le monde vous regarde, vous salue. C'est le régime tribal au maximum : on voyage, on vit, on caravane en clans. On est heureux de vous voir. Les enfants ne cessent de vous regarder avec des yeux de bonté et de surprise. Dès le premier jour, avec un jeune dominicain sympathique au maximum et qui connaît la langue populaire (seuls les universitaires parlent français) je suis allé dans les collines, voir le peuple, les pasteurs, les agriculteurs. C'était d'un pittoresque indescriptible. J'étais vraiment à l'autre bout du monde.

Un autre point : la nuit. Ici, c'est la nuit, la nuit dis–je, oui la *nuit*... noire, noire, silencieuse — sauf parfois des cris d'oiseaux étranges. La nuit près d'une forêt africaine, il y a de quoi faire naître tous les contes merveilleux possibles. C'est mystérieux et on se sent non pas menacé mais hanté ! [...] (Butare, 12–13 novembre 1965)

Pays de tradition orale

La seconde surprise [après la nuit], qui viendra quelques semaines après l'arrivée au Rwanda, est la puissance de la tradition orale en ce pays. Il faut savoir que ce peuple sans monuments, sans inscriptions, sans chroniques écrites, mais à la mémoire prodigieuse, une mémoire remplie de tous les récits possibles, et dont la sagesse est tout en proverbes, n'a pas connu l'écriture avant le début du XXe siècle. [...] Ici, la Parole est première. Encore en 1966. On la compare volontiers au tonnerre qui se répercute de colline en colline : avec la même précision, avec la même technique. C'est elle encore, beaucoup plus que les rares journaux qui se publient et la radio qui propage les nouvelles. Les Occidentaux lisent ; le Rwandais cause. Cette tradition orale est pour le moment le principal véhicule du savoir. Même à l'Université, nos étudiants ont une mémoire telle et peuvent si bien répéter ce que leur professeur a dit qu'il est parfois difficile, surtout dans les matières qui relèvent des sciences de l'homme, de juger de leur habitude à réfléchir. [...] À mes étudiants je demande de commenter par leurs propres récits et légendes des récits du moyen âge. Ceci leur est très facile. Chacun me raconte une histoire, une fable. Une fois de plus j'entrevois toute la richesse de cette civilisation rwandaise non écrite et qui, par la Parole vivante, rejoint les préoccupations de l'homme d'écriture. La tradition orale est si vivante au Rwanda qu'on ne saurait parler, sauf exceptions rares, de spécialistes de la chanson, du récit. Oui, quelques aèdes qui chantent leurs œuvres ; mais, en général, tout le monde s'en mêle, y compris les enfants. [...]

[Le barde]

C'est le soir surtout, dans les huttes, sur les collines, que le fonds traditionnel revit.

Le jour, c'est la tradition orale immédiate, les nouvelles, les cancans, les agissements des Blancs, la visite du ministre, etc. Mais le soir, on revient volontiers au récit légendaire. Les citharistes et les danseurs du Mwami ont pratiquement disparu depuis la révolution (1959) et il faut aller les chercher dans leurs huttes pour les entendre.

L'autre soir, un ami invite un de ces professionnels chez lui. J'assiste : c'est un chanteur de qualité, il s'accompagne sur la cithare (harpe : inanga). Dans les yeux fatigués de ce Rwandais passent tous les regards, depuis celui du guerrier vainqueur jusqu'à la tristesse des tambours jamais revus. (*Le Rwanda*, p. 25–28)

* * *

[...] l'événement culturel majeur pour moi a été le midi où j'ai entendu un vieux barde rwandais, joueur de cithare autrefois pour le roi. Il est venu chez un professeur qui m'a aussitôt prévenu. Le vieux cithariste est arrivé avec sa famille, donc deux femmes et un ami. On leur a servi une sorte de bière pour l'inspirer... Il s'est assis, puis il a pris sa vieille cithare en main, l'a accordée. Tout ceci prendra du temps, au moins 30 minutes. Non ! ils ne sont pas pressés, ces chers Africains. Ensuite les femmes se sont assises, muettes toujours. Comme il ne fallait pas faire de bruit, une femme a pris son bébé l'a mis au sein gauche, mais le bébé — après 50 minutes — voulait pleurer, ou chanter, je n'ai jamais su. Pour le faire taire, chaque fois, la femme change de sein. À chaque fois le bébé se tait... puis recommence à s'agiter. Vous auriez ri de voir la scène, ordinaire pour eux mais pittoresque pour nous qui enfermons les enfants pour les empêcher de faire du bruit. Elle, elle le fait boire. Deux méthodes, deux univers. Ensuite elle offre de la bière au bébé, le remet au sein, gauche, droite, gauche, droite, bière, lait, etc.... Quant au citharistre il était émouvant, même s'il ne disait qu'un mot à la minute. Il chantait des chants du roi, ses absences du royaume, ses guerres, ses amours. Toujours d'un ton très oriental, très grave au début et tout à coup très élevé ; beaucoup de demi-tons. Parfois je me pensais au Japon, d'autres fois on aurait dit d'un Arabe. Parfois il murmurait la mélodie, d'autres fois ajoutait des mots ; ou encore tirait une note ou deux de la guitare et la laissait traîner ; ou bien il laissait les notes pour tambouriner sur la guitare même. Quelque chose de pastoral, et malgré la distance du langage, on est pris. Les yeux du musicien étaient des yeux de regret. Une femme le regardait avec admiration. Bref, une scène proprement africaine et inoubliable. (Butare, 9 janvier 1966)

* * *

Mes étudiants sont de gentils paresseux, sans malice, plus disposés à l'oral qu'à l'écrit. Tout le Rwanda, pays des montagnes est pays oral ; c'est le pays le plus isolé de l'Afrique avec le Burundi. — J'essaierai d'ici 15 jours d'enregistrer quelques détails sur la vie du Rwandais en interviewant un Rwandais et une Rwandaise. Le folklore ici est la seule denrée valable. [...] ce qui me manque c'est la langue orale et je n'aurai pas le temps de l'apprendre. [...] Deux fois par semaine je suis allé marcher dans la brousse... avec le peuple ! (Butare, 24 novembre 1965)

LES FÊTES

La Fête de la Justice

[...] j'arrive de la Fête de la Justice à Nyanza (un bourg ?) où j'ai entendu durant deux heures des équipes de tam-tam et vu des danses guerrières traditionnelles, et je suis tout excité, énervé, prêt à sauter [...] Eh oui ! C'est quelque chose l'Afrique ! Par exemple, ces danses guerrières remplies d'art, de folies et de sorcellerie ont comme une vertu magique. Moi froid médiéviste des méthodes historiques, j'étais tout à fait remué. Tous ces hommes en délire, en habits de léopard, des lances à la main, qui se contorsionnent et basculent en hurlant. J'étais entouré de 50 000 noirs environ : des hommes, des enfants, des femmes avec leur petit au dos ou au sein, des suites de figures aux yeux pétillants. (Butare, 24 novembre 1965)

Un sens de la danse

Évidemment, la meilleure et la plus exaltante manifestation de la tradition orale, musicale du Rwanda, c'est la danse. Leur sens du rythme est inné et il n'y a que la danse pour les faire hurler, sauter, se déhancher, et charger, et reculer, lances à la main anneaux aux pieds, crinières de lion au front. Ils peuvent danser toute la nuit. Aucune fête ne se conçoit sans ces danses traditionnelles. Il n'est pas un enfant qui ne sait « charger » ou mimer les cornes de la Vache, la grue couronnée ou même les difficiles contorsions du serpent ou du reptile dans le feu. Ils sont dans ce domaine d'une invention inépuisable. (*Le Rwanda*, p. 28)

* * *

[...] nous sommes allés marcher dans les collines et à travers les huttes. Cette fois, ce sont les enfants qui nous ont donné un concert. Leurs danses sont courtes, peu variées, mais très agitées et pleines de rythmes secrets. Au début on croit qu'ils se répètent ; mais ensuite on s'aperçoit de la variété des danses les plus quotidiennes. Il y a le rythme, toujours premier ; les sauts en second et puis les gestes en contorsion, enfin les cris qui donnent une couleur sauvage à ce qui pourrait être purement physique. On s'est amusé avec les enfants de 4, 5 ans : imaginez qu'ils dansent même avec leur petite cruche d'eau remplie sur la tête. On finit par oublier leur agilité pour ne penser qu'à leurs pas en cadence. À 4 ans un enfant sait danser, sait tambouriner, sait turluter.

Un peuple heureux, il me semble, même s'il mange peu, s'il n'a rien ou presque. Mais le rythme est leur vie. Je comprends mieux la musique noire américaine depuis que je suis venu ici. Le Noir est un émotif et un homme qui peut s'agiter durant ses danses, lui qui est si langoureux dans le travail. Question de compensation ?... (Butare, 9 janvier 1966)

* * *

Ici je vois que la danse est quelque chose de formidable et de gratuit : quand je pense que l'on peut payer pour aller danser, qu'il faut parfois danser avec ceux qu'on n'aime pas, j'en suis à l'avance scandalisé !... De ce point de vue l'Afrique du tam–tam et des rythmes m'a beaucoup appris. [...] Ici la danse est Vie. La danse est tout autre chose que les sauts qui la caractérisent. À mesure qu'il s'y met l'Africain semble ressusciter. Il peut danser longtemps sans se fatiguer en un sens. À mesure que le rythme l'obsède, il accumule sa joie ou sa haine selon qu'il mime le plaisir ou la guerre. Les gestes de sa danse sont parfois des plus tortueux et on se tromperait en parlant ici de gymnastique ou de technique du saut à la corde. Ainsi dans sa danse il imitera la vache « divinisée » et élèvera ses mains qui font comme des cornes sacrées ; il imitera le serpent dans le feu du devin ; alors il se contorsionne, s'alourdit, puis rebondit comme un sauvage libéré. Je n'avais de la danse que des théories rudimentaires ; ici, je l'apprends de visu ; et en lisant ou en conversant je m'aperçois qu'elle peut avoir tout un symbole. Évidemment les danses africaines ne sont pas dans la fumée d'un club ni autour d'un whisky ; elles sont devant la hutte ou en plein air. Ça leur donne une allure cosmique plus redoutable encore. On dirait que les sorciers sont là et que les arbres eux–mêmes sont complices de tous les sens cachés de ces gestes insolites.

Non ! il ne faudrait tout de même pas que je vous donne un cours sur la danse quand moi je n'ai dansé dans ma vie que les sautillettes canadiennes dites danses carrées (d'ailleurs j'accompagnais le violonneux au piano... et ma mélodie se réduisait à celle du tambour, rythme en moins). [...] (Butare, 20 janvier 1966)

Les fêtes de Noël et du jour de l'An au Rwanda

Hier nous sommes allés avec deux jeunes couples canadiens de Montréal dans les collines des environs en vue de magasiner (eh oui !) pour Noël. Il s'agit de découvrir la hutte d'un artiste populaire qui fait des crèches de Noël et de voir ce que je pourrais apporter au Canada. J'avoue une certaine déception. Le Rwandais n'est pas très artiste ; il est porté à sa paresse encore et quand il a sculpté un berger ou un guerrier, ou une crèche, il est si fier de son succès qu'il se répète et se répète. C'est moins fatigant ainsi. Non, ils ne sont pas très vaillants. [...] à ma grande surprise, notre choix est limité au Rwanda à un artisanat de seconde qualité. La seule pièce de qualité que j'aie vue est une statuette de 18 pouces : sur un piédestal dans une attitude de grande pudeur, une nue noire [...] élégance incontestable. Mais l'artiste ne veut pas me vendre cette pièce sous prétexte qu'elle lui est très chère et donc qu'elle n'a pas de prix. Je le comprends tout en le maudissant... charitablement. [...]

Noël n'est pas fêtée ici. Les Rwandais ne pouvant pas sortir la nuit, ils ne vont pas à l'église. Ils ne peuvent pas sortir ? Parce qu'il fait noir, parce qu'ils ont eu une révolution il y a deux ans et les tribus se craignent encore ; la nuit est le « jour » de leurs meilleurs voleurs. [...] on ne touche pas aux Blancs... [...]

À Noël on va jouer aux cartes chez les Sœurs Dominicaines ; on doit tricher. C'est une nécessité... Au jour de l'An, on célèbre dans la plus stricte intimité : deux dominicains ici, un bénédictin, un frère de Saint–Gabriel. Le soir on ira faire un bout de veillée chez un jeune couple. Du 1er au 4 peut-être irai-je voir en forêt avec des collègues les grands animaux de la région : lions et éléphants. À un jour d'ici, il y a une sorte de forêt gardée où les visiteurs peuvent voir sans être incommodés. [...] (Butare, 19 décembre 1965)

* * *

Noël a passé, le jour de l'An est arrivé. J'ai passé mon temps à « faire un peu le fou » pour les autres : les Canadiens sont tristes à Noël. Pas de neige en Afrique, chaleur de fin de mai, une messe de minuit où il n'y a que des [Blancs] parce qu'on ne sort pas la nuit par ici à cause des voleurs (la peste du pays !).

Il y avait un jeune couple dont l'enfant était très malade ; j'ai fait quelques visites. À Noël, j'ai célébré. Notre messe de minuit pour Blancs a été un franc succès, mais on aurait scandalisé les liturgistes du Couvent de Saint–Albert puisqu'on a chanté des cantiques traditionnels durant la messe. Peu importe : l'atmosphère était là. Tous les personnages de la Crèche étaient noirs et taillés par des artisans d'ici. Rien de spectaculaire mais d'une sculpture honnête. Après la messe de minuit, nous les 4 Canadiens, on s'est fait des cadeaux qu'on s'était payés soi–même pour la circonstance. Je me suis donné quelques pièces que je donnerai aux autres en arrivant au Canada. À chaque pièce, il s'agissait de mimer la surprise, l'étonnement, la gratitude envers le donateur. On s'est bien amusés et avec pas grand–chose. Comme ici tout manque ou à peu près, il faut trouver des moyens de s'amuser de cette façon. [...] (Butare, 1er janvier 1966)

LES DANGERS DE L'AFRIQUE

La naissance en route

Le 29 janvier au matin nous rencontrons une femme enceinte accompagnée de son époux et de sa mère : il faut se hâter vers l'hôpital. Les douleurs sont commencées. Elle a marché déjà au moins 3 milles, s'est arrêtée pour terminer la nuit près d'un feu. Nous la conduisons à l'hôpital. Elle reviendra peut-être le soir même chez elle. Le visage malgré elle tendu par la douleur, elle ne cesse pourtant de nous dire sa reconnaissance et quel sourire à travers sa douleur ! (*Le Rwanda*, p. 66)

Les sueurs du père... dominicain

Il faut que je vous dise la jolie aventure qui m'est arrivée dimanche dernier. J'étais parti très tôt (vers 6 heures du matin) avec un confrère pour assister à une messe populaire du Rwanda. J'ai bien aimé cela. La messe de six heures du matin groupait dans cette église, comme toutes les messes du matin, une foule de plus de 3 000 chrétiens et catéchumènes. C'est beau de les voir venir déjà : et descendre de leurs collines, et de prendre les sentiers. Dimanche, c'est la grande journée : les hommes sont un peu plus habillés. Les femmes portent leur beau pagne de couleur, et le matin dans la brume, c'est très beau. C'est en tout cas un spectacle difficile à voir ailleurs. La messe est toute une épopée pour cette foule. Non seulement il faut les entendre chanter, mais il faut aussi entendre le curé noir les interpeller, et eux de répondre, oui, non, oui, non. Il les dispute, les fait rire, les re-dispute... Toute une affaire. Mais ce n'est pas tout : la messe du matin dure au moins 1 heure et 3/4 et plus elle dure, plus ils y chantent fort. Après la messe, nous allons prendre un café chez le Curé. Au moment de partir, arrive une femme enceinte, elle doit accoucher. « Pourriez-vous la conduire au dispensaire de Butare ? » C'est fréquent ici de conduire les femmes enceintes au dispensaire ; mais pas pour moi. Alors la peur me prend, je me demande qu'est-ce que je ferai si elle accouche dans l'auto (comme il arrive assez souvent, me dit-on... mais sans preuves) ; la route est terrible. La jeune noire est dans ses douleurs, mais héroïque. Elle me dit toujours à chaque *bump* de la route : « Ça va. » De toute façon, j'ai l'impression que je suis plus nerveux qu'elle. C'est après avoir eu bien chaud... que nous sommes arrivés à cette espèce de dispensaire de Butare. Quand je raconte cela à mes confrères missionnaires, ils s'amusent bien de moi et me répondent : « Ne vous en faites pas, elle est déjà retournée à la maison et travaille ses haricots. La seule différence est que son bébé est attaché au dos et non pas dans son ventre. »

L'Afrique nous offre tous les jours de ces surprises qui rendent le séjour ici pittoresque et enrichissant. (Butare, 1er février 1966 ; pour la partie sur la messe, comparer avec *Le Rwanda*, p. 57-58)

Un touriste en pays de guerre

Parmi les faits importants à noter et qui vous feront trembler de peur... je me suis rendu l'autre jour — durant deux jours en fait — au Congo, dans la partie « risquée » où on venait de faire sauter deux ponts. Je voulais absolument voir ce que suppose un régime de guerre. Oh ! ce n'est pas très rassurant. La ville de Bukuvu était entièrement occupée par des policiers ; les mercenaires circulaient à moitié ivres, prêts à mitrailler le premier Simba à l'horizon. Chacun se surveille ; c'est une sorte de peur latente. Pas très agréable du tout. J'ai dormi plus ou moins... chez des Pères suisses qui étaient eux-mêmes gardés par un chien assez redoutable. Mon premier geste a été de me faire ami avec le chien : ce fut difficile ! De toute manière, j'ai réussi à prendre quelques photos de Congolais, j'ai assisté à une messe émouvante en langue indigène ; vous auriez dû les entendre chanter : des sons plutôt graves, des voix justes, miséricordieuses. Un *Venez, divin Messie* magnifique. J'ai célébré devant 200 enfants noirs : quelle expérience ! Tous ces petits yeux qui vous regardent, comme des papillons. Que c'est beau ! Ensuite nous sommes revenus (nous étions en auto, un des 4 dominicains qui sont avec moi ici et moi) en auto, bien soudés à nos sièges et nous avons traversé la grande forêt congolaise : quel mystère ! À 1 500 pieds, nous avons vu autour de nous les nuages, les pics surmontés d'arbres extraordinaires, des singes, et des singes. Je n'ai pas regretté ce risque [...] au Congo. Ici c'est l'aventure et il ne faut pas avoir peur. Ici on apprend que la vie est un risque continuel et on finit par se créer une psychologie du risque. Mais ne craignez pas : les lions sont en brousse et craignent tellement les chasseurs qu'ils fuient très loin. Je n'en verrai pas. Les serpents sont trop craintifs et j'en verrai. Les plus carnivores et les animaux les plus tenaces sont les puces... Oh les maudites puces ! J'ai le dos marqué par leurs vaccins inévitables... Mais on s'y habitue, ainsi qu'à une nourriture sommaire mais pas mauvaise. [...] Les journaux [voir p. 349] arrivent ici 6 semaines en retard ; un paquet par bateau prend 6 mois. Il n'y a en fait que l'avion pour communiquer. Il y a le téléphone aussi, mais il faut être à Kigali et c'est à deux heures d'ici... (Butare, 10 décembre 1965)

L'évacuation recommandée

On voit très bien que la tradition orale est ici encore tenace, vivante et toujours *première* dans la vie pratique des [ge]ns. C'est pour cette raison que des troubles de frontières (la frontière est à 15 milles) prennent toujours une importance démesurée. Je ne vous l'ai pas dit. Mais il y a 15 jours, on devait évacuer le poste et les ordres étaient venus de l'ambassade. Maintenant on s'aperçoit qu'il y a plus de dangers graves dans la tête agitée des journalistes que dans les lieux de frontière. Tout est revenu au calme absolu. Seul le couvre-feu demeure. Des chicanes de castes, il y en aura toujours en Afrique et il ne faut pas s'énerver inutilement. (Butare, 1er février 1966)

Coup d'État... évité

Au moment où je quitte Entebbe, on parle d'un coup d'État militaire. Ouf!! (Entebbe, 9 février 1966)

LES ACTIVITÉS AU RWANDA

[...] je dois donner une conférence sur St-Denys Garneau le 1er février et [...] j'ai intitulé cela *St-Denys Garneau ou l'amour blessé* [...] Ici je donnerai une série de cours sur la littérature médiévale, une autre série sur la pensée médiévale. Ça me permettra, à distance, de rajeunir mes connaissances... (Butare, 12-13 novembre 1965)

* * *

De ce temps-ci je prépare des rapports universitaires, j'assiste à des réunions et je donne quelques cours. J'avoue pour le moment que l'Université m'intéresse plus par son monde populaire que par son université. Par ailleurs, j'ai bien fait de signer un papier de retour avant mon départ car on fait tout pour me retenir en février. Mais comme j'ai promis de retourner à la mi-février et que le Père Landry m'a fait signer un papier, j'obéirai. Pour le moment je ne suis pas encore convaincu que je pourrais donner davantage à l'Afrique qu'au Canada. Ici tout est au stade de l'organisation, du papier, du fonctionnarisme : c'est pas très enrichissant pour un médiéviste. Par contre j'ai du temps pour lire. Je lis des livres sur l'Afrique ; je commence à dire quelques mots en langue populaire. Il y a de beaux mots pour saluer, dire au revoir [...] (Butare, 2 décembre 1965)

* * *

Vous me demandez des détails sur ma vie d'ici. Je ne fournirais pas à vous les donner [...] D'abord, je suis très occupé. Non seulement les cours, mais aussi par les consultations, les entrevues avec les autorités universitaires. On voudrait bien me garder ; mais j'ai promis de retourner au Canada. Donc je retournerai. Ensuite j'en profite pour étudier les habitudes du pays, pour m'informer, lire ; je redécouvre ici une mentalité féodale, des rites tout à fait « médiévaux ». C'est étonnant. J'en viens à me demander si la mentalité médiévale n'est pas tout simplement une mentalité primitive avec un vernis chrétien parfois bien extérieur, comme on en trouve ici. (Butare, 10 décembre 1965)

* * *

[...] le travail ici ne manque pas. Je donne mes cours, je prêche tous les dimanches à l'église universitaire, je continue à lire et à marcher. [...] Pas un téléphone depuis le 8 novembre au soir ! Pas un ! C'est quelque chose, je vous assure. Alors je retrouve mes « antiques et longues » périodes de travail solitaire de Toronto, de Paris et de Harvard : je prépare une étude de 40 pages sur un poète africain, que je devrai remettre d'ici mon départ. Je lis encore beaucoup. J'ai donné une conférence–forum aux étudiants qui a été, m'a-t-on dit, un franc succès ; ils m'ont demandé une autre conférence du même style « objectif » ; ce qui n'est pas peu dire, paraît-il. Je continue mes cours, mais je ne les prépare guère ; car mes étudiants ne sont pas au niveau de Montréal et je ne crois pas devoir trop me forcer pour eux quand je juge plus important de me forcer pour aider l'Université en général. Mes étudiants ne savent rien du moyen âge ; ils sont africains et ils craignent que des cours d'Europe médiévale soient un autre moyen de les occidentaliser. Alors ils réagissent paresseusement. Je leur rends la pareille avec une élégance incomparable. (Butare, 19 décembre 1965)

* * *

[...] le Père Lévesque, fondateur de l'Université, m'a offert le poste de Recteur pour septembre 1966 mais que j'ai dû refuser, étant donné les promesses que j'avais faites au Père Landry avant mon départ. [...]

Ce que je ferai dans le mois qui reste ? Je termine mes cours à l'Université le 29 janvier au matin. Le 1er, je donne ma conférence sur St–Denys Garneau. Ensuite j'en profiterai peut-être pour aller visiter le nord du pays. Entre–temps aussi, je dois m'occuper de problèmes universitaires, rencontrer les étudiants, donner une conférence ici et là, faire un peu de vie sociale. Imaginez que je suis invité — MOÉ ! à la maison privée des ambassadeurs d'Israël en Ouganda et à l'ambassade américaine à Kigali... Je n'irai pas, mais je vous dis cela pour vous montrer avec quelle humilité (?) je me dévoue... à la cause universitaire... (Butare, 9 janvier 1966)

* * *

Hier soir, j'ai donné un grand sermon sur l'unité des chrétiens à la cathédrale [de Kigali]. Je leur ai dit en définitive que l'unité ne se fera pas par le succès d'une Église contre l'autre Église, mais par la fidélité de chacune au Christ. Ensuite je leur ai dit que cette unité serait toujours imparfaite : nous sommes des humains. Enfin avant de les endormir, je leur ai parlé de la diversité, richesse de la vraie unité. Il y a eu concélébration avec des prêtres noirs : c'était beau et fort bien à tous égards. C'est une grâce d'être venu en Afrique : je le réalise chaque jour davantage à mesure que la date du départ pour Paris (9 février) se rapproche. J'y ai appris beaucoup et ce pays — le Rwanda — m'a fort enseigné sur une vie primitive. J'aurais dû vous écrire une lettre sur les rites de la mort ici ; mais j'aurais peur d'être théorique. Je cherche à rencontrer des missionnaires à ce sujet. Car l'arrivée du christianisme en 1900 a changé beaucoup d'habitudes dans ce sens. (Butare, 20 janvier 1966)

* * *

Les étudiants viennent de me remettre leurs travaux écrits : *très bien* ! La question que je leur ai posée ? « Y a-t-il des rapports implicites ou explicites entre certaines œuvres du m[oyen] âge français (v.g. *Chanson de Roland*, *Tristan et Iseut*, *Roman de Renard*) et la littérature orale rwandaise que vous connaissez *personnellement* ? Mêmes thèmes, même traitement des personnages, mêmes techniques du récit ? » Déjà je perçois que la majorité des réponses sont très enrichissantes pour le médiéviste que j'essaie d'être. C'est si vrai que j'apporterai les copies les meilleures au Canada pour les faire lire aux intéressés. On voit très bien que la tradition orale est ici encore tenace, vivante et toujours *première* dans la vie pratique des [ge]ns. [...]

De toute manière mon séjour tire à sa fin. Déjà j'ai retenu pour la nuit du 10 prochain mon billet d'avion via Paris. Je rentre en Ouganda le 9 au soir par petit avion. Cette dernière semaine sera occupée : je devrai faire un peu de vie sociale, saluer les Canadiens, préparer des brouillons si possible pour quelques articles dans *Le Devoir* sur le Rwanda. À Paris, je ne reste que 3/4 jours et je dois me rendre ensuite à l'Université de Aix–en–Provence (3 ou 4 jours), à Clermont [-Ferrand], à Poitiers peut-être pour trouver des professeurs et un Doyen à cette Faculté des lettres d'ici. Je serai de nouveau à Paris vers le 17 je suppose et à Montréal le 24. (Butare, 1er février 1966)

LE POÈTE DE SAINT–DENYS GARNEAU EN AFRIQUE

[...] je dois donner une conférence sur Saint–Denys Garneau le 1er février et [...] j'ai intitulé cela *St–Denys Garneau ou l'amour blessé* [...] (Butare, 12–13 novembre 1965)

* * *

[...] j'ai fait le brouillon de ma conférence sur S.–D. Garneau et je crois que j'ai fait des découvertes. Suis–je naïf ? Mais j'ai découvert que si S.–D. Garneau n'avait pas été plus heureux, bien qu'il entrevoyait toujours les vraies solutions (la solution artistique, la solution mystique, la solution du don de soi aux autres), c'est parce qu'il a oublié au départ de s'aimer lui–même. Ce qui remet à l'arrière–plan les interprétations comme celle de [Jean] Le Moyne qui accuse le milieu d'avoir tué S.–D.G. ou d'autres qui croient que c'est l'idée de mort qui est au centre de son message. Enfin ! c'est mon brouillon. Peut–être devrai–je changer d'idée d'ici au 1er février date de ma conférence ? (Butare, 1er janvier 1966)

* * *

Il me reste quelques minutes avant ma conférence sur St–Denys Garneau. [...] Il est six heures. La nuit est déjà tombée. À cause du couvre–feu imposé à la suite de troubles de frontières, la conférence est reportée à 7 heures du soir. Mon texte est prêt. Le doyen de la Faculté des lettres, un poète en plus, un Français « par–dessus l'marché » accepte de lire les poèmes. J'aurai la partie facile. Je n'aurai qu'à expliquer le texte. On y reviendra... [...]

J'arrive de la conférence. Elle a été un succès autant à cause du fait qu'elle a été brève (48 minutes) que parce que mes poèmes ont été admirablement bien lus. Les étudiants étaient là ; ils ont été attentifs, mais je ne crois pas qu'ils aient été sensibles au problème intérieur de S.–D.G. Ceci leur échappe. Ils ne vivent pas encore au plan de la conscience et toute cette hésitation et ces hésitations ne les frappent guère. Eux sont peut–être trop lents pour hésiter... Les Blancs eux ont beaucoup aimé la conférence qui a été enregistrée et passera aujourd'hui à la radio nationale du pays.

Avec cette conférence, mon activité professorale est terminée. Mes cours aussi. (Butare, 1er février 1966)

Le départ

Ce matin — 9 février — à 6 heures du matin je suis parti pour Kigali, d'où un petit avion m'a conduit jusqu'ici. Je suis à Entebbe, Ouganda. J'ai passé la journée à visiter un peu, mais c'est une ville... et déjà malgré moi, je dois conclure : ceci n'est pas l'Afrique pure. Encore, ce matin, par avion j'ai survolé le Rwanda, une partie, un coin plutôt du Tanganyika et de l'Ouganda. Mais c'est le Rwanda qui me hante encore. Hier soir, mon départ a été marqué par une fête très joyeuse et très folichonne qui couvait de grands regrets. Je dois le dire sans orgueil : on regrette beaucoup mon départ, même chez les Noirs, ce dont je [ne] me doutais point ; et ce fut une agréable surprise d'apprendre tout à coup qu'ils avaient bien confiance en moi. [...] Je suis allé visiter Entebbe. J'ai vu des zèbres, des girafes et un joli jardin de palmiers dits royaux. [...] Au moment où je quitte Entebbe, on parle d'un coup d'État militaire. Ouf ! !
(Entebbe, 9 février 1966)

L'avenir du Rwanda

Puis après ?... Tous les Rwandais intelligents se posent cette question. La plupart ont déjà opté : ils ne seront ni Occidentaux, ni Asiatiques ; ni capitalistes, ni marxistes : ils seront tout simplement Africains et socialistes, avec tout ce que cela comporte d'adaptation pour le Tiers Monde. Techniquement mal équipés, et pour longtemps, ils se rendent compte, pour la plupart, qu'il faudra lutter beaucoup pour faire la paix, sauver la liberté démocratique et favoriser le progrès du pays.

Évidemment, la plus grande menace pour ce peuple reste toujours la rivalité des clans, la guerre civile, les jalousies de castes qui durent depuis des siècles. Quand viendra-t-il le jour où tous les Rwandais fraterniseront sans rancune et sans menace ? Peut-être jamais. En outre, ce même pays menacé par des querelles « familiales » interminables se rend compte qu'il y aura toujours des pays *charitables* pour venir offrir à l'un ou l'autre « clan » l'aide nécessaire au succès immédiat à condition que...

J'ignore trop de choses pour juger. Il est certain que le Rwanda ne peut pas vivre seul, sans aide extérieure et technique. Il faudra de la part des chefs une grande prudence politique en même temps qu'une certaine abnégation pour permettre à un peuple lent et *parleur* de garder l'initiative de sa propre économie, tout en acceptant l'aide étrangère. [...]

***

Après mes dix semaines de cours à l'Université Nationale du Rwanda, après la période des examens, l'avion me ramène à Montréal, où je retrouve l'Université de ma vie sur le qui-vive comme toujours, en pleine fermentation intellectuelle. [...]

Mon pays et ses quatre saisons

Mais mon pays, c'est mon pays : un pays à quatre dimensions, à quatre saisons, avec son hiver qui fouette les énergies et renouvelle les courages.

Mais quand même et après ce Japon jadis entrevu et si plein de surprises lui aussi, je ne suis pas prêt d'oublier le Rwanda, [... la suite est citée dans le texte suivant]. (*Le Rwanda,* 1966, p. 91-95)

LE PROFESSEUR INVITÉ À L'UNIVERSITÉ NATIONALE DU RWANDA

Pierre Valcour

En 1962, à la demande du président de la nouvelle République du Rwanda en Afrique, le Maître Général des Dominicains prie le Père Georges-Henri Lévesque de se rendre dans ce pays afin d'y mener une enquête sociologique sur l'établissement éventuel d'une université nationale.

La tâche n'est pas facile puisque l'Organisation des Universités Africaines a limité le nombre des universités en Afrique et que les Jésuites établis à Bujumbura, au Burundi, font toutes les pressions « romaines » pour éviter la concurrence. Au début de 1963, le Père Lévesque se rend donc au Rwanda et revient quelques semaines plus tard avec la réponse : l'Université Nationale du Rwanda ouvrira ses portes en novembre de la même année. L'emplacement a même été choisi à Butare (anciennement Astrida). Il s'agit de l'ancien Institut Saint-Jean, propriété d'une communauté belge.

Mais pour fonder une université, il faut plus que le désir, il faut également les moyens. L'endossement de l'Ordre des Dominicains du Canada déclenchera une collaboration acceptable pour un pays africain mais minimale pour la fondation d'une université. Il faut acheter dix maisons, aménager un immeuble, trouver du personnel, etc. Nous sommes en mai 1963. La collaboration du Canada, de la France et de la Belgique ainsi que du gouvernement rwandais permet donc l'ouverture de l'U.N.R. le 3 novembre 1963. Onze Canadiens se partagent les principales tâches administratives de l'Université et dirigent quatre facultés. Ces personnes font confiance au Père Lévesque et acceptent de venir en Afrique, la plupart avec leur famille. Pour la rémunération de ces onze pionniers, l'Aide Extérieure du Canada accorde un fonds de tiroir de 65 000$ pour l'ensemble ! ! ! Il faut un miracle et il aura lieu grâce à la générosité, au bénévolat, et à la collaboration de nombreux amis dont la liste serait trop longue à énumérer...

En 1965, le Père Lévesque fait régulièrement la navette entre l'Afrique, l'Europe et l'Amérique afin de ramasser les fonds et le matériel nécessaires à l'existence de l'Université. Ces voyages et ces démarches sont fatigants pour un homme de 63 ans qui devrait penser à la retraite.

Après consultation avec quelques intimes, il a donc l'idée de rechercher un recteur qui pourrait demeurer sur place et voir à l'administration académique pendant que lui, recteur fondateur, s'occuperait auprès de ses nombreuses connaissances de trouver les fonds nécessaires pour assurer la survie de l'Université.

Plusieurs candidats s'avèrent « rectabiles » surtout chez les Dominicains. On pense aux Pères Castonguay, Lacroix, Crépeau... à un ou deux Suisses prestement classés car le Père Lévesque considère que l'Université est encore trop jeune pour que le gouvernement rwandais accepte un candidat européen pour le remplacer. Quelques Rwandais s'ajoutent à la liste mais tous les universitaires rwandais sont appelés en priorité à occuper des postes diplomatiques ou gouvernementaux.

Le Père Lévesque revient au pays en juillet 1965 et fait certaines démarches auprès de Canadiens tant religieux que laïques.

Il demande alors à Benoît Lacroix de venir à l'U.N.R. comme professeur invité en novembre 1965, mais c'est mal connaître Benoît que de penser qu'il vient pour cette raison. Il vient surtout connaître le pays des Mille Collines et rencontrer ses habitants.

Son contact avec l'Afrique et surtout le Rwanda, il le racontera très bien dans son livre *Mille heures au pays des mille collines*, publié en 1966.

Voici quelques extraits de son livre qui sont sûrement des impressions de belle souvenance :

> Le Rwandais est rusé, intelligent, perspicace, ingénieux. Il a été habitué à vivre sans faux besoins et il peut résister plus facilement que nous à l'artificiel et à la technique. Il aime son pays. Il possède une sagesse populaire et une tradition orale capable de la faire fructifier. Avec le bon sens, on réussit parfois mieux qu'en étant survicilisé.

> Des qualités humaines indéniables font de ce peuple hospitalier et fraternel, qui attirera toujours l'amitié à lui et fera naître des dévouements purs, un des peuples les plus attachants qui soient. Nous avons confiance aussi dans sa jeunesse. Nous avons pu voir sur place qu'elle était consciente et capable d'initiatives...
>
> [...] je ne suis pas prêt d'oublier le Rwanda, « la Suisse Noire », comme on l'appelle parfois, Butare en particulier et les collines qui l'entourent, la forêt Congo–Nil, l'Université, ses étudiants inquiets mais hospitaliers comme leur famille. Je revois encore, en terminant ces notes, la caravane matutinale de tous ces « chevaliers » et de toutes ces « châtelaines » en haillons, marcheurs et voyageuses de grande dignité toujours. J'entrevois encore, à distance déjà, la longue et multiple procession de ses pagnes, des outres, de ses faisceaux de bois mort. J'entends encore le tambour de François qui appelle au repas communautaire. Et les belles nuits allumées, leur silence, la violence des pluies parfois, les nuages du soir qui vous enveloppent. L'altitude crée comme une intimité entre eux et nous. Et puis qui s'ennuierait de vivre en mois de mai perpétuel, de se faire réveiller par les oiseaux ou de s'endormir en écoutant chanter les grillons de la colline d'à côté ? Et cette senteur unique de bois brûlé à six heures du matin ? Et ces lames de brume, par–dessus les huttes, qui glissent entre les collines vertes ?...

Finalement, compte tenu de ses responsabilités de directeur de l'Institut d'études médiévales, Benoît déclinera l'invitation à succéder au recteur fondateur. Par contre, son amitié pour le Père Lévesque et son amour du Rwanda lui permettront d'avoir auprès de l'Ordre une influence considérable pour le plus grand bien de l'U.N.R.

Les tristes événements des dernières années ont malheureusement terni l'image du pays des Mille Collines, mais pour le vrai Rwandais « les gouvernements passent et le peuple demeure ».

Université de Caen (1973–1976)
U.E.R.[22] d'Informatique et des Sciences de l'homme
(Extraits de lettres)

Plusieurs iront au Ve Congrès de philosophie médiévale à Madrid. Je n'y vais pas, car j'attends une invitation d'Europe pour quelques cours en France. C'est le rêve de ma vie païenne qui se réaliserait en 1973 : aller apprendre aux Français des choses qu'ils ne savent pas. Québec conquérant la Gaule. Lacroix prenant la relève de Jacques Cartier. (Montréal, 18 juin 1972)

* * *

P.-S. Il semble à peu près certain que j'irai enseigner à Caen l'an prochain (1973/74) et montrer aux Français par « oh! alors » et multiples « n'est-ce pas » que moé itou j'ai de la gueule ! Sujet des cours : héritage médiéval français en Amérique. Hum ! (Montréal, 18 juin 1973)

* * *

Me voilà bien romantique pour un Normand ! Car les Normands sont des gens sérieux, un peu défiants, assez passifs, cachant fort bien leurs sentiments. Et moi le romantique du Bas-du-Fleuve qui vous raconte ses rêves ! [...] Peut-être avez-vous appris par Nicole, Alain ou Denis [Lamontagne], que je vivais une expérience assez unique ici : 50 étudiants en « québécoiseries », neuf étudiants en historiographie latine ; seul en *studio* d'une pièce et demie apprenant cuisine, petits plats, m'offrant fromage et bons vins. Au début ce fut terrible, cette solitude. Je n'avais jamais vécu en solitude de ce style. Puis peu à peu je rencontre les gens. Un jeune couple (deux enfants aussi) m'ont pris en amitié et j'en avais besoin. J'amuse les enfants... et repose ainsi les parents. Que j'en aurais long à vous raconter. Mais je remets cela à l'été. C'est à l'Abbaye-aux-Hommes (XIIe siècle) que je vais ce soir [...] (Caen, 23 décembre 1973)

* * *

Oui je serai au Canada du 15 août [arrivé le 10 août] au 10 octobre. Puis retour à Caen pour une autre année. Je reviens ici pour une raison bien simple : ici j'aurai 60, 70 étudiants, à l'Institut d'études médiévales je n'en aurais que deux, trois. Or j'adore les étudiants, ils sont ma vie. Les étudiants normands ont été lents à se faire connaître mais la fin d'année (le 30 juin) est quasi euphorique. Je crois avoir réussi. Ils veulent tous aller visiter le Québec. Moi-même j'ai appris mes lettres québécoises, j'ai relu Alain Grandbois, Anne Hébert que j'ai trouvés tout simplement sublimes. Je leur ai parlé même de St-Denys Garneau en leur présentant *Regards et Jeux dans l'espace* surtout. Comme le Québec est à la mode en France et que le Canada a libéré la Normandie à la dernière guerre, je me retrouve sur une terre immensément hospitalière. J'ai trouvé surtout difficile de vivre seul sans personne autour comme chez les Dominicains. La solitude est un bien difficile à apprécier. De toute manière je ne regrette rien. D'ailleurs avec une bonne dizaine d'amitiés normandes autour je redeviens moi–même, taquin et pas sérieux. [...] Ici je n'écris pas, j'enseigne, je dirige des thèses, j'ai 50 essais à corriger, et je voudrais voyager un peu à travers l'Europe [...] La Normandie romane m'intéresse beaucoup ainsi que les dialectes normands où je retrouve les « québécois ». (Caen, 11 juin 1974)

* * *

Deux mois de grèves postales et cinq semaines dans le plâtre [fracture d'un doigt de la main droite], de quoi ralentir mes chances de vous écrire. [...] Pour ma part j'atterrirai à Montréal la même fin de semaine (21/22 mars) pour une dizaine de jours à me demander officiellement si j'accepterai l'offre–surprise qui m'arrive : l'Université de Caen m'offre une 3e année ici. Le ministre de l'Éducation accepte, Montréal se soumet. À moi le dernier mot. Quel joli prétexte pour aller voir le pays ! Même si c'est beau la France, rien ne vaut le Québec avec sa vitalité créatrice malgré tous les retards des gouvernements. (Caen, 2 février 1975)

* * *

[...] et maintenant : les vacances. Comme disent ici les étudiants :

> Les livres au feu
> Les professeurs avec eux !

Mes étudiants de latin médiéval sont plus sages. C'est avec eux (15 en tout) que je suis allé pique–niquer « culturellement » sur les ruines d'une vieille abbaye bénédictine où avait vécu de 1075 à 1141 (vers 1141... ?) Orderic Vital dont nous nous sommes occupés durant toute l'année. Samedi dernier [...] sommes allés au *Jeu de Daniel* à la Cathédrale de Beauvais. Une troupe d'Oxford, des étudiants, un spectacle chaleureux. On se serait cru au moyen âge. L'avantage du contexte et des lieux. Tous les jours je regarde les clochers romans de l'Abbaye–aux–Hommes de Caen et je ne puis m'en fatiguer...

Mais il faudra revenir à Montréal un jour ou l'autre. J'y reviens en deux temps : le 27 juin de ce mois pour l'École française d'été à McGill, le 1er octobre 197...6 pour reprendre le travail à l'Institut d'études médiévales. En[tre] temps, réinvité par Caen cette fois, je continuerai à expliquer le Québec que je connais de moins en moins... à des étudiants qui en savent de plus en plus ! [...] Je dirigerai une thèse de doctorat sur *S.–D. Garneau et l'enfance*. Même ici ! (Caen, 18 juin 1975)

* * *

Il y aurait sûrement une thèse, ou un livre à écrire, sur les rapports entre les vœux, la problématique du désir, et l'attente du temps. Ici en France on écrirait volontiers un tel livre en une nuit ; il suffit de leur faire penser au sujet et vlac ils écrivent comme ils parlent. Les chanceux ! Les chanceux ? Oui et non. La plupart de mes confrères dominicains d'ici n'ont même pas le temps de se relire. Et nous qui suons, qui suons ! [...] j'ai pensé à toi l'autre vendredi quand notre édition de 1320 pages sur table j'ai donné un cours sérieux sur St–Denys Garneau. Je me revoyais en train de discuter virgules, voyelles, journ(e)aux [p. 349], etc.

Puisque vous me demandez si tout va bien, aussitôt je vous répondrai que *oui*. J'ai recommencé à faire la cuisine, je lave mes chaussettes 2 fois par semaine (*sic* !), je lave mon plancher quand il est sale. Mais j'aurais besoin de conseils sur la manière de... sur les menus pour... [...] Je reviendrai au pays, colonisé ou libéré, peu importe, à l'automne. Et là je recommencerai à écrire... mes cours, mes conférences. (Paris, 3 janvier 1976)

* * *

Au moment où je vous écris je suis devenu ce que j'ai rêvé de ne jamais être : surveillant–chef d'un examen terminal ! Pour montrer aux étudiants (ils sont 350 réunis et chiffrés) que je ne veux pas les épier, je vous écris ! ! ! [...] je vous parlerai plus longuement de mes projets en arrivant à Montréal à la mi–septembre. [...] Une étudiante bretonne prépare ici un doctorat sur *St–D. Garneau et l'enfant*. Grâce à notre édition « savante »... (Caen, 10 juin 1976)

MON CHER VOISIN ET SUCCESSEUR

Jean–Marcel Paquette

Beaucoup ont été ses élèves, la plupart ont été ses disciples, à peu près tous sont devenus ses amis. Mais il n'aura pas été donné à chacun d'avoir été son voisin. C'est dans ce singulier statut pourtant, par la proximité dans l'espace, que je l'associe d'abord dans mes souvenirs. Le couvent du chemin de la Côte–Sainte–Catherine jouxtait le jardin de l'appartement où je venais d'emménager rue Plantagenet : je n'avais qu'à franchir la pelouse pour me retrouver, sans véritable frontière, sans avoir à franchir de clôture, directement dans le stationnement du monastère, et de là, évidemment, à la bibliothèque de l'Institut d'études médiévales qui s'y trouvait pour lors, c'est-à-dire au commencement des années soixante. Je m'étais établi dans ces parages sans savoir que j'allais y trouver, par lui, la voie toute tracée qui sera pour longtemps la mienne et qui l'est encore à ce jour.

On aura beau jeu de se demander ce que je pouvais bien aller faire à la bibliothèque des Dominicains, mes nouveaux voisins. En fait, j'y baignais dans le calme, tout simplement, et dans les livres. C'est au cœur de cette petite enceinte presque sacrée, en effet, que je trouvai quotidiennement refuge tout un été afin d'y rédiger mon mémoire de maîtrise, inscrit à l'Université McGill et ayant justement pour sujet la contamination des genres dans une chanson de geste du Moyen Âge tardif, *Huon de Bordeaux*. Comme j'avais déjà charge de famille, je ne pouvais trouver lieu plus propice à la constitution d'une certaine atmosphère nécessaire à cette sorte de travail. Et toutes ces commodités de privilège se dressaient dans le voisinage le plus immédiat, au point que je pouvais en un petit saut et un rien de temps me rendre dîner à la maison, laissant parfois toute la nuit mes livres et paperasses étalés sur la grande table de chêne. À cette grande table je me retrouvais à peu près seul tous les jours, dans une quiétude sans pareille, distrait seulement, de loin en loin pendant le jour, par l'arrivée du bibliothécaire, le Père Raymond Giguère, qui venait voir si j'avais besoin de quelque chose, c'est-à-dire de quelque livre. Qu'aurais-je eu besoin de plus ? C'est lui, je crois, qui alerta Benoît Lacroix sur la curieuse présence à la bibliothèque d'un médiéviste en herbe, et qui de surcroît n'était pas de l'Institut.

Et le Père Benoît Lacroix de s'amener un beau matin dans sa bure blanche et son aménité déjà pour moi légendaire. Je n'aurais jamais osé le déranger par moi-même. Voilà qu'il venait généreusement se pencher sur mes travaux avec la curiosité affable d'un bénédictin. Ce fut dans l'instant même et pour les jours qui suivirent tout un festin de discussions, d'entretiens, de conseils, au point que nous oubliions le plus souvent l'heure des repas, voire celle de la fermeture des lieux. Je crois qu'il m'interrogea autant sur ma matière (la problématique de la contamination de l'épopée par la forme du roman au XIIIe siècle) que je l'interrogeai sur la sienne (l'historiographie du Ve siècle). Et je ne suis pas sûr qu'il connaisse aujourd'hui l'exacte mesure de tout ce que doit à ces entretiens le personnage de mon Sidoine Apollinaire que je concevrai vingt-cinq ans plus tard pour clore le *Triptyque des temps per-*

dus. C'est le moins que l'on puisse dire que je n'avais pas perdu mon temps.

Une coïncidence en cachant toujours une autre, il se trouva que j'appris au cours de ces rencontres devenues quotidiennes qu'il travaillait alors à l'édition critique des œuvres de Saint–Denys Garneau avec la collaboration de Jacques Brault. Celui–ci avait justement été mon professeur d'histoire médiévale au Collège Sainte–Marie, et c'est à lui que je devais déjà ma passion pour le Moyen Âge : moins pour le savoir exact qu'il m'en avait légué que pour la certitude que j'avais acquise à son enseignement que le temps passé de l'histoire devait être vécu comme une *mémoire affective*. Chacun est le contemporain de tous les hommes. Je m'en suis souvenu aussi dans mon *Triptyque*.

Quiconque a tant soit peu fréquenté Benoît Lacroix sait d'ores et déjà très bien qu'un entretien avec lui équivaut inévitablement à un achèvement qui se parfait en une chaleureuse amitié. C'est ainsi que mon voisin était devenu plus qu'un voisin. À la fin de l'été, mon mémoire achevé, il couronna nos rencontres d'un projet auquel je n'avais jamais osé même songer : poursuivre mes études au Centre d'études supérieures de civilisation médiévale de Poitiers où il m'introduisit par une bonne lettre à quelque connaissance qu'il y avait déjà. Et c'est ainsi que l'année suivante, muni d'une bourse d'études qu'il m'obtint, je partis avec famille et bagages pour l'Europe. J'ai cru comprendre qu'il avait le secret dessein de m'introduire, à mon retour, comme « littéraire », au sein de l'Institut d'études médiévales qui ne comptait pour lors que des théologiens, des philosophes et des historiens, à part Jacques Brault. Le destin en a voulu autrement ; je me retrouvai bientôt, muni de toutes les cautions européennes, à l'Université Laval où l'on avait précisément besoin d'un médiéviste littéraire. Mais je ne crois pas avoir été ingrat : j'envoyai en retour à Benoît Lacroix, de Poitiers où elle avait été ma camarade d'études, une jeune musicologue yougoslave, Dujka Smoje, qui introduisit la musique médiévale dans l'enseignement de l'Institut. C'était assurément plus original encore que la littérature.

La distance contribuant à l'éloignement, de Québec je n'eus pendant quelques années que peu d'occasions de revoir le responsable de mon destin. Puis un beau jour, je me retrouvai professeur associé à l'Université de Caen, mi–médiéviste, mi–québécisant, dans une chaire de littérature québécoise qui avait été créée à la suite du fabuleux voyage du Général De Gaulle au Québec. J'y avais succédé à Jean-Charles Falardeau. J'y tins deux ans, après quoi il fallut me trouver un successeur, l'Université Laval me réclamant à nouveau. Le médiéviste de Caen, Jean–Charles Payen, qui dirigeait aussi cette année–là l'unité d'enseignement et de recherche, m'appelle à son bureau pour recueillir mon avis sur les candidatures à ma succession. Parmi celles–ci, l'impressionnant *curriculum* de Benoît Lacroix. Aucune hésitation : à un médiéviste allait succéder un médiéviste — moins par la force de mon intervention, il faut le dire, que par celle, favorablement impressionnée, de Jean–Charles Payen. Et Benoît Lacroix de me succéder dans la fameuse chaire, après avoir été mon voisin. C'est ainsi que nous fûmes encore quelques années sans nous revoir. Mais il laissa en Normandie une telle renommée que lorsque d'aventure il m'arrive de passer par la bonne ville de Caen, j'entends encore de ses anciens étudiants me parler de son enseignement, de sa personne, vingt ans après. Et je n'ai pas lieu de m'étonner, puisque je sais désormais à quoi m'en tenir, l'ayant jadis et d'abord fréquenté comme « voisin » !

Sans doute sera–t–il le plus étonné lui–même, en lisant ceci, d'apprendre à quel point, nos sentiers respectifs s'étant quelques fois croisés, parfois à rebours comme on vient de le voir, il aura été, dans sa mirifique générosité, sans qu'il s'en rende bien compte, l'ange du chemin d'une autre destinée. C'est l'occasion rêvée, en ce quatre-vingtième an de son âge, pour qu'il le sache enfin.

Souvenirs

Alain Goulet

La lettre que je reçois me laisse peu de temps pour me joindre à l'hommage qui vous est rendu, cher Benoît Lacroix. Aussi vais–je, séance tenante, ajournant tout le reste (et notamment un article d'hommage à Pierre Barberis que vous aviez, rappelez–vous, contribué à faire nommer à Caen et qui prend sa retraite), improviser quelques lignes de souvenirs. Car comment ne pas m'associer à cette fête de tous ces amis qui ont été si heureux de vous connaître, au rang desquels je me compte, ainsi qu'Inge et mes enfants.

Mes enfants, rappelez–vous, avaient entre trois et six ans quand vous veniez dîner à la maison, lors de votre séjour en Normandie. Et c'était fête alors pour eux. Vous n'aviez pas besoin de dire : « Laissez venir à moi les petits enfants » : tout votre comportement le manifestait. Vous leur parliez des Sioux que vous mimiez, vous les faisiez rêver avec des histoires qui évoquaient un monde étrange, avec des courses en raquettes dans la neige, des ratons laveurs... ; puis vous défiiez au tennis notre collègue Annie Becq, avec un sourire malicieux. Notre aîné, Olivier, ayant grandi, a voulu découvrir le Québec et vous a rendu visite au monastère de la Côte–Sainte–Catherine, en 1989, où vous l'avez accueilli à bras ouverts, comme vous l'aviez fait pour moi en octobre 1975. Le prétexte de mon voyage, c'était un colloque Gide auquel j'étais invité à Toronto, mais c'est surtout à Montréal que j'ai séjourné. C'est vous qui m'avez accueilli à l'aéroport de Mirabel, qui m'avez installé parmi les vôtres et qui, le lendemain, m'avez emmené à Chicoutimi où vous alliez participer à un congrès. Au retour, après un long parcours à travers la forêt, nous avons rendu visite à votre famille, descendant des colons de je ne sais plus trop quel rang (vous m'avez en effet parlé de ces rangs d'habitations établis selon des parallèles au cours des siècles le long du Saint–Laurent), et j'ai vu là des fermes bien différentes des nôtres et des vergers pleins de belles pommes rouges. Puis vous vous êtes envolé pour Caen, tandis que je continuais à profiter de votre hospitalité à Montréal.

Si j'ai bonne mémoire, vous êtes resté trois ans à Caen, de 1973 à 1976, en tant que Professeur invité, dans le cadre d'un accord culturel entre le Québec et la France. À la suite de Jean–Charles Falardeau et de Jean–Marcel Paquette, vous étiez notamment chargé de deux enseignements spécifiques qui ont malheureusement disparu de notre cursus avec nos invités québécois : une unité de valeur de deuxième année : « Introduction à l'étude de la littérature du Canada français », et une autre de licence : « Société et littérature française au Canada ». Je suis certain que vous étiez heureux avec vos étudiants et que vous les rendiez heureux. Vous étiez habité d'une discrétion rayonnante. Presque tous vos collègues d'alors ont disparu de notre université, mais je puis vous assurer que ceux qui restent encore (Annie Becq, Anne Chevalier, Marcel Simon, Denis Slakta) se souviennent comme moi de votre présence simple et chaleureuse, de votre attention à tous et à tout, de votre bonté. À propos de notre collègue Slakta, je crois même me rappeler que, pour votre troisième année de séjour parmi nous, les manœuvres de Jacques Seebacher vous avaient conduit à faire partie avec lui d'une « troïka » chargée de diriger notre section de Littérature française.

Vous êtes quelqu'un qu'on n'oublie pas. Ce recueil d'hommages ne sera qu'un pâle reflet des innombrables amis qu'ont suscités vos rencontres. Merci du privilège d'être l'un d'eux.

Cher Benoît

Pierre Bouet

> Plorans plorantes omnes filias filiosque tuos reliquisti, sed, exules in Normannia, semper de te memoramus.
> O summe Deus Adonai orationes nostras suscipe et, quae tibi optamus, pie Rex Sabaoth, clementer annue.

Pardonne–moi de citer de mémoire ces paroles (quelque peu arrangées) de notre ami Orderic Vital, qui a fait l'objet de tous nos soins pendant les trois années que tu as passées à l'Université de Caen.

Ce petit mot d'amitié n'a d'autre ambition que de te rappeler les « moments forts » où, ensemble, dans un chant amébée, nous avons révélé les charmes discrets des historiens médiévaux à un jeune public passionné. Comment ces jeunes étudiant(e)s auraient-ils pu oublier le « Mic–Mac » venu d'au–delà des mers leur dire que la compréhension des auteurs passait nécessairement par le « regard de sympathie » ?

Par ces lignes ce sont tous les élèves que tu as aimés, les Nadine, les Florence, les Chantal, les Laurent qui te rappellent leur fidèle amitié, ce sont mes proches, Marie–Odile, toujours aussi « indulgente », Stéphanie, dont les yeux sont encore plus « ravageurs », et Nicolas « l'intrépide », qui profitent de cette occasion pour te redire leur affection.

Le maître québécois en pays français

Anita Agasse–Le Pargneux

« Je suis un peu énervé mais j'vas me calmer ! Chez nous, on occupe l'espace ! Vous savez, c'est impressionnant pour nous de parler devant des Français, on a gardé quelque chose de sauvage... Y a du Huron chez moi, mais vous allez voir, j'vas me calmer !... »

C'est avec ces mots, déambulant vivement d'un bout à l'autre de la grande salle de cours de l'Université de Caen, que nous est apparu, en ce vendredi matin de novembre 1973 Benoît LACROIX, Maître de Conférences, professeur en charge de « Littérature et Civilisation québécoises » à l'Institut de Français de la Faculté des lettres.

Cette entrée en scène, au milieu d'une jeunesse normande toujours sur l'expectative lors d'un premier cours, habituée à la sagesse froide et distante que se plaisent à afficher la plupart des universitaires français, fut, tous l'auront deviné, FRACASSANTE ! En effet, la semaine suivante, « qu'on se le dise : un Huron nous est arrivé ! », le nombre des étudiants avait largement augmenté et il fallut bientôt dédoubler le cours. SÉDUITS, normands, normandes, séduits, étudiants, collègues professeurs, tous furent d'emblée séduits par cet être original qui nous amenait un grand souffle. Un peu déconcertés peut-être au départ : cet accent qu'il savait si bien exagérer pour provoquer le rire ou l'intérêt, ces mots souvent semblables aux nôtres mais différents dans leur sens, cette identité québécoise dont il se réclamait et que nous ne cernâmes pas immédiatement, et surtout cette sincérité qu'il osait montrer si rapidement... Tous ces éléments firent de Benoît Lacroix, n'ayons pas peur des mots, le prof en vogue ces années-là ! Nous verrons plus tard que mode et séduction ne furent pas le seul apanage de celui qui devait devenir codirecteur de l'Institut de Français pour un an, directeur de nombreux mémoires et thèses, initiateur d'échanges et de profondes amitiés entre Québécois et Normands.

Passé l'engouement de la découverte, le cours de Benoît Lacroix ne se vida pas et fit des passionnés ; pour nous, étudiants français d'une vingtaine d'années, le Canada était lointain, utopie d'espace et de neige, de lacs et d'animaux sauvages ; le Québec, c'étaient des Français un peu fous, partis un jour pour ne plus revenir ; qu'étaient-ils devenus ? Nous n'avions de nouvelles de nos cousins que par Félix Leclerc, Gilles Vigneault, les films de Gilles Carle qui arrivaient tout juste jusqu'à nous... En bref, notre connaissance du Québec était quelque peu succincte ! Par contre, après mai 68 qui avait vainement tenté de se renouveler en 70 et 71 dans certaines universités dont la nôtre, déçus par la tournure qu'avaient pris les événements, déçus par un idéal politique et social à côté duquel nous étions passés, il est évident que nous étions prêts à accueillir quelqu'un qui nous semblait vrai et nous apportait le témoignage d'une culture et d'une société en recherche d'identité. Ce fut l'objectif de Benoît Lacroix auquel nous adhérâmes tous avec enthousiasme. Quelle joie de découvrir une civilisation jeune, en marche, sans poussière et pas encore essoufflée ! Et qui, mieux que Benoît, eût pu nous ouvrir le chemin de cette découverte ? Alliant son intarissable culture ancrée dans notre Moyen Âge à la verve que nous lui connaissons tous, sa brillance d'intellectuel engagé à l'émotion que fait si bien jaillir sa sincérité, le recul que lui permettait une vie de travail intense dans des milieux divers à son intrépidité-clin d'œil, il nous raconta...

Il nous raconta le Temps et l'Espace. C'est, bien sûr, avec Maria Chapdelaine que nous révisâmes nos rêves d'adolescents, puis nous découvrîmes Félix-Antoine Savard et son Menaud, nous fîmes un détour par l'Acadie et Antonine Maillet que la France devait consacrer quelques années plus tard ; c'est la tradition orale qui nous conta la

Corriveau, les héros de Beaumont, Saint-Vallier, Saint-Michel-de-Bellechasse, et Benoît alla même, un jour, jusqu'à nous chanter en cours « le Credo du Paysan »... Nous fîmes tous nôtre à ce moment-là la phrase de Vigneault : « Dans chaque Français, il y a comme un brin de regret de ne pas être parti lui aussi vers la Belle Province ».

Il nous expliqua le Québec en quête de son identité, avec le théâtre de Michel Tremblay, les œuvres de Gaston Miron, Marie-Claire Blais, Jacques Brault, Gabrielle Roy, Alain Grandbois, Anne Hébert et bien d'autres...

Il nous révéla surtout avec beaucoup d'émotion l'âme et le spleen de ses deux poètes bien-aimés parmi tous, Saint-Denys Garneau et Émile Nelligan, et il me faut dire qu'aujourd'hui, vingt ans plus tard, lorsqu'un flocon de neige timoré se risque à voleter devant les yeux étonnés de mes élèves français, « mémoire et tradition obligent », j'interromps mon cours et leur dis : « Ah ! comme la neige a neigé / Ma vitre est un jardin de givre... » et nous mettons votre Nelligan à notre programme de littérature !

Benoît Lacroix nous offrit encore de partager ses connaissances sur la chanson, le cinéma, la peinture, la sculpture du Québec, nous faisant découvrir les textes moins connus de Vigneault, Pauline Julien, nous montrant Pierre Perrault, Jean-Paul Lemieux, Suzanne Guité...

En plus de cet ambassadeur de la culture québécoise, l'Université de Caen avait le privilège d'apprécier également le « savant », l'érudit Père Benoît Lacroix, chercheur et professeur, avec notre éminent collègue Pierre Bouet, de Latin Médiéval. En 1975, l'ensemble des professeurs lui confia pour l'année la codirection de l'Institut de Français.

La fin de cette année universitaire 1973-74 vit arriver les fêtes du Trentième Anniversaire du Débarquement en Normandie et il va de soi que Benoît s'investit avec la Délégation générale du Québec à Paris et un groupe d'étudiants dans la préparation de ces festivités et l'accueil réservé aux Vétérans. Pour nous qui avions maintenant du Canada français une connaissance plus approfondie et pour lequel nous éprouvions une amitié réelle, cette période de l'histoire et le témoignage de reconnaissance que nous souhaitions marquer prenait une tout autre ampleur.

> J'écris pour ceux qui sont venus de Normandie
> Après quinze cent trente-quatre
> Et dont on a soigneusement pillé l'héritage
> J'écris pour ceux qui sont débarqués en Normandie
> Le six juin mil neuf cent quarante-quatre
> Et qui sont tombés au pied de la falaise

> La Manche derrière eux comme un linceul de gloire
> Les cimetières de croix blanches déjà plantées au-dessus d'eux...

Ce magnifique texte de Marcel Dubé (*Poèmes de sable*, Leméac, p. 23) avait pour certains d'entre nous des sonorités de vie quotidienne : la mer, la falaise, les croix blanches étaient le cadre de notre enfance et de notre adolescence ; Benoît Lacroix, en ce 6 juin 1974, nous permit de projeter ce souvenir dans le futur de la mémoire et d'en multiplier le sens et les prolongements (l'an passé, 6 juin 1994, mes fils ont rendu hommage aux ultimes Vétérans lors du Cinquantième anniversaire et ont transmis des photographies à Benoît, n'est-ce pas aussi comme cela qu'il nous a appris à écrire l'histoire ?).

Ce qui nous reste, vingt ans plus tard, de ces quelques années, (seulement trois, hélas !) de présence de Benoît Lacroix en Normandie, c'est l'héritage immense qu'il nous a laissé. Héritage culturel bien sûr, mais surtout héritage d'Amour et d'Esprit.

Dévoué à tous ceux qui avaient besoin d'aide et d'écoute en quelque domaine que ce fût, il oubliait souvent sa propre personne pour apporter aux autres soutien, présence, secours matériel ou moral. Ne l'avons-nous pas surpris un jour, mangeant un morceau de poulet dans un yaourt à la myrtille « pour gagner du temps à donner aux autres » ? N'avons-nous pas dû, avec Sœur Louise, le convaincre d'acheter une couverture pour l'hiver ? « Cela a tellement peu d'importance ! »

> Voilà pourquoi je vous dis : Ne vous inquiétez pas pour votre vie de ce que vous mangerez, ni pour votre corps de quoi vous le vêtirez. La vie n'est-elle pas plus que la nourriture et le corps plus que le vêtement ?
> Oui, cherchez le royaume de Dieu et tout cela vous sera donné par surcroît.
> (*Trilogie en Bellechasse*, p. 157)

Au cours des trois années que durèrent le séjour et l'enseignement de Benoît Lacroix à Caen, nombreux furent ses amis et familles d'adoption et il laisse derrière lui toujours le même souvenir de générosité et de simplicité, sachant trouver avec chacun le ton juste et le centre d'intérêt commun. Il fut également à la base d'un tissu d'amitiés solides entre Québécois et Normands, mettant en relation les uns et les autres de ses amis qui pouvaient, selon lui, se rejoindre et à chaque fois son intuition se révélait exacte et agrandissait les horizons.

Quelques-uns, comme moi, avons eu la chance de traverser l'Atlantique et de confronter ce que nous avions entendu dire à la réalité ; grâce à Benoît Lacroix encore dont le charisme en Normandie n'avait d'égal que son rayonnement au Québec, il nous fut donné de vivre des amitiés intercontinentales dont la continuité est assurée aujourd'hui par nos enfants.

Le message d'Amour et de spiritualité que nous a légué Benoît a fait son chemin. « Chacun à son rythme, au bout de ses plumes, au bout du vent », nous nous retrouvons « engrossis d'une multitude d'amis recueillis aux plus belles niches du monde ». (*Quelque part en Bellechasse*, p. 18) Et quelle joie lorsque nous nous rejoignons d'un côté ou de l'autre du grand océan pour échanger des expériences d'enseignement ou baptiser un enfant !

Qu'il me soit permis, maintenant, d'associer à cet hommage à notre grand ami les noms de ceux qui, en France ou au Canada ont, par lui et avec lui, tissé la trame de liens profonds : les familles Bouet, Davy, Marie, Dufay, Bouthenet, Oger, Le Pargneux, Agasse, Lamontagne, Turcotte, Tremblay, Chrestien, Croft, Roy.

Les mots ne suffiront pas, cher Benoît, à vous remercier au nom de tous ceux qui vous aiment ici et là–bas, sachez que les souvenirs ont pavé nos routes pour construire des chemins d'avenir et permettez–moi de terminer en citant mon ami *Le P'tit Train* :

> Ma joie, aujourd'hui, c'est d'avoir roulé pour eux ; il n'y a que cela, le travail, les services qu'on peut rendre, l'amour que l'on donne. C'est bon de voir et revoir, de revenir, repartir, aimer, aimer encore.

HISTORIEN DES CULTURES ET THÉOLOGIEN FONDATEUR DU CENTRE D'ÉTUDES DES RELIGIONS POPULAIRES (1967)

BENOÎT LACROIX, INSPIRATEUR, FONDATEUR, ANIMATEUR DU CENTRE D'ÉTUDES DES RELIGIONS POPULAIRES (1967–1982...)

Pierre Jacques

1967. Année de l'Exposition universelle, année d'ouverture au monde. Ce fut aussi l'année de la naissance du Centre d'études des religions populaires, acte de plongée dans l'univers des pratiques, des croyances, des mentalités religieuses traditionnelles. Cet univers d'une grande profondeur dans le temps et aux vastes horizons spatiaux devint le lieu de rencontre d'innombrables chercheurs, permit les plus féconds échanges interdisciplinaires. Au cœur, au centre de cette création, et sa bougie d'allumage, Benoît Lacroix.

Projet sans aucun doute depuis longtemps mûri chez lui en sa triple vie/vocation de Québécois, de dominicain et de médiéviste, l'étude des religions populaires est d'abord une idée–force. Cela fait presque une dizaine d'années qu'il y songe d'une façon ou d'une autre, confessera–t–il plus tard, lorsqu'il la soumet comme projet, entre été et automne 1967, à deux étudiants médiévistes au seuil de leurs recherches doctorales. L'idée est lancée. Benoît Lacroix déjà suscite des adhésions, lance des pistes, encourage la recherche, forme une équipe. Pendant l'année qui va suivre, il va effectuer de nombreuses consultations et faire une série d'interviews, dûment enregistrées sur ruban, auprès d'éminents théologiens, historiens, sociologues, psychologues, anthropologues. Il s'agit alors de prendre avis sur l'opportunité, la faisabilité d'un groupe de recherche sur le phénomène religieux populaire, sur la définition de son objet, sur les diverses thématiques possibles. En même temps s'élargissent les collaborations tant du côté de ses collègues professeurs que des étudiants. À l'été 1968, il envoie une série d'équipes chercheuses dans les centres d'archives.

C'est fort de ces actes posés, des énergies mises en œuvre qu'en octobre 1968 une première rencontre élargie se tient à Orford, dans les Cantons de l'Est. Une douzaine de chercheurs, animés par Benoît Lacroix et Michel Meslin, font le point, réfléchissent aux divers paramètres du centre en train de se former, tracent un plan d'action. Cette rencontre a véritablement lancé un groupe d'études des phénomènes religieux populaires. S'y décèlent déjà les traits caractéristiques du futur centre, qui iront en s'accentuant : large interdisciplinarité, association d'étudiants et de chercheurs chevronnés, habile dosage entre médiévistes (l'héritage) et « québécistes » (nos traditions proches) ; groupe qui, bien que centré à l'Université de Montréal auprès de l'Institut d'études médiévales, a ses antennes à Ottawa et à l'Université Laval ; appel à de grands « noms » européens qui participent aux rencontres et apportent leur expertise (Marrou, Meslin, Séguy, De Bont...) ; questionnements et recherches qui ratissent large, oscillant entre deux pôles, d'une part les méthodes, les ressources documentaires, les bilans du déjà fait et l'établissement de ce qu'il faut entreprendre, d'autre part les définitions (qu'entendre par « religion populaire » ?), les thématiques particulières (le cru, le vécu, le pratiqué, le transmis, les formes, les milieux, les croyances, les emprunts...).

Tout était donc en place en octobre 1968, comme promesse. À une seconde réunion de l'équipe en octobre 1969, toujours dans les Cantons de l'Est, les grandes orientations sont confirmées, les principes de sa gouverne et les paramètres de ses recherches établis. Le Centre est « fondé ». Il reçoit son nom définitif : Centre d'études des religions populaires (CERP). À cette date, le Centre a trouvé, sous l'impulsion de Benoît Lacroix, les canaux par lesquels ses membres seront informés et leurs travaux diffusés. Ils sont de deux types : les cahiers, qui en octobre 1969 ont déjà une année d'existence, et les colloques, dont le premier est annoncé pour l'année suivante, en 1970.

Les *Cahiers d'études des religions populaires* ont constitué pendant trois ans, de 1968 à 1971, le bulletin de liaison entre les chercheurs du Centre. Douze cahiers ont paru. Les premiers tiennent davantage du bilan, annoncent les nouvelles adhésions au Centre, lancent des projets, donnent les premiers rapports d'activité. Puis paraissent des dossiers plus spécialisés, souvent préparés par un chercheur associé au Centre. Animateur, rédacteur principal et diffuseur de ces cahiers, Benoît Lacroix y est partout à l'œuvre, il présente, définit, élargit le regard du Centre, engage à la recherche. Et fait du sien, tel cet admirable questionnaire (Cahier XII, 1971) sur « La religion de mon enfance ».

Dans le but de confier aux jeunes un outil pour qu'ils puissent recueillir auprès de leurs aînés le trésor de la religiosité populaire traditionnelle, voici dressé en 150 alinéas sous autant de mots clés un questionnaire alphabétique détaillé qui va d'Adoration nocturne à Zouaves en passant par Anges, Chandeleur, Deuil, Enfer, Fin du monde, Mardi–Gras, Parodies (de vieux cantiques...), Revenants,

Vêpres... En plus de dix pages, en cent, en mille mots, toute la religion populaire québécoise s'y reconnaît, comme une riche culture dont il ne faut surtout pas perdre le souvenir. Là était Benoît Lacroix : tout sentir, par intuition, par connaissance autant du cœur que de la tête, avec humour, avec amour, puis le communiquer, et engager à poursuivre l'enquête, à approfondir. Cet intérêt pour la religion populaire d'ici, il l'a manifesté en publiant, quatorze ans après ce questionnaire, en toute fidélité à son projet initial, *La Religion de mon père* (1986). Et la même année, fort des bilans, enquêtes et répertoires de sources auxquels les *Cahiers* ont fait écho, il a mis en forme et publié (avec Madeleine Grammond), au service des chercheurs, *Religion populaire au Québec. Typologie des sources — Bibliographie sélective (1900–1980)*.

Et vinrent les colloques. Premières rencontres et cahiers ont amorcé les recherches, accueilli et assemblé, encouragé les collaborateurs, défini les thématiques. Les colloques, toujours en automne, ont en quelque sorte pris le relais des premières rencontres plutôt informelles. Plus structurés, plus scientifiques, les colloques ont constitué la moisson. Le temps des colloques s'est ouvert au presbytère de Saint-Gervais de Bellechasse en octobre 1970. Puis ce fut en 1971 à l'Université Laval, en 1972 à l'Université du Québec à Montréal, en 1973 à l'Université de Sherbrooke, en 1974 au Collège des Dominicains d'Ottawa, en 1975 à l'Université du Québec à Chicoutimi, en 1976 à l'Université du Québec à Trois-Rivières, en 1977 à l'Université de Moncton, en 1978 à l'Université de Sudbury, en 1980 au Musée national de l'Homme à Ottawa, en 1982 derechef à l'Université Laval. Onze colloques en douze ans, des plus confidentiels (sur invitation) d'abord aux assises les plus larges ensuite. Par leur itinérance aux quatre coins du Québec et dans les francophonies d'Ontario et d'Acadie, sur tous les terroirs où ont été vécues les traditions populaires, les colloques ont suscité des enquêtes neuves et dévoilé des problématiques inédites, stimulé des équipes régionales. Les actes de neuf de ces colloques ont été publiés, ceux d'un dixième ont donné lieu à un livre de Benoît Lacroix. C'est dire comment par la richesse des communications scientifiques, les échanges qu'elles ont suscités et leur diffusion par l'écrit les colloques ont permis l'élargissement et l'approfondissement de la recherche sur les religions populaires.

Qu'on en juge par les thèmes des colloques. Les premiers reflètent par leurs intérêts les débats qui ont présidé à la naissance du Centre : Bilan méthodologique (1970), Archives et religions populaires (1973), Foi populaire, foi savante (1974), Religion populaire, milieu naturel et cadre social (1975). Concurremment s'intéresse-t-on à l'expression de la foi populaire, à ses manifestations, ses modes, ses pratiques : Le Merveilleux (1971), L'Imagerie populaire (1972), Les Pèlerinages au Québec (1976), Croyances, rites et rituels (1982). Une autre série de colloques s'est penchée sur des milieux ou des gestes particuliers : Folklore maritime et religion populaire (1977), Religion populaire et travail (1978), Médecine populaire et religion traditionnelle (1980). Riche moisson que l'ensemble de ces colloques. Benoît Lacroix les a lancés, a constamment entretenu le feu et soutenu les équipes préparatoires, a tout fait pour que les actes soient publiés. Et je puis dire que de l'ensemble il était fier, justement fier.

Le Centre d'études des religions populaires, une grande idée, une équipe, du dynamisme et de l'invention, beaucoup d'ouverture, plusieurs brins de patience et beaucoup d'espérance, ce furent quinze années de recherches entreprises et de résultats acquis. Œuvre féconde, énergies lancées, qui allaient longtemps encore continuer à porter du fruit, au-delà de 1982, sous la poussée de l'inspiration initiale de Benoît Lacroix.

Journal des débuts du Centre d'études des religions populaires

(Extraits de lettres)

23 juin 1967

Le vendredi 23 juin 1967

Chère Giselle,

Si je vous écris, c'est d'abord pour vous souhaiter *Bonne Fête*. Et que Dieu vous garde ! Or je ne vois pas meilleure façon de vous souhaiter du bien que de vous encourager à le faire. Il s'agit ni plus ni moins de votre orientation. J'ai nettement l'impression que votre connaissance du moyen âge et des méthodes que vous apprendrez là-bas [en France, à Aix-en-Provence] sur l'étude des mentalités religieuses vous habilitent déjà à voir large et grand. Il y a le fait religieux du moyen âge européen et il y a le fait religieux du moyen âge d'ici. Celui-ci se termine à peine. Que faire ? Je prévois pour vous deux étapes. La première est celle où vous cerneriez, du point de vue de l'histoire des mentalités religieuses, et les méthodes de l'histoire des religions, en relation avec le fait de la mort en particulier, la sensibilité religieuse d'une époque. À cet égard, l'étude de *La Légende dorée* de Jacques de Voragine serait un lieu de recherche idéal. À votre retour au

Canada, vous pourriez vous attaquer, cette fois, à la même matière mais revue, révisée, confirmée peut-être par des documents d'ici. Le lien entre le moyen âge européen et le moyen âge canadien-français est un lien de continuité. Surtout si nous considérons la théologie populaire d'ici et ses mentalités jusqu'à ces derniers temps. Ici, de retour, vous pourriez écrire quelques articles sur votre thème préféré, procéder à des enquêtes, faire votre chemin pour devenir une savante inévitable...dans votre domaine. Enseignant l'histoire des mentalités religieuses dans un Collège, ou ailleurs, vous pourriez creuser votre route vers l'Université et vous consacrer de plus en plus à l'histoire de la mentalité religieuse médiévale et canadienne-française sans pour cela abandonner tout ce qui vous intéresse. Déjà les textes d'un Saint-Denys Garneau à eux seuls vous offriront matière à un livre ou à des articles très importants sur « la mort à boire ».

J'ai pensé — pour vous souhaiter *Bonne Fête* — vous faire part de mes imaginations *objectives* au moment où toute votre vie s'oriente vers la recherche et l'étude.

Que Dieu vous protège et vous illumine... et vous enlumine !

Benoît Lacroix

20 OCTOBRE 1967

Je veux écrire un mot à [Georges] DUBY pour lui expliquer que vous devriez travailler sur *La Légende dorée*. Je dis cela, parce que je ne veux pas qu'on vous entraîne à étudier quelques pierres tombales de Aix, mais je souhaite que vos études soient utiles au milieu qui sera plus tard le vôtre. À tous ceux à qui je parle de l'étude historique des théologies populaires, le premier sourire est suivi d'un grand intérêt. Je rencontrais le Père Jean-Paul Audet, hier, à ce sujet, et je lui demandais d'enregistrer sur le sujet : il a tout aussitôt dit oui et montré un intérêt très évident pour cette idée d'étudier la pensée religieuse du peuple. Rien qu'à y penser, je me sens devenir démocrate, marxiste... Donc après Chenu, Marrou, j'aurai la pensée du Père J.-Paul Audet qui est sûrement un exégète de grande valeur.

Le prochain que je voudrais « interroger » — mais j'attendrai peut-être — c'est Luc Lacourcière. Ce Beauceron, archiviste et collecteur, ne livrera pas facilement ses secrets, je vous assure. Mais c'est essentiel d'avoir ses idées pour créer du sérieux, du vrai, du savant, qui soit en même temps du « populaire ».

Personnellement c'est peut-être parce que j'ai trop hâte de quitter la direction de l'Institut que je me surprends à anticiper... mais il y a aussi une exigence de vocation : je veux connaître le Dieu d'Abraham, d'Isaac, de Thomas d'Aquin, de Pascal ou de Teilhard [de Chardin], mais aussi celui de mon « petit peuple » (Groulx) qui a adoré le même Dieu à sa manière, si sentie parfois, si déroutante aussi.

29 OCTOBRE 1967

Eh oui ! j'y pense toujours aux religions populaires. L'autre jour, j'ai vu le directeur des Sciences Religieuses [de l'Université de Montréal] à ce sujet, M. Marcel Lefebvre. Il est intéressé ; il veut collaborer, mais il convient de situer le tout au niveau universitaire et éviter le feuilleton ou le romantisme d'une option qui semble attirer l'attention de tous. Je continue à méditer sur ce thème que j'inscris à mots couverts au nouveau programme de l'Institut 1968–70. Un joli vers de Marie de France va nous donner raison :

> Il n'est ni fable ni folie
> Qui n'ait sa philosophie.

[...] Notre nouveau centre, pourquoi ne pas l'appeler *Centre d'histoire des religions populaires* (CHRP) ?

9 NOVEMBRE 1967

Hier après-midi, j'ai « enregistré » une discussion avec le Père Jean-Paul Audet sur la religion populaire et la Bible. Excellent. Il a beaucoup insisté sur les origines du phénomène religieux. [...] En décembre, interview avec le directeur de l'Institut d'études arabes du Caire (le Père Anawati, o.p.) qui vient à Montréal. Mon sujet : les musulmans ont-ils des religions populaires. J'essaierai aussi de rencontrer des missionnaires. Tout ceci pour vous rassurer. D'ailleurs, j'ai commencé à en parler ouvertement un peu à tout le monde et mon projet ne peut que faire sourire les sceptiques. En général, il choque au premier énoncé, et aussitôt l'impression défavorable se change en interrogation, et après explications en approbation. De toute manière, j'inscris à mon programme de cours en 1969 — si je survis à mes projets — un cours intitulé *La religion populaire au moyen âge*. Encore une fois, il ne s'agit pas de précipiter quoi que ce soit, l'important est qu'il y ait un intérêt de ce côté-là. Votre travail de thèse (3e cycle) et tout ce que vous pourrez acquérir de méthodologie en différentes disciplines (n'oubliez pas l'histoire des religions) me paraît déjà très utile. Par ailleurs, il ne faut pas trop compter sur les autres institutions, sauf l'Université, pour entériner en l'an 2000 (quand je ne serai qu'une âme...) un projet et ses réalisations.

Pour le moment je pense à des cours d'histoire des religions populaires médiévales autour d'un *c*entre invisible (...) d'*h*istoire des *r*eligions, *p*opulaires ou pas. CHRP ou CHR, ça se dit bien... n'est-ce pas ? Voilà pour mes dernières rêveries.

9 DÉCEMBRE 1967

Quant aux cours d'histoire des religions, moi aussi je pense qu'une attestation suffirait. L'important est moins les connaissances en histoire des religions populaires que la méthode d'étude de ces phénomènes.

[...] j'ai pu avoir en main le dossier qu'une équipe a monté autour de la secte de Saint-Jovite, dite des *Disciples de l'Amour Infini*. Le dossier m'indique qu'on pourrait facilement en faire autant. [...] Voilà une autre porte ouverte à nous, car il existe quelques cours d'anthropologie religieuse en sciences sociales, et voilà ce qui nous intéresse aussi, en tant qu'*historiens*. [...] et moi... en 1969-70 : ça me donnera encore du temps pour songer au CHRP qui, j'en suis sûr, devra se *creuser* un chemin difficile à l'intérieur des milieux universitaires de moins en moins attirés par le fait religieux. Il faudra être SAVANT pour être accepté.

21 DÉCEMBRE 1967

Hier j'ai passé 4 heures avec Lacourcière. Il a la tête remplie de secrets et de projets qui n'aboutiront peut-être pas : quel homme merveilleux ! Nous avons causé du projet du CHRP ; il me promet d'ouvrir les Archives [de folklore à l'Université Laval de Québec] si je veux aller travailler. Par ailleurs, il préférerait que je parle de *cultes* populaires. Qu'en pensez-vous ? Il aura comme assistant Yves Du Berger qui lui se spécialise dans l'histoire des mentalités religieuses des XVe et XVIe siècles. Plus ça va, plus je m'aperçois qu'on a déjà un matériel humain formidable pour commencer notre centre vers 1970 au plus tard. Évidemment la méthodologie reste à étudier, car il faut créer, et non imiter.

Je reviens à Lacourcière : il a acheté une autre maison « folklorique ». C'est un vrai folkloriste qui incarne ce qu'il fait et ça lui vibre de partout. C'est une grâce de Dieu d'avoir un tel homme, comme ami. À votre retour, faudra aller travailler quelques mois aux Archives de folklore. Je lui ai dit ce que vous faisiez ; aussitôt il m'a dit que *La Légende dorée* avait une postérité canadienne-française.

31 décembre 1967

Parlons du CHRP. — Monsieur Du Berger, assistant de Luc Lacourcière, devait m'appeler en fin de semaine : pas encore d'appel. J'ai pourtant beaucoup à dire à ce gentil monsieur. — Je continue à noter des points au sujet du CHRP. Aussi je ne crois pas (étant donné la technique de la photocopie) que nous devions nous « monter » une bibliothèque spécialisée, mais préparer une photothèque plutôt... des meilleurs textes. Les livres coûtent si cher. De même il faudra enregistrer beaucoup de musique religieuse populaire. L'important au début, et avant tout, un *fichier*. De plus en plus à Montréal et aux alentours, nous trouverons beaucoup de livres dans les bibliothèques. Pourquoi nous embarrasser... d'espace de livres. À chacun, son petit coin : cela devrait suffire au début. Il faudra de toute manière penser tout cela collectivement. [...] J'ai « *enregistré* » le Père Anawati d'Égypte au sujet des confréries musulmanes : très bien.

9 janvier 1968

Je continue à beaucoup réfléchir ! Eh oui ! Je réfléchis, même si c'est un peu fatigant. Je pense au CHRP. Peut–être que je demanderai à Élise [Fournier] Pinsonnault de faire sa thèse sur Jeanne d'Arc dans la tradition orale médiévale et c[anadienne-]française. J'enverrai la musicologue [Dujka] Smoje (que J.– Claude Poulin connaît bien) aux Archives de folklore. Et si je trouve des sous, j'enverrai Guy Laperrière aux mêmes Archives pour enquêter par fiches et références sur ce que Laval peut offrir dans notre domaine. Plus j'y pense, moins il faudra dépenser d'argent pour [des] livres : mais il faudra plutôt photographier, mettre sur films. Et si vous devenez millionnaire, il faudra que vous fassiez comme Luc Lacourcière : acheter une maison et la tourner en antiquités *religieuses* c[anadiennes]–françaises. Dites à votre père qu'il ramasse les vieilles images religieuses, les vieilles croix, les vieilles, les plus vieilles affaires possibles que les curés oublient dans leur tiroir. Comme vous voyez, je réfléchis ! — Je réfléchis ! Ce qui m'a empêché de faire sonner mes cloches durant les vacances... Un livre de moins à l'horizon ! hum ! !

Vous me parlerez de votre *Légende dorée*. Car je suppose qu'elle a eu sa survivance au Canada français, d'une certaine manière du moins. Plus j'y pense, plus je pense que votre sujet est intéressant et important pour connaître le sentiment religieux de l'homme moyen. [...]

21 janvier 1968

[...] Je vais rencontrer monsieur Fernand Dumont, sociologue... éminent et choyé du Québec : j'aurai une interview sur le CHRP. — À propos d'enregistrement, j'ai enregistré la secrétaire de M.Groulx [Juliette Lalonde–Rémillard] durant 90 minutes : une mine de détails. Si je n'étais pas et si je ne devais pas être médiéviste, j'écrirais la vie de Monsieur Groulx. Quel homme, et religieux avec cela ! [...]

31 janvier 1968

[...] CHRP : ai enregistré un missionnaire ethnologue [Père Raymond Caron] sur une tribu d'Amazonie. — Rencontrerai F. Dumont de l'Univ[ersité] Laval ce soir. [...]

21 février 1968

J'ai eu une entrevue vraiment encourageante avec Fernand Dumont directeur des Sciences humaines de Laval ; il est *entièrement* d'accord sur l'ensemble du projet ; il s'est montré magnanime et magnifique. C'est vrai que nous nous connaissions déjà et que cela aide. Je l'ai interviewé. [...] M. Dumont n'aime pas trop « populaire » ; il a peur de créer une confusion, même une opposition entre la vie religieuse courante et la vie religieuse de la théologie officielle. Il préférerait que je parle d'un centre de théologie expérimentale, ou un centre d'histoire d'expériences religieuses. Ce qu'il m'a dit et expliqué m'a fait beaucoup, beaucoup réfléchir. — De toute manière je continuerai mes interviews : ma prochaine victime sera peut–être le Père Régis. Peut–être !

3–4 mars 1968

Vous ai–je dit que les 5–6 avril, Fernand Dumont (des Sciences humaines, Québec) réunit 15 « penseurs » (*sic* !) sur l'avenir des sciences religieuses au Québec : j'ai été nommé *penseur*, donc *invité* ; donc c'est un autre pas vers le Centre HRP. Si je vois que le milieu des *penseurs*... est ouvert, j'en parlerai peut–être, même si c'est une affaire de 1970 !

13 avril 1968

Sur notre CHRP, j'en aurais tellement à dire que j'ose à peine commencer. Ainsi l'autre jour il y a eu colloque fermé à Québec sur le thème de la religion au Québec. J'ai parlé un peu de mon projet et immédiatement on a été intrigué, on a voulu en savoir davantage, mais je ne voulais pas parler avant d'avoir fait une mise au point avec vous et Pierre Jacques [...]

28 AVRIL 1968

[Michel] Meslin — patrologue de Sorbonne et ami de [Henri–Irénée] Marrou — est intéressé par le projet d'un CHRP : il vient à Laval et veut me voir en septembre. [...] Surtout j'aimerais qu'on décide ensemble si le CHRP est valable ou non, s'il devrait être à Montréal ou à Québec. Depuis votre départ, il s'est passé beaucoup de choses et il y aura plusieurs suggestions à réexaminer. Peut-être je me fais illusion et surtout je ne voudrais pas, après 6 ans d'administration, recommencer à administrer. Ce centre que devra-t-il être ? Il vous reste 3 mois à y méditer [...]

5 MAI 1968

L'autre jour j'ai rencontré Hélène Bernier [...] folkloriste. Nous avons parlé de notre projet. Elle est prête à *embarquer* et comme elle a déjà fait beaucoup d'enquêtes avec Lacourcière, c'est peut-être important qu'elle puisse collaborer. Eh oui ! moi aussi je suis têtu ! J'y pense encore. Même si le projet devait changer ou mourir en route, j'aurai eu la joie d'y penser.

29 JUIN 1968

Puis il y a moi, mal peigné, de bonne humeur et qui organise actuellement un voyage à Ottawa pour l'équipe de [Jean] Gagné et Cie en vue du folklore religieux.

13 OCTOBRE 1968

D'abord une rencontre à 12 à Magog, le 6 octobre dernier, pour mettre au point le projet du Centre d'Histoire des Religions populaires. Après discussions dans un contexte des plus fraternels, nous avons cru devenir plutôt *Centre d'études du phénomène religieux populaire* (CEPRP). Ce titre rejoignait mieux les goûts et aptitudes de tous, parce qu'on ne voulait pas se limiter à l'*historique*. *Études* faisant mieux. De plus on hésitait à utiliser le mot *religion* parce que *phénomène re-*

ligieux permettait de nous associer des sociologues, iconographes et aussi d'étudier des phénomènes plus récents...

On a travaillé au chalet de Mlles Lise Bouchard et Hélène Bernier de 10h30 à 12h30. Célébration eucharistique. Dîner. Travail de 3 à 5. Ce fut, je vous le répète, une journée des plus réussies. Nous avons enregistré nos délibérations sur rubans magnétiques. [...]

J'ai dû constater que tout l'avenir et peut-être la structure du CEPRP dépendait de moi, bien que l'appui de l'équipe (le Père Gagné et Cie) soit très précieux. Je dois pour le moment garder l'initiative. Nous (= moi ! pour l'instant) rédigerons des Cahiers du phénomène religieux populaire. Le premier et prochain devrait paraître le 1er novembre.

15 NOVEMBRE 1968

Je vous envoie sous peu les feuilles (*imprimer* coûte trop cher et serait prématuré) du CEP(hénomène) R P(opulaire). Ceci aussi va bien. Et maintenant on veut partout partir quelque chose dans ce sens, et probablement sans moi. J'avoue ne pas en souffrir, car ici c'est ce qui se fait qui importe. Le reste ? Qui ? Peu importe.

30 NOVEMBRE ET 1ER DÉCEMBRE 1968

Le Centre de Religion populaire (CEPRP) est toujours actif. Un journaliste du *Devoir* voulait le lancer dans son journal. J'ai refusé. Quand on aura fait du positif, on pourra se présenter au public.

8 MAI 1969

Nous (Hélène Bernier, Élise [Fournier], son mari et moi) sommes allés interroger Luc Lacourcière à Beaumont : ce fut magnifique.

20-21 OCTOBRE 1969

La réunion du CERP a eu lieu à Magog. Très bien encore. Sympathique. Le Père Boglioni a été l'invité d'honneur et sans [Michel] Meslin on s'en est bien tiré. Claude Poulin est venu avec Dujka [Smoje]. [...] La réunion a décidé une autre réunion, *publique*, le 5 octobre 1970 ; le projet est à l'étude. Je fais mon possible pour que ça marche, tout mon possible. [...] ce projet dont justement *Le Devoir* devrait parler sous peu.

28 février 1970

Moi je m'embarque peu à peu dans l'étude des religions populaires du moyen âge « québécois » : c'est presque trop passionnant. Notre équipe se fera un autre petit congrès fermé en octobre ; pour le moment je recueille du matériel sonore et grâce à [Dominique] Gagnan–[Jean] Gagné–[Dujka] Smoje j'ai déjà quelques bobines de chants religieux traditionnels.

7 juin 1970

[...] la journée du 4 octobre. Cette journée aura lieu au presbytère à Saint–Gervais de Bellechasse. Journée fermée : 20 invitations. [...] Vous recevrez un programme, mais n'en parlez pas trop avant le 4 octobre, à cause qu'il a fallu limiter faute d'espace et pour ne pas risquer la cause. La journée de 1971 aura lieu à Laval et plus ouverte.

Comment s'organisaient
les colloques des religions populaires

Guy Laperrière

L'un des axes majeurs des activités et des préoccupations de Benoît Lacroix est l'étude de la religion populaire au Canada français. Il fonde à cet effet en 1969 le Centre d'études des religions populaires (C.E.R.P.), suscite des recherches et des initiatives, publie lui–même quantité d'articles suggestifs dont plusieurs sont repris dans *La Religion de mon père* (Bellarmin, 1986) et organise onze colloques universitaires entre 1970 et 1982. Il termine son activité comme il l'avait commencée : par des bilans bibliographiques. Les premières publications du Centre avaient été une série de *Cahiers d'études des religions populaires* ; les dernières sont deux répertoires commentés publiés avec Madeleine Grammond au Québec et en France, *Religion populaire au Québec* (IQRC, 1985) et *La piété populaire, Canada*, t. I : *Le Québec* (Brepols–Bellarmin, 1989). J'ai pensé qu'on aimerait voir, de l'intérieur, comment s'organisait un colloque des religions populaires, à partir de mon expérience personnelle, notamment dans celui de Sherbrooke en 1973. L'examen de ces gros dossiers — où je n'ai pas encore eu le temps de faire le ménage — m'a permis de retrouver des lettres de l'inspirateur de ces colloques et de replonger dans la spontanéité de son verbe original. Car, pour lui, l'oral est si important que, lorsqu'il écrit, il parle, en quelque sorte.

Au moment où il songeait à lancer son grand projet de l'étude du vécu religieux au Canada français, le professeur Benoît Lacroix, alors directeur de l'Institut d'études médiévales (1963–1969), voulut d'abord recueillir ce qui avait déjà été fait : sources, études, documentation. Toujours soucieux d'associer des jeunes à ses projets, il met ses étudiants à contribution. J'avais la chance d'être l'un d'eux. À l'été 1968, je fus donc envoyé à Québec comme une sorte d'*espion* — Jean Du Berger en rit encore — chargé de recueillir tout ce qui concernait « le sentiment religieux populaire canadien-français ». La *razzia* se fit en deux étapes. D'abord aux Archives de folklore, où l'on m'installa dans l'impressionnant bureau de nul autre que Mgr Félix-Antoine Savard, dont j'occupais le fauteuil en tremblant et dont je pillais goulûment la bibliothèque. Chansons, contes et légendes furent mis en fiches avec diligence. La deuxième étape se déroula dans les trésors de la vieille bibliothèque du Séminaire de Québec, abritée dans je ne sais plus quel sous-sol dont on m'avait, oh miracle ! remis la clé.

Je partis ensuite doctorifier en France, pendant qu'au Québec, au lac Memphrémagog pour être précis — ne se fait-il pas de grandes choses dans les Cantons de l'Est — une réunion que le Père Lacroix prétend « improvisée » se tenait dans le chalet d'Hélène Bernier en 1968 autour du professeur Michel Meslin de la Sorbonne et lançait le mouvement. L'année suivante était créé le C.E.R.P. Écoutons Benoît Lacroix :

> Peu à peu s'est précisé notre objectif : l'étude de la religion populaire à partir du vécu. Personnellement, je ne voulais ni président, ni structure universitaire, ni budget compliqué, ni bureaucratie : je souhaitais à tous égards l'oralité en action. Ainsi et depuis lors au Centre d'études des religions populaires l'oral serait au premier plan même dans l'organisation concrète.
> (*Status Quaestionis,* p. 17)

Dès l'année suivante, premier séminaire international des religions populaires, tenu au presbytère de son frère Alexandre, curé de Saint-Gervais de Bellechasse. Il y avait de l'atmosphère ! On dresse un premier bilan de la question : le concept, au Moyen Âge, au Québec (sociologie, histoire, folklore, musique). Dès le début, l'animateur veut que son entreprise soit internationale (Michel Meslin, Jean Séguy, Walter de Bont), quitte à ajouter ses amis locaux pour faire nombre (Pietro Boglioni, Dujka Smoje). Un autre grand principe est de tenir un colloque *fermé*, de 25 à 40 participants maximum, « pour qu'il demeure, m'écrit-il, — selon le Conseil des Arts et la tradition — un MI-

LIEU et un TEMPS d'échanges et d'information et non de grands discours et discussions inutiles » (21 juillet 1972).

Pour susciter de l'intérêt partout, les colloques se déplacent d'une université à l'autre : Laval 1971, Université du Québec à Montréal 1972, Sherbrooke 1973, Ottawa 1974, Chicoutimi 1975, Trois-Rivières 1976... Et toujours en recourant à des amis : Fernand Dumont, Louis Rousseau, Pierre Jacques, et j'en passe. Colloques interuniversitaires, colloques interdisciplinaires également, comme l'indiquent les thèmes : le merveilleux (1971), l'imagerie populaire (1972), les archives (1973), foi populaire et foi savante (1974), milieu naturel et cadre social (1975), les pèlerinages (1976)...

Arrêtons-nous un moment au colloque de Sherbrooke, et glissons-nous dans la coulisse. Une première lettre de Benoît Lacroix lance le projet, le 19 janvier 1972. Voici les mots qu'il souligne : « un thème de votre choix », « 5 étudiants *très* motivés », « tous les frais payés par la Reine ! » Ce qu'il oubliait, c'est que, déjà à cette époque, il faudrait beaucoup pousser dans le dos de la Reine ! J'étais alors professeur à la Faculté de théologie de l'Université de Sherbrooke. Deuxième étape : obtenir le concours de celle que les documents officiels présentent alors tout naturellement comme « Mademoiselle » Andrée Désilets, qui allait bientôt devenir directrice du Département d'histoire. Historienne expérimentée, organisatrice hors pair, elle sera la présidente du colloque. Et combien efficace ! Le Père Lacroix, qui vantait déjà « [son] dynamisme et [sa] clairvoyance historique », ne l'appellera plus désormais que « chère Andrée ». Pour programme, il veut ouvrir les horizons :

> Si profitant d'un colloque, « Sherbrooke » ouvrait le secteur des Cantons de l'Est à l'étude des mentalités religieuses du milieu par un « survey » bibliographique et archivistique, ce serait du pain sur la planche pour au moins 25 ans !
> (29 février 1972)

Une rencontre à trois, en mai, fixe le thème : « Archivistique et religions populaires ». Pourquoi le pluriel ? Par souci et respect œcuménique. Comme on le verra plus tard par son action en faveur d'un Musée *des* religions, le Montréalais Lacroix sait qu'il y a au Québec des protestants et des juifs. Cela pourrait donner une couleur spéciale au colloque des Cantons de l'Est. Il lance des idées : « Lieux de pèlerinage ? Créations d'archives sonores ? Coutumes religieuses locales ? Folklore ? Peut-être même créer le « Musée d'un jour », soit une sorte d'exposition rapide de textes et d'objets mis à la vue des congressistes. » (10 mai 1972) Programme qui sera réalisé, grâce à son impulsion.

Encourager les étudiants est aussi au programme : « Confier à des étudiants des relevés est encore la meilleure façon de faire réussir un colloque. » (21 juillet 1972) Il les accueille à son Centre, ce qui leur donne des ailes... Viennent ensuite les demandes de subvention, couronnées de succès. Imaginez : 1 000 $ de l'Université, 1 000 $ du Conseil des Arts, pour le Séminaire international, et deux subventions du même Conseil pour les recherches sur le terrain : sources écrites (3 420 $), sources orales (3 600 $). C'était le pactole ! Je révèle un secret : le Père Lacroix avait été consulté comme expert : « Je viens de prouver par *7 raisons* qu'il faut accorder à vos deux demandes l'octroi prévu. Un jour je vous lirai ça.... Du Cicéron paysan ! » (29 mars 1973)

Et le jour du colloque arrive, 29 septembre 1973, jour de la Saint–Michel (pas de Bellechasse, celui–là !), patron du diocèse de Sherbrooke, que dis–je, de l'archidiocèse. Nos savants internationaux sont là : Jean Delumeau, invité au Centre de la Renaissance, Jean Séguy, invité à la Faculté de théologie (sciences humaines des religions), Émile Poulat, invité à l'Université Laval, Raoul Manselli, invité à l'Institut d'études médiévales, où il allait prononcer la conférence Albert–le–Grand 1973 (*La Religion populaire au Moyen Âge : problèmes de méthode et d'histoire*, 1975). C'était l'époque bénie où les universitaires circulaient d'une université à l'autre. Heureux mélange de charme et de science, le colloque de Sherbrooke fut un succès, dont j'ai retenu que le peuple de l'Estrie y prit la parole, par ses témoignages si savoureux qu'avait recueillis Simone Breton, une étudiante beauceronne elle aussi bien aimée du Père Lacroix. Quelques jours plus tard, Pierre Savard commente : « C'est la manière de procéder de Lacroix et c'est la plus sûre : de la cueillette des faits au niveau le plus populaire et pas trop de théorie qui contraint et étouffe. » (9 octobre 1973) Il y eut enfin la saga de la publication des actes. Après un an de tergiversations, les Presses de l'Université Laval retirent leurs billes. Le Père Lacroix conseille d'aller directement au Conseil des Arts, qui s'est mué en Conseil canadien de recherches sur les humanités. Des révisions sont demandées, qui nous vaudront le texte complet d'une entrevue et un nouveau titre, dû à l'œil critique de Robert Mandrou : *Recherche et Religions populaires* (Bellarmin, 1976).

Entre–temps, le savant professeur Benoît Lacroix s'était enfui en octobre 1973 en Normandie, où il pontifiait au milieu des marxistes et des structuralistes, à l'U.E.R. d'informatique [sic] et des sciences de l'homme de l'Université de Caen. Les Français découvraient l'expression et ne l'aimaient guère : « "Religion populaire" : une fausse porte ouvrant sur des recherches fécondes », proclamait par exemple Marc Venard au terme d'un excellent compte rendu (*Revue d'histoire de l'Église de France*, 64, 1978, p. 111). Le sujet allait être débattu au 99e Congrès national des Sociétés savantes, à Besançon, en mars 1974, puis dans un grand colloque du C.N.R.S. en octobre 1977, où Benoît Lacroix présente une communication (*La Religion populaire*, 1979). Une lettre inédite du 13 février 1974 donne un aperçu de ce séjour normand.

Il faut conclure. De retour au Québec, le Père Lacroix pousse ses colloques annuels du côté de la diaspora : Acadie (Université de Moncton, 1977), Nouvel-Ontario (Université de Sudbury, 1978), avec explorations du folklore de la mer et du monde du travail. Après un dixième colloque sur la médecine populaire au Musée national de l'Homme, à Ottawa, le colloque-synthèse se tiendra à l'Université Laval, en 1982, sur les croyances, rites et rituels, patronné aussi par l'Institut québécois de recherche sur la culture, où Fernand Dumont avait accueilli son ami Lacroix à sa retraite de l'Université de Montréal en 1980. Ce dernier y répète son credo :

> [...] nous avons accordé davantage aux faits et aux expériences qu'à la discussion théorique de notions dont nous reconnaissons tous aujourd'hui la fluidité en même temps que la commodité pratique des mots quand il s'agit d'études interdisciplinaires et complémentaires.
> (*Religion populaire, religion de clercs ?*, IQRC, 1984, p. 12)

Tout le programme, tous les rêves, n'ont certes pas été réalisés. Il reste du pain sur la planche. Mais un tournant a été pris, une nouvelle dimension est ancrée dans l'historiographie religieuse. Religion populaire rime désormais avec Benoît Lacroix. L'amitié est sans doute l'ingrédient qui a le plus marqué cette trajectoire. À titre de dernier témoignage, citons l'un de ces brefs et délicieux billets dont Benoît Lacroix a le secret, envoyé à l'occasion de la parution du répertoire bibliographique sur *La Religion populaire* :

> Voici un livre introuvable... avant d'être mis sur le marché.
> Je vous l'envoie pour le plaisir de nos sourires partagés face à la religion du peuple, ce trésor si difficile à mettre en idées.
> B. L. (30.XII.90)

Et pour ceux qui veulent poursuivre, voir « Ce que l'étude des religions populaires m'a appris » (*Status Quaestionis*, Université Saint–Paul, 1994, p. 15–22). On y retrouve Benoît Lacroix, homme d'intuition, homme de conviction, homme d'enracinement.

Lettre manuscrite inédite de Benoît Lacroix à Guy Laperrière

Université de Caen
U.E.R. d'Informatique
et des sciences de l'homme

le mercredi un *13,*
février 1974, après
une grande tempête de vent
(un vent de terre, paraît–il)

Cher Guy,

Toute cette introduction pour vous mettre l'eau à la bouche et vous introduire dans un contexte « populaire ». C'est que depuis votre longue lettre du 10 décembre, je me suis mis à réfléchir... longuement. Votre lettre, chargée d'incises et d'allusions aimables, était par elle–même tout un appel à la précision. Depuis que je l'ai reçue, j'ai rejoint à Paris un groupe de gens fort savants, et tous plus savants les uns que les autres, qui cette année ont entrepris dans un colloque continu (10 réunions : 1973–74) de discuter du mot *populaire*. Qu'il intervienne en littérature, en spiritualité, en historiographie, en sciences humaines, ce mot plaît à tout le monde, mais agace tous les savants. Vous recevrez [...] le programme du 99e Congrès national des sociétés savantes en France (leur ACFAS ?). Or, [le] programme cette année grâce, dit-on, à messieurs Mollat et Delumeau (inspirés sans doute par la journée de Sherbrooke), porte sur la *piété populaire*. Moi–même j'étudie sur place deux auteurs normands à propos de leur piété populaire : l'un est Orderic Vital († 1141) historien des lieux que je foule des pieds... chaque jour ; puis Thérèse de Lisieux qui a vécu à 30 minutes d'ici et sur laquelle une religieuse de Sherbrooke [Louise Brazeau] prépare un doctorat à l'Institut catholique. Ainsi, malgré la distance et des silences... vertueux, je n'oublie rien de ce qui me semble devenir une des grandes préoccupations de la pensée contemporaine : la culture de masse. Nous avons tous intérêt, je crois, à bien préparer nos colloques. [...]

Les projets précis de Pierre [Jacques] et de Anne [Doran], que vous connaissez, et le fait que je ne viendrai à Montréal que pour quelques semaines (sept. et octobre) puisque je suis réengagé ici pour jusqu'en septembre 1975, vont peut-être retard[er] le projet d'un bulletin « québécois ». Pour ce qui est de l'Europe, j'ai rencontré le secrétaire de la *Revue de spiritualité* (autrefois *Revue d'Ascèse et de Mystique*) et il se propose d'ouvrir un bulletin bibliographique à propos de tout ce qui est piété populaire. Si Pietro [Boglioni] garde le même élan, nous trouverons en lui un excellent « témoin » de la religion populaire en Europe. Quant à moi, c'est toujours le Canada français que je vise, même si pour le moment et pour des raisons géographiques, je travaille la religion des normands. Je vais aux musées, j'observe. Il y a ici d'excellents connaisseurs de la Normandie et j'en profite. Par ailleurs il me faut bien constater que la bonne vieille Europe n'a pas besoin des Québécois pour s'étudier et nous nous devons d'*identifier* nous-mêmes, sans les isoler toutefois, nos propres phénomènes. Je m'excuse de tous ces lieux communs, mais à distance, il est bon de s'identifier aussi. Même, on dirait que c'est plus facile de le faire au loin... Voilà pour ce soir. Saluez pour moi tous les amis, sans oublier Andrée [Désilets] (s.v.p. !) et que Dieu vous garde longtemps « populaire ».

Benoît Lacroix

BENOÎT LACROIX, INSPIRATEUR DES COLLOQUES DU CENTRE D'ÉTUDES DES RELIGIONS POPULAIRES

Pierre Savard

Bon an, mal an depuis 1970, a lieu à la fin de septembre un colloque qui réunit des chercheurs de tous les horizons disciplinaires autour du phénomène des religions populaires.

Les riches échanges ont amené les participants dans diverses régions du Canada français voire de l'Acadie depuis Moncton jusqu'à Sudbury en passant par Québec, Montréal, Ottawa, Trois-Rivières, Sherbrooke, sans oublier le décor inspiré du presbytère de Saint-Gervais de Bellechasse qui fut le lieu du premier colloque.

Ce succès renouvelé a confirmé la justesse de l'intuition de Benoît Lacroix qui a lancé et inspiré cette succession de rencontres. Il convient de rendre ici hommage à ce savant au visage humain et à cet animateur intellectuel incomparable qui a su si heureusement faire le pont entre son savoir de l'Ancien Monde et ses racines du Nouveau.

C'est encore Benoît Lacroix qui a lancé l'idée de tenir un colloque sur la religion populaire dans le Nouvel-Ontario comme on disait dans les années 1920 du Nord de cette province pris d'assaut par les colons, mineurs et bûcherons canadiens-français. [...]

Le thème de la rencontre « religion populaire et travail » offrait l'avantage de traiter d'un aspect à peu près neuf jusque–là dans nos rencontres. Il convenait aussi fort bien à la région de Sudbury bâtie depuis moins de cent ans en bonne partie par des Canadiens français de couches sociales aussi populaires que religieuses.

[...] On ne peut que répéter ici les mots de Pietro Boglioni et de Benoît Lacroix en tête du volume des actes du premier colloque : « En somme, le lecteur cultivé à qui s'adresse cet ouvrage collectif a l'avantage d'assister à un savoir en formation dont l'objet, variable et approximatif, ne cesse de lui demander le maximum d'ouverture d'esprit tout autant qu'une confiance totale dans les sciences humaines de la religion. »

(« Avant–propos », *Revue de l'Université Laurentienne, Religion populaire et travail*, vol. 12, n° 1, novembre 1979, p. 3-4)

LE CHOIX DU PATRON

Jean Simard

Que fit de si génial saint Benoît pour que le jeune Joachim choisisse de devenir lui–même Benoît, quand, en plus, il s'apprêtait à prendre l'habit des Dominicains ? L'époux de sainte Anne, qui attendit son vieil âge pour se décider à devenir le grand–père du petit Jésus, avait–il à ce point manqué à la chasteté pour que ce fils de Saint–Michel–de–Bellechasse prit le parti de passer le plus clair de sa vie avec un prénom que ses parents ne lui avaient pas donné ?

Devisant avec moi–même de ce sujet depuis au moins le 7 mars dernier, quand on m'invita si gentiment à écrire quelques mots à l'adresse de notre cher ami commun pour son 80e, je me suis souvenu que le Père Lacroix avait été le premier à me féliciter (lettre du 14 mars 1977) d'avoir commis un livre sur l'iconographie religieuse, « livre que j'ai lu, écrivait–il, avec d'autant plus d'intérêt que l'importance du visuel dépasserait même celle de l'oral (il ne faudrait pas dire cela à Luc Lacourcière) en histoire des mentalités religieuses traditionnelles. » Ainsi donc, pour résoudre cette énigme du prénom putatif (selon Larousse, qu'on suppose légal, légitime, malgré l'absence d'un fondement juridique réel), j'entrepris de consulter les images et les médailles conservées aux Archives de folklore de l'Université Laval, la fine fleur de notre patrimoine religieux dévot.

Il faut rappeler d'entrée que les Archives de folklore détiennent le plus important fonds sur la piété populaire au Québec : le fonds Larouche–Villeneuve qui compte 45 000 images et feuillets relatifs à la vie du Christ, de la Vierge et des saints, peut–être autant de médailles, classées aussi aux noms des saints qu'elles représentent. J'ai donc examiné les images de saint Benoît pour tenter de comprendre laquelle de ses vertus avait bien pu inspirer notre ami.

Il y a 6 images différentes de saint Benoît, le grand, celui qui est né vers 480 dans la province de Nursie (Norcia) en Ombrie, dans l'Italie d'aujourd'hui, et fonda en 529, sur une acropole consacrée dans l'Antiquité au culte de Jupiter, le célèbre monastère de Monte Cassino où il composa la règle qui porte son nom. Ces images se ressemblent. Le saint est montré avec le livre qui contient la règle de l'ordre qu'il a fondé, avec la crosse qui fait allusion à son autorité en tant que premier abbé des Bénédictins, parfois la croix dite de saint Benoît qu'il porte au cou, comme dans l'image, publiée dans les années 40 à Montréal par l'Imprimerie du Messager canadien (propriété des Jésuites) à destination des Bénédictins de Saint–Benoît–du–Lac et des membres de l'Association Saint–Benoît. Jusqu'ici rien du patron ne ressemble à notre Benoît qui a toujours fui le fauteuil présidentiel.

Peut–être, me suis–je dit, apprendrai–je plus du côté des médailles. La boîte 95 du même fonds Larouche–Villeneuve contient 248 exemplaires de la médaille dite de la Croix de saint Benoît. Les formats varient comme le métal employé, mais la figuration reste la même. Au recto le personnage en pied exhibe la croix et le livre de la règle qu'il tient dans ses mains. On aperçoit ensuite sa crosse et sa mitre mais aussi un corbeau et une coupe brisée de laquelle sort un serpent. Au verso se trouve détaillée la croix elle–même avec divers codes dont la traduction m'a été facilitée grâce à un feuillet pédagogique (trouvé dans l'enveloppe d'images) publié en 1951 sous l'autorité de l'ordinaire de Sherbrooke. Ce feuillet nous apprend tout d'abord que la médaille viendrait des miniaturistes médiévaux qui en auraient conçu la composition, évidemment sous la dictée d'un bénédictin. Ce sont ces miniaturistes qui auraient inscrit le code qu'un moine de Saint–Benoît, dom Bernhard Pez, décrypta au XVIIIe siècle, à partir d'un évangéliaire de 1415 qui en fournit la clef. Les lettres ont les sens suivants :

C.S.P.B.	*Crux Sancti Patris Benedicti*	Croix du saint père Benoît
C.S.S.M.L.	*Crux Sancta Sit Mihi Lux*	Que la sainte croix soit ma lumière
N.D.S.M.D.	*Non Draco Sit Mihi Dux*	Que le Dragon ne soit pas mon chef
V.R.S.	*Vade Retro Satana*	Retire-toi Satan
N.S.M.V.	*Nunquam Suade Mihi Vana*	Ne me conseille jamais tes vanités
S.M.Q.L.	*Sunt Mala Quae Libas*	Tes breuvages sont mauvais
I.V.P.	*Ipse Venena Libas*	Bois toi-même tes poisons

    Qu'a donc bien pu comprendre à ces initiales le petit Joachim qui avait pourtant fait ses classes de latin et même un bout de théologie pour qu'on puisse croire un instant qu'elles l'illuminèrent ? Savait-il au moins quelle place tenaient le corbeau, la coupe et le serpent dans la vie du saint patron ? Peut-être avait-il parcouru sous couvert de lecture pieuse *La Légende dorée* de Jacques de Voragine, celui qui explique tout de nos plus belles images.

    Benoît de Nursie fit évidemment plusieurs actions d'éclat. Il y eut le miracle du crible. Benoît répara de son seul regard le tamis en terre cuite que sa nourrice laissa échapper par terre. Une autre fois Benoît fit remonter à la surface de l'eau le fer de la cognée d'un paysan qui s'était détaché du manche et était tombée au fond d'une rivière. Plus tard, le diable essaya en vain de chasser Benoît de la grotte de Subiaco. Il y eut ensuite la victoire de Benoît sur la tentation de la chair. Le saint s'en défendit en se roulant tout nu dans un buisson d'épines. Mais les gestes qui ont le plus frappé les artistes et dont on trouve le souvenir gravé sur les surfaces des 248 médailles du fonds Larouche-Villeneuve, ce sont ceux qu'a faits Benoît pour contrer les tentatives d'empoisonnement de la part des moines de Vicovaro. Élu abbé dudit monastère, nous apprend Louis Réau (*Iconographie de l'art chrétien*, Paris, PUF, 1955–1959, 6 vol.), dont l'ouvrage fait autorité parmi les iconographes de ce demi-siècle, Benoît s'attire par sa rigueur la haine des moines qui mêlent du poison à ses aliments. Il échappe à ses agresseurs en faisant le signe de la croix sur son verre qui se brise aussitôt en miettes. La présence du poison est d'ailleurs décelée par un petit serpent qui s'échappe de la coupe. Peu après, un moine lui présente un pain empoisonné sur lequel on distingue une tache verdâtre. Le saint jette le pain à un corbeau qui l'emporte.

    Personne parmi les dominicains, n'a, je crois, voulu empoisonner le Père Lacroix. Personne non plus ne l'a vu se tordre de douleur dans un buisson d'épines. Mais pourquoi, diable, a-t-il donc pris saint Benoît pour patron ? Peut-être tout d'abord parce qu'il ne pouvait raisonnablement choisir saint Dominique et que son amour du Moyen Âge l'invitait à retenir l'un de ses héros. Peut-être aussi que ce même amour l'aura amené, qui sait, à déterminer son prénom en fonction de son patronyme. Car voilà bien un héritage médiéval le fait de jouer avec son nom ou ses noms de façon à créer l'énigme. Qui sait que derrière l'auteur Michel de Ladurantaye se profile notre poète Benoît ? Et pourquoi donc derrière Benoît Lacroix n'y aurait-il pas « la Croix de saint Benoît » ? Excusez-la, Père Lacroix !

L'ÉVEILLEUR D'IDÉES

Brigitte Caulier

Dans la société, dans la vie universitaire également, des hommes et des femmes, rares, très rares, ouvrent des voies nouvelles ; Benoît Lacroix est de ceux-là. Je devais être sa dernière étudiante au doctorat mais il a pris sa retraite avant que je débarque au Québec (il m'a appris le lien des Québécois avec la mer...). Je n'avais pas attendu cette grande traversée définitive pour le rencontrer. Préparant ma venue, j'avais lu ses contributions au détour de mes propres recherches de maîtrise sur les pèlerinages autour des fontaines. Nous nous sommes donné rendez-vous à Paris près d'une maison que je fréquentais depuis longtemps : la communauté dominicaine. J'avais pris le goût des livres chez ces lettrés du Saulchoir où enfant je découvrais l'odeur de la bibliothèque et la sérénité de la réflexion. Je savais dès lors que je ne quitterais pas ces livres, ces manuscrits lointains. Ma première rencontre avec Benoît nous permit de parcourir notre jardin commun des lieux et des personnes. Mais il y avait plus, j'aimais le Québec, on m'en parlait chaque jour et je sentais confusément qu'en y arrivant toutes ces connaissances n'auraient qu'à s'animer. Mes recherches de maîtrise m'avaient appris que si l'on veut comprendre les autres, on ne doit pas les juger, au nom d'une culture ou d'une orthodoxie religieuse. Nous avons parlé souvent par la suite de cette religiosité des laïcs que nous appelions encore religion populaire, inventive, charnelle, qui cherche toujours à s'allier le sacré. Contrairement à d'autres ecclésiastiques, Benoît Lacroix n'évaluait pas ces gestes à la norme, reléguant au placard des superstitions encombrantes, des cultes que je découvrais encore bien vivants en France.

Cette attitude a façonné son implication à la fois théologienne et historienne. Dans les grandes remises en question des années 1950-60, les mutations rapides du Québec et de l'Église catholique avec Vatican

II, Benoît Lacroix avait saisi le nœud de la situation. Soupesant les résistances, particulièrement à la réforme liturgique, il ne renonçait pas pour autant à vouloir transmettre l'essentiel de la Bonne Nouvelle :

> Dans ces circonstances plutôt inattendues, il ne convient pas d'abord d'empêcher les choix capricieux du peuple qui, de toute façon, fera à sa guise, mais de l'instruire sans cesse « à temps et à contretemps » de l'Évangile, de l'être humain de Jésus, de Marie, sa mère, pour qu'à travers ces derniers il apprenne la politesse qui consiste à saluer d'abord les « maîtres » du ciel avant de s'en remettre aux « résidants ».
> (*La Religion de mon père*, p. 266)

La mise en lumière de cette distance, des éternels « bricolages » religieux des hommes, a eu des répercussions scientifiques importantes. Benoît Lacroix a largement orienté les chercheurs vers la pratique religieuse des laïcs. Il contribuait ainsi au Québec à faire basculer l'objet d'étude de l'Institution et de ses cadres vers ses laïcs longtemps considérés comme la piétaille de l'Église. Les sociologues se trouvaient mobilisés dès la fin des années 1950 sur les grandes mutations religieuses, questionnés qu'ils étaient par les pasteurs voulant y voir plus clair et définir de nouvelles stratégies. Ce fut au tour des folkloristes à la fin des années 1960 de prendre le relais, stimulés par les recherches de Benoît Lacroix. Notre médiéviste, très au fait des recherches européennes, veut alors transposer sur le passé religieux québécois les nouvelles problématiques. Il créait, officiellement en 1969, le Centre d'études des religions populaires de l'Université de Montréal. Lieu d'échanges entre chercheurs, d'enseignement mais aussi centre de documentation où s'accumuleront imprimés, images, bandes magnétiques qui témoignent d'une forme de religiosité en train de disparaître. Benoît Lacroix faisait aussi le lien avec l'Université Laval et ses Archives de folklore.

Ce souci d'inventaire, nous le retrouvons dans les 11 colloques sur la religion populaire dont Benoît fut l'initiateur et qui permirent, presque chaque année entre 1970 et 1982, des rencontres interdisciplinaires sur une thématique. Autant de dossiers exploratoires sur le merveilleux, le travail, la médecine populaire, les pèlerinages, foi populaire/foi savante, etc. Tous avaient pour but de faire le point des connaissances sur la religion populaire du Québec dit traditionnel circonscrit entre la fin du XIXe siècle aux années 1950.

Passéiste Benoît ? Non. Par ses travaux, il a montré la force de ce besoin d'intériorité et de sacré chez les gens qui ne disparaît pas, force est de le constater aujourd'hui, avec la modernité. Le courant de recherche ainsi inauguré a permis aux sociologues de mieux comprendre ce « bricolage » contemporain des Québécois qui n'est pas aussi neuf qu'on voudrait bien le dire. Loin de marquer la fin de la religion, on assiste au redéploiement du religieux dans les sociétés occidentales.

Quelque peu provoqués par les sociologues, les historiens se sont interrogés avec eux sur la notion de religion populaire. Celle-ci est abandonnée depuis la fin des années 1970 en Europe où les débats méthodologiques furent peu nombreux mais néanmoins féconds. Car ils firent gagner en finesse les recherches empiriques et en provoquèrent plus d'une. La même situation prévaut au Québec. Il a fallu interroger le passé pour cerner les filiations de cette Église coloniale en Nouvelle-France, tiraillée entre ses aventuriers — coureurs des bois, défricheurs — et son clergé d'élite qui veut réaliser, loin des contraintes ancestrales, la réforme catholique pétrie des raideurs tridentines. Contrairement à la France, la religiosité des laïcs québécois n'a pas pu se donner une autonomie très grande, jusqu'à des cultes parallèles. Les clercs ne sont jamais loin. Mais cette prise en compte des laïcs dans l'histoire religieuse, en grande partie stimulée par les ouvertures de Benoît Lacroix, permet également aujourd'hui de renouveler l'analyse de l'institution ecclésiastique elle-même, par le biais de l'histoire de la liturgie, de la pastorale, de la catéchisation et de la sacramentalisation. Benoît n'a donc pas fini d'être un éveilleur d'idées...

L'HISTORIEN DE L'ÉGLISE

Nive Voisine

Le savant médiéviste qu'est Benoît Lacroix n'est pas du tout dépaysé quand il étudie l'Église du Québec : il y retrouve l'« univers religieux de ses ancêtres médiévaux » *(La Religion de mon père*, p. 85) dans une Nouvelle-France « restée, jusque vers les années 1960, l'héritière directe du Moyen Âge français » (*Ibid.*, p. 42). Pour ce faire, il délaisse l'histoire de l'institution ecclésiastique, qui est l'apanage de l'historiographie traditionnelle, et il se penche plus volontiers sur le vécu religieux des petites gens, son père en tout premier lieu et les habitants de Bellechasse, les bien-aimés.

Benoît Lacroix donne de l'histoire de l'Église du Québec une interprétation originale et fascinante. Alors que la majorité des historiens souligne tout particulièrement l'influence de la Réforme catholique aux premiers temps de la Nouvelle-France, il met plutôt en relief les racines plus lointaines de la religion et de la piété populaires. « Cette religion *provinciale* est celle du Moyen Âge », écrit–il (*Ibid.*, p. 44). Et il éclaire tout un pan des relations entre l'Église et l'État après la Conquête par la « théologie médiévale du serment et celle de l'obéissance à l'autorité légitime » (*Ibid.*, p. 47). Ces idées sont à l'arrière–plan de son article fondamental donné à la *Stanford French Review* en 1980 et reproduit dans *La Religion de mon père* (p. 41-61).

L'histoire de l'Église du Père Lacroix, ce n'est pas l'histoire des évêques et du clergé, ni même celle des communautés religieuses, mais celle du peuple qui a fait cette histoire, des gens ordinaires qui l'ont vécue. Le prototype en est son père à la théologie rustique (mais plus profonde qu'il n'y paraît) et au verbe savoureux. Je relis régulièrement l'article qu'il lui a consacré, parce que j'y retrouve la foi de mes parents, de la même génération que Caïus Lacroix, mais dans un milieu, le Témiscouata, à la fois replié sur lui–même par certains côtés et ouvert à l'influence et à l'attirance des États–Unis tout proches (la plupart de mes oncles et tantes paternels se sont exilés en Nouvelle–Angleterre). Ils ont vécu la même religion « nourrie de prédications et d'indulgences avec des confréries nombreuses, alimentée de dévotions de toutes sortes et d'un fort culte des saints » (*Ibid.*, p. 44), mais avec le souci, du côté de mon père, d'une distanciation critique de certains dires du curé ou de certains enseignements des religieuses. J'aime aussi revenir au texte du Père Lacroix après des séances, desséchantes, de recherche dans les archives officielles ; j'ai comme la sensation de revenir à la vraie vie.

La grande originalité du Père Lacroix, c'est aussi de montrer l'utilité, même en histoire religieuse, de certains matériaux longtemps négligés par les historiens. J'ai eu l'occasion, ailleurs, de souligner comment il insiste sur la persistance et la prédominance de l'oral dans l'histoire du Québec et comment il montre que « les Canadiens français, les Québécois en particulier, sont des gens de paroles ». Pendant longtemps, dit–il, « au camp, à la cabane à sucre, à la maison familiale, à la cuisine surtout, la visite d'un voisin, d'un parent, d'un étranger suffit à déclencher la parole » (*Religion populaire au Québec*, p. 30). Il démontre lui–même quelle utilisation on peut faire de cette riche littérature orale (contes, légendes, chansons, cantiques...) pour cerner la mentalité religieuse. Mais ce sont tous les faits ethnologiques, dont il a fait plusieurs inventaires, qu'il propose pour arriver à traduire « la religion vécue, pratiquée et montrée par le peuple » (*Ibid.*, p. 27).

Mine de rien, par des écrits succincts et la chaleur de sa parole, Benoît Lacroix se révèle l'un des principaux pionniers d'une nouvelle histoire de l'Église du Québec, une histoire qui fait la place plus large aux laïcs et à la religion populaire. Avec sa science et son gros bon sens, il oblige à mettre l'accent sur le peuple de Dieu plutôt que sur ses chefs et à chercher les matériaux qui offrent la clé de cette histoire. L'historiographie religieuse en a déjà subi les conséquences. Les plus « vieux » historiens tiennent compte des écrits du Père Lacroix, même quand ils font de l'histoire dite « traditionnelle ». Mais c'est la nouvelle génération d'historiens qui communie davantage à la conception de l'histoire du Père Lacroix et qui, par des thèmes nouveaux, des méthodes originales et un choix inédit de matériaux, renouvelle vraiment l'étude du passé religieux des Québécois. Il serait naïf d'en attribuer tout le mérite à Benoît Lacroix, qui en serait blessé dans son humilité ! mais il en a été l'un des principaux artisans. C'est pourquoi ce poète, cet essayiste, ce savant médiéviste est aussi l'un de nos plus méritants et incontournables historiens de l'Église du Québec. Et l'un des plus vivants à l'aube de ses quatre–vingts ans !

HOMMAGE AU PÈRE BENOÎT LACROIX, O.P.
AUTEUR DE *LA RELIGION DE MON PÈRE*

Lucien Campeau, s.j.

Rien ne peut nous être plus agréable que de consacrer et de dédier au Père Benoît Lacroix ces quelques lignes à son entrée dans l'octogénariat. Historien passionné de notre peuple, médiéviste d'envergure dont les ouvrages provoquent depuis longtemps une réflexion renouvelée sur notre culture, pédagogue d'un intérêt sans mesure pour l'élévation de notre jeunesse, il a comme peu d'intellectuels de chez nous acquis une place de choix dans la pensée québécoise.

Je pense spécialement ici à un livre condensant sa longue réflexion, *La Religion de mon père*, auquel je restreindrai le présent propos. Il résume des interventions que ce maître bien enraciné a multipliées au cours de sa longue carrière et d'où découle un corps de doctrine inestimable sur notre religion populaire comme sur le destin qui lui reste ouvert. Les six parties qui le divisent en donnent une description sommaire : 1. La religion de mon père ; 2. Le « Dieu merveilleux des Québécois »; 3. La fête religieuse ; 4. Le nécessaire inventaire ; 5. Qu'est–ce que la religion populaire ? 6. Mort et survie des religions.

La première section est un portrait bien analysé et plein d'émotion d'un « habitant » de chez nous : ce qui est plus qu'un paysan ; on pourrait dire un citoyen du pays. C'est le père de l'Auteur. Sa religion en grande partie intuitive imbibe toute sa profession et son comportement familial et social. Pour lui, le « Dieu merveilleux » est trine et prend la figure de l'imagerie reçue. Il est lointain. Mais il se rapproche sous la forme du petit Jésus. Le cycle des fêtes liturgiques annuelles est le cadre de ses rapports familiaux, sociaux et politiques. Son comportement nous touche d'autant plus que toutes nos familles ont respiré cette atmosphère, dans leur occupation pionnière au développement d'un continent vierge à ouvrir au soleil.

Dans une deuxième section, le Père Lacroix loue la clairvoyance de Jean–Charles Falardeau, qui a vu dans l'imaginaire et le merveilleux des coutumes ancestrales une ouverture sur le mystère. Sous la conduite de ce maître, il fait une analyse pénétrante du « Dieu merveilleux ».

En troisième lieu, le Père Lacroix montre la fête religieuse comme un héritage médiéval. Elle sert de calendrier, avec deux temps forts et plus longs : Noël et Pâques. Universelle, elle scande la vie d'une communauté, démocratique, globale, passant par l'église, mais répercutée abondamment dans le profane : Noël spécialement.

Ensuite, la nécessité d'un inventaire étudié de ces pratiques jaillit de l'écroulement d'une mentalité particulière obstinément, merveilleusement et défensivement conservée jusqu'à 1960. Quels éléments sacrés et profanes a–t–elle puisés dans l'immensité du pays, dans la conquête qu'elle en a faite, dans ses défrichements, dans ses constructions, dans l'ordre imposé au continent, dans les célébrations solennisées et dans les assurances recherchées ? Partout, dans le travail, sur terre et sur mer, dans les bois, dans les chansons, dans les contes, dans les jurons mêmes, notre homme est un catholique médiéval perpétué, sans souvenir des ruptures éprouvées par le reste de l'Occident. Ce sont même les clercs qui ont commencé d'ébranler sa sécurité séculaire ; les révoltés feront le reste. Le fait est qu'on a aujourd'hui dissocié sa religion de sa langue au point de refuser d'avouer combien les deux ont été unies.

Dans une cinquième section, le Père Lacroix se demande : Qu'est–ce qu'une religion populaire ? La religion peut être *opium* ou *ferment*. *Opium*, si majoritaire, elle s'impose ; *ferment*, si contestée, elle édifie. Notre religion populaire a été européenne, médiévale, française. Reliée à une langue menacée, elle a joué un rôle de bouclier et de défense contre le conquérant : un Dieu tout–puissant à respecter, un Jésus proche, par sa naissance, sa mort, mais moins par sa résurrection ; une abondance d'intercesseurs, Marie au premier plan, appliqués aux besoins sociaux et une multitude d'observances dont la fin utilitaire est à bref ou à long terme.

Enfin, le Père Lacroix nous livre quelques réflexions sur l'éducation. Dans l'état présent des choses, il se refuse à voir l'école catholique comme « une question de vie ou de mort pour notre religion ». Les Pères de l'Église ont tous reçu leur formation scolaire en des institutions non chrétiennes. L'école chrétienne a commencé dans les monastères et s'est édifiée jusqu'à l'université dans une société unanimement chrétienne. L'éducation de l'avenir se nourrira avant tout dans les familles. Cela ne dispense pas une société pluraliste d'inventer son école, mais en se rappelant qu'elle doit desservir la personne entière avec ses besoins matériels, intellectuels et spirituels.

Elles sont abondantes et fructueuses les réflexions que provoque ce livre, qui nous a touché et que nous recommandons. Mais elles représentent également la variété et l'étendue des influences que cet historien du Moyen Âge, en même temps que témoin de notre peuple et de notre foi séculaire, a exercées sur notre milieu. Il mérite pleinement l'hommage qu'ici nous voulons lui présenter.

La foi de ma mère
La morale de nos pères

Émile Poulat

« La religion de mon père », de cette expression souvent entendue, le Père Benoît Lacroix a fait le titre d'un de ses livres, où nombre de ses lecteurs ont pu se reconnaître. Par ailleurs, si je ne m'abuse, il conserve dans ses tiroirs un manuscrit complémentaire, « La Foi de ma mère ». « La morale de nos pères », autre formule classique, a été lancée voici un peu plus d'un siècle par Jules Ferry à la Chambre des députés lors du débat sur les « lois laïques » instituant en France l'école primaire gratuite et obligatoire. Faut-il dire qu'elles se ressemblent comme deux gouttes d'eau ou que tout les oppose ?

Elles se ressemblent : deux jumelles. Et, en même temps, elles s'opposent terme à terme : foi/religion, religion/morale, moi/nous, tous, femmes/hommes. Le cas idéal — le paradigme — d'une dissonance cognitive : tout pour intriguer un esprit curieux.

La Vieille France, révolutionnée en 1789 à la grande contrariété de la Nouvelle France, se mit vite sur le dos deux énormes problèmes : la question religieuse et la question scolaire, en attendant, un peu plus tard, la question sociale. Napoléon résolut la première par le Concordat (1801) et la seconde par le Monopole (1808). Le régime concordataire limitait les « cultes reconnus » à quatre : sa dénonciation en 1905 — « séparation des Églises et de l'État » — entraînera la pleine liberté de religion en France, quatre ans après la pleine liberté d'association (1901). Quant à la pleine liberté d'enseignement, elle se fera par étapes : primaire (loi Guizot, 1833), secondaire (loi Falloux, 1850), supérieur (loi Laboulaye, 1875).

Sur un siècle, on observe un étonnant chassé-croisé : les cultes sont définitivement passés du droit public au droit privé, tandis que l'enseignement privé se trouve associé au service public de l'éducation nationale. Mais ces deux mouvements de sens inverse ne peuvent faire oublier le troisième : la séparation de l'école primaire publique — obligatoire, gratuite et laïque — et des religions positives établies (1881-1886).

Une triple laïcisation : des programmes, des enseignements, des personnels. Le grand débat, passionnel, se joua autour de « l'instruction religieuse et morale », à laquelle fut substituée « l'instruction morale et civique ». Dieu était *chassé* de l'école. Mais, coupée de Dieu, que pouvait-il rester de la morale ? Au nom de quoi pourra-t-elle encore prescrire ou interdire ? Jules Ferry, président du Conseil et promoteur de la loi, répondit vivement à ses détracteurs catholiques : « L'instituteur enseignera quoi ? Une théorie sur le fondement de la morale ? Jamais, Messieurs, mais la bonne vieille morale de nos pères, la nôtre, la vôtre, car nous n'en avons qu'une » (10 juin 1881).

Telle est donc la conviction des *laïques* : la religion nous sépare, mais la morale nous unit. C'est l'antique morale humaine, celle du Décalogue, « commune à tous les peuples, basée sur la raison naturelle, immuable dans ses solutions ». C'est celle « des vieux préceptes que nous avons tous appris de nos mères et de nos pères quand nous étions enfants ».

Les écoles philosophiques se disputent sur les fondements de l'éthique ou de la morale, mais s'accordent toutes sur son contenu, expliquait Jules Ferry, dans la tradition d'un *spiritualisme* partagé par la quasi-totalité de la société française. En fait, le débat montra que ce n'était déjà plus tout à fait vrai : on vit à la Chambre s'opposer « morale religieuse » et « morale indépendante », celle-là même qui, en 1884, allait faire voter la loi sur le divorce. Et puis, entre les morales qui se disaient « évolutionniste », « positiviste », « utilitariste », voire « hédoniste » et la morale chrétienne traditionnelle, hésitant entre *rigorisme* et *liguorisme*, y avait-il bien adéquation ? Ce que nous voyons aujourd'hui n'est que le développement de ce qu'on pouvait déjà observer. Ce sont aussi nos morales qui nous séparent.

Cette « morale de nos pères » nous renvoie pourtant à une catégorie perdue : la *morale publique*, ce dénominateur commun que toute société impose à ses membres sans les avoir consultés individuellement et qui s'exprime, par exemple, dans le Code pénal. Celui qui transgresse cette morale légale est aussitôt sanctionné par la police ou les tribunaux. Elle trouve un large écho dans l'opinion publique, prête à se scandaliser vertueusement des manquements à ses règles, répercutés par les médias. Elle aussi montre d'étonnantes variations selon les temps et les lieux : crimes sexuels, haines raciales, exploitation humaine, richesses mal acquises, trafics et prévarications en tous genres, etc. ; on aimerait que des sociologues se penchent, là où ils sont, sur cette morale publique essentielle au lien social et indépendante des convictions profondes de chacun.

En un siècle, elle a évolué, mais elle a résisté. Pourquoi donc sommes–nous restés plus fidèles aux préceptes moraux « appris de nos parents » qu'aux vérités religieuses qui les accompagnaient ? Et si nous avons largué la religion apprise (voir les statistiques), pourquoi resterions–nous fidèles à la morale inculquée ? La question n'effleurait pas Jules Ferry : nous ne pouvons plus l'éluder.

Faut–il en demander l'explication à Benoît Lacroix ? Pères et mères s'entendaient sur la nécessité d'avoir de « bons principes » et que le catéchisme — les commandements de Dieu — en était un bon vecteur. Mais combien de pères ont abandonné aux femmes l'éducation religieuse de la famille : non pas seulement veiller à la régularité de la pratique, mais aider à l'éveil et à l'intériorisation du sentiment religieux ? Une religion féminine, familiale, populaire, traditionnelle, qui ne va pas sans questions : à l'âge adulte, ne va-t-elle pas se trouver prise en tenaille entre les contraintes institutionnelles de l'Église catholique et les activités séculières de la société civile ?

« La morale de nos pères », c'est l'extérieur, ordonné à la vie en société. « La foi de ma mère », c'est l'intérieur, ce qui transcende toute société, toute vie en société. L'Église, c'est l'un et l'autre, mais à sa manière, qui ne colle jamais exactement à ce que vivent pères et mères. Si j'en juge par la foi de la mienne, sa piété, qui était profonde, était marquée par une réserve, une distance qui avait ses naïvetés mais qui ne s'en laissait pas conter.

Un océan et plus de trois cents hivers me séparent du Père Benoît : j'ai le sentiment que nos mères se seraient tout de suite comprises. La sociologie quantitative et statistique nous est nécessaire, et aussi la théorie sociologique : ce jardin secret sera toujours leur limite. Il ne s'ouvre qu'à un autre type d'approche.

« POUR LE PLAISIR DE PARTAGER DES SOUVENIRS »

Cécile Cloutier

Je relis ce jour-ci la dédicace que me fit le Père Lacroix de son livre important et attendrissant *La Religion de mon père* : « Pour le plaisir de partager des souvenirs », écrivait-il. « Je me souviens », à l'occasion de ces textes, de ses textes, de nos étés à Beaumont, sur la « terre » de mon cher vieux professeur Luc Lacourcière, où je contemplais le fleuve, « son » fleuve, celui de Saint-Michel, le village voisin ; de ma mère, née elle aussi dans Bellechasse, à Saint-Magloire, une Lantagne, une de Lantagne, une descendante de Malherbe ; du Frère André, le cousin de ma grand-mère Cloutier, de mon grand-père qui ne sut jamais lire, parce qu'il n'y avait pas d'école française, dans son village des Cantons de l'Est et qui construisit sur sa ferme, pour ses neuf enfants, avec ses mains, avec son bois, avec sa foi, avec sa langue, une école dont il acquitta lui-même le traitement de l'institutrice, sans rien demander à son député, fût-il rouge. Dans ce magnifique livre qui sent bellement le grégorien et l'encens du salut du Saint-Sacrement, avec un goût de Quarante heures et de visites aux reposoirs du Jeudi saint par un vent de graines dans l'œil, alors qu'on se mettait « en souliers » pour la première fois après l'hiver. Oui, je me souviens de ma ville de Québec où je suis débarquée en 1634, abandonnant, dans mon vieux pays la France, mon Moyen Âge, mes cathédrales, mes abbayes et mon château, celui de Malherbe. Je me souviens de mon enfance alors qu'être femme, c'était être mère ou religieuse, quand l'on ne connaissait pas l'avortement et que nos mères, après une fausse couche, portaient le deuil de l'enfant jamais né et donnaient souvent son prénom au prochain bébé.

Je me souviens des huit vicaires de ma paroisse du Saint-Cœur-de-Marie, sur la plus haute hauteur de Québec, dont l'église de mon baptême, de ma première communion, des funérailles de mon papa, de notre banc numéro 5, qui est maintenant à vendre.

Pour tous ces souvenirs allumés par son livre, réchauffés par son intelligence, attisés par son immense culture et sa sensibilité pleine de santé, je remercie le Père Benoît Joachim Lacroix, un grand travaillant. Comme le dirait son père : « Y a encore de l'espérable ».

Le Père Lacroix et le Frère André

Micheline Lachance

Ma rencontre avec le Père Lacroix tient du miracle. Normal ! car c'est le Frère André qui l'a provoquée...

C'était en 1981. J'avais « commis » une biographie du thaumaturge qui, ma foi, ne lui avait pas déplu... même si, souligna-t-il, je n'avais pas abordé la mentalité religieuse du personnage d'une manière scientifique. Il avait mis des gants blancs pour exprimer ses réserves mais j'avais lu entre les lignes : en gros, il considérait comme de la haute voltige ce portrait du fondateur de l'Oratoire Saint-Joseph que j'avais tracé et qui montrait « le meilleur comme le pire ». Je naviguais habilement entre le sacré et le profane, en évitant les « pieuseries » si courantes dans les vies de saints.

Mais ce qui le chiffonnait le plus, ai-je fini par comprendre, c'était que moi, « une femme, une laïque », comme il l'écrivait dans la *Revue d'histoire de l'Amérique française*, j'avais osé m'attaquer à un dossier habituellement réservé aux prêtres et aux biographes officiels. Le blâme ne s'adressait pas à moi mais aux historiens dits sérieux. Où étaient-ils ? N'était-il pas grand temps qu'ils se penchent avec leur bel esprit scientifique sur les phénomènes religieux populaires ?

J'ignore si son appel a été entendu mais, en ce qui me concerne, j'ai bien envie de lui avouer aujourd'hui qu'il avait mis, d'une certaine façon, le doigt sur le bobo. C'est vrai que j'avais pratiqué l'acrobatie en renvoyant par exemple mes lecteurs à leur propre liberté de croire ou de ne pas croire aux miracles du Frère André. Tout au long de la campagne de presse qui a suivi la sortie de mon livre, j'avais une peur bleue qu'un interviewer plus fûté que les autres me pose la question : « Croyez-vous aux miracles, madame Lachance ? »

Au fait, Père Lacroix, après toutes ces années passées à étudier les croyances populaires, vous voudrez bien me le dire : « Vous ? Y croyez-vous aux miracles ? »

Naturellement, cela restera entre nous...

Évolution de l'orientation première

En 1945, j'entrais comme professeur à l'Institut d'études médiévales à l'Université de Montréal, mais la formation médiévale reçue à Toronto, formation plutôt encyclopédique, m'a conduit dans des sentiers diversifiés, imprévisibles, ceux d'aujourd'hui : une action avec et auprès du peuple. Comment expliquer ?

Ici joue certainement, outre l'influence des grands humanistes que j'ai fréquentés, celle de mon père qui était un conteur, un crieur public, un animateur hors pair dans le milieu rural.

Il y a aussi le fait que j'ai exercé, malgré moi au commencement, un ministère que je n'avais pas tellement prévu : l'action spirituelle auprès de la jeunesse étudiante.

Par la médiation des étudiants, j'ai été conduit à une redécouverte de la vocation dominicaine. J'ai perçu avec les années que cette option qui consiste à mettre de l'intelligence dans les Écritures et que le goût presque fanatique pour l'étude de la foi correspondaient finalement et à mon désir missionnaire initial et à un besoin de l'étudiant qui veut connaître davantage le christianisme. Mes publications, orientées d'abord sur le moyen âge, sont devenues par la suite plus comparatives : je cherche des liens entre le christianisme traditionnel au Québec et nos origines européennes. Vive la continuité historique ! Aujourd'hui, sans abandonner le moyen âge, ma nouvelle forme de pensée porte davantage sur l'étude de la foi vivante du peuple québécois.

(Dans *Les Dominicains, qui sont–ils ? que font–ils ? où sont–ils ?*, 1986, p. 28)

CULTURE ET RELIGION

Naïm Kattan

Le vingt et unième siècle sera celui du retour au religieux, dit–on. Ce que l'on constate surtout, c'est le retour fracassant des guerres religieuses. Après des siècles d'affrontements sanglants, il y eut une accalmie. Le dix–neuvième siècle annonçait une marche ininterrompue vers le progrès grâce surtout à la science. Puis, au vingtième siècle ce fut le règne des idéologies. Si celles–ci n'ont pas remplacé les religions, elles les ont, au moins déplacées. Or, les prolégomènes de ce retour des religions apparaissent comme l'irruption d'idéologies plus archaïques et plus cruelles encore que celles qui viennent de s'effondrer.

En réalité le surgissement du religieux est un resurgissement du tribalisme, d'une discipline archaïque sous l'égide d'un chef et, dans le cas où celui–ci est invisible, de son représentant. Aucune religion ne sort indemne de ces affrontements et les religions prennent alternativement les figures du bourreau et de la victime. Orthodoxes, catholiques et protestants en Roumanie, orthodoxes face aux catholiques, orthodoxes et catholiques face aux musulmans en Yougoslavie, musulmans face aux chrétiens et aux animistes au Soudan, musulmans face aux coptes en Égypte, hindouistes face aux musulmans en Inde. On peut multiplier à l'infini les exemples et, en plus des guerres ouvertes, on peut dresser la liste de celles qui couvent et qui n'attendent qu'un prétexte, qu'une occasion, pour éclater.

À regarder de plus près, on s'aperçoit rapidement que la religion n'est, en fait, qu'un outil. Il n'est point question de l'amour du prochain et de l'amour de Dieu encore moins d'une transcendance. Il est question de traditions, de langues, des règles et des lois auxquelles on obéit afin de donner au groupe la cohésion nécessaire pour se porter à l'assaut des ennemis, ceux qui lui contestent le pouvoir et qui, pour le lui enlever, pour conquérir le pouvoir, dénoncent sa religion. Il y a là une régression de l'idéologie politique, un retour à ce que l'on nomme l'essentiel et qui n'est, en fait, qu'une entreprise primaire de la défense d'un territoire.

On a cru que, dans son organisation sociale, l'humanité avait évolué du stade de la tribu à celui d'une société civile et de l'autocratie à la démocratie. Celle-ci a buté contre ses propres vertus. Donner une voix égale à tous les citoyens présuppose une égalité dans l'appréhension et l'appréciation des faits et des décisions politiques. Ce ne fut pas le cas. On a vu des hommes exploiter cette faiblesse pour installer un règne de corruption et de démagogie. Jusqu'au retour à l'autarcie totalitaire qui fonde sa dictature sur la supériorité d'une race ou d'une classe.

Avec la montée de la technologie, l'image remplace la police ou s'unit à elle. Les problèmes économiques créés par ces technologies sont tels qu'aucune élite politique ne réussit à les résoudre, à les contenir ou à les contrôler par la violence et la répression. Il s'agit non pas seulement d'une faillite de l'idéologie mais surtout d'une impuissance de la politique à régler les problèmes de la société. D'où la présence d'une langue de bois, d'une rhétorique vide et équivoque à l'instar d'une image fixe dans une irréalité obscurcie, masquée par un mouvement perpétuel, sans but et sans aboutissement. Ruse, mensonge et supercherie.

Face à l'impuissance des gouvernants, face à l'irréalité, à l'abstraction du quotidien, le retour à l'origine, aux sources, à la tribu, n'est en fait qu'un appel irrésistible à une régression à l'archaïque, même quand il prend une forme brutale de démagogie. Il est tromperie et piège. En plus de donner un sentiment de fidélité, d'une plénitude de l'être, de sa fusion dans un ensemble, ce retour se présente comme intemporalité. La religion commence avec le commencement de l'humanité ou bien elle inaugure une ère. Elle est naissance et n'a d'aboutissement que dans la mort qui est déplacement d'un monde dans un autre et qui, pour certains, est elle-même un retour, une étape de la résurrection. Cette intemporalité oppose à l'éphémère politique et aux fluctuations de la technologie une permanence, une continuité. L'individu se fond dans l'immuable.

Dans les pays industrialisés, l'impact du religieux ou de l'idéologie qui en est l'avatar, n'est pas moins puissant. La technologie crée de multiples occasions de rencontres même si, paradoxalement, elle isole l'individu. La famille n'est plus un foyer et le centre d'agrégation est une image, c'est-à-dire qu'il ne se situe nulle part. Placé devant un miroir déformant, l'individu se rend compte que l'image bouge mais, qu'étant irréelle, son mouvement est illusoire. Il découvre alors sa solitude et quand, grâce à la technologie qui en est en grande partie responsable, deux solitudes se rejoignent, au lieu de s'alléger, la solitude pèse de toute sa lourdeur. La secte remplace la famille et sous l'œil du guide, elle est régie par des règles, disciplinée, immuable. L'individu aliène une liberté insupportable, se fond dans l'anonymat d'une masse, se transforme en une substance malléable puisant sa forme d'une volonté extérieure qui ne peut jamais être mise en question. C'est le départ, la fuite, l'abandon de l'être. Comme l'est la drogue dont elle est souvent la contrepartie.

L'irréalité de l'image suscite aussi le sentiment de la futilité de l'action et de l'inutilité de la personne. La vie apparaît comme une illusion qui correspond à cette autre illusion : la drogue. Au point de départ, celle-ci est, paradoxalement, conscience et récompense. Conscience de la vanité de la vie et de la futilité de l'existence dont la récompense est la jouissance, la paix de l'oubli, une perpétuelle répétition du départ en un voyage sans destination, en d'autres mots, à la mort. À cette mort appelée, désirée, recherchée, la religion oppose la solidité d'une masse, la permanence d'une vérité et l'immuabilité d'un dogme. Triste retour et lugubres retrouvailles.

La soif de certitude, de ce que l'on qualifie de vérité interdit tout débat, toute discussion, toute parole. On répète, dans la crainte et la vénération, les ordres auxquels on doit obéissance. Idéologie primaire, aveugle, aliénation de la liberté, annihilation de la personne. Nous sommes loin d'une religion d'amour et de fraternité. C'est le règne d'un pouvoir brut, manipulé par des démagogues, des aventuriers, des assoiffés de puissance. La conjonction des meneurs cyniques et des affamés de certitudes interdit la parole et l'absence de parole conduit inexorablement à la violence. Violence de ceux qui cherchent à assurer les assises de leur domination et violence de ceux qui ont perdu toute articulation de l'esprit et pour lesquels toute action équivaut à un geste immédiat accompli dans l'absence de toute réflexion, sans égard aux conséquences et surtout, sans souci du mal que l'on inflige à l'autre. Celui-ci est réduit à l'image de soi, c'est-à-dire à un objet manipulé par un pouvoir auquel il s'en remet sans discussion.

Ce n'est donc pas à la disparition de l'idéologie que nous assistons mais à sa résurgence sous une forme plus sanglante. Dans les affrontements ethniques et religieux on n'a même plus besoin de recourir à des raisonnements, fussent-ils fallacieux, ni à des mots, fussent-ils de bois. C'est la force brutale, nue, la violence qui n'ont d'autre justification que leur présence, leur déploiement. Au lieu de faire des pas en direction de la liberté, on régresse vers une domination crue, le règne de la jungle.

Une étape ? Il est cruel d'entendre les mots qu'on énonce à propos de l'avenir, de la jeunesse, de l'espoir alors qu'on plonge dans le sombre. S'occuper de la génération montante peut n'être qu'une caution, un prétexte de démission. La génération présente, celle qui vit, est perdue, on la sacrifie en faveur des générations futures. Or, chaque génération fait sa vie, aménage son environnement. Il n'y a qu'une vie et la génération qui sacrifie la sienne, démissionne, s'abandonne volontairement à la mort.

Il serait intéressant de revenir un moment en arrière pour rappeler qu'au Moyen Âge, pour les chrétiens la grammaire faisait partie de l'éthique et qu'à la même période les Arabes se distinguaient des Grecs par leur rapport à la langue. Alors que ceux-là reliaient la langue à la pensée et affirmaient que le lien entre la langue et la pensée suit la voie de la logique, les Arabes considéraient la grammaire comme un comportement. Elle constitue en elle-même une voie. Attitude légale qui nie les dictées du cœur et les ambiguïtés psychologiques. Il existe dans les langues qui révèlent la parole de Dieu une équivalence entre forme et sens. La grammaire délimite alors et précise la loi. Le formalisme est une contrainte qui enferme l'homme dans ses expressions, interdisant doute et invention. L'interprète s'érige alors en juge. Cela peut mener loin et l'intégrisme actuel est un des avatars du règne de ces maîtres de la grammaire et de l'interprétation.

La distance qu'on établit entre le mot et la chose, par contre, entre la parole et l'acte, le verbe et le sens, donne lieu, dans ses avatars, à la prolifération de langues de bois, à l'idéologie comme instrument de contrôle et à l'oppression des dogmes. Le débat entre philosophes et grammairiens est loin d'être clos. Face à l'envahissement de l'image et à l'asservissement de la langue par la technologie, il importe de réhabiliter les mots afin de ne pas perdre le sens, afin de le retrouver. Peut–être le salut du verbe est qu'il soit présent et qu'il soit non pas uniquement lien entre pensée et comportement mais, dans sa substance et dans son cheminement à la fois pensée et comportement.

EXTRAIT DE *PORTRAITS D'UN PAYS*

Un jour, je reçois un appel de Boris Volkoff qui dirigeait alors des émissions dans un poste radiophonique privé. Il me proposa de participer pour la durée d'un mois, à un débat hebdomadaire. On aborderait, du point de vue religieux, de grandes questions : Dieu, l'amour, la fraternité, la mort... Autour de la table, il y aurait un catholique, le père Benoît Lacroix , un protestant, le pasteur Jacques Beaudon, un athée, François Hertel et un juif, moi–même. Nous nous sommes alors beaucoup vus. Le pasteur Beaudon s'est avéré un grand chef et il nous conviait à poursuivre la conversation chez lui. Ce qui me revient surtout à l'esprit c'est le profond accord qui régnait entre nous. Au–delà de la théologie, nous cherchions, dans la distinction, l'Esprit, le lien. François Hertel commençait toujours ses exposés par : moi, qui ne suis pas croyant... et il se lançait dans l'exégèse biblique et les subtilités théologiques qui nous laissaient pantois.

L'hebdomadaire *Sept Jours* publiait de semaine en semaine [janvier–mars 1967] le compte rendu de nos délibérations et un éditeur qui avait l'intention de les publier sous forme de livre, s'est finalement abstenu : Personne ne s'intéresse plus à ces questions, dit–il.

(*Portraits d'un pays*, Montréal, Éditions de l'Hexagone, 1994)

MEMBRE FONDATEUR DE L'INSTITUT QUÉBÉCOIS DE RECHERCHE SUR LA CULTURE

[...] il existe depuis peu. Si nous le comparons à d'autres institutions du genre, il ne possède qu'un budget fort réduit. Et pourtant on travaille beaucoup. Depuis sa création, plus de dix publications ont vu le jour. Une cinquantaine sont actuellement en route.

Croyez–moi, j'ai longuement réfléchi avant de me joindre à cet Institut; j'aurais voulu laisser la place à des plus jeunes. Mais, je me sentais en parfait accord avec les objectifs de cet organisme non–subventionnaire, si peu politisé, ouvert à toutes les suggestions, prêt à pousser le moindre projet original. À l'Institut, nous cherchons, nous devinons, nous nous épaulons avec cette certitude que l'avenir est plus important que le passé. Par exemple, nous vérifions à quel degré les ethnies, les nouveaux immigrants, les nouveaux Québécois sont des sources incomparables d'énergie et d'inspiration. Ça m'enthousiasme de pouvoir penser qu'un jour — pas très loin, j'espère — ici, un Grec, un Italien, un Vietnamien, un Allemand, un Portugais et d'autres encore pourront se sentir à l'aise, utiles à la communauté francophone du Québec soucieuse, elle aussi, de toutes les diversités humaines et culturelles.

(Interview par Axel Maugey, « Benoît Lacroix : La force de l'authenticité », *Relations*, n° 478, mars 1982, p. 72)

BENOÎT LACROIX OU LE SOUCI DE L'HÉRITAGE

Fernand Dumont

Comme bien du monde, j'ai toujours été émerveillé par la manière dont Benoît Lacroix, avec une liberté souveraine, a su conjuguer une infinie capacité d'écoute et la fécondité de l'écriture. Je m'étonne tout autant qu'un même homme puisse cultiver des intérêts aussi divers. Prêtre et pasteur, il l'est d'abord, et avec tout le dévouement que suppose ce rôle assumé selon ses lourdes exigences ; mais il est aussi médiéviste ; il s'est fait spécialiste des religions populaires ; il s'est occupé de folklore ; il a consacré des travaux importants à la littérature québécoise ; il a écrit des contes, des récits, des textes liturgiques ; à l'occasion, il va jusqu'à rédiger des éditoriaux pour *Le Devoir*... Incapacité de se fixer, curiosité intempérante ? À moins qu'une intention plus dissimulée fasse converger des cheminements en apparence dispersés.

Pour qui a pratiqué les écrits du Père Lacroix, il ne paraît pas impossible d'y repérer des raccordements, un programme qui, s'étant refusé l'enfermement dans un jardinet de spécialiste, n'en laisse pas moins voir les lignes directrices d'une même entreprise.

Médiéviste, Benoît Lacroix a donné des études érudites qui confèrent à un savant ses lettres de créance dans un secteur particulier du savoir. De là aux recherches sur la religion populaire du Québec, la transition va de soi, à la condition d'entériner une hypothèse majeure et souvent reprise. Je choisis l'une des formulations les plus abruptes : « La Nouvelle France (1534–1760) fut et est restée, jusque dans les annnées 1960, l'héritière directe du Moyen Âge français [23]. » Nous voilà prévenus : n'était-il pas nécessaire, au fond, qu'un médiéviste d'origine québécoise se voue à l'étude de la religion d'un peuple venu en droite ligne du Moyen Âge ?

Mais pourquoi la religion *populaire*, et soigneusement distinguée de celle que l'on pourrait qualifier de *savante* ? Parce que (et ce me paraît être la seconde hypothèse) un chercheur, fût-il un théologien de formation comme Benoît Lacroix, ne trouvera au Québec rien d'autre que « la théologie populaire des Canadiens français, la seule qui soit originale et nous caractérise en tant que nation » (*Ibid.*, p. 35). Engagé sur cette voie, il est difficile de départager, dans la culture populaire, ce qui est *religieux* et ce qui ne l'est pas ; d'où les enquêtes sur le folklore, en complicité avec l'équipe de Luc Lacourcière. D'où aussi (le pasteur étant toujours présent à l'arrière-plan des curiosités les plus profanes) l'apologie des alentours de la fête liturgique, le refus de s'en tenir à ce qui est étroitement codifié comme religieux : « même si le folklore obéit à certaines modes qui risquent de contredire la liturgie officielle, il garde toujours sa valeur de rappel », car « il s'agit ni plus ni moins de valoriser le temps, d'éterniser le présent et d'éveiller le goût de la durée en plénitude en faisant deviner la joie d'une fête en permanence » (*Ibid.*, p. 123).

Fort bien. Mais voici qui est plus difficile, et qui va exiger ce que je considère comme une troisième hypothèse : comment raccrocher à ce train de préoccupations l'intérêt également passionné envers la littérature québécoise ? Pour y arriver, il faut revenir en arrière, à ce qui est probablement la première publication du Père Lacroix : *Vie des lettres et histoire canadienne*. La culture du Canada français, écrivait en 1954 ce jeune homme d'avenir, en est « à l'époque des enfances ». Pourquoi nous plaindre de la relative pauvreté de notre production culturelle, alors que nous en sommes... à notre Moyen Âge ? On n'aurait pas à presser cet audacieux débutant pour qu'il affirme que nul n'est mieux placé qu'un médiéviste pour juger de ce temps des commencements qui est (qui était ?) le nôtre : « l'histoire elle-même nous enseigne que le temps des enfances littéraires d'un peuple est un temps idéal pour orienter une réflexion, pratiquer des sondages de fonds, interroger l'horizon. N'est-il pas intéressant de constater qu'au XXe siècle, la France proclame toujours comme siens des traits qu'elle a acquis à son premier âge, au XIIe siècle ? » (p. 43)

Voilà assez de justifications et de séduisantes hypothèses pour admettre qu'il s'agit d'un beau terrain de travail. La diversité des domaines, j'allais dire des cultures, compose un ensemble aussi soigneusement aménagé qu'était, au dire de son fils Benoît, la terre de Caïus Lacroix.

Avons-nous atteint ainsi l'essentiel ? Je ne le crois pas. Certes, voilà un auteur aux larges horizons, capable de transgresser des frontières sans perdre de vue des idées directrices. Mais l'homme ? Derrière ce projet de travail aux dimensions si amples, pressent-on une inspiration où la personne entière serait engagée ? Une *vocation*, pour tout dire ? Par ce beau mot, que l'on a eu tort de mettre au rancart, je ne veux pas désigner le choix d'une carrière, fût-elle ecclésiastique, mais le dévouement de tout l'être à ce qui est apparu comme un devoir impérieux.

Dans son enfance et son adolescence, Benoît Lacroix a connu un monde maintenant disparu. Le magnifique portrait qu'il a tracé de son père, les souvenirs qu'il a mêlés à ses analyses plus détachées reconstituent les traits d'une culture qui n'est plus la nôtre. C'était bien, en effet, notre Moyen Âge à nous, et cette fois un Moyen Âge que le Père Lacroix n'a pas entrevu dans les livres.

Pour beaucoup de Québécois d'aujourd'hui, ce monde n'est pas seulement périmé ; il représente le temps de la « grande noirceur ». La Révolution tranquille a provoqué non seulement une révision du passé, mais un rejet qui confine, chez certains, à la haine farouche. Dans des téléromans et ailleurs, le procès se poursuit avec une constance qui ne semble pas avoir encore lassé nos contemporains. La religion est naturellement au centre de cette dénégation de l'héritage. Orphelins du passé, comment pensons-nous affronter l'avenir ? À certains jours, je songe à la formule que le poète René Char mêlait à des regrets, et que je suis tenté de nous appliquer : « notre héritage, écrivait-il, n'est précédé d'aucun testament ». Le passé ne serait-il, pour nous, qu'un inévitable mais inutile fardeau ?

Si j'osais définir en quelques mots la *vocation* de Benoît Lacroix, je dirais qu'il s'est consacré à l'examen de l'héritage afin d'en dégager un *testament*.

Pour cela, il fallait rester attaché au monde ancien, non seulement comme à un excellent sujet d'étude, mais par affection et vénération [24]. Ce qui n'empêche pas l'examen critique. Quand il élucide les caractéristiques de la religion traditionnelle des Québécois, s'il en montre les solides assises, il en souligne aussi les limites et les carences : sa dépendance du monde naturel, son inspiration fataliste, son peu d'insistance sur le contenu de la foi, sa conception d'un Dieu qui ressemble davantage à Yahvé qu'à Jésus–Christ... La vigilance est partout présente dans les analyses de l'héritage ; mais elle s'accompagne de la sympathie et de la complicité. Si Benoît Lacroix espère que les Québécois de l'an 2000 « feront la paix avec leur passé religieux », il voudrait que ce soit par un effort de lucidité plutôt qu'en cédant à la complaisance : « une fois évalué l'héritage, nous nous devons de revérifier, au double niveau de l'objectivité scientifique et de la culture d'Occident, les idéaux judéo–chrétiens qui ont façonné l'homme québécois traditionnel. Profitons de la grande purification actuelle, douloureuse mais bienfaisante, par laquelle passe l'Église de nos ancêtres... Sans nous idéaliser, mais sans nous renier, nous apprendrons les faits, nous nous aimerons mieux, nous rirons avec moins d'amertume » (*La Religion de mon père*, p. 60, 40).

Se réconcilier avec sa mémoire, reconnaître un *testament* dans l'héritage, cela ne suppose pas seulement les vertus de l'analyse. Pour se souvenir avec justesse, il faut créer. C'est à cette jointure, je crois, qu'il convient de situer les contes du Père Lacroix, où renaît son village natal, où le Jésus des Évangiles se promène avec ses amis sur les routes de Bellechasse en attendant sans doute, après avoir quitté cette contrée privilégiée, de nous visiter à notre tour. L'humour a sa part dans la reviviscence de l'héritage. La foi du pasteur aussi : dans sa prédication, dans ses éditoriaux au *Devoir*, en tant de lieux où se répandent généreusement sa parole et son espérance, c'est l'anticipation du renouveau de la foi chrétienne au pays du Québec qui nous est offerte comme un témoignage et une promesse. « On dira, à la limite, que le peuple d'ici vient de vivre son Ancien Testament et qu'il est mûr pour le dépassement » (*La Religion de mon père*, p. 269).

Non, le métier d'historien, contrairement à ce qu'on pourrait penser, ne ramène pas en arrière pour inciter à une évasion du présent. En commençant sa belle étude sur *L'Historien au moyen âge*, Benoît Lacroix écrivait : « chaque époque demande à ses historiens de l'aider à vivre » (p. 11). Il aura admirablement répondu à ce passionnant devoir.

BENOÎT LACROIX, L'HISTORIEN ET LE COUSIN

Denise Lemieux

De Benoît Lacroix, chantre de la parole, historien et humaniste, je veux d'abord évoquer la présence à l'Institut québécois de recherche sur la culture, au début des années 1980 où, rassemblés par Fernand Dumont et Jean Gagné, des chercheurs de diverses disciplines pouvaient concevoir dans l'effervescence de la création d'une jeune institution, des projets innovateurs, imaginatifs et sans retombées pratiques trop immédiates, puis les réaliser. Membre de la Commission Frégault qui avait examiné les enjeux culturels du Québec moderne, Benoît Lacroix cherchait à transmettre aux plus jeunes la pensée de ce groupe d'intellectuels chevronnés mandatés par l'État pour réfléchir sur la culture dans le contexte contemporain ; de leurs débats avaient surgi les objectifs et le modèle d'une institution pour promouvoir la recherche sur la culture au Québec. Au comité scientifique du nouvel institut, il encourageait et soutenait les travaux sur l'art, l'histoire, le féminisme, les ethnies, la jeunesse, la culture populaire, l'imaginaire, le théâtre et son objet de prédilection, la religion populaire.

Sa longue expérience d'historien du Moyen Âge demeuré très proche de ses origines paysannes, l'a aidé à saisir l'intérêt d'un domaine de recherche inédit ; il proposait de développer une approche ethnologique de ces phénomènes religieux populaires québécois que la génération d'intellectuels de l'après-guerre, puis ceux de la Révolution tranquille avaient écartés en même temps que les autres oripeaux de la tradition. Désireux de faire connaître sous l'angle scientifique et humaniste, la religion de son père, Benoît Lacroix envisageait le religieux sous ses formes traditionnelles mais aussi modernistes et j'ajouterais postmodernistes, ne serait-ce que pour le voir sourire malicieusement...

Fasciné par les changements de société qu'il observe et approfondit, entre autres par la grande diversité des personnes et des milieux qu'il côtoie, Benoît Lacroix s'intéresse en historien à l'émergence de nouvelles croyances dans le contexte contemporain, curieux des manifestations contemporaines du sacré et attentif à l'expression des besoins spirituels d'une époque désenchantée. Devant la prolifération des sectes, il avait deviné à travers ses savoirs de médiéviste, les signes parfois inquiétants de l'émergence de millénarismes à l'aube du XXIe siècle ; il avait même imaginé au début des années 1980 un projet de recherche concernant les croyances sur la fin du monde.

À quatre-vingts ans, troquant (comme les politiciens !) le sermon pour la télévision, adressant au public lors des fêtes ou des vacances des billets journalistiques sur le sens de la vie, la joie et la souffrance, la beauté du monde et les grands rythmes cosmiques, mais surtout proches de personnes de tous âges et de toutes provenances à qui il envoie des mots d'espoir, d'encouragement, des paroles d'amitié et des éclats de rire, il marche allègrement vers l'an 2000, aux côtés des jeunes et des très âgés, qu'il sait rejoindre dans leurs propres valeurs, sans jamais imposer les siennes.

À ces souvenirs de l'historien, j'aimerais juxtaposer un autre portrait qui l'inscrit dans la mémoire des ancêtres, les siens et les miens, puisque nous sommes apparentés, ayant en outre le même parrain et la même marraine. En réalité, mes souvenirs familiaux du Père Lacroix ressemblent un peu aux contes qu'il a réunis dans *Trilogie en Bellechasse*. La parenté dont je me réclame se découpe au départ sur ces mémoires un peu fictives que charrient toutes les familles, à grand renfort d'albums de photos comprenant des personnages illustres et jamais vus. Parmi ceux-ci, figuraient toujours en bonne place, dans les années cinquante, les prêtres et les religieuses de la famille. Chez nous, ils étaient quatre ; ils s'appelaient tous Lacroix et venaient de villages aux noms d'archanges, Saint-Michel, Saint-Raphaël, noms éthérés que venait compenser un vocable bien terrestre, Bellechasse. Le seul qui fait véritablement partie de mes souvenirs d'enfance, c'est l'oncle Joseph, chanoine, frère de ma grand-mère. Une fois l'an, il descendait majestueusement du Séminaire de Québec pour venir goûter la dinde traditionnelle. Aimable et un brin cérémonieux, familier avec mon père, timide avec ma mère, il taquinait et questionnait sur leurs études les quatre petites filles, que sans doute il imaginait mal comme des recrues pour cette cause à laquelle il avait consacré toute sa vie, le cours classique. Notre apprentissage du latin sembla susciter son intérêt mais l'immuabilité de la fête de famille fut un jour ébranlée par son intervention bienveillante dans les lectures de ma sœur aînée, qui se vit désapproprier d'*Anna Karénine* ; l'événement décupla notre amour de la littérature russe. Aux côtés de l'oncle Joseph, un cousin de mon père, Joachim, figurait dans l'album de famille, en habit de dominicain auprès de son frère curé. De Joachim, il y avait aussi une autre image plus rustique ; il était le petit garçon d'un trio familial tenant des animaux en laisse, écho d'un destin agricole jamais réalisé. C'est aux funérailles de ma grand-mère dans Bellechasse que nous avons rencontré pour la première fois, Benoît Lacroix. Quelle joie de découvrir ce cousin à la fois simple, joyeux et érudit, qui parlait de

Saint–Denys Garneau dont la poésie le passionnait, tout comme l'enthousiasmait la recherche, évoquée comme un mélange de quêtes, de découvertes, d'amitiés. Peu après, une visite à Saint–Michel, une promenade en traîneau avec un Père Lacroix, charretier d'occasion pour présenter la campagne enneigée à ses cousines de la ville, nous ramena sur le terrain de la parenté et d'interminables discussions. Puis, ma sœur étudiante en lettres en visite à Montréal se vit consulter sur la mise en page d'un manuscrit : *Le P'tit Train*. Ce conte aux couleurs de peinture naïve contenait tout l'amour de Benoît–Joachim pour le pays de son enfance et pour les siens. Il y avait même l'oncle Alphonse (mon grand–père) prédisant la température par la fumée du train. Il y avait surtout le merveilleux, l'humour, la fantaisie, une philosophie de la vie, la poésie, le sens du mystère et du sacré. Aurions–nous pu, de par cette influence littéraire, opérer un retour à la terre ? Mais, c'est le côté moderne de Benoît Lacroix qui nous fascinait. Une parenté se tissait peu à peu par les livres et les mots, comme le début d'une longue amitié. C'est plutôt le monde de la recherche et de l'écriture qui nous faisait signe, la linguistique, la sociologie, la biologie, les lettres. De sa sagesse rieuse et de sa science éloignée de tout dogmatisme, Benoît Lacroix devait me faire bénéficier plus largement par la suite, puisqu'il me fut suggéré comme codirecteur de thèse, un lien imprévu que je m'empressai d'accepter. C'est à l'occasion des nombreux échanges autour d'une thèse que j'ai eu l'occasion de bénéficier davantage des talents de l'historien pour la recherche, de sa rigueur intellectuelle, de ses qualités d'enseignant. Et pourtant le rire était toujours de la partie. À l'étudiante en sociologie, il n'épargnait aucune taquinerie sur les concepts alors en vogue, structuralismes de tout acabit, qu'il savait situer dans la série des vocabulaires précédents, comme pour me signifier l'historicité des choses et des phénomènes de la pensée. Commentant des critiques acerbes sur tel ou tel auteur il m'écrivait : « une génération d'historiens succède toujours à l'autre de la même manière, en la scalpant ». Le monde auguste de la science prenait alors des allures de tribu ou de secte qu'il faut savoir regarder avec distance, affection et ironie.

Avec le passage du temps, je ne saurais dire de qui, l'historien ou le cousin, j'ai le plus reçu. Certes, mon attrait pour l'histoire et l'interdisciplinarité s'en est trouvé renforcé. Quant à la parenté, en ces temps de recomposition familiale, on la sait malléable et affaire d'affinités. Sans doute, les lecteurs et lectrices de ces témoignages, parent(e)s, ami(e)s, ex–étudiant(e)s, collègues de Benoît Lacroix, pourront–ils se dire eux–mêmes tout aussi parents, car c'est cette facilité à communiquer, cette capacité à deviner l'autre dans ce qu'il est, à lui accorder une présence attentive et fraternelle qui fait de Benoît Lacroix une personne exceptionnelle.

DU RÉCIT LÉGENDAIRE AU RÉCIT DE VIE

Lucie Mercier

J'ai fait la connaissance de Benoît Lacroix dans le contexte des années quatre-vingt à l'Institut québécois de recherche sur la culture. Professeur et chercheur rattaché à l'Institut d'études médiévales et au bureau de l'IQRC à Montréal, il effectuait des recherches sur la religion populaire. À ce moment, je travaillais à Québec comme assistante de recherche de Denise Lemieux, sociologue-chercheure. Des projets de recherche s'élaboraient sur le thème « Femmes et culture ». C'est sporadiquement que je rencontrais Benoît Lacroix.

Le 17 août 1980, il m'adressait ces mots : « Il y a longtemps que je veux vous écrire cette lettre : elle est donc préméditée et tout aux risques de celui qui vous l'envoie. C'est que j'aime les légendes, surtout quand elles sont bien racontées, bien entendues, bien lues. Puis-je préciser que je viens du "pays" de la Corriveau. Donc je suis marqué ». La suite faisait état de commentaires, critiques, réflexions à propos d'un mémoire rédigé au cours de mes études en ethnologie. Ce texte portait sur l'image de la femme dans la légende québécoise. Benoît Lacroix manifestait un vif intérêt pour ce genre littéraire ; il y voyait un « discours religieux primitif » et établissait un rapprochement avec ses propres recherches. « Je cherche la profondeur ou la candeur ou les limites des croyances religieuses à travers toute cette documentation ».

Cette lettre constitue le point de départ d'une longue communication orale et écrite. Au fil des ans, ces échanges se sont d'abord articulés autour du discours légendaire. Le 23 novembre 1981, il s'exprimait ainsi : « À propos des légendes, as-tu parfois noté que certaines ont été reprises et reprises. Je me demande si le plaisir de moraliser n'était pas aussi déterminant que celui de raconter. Voilà ! J'en aurais encore long à dire mais un jour, nous reprendrons la voix orale... » Puis, dès le début de 1983, l'idée d'un doctorat commence à germer. Il me suggère la construction d'un corpus réduit, mais représentatif de la femme-épouse ou de l'adolescente dans la tradition orale au Québec. L'objectif était d'en arriver à une interprétation de la femme « folklorisée » du Canada français. « Tu cherches le sens des récits, me disait-il, ça me paraît fondamental au moment où toute la communauté humaine est à la recherche de nouvelles significations à la vie féminine ». La fin de l'année 1984 marque un virage. Les légendes, les chansons traditionnelles, les contes sont refoulés ; les récits du concours « Mémoire d'une époque » prennent le relais. Le projet d'études de troisième cycle n'est pourtant pas encore concrétisé.

Progressivement, le récit biographique occupait l'avant-scène et inaugurait le passage de l'ethnologie à la sociologie. L'entrée au doctorat s'est effectuée après une propédeutique en sociologie. Malgré ce tournant, Benoît Lacroix est demeuré attentif et intéressé à ma démarche. « Plus j'y pense, plus je trouve que tu es sage d'aller terminer tes études universitaires chez les "voisins", la mobilité étant en principe, *dixit* Aristote, une cause possible de perfection » (25 février 1985). L'année suivante, il écrivait : « Puis rien n'est perdu. Tout est étape dans la vie culturelle. L'esprit fonctionne majestueusement à travers tout ce qu'on fait. [...] Je le répète : tout est étape et chaque instant est une récapitulation du passé ». Dans cette même lettre, me faisant part du succès de deux de ses publications (*La Religion de mon père* et trois contes *Trilogie en Bellechasse*), il me confiait : « Si ça continue, je deviendrai *légendaire*... Si oui il faudra que tu t'occupes de moi et revenir à ta première orientation ! »

Mais le virage se poursuivait envers et contre tout. La réflexion prenait forme autour de la notion de biographie. Penseur expérimenté, il attirait mon attention sur l'idéologie sous-jacente à toute démarche biographique (concepts d'identification personnelle, d'autojustification, de culpabilité latente, du besoin d'être aimé). C'était en mai 1987. À l'aube de 1988, l'approche biographique d'un point de vue théorique continuait de m'obséder, mais il devenait plus sage et plus réaliste de passer à l'expérimental. Ma recherche doctorale s'appuiera sur un corpus de récits de vie où l'accent sera mis sur la transition à la retraite.

Il faut le dire, Benoît Lacroix sait tour à tour orienter, éclairer, encourager, supporter, acquiescer, proposer, aviser, etc. Avec une grande générosité, il présente des pistes de réflexion, donne des idées, pose des questions et improvise des réponses. Tout cela il le fait avec sérieux, intelligence, franchise, sollicitude, mais aussi avec humour, sensibilité et finesse.

Le plus beau cadeau, puis-je le dévoiler, reste sans contredit son récit de vie. Récit fragmenté, bien sûr ! Peut-on tout raconter en quelques heures ? Certainement pas quand on est Benoît Lacroix, qu'on a mené jusqu'ici une existence peu banale, qu'on vient du pays de la "Corriveau", qu'on a eu une mère clairvoyante, un père conteur, des frères et des sœurs attachants, qu'on appartient à un ordre où la prédication est un art et une vertu, qu'on a réussi le passage de la culture première à la culture seconde sans brisure, qu'on a merveilleusement concilié vie religieuse avec vie intellectuelle et universitaire, qu'on a su respecter et s'adapter à toutes cultures, toutes croyances, tous âges, toutes personnes : de l'enfant à l'étudiant–e, à la jeune mère en difficulté, à l'artiste, au collègue, à l'aîné–e, etc. L'acceptation et l'amour de la diversité, de la pluralité, de la différence des êtres font de Benoît Lacroix, un homme exceptionnel, un humaniste accompli. À travers les différentes étapes et les détours que comporte inévitablement une vie, il a maintenu l'unité.

Son parcours est marqué par la continuité : conclusion à laquelle j'en suis venue après avoir osé analyser et interpréter son récit. Conclusion qu'il a partagée, mais il s'est tout de même permis d'apporter un éclairage de plus. « Je me suis demandé [...] : si tu avais endossé comme fil conducteur le *concept de globalité* plutôt que *celui de continuité*, serais–tu arrivée aux mêmes constats ? Aurais–tu alors été portée à surveiller davantage le non–dit, l'inconscient tels que signifiés dans l'interview » (21 mars 1990).

Trajet sinueux que celui d'une thèse, contre vents et marées, je persévérais dans l'étude du récit biographique. Le doute m'envahissait et constituait même la trame de fond. Je me suis souvent demandé si un jour je parviendrais au terme de cette longue route parsemée d'écueils. La présence et l'écoute de Benoît Lacroix me réconfortaient. Il apportait un support méthodologique. « À mon avis une thèse sociologique qui entend étudier l'individu ne saurait s'appuyer que sur le qualitatif. Je veux dire : sur quelques individus. Et au lieu d'une thèse de sociologie traditionnelle pourquoi ne pas te fixer sur quelques cas de construction sociale ? [...] Au–delà du récit de vie, il y a tout le signifiant individuel et (après...) le collectif. Dois–je encore écrire mes "pensées sauvages" » (26 juillet 1991).

L'année 1991 se termine avec une interrogation lancinante. Le quantitatif, le qualitatif, la question de la représentativité, du nombre de récits, du nombre d'entretiens me taraudent sans arrêt. Faisant référence aux personnes rencontrées, il répond : « *Un* projecteur bien placé suffit à éclairer leur profil. Mille projecteurs n'éclairent que les mêmes paysages. Excuse la parabole. [...] C'est le rapport avec le temps... et non les idéologies qui différencient la génération des vieux comme "moi"... Ne lâche pas ! Je veux lire ta thèse et "fêter" ton doctorat ! ! » (23 décembre 1991)

La soutenance est annoncée pour le premier avril 1993. Une semaine auparavant il écrivait : « Voilà une très bonne nouvelle : le magnifique "poisson d'Avril" que tu vas offrir à l'université en démontrant que tu en sais plus que ce que tu as écrit et que ce que tu as écrit n'est que l'ombre de la lumière ! »

Tour à tour, il a donc rempli les rôles d'accompagnateur, d'évaluateur, de conseiller, de dispensateur de paroles encourageantes ou élogieuses à l'occasion de ma thèse de maîtrise et de doctorat. Toujours il s'est montré disponible et prêt à offrir son appui. Merci de m'avoir guidée durant cette traversée périlleuse.

Les multiples rôles ici décrits, à maintes reprises Benoît Lacroix les a exercés et continue de les exercer dans des milieux variés, auprès de nombreux individus et de divers groupes. Hier, son existence était fondée sur un « service aux institutions » ; aujourd'hui elle est vouée à un « service aux personnes ». C'est ce qu'il soulignait lui–même. « Ce sont les institutions qui m'ont formé [...] Ce sont les institutions qui m'ont fait ce que je suis ; mais rendu en fin de course, je m'aperçois que je dois donner ma vie aux personnes. Pour moi c'est majeur... » (Extrait de son récit de vie). En réalité, l'écoute et l'action auprès des autres, tel a été, au fil du temps, le grand principe qui l'a continûment inspiré.

BENOÎT LE GRAND

Lucille Côté, s.s.a.

Est–ce une grâce ? est–ce un privilège d'avoir connu le Père Benoît Lacroix ? Sans doute les deux à la fois. D'avoir en plus travaillé à ses côtés pendant 10 ans, c'est une autre faveur.

Comment ai–je perçu ce grand savant, ce prêtre dominicain érudit, membre de la Société royale du Canada et de l'Ordre du Québec, professeur émérite de l'Université de Montréal, médaillé du prix Léon–Gérin, récipiendaire de doctorat honorifique et de combien d'autres décorations ? De quelle passion Benoît Lacroix est–il habité pour être si universel, si recherché, si populaire, et pour que sa vie soit un territoire si riche qu'on le réclame ici et là comme pasteur, médiéviste, théologien, écrivain, conférencier, etc. ?

D'abord éblouie par le savoir du Père Lacroix, j'ai vite saisi qu'il est le gentilhomme courtois à la façon du Moyen Âge, l'homme de la grande simplicité, soucieux d'adaptation à l'autre et de communication profonde. Sa délicatesse et sa cordialité caractérisent toujours ses relations.

Entièrement donné à la culture, Benoît Lacroix est l'initiateur de nombreux projets de recherche ; on le retrouve, entre autres, parmi les fondateurs de l'Institut québécois de recherche sur la culture en 1980. À ce moment je deviens sa secrétaire. Exigeant pour lui-même, il est soucieux de présenter des travaux bien polis, bien documentés. Il applique l'adage : « Vingt fois sur le métier remettez votre ouvrage... » Une pensée trop méthodique dans la révision de ses textes le désarme et le dérange parfois ! Pourquoi mettre de l'ordre dans une énumération et couper ainsi l'inspiration : « papa, maman, les enfants, les poules, les chevaux, les vaches, les lapins et le chien, tout ceci fait chez nous » (*Trilogie en Bellechasse*, p. 92) ?

Cet intellectuel rempli de finesse et de gaieté, qui vit intensément l'enthousiasme et la liberté, se permet, en plein cœur de la recherche, de glisser une pointe d'humour, de raconter une anecdote, de faire « danser » un crayon, une règle, une gomme à effacer, enfin tout ce qui lui tombe sous la main, comme autrefois à la maison paternelle, au grand désespoir de sa mère, « l'enfant terrible » faisait « danser » les œufs levés du jour.

Le Père Lacroix est le professionnel à l'agenda surchargé. J'avoue ne pas avoir réussi à le suivre et à inscrire toutes ses allées et venues tellement son champ d'action était vaste et diversifié. Mais à travers tant d'occupations, il sait équilibrer travail et détente et s'accorder presque quotidiennement, du printemps à l'automne, une bonne partie de tennis, même à 79 ans !

Je dois dévoiler que le Père Lacroix n'est pas l'homme du protocole. Oh, pas du tout ! Il n'apprécie pas tellement revêtir l'habit de ville, ni marcher dans les grands salons sur un tapis qui semble sans fond. Il ne prise pas non plus les dîners d'affaires au restaurant ; il peut en sortir tellement vite, libre comme le vent, qu'il en oublie son paletot à l'intérieur, et cela en plein froid de janvier.

De plus, le Père Lacroix est l'homme des médias. Qui ne l'a pas vu ou entendu à la télévision, à la radio ? Artisan de la culture de chez nous, il est « toujours intéressé par nos racines, non par les feuilles et les fleurs qui tombent, mais par ce qui est souterrain ». À l'aise avec ses interlocuteurs, il entre tout de suite en relation avec son auditoire et laisse transparaître, à son insu, la synthèse de sa vie, en reprenant sans cesse le même thème, celui de L'AMOUR. « Dieu est amour. Il n'y a pas de plus grande preuve d'amour que de donner sa vie pour ses amis. Il y a plus de bonheur à donner qu'à recevoir. »

Prêtre engagé, poète, historien des sensibilités populaires, le Père Lacroix relie les valeurs spirituelles à la quête du sacré, il évoque par images les rites, la manière de penser du peuple, sa façon de vivre sa religion. Il offre le plus bel exemple d'un écrivain maître de sa langue, de la vraie « langue québécoise ». Son style en cadence, rythmé, ouvert à l'imagination m'émerveille, de même que son originalité et sa vivacité d'esprit.

J'offre au Père Lacroix, en gage d'estime et d'admiration, et en guise de vœux, un extrait de son psaume préféré :

Heureux l'homme qui... se plaît dans la loi du Seigneur
et murmure sa loi jour et nuit !
Il est comme un arbre planté près d'un ruisseau,
qui donne du fruit en son temps,
et jamais son feuillage ne meurt ;
tout ce qu'il entreprend réussira...
(*Psaume* 1)
HEUREUX QUATRE-VINGTS ANS !
HEUREUX QUATRE FOIS VINGT ANS !

LES JEUNES CHERCHEURES

Le Père Lacroix et moi :
itinéraire d'une jeune chercheure

Claude–Marie Gagnon

En 1970, alors que je débutais mes études collégiales, j'entends parler pour la première fois du Père Benoît Lacroix. La religieuse qui m'enseignait la littérature québécoise ne tarissait pas d'éloges à propos d'un petit ouvrage sur Saint–Denys Garneau, réédité l'année précédente chez Fides et écrit par un éminent Dominicain.

Un Dominicain ? Ce nom sent le soufre dans ma famille. Mon grand–père fut l'un des premiers organisateurs politiques de celui qu'on surnommait alors « le jeune avocat Duplessis, le fils du juge » et la tombe du « Cheuf », au cimetière Saint–Louis de Trois–Rivières, voisine le lot familial des Gagnon ! De surcroît, comme la plupart des élèves des collèges classiques à cette époque, je traverse une période farouchement anticléricale. Avec toute la superbe de l'adolescence, je tranche : « Qu'est–ce qu'un religieux peut bien comprendre à Saint–Denys Garneau ? » L'édition critique que le Père Benoît Lacroix et Jacques Brault lui ont consacrée et qui paraîtra l'année suivante me clouera le bec de façon éloquente !

Une décennie plus tard, j'achève mon doctorat en littérature québécoise. Je m'intéresse à la littérature populaire et je suis en quête d'un sujet pour un éventuel postdoctorat. J'ai eu l'occasion de parcourir les actes des colloques sur les religions populaires organisés par le Père Lacroix. Je lis et relis ses articles sans m'en lasser. Jamais je n'ai entendu parler de la religion de cette façon–là : ce qui était morne et gris m'apparaît désormais vivant et lumineux. De sa plume alerte, le Père Lacroix convie les jeunes chercheurs à explorer de nouveaux domaines. J'entends l'appel et je décide de rendre visite au maître pour lui exposer mon projet d'étude : la littérature populaire religieuse au Québec. Je nourris le dessein inavoué de lui demander de superviser ma recherche postdoctorale.

Convoquée au Couvent des Dominicains du chemin de la Côte-Sainte–Catherine, je m'y rends avec appréhension. Cette sommité internationale est peut–être un personnage sévère, prétentieux, hautain et glacial. Pourtant, la pédanterie savante, c'est le domaine des sépulcres blanchis, pas le sien. Le Père Lacroix m'accueille avec simplicité et avec ce bon sourire qui lui est caractéristique. Il jette un œil rapide sur mon curriculum vitae. Ils se ressemblent tous, cela l'intéresse peu. La conversation porte davantage sur moi que sur mes compétences académiques. Curieux, sans être indiscret, il s'informe : sa famille compte un Gagnon. Serais-je apparentée à la branche ancestrale des Gagnon de l'Islet ? Je revendique mon appartenance au vaste clan des Gagnon de Trois-Rivières, en passant sous silence le « Cheuf ». Caïus Lacroix, de regrettée mémoire, n'était-il pas... un Libéral ! Je juge plus prudent d'évoquer les mânes de mes ancêtres acadiens navigateurs. Le Père Lacroix est ravi : ses racines paternelles se trouvent à la « Petite Cadie » de Saint-Raphaël de Bellechasse. De plus, il vient tout juste de publier (1980) un ouvrage sur *Le Folklore de la mer.* Je parle aussi au Père Lacroix de ma mère, née la même année que lui, amie des regrettés Luc Lacourcière et Madeleine Doyon-Ferland. Forte de ces références qui n'ont rien et pourtant tout à voir avec le savoir universitaire, je suis agréée. J'écrirai deux ouvrages : l'un sur la littérature populaire religieuse, l'autre sur les Sœurs de la Charité de Saint-Hyacinthe. Dans les deux cas, il me fera l'honneur d'une longue et louangeuse préface.

Au cours des années, j'apprends à mieux connaître le Père Lacroix. Gloser sur ses multiples qualités le ferait certainement rire beaucoup car il a la modestie de tous les héros populaires, religieux ou laïques. Par contre, je ne peux passer sous silence sa grande disponibilité, son immense générosité à l'égard des jeunes chercheurs qu'il n'a jamais hésité à associer à ses travaux, à parrainer affectueusement. Paternel sans être paternaliste, à combien d'entre nous a-t-il écrit ces mots si importants lorsqu'on est jeune et inconnu : « Si tu as besoin d'une lettre de recommandation chaleureuse, n'hésite pas à faire appel à mes services » (20 septembre 1991).

Je m'en voudrais de passer sous silence un fait capital dans l'organisation du cosmos, qui laisserait pantois Hubert Reeves et Carl Sagan réunis. Dans les ouvrages qu'il a consacrés à sa patrie terrestre, le Père Lacroix nous révèle que Saint-Michel-de-Bellechasse est un lieu d'accès privilégié entre notre univers et le Paradis. C'est le chemin que pourraient emprunter Marie de Nazareth, son mari, son fils et tous les saints si un jour fantaisie leur prenait de s'installer « quelque part en Bellechasse ». Mon seul souhait, c'est que le Père Lacroix imite et même dépasse en longévité son mentor, le chanoine Lionel Groulx, et qu'il n'aille pas s'installer trop vite « quelque part au-delà de Bellechasse ».

Présentation de Benoît Lacroix au 25ᴱ anniversaire du Centre de recherche en histoire religieuse du Canada de l'Université Saint–Paul à Ottawa

Lucia Ferretti

Quand le recteur Pierre Hurtubise m'a téléphoné pour me demander de présenter Benoît Lacroix, j'étais vraiment très étonnée qu'il ait pensé à moi. Je n'en revenais pas. Mais lorsqu'il m'a dit que la suggestion venait du Père Lacroix lui–même, j'y ai vu une nouvelle manifestation de l'appui indéfectible que le Père Lacroix accorde aux jeunes, ou aux « encore jeunes » comme moi. Un de ses derniers livres, paru en 1991, ne s'intitule–t–il pas *Jeunes et Croyants* ? En tout cas, je dois entre autres au Père Lacroix d'avoir ouvert pour moi les portes des archives des paroisses montréalaises ordinairement plutôt bien closes.

Dans le fond, je connais assez peu le Père Lacroix. Depuis une douzaine d'années que nous nous croisons occasionnellement, j'ai été frappée, comme tout le monde, par son dynamisme, mais surtout par sa profonde joie et par son ouverture.

Tant de textes témoignent de cette ouverture du Père Lacroix. Deux en particulier me reviennent en mémoire. Celui sur *Le Japon entrevu* et celui sur *Le Rwanda*. Au Japon, le Père Lacroix a pressenti combien le bouddhisme pourrait féconder et enrichir l'héritage spirituel de l'Occident. Au Rwanda, il s'est émerveillé de l'extraordinaire vitalité de la culture orale et il s'est senti presque chez lui en entendant les contes d'ogres et de loups–garous. Il y a chez Benoît Lacroix un parti pris pour le fonds commun de l'humanité.

Depuis plusieurs années, à la veille de Noël et de Pâques, j'attends le mot du Père Lacroix dans *Le Devoir*. Et chaque fois, je constate avec délice, mais avec interrogation aussi, cette insistance sur ce qui est commun à l'humanité entière. Ses naissances, ses morts et ses résurrections de Jésus sont des moments fondateurs du christianisme ; mais le Père Lacroix les présente surtout, du moins c'est ainsi que je le comprends, comme la manière qu'a trouvée notre civilisation de communier à l'aspiration universelle et intemporelle des humains au sacré, à la transcendance, au contact spiritualisé avec les forces de la nature, les solstices, les équinoxes, les nuits, les aubes. Nous, citadins encabanés, à peine posés sur le bitume, nous sortons de ces textes, surtout de ceux de Noël, les joues presque piquantes de l'air vif de la nuit, les pieds enracinés jusqu'au fond des temps, la tête à regarder le ciel étoilé, en lien avec l'humanité de tous les âges et de tous les lieux. C'est fortifiant, c'est réjouissant. Et de même, je me sens contente quand le Père Lacroix établit aussi des parallèles entre ces grandes fêtes de Noël et de Pâques et tant de fêtes de la vie dans d'autres religions.

Et pourtant, chaque fois, je ne peux m'empêcher de m'interroger un peu. Noël et Pâques sont des fêtes de la nature, des fêtes de la vie qui trouvent des analogues ailleurs, mais ce sont aussi des fêtes de l'Église. Et cela, c'est l'aspect que le Père Lacroix souligne le moins, comme si, depuis deux mille ans que nous sommes chrétiens, nous pouvions nous passer de l'Église pour interpréter ces fêtes. Comme s'il était d'une importance somme toute secondaire que l'Église ait ancré ces fêtes de façon singulière, qu'elle ait fait d'une partie de l'humanité des chrétiens, comme nous avons fait d'elle, du reste, une Église chrétienne. Au sortir des textes du Père Lacroix, je me sens plus unie à l'ensemble des humains, mais paradoxalement je me sens aussi un peu coupée de mon héritage propre. Et la question surgit : pour mieux entrer en communion avec le monde, faut-il donc atténuer notre mode spécifique, irréductible, d'être ?

Au fond, c'est comme s'il y avait chez Benoît Lacroix le message que la religion peut se vivre en deçà, au-delà, à côté de l'Église. Il y a l'homme et Dieu. Les médiations, c'est après. J'ai retrouvé aussi ce message dans ses analyses sur la religion populaire. Le rapport étroit entre la nature et le sacré, à travers les rites populaires relatifs aux quatre éléments ; la conception de Dieu comme être merveilleux qui sait tout, peut tout, voit tout et y va d'un miracle à l'occasion ; la confiance populaire dans l'ordre du monde, appelé à se perpétuer ; tout cela vient presque avant que l'Église n'intervienne, avant qu'elle ne balise le dialogue avec l'au-delà.

Et cela vient aussi presque indépendamment de l'organisation sociale. La religion du Père Lacroix, celle de son père, c'est celle du paysan qui possède sa terre, élève sa famille et supporte son église paroissiale. On voit peu le groupe, sauf à la veillée. Car la religion du Père Lacroix pousse et s'épanouit dans une culture de tradition orale, de contact direct entre humains, sans la médiation de l'écrit. Il y a l'homme et l'homme. Les médiations, c'est après.

Pour moi qui suis citadine, mécréante, universitaire et dix-neuviémiste, pour moi qui me suis réfugiée dans une analyse de la société paroissiale en milieu urbain en partie parce que j'étais incapable d'aborder la piété populaire des Saint-Pierrais, les analyses du Père Lacroix sont questionnantes. Elles m'obligent à me souvenir qu'au-delà des institutions, des médiations et de la sociologie du religieux, il y a la religion ; et qu'au-delà de la religion, il y a la foi, ce lien direct entre l'homme et l'homme, entre l'homme et Dieu.

(*Status Quaestionis*, Ottawa, Université Saint-Paul, 1994, p. 11-13)

LE MAÎTRE ET L'ÉTUDIANTE ITALIENNE

Anna Scardino

J'ai connu le Père Lacroix au mois de novembre 1992, quand j'ai gagné une bourse d'étude pour faire des recherches sur de Saint-Denys Garneau, mon sujet de thèse.

Je ne connaissais pas le Canada, c'était la première fois que je faisais un voyage dans un pays francophone, et très loin de l'Italie, mais je peux affirmer, avec plaisir, que quand j'ai connu le Père Lacroix, je me suis sentie immédiatement à mon aise.

Je me rappelle que le premier jour où je suis allée chez lui, il m'a conduite avant tout dans son bureau où nous avons parlé de tout et de rien et après, dans la bibliothèque. Ici, un écriteau « Défense d'entrer » était accroché à la porte, donc je ne pouvais pas descendre avec lui chercher des livres, mais il me fit signe de le suivre et de ne rien dire... et dans la salle de lecture il m'a fait remarquer que j'avais choisi la même place que mon professeur.

Un après-midi, je suis restée avec lui dans son bureau et il m'a fait connaître, en regardant à travers la fenêtre de son bureau, la nature, les animaux (les écureuils), l'eau, en me parlant de la vie de Saint-Denys Garneau, de ses influences, de Sainte-Catherine de Fossambault et du Canada en général.

Il était très content de mon séjour au Canada, il s'était étonné de ma connaissance de Saint-Denys Garneau, de mes recherches sur lui, car ce poète et la culture québécoise, en Italie et en Europe, étaient et sont encore aujourd'hui peu connus.

Il était toujours très gentil, disponible, même si très occupé, et prévenant. Il me demandait toujours si j'avais bien dormi, si j'avais pris mon petit déjeuner, si j'avais téléphoné à mes parents, si j'avais visité la ville...

Et quand, deux jours avant mon départ, je suis allée lui dire au revoir et le remercier pour tout, il m'a donné affectueusement des livres sur de Saint-Denys Garneau, qui contenaient aussi des dédicaces.

Maintenant, je me souviens de lui avec admiration et j'ai de lui une haute estime, soit comme homme et religieux, soit comme intellectuel, car il a apporté une contribution remarquable à la jeune littérature québécoise.

Dans l'espoir de le revoir bientôt, je lui souhaite bon anniversaire et que Dieu lui prête longue vie !

DÉCOUVERTES

Sophie Giroux

Connaissant Benoît Lacroix depuis peu, j'ai quand même déjà de belles images.

Pour une femme de 30 ans, pouvoir travailler avec lui est une marche vers des découvertes sur l'histoire, la religion, une liste infinie d'anecdotes et de fous rires !

Lorsque je m'en retourne de chez les Pères Dominicains, j'ai la tête qui fourmille, des crampes aux joues. Benoît Lacroix, je l'aime déjà beaucoup. On potine, on réfléchit, on s'agace. On refait le monde, en écrivant *notre* livre...

Je trouve en lui l'écoute compréhensive d'un prêtre qui malgré le fait qu'il ne se soit déjà marié ou n'ait divorcé, réussit à me comprendre, à me faire voir que la souffrance est riche de promesses. Son expérience de l'humain m'apporte un enrichissement, à moi qui ai moins que la moitié de son âge... Comme quoi, l'expérience bien dosée peut être bénéfique pour ceux qui veulent bien l'écouter.

J'ai hâte que vous lisiez nos propos dans le livre. Vous verrez l'écart mais en même temps, l'immense complicité qui s'est développée. Un écart de générations comblé.

Doris Lussier a été un de ses amis. Imaginez-vous les éclats de rires qu'il y avait entre ces deux lurons ? Doris doit bien s'ennuyer.

Quant à moi, je suis privilégiée de travailler avec lui.

Et je vous dis — Merci—, Benoît, d'enrichir ma vie à ce point.

Anecdote

Le 1er mars 1995, lorsque nous sommes partis pour la signature du contrat à la maison d'édition Sogides, je suis allée chercher Monsieur Lacroix, suivant notre rituel habituel... il m'arrive dans le portique des Pères Dominicains, la « broue dans le toupet », col roulé et veste de cuir. Il me regarde et me dit : « Partons ». Est-ce un désir inconscient de se faire « materner » ? Je lui dis « Monsieur Lacroix, vous devriez mettre votre manteau !! » Docilement, il part enfiler un « trench »...

En automobile, direction maison d'édition, je brûlai quelques feux jaunes et même rouges. Au lieu de paniquer, il était tout guilleret et il jubilait. Un délinquant obéissant !

Un maître de passage
au Centre de recherche Lionel-Groulx

Jo-Anne Rochette

L'œil vif, le sourire taquin, de lui émanent intensité, générosité, intelligence, sérénité. De sa seule présence il réjouit, apaise, réconforte et stimule les énergies, même pour qui le connaît peu.

Le Père Lacroix a souvent laissé songeuse l'étudiante que j'étais au tournant des années 90. Quelle est la source de tant de grandeur, dont il ne fait pourtant pas étalage ? De quoi nourrit-il son âme ?

On s'en doute un peu et alors on réfléchit :
on se prend à douter de ses certitudes
de la vingtaine et à chercher
à nourrir la future trentaine...
Faire sa connaissance : quelle chance !

FOLKLORE — TRADITION ORALE

Folklore de la mer et Religion

Canadiens français, la mer a été pour plusieurs d'entre nous le premier espace naturel. Déjà, les Québécois, les Acadiens savent que la mer fut, jusqu'au milieu du XXe siècle, leur grande et unique voie d'accès à l'Europe. Leurs fondateurs n'étaient-ils pas d'infatigables marins ? Ce sont leurs récits, leurs chants, leurs légendes et leurs contes maritimes, venus de France pour la plupart, qui ont créé notre première littérature orale [25] et servi ensuite plusieurs écrivains.

Marins, pêcheurs, draveurs, canotiers et autres « voyageurs » canadiens ont perpétué cet héritage et développé à leur tour une sagesse que la mer seule peut donner [26]. Tant de mots, tant de tournures, locutions et prononciations d'ici, dont plusieurs remontent au Moyen Âge, disparus en France parfois, font partie de notre patrimoine. Le pêcheur gaspésien aujourd'hui encore *dévire* sa tête au lieu de la détourner ; il *amarre* au lieu d'attacher ; il *grouille* au lieu de bouger. Au Canada français, on *embarque* toujours dans l'avion, dans sa voiture, plutôt que d'y monter ; on va *greyer* son enfant plutôt que de l'habiller ; on *hale* la pierre plutôt que de la tirer ; on se *pare* plutôt que de se préparer. Combien d'exemples [27] ! Parmi les mélodies et les textes folkloriques les plus chers aux Canadiens français d'aujourd'hui, n'y a-t-il pas *le Bateau chargé de blé (À Saint-Malo, beau port de mer), C'est notre grand'père Noé, l'Embarquement de la fille... et sa déplorable mort, l'Embarquement de la fille du bourgeois, le Canot d'écorce, les Draveurs de la Gatineau, les Raftsmen, le Merveilleux Navire, le Plongeur noyé* ? Et nos refrains donc : *C'est l'aviron qui nous mène (M'en revenant de la jolie Rochelle), V'la l'bon vent (Trois Beaux Canards), Youppe ! youppe ! sur la rivière* [28].

Le Long de la mer jolie ou *la Petite Batelière* et *Je m'suis fait faire un bâtiment* ont déjà été transcrits par Carmen Roy dans *la Littérature orale en Gaspésie* au nom justement de leur saveur orale et traditionnelle [29].

On pourrait facilement démontrer, par des textes et autres preuves à l'appui, que les régions côtières maritimes développent souvent le folklore le plus homogène. À cause de la stabilité de leur population, à cause de leur isolement géographique — pensons à la Gaspésie — les mentalités des gens du milieu deviennent forcément plus particulières. Or, si nous examinons de près ce folklore, nous constatons vite sa forte

résonance religieuse [30] tant au plan de l'inspiration globale des « textes » qu'au niveau du vécu quotidien. Plusieurs de ces chansons, de ces légendes, de ces contes, surtout ceux qui ont trait à la vie et à la mort, sont marqués par un temps sacré et par un besoin religieux d'apprivoiser l'espace. Toutes sortes de rites plus ou moins « catholiques », des interdits, des peurs, des transgressions aussi, des cérémonies tendent à conjurer le pire. Parce qu'elle se montre tour à tour lointaine et proche, dévastatrice et secourable, la mer n'a jamais cessé d'être le lieu privilégié de toutes espèces de conduites et de mœurs religieuses. Une initiation à l'étude de ce matériau n'est peut-être pas de trop.
(*Folklore de la mer et Religion*, Introduction, p. 11–14)

POUR UNE NOUVELLE APPROCHE DU FOLKLORE QUÉBÉCOIS : DE L'ENTREPRISE DE BENOÎT LACROIX

Catherine Velay-Vallantin

Il est courant d'entendre dire que le conte québécois est beaucoup plus redevable à la transmission orale qu'à la transmission écrite. Ceci est même un postulat de départ pour la plupart des archives muséologiques et universitaires, qui ont déployé des efforts considérables pour enregistrer, transcrire et classer des contes oraux. Des folkloristes de grand renom comme Marius Barbeau, Luc Lacourcière, Germain Lemieux, pour ne citer que ceux-là, ont consacré une grande partie de leur intérêt et de leur énergie à des enquêtes de terrain, cherchant à débusquer le conte oral sous toutes ses formes. Cette démarche s'est accompagnée des encouragements fournis de folkloristes français, tel Paul Delarue, qui n'a cessé, jusqu'à sa mort, en 1956, de garder et de favoriser le contact avec Luc Lacourcière : on peut même parler de sollicitations de la part de Paul Delarue et, après sa mort, de Marie-Louise Tenèze, tant il est vrai que dans leur perspective d'élaboration du catalogue du *Conte populaire français*, les enquêtes de terrain de Luc Lacourcière et de ses émules se devaient d'occuper une place privilégiée, égale, ou presque, à celle accordée aux contes oraux français collectés depuis la fin du XIXe siècle.

Or, s'il a accordé à l'oralité toute l'attention nécessaire, Benoît Lacroix a su aussi montrer combien les sources « visuelles, manuscrites et imprimées » étaient importantes pour le chercheur et combien elles devaient être analysées selon leur degré d'association avec la tradition orale. Cette approche, tout à fait atypique dans le Québec des années 1970–1980, est centrale dans le livre *Folklore de la mer et Religion*, que Benoît Lacroix a fait paraître en 1980. En effet, dans cet ouvrage, Benoît Lacroix évoque la nécessité de constituer une typologie des sources du folklore religieux qu'il étudie ; et il est parfaitement clair sur ce point : cette typologie scientifique « devra composer avec quatre types de sources : les sources visuelles, les sources orales, les sources manuscrites et les sources imprimées ». Le verbe *composer* choisi par Benoît Lacroix pour expliciter l'esprit avec lequel la typologie devrait être construite me paraît capital dans sa démonstration. Il s'agit bien d'une organisation de chaque objet, de chaque document, de chaque mode d'expression, les uns interprétés par la place, la fonction, l'usage et la pratique des autres. Dès 1980, à un moment où ce type de démarche ne rencontrait que peu d'adhésion et suscitait des interrogations, voire des contestations de faisabilité, Benoît Lacroix n'hésitait pas à prôner une expérience scientifique nouvelle. Cette audace m'avait intriguée, puis avait suscité ma curiosité ; la sensation d'évidence tranquille qui ressortait de la présentation de Benoît Lacroix ne pouvait cependant que convaincre de tenter l'expérience.

Mais folkloristes, historiens, ethnologues, historiens de l'art et de la littérature étaient encore bien proches des réflexions d'un historien du folklore comme André Varagnac ; outre la constatation de la « régression du folklore », l'émergence d'une logique de l'urgence et de la nécessité était à l'origine de tout travail sur le folklore : en premier lieu, la mise en œuvre de collectes urgentes, suivies d'analyses de ces répertoires, eux-mêmes insérés pour leur sauvegarde — puisque nous sommes dans une logique de la survivance — au sein de méthodes et de structures internationales : ce qui revient à dire, en clair, que la survie d'un folklore en voie de disparition ne pouvait trouver son ultime salut qu'à la lumière des méthodes finnoises de la classification historico-géographique, mises en place dès 1910 par Antti Aarne puis Stith Thompson, et auxquelles se référaient les universités anglo-saxonnes.

Cette démarche avait son origine politique, culturelle et idéologique. Et pour quel enjeu le conte québécois devenait-il alors à ce point l'objet des intérêts des folkloristes français ? Deux hypothèses peuvent être risquées : d'une part, il possédait cette capacité de conservation et de survivance qui, selon les ethnographes, avait si cruellement fait défaut au conte oral français ; d'autre part, hors des pressions idéologiques qui avaient si fortement marqué le folklore français, entre le Front populaire, l'Occupation et la Libération, le folklore québécois paraissait en quelque sorte « vierge » et donc d'autant plus susceptible d'ouvrir un certain crédit international à la France disqualifiée, ou tout au moins à ceux qui la percevaient comme telle. La salubrité du conte québécois, sa vigueur qu'il devait à l'isolement de la « Belle Province », son exotisme enfin, avaient séduit des folkloristes, comme Paul Delarue. Les folkloristes français avaient besoin de réhabiliter leur propre objet d'étude : le conte français, que l'on redécouvrait avec bonheur au Québec, devenait à la fois une ressource, au sens plein du terme, et un intermédiaire avec les puissances internationales, c'est-à-dire les milieux académiques soumis à l'hégémonie de l'école finnoise.

Or, Benoît Lacroix ne s'en est pas laissé conter — si j'ose dire ! Prenons l'exemple des sources visuelles : « Les sources visuelles ont déjà une grande importance objective. L'œil déclenche des réflexes et oriente la pensée dans un espace mental plus large que le simple espace sonore. » Il ajoute : « Dès lors, l'ethnographe commencera par enquêter sur le folklore matériel. [...] Il y a en outre à examiner de près les images de petit et de grand format, les cartes mortuaires, les tableaux, les ex-voto, les croix, les monuments, les niches, les statues, les statuettes, les médailles, les médaillons, les bouteilles d'eau bénite et autres objets de piété. Avec ce que nous offrent aujourd'hui la technique, le film, les diapositives, les musées, la photographie, les sources visuelles semblent de première importance pour mieux cerner le phénomène religieux maritime. » Quant aux sources manuscrites, Benoît Lacroix les recommande tout autant : « On feuillettera avec attention les livres de comptes, les calendriers improvisés, les feuilles de mer, les contrats de mariage, les testaments avec leurs demandes de messe et leurs legs à l'église. En plus des papiers personnels très importants, toute pièce manuscrite familiale, paroissiale ou municipale, peut témoigner d'une mentalité, d'une croyance, d'un fait historique. » Ces citations montrent assez combien Benoît Lacroix a engagé les folkloristes à se faire ethnologues, bien sûr, mais aussi historiens de l'art et historiens des mentalités. Cet appel à l'interdisciplinarité est à l'évidence remarquable de la part du chercheur scientifique qu'est Benoît Lacroix. Mais il est aussi significatif de la sensibilité qui l'anime lorsqu'il enquête sur le folklore : en ce sens, il résulte aussi du respect qu'il éprouve pour les communautés populaires. Benoît Lacroix leur restitue ce que les folkloristes de l'École finnoise avaient oublié : leur capacité de création, d'invention, leur autonomie à l'égard des formes culturelles légitimes.

De nombreuses approches sont fondées maintenant sur ce postulat : l'inventivité du conteur. Benoît Lacroix a été un des premiers à appeler l'attention sur l'écriture, l'image, et partant, sur l'édition. En ce qui concerne les contes, évoquer l'éditeur nécessite d'avoir présent à l'esprit ce statut paradoxal de l'écriture, tout comme sa fonction essentielle : produire des œuvres qui n'ont pas de sens stable, universel, mais qui sont investies d'effets de sens multiples et contradictoires. L'éditeur joue donc un rôle central dans cette tension entre l'inventivité, d'autant plus libre que l'écriture la lui accorde, et la servitude, d'autant plus âpre que, peu à peu, à l'Époque Moderne, les affrontements sociaux fondés sur la violence laissent la place à des luttes qui ont pour armes et pour objets les représentations. C'est ainsi que l'éditeur de contes se fait créateur et se libère, par les moyens qui lui sont propres, d'un récit perçu comme immuable dans sa longue durée. L'imprimé n'a pendant longtemps été envisagé que sous la forme du livre. Cette notion mérite d'être élargie à celle d'objet imprimé. L'image tient une place considérable dans ce champ. Mais comment ne pas objecter que l'imprimé est la pire des contraintes ? C'est ici que se dévoile une des tensions les plus efficaces de la création d'un conte : c'est précisément au sein de ces contraintes que l'éditeur réussit à imposer sa marque originale sur le discours prescrit qu'on lui transmet ; c'est plus exactement grâce à ces contraintes qu'il peut inventer d'autres histoires et d'autres significations. Car ces formes éditoriales sont productrices de sens, dans la mesure où elles suscitent de nouveaux efforts d'intelligibilité d'une création qu'elles offrent au regard. L'édition est source d'invention : non seulement parce qu'il est toujours possible de créer une nouvelle suite à l'histoire connue, mais surtout parce que le maniement technique des matériaux permet d'offrir à l'image sa toute-puissance et de donner au lecteur le choix de créer à son tour sa propre histoire. Les sociétés d'écriture ont engendré un artiste qui crée selon le crédit à l'invention que son matériau et ses dépendances idéologiques lui ouvrent : l'éditeur qui se fait peintre, graveur, écrivain, n'est pas seulement l'interprète des désirs de la communauté qui l'entoure. Il est aussi, à travers les personnages et les situations qu'il re-crée, l'acteur de sa propre vie, dans un processus d'identification aux rôles comme dans l'apprentissage d'une profession : conteur.

Mais cette inventivité créatrice n'est jamais une démarche individuelle et ne relève pas seulement d'un désir de créativité esthétique : selon ses degrés de dépendance au regard des distributions des pouvoirs, des organisations sociales, des « communautés d'interprétation », l'éditeur façonne sa propre personnalité et suscite à son tour des conventions de lecture. Lorsque Eric Hobsbawm et Terence Ranger ont traité en 1983 de « l'invention de la tradition », ils ont démontré combien les *topoï* du passé peuvent être exploités pour établir une meilleure adéquation avec le présent : la tradition est tirée de l'oubli à des fins idéologiques, soit pour parvenir à une meilleure cohésion sociale, au travers de groupes artificiellement créés, soit pour établir ou légitimer des institutions en quête d'autorité, soit encore pour induire une meilleure sociabilisation de tel ou tel groupe culturel, social, pédagogique, intellectuel. Si la transmission se fait invention, l'auteur — même lors de sa performance d'éditeur — est aussi un être social qui tient compte du retentissement de ses créations sur les processus éducatifs et sur la construction de savoirs scientifiques.

Des recherches sont en cours ; des thèses sont déposées ; des colloques et des séminaires restituent les états des enquêtes, infirment ou confirment les interprétations. Dans le monde scientifique français, les historiens, les littéraires et les ethnologues travaillent de concert sur les objets du folklore. Il ne viendrait plus à l'idée de personne de constituer des banques de données à partir des classifications de l'École finnoise. En revanche, les créateurs de récits et de rituels, les objets et les documents, les publics qui écoutent, lisent, regardent, sont pris en charge selon les réseaux de compréhension qui les associent les uns aux autres, ou au contraire selon les tensions qui les opposent. Nous sommes nombreux à suivre ces programmes d'étude pour tenter de construire une meilleure intelligibilité des communautés de conteurs, d'auditeurs et de lecteurs, des genres et des modalités de l'interprétation. Grand homme de science et d'amitié, Benoît Lacroix nous a montré le chemin.

RACINES MÉDIÉVALES DANS LA TRADITION ORALE

Conrad Laforte

Benoît Lacroix, dominicain, de l'ordre des Frères prêcheurs, o.p., Ph.D., M.S.R.C., O.C., est tour à tour prêcheur, théologien, médiéviste, professeur, chercheur, organisateur de plusieurs colloques, membre de nombreux jurys, auteur de plus d'une vingtaine d'ouvrages et de plus d'une centaine d'articles, et sa participation est recherchée à bien des émissions radiophoniques et télévisées quand il est question de religion. D'autres mieux placés que moi évoqueront tous ces aspects. Je me limite donc à parler de mes expériences de recherche et de collaboration avec l'éminent médiéviste, spécialiste de la religion populaire et de la culture québécoise enracinée au Moyen Âge.

En 1953, étant bibliothécaire–archiviste aux Archives de folklore de l'Université Laval, j'entrepris à la demande de Luc Lacourcière et de Mgr Félix–Antoine Savard l'inventaire des chansons de tradition orale (dites folkloriques). Après cinq ans, j'en avais lues et classées environ vingt-cinq mille. Je commençais à observer des chansons qui contenaient une laisse épique. De jour en jour j'en découvrais qui possédaient cette facture médiévale. J'en fis part à Luc Lacourcière qui n'osait pas trop se prononcer mais me conseillait la prudence : « ce pourrait être un sujet en or mais il faudrait le prouver. » Un bon jour M. Lacourcière me présente le Père Benoît Lacroix, en me disant qu'il était médiéviste. Je saisis l'occasion pour l'entretenir de ma découverte des chansons de facture médiévale en lui montrant des textes. Il trouva étonnante la ressemblance avec une facture médiévale mais il me dit : « Ce n'est pas possible, le Moyen Âge c'est tout un monde. » Cette réponse a refroidi mon ardeur. Cependant, j'avais beau me répéter « ce n'est pas possible, sept siècles nous séparent du Moyen Âge », je trouvais de plus en plus de chansons contenant une laisse. Alors je résolus d'entreprendre des recherches dans les ouvrages du Moyen Âge. Les résultats dépassèrent mes espérances. Je fis une démonstration que je voulais irréfutable. En 1976 ma démonstration était terminée. Il ne me restait plus que des corrections à faire et quelques détails à préciser. J'étais alors à Paris en congé de perfectionnement. Benoît Lacroix, cette année-là, occupait le poste de codirecteur de l'Institut français, à l'Université de Caen. Je me rendis donc à Caen pour avoir son opinion sur ma thèse. Après lecture, il m'avoua : « C'est évident. » L'ouvrage est paru en 1981, sous le titre *Survivances médiévales dans la chanson folklorique*. Depuis, le Père Benoît a toujours soutenu mes travaux de recherche. Il s'est établi une amitié entre nous qui dure encore.

En avril 1977, avait lieu à l'Université de Montréal le quatrième colloque de l'Institut d'études médiévales, le thème était la culture populaire au Moyen Âge. Le Père Benoît vint m'inviter à faire une communication sur les chansons médiévales en me proposant le titre *Le moyen âge et la culture populaire de la Nouvelle-France : l'exemple de la chanson*. Je ne pouvais pas refuser puisqu'il s'engageait à préparer et à prononcer la présentation. Ma participation m'introduisait ainsi dans le milieu sélect des médiévistes. Les actes du colloque parurent dans la collection « *Exploration* » *Études médiévales*, intitulés *La Culture populaire au moyen âge*, sous la direction de Pierre Boglioni (Montréal, L'Aurore, 1979).

Le 30 septembre 1978, se tenait à l'Université Laurentienne, Sudbury (Ontario), un colloque sur les religions populaires. Encore une fois le Père Benoît vint m'inviter à collaborer à une communication sur la religion populaire et les chansons des coureurs de bois. Ce sujet neuf était l'idée de Benoît, je lui ai fourni les chansons composées par les forestiers, il en a extrait les vers propres à faire ressortir la perception de la religion que se faisait cette classe de travailleurs saisonniers. La communication parut dans la *Revue de l'Université Laurentienne* (novembre 1979, vol. 12, n° 1) et en 1986 dans *La Religion de mon père*. L'étude inspira Madeleine Béland qui l'élargit au portrait complet de la vie des forestiers à travers leurs chansons dans *Chansons de voyageurs, coureurs de bois et forestiers* (Les Presses de l'Université Laval, 1981).

Comme il n'y a jamais deux sans trois, en fin mai 1984, l'Académie des lettres et des sciences humaines de la Société royale du Canada organisait le colloque : *Québec : 450 ans d'histoire, 2e partie, Culture*. J'y devais faire une communication sur *La contribution culturelle de la chanson folklorique au Québec*. À mon tour, je demandai la collaboration du Père Benoît. Il accepta avec diligence et amabilité comme il en a l'habitude. Il vint à Guelph, le 29 mai 1984, pour me seconder. Il faut dire que le sujet entrait dans ses préoccupations sur la culture populaire, continuité historique à partir du Moyen Âge. Le texte est paru dans les *Mémoires de la Société royale du Canada* (1984, 4e série, t. XXII, p. 115–130). Le Père Benoît conclut ainsi : « culturellement, nous nous définissons au Canada français par un premier héritage, celui du Moyen Âge. Même au moment où après 1760 les institutions changent d'allégeance, le peuple continue à chanter son attachement à la France et à dire ses premières émotions dans un contexte médiéval. » (p. 128)

L'étude du Moyen Âge et de la culture populaire au Québec préparait Benoît Lacroix à l'ethnologie. Je crois qu'il a été converti au folklore par Luc Lacourcière. Pour s'en convaincre, il n'y a qu'à lire la présentation que lui a faite Luc Lacourcière à la Société royale du Canada. Il décrit le milieu imprégné de la tradition orale dans lequel le jeune Benoît a vécu dans son enfance. Son père et ses proches vivaient de la culture orale : légendes, chansons et contes leur étaient familiers. Lacourcière disait : « Bref, de quelque côté que l'on se retourne, en cette terre de Bellechasse, il y a toujours une légende à proximité. Ce n'est pourtant là qu'une infime partie d'une tradition qui ne véhiculait pas que des récits édifiants et austères. Car il y a aussi les contes merveilleux et d'autres étrangement facétieux, et des chansons d'une telle richesse et abondance que leur corpus correspond à un rayon entier de bibliothèque. »

« Si j'évoque brièvement cette tradition orale, poursuit-il, c'est bien sûr par reconnaissance envers votre père qui nous dirigea vers les meilleurs conteurs de Bellechasse, en particulier vers ses amis de jeunesse, les incomparables Fradette de Saint–Raphaël. Mais c'est surtout que cette énumération me permet de reconstituer un peu l'ambiance dans laquelle baignèrent vos premières années. »

Lacourcière termine sa présentation en ces termes : « Mais je retiens toutefois la ligne directrice de vos travaux : un sens de la continuité entre vos influences traditionnelles et celles de vos maîtres humanistes, Étienne Gilson et Henri–Irénée Marrou ; un respect compréhensif pour toutes les formes de transmission des connaissances parmi les hommes ; bref, un équilibre de sagesse, fruit d'une carrière vouée à l'étude et à la méditation. »

En réponse, Benoît parle de *La sagesse « paysanne »*. Son discours s'intègre si bien à la suite de celui de Lacourcière que nous avons l'impression qu'il a mis son texte de côté pour improviser sur la même voie que son parrain. Il commence donc en plaisantant : « Sans doute, la Société royale du Canada veut–elle honorer ses propres ancêtres, les rois de France et d'Angleterre, quand elle entend assujettir un médiéviste. Du coup s'explique le parrainage de Luc Lacourcière qui se trouve comme par hasard et selon une certaine opinion publique presque aussi folklorique que je puis l'être quand il étudie comme moi la culture populaire traditionnelle. »

Il faut relire en entier son discours d'introduction à la Société royale, où il décrit avec amour et humour les mœurs, les coutumes, la langue, en un mot la mentalité des gens du comté de Bellechasse. Après cela, on ne s'étonne pas de voir le Père Benoît Lacroix invité, en 1978 et en 1980, à donner des cours dans le programme d'arts et traditions populaires du Département d'histoire de l'Université Laval.

En terminant, on peut dire que mes recherches sur les chansons de tradition orale recueillies aux XIXe et XXe siècles m'ont conduit jusqu'au Moyen Âge, tandis que celles de Benoît Lacroix ont commencé sur le Moyen Âge pour cheminer par l'étude des cultures populaires du Québec jusqu'au folklore. Nos deux démarches étaient donc inévitablement destinées à se rencontrer. Aujourd'hui la plupart des médiévistes, comme Benoît Lacroix, reconnaissent l'existence des vestiges médiévaux dans la tradition orale, mentionnons Pierre Bec, Paul Zumthor, Michel Zink, Vincent Pollina, et bien d'autres.

Le coq

Jean–Claude Dupont

La période agraire a laissé des menhirs sur lesquels figure un coq surveillant les esprits malveillants qui voudraient tourmenter les vivants ; et certain coq, sur l'église, d'après sa physionomie, agit comme défenseur, ergot levé, prêt à attaquer, pour signifier à ses paroissiens que « C'est le temps de veiller ». « C'est le guerrier capable de braver les vents », dit le pape Léon IV, lorsqu'il fit installer un coq sur la basilique Saint–Pierre de Rome en l'an 850 [31].

Chez les premiers chrétiens, le coq fait disparaître les ténèbres et annonce la lumière. Dans les anciens monastères, au Moyen Âge, on gardait un coq pour réveiller les moines à l'aurore, moment de chanter les matines. Chez le peuple, depuis toujours, il annonce par son chant l'arrivée du jour : « Debout, il fait jour, au travail ! »

Au XIIIe siècle, le coq, par son chant, comme le prédicateur par ses paroles, réveille le chrétien endormi. C'est lui qui, par son chant, a réveillé le Christ au tombeau, et qui rappelle que Jésus a dit à saint Pierre : « Avant que le coq chante, tu me renieras trois fois ».

Le coq gaulois symbole de la nation française prendrait ses origines dans les guerres. En Gaule, en l'an 1214, on créa dans les armées l'« Ordre du Coq des chevaliers ». Par la suite, le coq apparaîtra sur les étendards militaires. Puis en l'an 1495, lorsque les Français furent chassés de l'Italie, une médaille fut frappée à l'effigie d'un aigle fonçant sur un coq retraitant. C'est en l'an 1601, dit-on, que le roi Henri IV, à la naissance de son fils Louis XIII, fit frapper une médaille montrant un coq. L'animal restera ensuite le symbole de la nation.

Au Canada français, le coq de la force physique eut son importance. Les coureurs de bois qui allaient à la traite des fourrures avaient toujours dans leur rang un « coq de brigade », l'homme le plus fort du groupe. La rencontre des « boulés » avait lieu dans les postes de traite et le meilleur batailleur avait le droit de porter une plume de coq à son chapeau [32].

Il s'y trouvait des « coqs » dans toutes les régions du Québec. Le « Coq Pomerleau » était réputé dans la Beauce, et le « Coq Métayer », à Québec, battait les « Coqs Irlandais » du Cap Blanc.

Le « coq de pêche » en Gaspésie et en Acadie est celui qui a pêché le plus de poissons pendant l'année. L'automne, en procession, les pêcheurs allaient placer un « coq de pêche » en bois sculpté sur sa maison. L'année suivante, ce coq changerait de location si celui qui le détenait se faisait surpasser à la pêche.

Le coq de l'autorité fit aussi sa marque. Lorsque les premiers colons arrivèrent au pays, au XVIIe siècle, selon une loi, seul le seigneur avait droit d'exhiber un coq–girouette sur son toit.

Jusqu'au début du XXe siècle, le coq sur le faîte d'une toiture marquait la réussite sociale et économique du propriétaire, tout comme le faisait le lion de pierre placé à la porte d'entrée chez l'anglophone qui avait réussi en affaires.

Les pêcheurs anglais qui se rendaient sur la Côte–Nord au XVIIIe siècle remplaçaient le juge par un coq. Lorsque quelqu'un du groupe avait fait un vol, on mettait un coq sous un grand chaudron tourné la gueule en bas, puis tous les pêcheurs défilaient et plaçaient la main droite sur le fond du chaudron. Lorsque le coq commençait à chanter au moment où un homme touchait au chaudron, c'était lui le coupable [33].

Mais il y eut aussi le coq d'amour. En France, nos aïeux disaient que le coq est le maître de la basse–cour, qu'il « porte les culottes ». Si une poule chante à sa place, il faut la tuer. Cette croyance fut aussi maintes fois relevée au Québec où l'on avait l'habitude de dire : « Lorsqu'une poule "chante le coq", il faut la tuer, ça porte malchance ».

Un « bon coq » est maigre, dit-on encore d'un homme, par allusion à l'activité sexuelle débordante du maître de la basse–cour. Et « À bon coq, sept poules », se vantait le grand–père. Mais la grand–mère répondait : « À bonne femme, sept coqs ». En Acadie les mères disent à leurs filles : « Laisse ce garçon, c'est un coq à fille », entendre par là « c'est un débaucheur ».

La tradition parle aussi du coq protecteur, le « coq au grain », qui se retrouve sous forme de girouette sur la toiture du fournil où il veille sur les « carreaux à grain » pour ne pas que la vermine s'y mette. Ce coq–girouette annonce aussi la température à l'avance ; il voit venir le mauvais temps et renseigne sur le moment de faucher le grain. Le coq de croix de chemin, en lisière des champs, protège les récoltes contre la gelée et les oiseaux dévastateurs.

Le coq fut aussi protecteur de la maison. Jadis, au Canada français, après avoir fini en corvée la construction d'une maison, on plantait sur son faîte un sapin surmonté d'un coq en guenille, puis on tirait un coup de fusil sur l'effigie de l'animal. Ensuite, les hommes entraient « pendre la crémaillère » et mangeaient du coq rôti sur le feu allumé pour la première fois. Ainsi, le coq se ferait le protecteur du foyer contre le feu et le tonnerre. De nos jours, peut-être en souvenir de cette pratique, on place parfois la sculpture d'un coq sur la tablette du foyer.

Le baptême du coq a toujours lieu en certaines régions de la France. Selon une coutume issue des compagnons du Tour de France, il revenait au plus jeune des artisans de monter fixer le coq sur le clocher. Le jour venu, on promène le coq enrubanné dans le village et les gens mettent de l'argent dans une tirelire pour payer les frais de la fête. Chacun peut faire un vœu en touchant aux rubans du coq, comme celui de se trouver un mari ou une épouse durant l'année. Puis le curé bénit le coq et fait un discours. Une fois le coq mis en place sur le clocher, on le fait tourner trois fois : une fois pour le curé, une pour le maire, et une pour le peuple.

Au Québec, jadis, on s'attroupait devant l'église alors qu'un homme hardi montait fixer le coq sur le clocher, puis on surveillait le coq car, s'il est mal balancé, que sa tête « prend plus dans le vent que sa queue », il tournera la queue dans le sens du vent. Et alors, on criera en chœur : « Le coq est fou ! Le coq est fou ! » Malheur au forgeron qui a fait un coq fou, il en entendra parler longtemps !

En France où le coq de la dernière gerbe eut son importance, on donnait la forme d'un coq à la dernière gerbe de grain en se servant de lanières de tissu, ou bien, on cachait un coq dans une gerbe. Celui qui faisait la découverte du coq prenait le nom de « coq de la moisson » pendant la fête qui s'ensuivait. Au Québec, jadis, lorsqu'on avait cueilli la dernière gerbe de blé, dans un moment de joie les enfants munis de bâtons se mettaient à pourchasser le coq et les poules pour les diriger vers le champ nu où ils pouvaient se nourrir du grain perdu.

En France, selon un rituel millénaire, au moment des semailles, on mêlait au grain le sang et les plumes d'un coq pour s'assurer ainsi que son esprit veillerait au grain. Cette pratique rappelle aussi que dans les temps anciens, la « bataille de coqs » symbolisait la mort du roi. « Il faut que le roi meure pour que vienne la prospérité dans un règne nouveau ». Chez les Acadiens de l'Île-du-Prince-Édouard, lors de la quête de la Chandeleur, on tuait un coq qu'on promenait au bout d'un bâton. Les Acadiens de la Louisiane, le soir du Mardi gras, vont à la recherche de coqs qu'ils tuent et mangent en « gumbo » dans la fête qui s'ensuit. Au Québec, le matin du jour de l'An, les hommes du village sortaient de la maison et tiraient un coup de fusil à plomb dans le coq du clocher. Ainsi, ils s'assuraient d'une bonne année [34].

Plus d'une légende au Québec fait état du coq. Dans *La femme qui sauve son mari*, on raconte que la grange d'un homme avait brûlé juste avant les récoltes, et qu'il fallait la rebâtir sans tarder. Le diable vient s'offrir pour le faire en une nuit : « Je l'aurai bâtie avant que le coq chante à l'aurore », dit-il, « mais j'aurai ton âme à ta mort en retour ».

Marché conclu ! Le diable se mit au travail. L'épouse qui entendit cela courut vitement dans la nuit au poulailler avec une chandelle allumée. Le coq se réveilla et il se mit à chanter avant l'aurore. Le diable, furieux, dit : « Les femmes seront bien toujours plus intelligentes que les hommes ! »

Le récit du *Forgeron merveilleux* rapporte qu'il y avait jadis un forgeron qui travaillait si bien le fer, qu'un jour, alors qu'il martelait un coq sur son enclume, au dernier coup de marteau, le coq partit à voler et se mit à chanter pour aller ensuite se percher lui-même sur le clocher de l'église.

Quant au *Soldat changé en coq*, pendant une nuit, alors que l'ennemi était aux portes de la ville, le sergent militaire confia la surveillance de l'entrée à un jeune gardien qui s'endormit. Lorsque le sergent le découvrit en train de sommeiller, pour le punir, il le transforma en coq [35].

Le coq figure aussi dans les contes et les chansons folkloriques ; et il faudrait rappeler les secrets de métier détenus par le forgeron pour façonner un coq en métal. En fait, ce ne sont là que quelques présences du coq dans la tradition française en Amérique. Ce volatile se mériterait une large place dans notre « bestiaire de la culture populaire ».

LÉGENDE DE SAINT-MICHEL-DE-BELLECHASSE

Le curé de Saint-Michel-de-Bellechasse s'était entendu avec l'armée anglaise qui détruisait tout sur son passage dans les villages en bordure du fleuve Saint-Laurent : « Si vous ne brûlez pas mon église, avait-il dit, je me charge de faire prêter le serment d'allégeance au roi d'Angleterre à tous mes paroissiens ». Le dimanche suivant, tous, sauf cinq, apposèrent leur signature ou leur marque, s'engageant à passer, avec leur pasteur, sous la domination anglaise et à déposer leurs fusils en avant de l'église. Deux hommes, leur épouse et la sœur de l'une d'elles, jurèrent cependant que jamais ils ne déposeraient leur vieux fusil français et qu'ils resteraient fidèles à la France. Du haut de la chaire, le curé prononça alors leur excommunication sur-le-champ, leur ordonnant de sortir de l'église et de s'en aller s'installer hors du village. Il leur annonça aussi qu'à leur mort, ils seraient enterrés dans le petit cimetière réservé aux enfants morts sans avoir reçu le baptême.

Ils se bâtirent donc une pauvre maisonnette dans le rang le plus éloigné du village, et ce lieu prit vite le nom de « rang des Vieux Fusils ». Ils y passèrent le reste de leur vie, abandonnés par tous leurs parents et amis. L'un après l'autre, ils s'éteignirent avec le siècle, n'acceptant même pas que leur corps fut amené au village pour y être enterré avec les enfants des limbes. Lorsque le dernier survivant trépassa, des paroissiens se rendirent en cachette, la nuit, chercher son corps. Puis ils déterrèrent ses parents inhumés près de la maisonnette et ils les rassemblèrent dans un petit enclos non bénit à l'ombre de l'église de Saint-Michel.

Les gens évitèrent pendant longtemps de se rendre cueillir des fraises aux alentours des bâtiments abandonnés, craignant d'y rencontrer quelques revenants. Mais c'est au village de Saint-Michel que les insoumis continuent toujours, dit-on, de se manifester. On rapporte en effet que certains soirs de pleine lune, il arrive encore de voir défiler lentement autour de l'église des grands fantômes de blanc vêtus. Ils marchent lentement, courbés comme des vieillards fatigués, et ils portent toujours sur leur épaule le vieux mousquet français qu'ils n'ont pas voulu déposer aux pieds du curé.

(Jean-Claude Dupont, *Légendes des villages*, Sainte-Foy, Éditions J.-C. Dupont, 1993, 66 p., p. 29)

Gens des terres d'en haut

Aujourd'hui, en Beauce comme en Bellechasse, les cultivateurs québécois venus jadis de Normandie, du Perche, du Poitou ou de La Rochelle ont conservé, s'ils ne sont pas devenus téléphages, toutes sortes de manières de dire et de médire qui ne cessent de surprendre les médiévistes et les linguistes les plus avertis. Pour ma part, je les ai si souvent entendus parler de leurs anciens, de leurs engagés, du temps, de l'instruction, de l'hiver, du travail et même, à mots couverts, de leurs femmes et de la religion, qu'il m'a paru normal de les inviter dans ces pages qui veulent honorer un vrai Beauceron des terres d'en haut. Monsieur le cardinal Vachon me pardonnera sûrement de citer surtout mon père, ce non-instruit, éleveur de vaches et maquignon à ses heures, qui avait de la parenté « par chez vous » et qui considérait avec grand respect les Beaucerons qui, comme lui, étaient assez français pour être catholiques et assez catholiques pour voter Laurier.

Ces hommes et ces femmes de la terre avaient la fierté de leurs origines. Parlons, par exemple, du plaisir qu'ils éprouvaient à se souvenir des anciens : « C'est vrai, j'ai toujours eu de l'attrayance pour mon père et je le revois après dix, vingt ans amarrer ses souliers avant de partir pour la grange. Il savait nous aviser de ses appointements. Sans gros arguments, sans nous aminoucher non plus, il venait nous dire de faire ceci ou cela, d'attisonner le poêle en hiver, d'aller au clos d'à cause qu'il y a apercevance de mauvais temps. »

Qu'ils le sachent ou pas, ou plutôt sans le savoir, nos habitants ont longtemps parlé comme les provinciaux de l'Ancien Régime. Entendons certaines de leurs façons de dire leur passé, leurs amours : « Un jour je r'gardais le ber, pis j'me disais : ce ber–là, il a bercé deux règnes, il règne depuis un bon bout de temps. Moé, j'arrive sur la dépente de la montagne. Les deux tiers de ma vie finis, je jongle à ma donaison. J'pense que j'ai cette affaire en contemplation depuis des années longues. Ben des vieux sont morts. Grouille–toé, sinon tu vas rester sur le fenil comme Georges Goupil qui est mort en oubliant de se donner à ses enfants... »

« Avec ça j'ai des souvenirs plein la caboche. C'est comme ça la remembrance : tu te remembres ou tu ne te remembres pas. T'as beau être rêveux, ruseux, t'user le crâne, i'a des fois que les éveillements tardent. Comme le ressuscitement de Notre–Seigneur, ça a pris trois jours avant qu'i' se revire et qu'i' revienne. C'est un domaine où le rendage n'est pas assuré. T'as beau pas renaquer, renarder, regimber, avoir de la repentance, tu forces pas tes souvenirs. »

Mon père, comme votre père sans doute, je l'aurais écouté des heures et des heures. Quelle mémoire ! Il se souvient jusque de la recluserie de son cousin Damase Blais du rang de Vide–Poche, obligé de vivre caché dans un bois à cause qu'il était tuberculeux et qu'il se devait de protéger sa parenté contre ce fléau. « Il pourrait me recorder d'autres gens du rang, pareils à lui, mais il sait que la recouvrance de ses souvenirs et la recordance des vieux faits font se rafraîchir la mémoire. Ce n'est pas tout de savoir se souvenir à nos âges, il faut se souhaiter de toujours travailler, parce qu'un habitant qui ne travaille pas est un vacheux. On n'est pas des feluettes, nous, les habitants des rangs. »

Caïus Lacroix, pas plus qu'un Beauceron des rangs de Saint-Frédéric, n'aurait jamais admis qu'on puisse s'arrêter de labourer ou de chef–d'œuvrer à cinq heures de l'après–midi ou le vendredi soir pour se reposer le samedi et tout le week–end. Le temps est qualifié non par des congés mais par des travaux. Surtout par les foins en été et la bûcherie en hiver.

Au temps des foins et des récoltes, il se fera plus sérieux, rempli d'embesognements et d'exhortations : « Si tu travailles, tu travailles. C'est pas le temps de s'étriver, de fabler pour ensuite avoir des excusations. Travaille mon p'tit gars ! Pas de faillance à l'ouvrage mais de la faisance ! Pis de la belle façon à tout l'monde. »

« Pas de criage contre l'hiver, l'hiver c'est l'hiver. T'as beau avoir les oreilles dans le crin, multiplier les débattements, les devinages, les disances, tu n'empêcheras rien, mon garçon. Une tempête, c'est pas humain. Tes démènements et tes desputements et tes doctrinages ne dérangeront pas le Bon Dieu. Tu peux te décarêmer trois fois, le Carême a de la durabilité. Desserre-toi, démaille-toi tant que tu veux, tu es pris pour cinq mois de dormement. La terre ne se réveillera pas plus parce que tu criailles des mots. »

Quand l'hiver vient et que la certance certaine est qu'il est arrivé pour de bon, il faut forcément ralentir, s'emmitonner, s'encabaner, s'emmurailler, sortir son capot de poil et ses couvertes. Le temps chagrineux de l'hiver l'a préparé à cette aventure annuelle des cogitations d'hiver comme à compassionner avec ceux qui, l'hiver, n'ont pas de confortement comme lui en a. Il leur offrirait bien ses conseillements sur le conservement des animaux, mais comment les recevront-ils ? Le coulement du temps, ça ne s'apprend pas facilement !

Comme le temps de la bûcherie et du chargeable à pleine sleigh appelle celui de la boucherie, lui, et selon l'emplissement des jours, ira entre-temps ouvrir les chemins, écharder, équarrer l'empoignure de ses haches. Ce n'est pas le temps des éloignements, encore moins des grands errements jusqu'à Montmagny ou Lévis. S'il avait été instruit, il aurait eu comme un écritoire pour passer le temps.

On dirait que l'hiver il a plus d'estimation pour ses chevaux ; il s'enamoure de ses animaux qui n'ont plus d'étrangeries pour lui, peut-être parce qu'il est plus près d'eux. C'est avoir un cœur désencharné que de ne pas aimer tout ce bétail en élèvement, rangé à l'écurie comme des compagnons d'hivernage. Il leur faudra à tous beaucoup d'endurement pour ne pas perdre patience.

Dès février il sort pour voir, selon ses expériments, ce qui est encore espérable. À la Chandeleur la neige est à sa hauteur, il trouve cela « ben émerveillable de visiter toute cette blancheur ». Il s'enquerre déjà de savoir si lui et sa femme, tous les deux, faudra encore entrelaisser ses projets de mars, s'ensépulturer un mois de plus avant d'entailler. Ce n'est pas drôle en mars, oui en mars de s'entomber un jour, deux jours, à cause d'une tempête de surplus. Plutôt que de sacrer à haute voix devant les enfants, il se murmure des paroles pas très entendables qui causent des effroiements à sa femme.

Précisons qu'il aime les gens, même s'il adore aussi les procès. Ombrageux mais pas outrageux, il sait comment se définir par rapport aux autres habitants des rangs. « On a la même parlance, la même parlure aussi, mais pas les mêmes passements de vie. Chacun sa pesance, ses ramendages, chacun ses pleurances, son pluiage, ses nuages. S'il pluine sur un, il peut faire beau sur l'autre. Rien n'est pareil. Il n'y a que la prêtrerie qui est prisable et sûre dans cette vie. Les autres métiers sont remplis de privances et de punissements. Pour nous, les habitants, bien certain on a plus de privetés qu'en ville, mais on a moins de putaineries. On se connaît tous, on se protège, on se guette. »

Parmi les gens qu'on espère sur la ferme, surtout quand les enfants ne sont pas encore en âge de venir à la grange, il y a celui qu'on appelle en termes féodaux : *notre homme, notre homme engagé*. « Tu sauras, mon garçon, que je m'ai engagé un bon homme, un garçon vaillant, un homme de service, pas un chéti de rien, mais oui un homme d'adon, avenant, sans mauvaiseté. Il est maquignon. Regarde-le : jamais atriqué, jamais tanné. Tu peux le faire étriver même quand il est avec sa dame. À mon semblant, tu n'as pas à avoir des doutances, c'est mon meilleur homme depuis vingt ans de règne. Ce n'est pas lui non plus qui irait fanfarder pour se vanter d'être plus fiable qu'un autre. Il n'aime pas les feblettes. Un fiable n'a rien d'un fausseur, d'un lâcheux de dernière minute. À tout travail, il faut du finissement et du forçage. » Pour avoir de la fiance dans un homme engagé, il ferait le tour du monde et promettrait toutes les festivités et tous les fêtoiements. « La formance d'un bon travaillant, tu devines ça vite. Il y en a qui ont de la fringue, d'autres pas : il faut que tu choisisses ben. »

Serait-il jaloux, paranoïaque comme on dit aujourd'hui ? C'est possible. « Tu as beau riser de moi, rimasser à l'université, j'ne suis pas si ruineux que j'en ai l'air. Je suis un peu tempêtatif, mais je me retiens. Tu sais, tu n'es pas toujours poli : vos grands mots instruits mériteraient ben des fois une bonne taloche, mais nous autres habitants, on a de la tardance : on attend pour comprendre... »

Mon père aimait gentiment la galantise, comme il l'appelait dans son jargon. Est galant le garçon dont la gardance n'est pas difficile et qui ne demandera pas d'être mis au gardoire parce qu'il gargote durant ses repas. « Espèce de garnement, t'es tout bonnement importable », me disait-il quand j'étais moins sage. « T'as pas de gouvernance, mon garçon. Tu apprendras cela un jour : la vie n'est pas toujours un beau chemin de gravelle. Il faut avoir de la gouverne. Autrement la vie va te graffigner et t'en recevras des graffignures plus que tu peux en porter. On ne peut pas passer son temps à harper, à jambetter, pas plus qu'à honter ses parents. Je ne connais personne qui passe inconnuement et dans l'inapercevance : on est toujours vu quelque part. Ça ne prend pas des diplômes empaquetés pour comprendre cela. »

Mais ce n'est que plus tard, à l'Institut d'études médiévales, que j'ai appris la richesse de ce langage populaire, imagé et profondément enraciné dans la tradition française. Faut-il le dire : ces habitants et ces forestiers installés au pays d'ici n'ont pas connu, ou à peine, la Renaissance, la Réforme protestante anglophone, la Révolution française et l'Indépendance américaine. Leur première révolution, dite tranquille, date des années 1960 et son contenu marque assez bien l'inexpérience des changements. Les Beaucerons, comme les habitants de Bellechasse, vrais Canadiens français, sont héritiers directs de la France médiévale et, comme tels, épris des mots les plus pittoresques et les plus audacieux. Leurs pères et mères ne sont-ils pas venus au monde au temps de Rabelais ? Au fait, ils nous transmettent un héritage quand, à la manière des féodaux du XIIIe siècle, ils disent du bedeau, et sans aucun sens péjoratif, qu'il est « l'homme du curé », « l'homme des Sœurs ». Ils parlent encore comme les vilains de la Normandie médiévale quand ils répètent : « J'ai une bonne accoutumance ; à matin, à soir ; abatis » (pour taillis) ; « le toit a abîmé ; les abouts de la terre ; elle est sortie du couvent avec tous les accomplissements possibles ; s'accouver près du poêle » (pour s'accroupir) ; « s'adonner ; affiler son crayon ».

Leurs premières prononciations peuvent remonter à la même période. De savants linguistes l'ont prouvé. Plusieurs habitants, et d'autres aussi, disent encore : « mwé » (moi), « twé » (toi), « vwé » (vois), « aparswé » (aperçois), « syo » (sceau), « tumber » (tomber).

D'antiques *formes verbales* durent autant en Bellechasse qu'en Beauce, comme « assire » pour asseoir, je « vas » pour je vais, « assayer » pour essayer. Dans le *Roman de la Rose*, il est question de « s'abrier », de « s'alaidir » à force de trop boire. Villon, au XVe siècle, a des « appointements » plutôt que des rendez-vous. À la manière de Tristan, tel s'accote à un arbre quand il y a « apercevance » de mauvais temps. L'autre entend régler ses problèmes à l'amiable sans se laisser distraire par des « attrayances » et sans « arrêtages » inutiles en chemin. On parlera d'un voisin endetté et « safre » comme un loup. Le soir, avigoré, le Beauceron « attisonne » la flamme de son poêle et trouve très « avenant » d'y inviter autour quelques amis « avoués » à qui raconter des histoires de rois et de princesses. Beaucoup de termes administratifs sont venus de très loin : bénéfice, baillage, banage, ban, bâtiment, cornage, coutumage, coûtage, donaison ; ils font partie de leur vocabulaire de marchandage et de barguignage.

Ces mêmes paysans sont prêts à batailler, à besogner pour avoir quelque chose de *besoignable*, dirait Tristan ; leurs chantements, leurs chanteries, leurs chansons parlent de bergerettes et de brunettes, comme dans le *Roman de la Rose*. S'ils chantent l'alouette, le rossignol, la claire fontaine, le bouquet ou la mal mariée, on peut tout de suite deviner une source ancienne, au moins du XIVe siècle. La bêterie et la beuverie les font blêmir comme dans *La Chanson de Roland*. Leurs blêmissements ne sont peut-être pas ceux de Marie de France, mais comptez sur leur braverie, ou leur braveté si vous voulez, pour faire face aux bravades, à la brumée ou à la brunante. Pourquoi se chamailler avec des gens si peu conquérables ? « Ce n'est pas leur corporence qui me fera peur. »

Si, par exemple, ils appellent une vraie pluie une baignerie c'est qu'ils aiment, comme au moyen âge encore, les diminutifs qui chatouillent l'oreille et achalent la langue. Témoins, à leur manière d'anciennes morphologies, d'anciennes formes féminines de nommer, de formes atones, tel *li* pour *lui*, ils diront en langage de chantier : « Le gars, li, i' arrive avec sa hache, pis i' coupe deux grosses branches. »

Notons, en syntaxe, l'« oubli » fréquent du pronom impersonnel ou personnel, sujet atone : « i' a dit : faut que j'te mande... La fille, elle, a voit tout ça, pis a prend peur... » L'absence du pronom personnel sujet nous ramène à la vieille tradition latine, mais le français populaire tend à le remettre, alors que le pronom impersonnel manque dans le patois. Le pronom personnel de la troisième personne renvoie au sujet qui le précède ou annonce ce qui suit, ainsi : « Le docteur, i' arrive, pis c'te femme-là a avait une servante ». Rappelons l'absence de la conjonction *que* devant le subjonctif : « Le renard i' dit : faut je mange, faut je le pogne », et l'usage de l'adverbe *assez* pour signifier beaucoup et tellement : « Elle a assez ri qu'a crevé. Le roi est assez content qu'i' m'envoie icitte. »

Savent-ils, ces chers cultivateurs de Beauce et de Bellechasse, que beaucoup de mots n'ont pas le même sens ici qu'en France. Le bûchage, le bûcher, le cabochon, la chienne (blouse), une canne, la dalle (gouttière), un dépendant, un élévateur, une figure (chiffre), un pamphlet, une police, une penture (charnière), une trompe (erreur), un vidangeur, sont des expressions fréquentes en Beauce québécoise que nous ne trouverions guère en Beauce française. Au besoin, ils inventent ou adaptent à partir de l'anglais courant. Nous les entendons dire, en effet, bien des mots qui sont peu attribuables au « dialecte de France », comme boucaner, cabaler, détarauder, écornifler, fafiner, fortiller, picosser, raboudiner, rapâiller, ravauder, s'encanter, se racotiller, vacher. Avoir du fun, matcher, necker, renipper, scratcher, smasher, straper, trimper, watcher, sont des mots sus et connus. Vocabulaire intarissable !

Il y aurait des pages et des pages à écrire sur la richesse de ce langage. Quand sera terminé, à l'Université Laval, le *Dictionnaire du français québécois*, peut–être que tous les linguistes qui y ont mis la main devraient, en longeant Bellechasse — car le détour s'impose ! —, prendre la route de Saint–Georges pour aller là–haut retrouver les descendants des habitants de Saint–Frédéric. Peut–être y entendraient–ils certains de ces beaux mots qui rendent si exaltant l'héritage français en Amérique.

Petit lexique médiéval en Beauce québécoise

Ce mini–lexique ne couvre, bien entendu, que quelques vocables. Bien d'autres mots que nous avons relevés, tels bravade, braverie, braveté, chamailler, cogitation, compassionner, confortement, corporance, coulement, ensemblement, ensépulturer, espérable, estimation, fausseur, galantise, gardoise, inapercevance, malaisance, trichoterie, s'emmitonner, s'emmurailler, superstitiosité, appartiennent davantage aux XVIe et XVIIe siècles. Nous nous sommes volontairement limité au moyen âge français XIe–XVe siècle.

ABATEIS (XIIe s.) : abatis
ABRIER (XIIIe s.) : mettre à l'abri
ACCOUSTUMANCE (XIIe s.) : accoutumance
AFFILER (XIIe s.) : aiguiser
ALAIDIR (XIIe s.) : enlaidir
APERCEVANCE (XIIe s.) : apparence
APOINTEMENT (XVe s.) : rendez–vous
ASSIRE (XIIe s.) : asseoir
ATISONER (XIIe s.) : attiser
ATTRAYANCE (XIIe s.) : attirance
AVENABLE (XIIe s.) : avenant
AVIGORER (XIIe s.) : rendre vigoureux
AVISER (XIe s.) : avertir

BAIGNERIE (XIVe s.) : averse
BAILLAGE (XIIIe s.) : fermage
BAN, BANAGE (XIIe s.) : termes juridiques
BARGUIGNAGE (XIIIe s.) : marchandage
BÉNÉFICE (XIIIe s.) : bienfait
BERGERETTE (XIIe s.) : petite bergère

BESOIGNABLE (XIIe s.) : urgent
BESOIGNIER (XIIe s.) : besogner
BESTERIE (XVe s.) : bêtise
BEUVERIE (XIIe s.) : ivrognerie
BLESMER, IR (XIe s.) : blêmir
BLESMISSEMENT (XIIe s.) : pâleur
BRUNETTE (XIIIe s.) : brun
BUSCHERIE (XIIIe s.) : bûcher

CANE (XIIe s.) : boîte à conserve
CHAGRINEUX (XVe s.) : chagrinant
CHAITIF (XIe s.) : chétif
CHANTEMENT (XIIe s.) : chant
CHANTERIE (XIIe s.) : chant
CHARGEABLE (XIIIe s.) : pesant
CONQUÉRABLE (XIVe s.) : séduisant
CONSEILLEMENT (XIIe s.) : conservation
CORNAGE (XIIe s.) : droits sur les bêtes à cornes
COSTAGE (XIIIe s.) : coût
COUSTUMAGE (XIIIe s.) : coutume
CREVER (XIIe s.) : mourir
CRIAGE (XIIIe s.) : cri
CRIN (XIe s.) : poil

DÉBATTEMENT (XVe s.) : effort
DÉCARÊMER (XIIe s.) : laisser le jeûne
DÉMÈNEMENT (XIIe s.) : conduite
DESERRER (XIIe s.) : défaire
DESPUTEMENT (XIIe s.) : dispute
DEVINAGE (XIIe s.) : prévision
DISANCE (XIIe s.) : parole
DOCTRINAGE (XIIe s.) : enseignement
DONAISON (XIIIe s.) : donation
DORMEMENT (XIIe s.) : sommeil

EMBESOGNEMENT (XIVe s.) : occupation
EMPLISSEMENT (XIIIe s.) : emplissage
EMPOIGNEURE (XIIIe s.) : poignée
ENAMORER (XIIe s.) : s'éprendre
ENDUREMENT (XIIe s.) : endurance
ENQUERRE, QUERE (XIe s.) : s'informer

ENTAILLIER (XIᵉ s.) : tailler
ENTENDABLE (XIIᵉ s.) : intelligible
ENTOMBER (XIIᵉ s.) : mettre au tombeau
ENTRELAISSIER (XIIᵉ s.) : interrompre
ESTRIVER (XIIᵉ s.) : taquiner

FABLER (XIIᵉ s.) : raconter
FAILLANCE (XIIᵉ s.) : manquement
FAISANCE (XIIᵉ s.) : action
FEBLET (XIᵉ s.) : confiance
FORÇAGE (XIIᵉ s.) : effort
FRINGUE (XIIᵉ s.) : sautillement

GALANT (XIᵉ s.) : réjouissant
GARDANCE (XIVᵉ s.) : garde
GARGOTER (XIVᵉ s.) : roucouler
GARNEMENT (XIIIᵉ s.) : vaurien
GENTEMENT (XIᵉ s.) : noblement
GOUVERNANCE (XIVᵉ s.) : conduite
GOUVERNE (XVᵉ s.) : manière
GRAFFIGNEURE (XIVᵉ s.) : égratignure
GRAFFIGNIER (XVᵉ s.) : égratigner
GRAVELE (XIIᵉ s.) : gravier

HARPER (XIIᵉ s.) : jouer de la harpe
HONTER (XIᵉ s.) : déshonorer

IMPORTABLE (XIVᵉ s.) : insupportable
INCONNUEMENT (XVᵉ s.) : anonymement

JAMBETER (XIIᵉ s.) : gigoter
JARGON (XIᵉ s.) : langage

OUTRAGEUX (XIIᵉ s.) : injurieux

PARLANCE–LERIE–LEURE (XIIᵉ s.) : langage
PASSEMENT (XIIᵉ s.) : rites
PESANCE (XIᵉ s.) : pesanteur
PLORANCE (XIIᵉ s.) : pleurs
PLUIAGE (XIIIᵉ s.) : pluie
POIGNIER (XIIᵉ s.) : saisir

PRIVANCE (XIIe s.) : privation
PRIVETÉ (XIIIe s.) : intimité
PUNISSEMENT (XIIe s.) : punition
PUTERIE (XIIe s.) : débauche

RAMENDAGE (XVe s.) : réparation
RECORDANCE (XIIIe s.) : souvenir
RECORDER (XIe s.) : rappeler
RECOUVRANCE (XIe s.) : rappel
REMEMBRANCE (XIe s.) : souvenir
REMEMBRER (XIVe s.) : remettre en mémoire
RENAQUER (XIVe s.) : renacler
RENARDER (XIVe s.) : ruser
RENDAGE (XIIe s.) : profit
REPENTANCE (XIIe s.) : regret
RESVEILLEMENT (XIVe s.) : réveil
RIMASSER (XVe s.) : parler pour parler
RISER (XIIe s.) : se moquer
RUINEUX (XIVe s.) : menacé de ruine
RUSEUR (XIVe s.) : intrigant

SAFRE (XIIIe s.) : glouton
SERVANT (XIIe s.) : serviteur

TALOCHE (XIVe s.) : taloche
TARDANCE (XIVe s.) : retard
TUMBER (XIIe s.) : tomber
VANTERIE (XIIe s.) : vantardise
(Dans *Mélanges Cardinal L.-A. Vachon*, Québec, Les Presses de l'Université Laval, 1989, p. 238-246)

MEMBRE FONDATEUR DU CENTRE D'INTERPRÉTATION DES NOUVELLES RELIGIONS (CINR — 1984)

LE PLURALISTE DU MOYEN ÂGE

Pierre Pelletier

Au début des années 80, lorsqu'il fut question de fonder un centre d'information sur les nouveaux courants religieux au Québec, il fallait que Benoît Lacroix en fût. Il fallait faire sérieux ; mais pas trop. Compétent ; mais pas assommant. Richard Bergeron demanda l'appui de Benoît et c'est chez lui, dans son Musée du 2715, qu'eurent lieu quelques-unes des premières réunions du futur Centre d'information sur les nouvelles religions (CINR).

Avec un recul de plus de dix ans, on se dit que ça allait de soi : Benoît Lacroix est l'homme du pluralisme religieux. Médiéviste, certes, et l'un des grands. Mais le Moyen Âge de Benoît Lacroix, ce n'est pas le Moyen Âge monolithique des nostalgiques, de leurs encycliques et de leurs manuels. Par certains côtés, Benoît Lacroix, c'est autant *il poverello* d'Assise que le chanoine itinérant, autant Bonaventure qu'Albert le Grand, autant Giotto que Fra Angelico. Benoît, c'est le Moyen Âge de saint Bernard, et aussi celui d'Abélard. De la *Somme de Théologie* mais aussi des chansons profanes. Celui des flagellations cathares et celui des Frères Prêcheurs. Celui du Saint-Graal et celui des troubadours. Celui du mariage mystique et de l'amour courtois. Celui des versets sacrés et des chansons grivoises. Celui du grégorien et celui de Carl Orff.

J'imagine assez bien le petit Joachim, avec ses salopettes et son chapeau de paille remuant le fumier et engrangeant le foin, sous le ciel infini de son Bellechasse adoré. Le soir, pendant que ses frères dorment de fatigue, il écrit un poème près de son père assoupi dans la berçante. Sa mère, dont on retrouve sans doute les traits sous celle de Saint-Denys Garneau, est certes là, quelque part, à moins qu'elle ne soit omniprésente. Pour Joachim, la vie, c'est autant le fumier et le foin que le sourire de maman et le ciel étoilé. C'est autant la saine odeur de purin que les beaux mots latins. La vie est plurielle.

La religion aussi. C'est celle de Thomas d'Aquin qu'il connaît sur le bout des doigts et du pape Jean-Paul II, dont il écrit le discours de

Québec. C'est celle de son père, avec des médailles, des processions et des saints sacrements. C'est celle des Dominicains, avec son grégorien, sa liturgie dépouillée, mais aussi les larmes de frère Thomas et la dévotion mariale. Il y a plusieurs demeures dans la maison du Père, et le Père Benoît aime bien côtoyer tant les saints dominicains que les nouveaux Québécois, sceptiques et athées. Il aime les humains comme, enfant, il aimait le fumier et les grands champs de blé. « Il faut écouter », aime-t-il répéter.

Benoît Lacroix est probablement le plus mondain et le plus monastique des dominicains que j'aie connus. Du mondain, il a l'entregent, le sourire, la vaste culture, les nombreux amis, les bonnes manières, la mèche provocante, les mains fines et le geste délicat. Du moine, il possède la paix intérieure et la sérénité, le sens de l'absolu et aussi du relatif, la pureté du cœur, le goût de l'étude et du silence. Il a béni d'innombrables mariages, et des mariages de grands. La plupart du temps, il s'esquive avant le banquet, prétextant quelque devoir urgent. Ne vous y trompez pas : il s'ennuie de sa cellule et de ses manuscrits ; parfois aussi, de son tennis. On le croise dans les vernissages et les premières, mais il est plutôt lève-tôt, et, de toutes les vedettes dominicaines, qui furent en leur temps, fort nombreuses, il était l'un des rares à l'Office, au repas et à la récréation communautaires. Moine et mondain ? Sous cette forme-là, je pense que Dominique aurait aimé.

On a beaucoup exalté les cathédrales médiévales, renchéri sur leur structure, leur équilibre, leur luminosité, leur unité. Benoît Lacroix, c'est tout cela. Mais, n'oublions pas que les cathédrales, dans leurs vitraux, racontaient des histoires, les histoires de leurs pères. Elles étaient des hommages à leur Mère. N'oublions pas surtout que leurs façades parlaient de la synagogue, des rois mages, des étrangers, voire des damnés, et qu'il ne leur répugnait pas de s'entourer de démons, qui, sur ce sein accueillant, se sentaient bien au chaud...

MEMBRE DE LA COMMISSION D'ORIENTATION (1983) DU MUSÉE DES RELIGIONS DE NICOLET (1991)

Hommage au Père Benoît Lacroix

Michèle Paradis

La société québécoise a connu au cours des dernières décennies des changements profonds dans son organisation sociale, économique et culturelle. Depuis, cette société connaît de grandes mutations ; mutations au sein de la famille, des écoles, du travail ; mutations religieuses. Bref tout un peuple est en mutation.

Le Québec connaît une montée de plus en plus importante de nouveaux groupes et l'existence des communautés multiethniques donne alors au Québec un visage religieux nouveau, différent. Depuis quelques années les croyances religieuses qui se rattachaient au christianisme offrent maintenant de nouvelles tendances. Des vagues d'immigration en provenance d'Asie ont quelque peu contribué à diversifier le paysage religieux et le bouddhisme, l'hindouisme et d'autres religions orientales côtoient maintenant le judaïsme et l'islam [36]. La société québécoise est marquée non seulement par la diversité de ces religions mais également par l'apparition d'un très grand nombre de sectes.

Ces nouveaux Québécois, d'origines ethniques diverses, offrent donc une mosaïque diversifiée non seulement sur le plan religieux mais également sur le plan social. Cette situation n'est pas sans poser de nouveaux défis à la société relativement homogène qu'était celle du Québec.

Qu'elle soit d'inspiration judéo-chrétienne, orthodoxe, orientale ou autre, toute religion est conditionnée par le temps et l'espace, la place et les circonstances de son histoire. La culture religieuse ne disparaît pas, elle se diversifie. La grande diversité des cultures devint de plus en plus accessible. Mais comment entrer véritablement en relation avec elles sans apprendre les coutumes et les croyances qui leur sont propres ?

La permanence du fait religieux dans l'histoire de l'humanité mérite une attention particulière. Cette histoire des religions est appelée à jouer un rôle important dans la vie culturelle contemporaine et la naissance d'un musée des religions est devenue pour le moins, un atout majeur, puisqu'il aborde l'histoire des religions de l'intérieur et non pas uniquement dans un contexte historique, sociologique ou politique. Les religions sont présentées comme des faits; elles sont vues, sues comme tels [37].

Ce musée existe parce que des hommes et des femmes y ont cru vraiment. Parmi eux : le Père Benoît Lacroix qui dès le départ y a été associé de façon très particulière puisqu'il a fait partie d'un comité d'orientation présidé par M. Michel Lessard. Ce comité devait donc jeter sur papier les grandes lignes de ce projet unique, établir les buts et les objectifs, en définir les grandes orientations. Tout ça dans un contexte où l'œcuménisme se développait de plus en plus. Ce musée des religions serait donc situé à Nicolet, au cœur du Québec.

Dans un article paru dans la revue *La Vie chrétienne*, journal de l'Église presbytérienne ou reformée du Canada, le Père Lacroix expliquait pourquoi il a voulu s'associer à ce projet de musée des religions.

> C'est un projet qui est né dans un milieu très précis, entre la ville de Québec, qui est la capitale du Québec, et la grande ville de Montréal, qui est une métropole. Nicolet, une petite ville tout à fait simple, honnête, remplie de clochers, près de laquelle se trouve une minorité amérindienne, la tribu des Abénakis, mais près de la ville de Trois-Rivières où se trouvent des temples protestants et une synagogue. Et dans ce milieu, mal connu, se trouvaient beaucoup d'objets religieux, avec une certaine vie religieuse.
>
> Mais il y a aussi les questions que se posent les jeunes : comment les juifs vivent-ils, pourquoi y a-t-il des cultes protestants, pourquoi y a-t-il des amérindiens, comment vivent-ils la religion? Devant ces interrogations de jeunes et devant la richesse de Nicolet, est né un projet de créer un centre des religions. Donner aux jeunes du visuel. Ils en aiment beaucoup, ne pas leur donner trop d'idéologie. Plutôt leur montrer du vécu, des objets de culte amérindien, juif, catholique, protestant. Donc en suivant l'histoire même du culte, faire en sorte que les jeunes soient à l'aise dans ce milieu-là et que l'on crée aussi en même temps des réseaux pour les instruire.
>
> À Trois-Rivières, on peut voir une synagogue, des églises protestantes et une multitude de temples catholiques. On est près des Abénakis, des Amérindiens, on est près de Saint-Benoît-du-Lac qui est une abbaye bénédictine. On est aussi près de Sherbrooke où se trouvent peut-être les plus belles petites églises protestantes du Québec. En fixant un lieu avec de bons animateurs, qui soient ouverts à la jeunesse d'aujourd'hui, à ses interrogations et qui leur réponde non pas par des livres, mais par des

images, des objets, avec des circuits de style comparaison entre les religions, on enseignerait les bienfaits de la religion comme telle, la religion qui nous élève au-dessus du matériel, qui nous invite à honorer, louer celui qui est plus grand que nous, comme dirait le Chef des grands Chefs amérindiens. Nous n'entrerons pas dans les querelles inutiles avec une nouvelle génération capable de regarder sans se sentir menacée, de choisir à partir de ce qu'elle voit et finalement, de lire. Un musée des libertés religieuses si vous voulez.

Ensuite c'est un musée non pas tellement des comparaisons des religions entre elles pour savoir laquelle est la meilleure, mais de découvrir à partir de ce que l'on voit, ce qui est essentiel dans une religion. Toutes les religions veulent atteindre quelque chose de plus élevé que l'ordinaire et le magnifier. Toutes les religions ont besoin de signes et inventent, si je peux dire, aussi des cultes. Toutes les religions ont comme rôle de diriger l'esprit des gens vers le meilleur de leur motivation et en même temps vers l'infini de leurs aspirations. Elles sont comme telles très nobles dans une société assez matérialiste et semblent devenir presque le salut de la nouvelle civilisation. Comme avait dit Malraux, le XXIe siècle sera peut-être le siècle du sacré. Quand on voit, par exemple, l'importance qu'attache le protestantisme au pupitre et au livre sacré ouvert, tout de suite on a un respect et une attention — à venir ouvrir ce livre-là et le regarder. Quand quelqu'un voit une Torah exposée à Nicolet, tout de suite il pense à la grande tradition juive, à Moïse, à Abraham et puis il se dit que ces gens qui durent encore, doivent représenter un Dieu durable. Déjà l'objet interroge. Quand on regarde, par exemple, les Abénakis qui ont le culte du Soleil et de la Nature, ils ont le goût de prier avec les nuages, le vent, avec tout ce qui existe. Tout de suite on s'aperçoit que dans le judaïsme, dans le protestantisme et dans le catholicisme, il y a la prière par les psaumes qui vient rejoindre et même compléter, en un sens, le message des Amérindiens. Et quand on regarde ce qui est offert par l'Église catholique, on s'aperçoit d'un goût de l'incarnation, des couleurs, des objets, des images, d'un besoin presque féroce de tout incarner immédiatement. Donc on découvre que non seulement c'est la parole qui doit être en nous, mais on doit la vivre aussi. Quatre religions qui vont dire aux jeunes l'importance du dépassement et l'importance de l'idéal.

C'est une ouverture de l'esprit, un appel à la beauté aussi. On prévoit des circuits autour de Nicolet pour voir des petites églises protestantes, que tout le monde va aimer car elles sont situées dans un contexte merveilleux. Elles sont remplies de discrétion par rapport au paysage et ensuite voir une petite synagogue, toute

> petite, presque trop discrète. On s'aperçoit comment le judaïsme minoritaire est toujours, dans un sens, menacé et on comprend davantage les réactions des juifs devant les majorités et leur peur de la persécution et de l'holocauste. Cela aide à comprendre. Nous voulons plutôt revenir à l'essentiel du phénomène religieux, au point de départ, à l'instinctif religieux dans toutes les religions, et c'est là la raison d'un musée discret [38].

Après le dépôt du rapport de ce comité, le Père Lacroix a tenu à conserver des liens soutenus avec les représentants du Musée des religions. En 1986, dans des locaux temporaires, une première exposition était présentée. « Symboles en 4 temps » réunissait 4 traditions religieuses à travers les éléments, l'eau, le feu, l'air, la terre. Le Père Lacroix assistait à cette ouverture et voici ce qu'il déclarait :

> Le fait d'avoir réuni ensemble 4 traditions religieuses à travers les éléments est une réussite totale. Dans un milieu comme le nôtre, quand on réussit à regrouper quatre éléments, c'est vraiment impressionnant. Cette exposition n'est pas du tout improvisée. Elle s'adresse à l'intelligence. Cette exposition pourrait facilement être présentée dans le cadre d'un grand musée international.

Depuis ces années, des liens de collaboration et de grande amitié se sont développés et il est juste de dire que le Père Lacroix est particulièrement fier de la présence du Musée des religions, musée unique en Amérique du Nord. Père Lacroix, toute notre reconnaissance pour la confiance que vous avez eue. Toute notre reconnaissance pour cette amitié qui a grandi, et vieilli comme un bon vin tout au cours de ces années.

AMI DE LIONEL GROULX, IDÉATEUR, FONDATEUR, BIENFAITEUR, À LA FONDATION ET AU CENTRE DE RECHERCHE LIONEL–GROULX, COLLABORATEUR À LA REVUE FONDÉE PAR LIONEL GROULX

BENOÎT LACROIX ET LA FONDATION ET LE CENTRE DE RECHERCHE LIONEL–GROULX

Stéphane Stapinsky

Le nom de Benoît Lacroix est associé étroitement, depuis au moins deux décennies, à la vie de la Fondation et du Centre de recherche Lionel–Groulx. Le Père Lacroix qui a connu, de son vivant, le chanoine Groulx, fut le premier à proposer à l'historien, et ce dès l'année 1962, d'éditer ses œuvres complètes, y compris sa correspondance.

Parallèlement à ce travail d'édition critique, Benoît Lacroix avait lancé l'idée d'un instrument permettant au chercheur de s'y retrouver dans les quelque 1 200 manuscrits laissés en friche par Groulx dans ses archives.

La présence agissante du Père Lacroix au Centre de recherche Lionel–Groulx se manifesta de bien d'autres manières. Ainsi, en 1992, il suggérait la création d'une publication périodique consacrée à la recherche qui deviendra, au début de 1994, *Les Cahiers d'histoire du Québec au XXe siècle*.

En plus de donner généreusement de son temps à ces projets scientifiques, le Père Lacroix a contribué à enrichir les ressources documentaires du Centre de recherche Lionel–Groulx. Il a en effet légué à celui–ci une partie (une dizaine de boîtes) de ses archives relatives aux activités du Centre d'études des religions populaires et à sa participation à la direction de la collection « Vie des lettres canadiennes », aujourd'hui « Vie des lettres québécoises » des Presses de l'Université Laval, qu'il a fondée avec Luc Lacourcière et Jean Ménard en 1956. Il a également fait don d'une partie importante de sa bibliothèque de recherche (un total de près de 1 600 ouvrages).

LETTRE INÉDITE DE LIONEL GROULX À BENOÎT LACROIX [39]

+

Vaudreuil, 20 sept. 1958

Mon cher Père,

Vous êtes bien aimable et surtout bien charitable de vous occuper d'un vieillard qui n'a pas même su disparaître à temps. Le Bon Dieu me réservait, sans doute, l'humiliation d'assister à la faillite de ma vie. La pénitence est salutaire, comme tout ce qui nous vient d'en haut. C'est pourquoi le pessimisme amer n'a pas de prise sur moi. Sans doute, la situation ne me paraît pas gaie. J'attends toujours, et sans la moindre malice, les grandioses architectures que les jeunes générations vont édifier sur nos pauvres constructions démolies. Mais enfin, l'histoire qui m'a appris certaines choses, comme vous dites, me rappelle que l'avenir n'est pas le simple lendemain d'hier. Et les vieilles générations, tout comme les jeunes, ont à se méfier de leurs jugements sur ce qui n'est pas de leur temps. Je vous sais infiniment gré, quand même, mon cher Père, de me fournir encore quelques illusions, les dernières, à coup sûr, que j'emporterai avec moi et dont vous serez responsable.

Mais pourquoi, en ces derniers temps, nos pensées se sont–elles rencontrées ? Il y a une bonne quinzaine que je pensais à vous écrire et pour vous proposer, ce me semble, un magnifique travail auquel vous pourriez attacher votre nom et où l'Église de chez nous trouverait si grand profit. Voici le projet : il [y] a quelques années, avec quelques amis, nous avions fondé une petite société d'histoire qui s'appelait : *Société de l'histoire de l'Église de Montréal*. Et, pour début nous nous étions proposé un sujet d'étude et de publication : la publication, en beaux volumes (disons quatre de grand format), des *Annales de la Propagation de la Foi*, des diocès[es] de Montréal et de Québec, avec biographies des missionnaires, et des notes critiques, historiques, géographiques, etc. La *Revue d'histoire de l'Amérique française*, en je ne sais plus lequel de ses volumes [mars 1951], a déjà publié sur ces *Annales* des notes bibliographiques du R. Père Robert Valois, c.s.v., l'un de mes anciens étudiants, et l'un des membres de notre défunte *Société de l'histoire du diocèse de Montréal*. Ces annales, vous les avez peut–être déjà compulsées, mon Père, contiennent de magnifiques relations de missions qui évoquent, sans trop de décalage, nos anciennes relations des Jésuites. Et quels attachants portraits de missionnaires elles donneraient lieu d'évoquer ! Nous sommes, comme vous le savez, au milieu du siècle dernier et même un peu auparavant, alors que notre jeune Église, non encore renforcée par les ordres religieux, entreprend ces méritoires missions qui la conduiront dans l'est, puis dans l'ouest, et jusqu'aux rives du Pacifique.

J'ignore, mon cher Père, si vous avez attaché votre vie à quelque « grand opus ». Sinon ce grand et beau sujet aurait–il de quoi vous tenter ? C'est une œuvre de quelques années, mais qui, une fois menée à bon terme, trouverait facilement un éditeur. Et l'épiscopat de la province ne manquerait pas assurément de contribuer aux frais d'une pareille édition. Je vous taille de l'ouvrage, mon cher Père, ça vous apprendra à me croire encore bon à quelque chose.

Cordialement en N.S.
Lionel Groulx, ptre

Réponse inédite de Benoît Lacroix à Lionel Groulx

Institut d'études médiévales
Université de Montréal
831, avenue Rockland
Montréal–8, Canada

Le 9 octobre 1958

Monsieur le Chanoine Lionel Groulx, ptre
261, av. Bloomfield
Outremont (Qué.)

Monsieur le Chanoine,

Pour être un peu à la taille de votre dernière lettre, la mienne supposait déjà quelques semaines de réflexion. D'où un certain retard dont je m'excuse.

Vous me proposez un projet qui rejoint un de mes jeunes rêves... enterrés par les études médiévales : celui de faire connaître au Canada les secrets trop méconnus de sa littérature religieuse. Pour ma part, j'avais même établi un projet que je me permets de vous résumer afin de vous montrer comment et pourquoi je suis si sympathique au vôtre. Deux étapes :

1. publication d'une bibliographie critique de notre littérature religieuse française (en collaboration avec l'école des bibliothécaires) ;

2. édition d'une série de textes, publication d'inédits sur le même thème ;

3. normalement des études scientifiques devraient sortir de 1 et 2.

Au moment où une partie de notre littérature se sécularise, ne serait–il pas nécessaire de mettre en relief notre passé religieux ? Mais encore ici, il faudrait un fort organisme, structuré, appuyé financièrement par quelque conseil épiscopal. Comme on fait actuellement au Conseil des Arts pour promouvoir la vie des arts et des lettres.

Il me semble qu'un tel projet serait encore possible et surtout qu'il répond à un besoin. L'an dernier, M. Michel [Pierre] Tisseyre du Cercle du Livre de France me demandait de lui préparer un livre sur la littérature religieuse au Canada. C'est donc qu'il y a un marché possible pour ce genre de travail.

Mais, pour ma part, les événements et quelques séjours de recherche en Europe ont glissé sur tous ces projets et le temps aussi. J'ai été entraîné vers le moyen âge et l'enseignement universitaire. Un changement d'objet ne me paraît guère possible dans les circonstances. Tout de même je pourrais peut-être aider un peu de loin, comme il m'arrive de faire pour les Classiques Canadiens de Fides. À ce sujet, je me permets de vous demander s'il ne serait pas possible d'une façon ou d'une autre de hâter la publication du Classique GROULX[40] que nous désirons tous le plus tôt possible et que réclament déjà plusieurs institutions de notre pays.

Quant à la première partie de votre lettre, laissez-moi vous dire que vous n'êtes pas seul à rester optimiste malgré tout ce qui se dit et malgré tout ce qui arrive et malgré tout ce qui ne se pense plus... sur l'avenir du Canada français. La révolte actuelle, fléau périodique des après-guerres, passe déjà, et les révoltés aussi passeront. Qui parlera d'eux dans 20, 30 ans, quand on parlera encore de vous, de vos idées, de votre travail et surtout de votre magnifique création qui est cette *Revue d'hist[oire] de l'A[mérique] française* ? Il y a la révolte des générations, mais il y a aussi leurs vengeances !

Veuillez agréer monsieur le Chanoine mes sentiments les plus respectueux.

Bien vôtre en N.S.
Benoît Lacroix, o. p.

UNE ADMIRATION INTELLIGENTE

Pierre Trépanier

« Les fleurs bleues, le cannibalisme, il suffit de s'entendre et c'est exactement la même chose. » Roger Nimier raille ici André Breton ; ailleurs, « le troupeau confus de jeunes ménages avancés, de chrétiens aux idées larges, l'envie très naturelle de faire des bêtises, mais le besoin au même instant du consentement universel[41] ». Cet artifice et ce consentement, il ne serait venu à l'idée de personne de les attendre de

Lionel Groulx, davantage porté sur les coups d'épée que sur les bénédictions, tout clerc qu'il était. Le compromis est l'antichambre de la compromission. Fait-on mine d'égratigner ses convictions ? Il se rebiffe, s'escarpe. Des amitiés n'y ont pas résisté. Benoît Lacroix a su différer d'opinion et rester fidèle. Au point de figurer parmi les gardiens les plus dévoués de la mémoire groulxienne, avec Juliette Lalonde-Rémillard et Jean Éthier-Blais.

Le Père Lacroix pratique l'« admiration intelligente [42] », critique, si l'on préfère. Elle suppose un fond stable d'accord, d'estime et même d'affection. Ce fond affleure à tout moment dans l'extraordinaire dossier sur les relations entre le Père Lévesque et l'abbé Groulx publié à l'été 1994 par *Les Cahiers d'histoire du Québec au XXe siècle*. Pour la joie de notre esprit, le dialogue entre les Pères Lacroix et Lévesque s'y mue en conversation à trois voix grâce aux lettres éditées par Giselle Huot. Trois croyants, trois prêtres, trois hommes unis par la plus essentielle des fraternités, celle de la foi, se livrent, s'expliquent, se troublent et s'édifient les uns les autres. Benoît Lacroix tantôt s'efface, tantôt force un peu la confidence, mais toujours dans un respect évident et touchant pour ses aînés de 37 et de 12 ans. Le premier devoir de l'historien n'est-il pas de faire dialoguer les générations ? Nul n'y réussit mieux que le Père Lacroix, comme le prouvent ses travaux sur la formation médiévale de la France moderne, sur la religion populaire au Canada français et sur l'histoire littéraire et intellectuelle du Québec contemporain.

En 1954, le premier rendez-vous de Benoît Lacroix avec l'abbé Groulx lui révèle la communion profonde qui les unit et dont n'auront jamais raison les divergences, toujours discrètes chez le cadet, du vivant du maître [43]. Même Dieu, même patrie, même amour du peuple, même inspiration dans la recherche historique — la poursuite de l'âme collective et personnelle, — même attachement pour la chrétienté française et son incarnation laurentienne.

L'abbé Groulx soutient que le Canada est « né, peut-on dire, de la meilleure France entre 1660 et 1680 » ? Pourquoi ce jugement de valeur si net, si claironnant, si groulxien ? C'est que, insiste l'historien, « le catholicisme français vient de sortir victorieux de la Renaissance et de ses courants troubles ; il en a assimilé tout ce qu'il en a purifié ; il vient aussi d'éliminer le protestantisme ; il a donc pu se relier aux sources les plus saines de l'âge médiéval [44] ». Et dans une causerie sur la place des humanités classiques dans les collèges, dont l'*Œuvre des Tracts* du Père Archambault publiait le texte en 1949, le conférencier affirme : « Un humanisme généreux ou simplement intégral ne saurait se refuser, par exemple, ni à l'apport hébraïque, ni à l'apport oriental, ni surtout à l'apport du moyen âge : apport d'un monde juvénile, en pleine sève, où l'on vivait d'un fonds assez riche pour créer la *Somme théologique*, la *Chanson de geste* et la cathédrale au puissant symbolisme. » Autres motifs de « rester en latinité [45] ».

Mettons en parallèle la ferveur avec laquelle le médiéviste qu'est le Père Lacroix donnait, la même année, ses raisons d'aimer le Moyen Âge. Au risque de quelque méprise, comme le montre la réaction de Serge Gagnon [46]. Dans l'époque médiévale, le Père Lacroix salue « un âge d'équilibre et d'unité », qui sait, autour de la Bible, « organiser, unifier » sa vie, qui élève ses penseurs jusqu'aux sommets d'un « humanisme chrétien et religieux ». On croirait lire Groulx : « Leur foi, ferme et éclairée, leur a servi de discipline : elle a sauvé leur esprit de bien des anarchies, de bien des pertes de temps et d'efforts ; elle a assuré l'unité à leur pensée et elle en a favorisé la profondeur. » Parce qu'il est catholique, le Canadien français entre de plain-pied dans cette ère de foi. Et l'humaniste Lacroix pense comme l'humaniste Groulx : « L'étude du moyen âge est par elle-même une convocation à la sainteté, à celle de l'intelligence comme à celle de la volonté. Elle est un appel constant aux valeurs qui comptent [47]. » Rien à voir avec la folle ambition de se réfugier dans le passé : il s'agit plutôt « d'exploiter, dans le sens du plus heureux des progrès, le meilleur de cet héritage ». Enfin, les deux historiens se rejoignent dans la haute conception qu'ils se font de la discipline historique : « L'histoire entretient les énergies, écrit le dominicain ; elle développe l'initiative. Elle oblige une nation à réfléchir sur ses options et à les éprouver à la lumière de ses expériences. Elle affirme sa volonté de vivre. » De part et d'autre, le souci de « respecter l'idéalisme des peuples ». Le religieux trace ces lignes, que le chanoine aurait pu signer : « Nous ne croyons pas que les peuples, comme les individus d'ailleurs, puissent vivre sans chercher à prévoir leurs raisons d'être et sans rêver un peu à des missions qui quelquefois dépassent les réalités immédiates [48]. »

La rupture avec l'entre-deux-guerres n'était pas encore consommée. C'était toujours, dirait le Père Lacroix, « notre moyen âge "canadien" [49] ». Mais pour peu de temps. Dès 1958, Lionel Groulx éprouvait « l'humiliation d'assister à la faillite de [sa] vie [50] ». Entendons la contestation radicale de son interprétation de l'histoire nationale par ses propres élèves ; surtout, le démembrement, qui allait s'accélérer, de la chrétienté canadienne-française. « Nous serons catholiques ou ne serons rien [51]. » Cette prophétie de Groulx est de 1953. Pour la comprendre, il faut la situer dans sa juste perspective, celle d'une vision tragique de l'histoire, où l'histoire profane s'éclaire des lumières de l'histoire sacrée. Aussi, chez le Groulx des dernières années, non pas de l'amertume, mais du pessimisme, et le goût, sincère cette fois, de se taire. Or, pour lui, le catholicisme canadien-français ne se conçoit pas sans les cadres traditionnels de chrétienté. Déconfessionnaliser, déchristianiser, c'est tout un. On n'a pas encore vu la démonstration du contraire. En tout cas, Groulx est logique avec lui-même puisqu'il croit que « la perfection de l'homme se conquiert socialement [52] ». Dans les mots de Nimier : « ... cette civilisation, cet état de grandeur durable où chacun peut aller un peu plus loin parce que les autres ont déjà fait une partie du chemin à sa place [53] ».

À ce point, l'abbé Groulx et le Père Lacroix n'auraient pu empêcher les heurts. Malgré les inquiétudes, la jubilation du dominicain, comme l'optimisme de cet autre dominicain son aîné, signale assez que les routes bifurquent ici. *Chemins de l'avenir*, qui est de 1964, paraît au Père Lacroix « plutôt désarmant [54] ». Pourtant, Groulx y dit-il quelque chose qu'il n'ait répété à satiété ? « Peut-être oublierait-il, observe le Père Lacroix, comme malgré lui et à cause de l'éducation à sens unique de son enfance, que la culture " profane " appelle, elle aussi, le sacré, mais d'une autre manière, et qu'elle peut lui préparer un terrain aussi noble qu'une seule religion populaire traditionnelle [55]. » Proposition libérale que Groulx n'aurait jamais pu admettre, même si sa critique du catholicisme canadien-français était souvent sévère. Les subtilités d'un Maritain — agir en chrétien, agir en tant que chrétien — ne pouvaient que se briser au contact du réel, et se sont brisées en effet. L'abbé Groulx, consterné, parcourait du regard le désert spirituel des citélibristes. Léon Dion confirme presque le bilan assez noir du chanoine : « Ils ont épuisé leur énergie à des condamnations péremptoires du dogmatisme et du conformisme de l'Église et de la religion populaire. Mais chez eux non plus un souffle spirituel puissant ne s'exprime guère, le sens du mystère, du tragique, du sacré est le plus souvent absent. [...] J'estime que les efforts qu'ils ont consacrés à lutter contre le cléricalisme et la religion populaire ont éteint chez eux la soif qu'ils auraient dû ressentir de proclamer, pour l'exemple, leur propre sens du spirituel [56]. »

Pour le Père Lacroix, les tomes 3 et 4 des mémoires de Groulx « risquaient de fausser la perspective générale [57] » du nationalisme groulxien. « L'ultime passion des *Mémoires* si peu objectifs comme il se doit et comme il le savait, heurtera longtemps nos contemporains [58]. » L'abbé « éprouve des colères de géant ou il pratique des manœuvres de pitié presque malveillantes à l'égard de tous ceux qui ne partagent pas ses convictions nationalistes [59]. » « [...] trop chargé de sa sincérité, il oublie parfois celle des autres [60] ». « La manière dont il parle de la Providence risque parfois la manipulation de l'inconnu en faveur d'une hypothèse qui mériterait plus de consistance factuelle [61]. » « [...] cet historien aux idées fortes, ou nouvelles, reste foncièrement conservateur [62] ». « On devine [...] que, sans le nerf de l'action patriotique, sa prose redeviendrait facilement redondante [63]. » La communication est menacée : « [...] nous devenons de plus en plus étrangers à la problématique médiévale de sa foi — notre moyen âge s'étant terminé dans les années 1960 — qui reste pourtant fondamentale pour expliquer son nationalisme militant et missionnaire [64] ».

Les portes du temps se refermeraient–elles avec un bruit de grille de cimetière sur le rêve trop beau de l'abbé Groulx ? Non pas, puisqu'un moine historien veille et qu'il dispose tout pour que le dialogue se poursuive encore et encore jusqu'à ce que paraisse l'Aube.

ÉDITION DES *ŒUVRES* DE LIONEL GROULX
HOMMAGE À UN HOMME D'ACTION

Juliette Lalonde–Rémillard

Benoît Lacroix « l'homme des grandes initiatives, des grandes réussites » ! Dans une lettre du 11 janvier 1967, il expose clairement à Lionel Groulx « un grand projet qui me paraît essentiel, dit–il, à l'orientation même de notre vie nationale, je veux dire l'édition critique et complète de vos écrits... Pourquoi une édition critique ? Parce que vous avez fait connaître l'histoire et [que] vous l'avez faite aussi. De plus une édition critique sur une période aussi longue suscitera monographies et travaux de tous genres. »

Ce n'était pas la première fois, cependant, que le Père Lacroix soumettait un projet d'édition à Lionel Groulx. En 1962, il lui demande s'il accepterait de publier sa correspondance dans une édition savante, donc annotée et d'après manuscrits « patronnée par une Collection littéraire scientifique » (lettre en la fête de saint François, 1962). Et comme chacun sait que le bon Père a de la suite dans les idées, il revient en 1967, bien armé, avec en main un texte sur *L'édition savante* déjà structuré. Le projet a été soumis à Denis Vaugeois, alors au ministère de l'Éducation (division de l'Histoire) le 23 janvier. Une rencontre a lieu à Outremont le 27 du même mois. J'assiste à cette réunion. Le chanoine comblé, il va sans dire, trouve cependant l'aventure un peu téméraire.

Il entre tout de même dans le jeu. Il suggère la nomination de Jean-Pierre Wallot, alors jeune historien, à la tête de ce projet. Benoît Lacroix ne veut se réserver que la tâche de conseiller technique. Je deviendrais, quant à moi, documentaliste-recherchiste de cette édition savante. Le 5 mai 1967, Lionel Groulx (dans une lettre à Benoît Lacroix) lui accorde bien volontiers, à lui et à son équipe, l'autorisation de travailler à la Fondation Lionel-Groulx et de consulter ses archives pour toute la durée du travail, en ajoutant : « Que Dieu vous soit en aide en votre audacieuse entreprise. »

Un projet viable et définitif a été soumis au gouvernement provincial et est entre les mains de Guy Frégault, alors sous-ministre aux Affaires culturelles du Québec. Le 15 mars 1967, Lionel Groulx avait écrit au Père Lacroix : « Je m'intéresse au projet parce qu'il est de vous... Je ne puis me défendre d'un certain désintéressement puisque je n'en verrai, selon toute probabilité, ni le commencement ni la fin. » Prémonition d'une mort prochaine ou réflexion naturelle d'un homme de 89 ans ? Quoi qu'il en soit, Lionel Groulx meurt le 23 mai 1967, à la suite d'un infarctus. Au lendemain de sa mort, Jean Éthier-Blais évoque la nécessité que « le gouvernement du Québec s'occupe de faire paraître une édition nationale, savante et complète des œuvres de l'abbé Groulx et de sa correspondance. » Le sous-ministre Guy Frégault renchérit et Jean-Pierre Wallot présente de nouveau un mémoire en vue de l'obtention essentielle de fonds. Ce n'est qu'en 1979 qu'une entente intervient entre le gouvernement du Québec, par ses ministères des Affaires culturelles et de l'Éducation, la Fondation Lionel-Groulx, l'Université de Montréal et son département de l'Institut d'études médiévales — le Père Lacroix n'avait pas lâché prise — pour assurer le financement qui permettrait au projet de démarrer. Ce serait au Père Lacroix lui-même à raconter et à rappeler le nombre de démarches faites pour qu'enfin l'équipe se mette au travail : en plus de Benoît Lacroix, Serge Lusignan et Jean-Pierre Wallot, Giselle Huot, Réjean Bergeron et moi-même.

Le plan initial des *Œuvres complètes* de Lionel Groulx a dû être modifié, l'œuvre étant l'une des plus monumentales qui soient au Québec et même au Canada. L'on s'est donc attaqué aux inédits. Le *Journal* de Lionel Groulx, en deux volumes, préfacé par Benoît Lacroix, a paru à l'automne de 1984. Les deux premiers des quinze tomes prévus de la *Correspondance* ont été publiés par Giselle Huot, Pierre Trépanier et moi-même, en 1989 et 1993, le premier arborant une autre préface de Benoît Lacroix, et le troisième tome est actuellement en préparation. L'idée germée, mûrie dans l'esprit de Benoît Lacroix, grâce à sa ténacité, a porté fruit.

Il reste que cette louable initiative de Benoît Lacroix a procuré à Lionel Groulx l'une de ses dernières joies. Il était flatté et heureux de penser que si ses « discours et écritures ont pu rendre quelque service à notre petit peuple, qu'ils continuent à servir quand je ne serai plus là ».

Merci, grand merci pour ce bonheur que vous lui avez procuré. Merci pour tous ceux-là qui, grâce à vous, liront encore, quoi qu'on dise, Lionel Groulx.

Le souvenir de nos rencontres, de notre intense collaboration après « tant d'années où nous avons connu ensemble le grand Chanoine », *dixit* Benoît Lacroix, reste pour moi un épisode de vie inoubliable, grâce à votre fidélité et j'ose dire, à votre si bonne amitié.

Catalogue des manuscrits de Lionel Groulx

Hommage au Père Benoît Lacroix, o.p.

Robert Desaulniers

Au début des années 80, j'avais déjà choisi la carrière d'archiviste. La profession au Québec s'organisait, et on vivait l'époque glorieuse des petits projets subventionnés. Formé au Centre de recherche en civilisation canadienne-française à l'Université d'Ottawa, je m'accommodais fort bien de ces contrats qui m'avaient fait connaître diverses réalités archivistiques à Ottawa, à Hull, puis à Montréal.

J'avais à l'époque une vision romantique des archives (au fond, je l'ai toujours) et j'attendais le projet substantiel qui allait me permettre de vivre une expérience intense et satisfaisante au milieu de documents historiques d'une autre époque.

Il y avait, pensais-je à ce moment, un certain fil conducteur entre toutes ces expériences, quand en 1981, à l'emploi de la Fondation Lionel-Groulx, j'achevais l'archivage d'une série de correspondances dans le fonds André-Laurendeau.

Un beau matin de ces jours-là, le Père Lacroix, que je ne connaissais que pour l'avoir salué de loin lors des visites qu'il rendait à l'équipe de l'édition critique des œuvres de Lionel Groulx qui logeait sous le même toit, me fit, dans la plus grande simplicité (debout, dans le vestibule du 261 de l'avenue Bloomfield, il me semble), une invitation à participer à un projet que je sentis immédiatement énorme et fascinant, une sorte d'aventure totalement prenante, unique et un brin mystérieuse : le catalogue des manuscrits de Lionel Groulx [65].

L'historien en lui avait fait pressentir au Père Lacroix le moment opportun pour concrétiser son idée. Ainsi nous conviait-il à un rendez-vous et nous faisait-il acteurs d'un courant de la recherche documentaire propre à cette décennie. En effet, il me semble, avec le recul, que tout le Québec découvrait (ou redécouvrait) au même moment la réalité et les possibilités infinies des grands corpus documentaires, au sein des archives des individus et des familles, de ces ensembles démesurés qu'on rencontre chez des sujets où les documents privés et publics sont indissociables et qui nous révèlent d'un seul trait tout un pan de notre histoire. J'ai connu à nouveau cette frénésie quelques années plus tard, au Centre Canadien d'Architecture, lorsque j'eus la chance de participer au dépouillement du fonds de l'architecte Ernest Cormier qui, lorsqu'il a quitté ce monde en 1980 à l'âge de 95 ans, laissait derrière lui l'ensemble quasiment intact de tous les écrits, documents et dessins qu'il avait produits ou reçus depuis son entrée au Mont Saint-Louis.

Le projet du Père Lacroix pour le catalogue

Un des objectifs du projet consistait à extraire de l'anonymat cette multitude d'inédits oubliés entre les pages des livres de la bibliothèque personnelle du Chanoine, colligés dans des spicilèges ou empilés sur des tablettes ou dans des cartons, dans un environnement demeuré jusqu'alors plutôt privé. La méthodologie d'un tel catalogue exige un inventaire systématique des manuscrits et leur description à l'intérieur de notices assorties chacune d'un numéro de référence. Ces notices dotent les documents d'une identité en établissant selon des règles précises des informations vérifiées relatives à l'auteur ou au créateur, au titre et à la date de création. On y trouve également des informations sur l'aspect matériel des documents (dimensions, nombre de feuillets, médium, technique, support).

Si nous avions l'ambition de révéler l'existence de toutes les formes écrites trouvées au cours de recherches passablement minutieuses, jamais il ne fut question de survaloriser la moindre trace d'encre, le moindre signe de Lionel Groulx ; notre « directeur de projet » n'avait pas voulu non plus que nous interprétions les documents. Nous laissions cela aux historiens. Notre travail se rapprochait de celui des archéologues, en ce que nous devions mettre au jour des morceaux, des fragments d'une immense « civilisation » en les présentant avec le maximum d'informations factuelles de manière à ce que l'on puisse situer et comprendre le contexte de leur création, en mettant principalement en évidence les liens organiques entre les pièces. En présentant les notices en ordre chronologique nous permettions au lecteur de faire le lien au quotidien entre les événements publics et connus de la vie de Lionel Groulx et les pensées et décisions qu'il consignait au même moment dans ses cahiers, dans sa correspondance et au hasard des bouts de papier qui lui tombaient sous la main.

La visite hebdomadaire

La direction scientifique se faisait par le moyen d'une visite hebdomadaire. Le « pèlerin du mardi » entrait dans mon bureau et s'assoyait en face de moi. Jamais il ne vint regarder par–dessus mon épaule. Il engageait la conversation sur des sujets qui lui venaient à l'esprit, une idée, un sentiment, nos vies. Immanquablement, il décelait dans nos commentaires les interrogations, les errements, les difficultés que nous éprouvions dans les domaines de l'art et de la technique du catalogue. Il apportait alors avec humour les réponses aux vraies questions qui nous hantaient.

Nous de l'équipe (Louise Richer, puis Sylvie Tellier) considérions ces visites comme des événements.

Le mérite et l'innovation

Par cette approche singulière et peu souvent appliquée aux manuscrits du XXe siècle, Benoît Lacroix procurait à l'archivistique québécoise une expérience unique de préparation d'un instrument de recherche dans des conditions idéales (valorisation de l'étude, de la contemplation, de la comparaison), en adaptant une méthodologie et une rigueur inspirées de la tradition des catalogues savants des manuscrits anciens.

Il offrait également, aux jeunes archivistes que nous étions, des moyens : des contacts avec des spécialistes, des catalographes, des historiens, des bibliographes, des spécialistes de l'édition critique. Plus important encore, il nous fournissait un puissant carburant fait de passion, d'amour et de respect pour la vie et les réalisations palpables de l'homme et de la femme.

En guise de conclusion

Il m'est impossible de séparer le personnel du professionnel. Benoît Lacroix m'a accordé sa confiance sans rien négocier. Il m'a encouragé et aimé à un moment de ma vie et de ma carrière où j'en avais le plus besoin. Je n'ai plus jamais rencontré cette qualité d'homme. J'ai pour lui de la reconnaissance, de l'estime et beaucoup d'amour. Ces « mélanges » me procurent une occasion de repenser ma propre conduite dans ma gestion de projets et dans mes rapports avec mes collègues. Cela me réconforte de constater que malgré le temps et la distance Benoît Lacroix agit encore.

À MON VIEIL ANGE GARDIEN

Louise Richer

Même si on ne l'a pas encore couronné d'une auréole, Benoît Lacroix peut certes se coiffer du titre d'ange gardien. À mon égard, du moins. Encore aujourd'hui, treize ans après notre première rencontre au Centre de recherche Lionel–Groulx, je me félicite d'avoir pu côtoyer — pendant une trop brève période, hélas — cet homme dont l'intelligence et la bonté impriment une marque indélébile chez tous ceux et celles qui, comme moi, ont eu la chance de le connaître.

À l'époque où nos chemins se sont croisés, je venais à peine de me joindre à l'équipe de Robert Desaulniers, du *Catalogue des manuscrits de Lionel Groulx* à titre de documentaliste. Fraîchement diplômée en histoire à l'Université de Montréal, inutile de dire combien j'étais impressionnée par mon nouveau directeur de recherche : le Père Benoît Lacroix en personne, chercheur et auteur prolifique, bardé de tant de mentions honorifiques que la seule idée de lui serrer la main m'intimidait au plus haut point !

Dès le premier contact, mes craintes se sont évanouies. Quel soulagement — et quel plaisir ! — de découvrir, derrière l'éminent personnage qui allait superviser mon travail, un être aussi modeste qu'illustre, aussi simple qu'érudit et... aussi taquin que sérieux à ses heures. Car la taquinerie a joué un grand rôle dans nos rencontres hebdomadaires. Comment aurais–je pu soupçonner que le professeur émérite cachait une âme de gamin espiègle, toujours prêt à blaguer ou à manigancer quelque tour pour détendre l'atmosphère.

Il n'a pas fallu beaucoup de temps à mon « grand–père », comme il se plaisait parfois à se qualifier, pour apprivoiser sa jeune assistante de recherche. Au fil des semaines, puis des mois, des liens d'affection mutuelle se sont tissés, alimentés par les nombreux petits mots, lettres et cartes de vœux que nous ne manquions pas de nous adresser à la moindre occasion. Chaque fois, j'y trouvais des paroles réconfortantes, et la gratifiante impression d'être quelqu'un qui comptait aux yeux d'un patron aussi remarquable que lui.

Lorsqu'on m'a demandé de participer à ces mélanges en l'honneur du Père Lacroix, j'ai d'abord eu un mouvement de recul, inspiré par la gêne de voir figurer ma prose maladroite parmi une foule de textes savants aux signatures prestigieuses. Puis, je me suis ravisée. En fouillant dans mes archives personnelles — une vieille habitude développée au Centre de recherche Lionel–Groulx —, j'ai retrouvé une vingtaine de notes écrites par Benoît Lacroix, en réponse aux messages que je lui laissais lors de ses visites au Centre de recherche. Et c'est en parcourant ces feuillets, souvent griffonnés au plomb sur des bouts de papier, que j'ai décidé de prendre la plume à mon tour pour lui rendre hommage. Malgré ma gêne. Parce qu'il n'y a personne au monde qui m'inspire davantage d'admiration et de reconnaissance que ce « grand–père » d'adoption.

Au plan professionnel, son appui m'a sans doute valu un excellent coup de pouce pour l'obtention d'un emploi dans le domaine des communications, il y a déjà plusieurs années. Convoquée en entrevue pour un poste d'agente d'information dans un collège, je me souviens encore de la tête du secrétaire général qui m'a demandé, lettre de recommandation en main, comment j'avais pu mériter une appréciation aussi dithyrambique de la part d'une sommité comme le Père Lacroix... Je fus bien embêtée de répondre, mais les remarques élogieuses de mon ancien patron l'avaient si favorablement impressionné qu'on m'a attribué le poste !

Depuis, mon cheminement en journalisme m'a éloignée de la recherche historique et des milieux scientifiques. Mais je garde un souvenir ému des années au cours desquelles j'ai partagé de précieux moments avec celui que je perçois comme une sorte d'ange gardien bienveillant. Je me contente désormais de le lire, de l'entendre à la radio ou à la télévision. À 80 ans, ses commentaires sont toujours pleins d'à–propos et d'intelligence. Ce qui m'atteint pourtant le plus, chez lui, c'est son sens de l'émerveillement : non seulement a-t-il su le cultiver, mais il possède le rare talent de le faire rayonner autour de lui. À son contact, on se sent aimé et grandi, ne serait–ce que pour se hisser à la hauteur de l'opinion qu'il se fait de nous.

Esquissé à la hâte, voilà donc le portrait que je garde du Père Lacroix. Je le conserve précieusement, dans un coin de mon cœur et de ma mémoire. Sa modestie légendaire souffrira probablement de tous les éloges qui se joindront aux miens dans ce recueil, mais je lui suggère de considérer cet hommage comme une épreuve initiatique en vue d'accéder dignement à son âge vénérable. Maintenant octogénaire, Joachim–Benoît doit faire la preuve qu'il est assez sage pour accepter de recevoir un peu de cet amour qu'il a si généreusement donné toute sa vie.

Entre le passé et l'avenir.
Benoît Lacroix, initiateur du
Catalogue des manuscrits de Lionel Groulx
et directeur fondateur des
Cahiers d'histoire du Québec au XXe siècle

Stéphane Stapinsky

Lisant un jour un ouvrage du philosophe et sociologue Ivan Illich, j'eus la surprise d'y découvrir, en bibliographie, le nom de... Benoît Lacroix. Médiéviste de formation, le Père Lacroix avait en effet écrit, à la fin des années cinquante, un essai sur Hugues de Saint-Victor, penseur médiéval fascinant, auteur d'un ouvrage célèbre, le *Didascalicon*, « art de lire, c'est-à-dire d'étudier, en vue d'atteindre la sagesse [66] ». Dans son essai, Illich disait, au sujet de « Magister Hugo » : « Hugues encourageait même les professeurs à faire naître la gaieté chez leurs étudiants, car les sujets sérieux sont absorbés plus facilement et avec plus de plaisir lorsqu'ils sont mêlés d'humour [67]. » Ces mots, ne pourraient-ils s'appliquer de même à Benoît Lacroix ? Ceux et celles qui l'ont un jour côtoyé, ou qui ont eu le privilège de le connaître, vous diront sans doute avoir été frappés en premier lieu par sa conception pour le moins « jovialiste » de la vie de l'esprit...

Avant même de le rencontrer, j'étais pour ma part fasciné par cette étonnante passion qu'il manifestait pour deux êtres aussi dissemblables que possible, le poète Hector de Saint-Denys Garneau et l'historien Lionel Groulx (celui-ci se trouvant être, par le hasard de la naissance, mon grand-oncle) : le premier, croyant, mais d'une foi plutôt individualiste, livrée au doute et à l'inquiétude ; le second, catholique au sens ultramontain du terme, et nationaliste, avec des certitudes de séquoias plongeant leurs racines dans le XIXe siècle, certitudes inlassablement martelées jusqu'à sa mort en 1967. Une attirance aussi paradoxale ne pouvait qu'interpeller le jeune étudiant en histoire que j'étais alors. J'y vois maintenant la marque de la subtilité du rapport à l'histoire et à la tradition de Benoît Lacroix.

On m'a prié d'évoquer, dans ce court article, l'engagement de celui-ci dans le cadre de certains projets de la Fondation et du Centre de recherche Lionel-Groulx. Je le ferai à partir de l'expérience d'une collaboration de quelques années avec lui — ma première rencontre avec le Père Lacroix remonte au début des années 1980, alors qu'il supervisait l'édition critique des œuvres de jeunesse de Groulx.

On peut, me semble-t-il, esquisser un parallèle entre Lionel Groulx et Benoît Lacroix, moins en raison de la ressemblance de leurs visions du monde ou du catholicisme (qui sont souvent divergentes, sinon opposées) qu'à partir de la place que l'un et l'autre occupent dans leurs milieux respectifs et de certaines des attitudes humaines fondamentales qu'ils manifestent.

Et Groulx et Lacroix ont une autorité spirituelle ou intellectuelle qui dépasse de beaucoup celle que devraient normalement leur conférer leurs titres et les fonctions officielles qu'ils occupent. Professeurs d'université et simples prêtres (l'un séculier, l'autre membre d'une communauté), leur influence rayonne dans leur société au point que, jusqu'à un âge avancé, on sollicite leurs lumières en toute circonstance, par des causeries, des conférences, des retraites, des textes de tous genres. Et ils vont même jusqu'à conseiller des évêques ! ! !

L'un et l'autre ont également été, dans leurs milieux, des initiateurs, des fondateurs. Des « professeurs d'énergie » aurait-on dit à une certaine époque. D'abord par leur enseignement qui couvre, dans chacun des cas, une période de près de 40 ans, grâce auquel ils ont pu transmettre aux générations qui ont suivi une parcelle du feu sacré qui les anime. Ensuite, par la fondation d'organismes ou d'institutions de toutes sortes. Ainsi en est-il de Groulx qui, à près de 70 ans, fonde l'Institut d'histoire de l'Amérique française et la *Revue* homonyme, cette dernière, publication savante de renommée internationale dont on fêtera le cinquantenaire en 1997. On ne compte plus les initiatives suscitées par le Père Lacroix ou encouragées par lui en leurs commencements, dans quelque domaine que ce soit de l'activité humaine : Centre d'études des religions populaires, Fondation Mireille-Lanctôt, Fondation de Saint-Denys-Garneau, etc. Ceux qui, en raison de leur jeune âge, ne l'ont vu entrer dans leur vie que récemment, sont tout simplement émerveillés par le dynamisme créateur qu'il déploie à un âge où beaucoup préfèrent jouir sans risque de leurs rentes tant financières qu'intellectuelles...

Enfin, le chanoine et notre révérend père partagent une foi indéfectible en la jeunesse, qu'ils voient comme un ferment, un vecteur de transformation de la société et de la culture. Cette connivence avec la jeunesse n'implique toutefois pas obligatoirement une identité des points de vue des uns et des autres. Ainsi, les jeunes dont ils s'entourent pourront-ils avoir une vision des choses qui leur soit propre, qui diffère, voire s'oppose, sur certains points, à la leur. Pensons seulement à la relation particulière qu'entretiendra Groulx, à partir des années trente et sa vie durant, avec un intellectuel aussi complexe et nuancé qu'André Laurendeau. On sait aussi — Marcel Trudel le rappelait récemment dans un article des *Écrits du Canada français* —

que l'illustre historien ne s'opposait pas au progrès de la discipline historique, qu'il laissait volontiers à ses jeunes collègues une marge de manœuvre, même si leurs positions le heurtaient parfois. Le Père Lacroix n'a, pour sa part, jamais empêché la « jeune génération » de prendre la place qui devait être la sienne. C'est d'ailleurs en s'entourant de jeunes, à qui il accorde véritablement et pleinement sa confiance, en courant le risque d'un égarement possible de leur part, qu'il a réussi à mener à bien plusieurs des entreprises qu'il a initiées. J'en mentionnerai deux ici : le *Catalogue des manuscrits de Lionel Groulx* et *Les Cahiers d'histoire du Québec au XXe siècle*.

Le projet de *Catalogue des manuscrits de Lionel Groulx* est né à la fin des années 1970, dans la foulée de l'édition critique de ses œuvres, dont Juliette Lalonde–Rémillard rappelle plus haut l'historique et les grandes lignes. Trouvant son inspiration, tant pour l'esprit que pour la méthode, dans des instruments de recherche du même type consacrés à des écrivains du Moyen Âge (étant donné la formation du Père Lacroix, cela n'est guère étonnant), ce *Catalogue*, essentiellement descriptif, visait d'abord à rendre accessible aux chercheurs, en premier chef aux historiens, cette masse considérable de documents manuscrits (1 200 pièces, excluant la correspondance) appartenant au fonds Lionel–Groulx, masse qui reposait depuis la mort de Groulx dans la voûte de son ancienne résidence du 261, avenue Bloomfield à Outremont. La pertinence du projet apparaissait d'autant plus grande que le fonds Groulx avait été désigné « bien culturel » du Québec en 1976.

La réalisation du *Catalogue* s'est effectuée en deux étapes : une première équipe dirigée par un jeune archiviste, Robert Desaulniers, a travaillé de 1981 à 1986, ce qui a mené à la publication d'une première tranche en 1987, couvrant les années 1892–1922 ; une seconde équipe, sous la responsabilité du soussigné, a repris le flambeau à partir de 1989, avec le soutien financier de la Fondation du Prêt d'honneur, afin de décrire les manuscrits de la période 1923–1967. L'ouvrage a connu en cours de route des transformations dans certaines de ses orientations. Une prise en compte plus systématique de la matérialité des manuscrits et une attention plus fine à la filiation existant entre les divers états d'un même texte (justifiée par le fait que Groulx reprenait, souvent bien des années après leur rédaction initiale, certains textes ou des parties de ceux–ci, qu'il coiffait d'un nouveau titre) furent les nouvelles priorités inscrites à l'ordre du jour. Cette inflexion de la direction initiale, normale dans le cadre d'une démarche de recherche, n'altérait cependant pas les objectifs fondamentaux du projet, que rappelait en 1990 le Père Lacroix :

> Dans cette entreprise d'un catalogue descriptif des manuscrits, l'intention première ne fait pas de doute [...] : faire connaître un auteur, raconter sa manière d'écrire, et même d'anticiper un texte oral, écrit ; le surprendre dans ses hésitations, retouches ou amplifications.

Il s'agit en somme d'« humaniser l'homme derrière ses manuscrits [68] ». Comme toujours avec lui, l'érudition n'est jamais recherchée pour elle–même, mais est elle rapportée à une fin plus haute qui la justifie.

C'est dans sa 78e année que Benoît Lacroix lançait le premier numéro des *Cahiers d'histoire du Québec au XXe siècle*, revue semestrielle d'information et de réflexion publiée par le Centre de recherche Lionel–Groulx, qui vise à « faire connaître certains aspects oubliés ou maltraités de notre plus récente histoire ».

Pour le bénéfice du lecteur, il peut être intéressant de dire quelques mots de l'évolution du projet des *Cahiers* à partir des premières démarches de réflexion en 1992, évolution qui traduit un élargissement de la perspective initiale. Le Père Lacroix avait donc lancé au départ l'idée de *Cahiers Lionel Groulx*, comme il existe des *Cahiers Jean Giono* ou des *Cahiers Paul Valéry*. Il s'agissait, dans le prolongement de l'édition critique de la correspondance et du *Catalogue des manuscrits* de Groulx, de favoriser la diffusion des résultats de la recherche sur l'historien. Dans un deuxième temps, il a été proposé que les *Cahiers* aient pour objet « Groulx et son temps » ou, si l'on préfère, le Québec dit « traditionnel » de l'année 1900 jusqu'à la Révolution tranquille, dont il fut l'un des maîtres à penser. En dernier lieu, l'équipe des *Cahiers* proposa que ceux–ci embrassent l'examen de l'ensemble du XXe siècle québécois, en insistant sur ses dimensions politique, culturelle et religieuse. C'est cette voie qui fut retenue par le conseil d'administration du Centre.

Autre élargissement de la perspective de départ : les *Cahiers* encourageraient également

> [...] la réflexion sur l'histoire en général, la place qu'elle occupe dans le monde contemporain, le rôle qu'elle joue dans la formation du citoyen, l'enseignement et la recherche dont elle est l'objet, les productions culturelles de tous ordres qu'elle suscite [69].

Une préoccupation de nature critique relativement à certaines interprétations polémiques de notre histoire ayant cours depuis le début de la Révolution tranquille, préoccupation maintes fois exprimée par le Père Lacroix dans ses autres écrits, fut également présente. En effet, les *Cahiers* allaient

> se confronter à un certain refus du passé rencontré fréquemment au Québec depuis quelques décennies. Ils aspire[raie]nt à « dépasser le cynisme facile par la lucidité » afin de contribuer, dans la mesure de leurs moyens, à l'avènement d'« une nouvelle lecture de notre passé » (Fernand Dumont) [70].

Enfin, Benoît Lacroix insuffla aux *Cahiers* un autre de leurs traits distinctifs, moins visible celui-là, mais tout autant révélateur des préoccupations de l'homme. Soucieux de faire dialoguer les générations entre elles, de réconcilier le passé et le présent, il a su faire en sorte, comme directeur de la revue, de mettre au premier plan, tant dans la composition de l'équipe éditoriale que dans le choix des auteurs, la voix des jeunes chercheurs, tout en « respect[ant] les pionniers, sans chasser personne [71] ».

Cette passion pour l'étude du passé, pour le dialogue fécond entre les générations, ne détourne cependant pas le Père Lacroix, dans son travail, d'un souci réel pour l'avenir. Bien au contraire. Ne m'écrivait-il pas, à propos des objectifs poursuivis par le *Catalogue* : « préparer un matériel important pour les archivistes... de l'an 2000 »... Pour lui, les *Cahiers* ne prennent d'ailleurs tout leur sens que parce qu'ils s'inscrivent dans une dynamique orientée vers l'avenir :

> Nous disons *cahiers* comme on dit calepins, carnets, registres : parce que nous espérons ainsi participer au devenir des sciences de l'histoire en même temps que demeurer sur le qui-vive en ce qui regarde l'information provisoire, le projet de recherche, l'article qui permet une enquête subséquente [72].

Étude fine et nuancée du passé. Engagement dynamique et conscient dans le présent. Préoccupation légitime pour l'avenir et les générations montantes. Benoît Lacroix serait-il pour nous ce médiateur privilégié entre les trois dimensions de la temporalité ?

REVUE D'HISTOIRE DE L'AMÉRIQUE FRANÇAISE
(fondée en 1947 ; collaboration de Benoît Lacroix à partir de 1952)

SÉRÉNITÉ ET ENGAGEMENT

Jean Roy

Historien de métier ouvert aux autres disciplines, historien du Moyen Âge et des permanences plus que des changements ou des ruptures, historien de la religion et de la transmission orale des valeurs universelles, prêtre d'abord, écrivain nuancé et bienveillant, tels sont quelques-uns des traits de Benoît Lacroix, signataire de plusieurs comptes rendus dans la *Revue d'histoire de l'Amérique française*. Certes, ces contributions ne peuvent suffire à elles seules à dresser le portrait le mieux défini de cet humaniste, mais du moins nous aident-elles à cerner quelques-unes des préoccupations d'un médiéviste qui réfléchit sur l'histoire du Québec.

Cette perspective est clairement établie dans la seconde partie d'un article publiée dans le numéro d'avril 1949 de la *Revue dominicaine* intitulée « Le Moyen Âge et le Canada français ». Benoît Lacroix, historien de la continuité, y affirme d'abord que « notre histoire [...] a été paisible et plus saine que celle de la France ». Il formule ensuite la thèse centrale de sa pensée : « Nous serions, en effet, à cause de notre histoire et de nos origines, les héritiers directs et fidèles du plus beau et du plus pur moyen âge : celui des XIIe et XIIIe siècles ». Selon lui, des recherches sur les croyances, le folklore, les coutumes et la langue pourraient le démontrer. En somme, l'héritage de la foi légué par la colonisation du XVIe siècle, encore si fortement imprégné de la culture des siècles antérieurs, fut épargné des bouleversements engendrés par la Réforme calviniste et, plus tard, par ceux de la Révolution française. La foi et la langue — cet autre bien d'héritage — ont continué de se transmettre grâce aux institutions d'Église, institutions de savoir et de foi symbolisées par les clochers qui marquent le paysage canadien comme ils marquaient celui de la France du Moyen Âge. Idée directrice, cette interprétation fut ensuite reprise jusque dans *La Religion de mon père* paru en 1986. Elle le guida dans ses travaux sur la religion populaire.

Ainsi, avant même qu'il ne rencontre Henri-Irénée Marrou et Luc Lacourcière, Benoît Lacroix avait balisé l'objet de sa recherche. Néanmoins, comme il le dit lui-même lors d'une conférence donnée à Ottawa [73], le 4 décembre 1992, il sortit encouragé de ses échanges avec eux. Marrou qui séjournait à Montréal vers 1954 lui donna à lire le manuscrit de *De la connaissance historique*. Il en rédigea un compte rendu (*RHAF*, décembre 1954). Formé à l'école de Langlois et de Seignobos qui place le document critiqué, devenu sûr, au début de la recherche, le commentateur voit qu'on lui substitue l'historien et « son problème ». Bref, la subjectivité combattue avec rigueur par l'application des critiques interne et externe était de retour et avec elle l'historien « serviteur de son temps ».

Sans doute s'agit-il de celui-là même qui, sous l'influence de la sociologie étrangère tombe « dans les excès de certaines écoles européennes, tellement obsédé par le problème de l'inégalité des classes ». Ces remarques ne visaient certes pas Colette et Louis-Edmond Hamelin qui, en 1956, donnaient *Quelques matériaux de sociologie canadienne*. Dans la recension du livre (*RHAF*, juin 1958), le dominicain, bien informé des travaux français de sociologie religieuse, apprécia en homme de métier l'apport de la sociologie à l'histoire et dit favoriser leur rencontre. Vraisemblablement, le recenseur ne connaissait pas le géographe Hamelin formé par Raoul Blanchard à l'école de la géographie culturelle française, sinon il aurait davantage fait ressortir la multidisciplinarité de l'approche. Enfin, à une époque où l'histoire de l'Église était surtout affaire de clercs, il se réjouit de l'apport de « laïcs canadiens à l'histoire religieuse ».

Mais attention de ne mêler sociologie et histoire, de confondre les disciplines et le temps dont chacun s'occupe : l'une, le présent et, l'autre, le passé. À l'opposé de Michel Brunet, « évitons donc de donner l'impression de vouloir tout faire à la fois ». L'auteur de *La Présence anglaise et les Canadiens* fait la chasse aux mythes — agriculturisme, antiétatisme et messianisme — comme on détruit les idéaux, écrit-il. Il s'en prend à ces mythes collectifs qu'il remplace par d'autres : 1760, par exemple, encourant ainsi le danger de faire « perdre le sens de la continuité historique » au profit de nouveaux déterminismes. À vrai dire, ces remarques s'adressent sans doute moins à l'historien ou au sociologue, qu'à l'homme engagé — mais Brunet, mais Lacroix le sont également — dans un combat politique et laïque. Le recenseur avait su détecter quelques contradictions qui « heureusement » ressortent du texte, le rendant ainsi plus nuancé. En conclusion, Benoît Lacroix insistait lui aussi sur « le divorce entre les intellectuels et le peuple », mais trouvait dommage qu'il n'ait dénoncé les exclusions nées de l'ethnicité (*RHAF*, décembre 1958).

Brunet parlait de distinguer religion et langue alors que Lacroix voyait dans celle-ci la « deuxième langue chrétienne ». Il en fait un véhicule essentiel de la tradition religieuse, au même titre que la chanson et le conte sont des supports de la culture populaire. À travers les commentaires qu'il rédige à propos de quelques ouvrages d'universitaires lavallésiens perce le défenseur de l'héritage linguistique et le chercheur, confirmé par Luc Lacourcière, qui accorde la place prépondérante à la transmission orale de la culture ; de même que perce le prêtre préoccupé par la diffusion des valeurs chrétiennes à travers l'histoire. Cela se vérifie dans sa lecture de *Héritage d'Acadie* de Jean–Claude Dupont (*RHAF*, septembre 1977). Héritage façonné par la mer et la religion, Acadie dont le quotidien est si fortement investi par la présence cléricale, Acadiens du XVIe siècle par la foi.

Nous voilà bien loin du Québec du début des années 1980 où le processus de sécularisation s'est accéléré. La conjoncture suscite de nombreuses enquêtes sur la condition féminine dans l'histoire. L'historiographie religieuse s'enrichit alors d'études neuves sur les religieuses. Les témoignages, ainsi que le veut l'histoire immédiate, sont recherchés. L'historienne Micheline D'Allaire emprunte la méthode de l'entrevue et « parle du vécu collectif » dans *Vingt ans de crise chez les religieuses du Québec, 1960–1980*. L'approche est toute simple et consiste à confronter le vécu récent au prescrit du coutumier. Ainsi seront révélées les crises d'orientation et d'institution. Benoît Lacroix attire l'attention sur la variété des témoignages et sur l'humanité de la vie des religieuses, masquée par la froideur apparente de l'institution, ajouterais–je. Enfin, son appel à des « biographies critiques » était justifié par l'existence de « situations humaines contradictoires » (*RHAF*, automne 1984).

Historien de la culture, le Père Benoît Lacroix s'attache à l'étude des faits de longue durée. Homme du présent, serein, généreux dans l'analyse, ses réflexions continuent de nous interroger sur notre temps.

LITTÉRATURE QUÉBÉCOISE

L'HISTORIEN DE LA LITTÉRATURE

Benoît Lacroix : *Vie des lettres et histoire canadienne*

Jean Ménard

C'est en Palestine, en 1953, que j'ai fait la connaissance du père Benoît Lacroix. J'avais beau visiter des lieux sacrés, la chaleur était infernale, mais la bonne humeur et l'allégresse du père Lacroix étaient inaltérables. D'un pas joyeux, le pèlerin dominicain marchait sur les traces de son maître, saint Jérôme, ou encore de la vierge Etheria. Depuis ce voyage, nous avons pu nous voir à plusieurs reprises. Un commun amour des lettres canadiennes a scellé une amitié qui naquit en Orient.

Le père Lacroix a dit que l'homme « ne se connaît bien que lorsqu'il réussit à identifier en lui l'enfant qu'il a été et qu'il redécouvre les premières disponibilités de sa nature » (*Vie des lettres...*, p. 43). Beaucoup d'hommes ne s'affirment qu'en tuant l'enfant qui rêvait en eux. Je ne sais si tout enfant est joyeux, mais la joie du père Lacroix paraît permanente. Au siècle de la psychanalyse, on exalte partout le tragique, la complexité, l'inconscient. On oublie que la joie, malgré ses aspects spontanés, et, si l'on peut dire, dionysiaques, ne saurait demeurer en nous qu'au prix de durs combats. Régine Pernoud a prétendu que le moyen âge a sans cesse exalté ce sentiment (*Lumière du Moyen Âge*, Grasset, 1946, p. 115–116). On est facilement contemporain des époques qu'on étudie : ainsi s'expliqueraient les gaietés d'un érudit livré à des recherches austères.

D'après le père Lacroix, les anciens méprisaient les historiens enfermés dans leur cabinet : si l'on veut écrire de l'histoire, pensaient-ils, qu'on en fasse (*L'Histoire dans l'Antiquité*, p. 212–213). Leur sagesse était un peu brusque, mais avaient-ils tort ? Nous adorons la Fiche. Seul le fait vécu comptait pour eux. Le père Lacroix est avant tout prêtre. Il abandonne volontiers ses manuscrits, pour guider un étudiant désemparé. Beaucoup de jeunes écrivains, qui ne sont pas nécessairement ses paroissiens, le connaissent et le fréquentent.

Le père Lacroix cite quelque part ce texte de Dostoïevski : « Il y a une force terrible dans l'humilité. » Peu de pensées font autant réfléchir. Mais l'humilité cesse d'être une force, lorsqu'elle se replie sur elle–même. Le père Lacroix est plein de sévérité à l'égard de soi. Il a soutenu une brillante thèse de doctorat : *Les Débuts de l'historiographie médiévale*, qui obtint, en 1952, un prix de la province de Québec, et qu'il n'a jamais publiée. L'œuvre est solide, mais l'artisan n'est pas satisfait. Le médiéviste ne se contente pas d'admirer une époque enfin réhabilitée, mais il l'étudie en se conformant à toutes les exigences de la critique moderne. Ses scrupules et ses lenteurs sont ceux d'un Frégault et d'un Lacourcière.

Si l'on s'intéresse à la littérature canadienne, on ne peut lire sans profit *Vie des lettres et histoire canadienne*, livre que le père Lacroix a publié en 1954 et que la critique canadienne a accueilli, non sans animation. Dans la première partie de cet ouvrage, l'auteur étudie le concept de vie au point de vue littéraire. On a souvent affirmé qu'avant le XVIIIe siècle, la littérature, en Europe, relevait plutôt de l'esthétique, ou encore de la rhétorique, que de l'histoire. Boileau, Aubignac, Chapelain ont pu définir avec énergie leur idéal artistique, indiquer les règles à suivre pour composer une tragédie : c'était de piètres historiens. Or le lecteur apprend que, plusieurs siècles avant l'abbé Dubos et madame de Staël, un cistercien, Othon de Freising (mort en 1158), insiste sur la notion d'histoire littéraire et croit à la « *translatio studii* ». Il est peu d'idées nouvelles : on devrait plutôt parler d'idées qui ont germé et fructifié. Toutefois les expressions « vie de l'esprit » et « vie sociale » paraissent assez récentes, et nous viennent d'Allemagne.

L'auteur croit à un progrès continu de la vie de l'esprit. Il écrit :

> Saint Augustin dirait qu'il en est en histoire générale des Lettres de chaque littérature particulière, de la littérature canadienne-française par exemple, comme d'un mot dans une phrase. Chacune occupe dans le temps, comme sur la ligne écrite, un lieu bien déterminé [...]. Le texte se poursuit depuis des siècles. L'histoire est inachevée. La phrase entière n'a pas été tout écrite. Cependant, elle progresse, quand un nouvel écrivain, une nouvelle « littérature », vient s'ajouter à l'ensemble... (p. 30)

Le père Lacroix n'étudie guère les relations existant entre la littérature et la politique. Il croit que la prospérité matérielle ne favorise pas toujours le progrès de la littérature (p. 57). Celle-ci peut s'épanouir plusieurs années après la mort d'un monarque éclairé.

Dans une seconde partie consacrée à la vie des lettres au Canada, l'auteur déplore le mépris des Canadiens pour leur littérature. Beaucoup poussent le dédain jusqu'à la croire inexistante. Les rares œuvres que l'on veut bien admirer sont comparées souvent à des chefs-d'œuvre français. Le père Lacroix a raison. Qui dira les ravages que produit l'esprit colonial ? On croit accéder à des dimensions internationales. Et on ne voit pas qu'en France, en Allemagne, chaque village, chaque ville, chaque province idolâtre un enfant du voisinage, qui a produit quelques bons vers, quelques bons romans. Si l'on veut de grands écrivains, des prix Nobel, il faut d'abord s'intéressser aux talents de la cité. La curiosité, qui abolit la solitude, est une forme de la charité.

Certains de nos critiques sont d'une sévérité effrayante. Ils se croient exigeants, alors qu'ils sont prétentieux. Les faiblesses d'un ouvrage les empêchent de voir leurs faiblesses, et des qualités qui les rendraient jaloux. On perd souvent toute décence, lorsqu'on attaque un adversaire. Tardivel, parlant des articles de Chapman, s'exprimait comme le Grand Inquisiteur : « Et si je n'étais convaincu que M. Chapman se propose de frapper jusqu'à ce qu'il y ait mort d'homme, je ne lui ouvrirais certes pas mes colonnes. » (*La Vérité*, 7 décembre 1895, p. 3) Les temps n'ont pas changé !

D'après le père Lacroix, la littérature canadienne languit encore dans une longue enfance. Que les éditeurs se plaignent ! Les chercheurs, eux, peuvent étudier avec profit des périodes qui sont tout en puissances plus ou moins passives, en gaucheries prophétiques et en virtualités. En examinant les œuvres de nos grands écrivains et celles de nos meilleurs plumitifs, nous apprendrons à nous connaître.

On employait, il y a quelques années, le mot « ressourcement », terme barbare, mais qui exprime une belle réalité. L'écrivain qui se tourne vers le passé découvre les courants de l'histoire et oriente les improvisations des contemporains. Il ne s'agit point d'adorer des ancêtres momifiés, mais de préparer l'avenir.

Vie des lettres et histoire canadienne est un essai que tout critique littéraire devrait lire et qui stimule les efforts des chercheurs. L'œuvre que le chanoine Groulx et Guy Frégault ont entreprise dans le domaine de l'histoire, des écrivains devraient l'entreprendre dans le domaine de la critique.

(*La Vie littéraire au Canada français*, Ottawa, Éditions de l'Université d'Ottawa, 1971, p. 252–255)

Réflexions à propos de
Vie des lettres et histoire canadienne

Maurice Lemire

Au cours de mes recherches pour ma thèse de doctorat sur le roman historique, j'ai été amené à lire, entre autres livres, *Vie des lettres et histoire canadienne* de Benoît Lacroix (Montréal, Éditions du Lévrier, 1954, 77 p.). Médiéviste reconnu, l'auteur apportait une réponse nouvelle à la question déjà posée par Camille Roy, à savoir pourquoi notre littérature était en retard. Au contraire de notre premier historien de la littérature, il n'invoquait pas les luttes constitutionnelles pour expliquer un détournement de nos énergies vers la politique (« Pourquoi notre littérature fut–elle tardive et languissante ? », *Nos origines littéraires*, Québec, Imprimerie de l'Action sociale, 1909, p. 11–48) ; il prétendait que notre littérature était encore au stade médiéval, comme en témoignait l'importance attachée aux chansons, aux contes et aux légendes. Au lieu de chercher une explication dans une séquence de cause à effet, comme l'avait fait son devancier, il préférait se référer à la théorie des âges. À l'instar de Victor Hugo dans la préface d'*Hernani*, il prétendait que les littératures sont soumises à une évolution calquée sur la vie humaine : elles naissent, s'épanouissent et déclinent. Pour être justes, les comparaisons entre littératures doivent en conséquence tenir compte de l'âge. C'est donc à la littérature médiévale qu'il faut comparer la littérature canadienne, et non à la littérature classique ou à la contemporaine.

La théorie sous–jacente à cette explication repose sur le mythe de l'éternel recommencement. Comme Robinson Crusoé dans son île, les peuples nouveaux ont à réinventer le monde, mais sans recommencer à zéro au contraire de ce que tentait de nous faire admettre Daniel Defoe. Tout démuni qu'il ait été, le naufragé abordait dans son île porteur d'une culture millénaire. Il allait construire la réalité qui l'entourait comme un Écossais du XVIIIe siècle. Le recommencement que postule l'établissement des Européens en Amérique s'inscrit–il dans la continuité de l'histoire ou implique–t–il une rupture ? Voilà la question que l'on se pose à la lecture de l'essai de Lacroix. Crusoé qui recommence le monde l'enrichit–il ou le dégrade–t–il ?

Les réponses à cette question sont diverses. Chateaubriand ne trouve pas chez les Américains la régénération à laquelle il s'attendait. Il conclut : « Les Américains n'ont point eu d'enfance, ils n'ont point encore de vieillesse. » (*Mémoires d'outre–tombe*, [1841], 1982, p. 346). Certains visiteurs français au Canada durant le XIXe siècle considèrent les Canadiens comme des Français dégénérés (Sylvain Simard, *Mythe et Reflet de la France*, PUO, 1987, passim). D'autres, surtout canadiens, évaluent le recommencement comme un retour à la pureté originelle, comme une régénération. Le Canadien aurait dépouillé le vieil homme pour exprimer une forme nouvelle de l'humanité. Son enfance ne signifierait pas la faiblesse et l'imbécillité, mais la force et l'énergie. Tous admettent implicitement que le recommencement instaure une distance certaine entre les Français et les Canadiens qu'il importe d'évaluer.

Par certains aspects, les Canadiens se retrouvaient dans la figure de Robinson Crusoé. Ils abordaient un monde nouveau dans lequel ils avaient à se réinventer. Mais ils ne partaient pas à zéro, bien au contraire. Certains ont prétendu qu'ils avaient quitté la France à l'époque où elle atteignait son apogée, qu'ils auraient été des produits du Grand Siècle. Cette prétention exige d'être examinée de plus près. Quel bagage culturel les colons de la Nouvelle-France apportaient-ils avec eux dans le Nouveau Monde ? Sans contester le rayonnement de la France de Louis XIV, il serait illusoire de prétendre que la culture savante atteignait le petit peuple. Faut-il rappeler que la langue de Bossuet et de Racine n'était parlée que par une minorité ? Les Normands, les Bretons, les Picards et les autres qui émigrent au Canada ne parlent que le patois. C'est en Amérique qu'ils apprennent à parler français, comme l'a bien montré Philippe Barbaud (*Le Choc des patois en Nouvelle-France*, Montréal, PUQ, 1984). De plus à cette époque la « révolution verte » qui part des Pays-Bas pour gagner d'abord l'Angleterre n'a pas encore touché la France. L'agriculture archaïque que pratiqueront les Canadiens pendant près de deux siècles sera une part importante de leur héritage. De plus, comme tous les sujets des monarchies absolues du monde catholique, ils sont beaucoup moins scolarisés que les protestants pour lesquels la lecture de la Bible est une condition de salut. Enfin, on peut affirmer qu'ils ne sont à peu près pas politisés. Le roi considère comme une sédition tout regroupement de ses sujets. C'est donc en ajoutant un bémol qu'il faut parler de l'héritage du Grand Siècle.

Ce qui nous porte à croire que les sujets qui émigraient au Nouveau Monde avaient plus d'affinités avec le Moyen Âge qu'avec le Siècle des Lumières. Aussi Benoît Lacroix a-t-il raison de prétendre que les Canadiens de la première moitié du XIXe siècle se situent dans une sorte de Moyen Âge. Leur héritage culturel les marginalise par rapport aux Français qui prennent une nouvelle configuration au XVIIIe siècle. De plus le sort des armes accentue leur isolement en interrompant les échanges avec la mère patrie et les force à vivre en une sorte d'autarcie culturelle, comme l'a constaté Louis Hémon : « Nous avions apporté d'outre-mer nos prières et nos chansons ! elles sont toujours les mêmes [...] ici toutes les choses que nous avons apportées avec nous, notre culte, notre langue, nos vertus et jusqu'à nos faiblesses deviennent des choses sacrées, intangibles et qui devront demeurer jusqu'à la fin » (*Maria Chapdelaine*). C'est avec une certaine raison que Marcel Rioux a pu parler de la folklorisation de la culture québécoise (P. de Grandpré, *Histoire de la littérature française du Québec*, tome I). La période qui s'étend de la Conquête à l'Acte d'Union sert en quelque sorte d'incubation à une nouvelle nationalité. Évoluant en dehors des grands courants contemporains de la culture européenne, les Canadiens se situent dans un lieu tout à fait particulier.

Les impératifs de survie somment les colons dans un sens qui les rapproche des Amérindiens. Sous un ciel inhospitalier, talonnés par une nature qui ne pardonne aucune erreur, les Canadiens ont dû s'adapter rapidement. Dès les premières campagnes, les Français remarquent leur endurance au froid et à la fatigue. Le commerce des fourrures, qui fait la richesse de la colonie jusqu'en 1820, repose sur la dextérité et la force des « voyageurs ». Il en résulte une originalité dont les écrivains sont bien conscients quand vient le temps d'inaugurer leur littérature nationale. Un correspondant anonyme de *La Minerve* l'exprime bien en 1852 :

> Tous les ans encore, toute une population de jeunes hommes hardis, vigoureux, s'élancent par bandes joyeuses vers les pays d'en haut. Ilettrés pour la plupart, mais avides d'impressions nouvelles, ces jeunes hommes reviennent avec un langage et des mœurs dignes d'attention des aspirants à la littérature canadienne. Que faisons nous encore de cela ? Ce que nous faisons : nous nous imbuons d'une littérature étrangère ; nous buvons à une source alimentée par des productions européennes de chaque jour, source bien souvent fangeuse.
> (Anonyme, « Bibliographie », *La Minerve,* XXV, 31 (19 novembre 1852).)

Cependant l'instrument avec lequel les lettrés pouvaient saisir et faire fructifier cette originalité était européen et ne permettait pas de la mettre en valeur. Au moment de fonder les *Soirées canadiennes* en 1861, Joseph-Charles Taché, bien conscient de la valeur de cet héritage folklorique, recommande aux écrivains de son temps de le recueillir et de le faire fructifier. Mais les lettrés imbus de culture classique dénaturent les sujets plus qu'ils ne les exploitent, comme le démontrent bien les fameuses *Légendes canadiennes* de l'abbé Henri–Raymond Casgrain. Ce déchirement entre la culture populaire et la culture savante empêche nos hommes de lettres de vraiment tirer parti de la tradition orale. Alors qu'une littérature comme celle des chansons de geste était écrite pour le peuple, celle de notre XIXe siècle présentait un maquillage savant qui la rendait méconnaissable aux gens du commun. Aussi la littérature des commencements avait–elle des airs vieillots. C'est pourquoi je me demande si l'interprétation de Benoît Lacroix est toujours valable.

TROIS PROPOSITIONS POUR L'ÉTUDE DES LETTRES QUÉBÉCOISES
Robert Melançon

Lorsqu'on évoque la contribution de Benoît Lacroix à la connaissance de la littérature québécoise, qui n'a été qu'un de ses multiples champs d'intérêt, en parallèle, notamment, avec les travaux du médiéviste et ceux de l'historien de la religion populaire, c'est immédiatement, et à juste titre, son action pour préserver, éditer, éclairer et diffuser l'œuvre de Saint–Denys Garneau qui se présente à l'esprit. Du *Saint–Denys Garneau* de la collection « Classiques canadiens » (1956) à l'édition monumentale, avec la collaboration de Jacques Brault, des *Œuvres* en 1971, qui a marqué le point culminant — mais non la fin — d'un effort de longue haleine, cet aspect de l'activité de Benoît Lacroix en tant qu'historien de la littérature québécoise est bien connu, et je ne m'y attarderai pas, précisément pour cette raison : je n'ajouterais rien à ce que chacun connaît.

J'aimerais plutôt attirer l'attention sur un ouvrage paru en 1954, *Vie des lettres et histoire canadienne*. On ne le rencontre pas fréquemment dans les bibliographies critiques sur l'histoire de la littérature québécoise, et il n'est pour ainsi dire jamais cité par ses historiens actuels. Sans prétendre en rendre compte complètement, je souhaiterais en extraire trois propositions.

La première, qui donne le ton à tout l'ouvrage, est une invitation à situer le développement des lettres canadiennes [74] dans la longue durée, dans le cadre d'une histoire générale des lettres, à la lumière de la double tradition judéo–chrétienne et gréco–romaine : « une vision universelle de l'histoire des lettres ne peut que favoriser la perception du sens de notre propre histoire littéraire » (p. 35). Loin d'écraser les œuvres locales sous le poids des chefs–d'œuvre de la littérature universelle, cette mise en perspective a pour effet de relativiser les jugements qu'on peut porter sur elles : « Comparer du même point de vue comme s'ils étaient du même milieu et du même passé littéraire, Saint-Denys Garneau et Baudelaire, c'est injuste et pour l'un et pour l'autre » (p. 55).

La deuxième proposition, qui découle de la première sans la répéter, invite à quitter le cadre étroitement national dans l'étude des écrivains canadiens : « Le thème de la *translatio studii* nous assure du sens de l'unité et de l'hérédité ; il nous encourage à penser que les lettres ont des âges, mais il nous indique aussi avec une franchise brutale l'existence précaire et transitoire des littératures "nationales", si célèbres soient-elles » (p. 31). L'attachement exclusif au « cas particulier qui est le nôtre » a pour conséquences néfastes « le manque d'une vue d'ensemble » (p. 50), la survalorisation de « la seule et unique date magique : 1760 » et des réactions de susceptibilité ombrageuse : « Lire l'histoire des lettres canadiennes comme l'a fait Mgr Camille Roy dans son *Histoire de la littérature canadienne*, manuel dont on se sert encore dans plusieurs collèges parce qu'il n'y en a pas de meilleurs, c'est exactement tout faire pour la rendre inutile, incompréhensible et détestable » (p. 52). Rien ne permet de penser que les ouvrages actuels sur la littérature québécoise, enfermés dans un cadre strictement national, sinon carrément nationaliste, ne justifient pas, dans la plupart des cas, la même critique.

La troisième proposition invite à situer l'étude des lettres — et non de la seule « littérature » au sens esthétique du terme — dans le contexte de l'histoire canadienne :

> Il conviendrait, croyons-nous, d'introduire dans nos esprits comme dans nos exposés oraux et écrits, une façon de parler des lettres adaptée à notre situation particulière, avec de nouveaux mots, un nouveau lexique, de nouvelles formules, une épistémologie plus ferme... C'est alors que l'on commencerait à étudier nos écrits non plus à cause de leur valeur esthétique, non plus seulement comme une littérature-art, mais d'abord comme une littérature de pensée. C'est alors qu'on s'intéresserait à toutes nos lettres : pas seulement à deux ou trois romans réputés et à quelques poètes qui ont survécu à l'oubli. (p. 59)

Cette proposition risque de heurter le sentiment répandu que la littérature québécoise a connu depuis une trentaine d'années un développement qui a rendu caduque cette précaution. Je doute, personnellement, qu'une génération suffise, en matière de littérature, à invalider les observations de Benoît Lacroix, et je crois que sa proposition d'inscrire l'étude des lettres d'ici dans le contexte de l'histoire canadienne conserve toute sa fécondité pour ce qu'on appelle désormais littérature québécoise.

Depuis quarante ans, les propositions contenues dans ce petit livre n'ont rien perdu de leur pertinence ni de leur fécondité. Je ne prétends pas les avoir rappelées toutes. J'ai seulement cru qu'il ne serait pas inutile d'en mettre en relief trois, qui me paraissent fondamentales. Le plus juste hommage qu'on puisse rendre à une pensée, me semble-t-il, consiste à montrer qu'elle reste vivante et susceptible d'agir dans un contexte nouveau. Le programme de travail que Benoît Lacroix traçait aux amateurs [75] de littérature canadienne en 1954 conserve sa pertinence en 1995, compte tenu du développement et de la métamorphose que cette littérature a connus en devenant « québécoise ».

LE DIRECTEUR DE COLLECTION

Le Père Benoît Lacroix et les « Classiques canadiens »

Paul–Aimé Martin, c.s.c.

Alors que j'étais directeur général des Éditions Fides, j'ai eu souvent l'occasion de rencontrer le Père Benoît Lacroix et j'ai entretenu avec lui d'excellentes relations. C'est toujours avec grand plaisir que je le revois lors de manifestations d'ordre culturel où, fort heureusement, il nous arrive de nous retrouver.

Le Père Lacroix a publié chez Fides des ouvrages qui font honneur à la maison. Deux d'entre eux parurent dans les « Classiques canadiens », collection à laquelle il apporta un précieux concours que je tiens à signaler ici.

Dès les débuts de Fides, à la suite notamment d'entretiens avec M. l'abbé Félix–Antoine Savard et M. Luc Lacourcière, nous formions le projet, mes collaborateurs et moi–même, de mettre à la disposition du public les textes de nos écrivains les plus représentatifs. Grâce à la collaboration de ces deux grands hommes de lettres, nous pouvions lancer, en 1944, une collection qui, comme nous le disions au début du premier volume, *Menaud, maître–draveur*, voulait « grouper, sous le signe de l'une des plantes les plus caractéristiques de notre pays, les meilleurs ouvrages de nos écrivains ». C'était la « Collection du Nénuphar », dont M. Lacourcière assumait officiellement, en 1946, la direction.

La collection « Classiques canadiens » s'inscrit dans le prolongement de la « Collection du Nénuphar ». Avec les années, en effet, aussi bien Mgr Savard et M. Lacourcière que mes collaborateurs et moi–même, nous nous étions rendu compte de la nécessité d'une collection de présentation plus modeste et par conséquent d'un prix plus accessible à toutes les bourses ; dans notre pensée, cette collection de petits volumes devait avoir pour but d'offrir au public en général et surtout aux étudiants un choix des textes de nos écrivains les plus marquants.

À l'instigation de Mgr Savard et sous sa présidence, une réunion eut lieu à Québec, le 26 mai 1955, pour jeter les bases de la nouvelle collection. Il fut décidé que le comité de publication comprendrait, outre Mgr Savard lui–même, qui agirait comme directeur, et M. Lacourcière, le Père Lacroix et MM. Marcel Trudel et Guy Frégault. Il était d'autant plus normal que le Père Lacroix fasse partie de ce comité qu'il venait de publier *Vie des lettres et histoire canadienne* (Éditions du Lévrier, 1954), ouvrage qui, s'il suscita la controverse, montra à quel point le Père Lacroix s'intéressait à la littérature canadienne.

Par la suite, le comité de publication s'employa à préciser et à formuler les objectifs de la collection. Il fut entendu qu'elle viserait à faciliter l'étude des textes originaux et à favoriser le retour aux sources en histoire. Il fut entendu aussi que le mot « classique » devait être compris au sens premier de Littré et désigner les auteurs jugés dignes d'être étudiés dans les classes et de former les esprits. Le Père Lacroix, qui entre-temps avait été élu secrétaire du comité, explicita dans un article publié par la revue *Lectures* (« Une collection de " Classiques canadiens " », nouvelle série 3 (1956), p. 42) les objectifs de la collection et exposa les critères qui présidaient aux choix des auteurs qui y seraient publiés.

Les quatre premiers volumes à paraître dans la collection sortirent des presses à l'automne 1956 ; ils furent l'objet de lancements à Montréal, à Québec et à Paris. L'un de ces volumes avait été préparé par le Père Lacroix et était consacré à Saint-Denys Garneau (*Saint-Denys Garneau*, choix de textes groupés et annotés par Benoît Lacroix). De toute la collection, c'est le volume qui connut le plus grand succès : Fides en propagea plus de 40 000 exemplaires. Ce succès est dû sans doute à la notoriété du poète ; mais il provient aussi du soin avec lequel le Père Lacroix prépara le choix des textes, et le révisa au cours des années, une première fois en 1967, et une deuxième fois en 1969.

Le Père Lacroix prépara aussi pour la collection un choix de textes du Chanoine Lionel Groulx (*Lionel Groulx*, textes choisis et présentés par Benoît Lacroix). Le lancement de cet ouvrage, fixé au mardi 23 mai 1967, se fit dans des circonstances que les invités ne sont pas près d'oublier. Le même jour devaient être lancés *Constantes de vie* (Collection « Bibliothèque économique et sociale ») du chanoine Groulx lui-même et *Paul de Chomedey, Sieur de Maisonneuve* de M. Léo-Paul Desrosiers, décédé le 20 avril précédent. Or voici qu'au matin du 23 mai le Chanoine Groulx mourait subitement dans le jardin de sa résidence d'été, à Vaudreuil.

Les postes de radio, en diffusant la nouvelle du décès, annoncèrent plusieurs fois, après avoir obtenu notre accord, que le lancement aurait lieu quand même. Inutile de dire qu'une assistance beaucoup plus nombreuse qu'à l'accoutumée se pressait, en fin d'après-midi, dans le grand salon de l'édifice Fides, boulevard Dorchester (maintenant René-Lévesque). L'atmosphère n'était pas celle des lancements habituels ; c'est presque à voix basse que l'on échangeait des souvenirs. À mon invitation, plusieurs personnalités prirent la parole : le Père Benoît Lacroix, M. Jean Éthier-Blais, préfacier de *Constantes de vie*, M. Guy Frégault, sous-ministre des Affaires culturelles, enfin M. Victor Barbeau, président de l'Académie canadienne-française, qui présidait le lancement.

Le Père Lacroix était d'autant plus en mesure d'évoquer la mémoire du Chanoine Groulx que, pour préparer son choix de textes, il avait dû le rencontrer souvent durant les derniers mois. Le petit volume dans lequel il soulignait les différents aspects de la personnalité de celui qui fut à la fois prêtre, écrivain, historien, orateur, paraissait à point nommé pour renseigner tous ceux dont la curiosité avait été mise en éveil à la suite du retentissement qu'eut le décès du chanoine dans tous les médias.

Au cours des années qui suivirent, quinze autres volumes parurent dans les « Classiques canadiens ». Le dernier fut publié en décembre 1972 ; c'était le quarante-cinquième. La collection figura dans le catalogue des Éditions Fides jusqu'au début des années 1980, et on peut la consulter encore dans les bibliothèques. Tout indique donc qu'elle a répondu dans une grande mesure aux attentes qu'elle avait suscitées, et il convient de féliciter le Père Lacroix d'avoir été l'un des principaux artisans de son succès.

AUTEUR DE L'ÉDITION DES ŒUVRES DE SAINT-DENYS GARNEAU (1950-1970) MEMBRE FONDATEUR DE LA FONDATION DE SAINT-DENYS-GARNEAU (1994)

POURQUOI L'ÉDITION DES ŒUVRES DE SAINT-DENYS GARNEAU ET DE LIONEL GROULX ?

Sûrement pas pour des raisons strictement littéraires, politiques ou religieuses. L'un a écrit à 25 ans le meilleur de son œuvre. Groulx, lui, s'est arrêté à 89 ans. L'un et l'autre appartiennent à ma génération. Ils symbolisent deux manières de penser le « pays », deux manières d'être libres. La comparaison entre ces deux hommes m'emballe.

À cet attrait pour les lettres et pour la multiplicité des messages contenus dans les œuvres, il y a eu certainement au point de départ, le goût pour le manuscrit olographe. Ce goût m'est venu de ma formation paléographique à Toronto et d'un séjour d'étude pratique du document ancien à l'école des Chartes de Paris.

Une bonne raison fut certes l'amitié fraternelle que Jacques Brault et moi avions depuis plus de vingt ans. Il était normal qu'elle s'incarne dans un projet universitaire précis : une édition savante d'inédits.

En 1979, avec d'autres amis de Lionel Groulx, nous nous sommes regroupés fraternellement pour mener à bien un nouveau travail scientifique ; des jeunes nous ont rejoints : enthousiastes et compétents. Grâce à eux, le travail est devenu une inspiration de tous les moments. Je ne connais rien de plus inspirant qu'un projet difficile comme l'édition critique, qui appelle la générosité et la rencontre d'amitié autour d'une même tâche partagée.

(Interview par Axel Maugey, « Benoît Lacroix : La force de l'authenticité », *Relations*, n° 478, mars 1982, p. 72-73)

MÉMOIRES D'UN CHASSEUR DE MANUSCRITS — LE CAS DE SAINT-DENYS GARNEAU —

C'est au 59 Queen's Park, à Toronto, que mon directeur de thèse en historiographie médiévale, le professeur Étienne Gilson (mort en 1978), me parle pour la première fois d'un poète canadien-français du nom de Garneau à qui il attache le nom de « très grand ». D'ailleurs, le même professeur Gilson — plus tard reçu à l'Académie française — envoie, le 24 novembre 1948, une lettre enthousiaste à monsieur et madame Paul Garneau, les parents de De Saint–Denys, à propos d'un nouvel exemplaire de *Regards et jeux dans l'espace*. Gilson écrit une autre lettre quand il reçoit *Poésies complètes*, paru chez Fides en 1949. C'est aussi à l'université de Toronto que je rencontre Madeleine–B. Ellis, une anglophone de Montréal en fin d'études de doctorat en littérature française ; elle aussi me fait l'éloge du poète Garneau. D'ailleurs, en 1949, elle publiera *De Saint–Denys Garneau. Art et réalisme, avec un petit dictionnaire poétique*[76].

Pour toutes ces raisons, et comme médiéviste et professeur de paléographie à l'époque, je me suis occupé de Garneau. Sur le plan textuel d'abord, comme pour vérifier le bien–fondé des jugements entendus à Toronto. Ainsi commence la chasse aux manuscrits à partir de trois catégories de sources : sources visuelles, sources orales, sources écrites.

Pour la documentation visuelle et orale, ce sont d'abord les parents de De Saint–Denys Garneau qui deviendront mes premières sources privilégiées. Par un hasard que je dois à Robert Élie, je rencontrai pour la première fois, en 1946, les parents Garneau qui m'invitèrent à leur célèbre manoir de Sainte–Catherine–de–Fossambault près de Québec. J'y serai souvent invité par la suite, durant l'été en particulier. À Montréal, j'aurai le plaisir de parler aussi à la sœur du poète, Pauline Garneau–La Roque. À Ottawa, je serai reçu chez Jean Garneau, son frère, qui deviendra pour moi et de plus en plus le généreux répondant familial, le seul alors accessible. J'ai eu le bonheur de vivre plusieurs jours au manoir, avec l'autorisation de visiter la maison, d'examiner la bibliothèque, de voir les lieux où Garneau avait écrit, peint. Puis je fus souvent invité au 353 de la rue Olivier, à Westmount. Encore là, je pouvais reconnaître sur les murs certaines peintures du poète. Ce qui m'intéressait surtout, c'étaient les manuscrits ; je voulais en examiner la nature, le détail, l'écriture, etc.

Cela m'amena vite à interroger les parents et plusieurs amis de Garneau. Surtout madame Garneau, avec qui j'eus d'interminables conversations. Monsieur Garneau étant plutôt sourd, il était difficile de partager ses souvenirs. Par ailleurs, madame Garneau était intarissable à propos de son Saint–Denys. Était–ce pour me faire plaisir ? N'était–ce pas plutôt la mentalité de l'époque de faire confiance à un prêtre ? Madame Garneau me dit qu'elle avait rêvé d'avoir dans sa famille un prêtre, un militaire et un médecin. Et tout tendrement, non sans naïveté, elle ajouta : « Je crois que Paul, un héros du débarquement à Dieppe, est mon militaire, Jean mon médecin puisque docteur en psychologie et de Saint–Denys est comme mon prêtre. » [...]

Quant aux sources écrites qui nous permettent de retrouver les textes et de les évaluer, elles sont nombreuses. À partir de 1946 et jusqu'en 1971, date de la parution de *Saint–Denys Garneau : Œuvres* [77], je devins chasseur de manuscrits comme on devient sourcier à la campagne. Travail délicat, exaltant et imprévisible. Déjà, j'avais établi, à la suite des conversations avec les parents Garneau et l'étude attentive de la bibliothèque personnelle de De Saint–Denys [78], une liste d'informateurs possibles et même de personnes qui pouvaient posséder des manuscrits. Précisons que la famille Garneau me donna accès à tous ses trésors. Madame Garneau elle–même me confia ses intentions que je devienne responsable, sinon propriétaire, du *Journal* et des autres textes retrouvés au manoir de Sainte–Catherine–de–la–Jacques–Cartier, comme on le nomme maintenant.

Une fois une liste provisoire établie, une fois assurée l'authenticité d'un nombre imposant de textes inédits, je commençai lentement mon travail de dépisteur et de chasseur d'autographes. Entre–temps survint le projet de publier le *Journal*. Des amis de De Saint–Denys firent un choix particulier de textes susceptibles d'intéresser certains lecteurs et lectrices. Les éditions Fides [...] publièrent *Poésies complètes* (1949). Par ailleurs, je savais que la publication du *Journal*, en 1954, était incomplète ainsi que celle des poésies dites complètes. Il fallait attendre. Peu à peu, d'autres manuscrits, inconnus de la famille Garneau, firent surface. Plusieurs informateurs et informatrices furent d'une générosité absolue ; par exemple Françoise Charest, qui me donna toutes ses lettres, Suzanne Manseau qui relit son *Journal* et me transcrivit les souvenirs joyeux du poète, son ami. Et caetera.

En 1953, alors que j'étais à Paris, décédèrent en l'espace de quelques semaines monsieur et madame Paul Garneau. Aussitôt revint en moi le projet d'une étude de tous les manuscrits retrouvés. Ma formation de médiéviste et des séjours au département des manuscrits de la Bibliothèque nationale de Paris me poussèrent à mener mon projet à terme. Disons que j'hésitais. Je connaissais les textes. Certains n'étaient que des brouillons. Une loyauté tout à fait normale vis–à–vis de la famille Garneau m'incita à la prudence. Je me souvenais à quel point madame Garneau avait souffert à l'idée que le journal de son De Saint–Denys serait publié. Certaines pages surtout lui paraissaient ou trop exhibitionnistes ou trop explicites. Après m'avoir donné le consentement pour cette publication, elle me dit : « J'ai l'impression que je perds mon De Saint-Denys », puis mon hésitation augmenta quand j'appris que plusieurs des amis de De Saint-Denys — ceux de *La Relève* en particulier — trouvaient quasi disgracieux que l'on publie les brouillons et les inédits d'un auteur qui n'avait pas eu le temps de terminer son œuvre, d'autant plus que cet auteur, mort à trente et un ans, n'aurait pas approuvé cette publication. Valse des hésitations ! C'était un risque que je prenais, au nom de l'histoire à long terme. Cette fois, j'eus l'accord de Jean Garneau qui lui aussi était prêt à faire confiance à l'intelligence du public et à une meilleure connaissance de l'homme qu'était son frère aîné. [...]

Me retrouvant ici à McGill, après les vingt-deux années qui ont suivi cette édition des *Œuvres*, aujourd'hui épuisée, et tout fier d'avoir retrouvé une quarantaine d'inédits en avril dernier, c'est un hommage et une marque de gratitude que je veux rendre à ceux et à celles qui, dans les années cinquante et soixante, ont cru à ce risque de mettre en évidence des textes souvent imparfaits mais qui devaient faire mieux connaître celui que nous admirons tellement aujourd'hui et, cette fois, dans la vérité même de son humanité en quête d'absolu et de beauté intériorisée.

(Communication présentée au colloque de l'Université McGill, *Saint-Denys Garneau parmi nous*, le 27 octobre 1993, et publiée dans *Littératures*, n° 12, 1994, p. 77-81)

FONDATION DE SAINT-DENYS-GARNEAU

Société sans but lucratif légalement constituée le 17 février 1994, par Jean Garneau, frère de Saint-Denys Garneau, président, Benoît Lacroix, vice-président, Antoine Prévost, cousin de Saint-Denys Garneau, secrétaire, et Giselle Huot, trésorière. Comité d'honneur constitué par Mesdames et Messieurs Jacques Brault, Cécile Cloutier, Marie-Marthe Élie, Claude Hurtubise, Eva Kushner, Louis Muhlstock et Marina Zito.

La Fondation s'est fixé comme objectifs de perpétuer la mémoire du poète, de faire connaître son œuvre, d'assurer la conservation des témoins physiques de sa présence (manuscrits, photographies, œuvres d'art, etc.), ainsi que de favoriser et de stimuler la recherche et les publications.

La Fondation publiera le premier numéro des *Cahiers de Saint-Denys Garneau* (publication annuelle pour le moment), dont Benoît Lacroix est le codirecteur avec Giselle Huot : un *Mémorial* contenant des textes de parents et d'ami(e)s — au sens propre, celles et ceux qui ont connu personnellement le poète — à l'automne 1995.

UNE AMITIÉ NÉE À CAUSE DE MON FRÈRE DE SAINT–DENYS GARNEAU

Jean Garneau

On parlait encore beaucoup, au début des années 1960 de la mort mystérieuse de De Saint–Denys Garneau, les rumeurs à ce sujet étant alimentées par les notions assez diffuses de psychopathologie qu'avançaient certains auteurs devenus cliniciens. J'avais décidé de reprendre la lecture du *Journal*, abandonnée depuis quelques années parce qu'il était si déprimant. Robert Melançon écrivait récemment [79] que les coupures opérées par ses amis avaient contribué à cette atmosphère de mélancolie et de désespoir. J'en vins à réaliser que ce qui me troublait le plus était le décalage entre le De Saint–Denys présenté dans son *Journal* et celui que j'avais connu.

Il fallait faire quelque chose, mais quoi ? Étranger au monde académique je ne savais comment m'y prendre pour approcher cette situation. C'est alors que je me suis souvenu de quelqu'un qui était venu à Sainte–Catherine rencontrer mes parents et en qui notre mère avait une grande confiance. Je l'y avais rencontré une fois. Je décidai d'écrire à Benoît Lacroix pour lui dire mes sentiments ; même s'il ne me connaissait réellement pas, son accueil fut chaleureux. Suite à une rencontre il organisa une entrevue à Radio–Canada à laquelle nous participions tous les deux. Ensuite, ce fut un article qu'il m'encouragea à écrire pour la revue dominicaine *Maintenant* (n° 5, mai 1962, p. 192). Grâce à lui, le retour à la réalité au sujet de De Saint–Denys fut amorcé. C'est cette grande réceptivité — certains la diront trop grande — qui le caractérise.

Il y a des gens qui écrivent bien mais ne disent pas grand–chose et d'autres qui pourraient dire beaucoup mais ne peuvent l'exprimer dans un style qui plairait aux littérateurs. Benoît Lacroix offre souvent à ceux–ci de dire ce dont ils ont été témoins et de compléter ainsi un tableau qui manquait de précision, même si le contenu est présenté dans une enveloppe qui pourrait être mieux décorée.

Ce n'est pas seulement en littérature que se manifeste cette acceptation du commun des mortels. On me disait après l'avoir rencontré comme il était rafraîchissant que quelqu'un qui est si érudit puisse converser de façon si simple. Pour ceux qui sont d'un certain âge, les membres du clergé qu'ils ont connus n'affichaient pas tous ces tendances à la démocratie.

Il n'est pas toujours facile pour un prêtre de communiquer avec ceux qui ne le sont pas ; une attitude trop familière risque de sonner faux et on sait la réaction que déclenche une attitude trop autoritaire. Plusieurs doivent porter une attention spéciale à la qualité de leurs contacts mais chez Benoît Lacroix cela semble tout naturel. Il aime parler avec les gens, me disait-il.

Le voici officiant à la messe commémorative du cinquantenaire du décès de De Saint-Denys Garneau à Sainte-Catherine le 24 octobre 1993, avec la solennité que demande l'occasion et qui, une heure plus tard, est assis avec tout le monde au Manoir à taquiner et à échanger des plaisanteries. Nous n'avons pas tous grandi dans cette atmosphère de contacts faciles avec ceux qui étaient plus près que nous du Très-Haut.

Son acceptation des gens à qui il est prêt à donner les meilleures qualités frise parfois la naïveté ; on se demande comment il peut ne pas voir les motifs moins positifs qui les animent. Mais tout à coup, le voilà qui fait une observation qui indique qu'il voyait clair mais qu'il avait gardé pour lui certaines perceptions jusqu'au moment où il n'est plus possible de nier les éléments négatifs d'une situation.

Sans doute parce qu'il pense et parle d'éternité plus souvent que nous, il croit fermement que le temps peut arranger bien des choses, et il arrive que l'on doive lui rappeler notre condition de mortels, même s'il a raison de croire qu'avec le temps les émotions deviennent moins vives et les compromis plus acceptables.

Il y a chez Benoît Lacroix beaucoup d'humilité ; il serait tout à fait de mise que s'étant mérité l'Ordre du Canada il en porte la rosette à sa boutonnière, mais il l'a cachée quelque part dans un tiroir — pas le même probablement que celui où il a placé l'Ordre du Québec.

Lorsqu'il fut question d'établir la Fondation de Saint-Denys-Garneau, il n'a pas hésité à accepter d'en devenir l'un des fondateurs, et la qualité de sa participation a été celle de membre d'une équipe. Ce n'est que graduellement que ses confrères ont appris qu'il faisait partie de plusieurs autres fondations. Il joue un rôle de support et d'encouragement. Si occupé soit-il, il ne manque jamais de répondre à sa correspondance, ne serait-ce que par quelques phrases. J'avais jadis un supérieur qui, s'il n'était pas d'accord avec une suggestion, répondait qu'il était d'accord « en principe ». Cela ne faisait de tort à personne et son personnel savait ce que cela voulait dire. Benoît Lacroix se sert un peu du même mécanisme en gardant le silence sur la suggestion qui a été faite.

À la direction de plusieurs organismes, il a des contacts avec beaucoup de gens importants mais n'en parle pas. Il lui arrive lors d'une réunion du conseil de la Fondation de dire qu'il parlera à quelqu'un qu'il connaît assez bien. Je lui disais l'autre fois que j'étais surpris qu'il ait tous ces contacts alors que j'avais toujours cru que les Jésuites étaient les plus renommés dans ce domaine. Je ne voudrais pas nuire aux bonnes relations qui existent sans doute entre les deux communautés en répétant la réponse qu'il m'a faite en souriant.

Mais voici que je parle de Benoît Lacroix comme homme plutôt que comme religieux ; c'est que chez lui les deux se confondent. Il y a longtemps, alors que nous nous connaissions moins bien, je lui écrivais au sujet de certains aspects de la religion. Il lui eut été facile de se servir d'arguments d'autorité comme réponse ; j'étais conditionné depuis ma jeunesse à l'idée de la damnation éternelle. Mais pour lui, c'est la miséricorde de Dieu qui prime tout et qui permet de ne jamais perdre espoir.

Il arrive souvent que les contacts plus fréquents révèlent certains aspects moins positifs de la personnalité d'une personne. J'ai tenté de les découvrir sans beaucoup de succès. Ce n'est pas parce que je voulais ici préparer les voies pour une béatification à venir ; d'ailleurs un saint Benoît chez les Dominicains pourrait leur faire regretter de lui avoir donné ce prénom.

S'il faut lui trouver un défaut, c'est celui d'être trop confiant dans la nature humaine et de croire au désintéressement des gens ; mais de nos jours, peut-on le blâmer de se montrer trop charitable envers autrui ? D'ailleurs, s'il ne partage pas avec nous le résultat de ses observations, il n'en pense pas moins pour tout cela : ça m'inquiète parfois.

Je termine en disant simplement comme je suis heureux de cette amitié qui nous lie et de l'avoir avec nous dans le travail que nous accomplissons à la mémoire de De Saint-Denys qu'il a tant œuvré à faire connaître, en premier lieu par son édition des *Œuvres* de Saint-Denys Garneau avec Jacques Brault (1971), travail qui comporte parfois des divergences d'opinions que son grand calme aide à solutionner ; et peut-être encore plus, je le remercie de cette sérénité et de ce sens de l'humour qui caractérisent ses contacts et qui nous rendent sa compagnie si agréable. Puissions-nous en bénéficier pour encore vingt ans !

L'INFLUENCE ORTHOGRAPHIQUE DE SAINT-DENYS GARNEAU OU LE PENSUM DU MAÎTRE

C'était à l'époque de la préparation de l'édition critique des *Œuvres* de Saint-Denys Garneau. Lors de ces travaux, nous avions des batailles rangées autour des points, des virgules, de l'orthographe, etc. Lorsque l'un avait le malheur de faire une faute, l'autre la relevait impitoyablement.

J'étais partie poursuivre mes études en France et l'édition se poursuivait par correspondance. Or, dans une lettre de mars 1968, Benoît Lacroix, sans doute influencé par de Saint-Denys Garneau qui l'orthographiait ainsi, avait écrit : « journeaux ».

La réaction ne se fit pas attendre. À la blague, je somme mon maître de faire son devoir et de copier cent fois le mot : « journaux ».

Sa réponse ne se fit pas attendre non plus. Quelle ne fut pas ma stupéfaction, hilarante, en ouvrant sa lettre du 13 avril 1968, qui débutait ainsi :

> journaux, journaux. ICI se termine le pensum imposé par l'insupportable fouine et devineresse de mes écrits publics et privés. Mais parce que c'est aujourd'hui Pâques (Veillée Pascale) je lui pardonne tout et daigne lui offrir mes vœux, Vœux de Pâques !

Ces derniers mots « Vœux de Pâques ! » étaient écrits sur un dessin, un « comic » disait-il, d'un crocodile qui avait bouffé une dame dont seule émergeait une main tenant une fleur que le crocodile respirait goulûment. Ai-je besoin de dire que j'ai douté de son pardon ?

Lui faisant remarquer que non seulement il ne savait pas écrire correctement, mais qu'en plus il ne savait pas compter, puisqu'il y avait 101 « journaux », le début de la lettre suivante apportait une explication de celui qui n'en est jamais à court — difficile avec lui d'avoir le dernier mot ! — : « *Primo*. Vous avez compté 101 *journaux*, en oubliant que le premier était l'archétype du pensum et qu'il devait être soustrait. Donc acte ! » (28 avril 1968)

L'exercice fut-il salutaire ? La lettre qui suivit arborait fièrement — et inconsciemment —l'orthographe erronée : « journeaux » !

MEMBRE FONDATEUR DE LA FONDATION MIREILLE–LANCTÔT (1985)

Fondation Mireille–Lanctôt

Maryse Trottier–Lanctôt

Il a été convenu de créer la Fondation Mireille–Lanctôt sur les recommandations du Père Benoît Lacroix.

La Fondation possède sa charte fédérale depuis le 4 avril 1985. Benoît Lacroix siège au conseil d'administration depuis sa création.

Ses principaux objectifs sont humanitaires et culturels, soit l'aide aux jeunes journalistes, aux écrivains, aux personnes âgées et aux ex–prisonniers.

La Fondation regroupe parents et amis.

Réalisations de la Fondation

Le livre *Pomme de Pin* de Mireille Lanctôt, recueil de poèmes, paroles et dessins, paraît aux Éditions Abeille Soleille, le 17 octobre 1985. Le lancement a eu lieu à l'auditorium de Saint–Albert–le–Grand sous la présidence du Père Benoît Lacroix et grâce à son appui inconditionnel pour le rayonnement de la pensée de Mireille.

En 1994, Maryse Trottier–Lanctôt publie *Terre d'origine* à la mémoire de sa fille Mireille, aux Éditions Abeille Soleille. Grâce à la générosité de Benoît Lacroix, le lancement, qui réunit deux cents personnes, a lieu encore une fois à l'auditorium des Pères dominicains.

Prix Mireille–Lanctôt

Le 5 décembre 1986, la fondation réalise un de ses principaux objectifs en décernant son premier prix de journalisme au montant de $5000,00. Ce prix couronne le meilleur reportage soumis par un journaliste de moins de trente ans sur un sujet social ou humanitaire. Le Père Benoît Lacroix a fait, depuis dix ans, partie du jury.

Toujours actif au sein de la Fondation, il en est le catalyseur. Sa présence aux réunions du conseil d'administration est vivifiante et sa pensée régénératrice.

À CAUSE DE MIREILLE LANCTÔT

Ce sont les funérailles de mon amie Mireille Lanctôt. Nous sommes à l'église de la Communauté chrétienne Saint–Albert–le–Grand. C'est le 6 janvier 1984.

Accueil

La communauté chrétienne Saint–Albert–le–Grand accueille ici celle qui nous y conduit. [...] très attachée aux Évangiles et aux messages des béatitudes, elle souhaita, jusqu'en ces derniers temps, une perfection d'âme et de corps qui signifiait bien sa grandeur d'esprit. Voilà tout à coup qu'elle est projetée et qu'elle nous projette dans l'au–delà des réalités invisibles du mystère de la vie et de la mort. [...] Ce qui nous réunit, ce sont tous les liens qui nous unissaient de différentes manières à celle qui est au centre de notre souvenir et de notre célébration : liens de famille, liens d'amitié, liens de fraternité chrétienne, liens de travail et d'autres. Que tous ces liens soient, en cette heure, le moment d'expression de nos solidarités humaines et spirituelles. [...]

Mireille avait écrit un texte qui disait : « Je compte mes nouveaux mots. J'écris ma connaissance nouvelle. Je ne finirai rien. Je le sens. Je le sais. »

[...] cherchons le texte pour cette célébration de l'espérance. [...]

Dieu de tendresse, accueille notre sœur. [...] Et toi, Mireille, repose dans la paix du Christ.

(Homélie de Benoît Lacroix)

Mireille Lanctôt (1952–1984)

On dit que « le courage conduit aux étoiles » et qu'« à vaillant cœur rien n'est impossible ». [...] Mireille Lanctôt vient de mourir, à 31 ans. Or, déjà elle offre à ceux qui l'ont connue, entendue et vue à la télévision, comme à ceux qui l'ont aimée (qui pouvait ne pas l'aimer) l'image réconfortante d'une jeune femme énergique, joyeuse, ouverte aux dimensions d'une existence remplie à déborder d'idéal, de finesse, de culture et d'altruisme. [...] Ce qui est beau, véridique et noble, elle l'éprouve. [...] Toujours avec son grand cœur et son esprit universaliste, Mireille Lanctôt ne cesse d'interroger son héritage spirituel. [...] Elle était en tous les sens du mot d'une stature remarquable avec un regard vaste comme ce continent. Morte si jeune, en pleine activité culturelle et artistique, on dirait qu'elle a grandi trop vite, tel un arbre trop pressé à donner ses feuilles... même en hiver.

(« Témoignage », *Le Devoir*, 11 janvier 1984)

LE CONTEUR — POÈTE

Le P'tit Train
(suite, version [inédite] du 23 juin 1965)

Elle dirigeait tout, disposait de tout. Elle n'avait qu'à dire un mot, sonner l'heure ou la demi-heure : d'un bond nous étions là, obéissant :
— Les enfants, couchez-vous ! Les enfants, habillez-vous ! Les enfants, venez par ici ! Les enfants, faites cela !
Toujours parce que la grand'horloge avait sonné !
Toujours parce que la grand'horloge avait sonné !
Pendant un demi-siècle au moins, elle nous a imposé sa dictature. Inamovible comme une abbesse, elle représentait à la maison l'ordre, le respect, l'autorité. D'ailleurs, elle était placée pour cela ; un peu en retrait, adossée au mur de l'escalier de la cuisine. Position idéale pour tout enregistrer : nos sorties, nos entrées, nos retards.
— Vieille commère !
....

Or, imaginez-vous, imaginez-vous que... la « pauvre » et chère amie, pourtant bonne comme le jour, avait pris, un jour de froid sans doute, l'habitude peu recommandable pour un être de sa condition, d'oublier. La vieillesse ? Ce que nous disions. Nous lui pardonnâmes — bien souvent — à cause de sa réputation.
Mais, de plus en plus impatient, Papa disait :
— Non ! Ça ne peut pas durer. Faut faire quelque chose !
La Grand'Horloge se fit encore et de plus en plus distraite. Elle ne se rappelait plus, sonnait la demi-heure au quart d'heure, l'heure à la demie, s'arrêtait, se reprenait, n'importe quand, de jour, en pleine nuit.
— Non ! Non ! firent les enfants. Mais tu sais bien. On ne remplace pas ses amies comme des vieilles toupies. La conduire à Montmagny chez le Bijoutier ? Vous n'y pensez pas : vingt kilomètres en voiture ! L'hiver ! Si, en outre, elle se mettait là-bas à bouder à jamais : on se le reprocherait toujours. À quoi bon ? « Les vieux de chez nous quand ils s'arrêtent, c'est pour mourir » disait Grand-Papa en la regardant d'un œil soupçonneux.

***

Qu'est-ce qui est arrivé ? Tu t'en doutes ? Oui, elle est encore ici à la cuisine. Encore ici, mais muette. Notre amitié pour elle est devenue si parfaite qu'il nous suffit de la voir là pour l'aimer, *pour aimer la voir*, dirait St–Denys Garneau. Comme les vieux meubles : on les respecte, on les garde, on les aime à cause des souvenirs.

* * *

L'autre soir, un ami de Québec, qui a fait fortune en construisant des Couvents de Bonnes Sœurs, a suggéré devant toute la maisonnée que...

— Quoi !

— Voyons Paul ! Elle n'est pas « badreuse » et maintenant qu'on a le p'tit Train on peut bien la laisser dormir en paix.

Un souffle de Brocéliande au pays de Bellechasse

Guy Boulizon

En juillet 1986, Benoît–Joachim Lacroix nous conviait au lancement de la *Trilogie en Bellechasse*, dans laquelle nous retrouvions avec délices le fameux *P'tit Train* !

Ah ce petit train ! il avait pourtant bien failli ne jamais voir le jour...

Son manuscrit était arrivé un lundi matin, sur mon bureau, aux Éditions Beauchemin dont j'étais le directeur littéraire. On l'avait posé là, avec ce seul commentaire : « À retourner à l'auteur, ce texte ne peut entrer dans aucune de nos collections. »

Comment « dans aucune de nos collections » ? Cela demandait vérification. Je venais justement de lire un texte du philosophe–poète Gaston Bachelard, dont l'extraordinaire de l'ordinaire m'enchantait. J'attaquai le manuscrit de Benoît et, dès les premières lignes, je fus « enchanté », le mot pris dans le sens original de « charmes ». L'extraordinaire de l'ordinaire venait de se manifester : un souffle de Brocéliande au pays de Bellechasse.

Je rencontrai Benoît illico : ce fut le début d'une belle amitié, pleine de finesse, de souvenirs communs, de clins d'œil moqueurs, et d'envolées parfois surnaturelles...

Et dire qu'un peu plus le P'tit Train repartait, sans publication, « *Read down* », vers la gare de La Durantaye !

Les cloches

Ne nous prenez pas pour plus raisonnables que nous sommes : trois cloches ne font pas la messe. À toujours vivre au milieu des hommes, on finit par épouser leurs manies, leur hargne et leurs soupçons.

Sommes-nous si jalouses ?

Le moulin de Vincennes qui chante le soir, nous l'aimons. La croix de la Baie avec ses grands bras ouverts sur le fleuve, nous l'aimons. Le clocher de l'Île qui nous vole nos Angélus quand hurle le soroît, nous lui pardonnons ; mais tous les autres, tous les imbéciles de la démocratie, tous ces faux aristocrates, le Gros Bourdon de la Basilique qui se croit le Tambour de l'Éternel, l'Élévateur à grain de l'Anse, prétentieux de la belle espèce ; tous ces cabochons de pylônes, tous les grands poteaux secs du *Bell Telephone*, tous ces faux minarets de bétonnés boutonneux, la gueule baveuse de la Chocolate Corporation, nous les maudirions à jamais si nous n'habitions pas ces lieux sacrés.

Nous nous sommes laissé dire qu'un jour il y aurait sur les maisons du Village et peut-être sur notre croix comme des araignées métalliques ; et tout près, des maisons si hautes qu'on ne verrait plus passer les goélettes. Puis, il se ferait tant de bruit autour et dans l'air, même le dimanche, qu'on n'entendrait plus chanter les clochers. Oh ! qu'ils n'approchent pas !

Pourtant nous en avions déjà assez du moulin à scie qui crie en truie qu'on éventre, qui grince et vrille toute la journée, et de Breton qui nous vole nos silences, s'il faut en outre que... Comment vont-ils pouvoir dire leur Angélus si le son ne passe pas ?

Il paraît, à ce que nous ont dit les cloches de Dalmatie, qu'en un vieux pays de Germanie ils auraient coulé les bourdons pour faire la guerre. Des fous ! Même qu'il y a maintenant des villages sans cloches. Aveugles sans bâton !

Saviez-vous que notre enflée de Québec s'est vantée, et à Rome s'il vous plaît, un Vendredi saint au matin, que bientôt elle et ses quatre acolytes pourraient tinter tout fin seules : sans bedeau, sans poulies, sans cordes. Un bouton, un doigt, et di-gue-dong !

Moi, en tout cas, Branleuse ou pas, j'aime mieux dix Vézina en retard et toutes les critiques de Joséphine ensemble que de m'en remettre à tous les pistons–boutons–pompons électriques du monde. On ne m'en fera pas démordre : l'amour chez nous se fera à bout de bras ou ne se fera pas.

La liberté, elle, qui la sonnera ?

À chacune sa peine, à chacun sa peur.

Notre gros Big Ben craint de rester seul. Moi c'est la hantise qui me prend, en novembre, de sonner des départs de soldats. La Criarde n'en finit plus de se demander depuis quelque temps, si elle est encore de bon ton ? si elle ne tinte pas un peu trop rondette ? si elle ne fêle pas à l'usage ? si déjà elle ne les ennuie pas ?

— On dirait que les gens nous écoutent moins.

Quand le temps se morpionne, que l'air se renfrogne, que la pluie flagelle les bardeaux, que les bouleaux au vent se lamentent, que grogne le tonnerre, qu'à travers tant de bousculades de nuages on voit les éclairs se tordre comme des anguilles, il nous prend de ces peurs folles à faire chavirer toutes les goélettes du fleuve.

Ce clocher en bois sec, ces toiles d'araignée depuis tant de temps, les vieux nids des recoins des boiseries, il y a de quoi s'effaroucher et faire trembler tous ces madriers et croisées.

Quelle chandelle ferait notre nichoir !

Sainte Jeanne d'Arc, protégez-nous.

Une fois l'an, nous partons. Nous partons au *Gloria in excelsis Deo* du Grand Jeudi. Via Montmagny, via Rimouski, Bonaventure, Anticosti, l'Atlantique, les Alpes, Florence. Balancées par le vent et les marées, pleines d'amour et de soleil, nous encantons et transatlantiquons durant des heures vers en avant sous la tapisserie bleue du firmament pour atterrir enfin, mais secrètement, dans la nuit du Vendredi saint, à la Sainte Rotonde.

Les vieux ont raison de dire « qu'y a ben du mystère dans l'air d'un Jeudi saint ».

Samedi, nous reviendrons au clocher, tout ennEUVÉES, revernies, lavées de nos misères les plus secrètes ; il n'y en aura pas trois comme nous pour leur trimer à la filée leurs premiers alléluias.

Notre solitude vous inquiète ?

Mais n'en avons-nous pas assez à voir et à entendre matin–midi–soir, sans compter tous les visiteurs de notre abbaye : pigeons, corneilles, moineaux, grives, étourneaux, hirondelles, rouges–gorges, merles, récollets, rossignols, mésanges, oiseaux–mouches, goglus, martins–pêcheurs, vachers, bécasses, tape–culs, colibris, et j'en oublie. Ils viennent de loin ou de près, sans avertir, libres d'arriver, libres de repartir ! Les vrais amis !

À chacune, à chacun son promenoir ; à chacune, à chacun aussi son perchoir : une cheminée briquelée, une travée, un lambrissé, un brûlé, une rampe, une poutre, la porte d'une remise, un bras de croix, une tige, une hart, la baie du clocher. Même en hiver, il en reste un ou deux, grives, moineaux, pigeons de rues ou hirondelles des granges, pour flâner un peu avant de mourir de froid.

L'été : complet ! *No vacancy !*

(*Les Cloches,* p. 53-58, *Trilogie en Bellechasse,* p. 62-66)

Benoît de Saint-Michel

Robert Lebel
évêque de Valleyfield

Si le Fils de l'homme était né « *quelque part en Bellechasse* », il aurait sans doute parlé, il me semble, comme Benoît Lacroix. Je dis « sans doute » et « il me semble » pour ne pas me faire chicaner : « Tu exagères ! Ce n'est pas flatteur pour Jésus de Nazareth, ce que tu dis là. »

Pourtant, il y a, en plus de Marie de Nazareth, « *Marie de Saint-Michel* ».

Jésus de Nazareth s'est fait comprendre à toute l'humanité parce qu'il s'est approprié la culture de son milieu et qu'il s'est exprimé dans la parlure des gens du pays. Le Verbe de Dieu s'est incarné, nous dit saint Jean. S'incarner, c'est devenir un être humain dans un lieu précis, ramasser dans ses chromosomes une hérédité accumulée dans plusieurs générations, imprégner son cœur de la culture et des traditions de son milieu, s'exprimer à travers ce qu'on a vu et entendu.

Jésus est un Juif, un Galiléen, un gars de Nazareth. C'est sa façon d'être un être humain véritable. Il s'est exprimé comme tel. C'est comme ça qu'il a pu nous laisser le message le plus universel, qui est capable de rejoindre le cœur de tout être humain de partout et de toujours.

Benoît Lacroix est un gars du Québec, de Bellechasse, de Saint-Michel. Il est né dans un milieu paysan et il est resté paysan. Il a étudié et il a appris des choses savantes. Il continue à le faire. Il pourrait participer à la querelle des universaux avec les scolastiques du Moyen Âge. Il pourrait employer des mots compliqués qui impressionnent mais n'éclairent pas.

Benoît Lacroix est un paysan instruit, lettré. Mais le lettré est demeuré le paysan de Saint-Michel. Dans son langage de paysan de Saint-Michel, il peut nous communiquer la fine fleur du blé qu'il a engerbé dans ses savantes recherches et moulu dans ses sages réflexions. Les paysages de Bellechasse sont, avec lui, une fenêtre pour regarder l'univers. Les choses familières à son regard sont devenues porteuses de sens à l'infini. Écoutons-le.

> Il en est, par exemple du règne de Dieu comme des racines de vos peupliers qui sans bruit préparent le printemps de leurs feuilles.
>
> Il en est du royaume comme de ces noisettes qui ont l'écorce rude mais l'amande sucrée et succulente [...]

> Il en est du royaume de Dieu comme de la fin d'une longue soirée à la Cabane. La nuit a dormi, les érables ont coulé, l'eau est douce comme rosée de mai, le poêle ronronne, Marco renifle la tire : c'est la fête [...]
>
> Regardez vos érablières. Or je vous dis que Salomon lui–même dans toute sa gloire n'a pas été vêtu comme l'une d'elles.
>
> Que si Dieu colore ainsi vos automnes et des feuilles qui demain partiront au vent et seront brûlées à l'abatis, ne peut–il pas faire autant, sinon plus, pour vous, gens de Bellechasse ?

Si vous voulez voir le reste, lisez, dans la *Trilogie en Bellechasse* (p. 154, 155, 156), *Quelque part en Bellechasse* que Marcel Brisebois a justement surnommé « Le cinquième évangile ».

Dans une session sur les médias, on nous parlait de culture populaire et de « culture cultivée ». Celle–ci rappelle les « arts artistiques » jadis évoqués par un personnage politique. Benoît Lacroix a certainement une « culture cultivée ». Il a même fait des recherches sur la culture. Il pourrait nous égarer mille fois dans les sous–bois de sa vaste érudition. Mais il sait parler simplement avec des mots que les gens comprennent. Il le fait avec des histoires, des symboles plus évocateurs que des grands concepts abstraits.

> Ta Parole en se découvrant illumine
> Et les simples comprennent
> (*Psaume* 119, 130).

Benoît Lacroix a crédibilité et audience dans tous les milieux. Les savants l'écoutent et apprennent ; les simples se retrouvent dans ses discours. Il connaît le chemin des cœurs parce qu'il parle avec le sien. Il a ce don précieux qu'est la sagesse du cœur. Il est accepté par les jeunes parce qu'il les accepte. Comme eux il est projeté vers l'avenir et capable d'admiration.

> Quand les ailes de l'oiseau et le vent font un, ils sont amour. Leur voie est libre. Ainsi, les ailes de mon Esprit quand il vous soulève et vous amène au loin, au loin, loin...
> (*Jeunes et Croyants,* 1991, p. 123)

Ça vous rappelle, n'est-ce pas, le langage de quelqu'un d'autre. Mais l'oiseau, il a été vu à Saint-Michel et le vent, il sent le fleuve et se promène sur les coteaux de Bellechasse.

Quelque part en Deux-Montagnes
André Beauchamp

On l'a vu la première fois, le 23 avril. C'était un dimanche. Le vendredi, il avait plu à plein ciel : la radio avait annoncé de nombreux bouchons sur l'autoroute et un accident à la sortie 39. Le samedi avait été plutôt froid et gris avec des bourrasques de vent qui faisaient lever les feuilles mortes traînant dans les bois. Cette nuit-là il a gelé et les gens se demandaient ce que ce mauvais avril pouvait bien augurer. Le dimanche se révéla d'abord froid et sec. Mais à dix heures, le soleil s'est mis à percer comme aux grands jours de fête.

C'est Marie Pelletier qui dit l'avoir vu la première. Pas surprenant, écornifleuse comme elle est. Les gens ne l'aiment pas beaucoup d'ailleurs, en partie pour cela, mais surtout parce que même à soixante-huit ans elle a gardé un accent d'ailleurs, de Saint-Alban, comté de Portneuf, reconnaissable à la façon de rouler les r. Elle aurait pu se contenter de venir de Saint-Hermas, de la Côte Saint-Louis, de Sainte-Monique, ou même de Saint-Colomban. Elle raconte que son grand-père était tailleur de pierre, prospère, à Saint-Marc-des-Carrières. Mais nul ne sait bien pourquoi elle vit à Saint-Canut ! Les bavardages ne sont pas toujours tendres envers Marie Pelletier. Et pourtant, tout le monde lui parle à cause des informations qu'elle transporte sans doute. De plus, c'est une femme d'entrain. Au club de l'Âge d'or, elle est la première à partir le pas du Continental. On raconte qu'elle prendrait bien un mari ! Mais à Saint-Colomban et à Saint-Canut, invariablement les hommes meurent avant les femmes. Ainsi, il y a plein de veuves et pas de veufs, et les hommes de l'Âge d'or n'ont pas beaucoup de chance de suivre Marie tout seuls sur le plancher de la Salle Saint-Vincent ou sur celui de Colford Lodge. Leurs conjointes ne sont jamais loin.

Quand Marie l'a vu passer sur le chemin de la Rivière du Nord, elle a poussé le rideau de la fenêtre pour bien le voir. « Mais qui ça peut bien être ? C'est pas un touriste, il a l'air de connaître la place. On dirait un étranger dont le visage nous serait connu. » Dans sa tête, elle voulut le nommer Venant, en rappel du « Survenant de Germaine Guèvremont, le grand Dieu des routes ». Elle pensa à l'appeler l'Étranger. Mais cette idée la ramena à elle-même et à son accueil difficile. Il lui vint une pensée saugrenue : pourquoi pas Joachim, en souvenir d'un vieil oncle de Sainte-Anne-de-la-Pérade, qui avait été pilote sur le fleuve. « Joachim » la vit le regardant de la fenêtre. Elle essaya de se reculer pour échapper à sa vue, mais il lui sourit en levant la main. On aurait dit qu'il voulait engager la conversation. Il restait là, planté sur le bord de la route, à trente pas de la maison, hésitant à s'engager sur le sentier. Elle décida de sortir :

— Vous cherchez quelqu'un monsieur ?

— Je regardais votre printemps et je m'émerveillais.

— L'hiver est bien long, monsieur. Attendre aussi longtemps sous la neige et dans le froid, c'est bien le moins qu'il y ait un peu de soleil. Et pas encore un bourgeon dans les arbres.

— Il me semble avoir vu, dans la côte, des touffes d'ail des bois et quelques feuilles toutes vertes qui donneront bien des trilles dans une semaine ou deux.

— On voit que vous connaissez le coin. Êtes-vous passé par la rivière pour avoir traversé l'érablière ?

— Oh ! je viens de par là (sa main indiquait l'est, vers Saint-Jérôme), mais vous savez le vent souffle où il veut et nul ne sait trop d'où il vient ni où il va.

— Il me semble que j'ai déjà entendu des paroles comme ça.

— Mes paroles ne passent pas. Elles sont comme l'eau de vos érables. Quand à l'automne les feuilles tombent, les érables ressemblent à de grands fantômes et gèlent en craquant sous les grands coups de froid. Mais quand la chaleur de mars arrive, l'arbre se réveille, l'eau descend et vous la cueillez dans vos chaudières pour en faire ensuite votre sirop. Qui pourrait dire que cette eau banale cache un sirop si fin ? Cherchez toujours plus loin que les apparences.

— Seriez-vous poète par hasard ?

— Le poète parle en images et en symboles. Il est porté par un feu mystérieux dont il comprend mal les forces et les pulsions. Mes paroles viennent de plus loin, d'une source limpide et pure qui est l'amour de mon Père.

— Vous parlez comme un curé. Seriez-vous jésuite ? Les pères jésuites ont une grosse maison à Saint-Jérôme. À moins que vous ne soyez un franciscain de Lachute.

— Il est bon que vous ayez des prêtres et des gens appartenant à des communautés religieuses. Mais à quoi cela sert-il si vous ne priez pas vous-mêmes le Père qui est dans les cieux ? Il ne suffit pas de dire aux autres : priez pour moi. À quoi cela sert-il si vous ne parlez pas à votre Père. Il est tout prêt à vous entendre.

— On n'a pas le temps de prier, on a trop de choses à faire. Puis, à l'église, ils ont tout changé les prières.

— Mais regardez donc le ciel au-dessus de vos têtes. Quand les canards arrivent sur la Rivière du Nord, malgré ses eaux polluées et le bruit tout autour, vous savez que le printemps est là. Quand les outardes passent en criant, vous admirez l'instinct qui les porte si loin et si haut vers les sites de leurs amours. Et quand, au mois d'août, les écureuils s'activent pour cacher les glands et les noix partout dans la forêt, vous savez que l'automne est à votre porte. Et quand arrive septembre, je ne connais pas d'harmonie plus belle que le rouge des érables sur le vert des pins et des épinettes. À longueur de vie, vos arbres tissent un paysage qu'aucun palais de la Terre ne peut égaler. Et vous avez peur pour votre vie ?

— Tout le monde a peur pour sa vie. L'État nous avait promis la sécurité, les services de santé, des services d'éducation et de loisirs. Et tout ce dont on parle maintenant, c'est de déficit budgétaire et de coupures dans les services.

— Hé oui, vous avez pensé que l'État vous sauverait. Les enfants se débarrassent de leurs parents, les oncles et les tantes de leurs neveux, les gens se sauvent le plus loin possible en Floride l'hiver et en Espagne l'été. À peine a-t-on seize ans qu'on veut déjà vivre tout seul. Chacun veut faire sa vie tout seul mais voudrait que l'État, la communauté politique dans son ensemble, prenne soin de chacun en particulier !

— Vous êtes contre les mesures sociales et vous voulez le retour au libéralisme sauvage ?

— Rendez à l'État ce qui est à l'État. Et rendez à Dieu ce qui est à Dieu. Si vous ne vous aimez pas les uns les autres, si vous ne vous parlez pas, si vous ne vous prenez pas en charge dans vos familles, dans vos rues, dans vos villages, qui le fera ?

— Celui qui se dévoue pour les autres se fait toujours rouler. Mon psychiatre me l'a bien fait comprendre.

— Bien sûr, il est écrit : aide-toi, et le ciel t'aidera. Nul ne peut vivre à votre place et chacun doit assumer sa propre vie. La marmotte qui ne fait pas attention se fera manger par le renard ou le chien. Mais si on ne fait que penser à soi sans plus, votre monde même riche sera invivable. Aimez-vous les uns les autres. Il n'y a pas de plus grand amour que de donner sa vie pour ses amis.

Marie le regarda d'un air stupéfait. Celui qu'elle avait appelé Joachim se tenait droit devant elle. Il parlait en souriant et ses mains traçaient des cercles pour pondérer ses paroles. De grands yeux noirs, si intenses qu'on devinait en eux une immense tristesse, une lassitude et derrière la lassitude, une paix profonde.

Marie tomba à genoux et s'écria : « Mon Seigneur et mon Dieu ». Elle ferma les yeux en baissant la tête.

Quand elle se releva, il n'y avait plus personne. Ses cheveux grisonnants qu'elle teignait toutes les deux semaines étaient devenus blancs. Deux tourterelles tristes s'envolèrent en toute hâte.

Ce fut la première fois qu'il se manifesta dans la région. Luc Cyr dit l'avoir vu en mai à Bellefeuille et Martin Hubble prétend avoir vu un inconnu qui lui ressemblait dans le canton de Gore, derrière le cimetière de la petite église protestante ! Mais ça, c'est dans le comté d'Argenteuil. La légende dit qu'il avait descendu la rivière dans un canot d'écorce, mais d'autres ont dit qu'il voyageait à bicyclette. Et quelqu'un prétend l'avoir embarqué en auto-stop.

Marie ne se teint plus les cheveux. Elle est encore la première à ouvrir la danse au Club de l'Âge d'or. Mais, quand l'été le vent d'ouest amène la chaleur et même des signes d'orage, elle s'assied dans sa chaise en souriant. Si d'aventure quelqu'un dit : « Il va encore faire mauvais temps », elle rétorque : « Nous valons bien plus que nos érables et les écureuils qui courent dans leur cime. Nos demeures sont déjà très confortables. Il est d'autres demeures toutes chaudes où le Père nous attend. »

On a l'impression parfois que quelqu'un lui parle et lui dit que l'amour ne fait que commencer.

EXTRAIT DES *ANACHRONICA MONSPESSULIANIENSIA*

Matthieu G. De Durand, o.p.

Il était une fois une charmante demoiselle, qui répondait au doux prénom de Pulchérie. Sa famille était sans conteste la plus huppée de tout Outremont. Elle eut le malheur de perdre tour à tour prématurément sa mère, son père et sa sœur aînée. Mais elle n'en reçut pas moins une impeccable éducation par les soins des Dames de la Congrégation. En plus de l'art de la broderie et de la tapisserie au petit point, ces excellentes pédagogues lui inculquèrent une solide piété, qui lui dura toute sa vie. On prétend bien, il est vrai, que la Sœur Saint-Laurent de Brindes (celle même qui fit une si étrange fin à la sortie de la grande Noirceur) tenta de lui faire lire de ces abominables ouvrages comme *Les Misérables* ou *Madame Bovary*, dont l'Index a si longtemps préservé notre innocente jeunesse. Mais Pulchérie repoussa sans faiblir ces dangereuses séductions pour s'en tenir à la lecture de l'immortel Louis Veuillot. Elle devait bientôt constater à ses dépens tous les dangers d'une culture païenne. En effet dès l'âge de quinze ans à peine, elle fut obligée de s'arracher aux soins austères et doux des filles de Marguerite Bourgeoys pour participer au gouvernement de la firme familiale, menacée depuis la mort de ses parents de tomber en déliquescence. Elle s'efforça de former au plus vite son jeune frère, pour n'avoir plus à donner trop de temps aux affaires profanes, au détriment de ses dévotions. Comptant pouvoir tout de même continuer à exercer une discrète influence, elle choisit pour ce frère une épouse d'une beauté accomplie, mais d'une extraction modeste. L'élue de Pulchérie n'aurait-elle pas dû déborder de gratitude envers celle qui la propulsait ainsi dans la crème de la crème ? Hélas la séduisante donzelle, à l'insu de sa future belle-sœur, avait fait une partie de ses études dans un Cégep animé de l'esprit le plus délétère. Elle s'y était imbue de Camus et de Sartre ; voire, s'imaginant être poète, rimaillait à ses heures. Elle exerça bien vite une séduction irrésistible sur son benêt d'époux. La grande sœur, toujours étroite, inflexible, incisive comme une épée médiévale, se trouva du coup poussée tout à fait au rancart. Cependant l'idylle n'eut qu'un temps. Un cageot de pommes de Rougemont particulièrement appétissantes avait été donné en présent au ménage. L'épouse s'avisa de le réexpédier à un employé de la maison dont la santé, depuis quelques mois, donnait des inquiétudes. L'époux, frustré de ces fruits succulents, jugea en outre cette sollicitude excessive et le fit savoir à la dame. Celle-ci prit fort mal ces observations. Oncques ne la revit plus la Société des Études et Conférences : elle était allée finir ses jours en Floride. Comme en une occasion autrement plus célèbre, la pomme avait entraîné au sein d'un ménage un épineux débat sur le partage des responsabilités. Pulchérie n'en reprit point pour cela immédiatement les rênes dans la firme. Son frère, blessé au vif par son infortune conjugale, passa bien désormais le plus clair de son temps à transcrire à l'aide de son ordinateur des grimoires tous plus obscurs et gothiques les uns que les autres. Mais il remit le soin de ses affaires non pas à Pulchérie, mais à un prélat domestique plus intéressé aux finances qu'au bréviaire. Finalement survint un incident où mainte bonne âme experte au déchiffrement des intentions divines perçut une attention spéciale de la Providence. Un trajet accompli par mégarde à contresens sur l'autoroute des Laurentides coûta la vie au frère, impuissant à maîtriser sa Jaguar au moment du choc. Pulchérie se laissa faire une douce violence et revint à la tête de la firme, qui eût, sans cela, bientôt périclité. Comme d'autres plus reluisants avant lui, le prélat domestique fut expédié sans ménagement dans les profondeurs agrestes de la Colombie Britannique. Mais Pulchérie sentait peser le poids des affaires sur des épaules que déjà l'âge et la vie ascétique commençaient à rendre fragiles sous l'étroit châle de laine noire. Elle crut donc bon de s'attacher la collaboration d'un colonel en retraite. Précisons aussitôt que le mariage eut lieu à l'Oratoire, sous le chaste patronage de saint Joseph. Il semble tout de même qu'à la longue l'influence des Dames de la Congrégation s'était quelque peu estompée sur Pulchérie grisonnante. Car elle trouva l'énergie d'organiser à Longueuil, juste en face des temples métropolitains de la finance et du machisme, un vaste congrès féministe. Par le nombre de ses participantes comme par la fermeté de ses décisions en faveur du véritable sexe fort, ce congrès eut un énorme retentissement, et le nom de Pulchérie y résonna bien haut, follement acclamé. Toutefois les meilleures causes ne suffisent pas toujours à sauvegarder l'union entre ceux ou celles qui militent pour elles. Un important groupe trouva que les affirmations du congrès de Longueuil n'avaient pas encore été suffisamment catégoriques. Et parmi les sécessionnistes le nom de Pulchérie fut désormais en exécration. Celle-ci pourtant quitta ce monde trop tôt après le Congrès pour qu'on puisse attribuer avec certitude son trépas au chagrin.

Incontestablement plusieurs péripéties mélancoliques de cette vie pourraient fournir la matière d'une tragédie qui ne ferait point bayer aux corneilles les spectateurs. Mais la plus triste fut bien que tout au cours de son existence Pulchérie n'ait trouvé pour appui qu'un vieux militaire passant ses soirées à raconter ses campagnes et à exalter les instruments qui avaient été entre ses mains les plus efficaces pour exterminer son prochain. Ah que n'avait-elle plutôt franchi, d'un demi-mille à peine, les frontières d'Outremont ! Là, au milieu d'un bric-à-brac infiniment pittoresque qui eût ranimé sa dévotion à la fois à saint Joseph et au génie québécois, elle eût, comme tant d'autres durant plus de cinquante ans, trouvé appui, réconfort, amitié et soutien. Mais non, pour des difficultés de calendrier incontrôlables, jamais Pulchérie ne fut à même de recourir à cette gentillesse inlassable et à cette charité souriante. Sa vie, à tout prendre, ne fut faite peut-être que d'un grand rendez-vous manqué.

N.B. Tous les bons manuels d'histoire byzantine vous le diront, Pulchérie — sainte Pulchérie, pour les partisans du concile de Chalcédoine — vécut du 19 janvier 399 au 10 septembre 453.

LE PHILOSOPHE — MORALISTE

Benoît Lacroix, moraliste

Martin Blais

« Je te l'ai dit que je suis né *plusieurs*, et que je suis mort un *seul*. L'enfant qui vient est une foule innombrable, que la vie réduit assez tôt à un seul individu, celui qui se manifeste et qui meurt. » Répartie de Socrate dans l'*Eupalinos* de Paul Valéry. Benoît Lacroix échappera à ce sort : né innombrable, il mourra plusieurs... Bourré de talents, ce fils du 3e Rang Ouest de Saint–Michel–de–Bellechasse est devenu dominicain, missionnaire, historien, médiéviste, professeur, conférencier, écrivain, conteur, etc. Dans cet *etc.*, j'ai choisi le moraliste. S'il s'en étonne, je le renvoie au *Petit Robert*. Les deuxième et troisième sens du mot *moraliste* justifient mon choix. On peut être moraliste sans avoir écrit de lourds traités ; on peut l'être par des réflexions jetées, éparses, au cours de ses écrits et surtout par l'exemple de sa vie.

Fils spirituel de Thomas d'Aquin, « un maître à penser », même pour notre temps, Benoît Lacroix connaît la pierre angulaire de cette morale, ramenée à un seul précepte par un autre dominicain, Sertillanges : « Obéis à ta conscience. » En langage du 3e Rang : « Fais à ta tête. » Une devise qui aurait convenu à son père Caïus, dont il nous parle dans *La Religion de mon père*. « J'ai le droit à mes idées. Le bon Dieu aussi », disait ce coloré cultivateur (p. 19).

Un court article d'une page, mais très dense, résume l'essentiel de cette doctrine. Publié dans *Communauté chrétienne* (avril 1991, p. 3), l'article est intitulé « L'autre conscience », car « il y aurait comme deux consciences : la conscience **passive** et la conscience **active** ». Beaucoup de gens prétendent agir selon leur conscience, mais, en réalité, ils cèdent — passivement — à tout ce qui constitue une pression extérieure : la mode, la loi, les sermons, les encycliques, les menaces, les conseils, etc.

La conscience **active** est un « jugement personnel » qui applique au cas particulier les principes « universels et immuables » dont parle à maintes reprises l'encyclique *Veritatis Splendor*, mais sans laisser entendre qu'il existe une distinction capitale entre le sacro–saint principe « universel et immuable » et son application à un cas particulier. Ce n'est pas LE mariage que l'on contracte, mais CE mariage ; ce n'est pas un homme qui épouse une femme, mais tel homme qui épouse telle femme : Caïus Lacroix épousait Rose–Anna Blais. Lui, « pas pieux mais r'ligieux », qui a « des bouts de doute sur saint Joseph », qui ne croit pas rompre le jeûne en mangeant du sucre à la cabane : « Du sucre, c'est quand même pas de la viande d'orignal... » Rose-Anna est pieuse, austère : « J'cré que ta mère exagère un peu dans ses pénitences... On dirait qu'elle manque de confiance : le bon D'Yeu a-t-il besoin de tout ça ? » (p. 19 et 26)

Cette distinction cardinale, sans laquelle la morale se dégrade en géométrie, Thomas d'Aquin l'introduit en parlant des préceptes du décalogue. En soi, ces préceptes sont universels et immuables : il sera toujours interdit de tuer injustement, de prendre injustement le bien d'autrui ou de commettre l'adultère ; on ne peut jamais être dispensé d'honorer son père et sa mère. Mais, dans l'application aux cas particuliers des préceptes « universels et immuables », même négatifs, le problème se pose toujours de savoir si tel acte honore son père et sa mère, si tel acte est un homicide défendu par l'un des commandements, si tel acte est une « œuvre de chair » interdite par un autre commandement... Sur ce plan de l'application des préceptes « universels et immuables », on est dans le particulier et le mouvant.

La conscience active, jugement personnel, oblige plus que les préceptes des prélats, pape en tête. Un texte peu connu et encore moins cité, de Thomas d'Aquin, compare l'obligation provenant de la conscience à l'obligation provenant du précepte d'un prélat. C'est comparer, dit-il, un précepte divin (celui de la conscience) à un précepte de prélat. Or le précepte divin oblige parfois contre le précepte du prélat, et il oblige plus que le précepte du prélat. Il s'ensuit que l'obligation provenant de la conscience est plus forte que l'obligation provenant du précepte du prélat et qu'elle peut exiger qu'on résiste au précepte du prélat (*De Veritate*, 17, 5).

Il en est ainsi parce que l'être humain est un être responsable et qu'il assume sa responsabilité en agissant dans la sincérité de sa conscience. Il peut se tromper, mais, comme dit Benoît Lacroix dans son article, « la conscience fausse oblige ». À moins qu'elle ne soit volontairement dans l'erreur, l'acte qu'elle fait poser est subjectivement bon — du point de vue moral —, même s'il est objectivement mauvais de ce même point de vue. Le médecin qui tue en voulant sincèrement guérir sera récompensé dans le ciel pour l'homicide qu'il a commis...

L'autre précepte de cette morale va de soi : « Fais le bien, évite le mal. » Quand on sait que le bien, pour un être, c'est ce qui lui convient, ici et maintenant ; le mal, ce qui ne lui convient pas, on admet que c'est, pour chacun de nous, une préoccupation de tous les instants. Mais les mots *bien* et *mal* agacent, comme agace, d'ailleurs, le mot *vertu*, car on entretient du bien et du mal des notions héritées du temps où le bien et le mal évoquaient le domaine du sexe. Il n'en est rien : le bien, c'est ce qui convient dans n'importe quel domaine de l'activité humaine. Si, pour votre santé, vous devez vous priver de chocolat, il serait immoral d'en consommer. Immoral sans guillemets !

Benoît Lacroix a été davantage moraliste par son exemple que par ses paroles. C'est la meilleure façon de l'être, d'ailleurs, car on reconnaît la primauté de l'exemple — qui entraîne — sur la parole — qui émeut. Tous ceux qui le connaissent ont retenu quelque trait de sa personnalité. Moi, ce qui m'a toujours frappé, c'est sa joie, son humour, sa sérénité. Nietzsche aurait dit : « En voilà un qui a vraiment l'air sauvé. »

Sur ce point encore, il est on ne peut plus thomiste. Thomas d'Aquin parle d'une vertu que nos dictionnaires ont laissé tomber, l'eutrapélie... L'eutrapélie, c'était la vertu morale qui présidait aux divertissements, nécessaires dans la vie humaine. Thomas d'Aquin ne dispense pas de faute non seulement les personnes qui ne disent rien de drôle, mais celles aussi qui, par leur attitude renfrognée, paralysent celles qui sont amusantes. Dans cette veine bien catholique, Thérèse d'Avila donnait cet avertissement : « Mes Sœurs, nous sommes assez sottes par nature, ne le soyons pas davantage par grâce ! »

Chez Benoît Lacroix, la grâce, comme il se doit, a perfectionné la nature. Tous ses écrits pétillent d'esprit ; *La Religion de mon père* en est plein. Quelques exemples pour inciter à la lecture de ce merveilleux livre. À cette époque, on parlait de faire ses Pâques : confession et communion. Cette confession laissait son père « allégé, débarrassé, comme un tombereau vidé de son engrais... » (p. 17). Enfants, dit-il, en parlant de la naissance du « petit Jésus », « nous étions heureux qu'il naisse dans une crèche, comme les chats à la grange » (p. 132).

« Nul ne peut servir deux maîtres » : qui est pour le bien est contre le mal ; qui est pour la joie est contre la tristesse. En effet, la tristesse, selon Thomas d'Aquin, est la passion — nous dirions l'état affectif — qui nuit le plus au corps. Aucune contradiction avec la troisième béatitude : « Bienheureux ceux qui pleurent ». Les « larmes » de cette béatitude ont leur source dans l'intelligence ; la tristesse qui mine le corps émane de la sensibilité. Pas étonnant qu'à 80 ans, Benoît Lacroix se porte comme un charme et qu'il soit toujours charmant...

Conscience et Liberté

Conscience est le mot–clé. Ses droits sont inaliénables. C'est la conscience qui doit en fin de compte décider si tel acte est, ici et pour moi, bon ou mauvais. J'espère que personne n'en doute encore. Dieu appelle et ne contraint pas. Pourquoi ferions–nous mieux ? Cet homme, cette femme adulte est premier juge de la qualité de ses actes. La vraie liberté l'attend, là, au fond de son cœur, dans sa conviction personnelle. Or toute conscience a besoin d'éclairage, de mots inspirés et francs. Bien entendu, il y a divers types d'éclairage : il y a les petites lumières intérieures — souvent insuffisantes —, il y a les gros réflecteurs, style parfois aveuglant de Jean–Paul II.

Tout de même, et surtout à cause de leur passé, les Québécois se sentent peut–être plus menacés et obligés par un discours clair que les vieilles chrétientés. Car les Québécois ont été longtemps habitués à ce que l'on décide pour eux et à n'évoluer qu'au plan de la morale extérieure, car dans ce pays on a plus souvent enseigné la morale que le mystère, parlé davantage des commandements de Dieu et de l'Église que de l'Évangile. On a beaucoup vécu du légalisme de l'Ancien Testament. Il est temps d'entrer dans le Nouveau Testament... La vraie vie est intérieure. Dans les conduites extérieures, il faut nécessairement composer avec toutes sortes de circonstances et diverses certitudes sont inévitables, même quand l'idéal — pas toujours atteint — reste le même.

[...] Les devoirs de l'incertitude ! Tout comme il y a les droits à l'interrogation dans une religion à mystères. Bref, il nous faut apprendre chaque jour à vivre la liberté et à nous libérer de nos peurs.

(Dans *Les Temps changent*, 1988, p. 182–183)

PRIX ET DISTINCTIONS

PRIX DE LA PROVINCE DE QUÉBEC (1952)

Concours littéraires et scientifiques de la Province de Québec : deuxième prix de la section de philosophie, théologie et sciences religieuses pour sa thèse de doctorat ès Sciences médiévales (Toronto, Pontifical Institute of Mediæval Studies, 1950, 274 p.) *Les Débuts de l'historiographie chrétienne* (Titre original : *Les Débuts de l'historiographie médiévale*).

ACADÉMIE DES SCIENCES MORALES ET POLITIQUES (1971)

(Création de l'Académie canadienne–française en 1970
président–fondateur : Victor Barbeau)

Pour l'étude de la religion populaire des Canadiens français et Québécois

La religion : *opium* ou levain ? Pourquoi l'homme s'est-il donné des cultes et des lois religieuses ? D'où lui viennent ses croyances ? En effet, la foi n'a cessé d'inspirer les œuvres et les monuments les plus durables de l'humanité. Qu'aurait été la culture sans ses religions ? Que ferait l'homme sans son Dieu, sans ses dieux ?

Autant de questions qui se posent à l'étudiant des religions comparées. Non qu'il soit question, au CENTRE D'ÉTUDES DES RELIGIONS POPULAIRES de l'Université de Montréal, de tout mélanger, de tout mettre sur le même pied, comme si un fondateur de religion n'était plus apte à connaître l'homme et à le libérer plus qu'un autre qui se proclame « sauveur ».

Créé en 1967 par deux étudiants [*sic*, voir p. 180] et un professeur, le *Centre d'études des religions populaires* — CERP — est devenu depuis un lieu de coordination, un organisme de requêtes et d'initiatives individuelles. Ses activités s'exercent aussi bien en Europe qu'en Amérique. Au Québec cependant où l'étude de l'héritage religieux traditionnel se fait particulièrement urgent (cf. Rapport Dumont) le CERP trouve un lieu de travail exceptionnel. Outre les inventaires à susciter, les enquêtes auprès des Musées et Archives sonores, les interviews, les Colloques, les *Cahiers* au rythme de 4 l'an, des *Actes* en cours de publication, etc., le Centre s'occupe activement de sensibiliser la jeunesse d'ici aux richesses (en qualités et défauts) de notre phénoménologie religieuse jusqu'en ces dernières années. En les invitant à ne pas présumer des intentions et des motifs de ceux qui ont vécu de leur mieux à *leur* époque, nous voulons qu'ils recueillent à tout prix et le plus tôt possible sur bandes sonores les récits et les chants des « anciens ». Grâce à un budget des plus sommaires, puis à un seul secrétariat de deux secrétaires à temps partiel, cette initiative dont l'administration est réduite au strict minimum d'organisation, répond à un intérêt de plus en plus croissant à l'égard d'une manière de vivre et de penser assez unique en Amérique du Nord, si on excepte certains territoires du Mexique.

I. — Originalité des phénomènes populaires du Canada français

Devrions-nous une fois de plus le redire : *nos premiers Pères furent des Européens*. On sait mieux aujourd'hui, depuis que Freud est venu, l'importance de son père et de sa mère dans une vie d'homme. Tout, a-t-on dit, est déjà dans les origines. Se souvient-on toujours que les parents de nos fondateurs furent du XVIe siècle, voire du XVe ? Rappelons-nous tout de suite que ce sont ces mêmes hommes, Jacques Cartier, Champlain et Maisonneuve, avec leur entourage laïque et religieux, qui ont créé de toute pièce le premier Canada, la Nouvelle-France comme ils disaient si bien. Or ces « fondateurs » étaient des hommes et des femmes du moyen âge. En mentalité, cela s'entend.

Européens, français, ils apportèrent ici leurs traditions religieuses en même temps que leur langue et leurs institutions « médiévales ». Ainsi cette langue française si près de la latine puisqu'elle en sort, est celle des premiers catéchismes et des premières grammaires. *Langue française médiévale*, apprise à la maison, ou à l'école, source de tant de contes, chansons et légendes, on ne saurait assez dire ici son originalité et ses modalités. Il n'y a qu'à ouvrir le *Glossaire du Parler français au Canada*, réimprimé dernièrement, et tenir compte des enquêtes de nos linguistes les plus réputés pour apprendre comment notre langue s'inspire autant dans ses mots, sa grammaire et sa phonétique populaires, des habitudes médiévales. Il suffit d'entendre parler nos « vieux » qui accentuent les premières syllabes en échappant les miettes, pour deviner aussitôt des origines latines. Revenons un instant au latin. Ce fut toute notre liturgie et jusqu'à nos études philosophiques et théologiques qui furent jusqu'en ces dernières années élaborées en latin. Il n'y a pas si longtemps encore (jusqu'en 1945 au moins), l'enseignement de la théologie se faisait en latin. Déplorable ou pas, le fait est indicateur d'une mentalité assez particulière. À l'église personne ou près ne comprend rien, ou fort peu, au latin. Mais l'uniformité fait l'unité et le sens du mystère est acquis quand chaque dimanche 30 minutes sur 60 sont « en latin ». On sait les prouesses de nos chorales et de nos maîtres chantres en cette matière. Ceci n'est qu'un exemple. La réalité « latine » a dominé si longtemps nos rites que l'étudier est un autre moyen de nous identifier. Quant aux *institutions*, elles furent toutes ou presque, surtout en matière d'éducation, collèges et universités, bâties sur les modèles des XIIIe et XIVe siècles. Évêques–chanceliers, Prêtres–administrateurs, pensionnats, écoles confessionnelles, programmes et systèmes pédagogiques, classification des sciences avec priorité absolue accordée à la théologie ; formation générale selon les schèmes consacrés par le XIIe siècle des *Trivium* et *Quadrivium*, tout nous renvoie aux temps héroïques des premières écoles épiscopales et monastiques.

Nous estimons que tout cet encadrement de nos vies et de nos mœurs « scolaires », prolongé jusqu'au milieu du XXe siècle, rend particulièrement originale, surtout en Amérique, l'étude d'une religion collective à la fois uniforme et omniprésente jusqu'en ces derniers temps. Nous n'oublierons pas que jusqu'en 1960 toute l'éducation au Québec était aux mains du clergé et des religieux. Ceci aussi est d'autant plus original que nous retrouvons appliquée à la lettre la situation faite aux lettres classiques lors de la renaissance carolingienne. L'État ne fait que superviser, de loin ; tout se décide par l'Église. Comme au temps d'Alcuin et d'Abélard, ce sont des clercs et des religieux qui chez nous enseignent Homère, Virgile, Horace, les classiques grecs et latins, entre deux leçons de catéchisme. On ne saurait mieux identifier la filiation entre moyen âge et « Canada français » qu'en reliant les travaux de Pierre Riché et ceux d'un Ls–Ph. Audet.

Il y aurait aussi à indiquer l'originalité de nos manières d'être catholique : importance de la carrière ecclésiastique, vénération du Pape, autorité du curé, culte de la morale, sentiment du devoir « accompli », soumission à l'ordre établi, résignation à la volonté de Dieu, culpabilité doublée parfois de la peur de l'enfer, confiance inaltérable au Bon Dieu ; images de ce dernier sous forme du grand–père prestigieux, culte des saints, conception parfois magique des rites sacramentels, peur de la souillure, dualisme qui va jusqu'à redouter le charnel, jusqu'à le condamner implicitement, sinon explicitement. Or chacune de ces caractéristiques, nous la retrouverions aux XIVe et XVe siècles.

II. — *Activités du CERP*

C'est dans cette optique de l'étude de l'héritage médiéval en Amérique francophone et de l'originalité du fait Québécois, toujours à définir, que s'inscrivent les initiatives et les travaux du Centre d'études des religions populaires de Montréal. [...]

Nous parlons des *religions populaires*, moins pour les opposer aux croyances et cultes *officiels*, que pour en montrer les origines ou les excroissances. Nous savons tous que les rites et agirs des religions officielles sont plus structurés, discursifs, souvent prémédités. La religion *populaire* serait davantage naïve, quotidienne et saisonnière, plus familiale, reliée à la terre, plus près des événements de la vie privée.

Distinction plutôt objective, car rien n'empêche l'homme du peuple de s'instruire et d'en arriver à connaître les règles du culte officiel. Le théologien le plus racé peut à ses heures avoir ses « dévotions » et ses « croyances » comme tout le monde.[...]

Conclusion

Il s'agit, en somme, d'un début et presque d'une improvisation. Nous estimons cependant que si aujourd'hui les phénomènes religieux modernes changent vite, le fait religieux traditionnel canadien–français mérite à cause même de ses racines qu'on le regarde de près, *de l'intérieur* si possible, car il s'y trouve des valeurs de vie ainsi que des rites, dont la durée même manifeste qu'ils ont répondu à la vie propre à leur temps. À travers l'histoire, la sagesse des siècles !

(Dans Académie des Sciences Morales et Politiques, Montréal, *Travaux et Communications*, volume I, Présentation par Maurice Lebel, Sherbrooke, Éditions Paulines, 1973, p. 169–171, 172 et 178)

PRÉSENTATION À LA SOCIÉTÉ ROYALE DU CANADA (2 OCTOBRE 1971)

« Ceci, en toute humilité..., pour compléter vos informations sur ce "maudit habitant" parachuté sur l'Isle de Montréal ! B.L. »

(Dédicace sur la première page des tirés à part des deux discours suivants offerts aux Archives des Dominicains)

Présentation de M. Benoît Lacroix
par M. Luc Lacourcière, de la Société royale du Canada

Monsieur,

La route qui conduit du troisième rang de Saint-Michel de La Durantaye vers ce « Temple royal de la Renommée » dans lequel j'ai l'insigne honneur de vous accueillir aujourd'hui est tour à tour ombreuse et ensoleillée. Son parcours, depuis votre naissance en 1915 et le point d'arrivée (je devrais plutôt dire le point d'arrêt) actuel, n'est pas toujours facile à retracer dans le détail. Ce n'est d'abord qu'un sentier longeant des buissons où un enfant aime à musarder au retour de la petite école. Puis c'est le chemin d'un écolier que l'on a astreint pendant sept [neuf] ans au règlement sévère du collège de Sainte-Anne-de-la-Pocatière et qui choisit par la suite de poursuivre ses études au noviciat des Pères Dominicains à Saint-Hyacinthe et au *Studium Generale* de la même communauté à Ottawa. Toutes ces étapes victorieusement franchies lui ouvrent la voie des grandes écoles, de Toronto d'abord : *Pontifical Institute of Mediæval Studies*, et plus tard de Paris : *École des Chartes* et *École Pratique des Hautes Études*.

À mi-chemin de ces expériences formatrices, le jeune clerc que vous étiez en 1946[5], chargé de titres et de compétence : lectorat en théologie, maîtrise, puis doctorat ès sciences médiévales, rejoint une savante équipe de spécialistes à l'Institut d'Études Médiévales de l'Université de Montréal et se fixe à Outremont le long du Chemin de la Côte-Sainte-Catherine [avenue Rockland]. Se fixer veut principalement dire ici acquérir un pied-à-terre permanent, car cela n'implique aucunement une claustration définitive, sans ouverture sur le monde actuel. En effet alors qu'on se représente en sa cellule un moine assis et penché devant un lutrin, promenant sa plume sur une page à moitié remplie comme on en voit aux enluminures des antiphonaires, l'on apprend certains jours que vous avez pris la voie des airs en direction de missions lointaines jusqu'aux extrémités de la terre : au Japon, à l'Université nationale de Kyoto, en 1961, et en Afrique, à l'Université nationale du Rwanda, en 1966. Dieu sait quelle sera votre prochaine envolée ! lorsque vous aurez quitté la direction de l'Institut que vous assurez présentement.

Non moins étonnant et varié que ces déplacements terrestres m'apparaît aussi l'itinéraire de votre recherche qui vous transporte à travers les âges les plus reculés, tantôt dans l'Antiquité chez les historiens grecs et latins, tantôt dans le plus lointain moyen âge en compagnie des chroniqueurs et théologiens dont vous vérifiez les idées et méthodes. Et alors que ces derniers semblent vous accaparer tout entier, voilà que l'instant d'après vous surgissez dans l'actualité contemporaine de la littérature d'ici, comme un guide de la « Vie des Lettres canadiennes » dont vous tracez les principes et avenues de recherche et indiquez en outre les meilleures réussites par la direction de collections d'essais et d'œuvres désignées « classiques ».

Vous avouerez que cette dispersion apparente dans l'espace et le temps ne facilite pas la synthèse de votre carrière dont le curriculum vitæ, réduit à des lieux, dates et titres, ne saurait montrer l'unité des préoccupations fondamentales. Il faudrait en tout cas plus qu'un petit discours de présentation pour en dégager convenablement toutes les implications. Mais pour vous avoir suivi, parfois d'assez loin, et aussi parfois pour vous avoir accompagné dans certaines parties de vos trajets, je pense avoir retrouvé l'un des fils conducteurs de votre vie intellectuelle. Du moins essaierai–je de le proposer à cet auditoire réuni pour vous acclamer et pour vous entendre.

Il me faut cependant pour y parvenir faire un retour à votre point de départ, sur la terre de Caïus Lacroix dans le troisième rang ouest de Saint–Michel. C'est une ferme isolée qui se distingue de ses voisines en ceci que la maison, au lieu d'être au bord de la route, est sise au bout d'une longue montée d'où l'on peut voir au nord, par delà le fleuve invisible, la ligne capricieuse des Laurentides. Par contre, au sud, à quelques pas du potager surgit à travers le champ de blé d'Inde *le petit Train* poussif qui coupe les terres, les travaux et les jours et conditionne même les vaches du pâturage aux heures de traite, tout comme aux temps lointains de *La Grand'–Tronciade* !

Tel a été et tel demeure encore à peu près inchangé le décor extérieur de votre enfance rustique. Quant à l'autre, l'intérieur, l'histoire de votre famille m'en fait soupçonner un peu la richesse. On m'affirmerait que Caïus, votre père, descend directement de Tiberius Sempronius Gracchus, le consul et censeur romain, que je n'en serais pas autrement surpris ! Car il fut en son temps, comme son homonyme, un tribun agraire universellement connu sur la scène de Bellechasse et des comtés avoisinants. Figure pittoresque s'il en fut, il était fier d'appartenir à une longue lignée terrienne dont il représentait la huitième génération. Son premier ancêtre canadien, David–Joseph Lacroix, venait de Confolens, évêché de Poitiers, et passa en Nouvelle–France à vingt et un ans avec le régiment de Carignan en 1665. Une fois licencié du service, il ouvrit une terre au deuxième rang de Saint–Michel.

Au recensement de 1681, il possédait « trois bêtes à cornes et douze arpents en valeur ». Un de ses arrière-petits-fils à la cinquième génération, Pierriche, en 1797, s'enfonça plus loin encore aux confins de Saint-Gervais et de Saint-Raphaël.

C'est là qu'est né Caïus, fils d'Abraham, appelé P'tit-Bram pour le distinguer du grand-père, lui aussi bibliquement nommé Grand-Bram. À l'âge de dix-huit ans, Caïus revint s'installer à Saint-Michel, au troisième rang, sur une terre rachetée d'un oncle Letellier, vite échangée pour une autre, et se mit en ménage. Pendant soixante-neuf ans, il cultiva cette terre tout en se dévouant aux organisations de la paroisse et du comté : commission scolaire, cercles agricoles, inspection des grains, expositions régionales qu'il organisa avec ou contre le gré des gouvernements et parfois même au déplaisir de son épouse qui ne réussissait pas toujours à modérer ses élans d'enthousiasme.

D'un dévouement sans bornes envers ses compatriotes il était sinon aimé de tous, du moins d'une popularité sans rancune. Quelqu'un me l'a défini comme étant « un homme de réplique et de mémoire ». La réplique en l'occurrence doit s'appliquer au chaud partisan politique qu'il était aussi ; et la mémoire, à l'étendue de ses connaissances traditionnelles. En effet, ce « Beau Chasseur » qui n'avait guère fréquenté les écoles au-delà de la communion solennelle était à sa façon un homme d'études, aussi curieux de comprendre le présent que de retenir le passé. Il déployait la même ardeur à transmettre le folklore ambiant de Bellechasse qu'à innover dans l'organisation civique de ses compatriotes.

J'en ai fait personnellement l'expérience à partir de 1950, au cours de randonnées mémorables en sa compagnie, à la recherche des légendes, des contes et des chansons dont il connaissait bien les dépositaires. Ce furent parmi les plus fructueuses enquêtes jamais effectuées pour nos Archives de folklore.

Pour ne rappeler que les principaux thèmes de ces cueillettes locales, voici dans un rayon d'une dizaine de milles à peine, autour de chez lui, un échantillonnage des légendes qu'il nous aida à préciser sur les lieux mêmes d'événements qui depuis deux siècles continuent de hanter l'imagination populaire. À La Durantaye, sur le territoire aujourd'hui détaché de Saint-Michel, le site où furent enterrés les excommuniés de 1775, dont les fantômes ne cessent d'errer certaines nuits ; à Saint-Vallier, dans le prolongement est du troisième rang, la terre de la Corriveau où le meurtre, en 1763, de son second mari, Étienne Dodier, maintenant multiplié par sept, continue d'alimenter les récits fabuleux ; à Beaumont, l'apparition reconnaissante d'un voyageur noyé pour avertir Augustin Fraser de sa mort prochaine ; à Saint–Gervais, la clochette du curé Dufresne réentendue annuellement à l'endroit même où il disparut sous les glaces en avril 1843 en portant le viatique à une mourante ; et entre Saint–Lazare et Saint–Nérée, les pistes du diable gravées sur un rocher pour témoigner de la querelle des deux femmes qui s'étaient griffées pour la possession d'un enfant au son du *Sanctus* ; à Saint–Raphaël, des manifestations de sorcellerie accablant un pauvre homme aux prises avec des puissances infernales. Et la liste pourrait s'allonger d'autres revenants désireux de réparer des injustices, de replacer des bornes, d'accomplir des promesses ou de diables enlevant des danseuses.

Bref, de quelque côté que l'on se retourne, en cette terre de Bellechasse, il y a toujours une légende à proximité. Ce n'est pourtant là qu'une infime partie d'une tradition qui ne véhiculait pas que des récits édifiants et austères. Car il y a aussi les contes merveilleux et d'autres étrangement facétieux, et des chansons d'une telle richesse et abondance que leur corpus correspond à un rayon entier de bibliothèque.

Si j'évoque brièvement cette tradition orale, c'est bien sûr par reconnaissance envers votre père qui nous dirigea vers les meilleurs conteurs de Bellechasse, en particulier vers ses amis de jeunesse, les incomparables Fradette de Saint–Raphaël. Mais c'est surtout que cette énumération me permet de reconstituer un peu l'ambiance dans laquelle baignèrent vos premières années.

Votre père se faisait parfois lui–même le narrateur de ces choses mystérieuses et poétiques, jusqu'à ce qu'il soit ramené à la réalité par votre mère plus silencieuse et davantage préoccupée de l'administration de la ferme, comme de la distribution quotidienne des tâches urgentes parmi ses cinq enfants.

Votre frère me rappelait récemment les récits dans lesquels votre père se donnait un rôle de guerrier ou s'attribuait des voyages aujourd'hui jugés imaginaires. Hélas ! ceux–là n'ont pas été consignés par écrit. Mais l'impression qu'ils produisaient est demeurée vivace parmi les souvenirs de famille. J'imagine volontiers qu'ils ont compté beaucoup dans votre formation précollégiale.

Aussi, intrigué par ce problème, je suis allé interroger vos proches pour savoir quelle sorte d'enfant était celui qu'ils continuent toujours d'appeler Joachim, d'après le nom que votre tante et marraine Anaïse vous avait donné sur les fon[t]s baptismaux.

Le premier trait retenu est celui d'une intelligence à la fois vive et précoce, jamais satisfaite. Ayant en main *Mon premier livre* ou le

Catéchisme en images, vous harceliez, paraît-il, votre sœur Jeanne pour qu'elle vous expliquât comment la « poule a pondu...Joséphine » ... ou comment vivait Jonas à l'intérieur de la baleine.

L'avidité de tout comprendre exerçait plus d'attraits chez vous que la malencontreuse pompe à bras dont le maniement grincheux vous était imposé. Combien de fois n'avez-vous pas compté avec irritation les trois cent cinquante coups de pompe — pas un de plus — que, dans votre impatience juvénile vous aviez jugés indispensables pour abreuver soir et matin quelque soixante têtes de bétail ! Mais au-delà de cette corvée, votre bonne humeur revenait aussitôt avec l'air d'un *Joyeux enfant de Bohême* que vous chantiez à tout vent, juché sur le sommet d'une char[r]ette à foin, ou que vous alliez répandre à la ronde chez toutes vos amies du canton.

Cette affabilité ingénue qui n'allait pas sans quelque ruse de votre part, désarmait, semble-t-il, toute sévérité et désamorçait les représailles qu'auraient pu vous mériter, à la maison comme plus tard au collège, des fredaines au demeurant peu graves dont les chroniques familiales, collégiales ou monacales ont conservé le souvenir enjoué.

Bref ! l'appréciation d'ensemble de toutes vos années de formation est résumée de façon inattendue par la surprise d'un voisin, lorsqu'il apprit que vous entriez chez les Blancs Manteaux : « C'est bien lui, ça, trop lâche pour travailler... » sous-entendu, la terre. Mais cette boutade, je m'empresse de l'ajouter, destinée au jeune Joachim, n'est pas applicable au Père Benoît. Elle est d'ailleurs immédiatement corrigée par le jugement unanime, voulant que, de tous les enfants de Caïus, vous soyez celui qui reproduit le plus fidèlement son caractère.

Il me resterait à vérifier le bien-fondé de cet éloge par l'examen attentif de votre œuvre considérable, une quinzaine de volumes, d'innombrables articles et comptes rendus sur des sujets variés, d'une profonde érudition et d'une pondération toujours exemplaire. J'y renonce, faute de temps. Mais je retiens toutefois la ligne directrice de tous vos travaux : un sens de la continuité entre vos influences traditionnelles et celles de vos maîtres humanistes, Étienne Gilson et Henri-Irénée Marrou ; un respect compréhensif pour toutes les formes de transmission des connaissances parmi les hommes ; bref, un équilibre de sagesse, fruit d'une carrière vouée à l'étude et à la méditation.

C'est cet ensemble de qualité que la Société royale du Canada a voulu reconnaître en vous invitant à entrer dans ses rangs.

Réponse de M. Benoît Lacroix,
de la Société royale du Canada
La sagesse « paysanne »

Monsieur le Président,
   Mesdames, messieurs,

Sans doute, la Société royale du Canada veut-elle honorer ses propres ancêtres, les rois de France et d'Angleterre, quand elle entend assujettir un médiéviste. Du coup s'explique le parrainage de Luc Lacourcière qui se trouve comme par hasard et selon une certaine opinion publique presqu[e] aussi folklorique que je puis l'être quand il étudie comme moi la culture populaire traditionnelle.

Il arrive que le même Luc Lacourcière a un jour émigré de Beauce en Bellechasse où il tient maintenant feu et lieu ; il est devenu, bien qu'à la onzième heure, mon concitoyen et voisin de paroisse. Mais soyons honnête : Luc Lacourcière est beaucoup plus « royal » que moi. Il possède à Beaumont biens mobiliers et immobiliers ; il paie fidèlement sa dîme et peut-être une redevance seigneuriale. Ce que je ne fais pas. Surtout — et c'est important entre gens de Bellechasse — il habite le premier rang de Beaumont tandis que moi, je ne suis que du troisième rang de Saint-Michel.

Ces quelques précisions sont justement dans l'intention d'obtenir de vous le privilège d'entraîner avec moi ce soir dans cette société *royale* les paysans du comté de Bellechasse.

Comment des paysans sans diplômes et sans livres peuvent-ils prétendre aux honneurs d'une Société aussi noble que la vôtre ? J'essaierai de vous le résumer.

I. Une première raison de leur noblesse tient à leurs qualités d'hommes et de femmes. Est-ce la géographie des lieux, est-ce parce qu'ils habitent un pays à la fois beau et difficile — et je pense aux Terres rocheuses d'en haut autant qu'aux plaines des paroisses du littoral, — ces paysans sont presque tous des gens racés, forts, travaillants, courageux, heureux, altruistes, hospitaliers au possible. Leur savoir est modeste et sans ambition, mais jamais aliénant. Ni révoltés, ni résignés, mais sûrs de leur existence, *identifiés*, ils sont la longue habitude qui fait les peuples, les gens du quotidien, permanents du travail et les vrais hommes du pays selon l'avis d'un vieux sage de Chine :

> Les hommes du peuple sont les racines du pays
> Si les racines sont profondes, le peuple connaîtra la paix.

Bien entendu, ils ont des défauts, défauts aussi royaux que leurs qualités : entêtés, routiniers, défiants, rigoristes, ils ont les *blasphèmes* et la superstition faciles ; ils n'aiment pas les guerres, mais ils adorent la guérilla des procès ; ils redoutent les beaux parleurs de la ville mais ils sont prêts à les imiter dans leurs mœurs. De graves problèmes heurtent déjà leur méfiance : adaptation de l'outillage, polyculture, création de secteurs tertiaires, les grandes écoles qui les dépaysent profondément, leurs enfants qui s'en vont.

Et pourtant, malgré leurs défauts et leurs limites, les paysans de Bellechasse sont à part entière de leur pays. Ils sont libres, si libres qu'ils ne songent pas à le devenir. Ils parlent la langue qui est la leur ; ils travaillent la terre qui est la leur ; ils mangent ce qu'ils aiment, ce qu'ils récoltent. Ils voyagent peu parce qu'ils sont toujours bien chez eux. Plusieurs ont même des terres à bois d'où ils tirent ce qu'il faut pour bâtir, agrandir. Enfin, ils n'ont affaire au gouvernement qu'en temps d'élection.

Mais j'allais oublier l'essentiel : leurs enfants sont beaux, leurs jeunes filles savent encore rougir. Ils savent s'aimer sans suivre des cours pour... Ils se connaissent tous. La plupart des jeunes fermiers se marient encore entre eux. Gens du pays, leur pays c'est avant tout et presqu[e] uniquement le rang, la paroisse, le comté. Vivants, ils habiteront leur terre. Morts ils deviendront la poussière de leur village au cimetière–jardin qui témoignera par croix et fleurs de leur espérance. Ils attendent le Paradis à la fin de leurs jours en inscrivant à l'avance leur nom et prénom sur la pierre tombale du lot familial.

Peut–être faudrait–il dire au moins en passant que les paysans de Bellechasse, surtout ceux de Beaumont, de Saint-Vallier et de Saint-Michel, vivent sur des terres chargées d'histoire et de souvenirs. Les habitants du bord de l'eau en ont vu passer des bateaux et des goélettes depuis que Jacques Cartier est entré dans le fleuve Saint-Laurent. Ils en ont à dire des récits, des contes, des légendes et des chansons. Aujourd'hui encore leurs presbytères et leurs églises sont remplis d'archives et d'objets d'art traditionnel. Et je comprends que l'âme de Luc Lacourcière soit encore — en 1971 — hantée par la cage de la Corriveau.

II. Ce n'est pas seulement l'histoire des lieux et les qualités des habitants de Bellechasse qui les rendent honorables et « royables », c'est qu'ils portent déjà des noms fort rassurants pour nous, noms qu'ils prononcent encore d'une tonalité toute latine qui nous renvoie au moyen âge. Ils sont déjà de la Société des Rois ceux qui s'appellent à la suite des Capétiens et des Carolingiens, Charles, Henri, Louis,

Édouard, Denis, Philippe, Richard, Blanche, Marguerite, sans compter tous les Roy, tous les Beaudoin, tous les Provost, tous les Lamontagne, et tant d'autres descendants de la cour et des seigneurs de jadis.

III. Une troisième raison, plus sérieuse, de les entraîner avec nous est que les habitants de Bellechasse sont, ce que nous appelons dans les universités, des savants. Non pas des chercheurs, puisqu'ils ont déjà trouvé, mais des savants, de très grands savants ! L'ennuyeux pour nous est qu'ils savent ce que nous ne savons plus et il nous faut parfois les dire *ignorants* pour mieux nous identifier. Au moment où nous avons déjà perdu la mémoire et l'art de la conversation, eux peuvent se raconter des heures et des heures, sans se lasser, en laissant la télévision en retrait, le prix de leurs achats et ventes, les cultures de leurs champs, la carte des pentes, les altitudes de leurs terres à bois, leurs érablières. Il faut aussi les voir qui observent les jours et les saisons, la pluie, la neige, les vents, le cri des oiseaux, la couleur des montagnes et du fleuve, pour apprendre de science certaine qu'il fera *beau* ou *méchant* demain. Ils connaissent le nord, l'ouest, le sud, l'est. Il leur suffit souvent d'une observation pour que naisse en eux le printemps, l'été, l'automne. Non, ce ne sont pas eux qui se révoltent contre leur Dieu. Ils sont trop près de Lui et de la nature pour cela. L'étude des religions populaires nous a convaincus qu'ils étaient aussi des humanistes. Leur foi en l'éternité de leurs amours comme de leurs ancêtres montrent qu'eux aussi ont le culte de l'homme.

Enfin, ces habitants qui n'ont jamais suivi de cours sur la dynamique de groupe et qui n'ont pas été psychanalysés, savent à l'occasion d'un malheur, d'un feu, d'une corvée, se créer de vrais collectivités, trouver dans le bonheur d'échanger du temps, du bois et surtout des chevaux l'absolu de l'amour qui est de donner plutôt que de recevoir.

IV. Dois-je le rappeler, ce sont aussi des créateurs, d'un goût parfois étonnant. Leur artisanat, leur outillage traditionnel, leur manière de contruire grange et maison et jusqu'à la disposition de leur champ, tout serait à étudier de près. J'en viens tout de suite à leurs mots. Laissons ceux qu'ils ont reçus du moyen âge sans jamais les modifier, comme *astiner, s'abrier, adamager, adonner, appointement, et caetera*, pour retenir leurs créations verbales. Rien de vulgaire, ni d'indiscret, ni d'arbitraire. Quand un vieux dit que sa mémoire *s'enneige*, il dit qu'il ne se souvient plus ; quand Léopold dit qu'il s'en va *chef d'œuvrer*, il me dit qu'il va faire de petits ouvrages journaliers, *bordasser, vernailler*... Ils n'attendront pas les services de l'Urbanisme du gouvernement pour nommer leur rang, leur rivière, leur canton.

Simplement dans la région où j'ai vécu, il y avait le Rang de Maska, le Rang du Moulin, du Sault, le Bras, le Rang Vide–Poche, le Rang Brise–Culotte, la Savanne, le Rang des Grillades, comme il y a toujours plus en haut la Montagne du Bonnet, celle du Pain Sec, le Rocher du Diable, le Ruisseau de la Loutre, sans oublier la Rivière Crève–Faim, la Rivière Mouille–Cul, *et caetera* !

Ne nous étonnons point de leurs prouesses verbales. Ils n'écrivent pas de livres ; ils parlent. Tout ce qui est discours, procès, sermons, parlements comme on disait autrefois, les séduit. Encore à 80 ans mon père pouvait redire par cœur certains discours de Laurier et de Bourassa, en y ajoutant bien sûr de son cr[u]. Tout comme il chantait en latin et sans livres, tout en bousculant les mots et les mélodies, les Vêpres du Dimanche, la Messe Royale, la Messe des Anges. Mémoire savante ! Mon frère Léopold, à 66 ans, sait par cœur l'histoire interminable de tous les chevaux qu'il a vus, gardés et maquignonnés depuis son enfance. Ses souvenirs n'en finissent plus...

* * *

Voilà, en résumé, pourquoi les habitants de Bellechasse sont pour moi et déjà pour vous, je le souhaite, membres *honoris causa* de la Société royale du Canada. Personnellement je remercierai encore Dieu d'avoir révélé à tous ces petits et humbles paysans anonymes de la terre québécoise tant de merveilles de la grâce et de la nature. Les habitants de Bellechasse demeurent le lieu théologique par excellence de ma vie religieuse et sacerdotale. Je les en remercie ce soir sans qu'ils le sachent, comme je vous remercie de le savoir en leur nom.

BENOÎT LACROIX, L'HOMME AU–DELÀ DU SAVANT

Jeanne Demers

La vertu est qualité plaisante et gaye

(Montaigne, *Essais* [80])

Notre rencontre, cher Benoît Lacroix, remonte vers la fin des années 1950. Nous venions, mon mari et moi, d'installer à Outremont une jeune et bruyante famille de trois garçons dont le benjamin se préparait à entrer en maternelle. Il m'était soudain possible de penser reprendre les études de doctorat commencées quelques années plus tôt à l'Université du Wisconsin et que l'amour — que peut–on contre lui ? — m'avait fait abandonner en cours de scolarité.

Vous occupiez alors, avec vos confrères dominicains, un petit couvent situé avenue Rockland. Forte d'une maîtrise en études médiévales

— phénomène encore rare en ces temps reculés, même pour *un* laïc — je suis allée sonner chez vous. Tout simplement. Et vous m'avez reçue tout aussi simplement. Oui, l'Institut accueillerait de façon positive mon inscription au doctorat. Mon objet d'étude par contre n'était plus recevable, un grand livre sur le *Roman de la rose* ayant paru depuis peu. Mais pourquoi ne travaillerais-je pas sur les *Mémoires* de Philippe de Commynes, peu étudiés malgré leur intérêt certain ?

Je me plongeai avec enthousiasme dans leur lecture pourtant ardue : vous m'aviez convaincue. L'été passa. J'étais sur le point de préciser la façon de les aborder quand une lettre officielle de l'université m'annonça que mon inscription était refusée. La raison : je n'avais pas fait de droit canon ! Dix ans plus tard, j'aurais résisté, tempêté. L'époque n'encourageait pas la rouspétance, surtout féminine...

Pourquoi devrais-je me résigner, me dites-vous. Et vous me suggérez de m'inscrire à l'Université Laval allant même jusqu'à faire des démarches pour continuer à me diriger. Vous vous assurez également que la bibliothèque du monastère me sera ouverte sans réserve.

Ce que j'en ai profité de cette bibliothèque et de sa petite mezzanine où je me réfugiais dès que je disposais d'un peu de temps ! L'administration, vous vous en souvenez, en était réduite au minimum, grâce à la bienveillance rigoureuse du bibliothécaire, le Père Raymond-Marie Giguère. « Sortir » un livre relevait de la plus grande facilité. Il suffisait avant de l'emporter d'en écrire le titre, la référence et la cote sur un bout de papier signé et daté, puis de déposer celui-ci dans la boîte à chaussures réservée à cet usage. Quant au livre entamé qui ne pouvait être emporté, parce que rare ou trop fragile, il était laissé sur une table, sans contrainte de temps, un signet au nom du lecteur marquant la page à poursuivre.

* * *

Mais je parle de moi, alors que l'hommage de ce collectif vous est destiné, cher Benoît Lacroix, pour votre quatre-vingtième anniversaire de naissance. De moi, vraiment ? Ces quelques souvenirs feraient-ils encore sens, s'ils n'étaient étroitement liés à l'affabilité, à la générosité, à la compétence de votre accueil ? S'ils n'exprimaient ma reconnaissance ? Ne vous suis-je pas redevable d'un *Commynes méMORiALISTE* (PUM, 1975), tiré de ma thèse finalement soutenue à l'Université de Toulouse-Le Mirail, trop d'obstacles matériels ayant rendu difficile notre collaboration.

Au fil du temps, nous devions nous retrouver maintes fois : à l'occasion d'une soutenance, de la présentation d'un projet de recherche, d'un colloque, d'une cérémonie à la Société royale et plus récemment, pour pleurer ensemble des amis rwandais assassinés lors des événements que l'on connaît. La radio, la télévision, un article parfois, me rappelaient régulièrement la démarche charismatique qui est maintenant la vôtre. Et toujours je retrouvais l'homme, au–delà du savant.

N'est–ce pas cet humanisme que saluait déjà votre parrain à la Société royale, le regretté Luc Lacourcière, responsable de votre éloge au moment de votre entrée officielle à l'Académie des lettres et des sciences humaines ? À peine avait-il rappelé vos séjours studieux au Pontifical Institute of Mediæval Studies de Toronto, à l'École des Chartes et à l'École Pratique des Hautes Études de Paris, vos déplacements professoraux au Japon ou au Rwanda ainsi que vos nombreuses publications, livres et articles, qu'il enchaînait en décrivant « la ligne directrice de tous vos travaux ». Ligne directrice, précise-t-il, faite de « continuité entre vos influences traditionnelles et celles de vos maîtres humanistes, Étienne Gilson et Henri–Irénée Marrou » ; de « respect compréhensif » aussi « pour toutes les formes de transmission des connaissances parmi les hommes » et qui débouche sur « un équilibre de sagesse, fruit d'une carrière vouée à l'étude et à la méditation [81] ».

Votre réponse au titre révélateur — « La sagesse "paysanne" » —, donne raison à Luc Lacourcière : elle englobe généreusement dans l'honneur qui vous est fait, vos compatriotes, les paysans du comté de Bellechasse dont vous soulignez le savoir et la créativité. Leurs « prouesses verbales » surtout vous stupéfient et vous insistez sur leur capacité tant à nommer avec bonheur outillage et lieux, qu'à retenir, à redire par cœur, contes, légendes et même discours, quitte à y ajouter de leur cru. « Mémoire savante » ! vous exclamez–vous avec admiration et empathie pour conclure que les « habitants de Bellechasse demeurent le lieu théologique par excellence de [votre] vie religieuse et sacerdotale [82] ».

* * *

Serait–ce impudent de ma part d'ajouter, cher Benoît Lacroix, que la qualité exceptionnelle de cet enracinement explique sans doute la profondeur et la polyvalence du savant que vous êtes : de l'auteur entre autres livres, de *Pourquoi aimer le moyen âge ?* (1950), *Vie des lettres et histoire canadienne* (1954), *Orose et ses idées* (1965), *L'Historien au moyen âge* (1971) ; de celui qui, à son tour, a parrainé à la Société royale deux médiévistes réputés, l'historien de l'art Philippe Verdier, en 1979, et en 1982, un ami commun qui nous quittait tout récemment, Paul Zumthor, critique, romancier et poète.

De ce dernier, vous montrez le nomadisme, la curiosité insatiable, les remarquables qualités de professeur. Vous dites vous retrouver avec lui « au même festin du verbe et de la tradition médiévale, à aimer ensemble jusqu'à la tendresse ouverte les mêmes textes, les mêmes champs culturels, avec un goût de plus en plus vif de l'oralité partagée ». Vous vantez l'érudit, l'« un des meilleurs promoteurs de la *translatio studii*, allant de l'Est vers l'Ouest, de l'Europe vers l'Amérique », mais aussi la grande courtoisie de l'homme et « son amitié facile à vivre [83] ».

Chez Philippe Verdier, vous savez voir l'esprit paradoxal « aussi à l'aise avec les ailes des anges de Vézelay qu'avec les têtes cornues des dragons du bestiaire roman », « avec un Pseudo-Denys mystique qu'avec un André Breton, ou un Borduas ». Vous signalez son interdisciplinarité et sa vaste culture mais ce qui vous frappe d'abord, c'est son « humanité quotidienne faite [...] d'amitié, de bienveillance et de charité ». Cette humanité sans laquelle, vous en êtes convaincu, il n'y a pas de vraie culture.

Et la « vraie culture », c'est vous qui l'écrivez, « rend citoyen du monde [84] ». N'est-ce pas ce que vous êtes, citoyen du monde, cher Benoît Lacroix, citoyen du Troisième Rang de Saint-Michel-de-Bellechasse ?

Professeur émérite à l'Université de Montréal (29 mai 1981)

« Attribué à l'occasion de la retraite, le titre de professeur émérite est accordé à des professeurs qui ont participé de façon exceptionnelle à la recherche, à l'enseignement et au développement. » Le diplôme se lit comme suit :

UNIVERSITÉ DE MONTRÉAL

Vu les services exceptionnels rendus à l'Université par

BENOÎT LACROIX

Nous RECTEUR

par décision du Conseil de l'Université et en vertu de

Notre autorité, le nommons

PROFESSEUR ÉMÉRITE

avec tous les honneurs et privilèges que ce titre confère à

ceux qui le détiennent.

En foi de quoi Nous signons ce document muni du grand sceau de l'Université ainsi que de la signature du secrétaire général.
    Fait à Montréal, le 29 mai 1981
    Le secrétaire général   Le recteur
    [Signature] Jacques Beaulieu   [Signature] Paul Lacoste

Prix du Québec Léon–Gérin (19 octobre 1981)

« Les Prix du Québec ont été institués en 1977 par le gouvernement du Québec, afin de refléter le dynamisme culturel, social et scientifique du Québec. »

« Le prix Léon–Gérin est la plus haute distinction que l'on décerne pour une contribution exceptionnelle au développement des sciences de l'homme. Le prix rappelle le nom de Léon Gérin qui effectua plus de 90 études portant sur l'observation de la société québécoise. On le considère comme le premier sociologue québécois. »

Allocution de présentation

par Me Micheline Audette–Filion
présidente du jury

Le Prix Léon–Gérin 1981, à Benoît Lacroix.

Le Prix Léon–Gérin, c'est « la plus haute distinction couronnant une carrière remarquable dans le domaine des sciences de l'homme ».

Benoît Lacroix en incarne, chez nous, plusieurs ; théologien, philosophe, pédagogue, auteur littéraire, historien et homme de sciences, on trouve chez lui la synthèse subtile et savante de plusieurs disciplines dans un humanisme moderne, une tolérance absolue et une jeunesse d'esprit qui n'a d'égale que son immense amour des jeunes.

Depuis son enfance, dans les rangs de Saint–Michel–de–Bellechasse, au campus étudiant dont il se dit le citoyen, il a conservé une fraîcheur de pensée et une approche spirituelle dans sa démarche intellectuelle, son écriture, son enseignement et sa recherche scientifique. [...]

L'itinéraire de l'historien du Moyen Âge Benoît Lacroix l'a porté à pousser son analyse et sa recherche à l'histoire et à la culture québécoises. Et c'est sans doute l'aspect le plus fascinant de sa personnalité. Ses travaux et son savoir des époques anciennes l'ont amené à retrouver chez nous, racines profondes, sources et similitudes dans l'époque des cathédrales, en passant par les lettres, l'histoire, la culture, la religion populaire et la tradition orale.

L'héritage médiéval européen, souvent perdu en France, se retrouve au Canada français à travers la langue et les institutions, mais aussi le folklore, les contes, légendes et chansons, toutes parentes des romans, chansons de geste et épopées féodales. Le dominicain Benoît Lacroix se plaît à dire que « la civilisation québécoise a l'âge de ses enfances » et sa recherche scientifique tend à découvrir ce passé qui fait partie de notre enfance ; il scrute et découvre comment on a commencé à écrire, lire, conter, parler notre langage. L'historiographie médiévale et canadienne–française sont pleines de correspondance et de résonance ; il croit à la continuité historique, aux vagues de l'histoire, à ce retour vers le passé qui découvre les courants de l'histoire et qui oriente l'avenir.

Une carrière remarquable, un haut niveau d'excellence, un rayonnement certain et une contribution exceptionnelle au développement de notre société, ont, sans contredit, mérité à cet humaniste discret, ce scientifique rigoureux, ce Québécois « pure laine », le Prix Léon–Gérin.

Officier de l'Ordre du Canada (29 juin 1985)

Remise de la médaille par le gouverneur général
l'Honorable Jeanne Sauvé, le 9 avril 1986.

Médaille Chauveau de la société royale du Canada (1987)

Bibliothèque Benoît–Lacroix
à Saint–Michel–de–Bellechasse (23 août 1987)

Dévoilement de la plaque qui porte le texte suivant :

> **Bibliothèque Benoît–Lacroix**
>
> Reconnaissant la diversité et la richesse de son œuvre, l'influence du chercheur et de l'écrivain de chez–nous qu'est le père Benoît Lacroix, le conseil municipal de St–Michel Bellechasse, par résolution, choisit en ce 3 août 1987 de nommer sa Bibliothèque municipale :
> « Bibliothèque Benoît–Lacroix » [85]

Pour le Père Benoît Lacroix,
au nom de la bibliothèque qu'il connaît bien

Gilbert Théberge

On nous a demandé de dire quelques mots en son honneur. De tracer un portrait qui comme tous les croquis ne sera qu'un point de vue parmi d'autres à un moment donné du temps dans un certain éclairage selon la myopie particulière du dessinateur.

À la différence, peut–être, des autres qui nous précéderont ou nous suivront dans ce livre, le nôtre aura le seul et, sans doute, l'unique mérite et excuse d'être personnel. Il nous est tout simplement impossible d'en avoir un autre. Son imprécision dépendra sûrement de la maladresse du dessinateur.

Des érudits et des lettrés parleront très bien de son œuvre, feront des comparaisons et des citations, des parents et amis parleront de parentés et d'amitiés, rappelleront des souvenirs, des anecdotes.

Nous qui travaillons à la bibliothèque qui porte avec fierté son nom le connaissons en fait très peu. Même si beaucoup d'entre nous sont natifs (Certains même nés natifs. Distinction subtile. Il comprendra.) de la même paroisse et village que lui.

Et même pour quelqu'un qui le connaît depuis bien plus longtemps que nous, un homme aussi complexe doit être difficile à cerner même avec le crayon le plus rapide. Il faudra donc l'être encore plus. Contrairement à ce que dit tout le monde, la meilleure façon de juger quelqu'un ou au moins d'en parler est de se fier à l'apparence. L'habit fait toujours le moine. On ne peut, une fois le pli de vivre bien pris, que montrer ce qu'on est. Et il suffit de regarder.

Le temps. La distance entre les êtres. La politesse et les bonnes manières. La différence d'âge, il serait notre père ou notre grand-père. Il a l'âge d'être un sage. Sa rapidité. Quand il vient, c'est en coup de vent. Tant de choses l'intéressent, l'occupent, le prennent. On l'attend quelque part, on espère déjà son retour. Et il est chez nous entre-temps. On se fait des civilités, se dit quelques mots, on plaisante et il est déjà reparti.

Il faudrait bien un jour qu'il vienne plus longuement, quitte à organiser une discussion officielle sur un des innombrables sujets qui le passionnent. Beaucoup de gens seraient ravis de l'écouter. Bien sûr, les médias, les journaux et ses livres nous permettent de savoir ce qu'il fait et pense à ce moment et d'où il parle, mais ce n'est rien comme de converser de vive voix avec le temps pour nous cette fois.

Je fais donc un croquis rapide, à distance, sans laisser au sujet le loisir de poser. Il a autre chose à faire. J'aurai peut-être tort mais c'est moi qui tiens le crayon. On n'efface jamais, on ne revient jamais en arrière et on continue toujours.

Qui est le Père Benoît Lacroix ?

Dominicain. Religieux. Croyant.

Québécois, Saintmichellois (je ne sais pas si l'expression est juste mais c'est encore moi qui ai le crayon), du Troisième Rang Ouest, comme il tient à le souligner dans les dédicaces de ses ouvrages destinés à la bibliothèque.

Qui est-il encore, de plus et toujours ?

Historien.

Universitaire, chercheur.

Honoré de toutes les façons possibles.

Poète. Profond, patient, délicat.

Amateur d'amitié.

Conseiller. Compte tenu du nombre de personnes qui lui envoient leurs livres avec souvent beaucoup de respect et lui rappellent dans leurs dédicaces, à demi-mots, des conseils, du support, de la force reçus, donnés.

Il a tissé tout autour de sa paroisse natale en incluant la province, le Canada et la France et Dieu sait où encore (c'est vraiment le mot en parlant d'un dominicain, il n'y aurait que les jésuites pour être encore plus partout), un réseau de connaissances, de gens savants et de talents, d'artistes, de camarades et de confidents.

Il est prêtre. C'est un défaut pour certains de nos jours mais en quelque sorte un avantage professionnel lui donnant le temps, le caractère et la vocation d'écouter ce que plus personne n'a le temps de faire de nos jours. Qui s'intéresse à autre que soi de nos jours ? Qui a le temps pour quoi que ce soit ?

Caractère complexe. On le voit bien. Savant. Réservé. Timide. Pressé et patient. De caractère ouvert. Expansif parfois mais de manières délicates et prudentes. Un homme du monde. Est-ce le terme idéal pour parler d'un religieux, mais je l'emploie. À la fois moderne, de son temps, mais très ancien par toutes les cultures possibles et la spiritualité.

Au XVIIIe, on parlait d'honnête homme en incluant le sens qui est encore commun de nos jours ce qui va sans dire et est bien la moindre des choses que l'on peut attendre de son prochain. Parmi les secondes, il y a la politesse et la bonne humeur ; on pourrait ajouter l'intelligence et, pour comble, le goût et la culture et, pour couronner le tout, un minimum de bon sens. On voit bien qu'on ne rencontre pas ce genre de personne tous les jours.

L'époque moderne nous a fait voir toutes ces qualités isolées et séparées les unes des autres, devenant alors autant d'infirmités. On se demandera toujours ce qu'il est le plus dommageable d'avoir ou de manquer. L'intelligence sans raison, mesure et bon sens a conduit certains vers des abîmes de folie et vers de plus fous qu'eux, furieux en plus. On a vu la culture sans goût reposant sur une série d'idées à la mode, radotées, répétées en chœur, recommencées mais toujours nouvelles. Il n'y a rien de mieux que l'odeur de neuf comme tous les acheteurs d'automobiles le savent. C'est le sens commun, l'énergie et le fonctionnement de la mode de se renouveler toujours tout en restant la même : un grouillement d'apparences qui décorent et déplacent aussi bien les idées, l'esprit, l'air que les tissus. Et ce mouvement va de nos jours de plus en plus vite. Tant de gens s'essoufflent à rester sur place.

Oublions le sens commun de l'expression ou tenons-le comme sous-entendu. Il y a l'autre signification, un autre sens — car c'en est un, non seulement une explication de dictionnaire mais une façon d'être et de sentir les choses parce qu'on est de telle sorte ou que l'on s'est forgé par les conversations, les lectures, l'étude, les rencontres heureuses — une sorte d'organe sensitif supplémentaire inexplicable par la biologie.

Il s'agit aussi d'une manière d'être, de vivre, de se comporter avec les autres, et ce sens–là est si bien disparu de la compréhension courante de l'expression en question que plus personne ne l'emploie. C'est pour cela qu'on ne la dit même pas démodée. On ne sait vraiment pas de quoi on parle. En quelque sorte, on parle chinois. Et c'est vraiment ce qu'on est en train de faire.

Être honnête homme. Même ceux — et ils sont peu nombreux ce qui dit tout et le reste — qui savent encore de quoi il est ici question en disent la résurgence impossible. Et ils ont, en effet, de très bonnes raisons et, s'ils en manquaient, on leur en apporterait d'autres et quelques prétextes. Par exemple, le plus fréquent : que la somme des connaissances, du moins ce qu'il y a à en lire pour un non–spécialiste, — on en revient toujours là comme si on n'en partait pas — et devrait être déjà lue et sue est à ce point monumentale qu'il n'y a plus que des spécialistes du presque rien. Comment alors pourrait–on tout savoir ou avoir au moins quelques idées sur tout, ce qui a fait longtemps partie de la définition et du rôle de l'honnête homme.

Ce qui explique que ce monde est plein d'ignorants instruits, de gens incultes capables de parler de la date de la mort de Proust, d'autres sans goût en train de juger d'un tableau (agueusie, maladie grave, mauvais signe des plus graves encore. Mais non punissable par la loi ou le ridicule comme des sourds donnant des conseils aux musiciens), de singes savants qui connaissent bien et parfaitement un tour habile mais sont ignorants comme leurs puces pour tout le reste. Sans compter les manières générales qui tiennent du macaque et de ses congénères.

Et on ne parle pas de la conversation. Les sourds ne connaissent pas leur bonheur. Car on est aussi savant et grossier, méprisant (il y a tant de gens à mépriser), intolérant, vaniteux, angoissé, cupide, le tout avec un air de supériorité et d'impatience. On en voit tous les jours des exemples chez les maîtres du temps et de nos vies qui daignent passer à la télévision (ils en raffolent), les anciens et les nouveaux, ces hommes d'affaires si pressés et ambitieux et qu'on nous donne comme modèles, des sortes de boyards nouveau genre. Applaudis par les têtes vides enthousiastes.

Un peu comme ce petit ange de plâtre que l'on retrouvait à l'église de Saint–Michel dans mon enfance. Il tenait une urne pour qu'on y mette un sou, alors sa tête s'inclinait plusieurs fois. Il nous remerciait pour le don qui servait à la paroisse ou un mécanisme de leviers agitait sa tête. Ce qui pour nous était aussi amusant. On ne s'inquiétait pas alors du mécanisme. On mettait donc plusieurs pièces de suite et on partait quand il n'y en avait plus ou qu'on était fatigué de le voir nous remercier. C'est surprenant combien de nos jours on peut voir de gens qui ne sont pas de plâtre s'incliner et remercier d'autres gens qui ne leur donneraient même pas une pièce de cuivre. Plus on est humble et envieux plus on remercie et admire.

Enfin, oublions tout ça car on ne risque, sans que ça change quoi que ce soit, que d'être aigri et déprimé. Ce qui ne manque pas non plus. Il y a avec le confort toutes sortes de nouvelles façons d'être malheureux.

Pour revenir à mon dessin, je crois que le Père Benoît Lacroix fait partie de cette espèce ancienne qui a existé un court moment historique et qui manque cruellement de nos jours, l'honnête homme. Il y en a un, il y en a sans doute d'autres, il en faudrait plus. L'époque serait sans doute moins métallique.

Je ne peux pour finir que lui souhaiter en ce jour d'anniversaire, comme la coutume l'exige, une longue vie : vie déjà longue et bien remplie. Je ne sais pas si ce souhait lui fera plaisir car il a dû en voir pas mal dans notre époque variée et interminable et sur le point de finalement se terminer. Ou au moins de changer de nom et de se faire plus discrète pour recommencer ailleurs ses petites manigances. Sait–on ce que pense le sage ? Mais il y aura encore des gens qui auront besoin de lui.

Joyeux anniversaire. Je ne peux que vous et nous faire ce souhait : Écrivez encore. C'est vous alors qui nous ferez un cadeau.

Membre d'honneur de la Société historique de Bellechasse (25 octobre 1987)

La Société historique de Bellechasse

Fernand Breton

Au début de 1986, alors que notre société d'histoire n'était pas encore officiellement fondée, déjà le Père Benoît Lacroix, o.p., demandait son adhésion à cette société, en devenir, qui fut officiellement fondée le 9 novembre 1986.

Le Père Lacroix, fils de Caïus et de Rose-Anna Blais, a vécu son enfance *au fond du 3ᵉ Rang Ouest de Saint-Michel*. Il est donc un Bellechassois pure laine. Il ne demeure plus dans Bellechasse mais Bellechasse n'est jamais sorti de lui. À preuve, les nombreux livres et autres récits tels *Quelque part en Bellechasse*, *Le P'tit Train*, *La Religion de mon père*, *Trilogie en Bellechasse*, etc. dont il est l'auteur et qui rappellent son coin de pays.

Son ouverture d'esprit dans le respect de la pensée des autres qui suivent la voix de leur conscience, et son charisme en font un être attachant et respecté.

Le 25 octobre 1987, à la requête de la Société historique de Bellechasse, le Père Benoît Lacroix vint à Saint-Michel nous raconter Bellechasse en des mots simples, à sa manière. Il nous l'a fait voir sous tous ses angles, définissant Bellechasse comme un pays en soi.

Le communicateur hors pair qu'il est nous a promenés dans Bellechasse du nord au sud et d'est en ouest; on est allé au « Sault », au « Rang du Bras », dans « l'Hêtrière », aux « Abénaquis », à la « Tremblade », à « Brise-Culotte », au rang « Vide-Poche » et ailleurs. Il nous a fait découvrir des éléments patrimoniaux de toutes espèces, que les habitués, souvent, ne voient presque plus. L'auditoire, de cent cinquante personnes, a écouté ses propos religieusement.

Au cours de son exposé, il nous a raconté qu'en 1971 il a été reçu membre de la Société royale du Canada et, qu'à cette occasion, il demanda s'il était possible d'y recevoir en même temps les gens de Bellechasse. La réponse ayant été affirmative, il était fier de nous dire que nous sommes tous et toutes de la *Société royale du Canada*.

Notre société d'histoire profita de sa visite à Saint-Michel pour honorer ce grand Bellechassois, ce grand Québécois, ce chercheur et médiéviste de renom. Il a été fait membre d'honneur de notre société d'histoire, celle de Bellechasse; Bellechasse où lui-même, ses parents et ses ancêtres ont pris racine, dès la fin du XVIIᵉ siècle.

Monsieur Benoît Gagnon, son neveu, qui animait cette rencontre, invita le président fondateur, monsieur Paul Veilleux, à lui remettre une plaque souvenir sur laquelle on peut lire ce qui suit.

La Société historique de Bellechasse
exprime sa reconnaissance
au père Benoît Lacroix, o.p.
pour sa remarquable contribution à la sauvegarde

de l'héritage patrimonial et historique
de Bellechasse,
et lui décerne le titre de
Membre d'honneur

André Goulet, président
25 octobre 1987

À la fin de cette belle soirée, monsieur Claude Lachance, ex–président de la Société historique de Bellechasse et actuel député de Bellechasse, remercia chaleureusement ce grand ami des Bellechassois.

Nous sommes fiers qu'il soit l'un des nôtres.

DOCTEUR *HONORIS CAUSA* EN THÉOLOGIE DE L'UNIVERSITÉ DE SHERBROOKE (9 JUIN 1990)

ÉLOGE DE BENOÎT LACROIX

par Lucien Vachon

Lorsqu'une faculté propose une candidature au titre de « *doctor honoris causa* », la tradition universitaire veut qu'elle désigne une personne dont la vie a été consacrée au service du savoir, de l'intelligence des choses dans un domaine particulier et dont l'œuvre est reconnue comme singulièrement significative. En vous présentant aujourd'hui le Père Benoît Lacroix, il me faut ajouter une caractéristique encore plus révélatrice du personnage : celle d'avoir consacré son savoir et son intelligence au service de la vie, la nôtre, la vie de la société, de la culture et de l'Église d'ici. Je crois même tenir là une clef de lecture et de l'homme et de l'œuvre.

Ma tâche n'en est pas rendue plus simple pour autant. « *Vespere laudatur dies* » dit un adage médiéval qu'il aime citer : « Le soir fait la gloire du jour. » Or l'ombre du soir qui, si doucement, descend sur lui, accentue les traits de la bonté de l'être, de la générosité et du respect de l'autre, mais laisse voir aussi le sourire amusé et un peu sceptique de la modestie devant les louanges. Père Lacroix, je voudrais que cet éloge ait la délicate complicité des cloches de Saint–Michel–de–Bellechasse, votre coin de pays, dont vous écriviez que, par respect, « l'angélus du soir n'a jamais dérangé personne ».

Malgré cette modestie, l'ampleur et la variété des thèmes et des causes qui ont stimulé sa réflexion et mobilisé sa plume, suggèrent un portrait de l'homme exécuté avec des tons forts et bien marqués, mais traversé par une lumière, une intention devrais-je dire, qui harmonise l'ensemble et en assure l'unité. Aucune formule ne traduit mieux la passion de cet universitaire que la sienne lorsqu'il parle de notre « condition humaine de chercheur du Réel ».

[...]

L'œuvre est abondante, diversifiée, et en parler avec un tant soit peu de justesse dans le temps dont je dispose est une mission impossible. J'essaierai tout au plus d'en saisir l'intention conductrice, le défi qui l'anime. Je suis bien conscient qu'il s'agit là d'une entreprise non moins périlleuse.

L'historien du Moyen Âge et le penseur de notre société, le philosophe de la sagesse paysanne et l'homme de lettres, le théologien et l'homme de la religion populaire, le spécialiste méticuleux et le poète, toutes ces dimensions se nouent dans une conscience qui me semble fondatrice : la connaissance doit servir la vie. Or une culture n'a pas d'avenir si elle trahit son être profond en reniant ou en ignorant ses racines, son histoire et les formes concrètes d'expression de soi qui ont été les siennes. La vitalité créatrice ne peut se vivifier qu'en assumant la contingence et la pesanteur d'un enracinement historique et culturel.

[...]

Mais l'œuvre du Père Lacroix s'abreuve également à une autre source d'inspiration : la force culturelle de l'imaginaire et particulièrement de l'imaginaire populaire. Je le crois très marqué par cette citation de Boèce qu'il trouve chez un historien médiéval : « l'esprit des académiciens s'affaiblira par une méditation trop constante de leur doctrine à moins qu'habilement on ne le revivifie... par un recours à de belles histoires de héros ». Pour lui, les arts et les lettres mais aussi les formes populaires de la religion sont des lieux essentiels pour une culture. Il déplore les fréquents malentendus entre l'Église et les artistes (« ces chercheurs de l'imaginaire »), les incompréhensions entre « les partisans de l'imaginaire et les partisans de la raison ». Il nous dit que « la culture est une force libre, menacée aujourd'hui par la programmation, l'administration, la technique ». Il faut donc libérer de nouvelles énergies. Ces forces ne seront efficaces que si elles s'enracinent dans la vigueur de la sagesse paysanne et de la foi populaire mais également dans la liberté d'un imaginaire nourri et guidé par un profond attachement à la nature et à l'humain, par un goût de la fraternité, de l'accueil et du respect des autres.

Père Lacroix, ce qui rend votre personne et votre œuvre si attachantes et inspirantes, c'est que, depuis vos savants travaux d'historien jusqu'aux « utopies pour l'an 2000 », vous avez, comme les paysans de Bellechasse, « attaché votre charrue à une étoile ».

Lettre de Joachim à son confrère de collège Charles–Édouard Cliche

[Printemps 1990]

[...] Moi ? À la retraite. C'est–à–dire que je n'en finis pas de commencer ce que j'aime faire : lire, écrire, prier, donner des conférences ici et là.

Serai–je à Ste–Anne le 9 juin ? Poursuivi par la gloire... et les malentendus de la renommée, il est possible que ce jour–là je sois à l'Université de Sherbrooke pour un doctorat honorifique. Mgr Lebon n'en croirait pas ses oreilles. Et moi, j'y crois difficilement.

Joachim

Chevalier de l'Ordre National du Québec (11 février 1991)

Remise de l'insigne par le Premier ministre Robert Bourassa.

Lettre du 7 juillet 1991 (avec sceau) de l'Archevêque de Québec à l'occasion de son 50e anniversaire de prêtrise le 5 juillet

Au révérend Père Benoît Lacroix, o.p. à l'occasion de votre cinquantième anniversaire de vie sacerdotale et religieuse

Il me fait plaisir de vous présenter mes félicitations les plus sincères. Puissiez–vous, dans la sérénité et la paix, goûter dans l'intimité du Christ des joies de plus en plus profondes et vivre encore de nombreux jours pour le bien de l'Église, le bonheur de votre communauté religieuse et de tous les membres de votre bien–aimée famille.

Au nom de l'Église que vous avez aimée et servie avec tant de clairvoyance et de ferveur, c'est de tout cœur que je demande au Seigneur Jésus de vous combler de ses plus riches bénédictions.

[Signature] Maurice Couture, s.v.
Archevêque de Québec

le 7 juillet 1991

Notes

1. Cf. *The Founders of the Middle Ages*, Cambridge, 1941.
2. Voir *Die Geschichtstheologie des Orosius*, p. 36–38 ; 66.
3. L.P. MILBURN, *Early Christian Interpretation of History*, p. 92 : « Orosius... helped to disentangle Christianity from the State, and prepared men to accept the idea of the Church as the true empire claiming a worldwide, spiritual authority more powerful than any secular allegiance » — « Une loi, un roi, une foi » (Louis d'Orléans).
4. Cf. L. GLEIMAN, *An Essay on the Origin of Treuga Dei*, Université de Montréal, Institut d'études médiévales, 1956 (*pro manuscripto*), page 366, note 20, sur la paix d'Auguste.
5. Avec C.T. DAVIS, *Dante and the Idea of Rome*, Oxford, 1957, p. 53–73 ; P. RENUCCI, *Dante disciple et juge du monde gréco–latin*, Paris, 1954, p. 9, 78, 94, 351, un peu trop pressé à notre avis d'oublier les textes d'Augustin et d'Orose.
6. Voir E. PETERSON, *Der Monotheismus als politisches Problem*, p. 93 et suiv.
7. Il y aurait toute une étude à faire des milieux touchés par l'une ou l'autre œuvre, à partir de la tradition manuscrite, de l'histoire de l'édition. Au point de départ, A. WILMART, *La tradition des grands ouvrages de saint Augustin* dans *Miscellanea Agostiniana*, II, Rome, 1931, p. 279-294. — À noter que les premiers grands commentaires du *De civ[itate] Dei* sont du xive siècle et viennent du milieu d'Oxford.
8. *Methodus ad facilem historiarum cognitionem*, 1566. Jean BODIN, *La méthode de l'histoire* traduite pour la première fois et présentée par Pierre MESNARD (Publications de la Faculté des Lettres d'Alger, IIe série, t. XIV, Paris, 1941, ch. 4, p. 40). Rappelons au xvie siècle encore les thèmes sévères de Baïus et de Quesnel sur les afflictions–châtiments : voir FOURURE, p. 41 et suiv.
9. V.g. *Discours sur l'histoire universelle*, 3e partie, ch. 1 : « Tous les grands empires que nous avons vus sur la terre ont concouru par divers moyens au bien de la religion et à la gloire de Dieu ; Dieu même l'a déclaré par les prophètes. » — Aussi, *La politique tirée de l'Écriture Sainte* qui serait à étudier de près en référence avec le point de vue du moyen âge. — Influence signalée par G. BOISSIER, *La fin du paganisme*, t. 2, p. 399.
10. C. TORRES RODRIGUEZ, *La Obra de Orosio. Su historia*, p. 48 ; M. CRUBELLIER, *Sens de l'histoire et religion*, Paris, 1957, p. 123–146. A. TOYNBEE, *A Study of History*, VII, 93 : « Et Pompée avait purgé les mers des pirates siciliens pour que Paul put faire son suprême voyage. » PÉGUY, dans *Ève*, 469 : « Les pas de légions avaient marché pour lui. »
11. Voir J.J. MULLOY (éd.), dans *The Dynamics of World History* by Christopher Dawson.

12. « Orosius is the common jumping–off point of the writer of universal history of all ages and times », T.F. TOUT, *The Study of Mediæval Chronicles*, dans *Bulletin of John Ryland's Library*, 6 (1922) : 414–438.

13. H. MEYERHOFF (éd.) *The Philosophy of History in our Times*, New York, 1959, p. 350 : « Most of the literature on the meaning of history in the traditional sense is written from a religious point of view. »

14. Au XIe congrès international des sciences historiques tenu à Stockholm au mois d'août 1960, plusieurs communications et la plupart venant des historiens russes et slaves portent sur ce problème ; cf. Actes du Congrès... *Résumés des Communications*, Suède, Uppsala, 1960, 5 volumes.

15. Étienne Gilson, dans *L'Esprit de la philosophie médiévale*, 2e éd., Paris, 1944, p. 365–366.

16. Voir *Le moyen âge fut-il civilisé*, dans *Réflexion chrétienne et monde moderne (Recherches et débats*, 54), Paris, 1966, p. 163–185. — Du point de vue méthodologique, l'historien du moyen âge ne diffère guère des anciens, Grecs et Romains, même si l'esprit qui informe sa technique est tout à fait autre. Lorsqu'un Tite–Live, par exemple, nous dit que l'histoire est un récit à démontrer le bien à faire et le mal à éviter, et que Henri de Huntingdon nous répète dans les mêmes mots le même principe, nous savons que les deux se réfèrent à des conceptions différentes de l'éthique humaine et de l'usage ; mais dès qu'il s'agit des genres littéraires, v.g. *historia, chronica, annales,* les parentés entre Rome et le moyen âge sont de nouveau étroites. Dans la manière d'interpréter les faits, le moyen âge est davantage lié à l'interprétation juive et biblique.

17. *La méthode de l'histoire*, ch. 4, éd. MESNARD, 1951, dans *Œuvres philosophiques*, p. 135.

18. Un exemple récent de cette manière « littérale » d'étudier des documents qui relèvent avant tout de la tradition orale, nous est fourni par le commentaire interminable de l'édition critique de la *Vita sancti Martini* de SULPICE SÉVÈRE, dans *Sources chrétiennes*, t. 133, 134 et 135. Bien que l'auteur du commentaire ait perçu le problème (cf. t. 133, p. 185–188), il a oublié, dans sa hâte de transcrire ses fiches, que la tradition orale a sa méthodologie propre ; cf. E. NIELSEN, *Oral Tradition (Studies in Theology*, 11), Londres, 1954 ; J. VANSINA, *De la tradition orale, Essai de méthode historique*, Tervuren, 1961. Relire POLYBE, *Histoires*, XII, 25e éd. PEDECH, Paris, Les Belles Lettres, 1961, p. 37–38 ; FLAVIUS JOSÈPHE, *Contre Apion*, I, 5, 23–27, éd. REINACH, Paris, Les Belles Lettres, 1930, p. 7–8.

19. *Ibid.*, ch. 10.

20. Cf. *Traité des études monastiques*, Paris, 1691, deuxième partie, ch. 8, p. 227–229.

21. « Quand j'arrive à Kyoto, le 11 avril, l'année commence. Drôle de système, en effet : deux semestres, le premier dure du premier avril au 15 octobre ; le second, du 16 octobre au 31 mars. Entre–temps, des vacances, des

congés. L'année commence par des vacances : du 1er au 7 avril. » (*Le Japon entrevu*, 1965, p. 56)

22. Unité d'enseignement et de recherche.

23. *La Religion de mon père*, p. 42. Je me reporterai de préférence à ce livre qui réunit commodément un grand nombre des articles du Père Lacroix dispersés dans des revues ou des ouvrages collectifs.

24. Les habitants de Bellechasse, paraît-il, « ne sont pas des chercheurs, puisqu'ils ont déjà trouvé, mais des savants [...] Ils sont si libres qu'ils ne songent pas à le devenir » (« *La sagesse "paysanne"* », discours d'entrée à la Société royale du Canada, reproduit dans *Le Choix de Benoît Lacroix*, Charlesbourg, Presses Laurentiennes, 1987, 13, 11). Voir p. 380.

25. Carmen Roy, *La Littérature orale en Gaspésie*, Ottawa, Ministère du Nord canadien et des ressources nationales, 1955 (Musée national du Canada, bulletin n° 134. Série anthropologique, n° 36), p. 92 et suiv., p. 112–113, 119, 131, 133 ; *Les Acadiens de la rive nord du fleuve Saint-Laurent*, Ottawa, Ministère du Nord canadien et des ressources nationales, 1963 (Musée national du Canada, bulletin anthropologique n° 194). Dès 1949, Carmen Roy publie quelques contes maritimes et impressions d'enquête orale dans *Amérique française* (nouvelle série) : par exemple « La petite jument bleue... qui saute de l'autre côté de la Mer Rouge », vol. 2, n° 1, 1949, p. 56–73 ; « Les Superstitions en Gaspésie », vol. 3, n° 1, 1951, p. 46–50 ; « Les Jersiais en Gaspésie », vol. 3, n° 3, 1951, p. 32–37 ; autres contes maritimes (présentés par M. Rioux) dans *The Journal of American Folklore*, n° 63, 1950, p. 199–260, dont le « Conte de la Sirène de Mer », p. 203–205 et « Le Poisson d'or », p. 211–218 ; aussi, *Contes populaires gaspésiens*, Montréal, Fides, 1952, 160 p. ; l'étude sur *Saint-Pierre-et-Miquelon : une mission folklorique aux îles*, Ottawa, Ministère du Nord canadien et des ressources nationales, 1962 (Musée national du Canada, bulletin n° 182. Série anthropologique n° 57), 192 p., consacre un chapitre (p. 79 et suiv.) aux croyances maritimes de ce milieu « français ». Voir aussi J.-C. Dupont, *Contribution à l'ethnographie des côtes de Terre-Neuve*, Québec, Université Laval, 1968 (Centre d'études nordiques, travaux divers, n° 22), 165 p. Ajouter références des notes 7 à 9 de l'introduction pour autres travaux.

26. Henri-Edmond Faucher de Saint-Maurice, *Joies et tristesses de la mer*, Montréal, Librairie Saint-Joseph, 1888, 198 p. ; *Promenades dans le golfe Saint-Laurent*, 3ᵉ éd., Québec, Darveau, 1880–1881, 2 vol. Récits, descriptions, portraits de marins. Plus près de nous : E. Lacasse, *Légendes et récits* : Côte-Nord du Saint-Laurent, Montréal, Éclaireur de Montréal, 1937, 134 p. ; G. Harvey, *Marins du Saint-Laurent*, Montréal, Éd. du Jour, 1974, 310 p., avec la postface de Pierre Perrault (p. 245–310). Autres textes : *Le Vaisseau d'or* de Nelligan ; *Le Barachois* de F.-A. Savard ; *Toutes isles* de Pierre Perrault ; l'œuvre d'Antonine Maillet, etc.

27. Gaston Dulong, « L'influence du vocabulaire maritime sur le franco-canadien », dans *Phonétique et linguistique : mélanges offerts à M.-Georges Straka...*, Strasbourg, Société de linguistique romane, 1970, t. I,

p. 331–338 ; Micheline Massicotte, *Le Vocabulaire maritime de l'Île–aux–Grues : étude lexicologique*, thèse, Université Laval, 1972 (exemplaire dactylographié) ; *Le Parler rural de l'Île–aux–Grues : documents lexicaux*, Québec, Les Presses de l'Université Laval, 1978 (Langue française au Québec, 3ᵉ section, p. 6), p. 80–81 ; Geneviève Massignon, *Les Parlers français d'Acadie*, Paris, C. Klincksieck, 1962, 2 vol., 975 p.

28. Pour identification et classement de ces chansons, voir Conrad Laforte, *Le Catalogue de la chanson folklorique française*, Québec, Les Presses de l'Université Laval, « Les Archives de folklore », nᵒ 18 et suiv., en cours de publication. Voir également le nᵒ 17 de la même collection qui sert d'introduction au *Catalogue*.

29. Cf. *La Littérature orale en Gaspésie*, p. 260 et 272. Lire *Those who live from the Sea : a Study in Maritime Anthropology*, M.E. Smith (édit.), St. Paul, New York, Boston, Los Angeles, San Francisco, 1977 (14 articles).

30. Il serait téméraire de vouloir proposer ici une bibliographie exhaustive. Les travaux de Paul Sébillot surtout restent pleins de suggestions et questions : par exemple *Le Folklore de France*, tome II : *La Mer et les eaux douces*, Paris, Librairie orientale et américaine, 1905, 478 p. ; *Légendes, croyances et superstitions de la mer*, Paris, Charpentier, 1887, t. 2, 342 p. ; « Questionnaire des croyances, légendes et superstitions de la mer », extrait des *Bulletins de la société d'anthropologie,* séance du 21 mai 1885, Paris, Typographie A. Hennuyer, 7, rue Darcet, 1885, 19 p. L'étude qui se rapproche davantage de notre propos est celle de Viviana Pâques : « Aspects de la vie spirituelle du marinier », dans *Arts et traditions populaires*, nᵒ 4, 1954, p. 307–323. Il s'agit d'une enquête faite en 1951 en France (Conflans–Sainte–Honorine et Chalon–sur–Saône) sur un groupe témoin plutôt refermé sur lui–même, illettré, plus superstitieux que vraiment religieux. Plus général, mais suggestif : C.J. Bleeker, « Quelques réflexions sur la signification religieuse de la mer », dans *The Sacred Bridge : Researches into the Nature and Structure of Religion*, Leiden, E.J. Brill, 1963, p. 30–135 ; M. Eliade, « Structure du symbolisme aquatique », dans *Le Sacré et le Profane*, Paris, Gallimard, 1965, p. 110–112.

31. Sur le coq dans l'histoire, voir Bernard Coussée, *Le Coq*, Lille, Bernard Coussée, 1992, 93 p.

32. André–Napoléon Montpetit, *Nos hommes forts*, Québec, C. Darveau, 1890, tome I, 196 p., p. 192.

33. George Patterson, « Notes on the Folk–Lore of Newfoundland », *JAF*, vol. 8, 1895, p. 285–290, p. 290.

34. Sur le symbolisme du coq, voir Yves D. Papin, *Le Coq*, Paris, Éditions Hervas, 1993, 134 p.

35. Voir S. Thompson, *Motif–index of Folk–Literature*, Indianapolis, Indiana University Press, 1956. Voir aussi le « Catalogue de la légende », Archives de folklore de l'Université Laval..

36. Simon Langlois, sous la direction de, *La Société québécoise et tendances 1960–1990*, Québec, Institut québécois de recherche sur la culture, 1990, p. 423.

37. Ce texte est extrait d'un article de Michèle Paradis paru dans *Tendances de la muséologie au Québec*, sous la direction de Michel Côté, publié par la Société des musées québécois et le Musée de la civilisation.

38. Extrait d'un article paru dans *La Vie chrétienne*, journal de l'Église presbytérienne ou reformée du Canada, 1986, p. 9.

39. Lettre olographe de Lionel Groulx et lettre dactylographiée de Benoît Lacroix aux Archives du Centre de recherche Lionel–Groulx, Fonds Lionel–Groulx, P1/A,1951. La lettre de Groulx a été remise par Benoît Lacroix à Juliette Lalonde–Rémillard. Il avait publié le premier paragraphe dans son *Lionel Groulx*, (coll. « Classiques canadiens ») p. 77–78. Benoît Lacroix avait écrit « Hommage au Chanoine Groulx », à l'occasion de son 80e anniversaire de naissance, dans *Revue dominicaine* vol. 64, tome II, septembre 1958, p. 109–110.

40. Projet oublié qui refait surface en 1966 (lettre de Benoît Lacroix du 21 novembre, réponse de Groulx le 23). Cet opuscule préparé par Benoît Lacroix est lancé le jour même de la mort de Groulx, le 23 mai 1967 (p. 340–341).

41. Roger Nimier, *Le Grand d'Espagne*, La Table Ronde, 1950, Folio, n° 632, 1975, p. 103, 136.

42. Benoît Lacroix, « Pourquoi le moyen âge ? », *Revue dominicaine*, vol. 55, tome 1, mars 1949, p. 154.

43. Voir la confidence de B. Lacroix, « Lionel Groulx cet inconnu ? », *Revue d'histoire de l'Amérique française*, vol. 32, n° 3, septembre 1978, p. 336.

44. Lionel Groulx, *Histoire du Canada français depuis la découverte*, tome 1, Montréal, Fides, 4e édition, 1960, p. 17, 74.

45. Lionel Groulx, *Professionnels et culture classique*, Causerie du 2 mai 1948 au Séminaire de Sainte–Thérèse, Montréal, L'Œuvre des Tracts, n° 355, janvier 1949, p. 5, 10.

46. Serge Gagnon, *Quebec and its Historians. The Twentieth Century*, Montréal, Harvest House, 1985, p. 176.

47. Benoît Lacroix, « Pourquoi le moyen âge ? », *Revue dominicaine*, vol. 55, tome 1, mars 1949, p. 152–161 ; avril 1949, p. 217–224. Une version remaniée a été publiée en brochure sous le titre *Pourquoi aimer le moyen âge*, Montréal, L'Œuvre des Tracts, n° 367, mars 1950, 16 p.

48. Benoît Lacroix, Compte rendu de *La Présence anglaise et les Canadiens* de Michel Brunet, *Revue d'histoire de l'Amérique française*, vol. 12, n° 3, décembre 1958, p. 432.

49. Benoît Lacroix, « Lionel Groulx en 1930 », *Les Cahiers des Dix*, n° 44, 1989, p. 202. Le Père Lacroix a été membre de la Société des Dix de 1982 à 1990.

50. Benoît Lacroix, éd., *Lionel Groulx. Textes choisis*, Montréal, Fides, 1967, p. 78. (Coll. « Classiques canadiens », n° 30.) Voir p. 309.

51. Lionel Groulx, *Pour bâtir*, Montréal, L'Action nationale, 1953, p. 100.
52. Lionel Groulx, « Catholicisme, principe d'avant-garde », article paru dans le *Quartier latin* vers 1940 et dont de larges extraits sont reproduits dans *Mes mémoires*, tome 4, *1940–1967*, Montréal, Fides, 1974, p. 196–200.
53. Roger Nimier, *op. cit.*, p. 209.
54. Benoît Lacroix, « Lionel Groulx cet inconnu ? », p. 342.
55. Benoît Lacroix, « Lionel Groulx et ses croyances », *Hommage à Lionel Groulx*, sous la direction de Maurice Filion, Montréal, Leméac, 1978, p. 117.
56. Léon Dion, *Québec 1945–2000*, tome 2, *Les Intellectuels et le temps de Duplessis*, Québec, Les Presses de l'Université Laval, 1993, p. 357.
57. Benoît Lacroix, « L'Après-Groulx — à propos d'une anthologie —. Note critique », *Revue d'histoire de l'Amérique française*, vol. 28, n° 3, septembre 1974, p. 417.
58. *Ibid.*, p. 429.
59. Benoît Lacroix, « Pourquoi avoir tant aimé l'histoire », *L'Action nationale*, vol. 57, n° 10, juin 1968, p. 932. (Livraison spéciale consacrée à Groulx.)
60. Benoît Lacroix, « Lionel Groulx et ses croyances », p. 104.
61. Benoît Lacroix, « Lionel Groulx cet inconnu ? », p. 328.
62. *Ibid.*, p. 329.
63. Benoît Lacroix, « Lionel Groulx en 1930 », p. 229.
64. Benoît Lacroix, « L'Après-Groulx », p. 420.
65. Robert Desaulniers, *Catalogue des manuscrits de Lionel Groulx (1892–1922)*, Montréal, Fondation Lionel-Groulx, 1987, 396 p.
66. Hugues de Saint-Victor, *L'Art de lire. Didascalicon*. Introduction, traduction et notes par Michel Lemoine. Paris, Cerf, 1991, 4e de couverture.
67. *Le Travail fantôme*, Paris, Seuil, 1980, p. 96.
68. Lettre personnelle à l'auteur.
69. « Nature et raison d'être des *Cahiers* », *Les Cahiers d'histoire du Québec au XXe siècle*, n° 1, hiver 1994.
70. *Les Cahiers...*, *op. cit.*
71. *Les Cahiers...*, *Ibid.*
72. *Ibid.*
73. « Ce que l'étude des religions populaires m'a appris », conférence publiée dans *Status quaestionis* (Édité par Pierre Hurtubise et Jean-Marie LeBlanc, Ottawa, Université Saint-Paul, 1994), p. 15–30.
74. Benoît Lacroix écrit « littérature canadienne », « lettres canadiennes », comme on le faisait toujours à l'époque. L'utilisation, qui s'est imposée depuis vingt-cinq ans, de la désignation « littérature québécoise » implique plus qu'un changement de nom. Il y aurait un anachronisme, générateur de bien des contresens, à simplement changer l'épithète accolée à littérature, de « canadienne » en « québécoise ». J'écrirai donc « littérature canadienne » en

rendant compte des propositions de Benoît Lacroix, réservant l'expression « littérature québécoise », à des fins de contraste, à la situation de 1995.

75. Je reprends délibérément ce mot, avec toute la charge qu'il prend dans l'œuvre de Jacques Brault.

76. Montréal, Chanteclerc, 1949, 149 p.

77. Montréal, P.U.M., 1971, 1320 p.

78. « Sa bibliothèque privée », *Études françaises*, 20, 3 (1984) : 97–111.

79. Robert Melançon, « Journal, atelier, recueil », *Voix et Images* (automne 1994), p. 26–41.

80. Paris, PUF, 1978, édition Pierre Villey, T.II, Livre III, ch. V, B, p. 845.

81. *Présentation*, vol. 27, Ottawa, 2 octobre 1971, p. 52. Voir p. 377

82. *Ibid.*, p. 56–58. Voir p. 381

83. « Présentation de M. Paul Zumthor, par le Révérend Père Benoît Lacroix, o.p., de la Société royale du Canada », *Présentations*, vol. 37, Ottawa, 1982, p. 65–67.

84. « Présentation de M. Philippe Verdier, par M. Benoît Lacroix, de la Société royale du Canada », *Présentations*, vol. 33, Ottawa, 1979, p. 100–101.

85. À droite du texte, au-dessus des lieu et date : « St-Michel 23 août 1987 », les noms des membres du conseil municipal : « Benoît Gagnon, conseiller, Claude Gagnon, conseiller, Guy Bouchard, conseiller, Camille Bilodeau, conseiller, Jane R. Bélanger, conseillère, Paul-Arthur Laflamme, pro-maire, Maurice Vézina, maire » et les noms des membres du conseil de la bibliothèque : « Irène R.-Roy, trés., Marie Simard, sec., Gérald Gagnon, directeur, Gilbert Théberge, prés. »

9.

10.

11.

12.

13.

14.

15.

16.

17.

19.

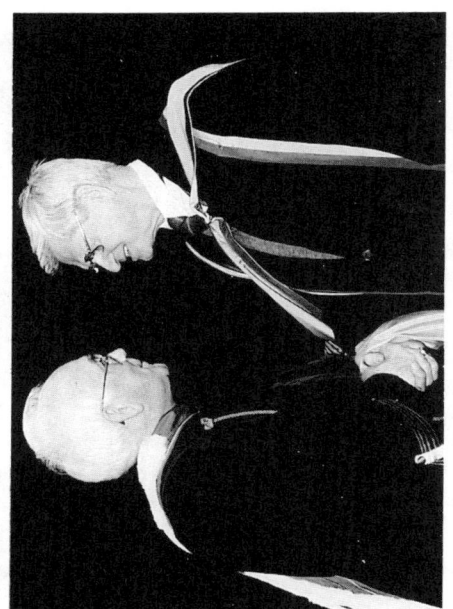

20.

18.

Légendes des photos
Section II

9. « Tokyo, Shibuya [mission dominicaine]. *A Christian... party!* [...] 6 août 61 » (Note de Benoît Lacroix au verso de la photo. Archives Benoît Lacroix)

10. « Les enfants ? On dirait des poupées » (*Le Japon entrevu,* p. 19). (Archives Benoît Lacroix)

11. *Le Rwanda. Mille heures au pays des mille collines.* (Archives Benoît Lacroix)

12. Benoît Lacroix, professeur à l'Institut d'études médiévales, prononçant une allocution lors des cérémonies marquant le centenaire de naissance de Lionel Groulx, en octobre 1978, à l'Université de Montréal. (Photo Jean–Paul Rioux, 1 Fp 1870 C. Archives de l'Université de Montréal, Fonds du Bureau de l'information, D 37)

13. Remise par le recteur de l'Université de Montréal, Paul Lacoste, du diplôme de professeur émérite à Benoît Lacroix, lors de la collation des grades du 29 mai 1981 à l'Université de Montréal. (Photo Clément Lamontagne.)

14. Comité qui a produit le rapport pour l'implantation du Musée des religions de Nicolet (1983) : Benoît Lacroix de l'Université de Montréal, Catherine Elbaz de l'Université du Québec à Montréal, Jean Simard de l'Université Laval, Anne Maclaren de l'Université Bishop de Lennoxville et Michel Lessard de l'Université du Québec à Montréal, président du comité. (Photo EV O–1983–2a. Archives du Musée des religions de Nicolet)

15. Remise à Benoît Lacroix du Prix du Québec Léon–Gérin, le 19 octobre 1981 au pavillon Vincent d'Indy de l'Université de Montréal. À sa gauche, le ministre des Affaires culturelles du Québec, Clément Richard (Photo M.C.Q. 81–753 A–4. Archives Benoît Lacroix)

16. Allocution de remerciement lors du même événement. (Photo M.C.Q. 81–53 A–5. Archives Benoît Lacroix)

17. Les six Prix du Québec 1981 : Pierre Lamy (Albert–Tessier), Gilles Archambault (Athanase–David), Jean–Paul Riopelle (Paul–Émile–Borduas), Benoît Lacroix (Léon–Gérin), René Pomerleau (Marie–Victorin) et Jean Papineau–Couture (Denise–Pelletier). (Photo M.C.Q. 81–752 D–1. Archives Benoît Lacroix)

18. Benoît Lacroix reçoit la médaille d'Officier de l'Ordre du Canada des mains du gouverneur général, Jeanne Sauvé, le 9 avril 1986, à Ottawa. (Photo GGC 86–080. Archives Benoît Lacroix)

19. Benoît Lacroix reçoit des mains du Premier ministre du Québec, Robert Bourassa, la médaille de Chevalier de l'Ordre national du Québec, le 11 février 1991, à la Salle du Conseil législatif de l'Hôtel du Parlement à Québec. (Photo M.C.Q., Marc Lajoie, 91–73–17A. Archives Benoît Lacroix)

20. Mgr Jean–Marie Fortier, évêque de Sherbrooke, félicite Benoît Lacroix qui vient de recevoir un doctorat *honoris causa* en théologie de l'Université de Sherbrooke, le 9 juin 1990. (Photo Université de Sherbrooke)

III

L'AMOUR PERPÉTUEL ET PERPÉTUÉ À TRAVERS LES GROUPES ET LES PERSONNES

« L'UNIVERSITÉ DES ÂMES ET DES CŒURS »

> « *Le frère qui est aidé par son frère est comme une ville fortifiée.* »
>
> (Sainte Thérèse de Lisieux)

MA PLUS GRANDE JOIE

Ma plus grande joie ? Hier, aujourd'hui, toujours : aimer. Non pas une seule personne en particulier ou en général, mais aimer d'amour toute personne qui frappe à la porte. Aimer : c'est toute ma vie depuis toujours. Le reste ne sera que commentaire et dentelle...
(Dans *Les Temps changent*, 1988, p. 177)

Qui ne se donne pas s'effeuille.

Il n'y a pas de plus grand amour que de donner sa vie pour ceux qu'on aime.
(*Quelque part en Bellechasse*, 1981, p. 65, *Trilogie en Bellechasse*, p. 205)

AMOUR

(*Extraits du nouveau livre de Benoît Lacroix paru aux Éditions du Silence le jour de son anniversaire de naissance, le 8 septembre 1995, reproduits avec la gracieuse autorisation de l'éditeur, Pierre Filion.*)

Gens des Rangs, gens du Village, gens d'En haut,
gens d'En bas, fils et filles de ce pays de mer et de montagnes,
et vous, marins et pêcheurs du fleuve,
et vous, les enfants de cette terre de Bellechasse
la bien–aimée
laissez–moi vous parler de ce qu'il y a
de plus grand, de plus sacré, de plus merveilleux

sur la terre comme au ciel.

C'est sûrement l'amour.

[...]

Amour est communication, solidarité, communion. Toutes choses, tout être, de près, de loin, lui sont reliés. Tour à tour désir, extase, appel, rêve, ivresse, voire délire. Depuis toujours Amour tend à unir ciel et terre, fleuves et nuages, pays et galaxies. Tant qu'une personne reste fidèle à elle-même, tout abonde dans son sens, gouvernement, société, le soleil, même la lune et les étoiles. Un sage écrivain le dit : « Toutes choses, proches ou lointaines, sont secrètement reliées les unes aux autres. Et vous ne sauriez toucher à une fleur sans déranger une étoile. »

Oh non ! vous ne sauriez suivre quelque rayon de lumière sans que le soleil en soit informé, pas plus que ne surgit une branche de lilas au jardin sans que l'univers s'en réjouisse. Ainsi que chaleur douce et fécondante venue du soleil procure aux corps nourriture, lumière et croissance, ainsi feu d'Amour apporte aux âmes grands et larges réconforts.

Rusé diplomate à ses heures, fin renard quand il le faut, espiègle même, l'amour est à l'affût de tout ce qui est beau, bon et vrai. Il est tour à tour vaillant, téméraire, intrépide, envoûtant. Chasseur hors ligne, passionné d'inventions et fertile en expédients, il semble ne pouvoir jamais s'arrêter. Mobile, quelquefois désinvolte, il est friand de nouvelles cibles, comme vieux chat qui guette jeunes souris !

[...]

Belle de Saint-Michel, sais-tu le pouvoir de tes charmes quand, baigneuse nonchalante, tu te promènes pieds nus et chevelure au vent sur le sable de la grève ? Je vois déjà monter à la clairière de leurs yeux ensorcelés des désirs que ni le vent du nord ni les grandes marées ne pourront éteindre. Le désir passionné de ta beauté possède une lumière telle, qu'elle entraînera peut-être l'ami où il ne voudrait pas aller. Plus la rose est belle, plus elle devient désirable. Ainsi naît l'amour, il naît du désir qui, lui, naît du regard.

Les yeux ! Les yeux ! Le regard est au désir ce que la couleur est à l'œil, ce que le souvenir est à la pensée.

Qu'est-ce que cette violence sacrée, cette douce folie d'aimer ? Est-ce une erreur de parcours ?

Ô dure loi ! Ô prison du cœur !

Toutes ces nuits blanches à pleurer d'un amour blessé !

Tu passes la moitié de ta vie à trouver un ami… et l'autre moitié à le quitter. À quoi bon tous ces bijoux et ces alliances aux doigts le matin, si... ? Pourquoi faut-il toujours que le soleil cède au crépuscule ? que la bougie s'éteigne ?

[...]

Je vous répondrais :
    Amour vrai conjugue avec toujours.
    Grand Amour se souvient.
    Grand Amour ne meurt pas.

La nuit qui assombrit l'Île d'Orléans aux temps des grandes marées n'empêche pas l'aube de naître. La tempête qui assiège le fleuve à Pointe-au-Pic ne l'empêche pas d'aller à l'océan : vrai amour, tel fort chenal, absorbe hautes vagues et redoutables tempêtes.

Le soleil vainqueur de la nuit réveille chaque matin l'univers, ainsi le vrai amour invente chaque jour le désir qui le nourrit.

Le phénix renaît de ses cendres, ainsi l'amour, en aimant, revit, revit.

    Les vraies amours ne gèlent pas en hiver.
          Amour vrai ne passera pas.

« Implacable comme l'abîme, fort comme la mort », l'Amour reste en son premier pouvoir, inévitable, durable.

[...]

Cette force, gens de Bellechasse, cette magie qu'est l'Amour, elle est sacrée. Si l'Amour est fort comme la mort, si sa passion est implacable comme l'abîme, si ses flammes sont brûlantes, ainsi que le disent vos textes saints, c'est qu'il est un FEU DIVIN. Comme racontent si bien vos merveilleux ancêtres, les troubadours, trouvères et chevaliers, dans l'appareil de leurs vieux mots à la racine des vôtres :

    Car Deus, li beaus outre mesure
    Quand il beauté mist en nature
    Il en feist une fontaine
    Toujours courant et toujours pleine
    De qui toute beauté dérive.
    (*Roman de la Rose,* XIIIe siècle)
[...]

Père Benoît Lacroix

Abbé Pierre

Lors de plusieurs brefs séjours au Québec, il m'a été plusieurs fois parlé du Père Benoît Lacroix. Mais, sur lui, je ne sais rien d'autre que ces brèves expressions d'admiration, et surtout son influence contagieuse, qui se poursuit maintenant.

Je me réjouis du travail en préparation pour mieux le faire connaître. J'en serais un des bénéficiaires !

Que tous ceux qui y travaillent soient assurés de mon union dans l'effort et l'offrande de chaque jour.

À Esteville, le 2 mai 1995

L'Église, mon premier pays

L'Église, c'est un pays, mon pays, mon premier pays, le pays de Dieu. C'est la communauté universelle faite non seulement des vivants mais aussi des morts (ah ! le culte des ancêtres !) ; elle inclut la divinité, Dieu, le Christ, tout ce qui est Esprit, les êtres qu'on appelle les anges et les élus. L'Église, c'est vaste ! Ne me demandez pas ensuite d'identifier mon pays avec le pape seulement, ni avec les seuls pratiquants ou avec le curé de mon village, encore moins avec les murs d'un temple. Les prêtres, par exemple, sont des médiateurs de rassemblements ; ils sont et ne seront jamais toute la réalité ecclésiale, humaine et divine. Il demeure que cette même communauté–Église me fascine. Elle me fascine par son universalité, par son énergie, par son humanité. Je ne refuse rien, même si je regrette certaines maladresses. Que de faits inacceptables ! Que de scandales de toutes sortes ! De grandes naïvetés, des erreurs politiques, des erreurs scientifiques... Mais à travers cette matière triste et souvent regrettable, il y a toujours cette tension vers l'avenir, cette tendance secrète, cette continuité qui fait que le « pays » est toujours là. Il sera toujours là. Il est indestructible. « Je serai toujours avec vous » disait le Christ. [...]

* * *

Je regrette la démission d'une certaine génération qui s'est elle–même identifiée à la face du monde, celle du *Déclin de l'empire américain*. En tant qu'historien de la culture, je me dis que cette crise était peut–être nécessaire à la suite des abus de pouvoir et de lois. Tacite dirait : « Dans un État corrompu, les lois se multiplient. » Forte d'un certain pouvoir qui n'était pas nécessairement évangélique, l'Église, au Québec, ne cessa durant un siècle de multiplier les lois, les interdits, les péchés, les sanctions, les culpabilités. Quand c'est trop, c'est trop ! Il fallait réagir. Une génération s'est fâchée, elle a tout quitté, elle a tout brusqué... J'allais dire : elle s'est sacrifiée !

Mais tout n'est pas fini. Loin de là. Un retour est amorcé : l'Église ne sera plus jamais la même. Tant mieux, en un sens. Quand je rencontre des groupes spirituels, chrétiens ou autres, ou certains jeunes Québécois bouddhistes, je pressens une nouvelle ferveur spirituelle authentique, une recherche pratique de certaines valeurs fondamentales, tels le silence, la prière, la méditation, la croyance à la durée de la vie, et en même temps, je sens ce rejet direct de la société du *Déclin*. [...]

Un autre fait nouveau : l'écologie. [...] Sans souhaiter que l'Église catholique recommence à culpabiliser les gens et à leur faire la morale à propos de tout, je suis heureux que, dans la même ligne d'un respect de la nature, cette Église proteste ouvertement contre tout ce qui est mépris, détournement de la vie et même de la mort. Il semble que cette même Église, mon Église, s'en va vers le jour où elle devra s'engager sur les sentiers étroits de ces mouvements pacifistes, écologistes ; elle devra prendre ses distances avec la société actuelle capitaliste. Elle devra peut-être le faire d'une façon aussi radicale qu'elle l'a fait au nom de la liberté contre le marxisme matérialiste.

Il en sera ainsi pour le prêtre. Si le prêtre veut à la fois le système et l'Évangile, il se leurre. S'il veut à la fois sa voiture, ses vacances, ses soirées, ses week-ends, sa pause-café, ses spectacles, sa *MasterCard*, il résumera sa vie, comme sa conversation, à quelques notions superficielles. Oui, le clerc ou le religieux, la religieuse, est aussi « poigné » que les autres et il est une des premières victimes du capitalisme multinational. Victime involontaire, j'ose croire !

Voilà où j'en suis dans ma réflexion de bourgeois nourri, logé, protégé par un ordre religieux intelligent... Mais je le répète : entre l'Évangile et le capitalisme quelque chose ne va pas. Le matérialisme empêche l'éclosion des valeurs spirituelles, tout comme un plancher de ciment empêche la naissance d'un jardin.

***

Nous sommes dans une impasse. Le clergé vieillit. Il ne se recrute pas tellement. Le travail continue. Même si la pratique religieuse est réduite, il reste beaucoup à faire : messes, catéchèses, baptêmes, mariages, funérailles... Le rituel est toujours là. Les prêtres ne suffisent pas. Certaines homélies entendues parfois à l'occasion de funérailles et de mariage sont hors contexte. La seule explication plausible de ce fait est la trop grande fatigue et le débordement des tâches dites paroissiales. Ça me fait mal. Ça fait mal aux gens.

Mais bonne nouvelle à l'horizon : les facultés de sciences religieuses sont remplies de laïcs qui y étudient la théologie, la Bible et la spiritualité. Et, de plus en plus, les femmes se spécialisent dans des matières « sacrées » réservées autrefois aux hommes. À mon avis, il y a là un bien extraordinaire pour la communauté ecclésiale. Voilà, oui, un très grand bien. Il nous faut absolument apprendre, nous les prêtres, à vivre en nouvelle communauté avec les laïcs et nous habituer à ne pas toujours avoir le dernier mot. [...] Nous, les prêtres, nous avons tellement été habitués à veiller sur la doctrine que nous avons beaucoup de difficulté à nous motiver intérieurement pour faire confiance aux autres. Non pas par mauvaise volonté, mais par peur des erreurs. Pourtant nous n'avons pas le droit de craindre autant. La Parole de Dieu n'est-elle pas capable de faire son chemin ? L'Esprit de Dieu n'est-il pas promis à toute l'Église ?

Autre point. Si les facultés de théologie sont en train de former des laïcs à une pastorale de pointe diversifiée et davantage adaptée au milieu séculier d'aujourd'hui, je ne vois pas pourquoi certains prêtres se donnent tant de mal dans la pratique pastorale quand justement la communauté chrétienne espère d'eux, avant tout, qu'ils soient les médiateurs immédiats du Christ priant et enseignant l'Évangile et surtout l'incarnant dans les signes premiers de la foi vécue, qu'on appelle les sacrements. C'est qu'il nous faudrait, en l'an 2000 au Québec, une Église aussi laïque qu'elle était cléricale en 1930. Non pas au nom des distinctions de pouvoir, de classe, de sexe ou de couleur, mais simplement au nom de l'appropriation, à des degrés et selon des appels divers, de la même et unique Parole à dire et à vivre. Dieu est à tous. Le Christ aussi ! L'Église aussi !

(Dans *Les Temps changent,* 1988, p. 178-182)

SILENCE

Il reste évident que le silence est un être subtil : il faut sans cesse le chercher, l'aimer, le deviner, voire l'inventer. Il a ses temps et ses lieux choisis : une église, un boisé, la nuit, ou sa chambre, quoique le plus accessible de ses temples soit encore l'âme, le moi intérieur avec tout son mystère et ses secrets.

> Rentre en toi
> au lieu où il n'y a rien
> et prends garde que rien n'y vienne.
> Pénètre au-dedans de toi
> jusqu'au lieu où nul penser n'est plus,
> et prends garde que nul penser ne s'y lève !
> Là où rien n'est,
> le Plein !

Là où rien n'est vu,
vision de l'être !
Là où rien n'apparaît plus
apparition du soi !
[...]

Quand s'éteignent les feux de l'action, quand se taisent les piperies de mots, quand s'arrête l'agitation quotidienne, quand on accède à certains niveaux, à certaines zones de quiétude, alors on s'entend, on se découvre. Et la vie repart dans nos cœurs et nos raisons desséchés, par des rumeurs de source au fond de l'être et avec une Présence qui a nom : paix, confiance, douceur. Ce silence-là est signe de Dieu.

Le silence sacré, on peut le vivre ici, là, en pleine épaisseur urbaine, ou seul en forêt, le matin, la nuit, au printemps, en hiver. Il s'agit d'y exercer son esprit, de l'habiter, de l'encloîtrer quelque part, d'entrer dans son oratoire intérieur, comme on disait au XVIIe siècle, ou de voyager avec une *cellule portative,* selon la jolie expression de sainte Catherine de Sienne (†1380).

Qui me nomme me rompt.
[...]

D'ailleurs, les deux, silence et liberté, sont de la même famille spirituelle, ainsi que leur sœur, la solitude.

Dans mon canton, à Saint-Michel-de-Bellechasse, nous organisions des veillées, au temps des fêtes surtout. On y parlait beaucoup, et ensemble. On s'entendait à peine quand... tout à coup, plus un mot. En attendant la prochaine vague de paroles, mon père disait : « Tiens, un ange qui passe ! »

— Place aux anges !
(*Silence,* 1989, p. 27-29 et 42)

LES COMMUNAUTÉS RELIGIEUSES DE FEMMES

HOMMAGE DES MONIALES DOMINICAINES DE BERTHIERVILLE

Thérèse Dufresne, o.p.

Pour les Moniales Dominicaines de Berthier, rendre témoignage à un personnage comme le Père Benoît LACROIX exigerait une plume EN OR, PLUS UNE ANNÉE SABBATIQUE : le résultat serait un LIVRE D'OR DE L'AMITIÉ ET DE LA FIDÉLITÉ.

Cependant, ces simples pages voudraient au moins insérer quelques strophes dans la grande cantilène dédiée au Père Benoît par tous ses amis.

D'aussi loin que l'on se souvienne — si les Archives de la maison sont consultées — la première visite officielle du Père Lacroix remonterait aux premiers jours d'avril 1947 : il avait accepté de présider en notre petite chapelle de l'époque les longues célébrations liturgiques de la Semaine sainte et de Pâques. Latin et grégorien bien sûr étaient à l'honneur.

Que se passa-t-il au juste ? Une sorte de grande complicité spirituelle, fraternelle, toute dominicaine, venait de jaillir à la façon d'un geyser. Et cette source-là devait se révéler intarissable.

Une remarque s'impose pourtant : il s'agit ici de l'événement officiel... car en août 1945, le tout jeune Père Lacroix vint prier la « Saint-Dominique » avec la Communauté, mais ce fut presque incognito. Il notera lui-même au Livre des Hôtes, le 3 août 1988 :

> Me revoici. J'étais ici en 1945 !! Quelle espérance de vous entendre chanter les mêmes psaumes avec des mélodies nouvelles qui invitent à la pensée cosmique et à l'adoration ! Dieu m'a fait un grand don quand Il m'a conduit ici pour la première fois « avec l'autorisation »... du Père É.A. Langlais. Et depuis ce temps Ses dons se multiplient et les souvenirs chantent mon action de grâces.

Pâques 1947. Le premier signe de la présence d'une source fut une entente entre le Père Lacroix et la Prieure pour inaugurer une série de conférences sur la liturgie. La « leçon inaugurale » fut bientôt annoncée pour... la fin de l'année académique, soit en juin 1947. Entendez : début des vacances du professeur. Et durant plusieurs années, aux trois ou quatre semaines, le Père fit le trajet Montréal-Berthier tantôt par autobus tantôt en voiture s'il trouvait une occasion. Et pour lui, « l'occasion » c'était souvent quelque bon ami à qui il voulait faire connaître ses SŒURS. Cela dura longuement. Des entretiens où le Frère, l'historien, le professeur et le chercheur de Dieu se relayaient allègrement, suggérant telle série sur tel sujet. Nos thèmes de prédilection ? La liturgie, les gestes et symboles, saint Dominique, le Christ, le Christ et Dominique, la théologie biblique du sacerdoce. Et bien d'autres, au gré de l'inspiration comme au fil des événements.

Quand on connaît la célérité de la plume chez le Père Lacroix, on songe : « Et des lettres, peut-être, s'il en fut ? »

Toutes les étapes de la vie du Frère Prêcheur Benoît Lacroix furent occasion, en notre faveur, d'une merveilleuse correspondance : réclamer notre support moral et spirituel, nous informer de ses engagements et projets, souligner événements ou anniversaires de la maisonnée, nous proposer quelques sujets de conférences éclair, primeurs, projets ou comptes rendus sur ses recherches, activités, voyages, expériences. Nous y reviendrons plus loin.

En 1955, nommé par le Chapitre Provincial pour une toute nouvelle fonction, celle de « promoteur pour toutes les Sœurs Dominicaines de la Province canadienne », il ne devait pas tarder à nous préciser son rôle. Voici quelques extraits de sa lettre du 26 septembre 1955 :

> C'est très bon de votre part d'avoir ajouté un mot pour me dire que l'on a bien fait de me nommer responsable au spirituel des Dominicaines de la Province Canadienne. Car pour répondre immédiatement à votre question, mes attributions ne comportent rien de juridique, ni de canonique. Il s'agit plutôt d'une orientation spirituelle à donner, qui se situe dans la voie des conseils plutôt que dans celle des ordres explicites. Vous comprenez que les communautés engagées dans l'action ou l'enseignement aient parfois besoin d'un conseil, d'une consigne quand il s'agit de prendre position, d'orienter un sujet vers une œuvre, etc. [...]
>
> Par contre, j'ai une marotte !... celle de la simplification dans les procédés, et la droiture de l'esprit. Aussi mon premier item sera de conseiller aux jeunes qui entrent de se fixer sur l'Évangile et d'étudier très fort la personnalité de s. Dominique. Tels sont mes premiers secrets... que je vous dis parce que vous êtes vous-même responsable des futures saintes de Berthier... Priez bien haut et bien gros.
>
> En saint Dominique
Benoît Lacroix, o.p.

Auprès de notre Communauté, avant et après l'exercice de cette fonction de Promoteur, l'action du Père Lacroix, son influence devrais-je dire, s'est manifestée au plan spirituel selon son charisme très particulier. Direction spirituelle, conseils personnels, dévouement inconditionnel pour toutes sortes de services, par exemple pour alimenter notre modeste bibliothèque, intérêt aux jeunes aspirantes, attentions envers nos deux Fondatrices françaises et nos « anciennes ».
La discrétion, la délicatesse, la finesse judicieuse de ses interventions, feraient l'objet de longs développements si chacune livrait ses secrets. On citera tout de même deux courtes lettres, la première annonçant l'acquisition de précieux volumes et la seconde soulignant l'accès à la citoyenneté canadienne pour les deux survivantes parmi nos fondatrices.

> Le Chartulaire de Prouille tiré à 300 exemplaires seulement sera introuvable d'ici 10 ans. Je ne peux pas me résoudre à laisser s'échapper la copie actuellement en vente à 10 000 francs, d'autant plus que Berthier est une fondation de Prouille. Aussi pris de désespoir et de panique... j'ai acheté le Chartulaire pour vous et vous le fais expédier [...] L'exemplaire que j'ai acheté est en excellente condition. Vous le recevrez en octobre, je pense bien. En s. Dominique et au nom de N.–Dame de Prouille !
> (Paris, 4 septembre 1957)

Et pour la citoyenneté canadienne... c'est presque le tapis rouge :

> Aux deux vénérées et vénérables nouvelles citoyennes canadiennes Mère Thérèse et Sœur Marthe,
>
> C'est vrai que notre unique patrie, c'est le ciel. Mais Dieu permet que nous ayons sur la terre une patrie de transition qui nous prépare à connaître celle du ciel. Le psalmiste dit à Dieu que la terre est l'escabeau de ses pieds : la patrie de la terre est comme la marche qui nous aide à nous élever vers Dieu. Les gens ordinaires n'ont qu'une patrie terrestre. Les plus fortunés en ont deux, c'est votre cas. Vous avez la France et maintenant le Canada. Nous vous souhaitons la bienvenue et nous vous disons que nous sommes honorés de vous savoir canadiennes en plus.
> La France a fondé le Canada. Elle lui a donné ses premiers martyrs. Vous continuez la tradition : vous vous donnez à la nouvelle patrie. Le Canada vit encore de ses fondateurs. Faites qu'étant proches de Dieu, comme sur un escabeau à deux marches (une marche plus haute que nous !), vous viviez pour le monastère qui se souviendra toujours de votre généreux don.
> Excusez la poésie ! C'est de bon cœur.

Bienvenue « chez nous ».
Welcome « home » !

En dehors des grandes circonstances, nous avions également, de temps à autre, le privilège de retrouver... « le petit gars de Bellechasse », avec les anecdotes et confidences qui ont pris corps et visage dans certains articles ou publications bien connus depuis... Parlez–lui donc — ou mieux faites-le parler — de son exégèse du psaume I : « Il est comme un arbre planté près d'un cours d'eau »... ou si vous préférez, interrogez–le sur *son arbre,* celui de Saint-Michel. Mais c'est sans doute très personnel... « Heureux l'homme qui craint le Seigneur »... Bien oui.

Une fois ou l'autre cependant, ne lui avons–nous pas rendu —bien fraternellement — la monnaie de sa pièce : il n'a sûrement pas oublié une édition maison du *P'tit Train* et de *Marie de Saint-Michel*... Au parloir du monastère, les « artistes » de la Communauté lui ont présenté leur interprétation — ma foi assez colorée — de certains extraits.

Certes, il y a mille autres façons de souligner les événements et anniversaires. De temps immémorial, le Père Benoît comptait sur nous pour marquer soit son 25e, soit notre 25e, son et notre 50e, sans parler de la date fatidique de... *ses 50 ans.* Il sera avec ses Sœurs pour les cérémonies de vêture ou de profession et pour les jubilés de plusieurs parmi nous, se « réservera » la retraite de notre jubilé de fondation en 1975, participera le plus souvent possible aux joies comme aux deuils de la Communauté. On peut dire sans exagération que la profondeur de son attachement envers le monastère reste toujours marquée au coin de notre commune appartenance à l'Ordre de Saint Dominique. À sa manière, pleine de délicatesse, de dévouement, de discrétion et de bon sens, plus un brin ou deux de joyeuse espièglerie, le Père Lacroix fait revivre en cette fin du XXe siècle le charisme de Dominique, par rapport aux premières moniales de Prouille.

Tout comme lui, il viendra nous confier son ministère, son enseignement, ses préoccupations ; les ressources de son savoir nous seront accessibles, avec l'humour et la précision qu'on lui connaît, chaque fois que des questions lui seront présentées. Le médiéviste et le religieux sont toujours à l'écoute ; l'historien prendra plaisir à nous partager tantôt les détails tantôt les grandes lignes de ses voyages — en France, en Afrique, au Japon — et certains de ces longs documents mériteraient d'être connus si l'auteur y consentait un jour.

À tout risque, nous aimerions proposer aujourd'hui la lecture d'un magnifique document (à la suite de notre texte), daté de 1953 — on pourrait aussi bien dire 1993, 1994, 1995 — alors que le Père, en Europe depuis quelque temps, nous relate le pèlerinage de tout un groupe de 500 jeunes et accompagnateurs vers Rome pour la fête de Pâques. Quinze jours en tout. Ce texte vaut son pesant d'or, une fois signé « Lacroix ». Il devrait nous pardonner...

Puisque nous sommes en France, on nous permettra de nous y attarder un moment ; à l'automne de cette même année 1953, le Père Lacroix réalise enfin un rêve cher à tous les Dominicains : une visite au monastère de Prouille, berceau de l'Ordre. Invité à rencontrer la Communauté, il offrait aux moniales un entretien à sa manière, sous le titre significatif : « Je me souviens ». Bel hommage d'un Dominicain canadien aux Dominicaines de France qui, en 1925, avaient essaimé à Berthierville. Bien sûr, ses prédilections sont évidentes, et le conférencier y glissera quelques commentaires judicieux sur la recherche, un peu timide mais courageuse, pour le monastère canadien, de ses propres critères d'évolution.

Quelques années plus tard, le voyage au Japon — plusieurs mois de séjour — laissera au Père des souvenirs indélébiles. Une fois de plus, il viendra, en novembre 1961, nous relater les points forts de cette expérience et des découvertes du voyageur. Son émerveillement devant les secrets de la sagesse du bouddhisme et de la spiritualité orientale est contagieux... Il nous rejoint au cœur même de notre foi chrétienne et de notre vie d'orantes.

Un autre tantôt, c'est le courrier qui nous relate les premières impressions d'un voyage en Afrique, où le dépaysement — au sens fort du terme — n'enlève rien à la qualité de ses commentaires. Il s'agissait alors du Rwanda de l'automne 1965. Habitué aux milieux universitaires, le visiteur voit juste et se laisse séduire par les qualités autant que par les points névralgiques de ses nouveaux amis. Et de partager tout cela avec ses sœurs de Berthier, évidemment.

À l'écoute, à l'école d'un Père Lacroix, la prière d'une moniale rassemble les quatre coins de l'univers ! Dans la foulée d'un saint Dominique cela n'a rien d'insolite. Mais le Père Benoît ne se limite pas aux Dominicaines... C'est ainsi qu'à l'été 1968, lors d'une session réunissant à Saint-Hyacinthe les Abbesses et Prieures de différents ordres de moniales du Canada — la jeune Association, filiale de la CRC, est maintenant connue sous le sigle UCRC — Union Canadienne des Religieuses Contemplatives — le Père Lacroix présentait un exposé intitulé *Le défi du Christ — Un défi à l'Église*[1]. Avec son franc-parler et la délicatesse de son amitié, le conférencier mettait toutes les contemplatives en face de la réalité actuelle d'un monde en pleine mutation — d'aucuns diraient une mutation substantielle...

Revenant à nos propres trésors d'archives concernant le Père Benoît, nous rencontrons un passage fort bien frappé, extrait d'une lettre de mai 1965 où il résume sa pensée sur la vocation des moniales :

> J'ai confiance au Monastère qui est le nôtre et je demande à saint Dominique de vous aider dans le sens d'une grande charité envers ce monde frondeur et inquiet.
>
> Priez pour moi autant que vous le pourrez. C'est difficile mais c'est merveilleux de vivre cette époque. On y perd un peu ses belles plumes mais l'essentiel c'est de continuer à voler. Priez pour mes ailes et je prierai pour les vôtres !

Toutes ses activités, son ministère, ses initiatives nous sont fidèlement confiés, souvent en quelques phrases sur une simple carte mais parfois plus longuement. Quant à l'invité ou l'animateur de certaines émissions de radio ou de télévision, comme la magnifique série *Messe sur le monde* à la radio de Radio–Canada, nous le connaissons suffisamment pour apprécier le privilège de recevoir « notre copie » du texte, et pour nous associer à ce ministère de la Parole... très XXe siècle. Nous avons en main en ce moment les feuilles du 5 septembre 1978, le thème ? Le Feu (symbole du travail).

Bien plus, il arrivera au Père de nous faire partager certaines célébrations grâce à la complicité des collaboratrices : la fête de chacune des quatre saisons, par exemple, lui fournit l'occasion de nous présenter au parloir des textes et montages de belle qualité tout en partageant les honneurs... avec sa petite équipe. Il aura toujours ce désir d'introduire auprès de ses chères dominicaines plusieurs de ses amis, étudiants et étudiantes, interlocuteurs, visiteurs, créant ainsi des solidarités spirituelles, au profit des uns comme des autres. On pourrait formuler autrement, à la manière de Saint–Exupéry : il voudra « créer des liens ».

Personnellement, le Père Lacroix aura toujours à cœur de maintenir ces précieux liens. Si ce n'était pas le cas, comment pourrait-on expliquer toutes les raisons qu'il trouve toujours... ? Voici des *textes* authentiques — *non* des *prétextes* :

> C'est mon 25e anniversaire de profession. Je m'autorise à me payer une détente : je vous écris pour vous remercier. J'ai reçu le « saint Dominique » et j'en remercie l'artiste bénévole. J'ai reçu

la prière tracée avec soin sur une feuille–carte blanche : encore ici que puis–je faire autre que dire merci ?

Plusieurs d'entre vous ont peut–être déjà 25 ans de profession religieuse et elles savent très bien ce que cela veut dire : d'abord, une merveille d'étonnement devant la grâce de Dieu et sa miséricorde. Il en faut si peu pour mourir. Et pourtant Dieu a permis que je voie tant de belles choses, que je rencontre tant de personnes si bonnes, que je sois dominicain dans des Couvents (Outremont et Saint–Albert) où il y a une vie religieuse authentique, avec des Pères qui travaillent autant qu'ils peuvent, où il y a une charité virile et franche. Tant de grâces reçues depuis 25 ans !

Mais il y a le revers de la médaille : on se sent tout petit, rien, on imagine sa vie comme un petit bout de fil, et on pense [...] à tout ce qu'on n'a pas fait et on a envie de se décourager et de se dire : à quoi bon 25 ans de vie religieuse et en être encore rendu à l'imperfection ? Ici la seule réponse : la miséricorde de Dieu qu'on a demandée un jour et qui nous a été promise... il y a 25 ans.

Alors on reprend confiance, on reprend sa route, on se dit que Dieu sera assez gentil pour nous aider à continuer à vivre avec Lui et pour Lui.

Voilà ce qui se passe dans ma tête avant de me rendre à Complies. Je voulais vous écrire 3 lignes et simplement vous remercier. J'ai plus de 30 lignes... Alors, il faudra vous aussi, comme Dieu, re–commencer à me pardonner. Encore, après 25 ans d'essai !
(Août 1962)

Autre lettre trois ans plus tard : il avait opté pour fêter avec nous le jour de ses 50 ans. En octobre, voici le message adressé à la Prieure :

Permettez que j'écrive moi aussi sur un papier solennel pour vous dire à mon tour ma reconnaissance. C'est déjà une longue amitié qui m'unit au monastère et si Dieu le permet j'ose souhaiter que cette amitié dure longtemps. Comme en toute amitié, un peu d'égoïsme entretient aussi la mienne pour le monastère : votre présence, vos prières, votre vie au total est une inspiration pour moi comme pour plusieurs. J'ai besoin de vous toutes. La carte en style non figuratif mais lumineuse me rappelle justement ce qu'est l'Esprit de Dieu parmi nous : une force qui nous illumine en même temps qu'elle nous accueille. Les anciennes mystiques ont accordé beaucoup de prestige à la lumière : elle était un symbole et le signe de Dieu. En vous re-

merciant encore une fois je compte sur l'Esprit que vous invoquerez pour moi pour accomplir une autre route.
(19 octobre 1965)

Ses 50 ans de profession ? Le 4 août 1987, il célèbre l'Eucharistie avec la Communauté, nous salue au parloir, et laisse au Livre d'Or la clef de ce mystère :

> En ce 50e anniversaire de ma profession religieuse, je remercie les Moniales en même temps que je remercie Dieu pour tout ce qu'elles représentent pour moi depuis le 4 août 1937 : la prière d'Église, la stabilité monastique, la fidélité de Dieu, la vérité de Dominique.

Et pour le jubilé d'Or de sacerdoce, c'est encore plus clair :

> Sois remercié, Dieu de tendresse et de miséricorde, pour tant de bienveillance à mon égard et pour m'avoir permis de partager cette tendresse, cette bienveillance avec mes, nos Moniales qui elles aussi te cherchent et te désirent, comme un veilleur désire l'aurore... et comme le fleuve désire l'océan.
> (Livre d'Or du Monastère, 5 juillet 1991)

Comment choisir, comment s'arrêter, comment conclure ce témoignage envers un Frère qui a cheminé avec un petit groupe de moniales presque inconnues, qui a su collaborer à leur épanouissement spirituel avec un dévouement peu commun et une persévérance sans doute bien méritoire ? C'est comme un « merveilleux échange » à la manière de Dominique et de Jourdain de Saxe son successeur qui avait un faible à la fois pour les moniales et pour les étudiants de l'Université... de Paris.

À l'une des sœurs de ce monastère de Berthier, le Père Lacroix écrivait un jour de sa propre main :

> J'ai pensé que je pourrais vous demander de « travailler » un peu pour nous, Pères à l'Université, afin que nous soyons toujours dignes d'interpréter auprès de la jeunesse universitaire les intentions de la miséricorde du Seigneur. Et dans vos « prières de distraction »... ayez une pensée pour moi aussi. J'en ai bien besoin. Si vous saviez comme la tâche nous dépasse, comme c'est difficile d'être digne de la confiance que nous font les gens. La sincérité a des exigences impitoyables, et il faudrait être déjà un saint pour prêcher l'Évangile et faire connaître le Seigneur.

Sans doute songeait-il à ce contrat ou à ce défi qui reste toujours présent au cœur du Frère Prêcheur, lorsqu'il traça un jour, ici même, en causant avec une moniale, ces quelques lignes toujours évocatrices et significatives :

> À même les fagots de notre vie,
> maladie, souffrance, solitude et autres misères,
>   physiques et morales,
> brûle un Amour infini qui par la souffrance et nos offrandes,
> sauve et rachète tous ceux qui, même incertains de leur flamme,
>   croient en Sa Parole de feu.

Notre modeste contribution fraternelle aux festivités, surprises et témoignages pour les 80 ans du Père Benoît Lacroix veut être un MERCI pour tout ce qu'il a été pour nous — depuis 50 ans. Vous vous souvenez ? « J'étais ici en 1945 » avons-nous noté aux premières lignes de ce texte. Un JUBILÉ D'OR de plus à célébrer ! MERCI, Père LACROIX !

Lettre manuscrite inédite de Benoît Lacroix aux Moniales Dominicaines de Berthierville

Paris, le dimanche de la Quasimodo 1953

Mes Révérendes Mères et Sœurs,

Sachant que par vos prières et votre pénitence vous m'avez accompagné à Rome, je me dois de vous rendre compte un peu de ce qui s'est passé. Nous sommes entrés hier soir. Nous étions partis depuis quinze jour[s]. Nous sommes arrêtés en Suisse (1 journée), à Assise (3 jours), puis à Florence (5 heures) ; nous avons passé la Semaine de Pâques à Rome même et, au retour, nous avons descendu à Pise (3 heures) et une heure à Gênes. Le train spécial qui nous a conduits et accompagnés toujours, avait l'honneur... de voyager plus de 500 étudiants, dont une majorité française (350 environ) et catholique (400) mais avec une présence de gens (étudiants toujours) de tous les pays et de toutes les religions. Ce qui donnait déjà un caractère universel à la vie. Personnellement, aussitôt que l'on a réussi à savoir mon nom et mes origines « huronnes », l'on m'a confié 50 jeunes filles, dont une libanaise, 12 américaines et anglaises, une chinoise (Hong-Kong). Je ne pourrai pas vous décrire l'atmosphère générale sinon qu'en vous rappelant des détails. J'ai été frappé par la pauvreté et l'héroïsme de ces jeunes. Dans le train, il n'y avait pas de confort. Nous improvisions des lits, des repas. J'en ai vu marcher 30 minutes, 20 minutes, plutôt que prendre un tramway afin de pouvoir par cette économie visiter un musée de plus. Pas de plainte. Partage des repas. Pas un repas où il n'y a pas, avant, le chant du *Benedicite* (même dans le train) et, après, les *Grâces*. La prière du soir, toujours chantée, était Complies du Dimanche, tout ceci était libre. Tous les offices de la Semaine sainte furent chantés : garçons en aube et filles couvertes d'un voile blanc, avec une assistance moyenne de 350 personnes.

Nous avions peut-être avec nous l'élite de la jeunesse française chrétienne, c'est vrai. On me l'a dit. Je le crois. Mais dans cette élite, les « moins bien » sont l'exception.

C'est à Assise (un bijou accroché à une montagne !) que nous avons célébré toute la liturgie de la Semaine sainte. [...]

Samedi matin : nous remontons dans le train et bientôt nous voilà à Florence. Tout ce qu'il y a de plus beau : c'est *L'Annonciation* de Fra Angelico. Les étudiants sont unanimes à ce sujet. Simplicité, candeur, lumière, site choisi, tout fait de cette fresque un chef-d'œuvre de sainteté et d'art. Même (je ne voudrais pas imposer mes jugements de néophyte...) je donnerais tout Raphaël et tout Michel-Ange pour *L'Annonciation* seule.

Veillée pascale : de 10h. à 2 heures du matin. C'est la partie la plus émouvante de tout le pèlerinage. Il y a deux baptêmes : deux de nos jeunes se sont convertis. L'un a 25 ans et sera bientôt ingénieur. L'autre est étudiante en droit : elle a 22 ans. Il aurait fallu que vous les aperceviez vous-mêmes pour bien mesurer et presque voir physiquement la grâce de devenir *enfants de Dieu*. La cérémonie du feu fut commencée sous un arc païen, l'arc de Janus, puis à la clarté des cierges nous nous sommes rendus à une église du VIIIe siècle. C'est tout près du Colisée où tant de martyrs ont donné leur vie. Nous entrons dans l'église cierges à la main : tous les étudiants en ont un, même les non-croyants. C'est l'*Exultet,* puis le baptême. La cérémonie est toute simple ; nos deux jeunes, visiblement transformés et émus, baissent leur tête et l'eau descend sur eux. Un immense *Te Deum* éclate dans l'église : toutes les lumières s'allument. C'est Pâques. La joie est sur les visages. [...]

Le lendemain à midi, pour midi (midi de Pâques), nous sommes sur la place Saint-Pierre. C'est la bénédiction *urbi et orbi*. J'arrive vers 11.45. [...] Il y a du monde partout et bientôt la place Saint-Pierre ne suffira plus à le contenir tout. [...] en une seconde, un immense cri. Les Italiennes sortent leur mouchoir, pleurent et saluent le Pape, qui vient d'apparaître au balcon. Puis c'est une large et profonde clameur faite de voix et de cris. Les Allemands, très nombreux, crient *Heil* ! Les Italiens ont leur façon. Nos jeunes disent : *Vive le Pape* ! Le Pape répond et envoie les mains en les ouvrant en direction de la foule. Je suis assez près, mais je ne puis lui apercevoir la figure. Sur le fond rouge, sa grande silhouette blanche apparaît très bien. Il nous parle et c'est beau de l'entendre et de voir ses gestes qui font des ronds, des cercles et des angles sur le fond rouge. Suit la bénédiction. On dirait que la place Saint-Pierre ne lui suffit plus au Pape et qu'il ouvre ses bras sur tout l'univers comme pour le réunir en une seule accolade fraternelle. *Benedictio Dei*... Vous étiez dans mon souvenir à cette heure-là, comme vous y étiez jeudi dernier quand notre groupe eut une audience du Pape, qui nous parla durant 10 minutes en français. Les étudiants étaient si heureux ! Ce fut leur triomphe et leur récompense.

Pour vous j'ai retenu cette parole que le Pape nous a dite à nous, mais que je vous adresse en souvenir :

> Élargissez votre regard et votre cœur ; étendez-les à tous les pays et à tous les peuples... L'Église compte sur vous. Les talents que vous avez reçus, ne les enfouissez pas. Rayonnez la lumière. Soyez le sel de la terre, et vous aurez par surcroît le bonheur le plus pur qui soit donné à un homme sur la terre : celui d'imiter Dieu.

À vous toutes je souhaite le même bonheur : celui d'imiter Dieu. Quant à moi, je ne cesse de remercier Dieu. « Ma foi devait être bien petite pour que Dieu me conduise jusqu'ici afin de me montrer l'Église dans toute sa catholicité et dans toute son apostolicité. » J'ai vu le Pape ; j'ai vu des chrétiens de toute race. J'ai vu la « grâce » du baptême. Vous ne verrez pas ces choses, ni ces lieux probablement, mais j'ai presqu[e] envie de vous dire que Dieu vous sait déjà fortes dans la foi et que moi je fus en tout cela comme le pauvre Thomas qui a dû toucher le Christ pour mieux croire... mais vous ! mais vous ! « Bienheureuses celles qui croient sans voir » ! [...]

En saint Dominique
Benoît Lacroix, o.p.

LES SŒURS MISSIONNAIRES DE L'IMMACULÉE-CONCEPTION
LES AMITIÉS DU PÈRE BENOÎT...

Pauline Longtin, m.i.c.

Sans commettre d'indiscrétion, *j'ose penser* que depuis 1937, l'Institut des Sœurs Missionnaires de l'Immaculée-Conception occupe une place que l'on pourrait dire « privilégiée » dans les amitiés du Père Lacroix, puisque sa cadette, Cécile, quittait alors le beau comté de Bellechasse pour entrer au noviciat de Pont–Viau. Au cours des ans, il suit l'évolution de cette fondation missionnaire, datant de 1902, à laquelle il ne cesse de marquer son intérêt. Il devient le grand frère, l'ami fidèle que l'on invite à donner son message, toujours si opportun, lors de célébrations plus solennelles, de jubilés, retraites, chapitres, spécialement le dernier chapitre général de 1994 où, à son grand plaisir, il se retrouve en pleine internationalité parmi les déléguées de 15 pays et de 10 nationalités différentes. Tout au long de 1993, ce sont des récollections de fin de semaine qu'il préside à la Solitude Délia–Tétreault, maison de prière qui accueille alors autant de participantes qu'il y a de places disponibles.

Connaître une communauté, c'est déjà quelque chose, mais le Père Benoît est allé plus loin, et c'est jusqu'à la fondatrice qu'il a voulu remonter pour en saisir l'inspiration. Il l'a étudiée, scrutée, et est tombé en admiration devant DÉLIA TÉTREAULT, en religion Mère Marie du Saint–Esprit. Mon propos est ici de citer quelques-unes de ses interventions depuis une douzaine d'années.

Il commence ainsi la « Préface » qu'il écrivit en 1983 pour présenter la brochure *Délia Tétreault et la Vierge Marie* : « Pour parler de sainte Marie, Délia Tétreault trouve les mots qu'il faut. Les mots les plus simples sont les plus beaux »... Puis il admire la manière dont elle s'approche de Dieu, dont elle lui parle et s'en nourrit... Dieu est partout dans sa vie ! Vers la fin il écrit : « Un autre avantage des pages qui suivent est de nous présenter l'acte fondamental vécu par Délia Tétreault : l'action de grâces et la gratitude. » Là, il est conquis, et tout au long des années il ne cessera de remettre en lumière l'inspiration qu'il a découverte chez la Fondatrice, doctrine simple mais sûre qui fera d'ailleurs écrire à l'un de ses confrères : « Sa vision spirituelle et missionnaire est si juste qu'elle devrait être béatifiée sans plus de formalité » (B. Bélanger, o.p., 3 octobre 1993).

Au dimanche des Missions, le 19 octobre 1986, il célèbre l'Eucharistie pour quelques centaines de M.I.C. de la Province de l'Immaculée–Conception, à Montréal. L'homélie qu'il y donne est restée mémorable ; en voici quelques bribes :

> Historien de métier et, en plus, admirateur de tout ce qui a été accompli ici et là par les Sœurs Missionnaires de l'Immaculée-Conception, je ne peux pas et ne veux pas oublier que vous êtes une congrégation québécoise avec une fondatrice pure laine, la

première du genre en Amérique française. Le premier élan de votre congrégation fut de penser la mission à l'extérieur du pays.

Puis, préoccupé avec l'assemblée « d'absorber le passé et d'envisager l'avenir, dans la double perspective de la mission en pays lointains et de la mission au Québec, au Canada, en Amérique du Nord », le célébrant commente les huit béatitudes de saint Matthieu appliquées à des missionnaires : « Heureuses les pauvres... heureuses les douces... celles qui pleurent... », etc. Vient la conclusion :

> En terminant, nous nous rendons compte que tout ce langage est possible à cause d'une certaine Dame Délia Tétreault qui, un jour, s'est faite adoratrice de la Trinité et missionnaire de cœur et d'esprit à travers le monde entier... En allant à l'Eucharistie redire les mots de l'offrande totale du Christ, nous ne pouvons pas oublier le mystère merveilleux qui demeure au centre de la vie et de l'œuvre de Mère Marie du Saint-Esprit : la glorification de la Trinité, le goût du blé qui devient épi symbolique d'enfants baptisés.

Ces derniers mots sont une allusion au rêve, dit prophétique, que fit Délia enfant et dans lequel elle avait vu un immense champ de blé mûr dont les épis se changeaient en têtes d'enfants... qu'elle avait compris être des enfants non chrétiens.

Fidèle à l'amitié qu'il nourrit pour elle, le Père Benoît présente « Délia Tétreault, Femme de chez nous » aux lecteurs de la revue missionnaire des M.I.C. *Le Précurseur* (juillet-août 1985) :

> *Du rêve à la réalité...* Délia fut une grande lectrice de récits d'aventures, romans autant qu'annales (Sainte-Enfance et Propagation de la Foi). Dieu a bien des cordes pour susciter des vocations, surtout la vocation de la jeune Délia qui a envie d'aller ailleurs et qui est capable de passer du rêve à la réalité, de l'imaginaire à l'efficacité... elle incarne ses lectures, elle part et elle fait partir. C'est cela *l'appel vocationnel incarné*. Les récits l'ont stimulée, j'en suis certain.

Notre écrivain laisse courir sa plume :

> Un autre élément que je lie à ses lectures de récits d'aventures et aussi à sa perception missionnaire, c'est que cette petite Québécoise de Marieville veut aller partout, elle veut occuper le monde, elle veut occuper l'univers. Ça m'a beaucoup frappé car je connais un peu l'histoire de l'Église québécoise. À l'époque, la

vie religieuse se referme sur elle-même. Les petites Québécoises demeurées ici restent renfermées, timides. Vous les envoyez à l'extérieur et vous vous apercevez tout à coup qu'elles deviennent des fondatrices, des pionnières... C'est ce passage du particulier à l'universel qui me frappe beaucoup : « Nous devenons filles de l'Église au service de la mission universelle », exprimera Délia Tétreault en préparant le premier départ de ses Sœurs pour la Chine, en 1909.

Il termine cet article de fond, par un point qui lui est demeuré cher :

Un troisième aspect de la spiritualité très moderne, très après-Concile, très liturgique, très prophétique de Délia Tétreault, c'est *l'action de grâces*. Croyez-le, elle a tout pris !... Je suis moi-même en action de grâces devant Délia Tétreault...

Quelques années plus tard, en 1990, dans une lettre qu'il m'adressait en remerciement du dossier que je lui avais remis sur *La vie et l'activité de Délia Tétreault,* notre héros exprimait de nouveau les sentiments dont il vient d'être question :

Ce qui me frappe maintenant que je suis plus instruit de votre Délia Tétreault, est son caractère prophétique. Il est historiquement... étonnant qu'elle ait à sa manière prophétisé l'action missionnaire internationale. Mais plus surprenant encore est qu'elle se soit donnée à l'Action de Grâces et à l'Esprit saint plusieurs décades avant que ces thèmes soient devenus si populaires en Occident que l'Eucharistie en est très marquée : il suffit de consulter la pastorale d'aujourd'hui. Spiritualité théologale et en même temps ce goût d'actions de grâces à travers mille difficultés. [...] j'en profite pour vous féliciter ainsi que vos compagnes M.I.C. de « pousser » la cause, une cause si méritoire et si actuelle dans ses perspectives.

Le Père Benoît ne reprend pas son admiration. En 1992, à l'occasion du 350e anniversaire de la fondation de Montréal, voulant souligner l'élan missionnaire que Délia Tétreault avait donné à notre ville depuis le début du siècle, j'allai le trouver pour lui demander d'écrire une plaquette sur *Délia Tétreault et Montréal missionnaire.* Vous auriez dû voir la réaction... « Une plaquette !... Ce n'est pas assez pour une femme de cette envergure !... Il faut toute une journée, un colloque avec des conférenciers choisis, des invités pouvant apprécier le sujet », etc., etc... Ce fut là en effet l'origine du colloque de 1992 qui eut lieu à l'auditorium Saint-Albert-le-Grand, gracieusement mis à notre disposition par les Dominicains sur demande du Père Benoît. Au cours de la journée en orateur brillant et original comme on le connaît, notre grand ami présenta à un auditoire « trié sur le volet » une nouvelle facette de Délia Tétreault : *Une spiritualité trinitaire à composantes cosmiques* (*Le Précurseur,* juillet–août 1993). Il entre en matière en lançant : « Depuis quelque temps des auteurs sérieux se demandent jusqu'à quel degré les spirituels peuvent ou ne peuvent pas être influencés par la nature, l'univers, le cosmos (voir « Nature et spiritualité », dans *Revue thomiste,* 1992) ? » Puis il questionne : « Aujourd'hui nous aimerions savoir si, chez Délia Tétreault, la manière de prier, de penser Dieu, le Christ, l'Esprit, est cosmique, disons écologique. Jusqu'à quel degré s'intéresse-t-elle à l'environnement ? [...] Dans un sens spirituel ? Ou par pure observation ? » Et durant une heure, témoignages à l'appui, il amène à constater que si Délia Tétreault, ou Mère Marie du Saint-Esprit, se retrouve déjà par son nom associée à la vie trinitaire, elle n'en est pas moins, et à un haut degré, citoyenne de l'univers, invitant sa communauté missionnaire à ne pas oublier sa relation à la nature : « Mes filles, voulez-vous donner du bonheur ? Faites aimer ce que Dieu vous fait aimer... Faites aimer la nature, faites aimer le beau, le vrai, le bien ; faites aimer la source de toute beauté, de toute vérité, de tout bien, faites aimer Dieu. » Et le Père Benoît de conclure : « Tout est dit ! Cela suffit ! »

À la demande du département de sociologie de l'Université Laval, à Québec, notre bon ami accepte, en 1993, de faire pour la revue scientifique *Recherches sociographiques* la recension du livre publié par le Père Yves Raguin, s.j. : *Au-delà de son rêve, Délia Tétreault.* L'auteur avait présenté son ouvrage comme étant *une histoire spirituelle* :

> Qu'est-ce à dire, demande notre analyste, sinon en l'occurrence une biographie adaptée qui tend à détecter les motivations et les grands axes d'une vie, celle de Délia Tétreault ?... Ce livre n'est pas une improvisation pieuse. En fait, Délia Tétreault y apparaît, avec preuves textuelles et une tradition orale à l'appui, comme une femme remarquable, autant par sa vie intérieure que par sa générosité envers les autres, ce qui ne l'empêche pas d'être déterminée jusqu'à tenir royalement tête à certains personnages masculins prestigieux...

Voilà comment le cher Père Benoît a scruté et reconnu en Délia Tétreault une personnalité attachante qui nous est chère et qu'il a contribué à faire connaître et aimer de publics variés au cours de la dernière décade. Nous lui en exprimons toute notre reconnaissance et souhaitons à cet ami que nous admirons et aimons beaucoup, la joie de revivre « en action de grâces » les mille et un épisodes que les pages de ce volume font revivre et qui, de certaine façon, cristallisent toute une mine de souvenirs plus heureux les uns que les autres.

LE PÈRE BENOÎT LACROIX ET L'ABBAYE DE SAINTE–MARIE DES DEUX–MONTAGNES

Dominique Gisèle Mailhiot, o.s.b.

Nous sommes très heureuses de collaborer « *modulo nostro* » au 80e anniversaire de naissance du Père Benoît Lacroix.

C'est après mon entrée au Monastère en mai 1952 que le Père Lacroix commence à fréquenter l'Abbaye Sainte–Marie des Deux-Montagnes dont il m'avait indiqué la voie comme directeur spirituel. Vers 1955, il nous a donné une conférence sur la Palestine après un voyage qu'il fit en Terre Sainte. Le 20 janvier 1979, à ma demande, il est venu présider l'Eucharistie et faire l'homélie à l'occasion de mon 25e anniversaire de profession monastique. Le texte de son homélie permettra de comprendre combien il estime et aime la vie contemplative. En septembre 1979, à la demande de notre Mère Abbesse, il a prêché notre retraite annuelle, mais nous n'avons pas le texte de ses conférences.

En septembre 1986, nous avons préparé un diaporama à l'occasion des 50 ans de fondation de l'Abbaye Sainte–Marie. C'est le Père Lacroix qui a composé le texte du diaporama. Il vient aussi soit pour fêter les grands événements de notre famille monastique, soit pour des rencontres avec la Communauté. Il nous tient au courant de son ministère auprès des jeunes et alimente ainsi une part de l'apostolat de notre prière de louange.

Ce sera une grande joie pour nous de prendre connaisance des *Dits et Gestes de Benoît Lacroix, prophète de l'amour et de l'esprit.*

HOMÉLIE POUR UNE BÉNÉDICTINE

[...] Dieu vous a aimée le premier. De Lui sont venus en cadeau le temps, la vie, la foi, l'appel, la force d'une réponse difficile et tenace.

Que soit remercié par nous tous le même Dieu, *Dieu vivant* [...] Or ce Dieu vivant, qui nous a aimés le premier, se définit avant tout par l'Amour : *Dieu est Amour*. En vous consacrant à Lui, c'était donc à l'Amour que vous vous consacriez. Vingt–cinq ans, cinquante ans de prévenance. Autant d'années d'amour.

À cet anniversaire de l'Amour prévenant de Dieu sur vous se greffent, comme malgré nous, les interrogations inquiètes de l'humanité qui vous entoure. Cette célébration–anniversaire est publique. Comme le furent, en principe, votre baptême et votre profession de 1954. *Nul n'est une île.* Aucune existence n'est unique. Aucune consécration ne s'explique que par elle–même. La vie individuelle a toujours des résonances sociales, non que vous soyez aujourd'hui responsable des questions que notre société se pose sur des vies comme la vôtre, mais vous êtes peut–être plus responsable des réponses que nous osons parfois donner à votre vie. Permettez–nous de *vous* dire tout de suite *nos* questions et de *vous* interpréter de *notre* mieux *vos* réponses.

Nos questions sont brutales comme notre vie à nous : pourquoi êtes–vous ici ? Que faites–vous ? Est–ce bien la prévenance de Dieu que de se constituer librement sa prisonnière ? À quelle forme de pouvoir, à quelle sorte d'efficacité, votre vocation publique répond–elle ? À quelle vocation sociale répond une abbaye pour mobiliser tant d'énergie et tant de talents à la fois ? Le monde aurait tellement besoin d'expertes cellérières comme vous...

Vos réponses seraient–elles celles–ci ? Au Québec torturé de 1979, vous diriez à qui veut l'entendre, le savoir et surtout le voir, que Dieu est, qu'il est Amour ! Vous dites qu'on peut Lui offrir sa vie aussi concrètement que des parents donnent la leur à leurs enfants. Vous proclamez, avec votre abbaye, l'existence antérieure à la nôtre ; vous annoncez, avec la vie, l'au–delà de la vie, la résurrection. Votre espérance est d'un autre ordre que celle de la société dans laquelle nous vivons tous.

Mieux encore, chacune s'efforçant de vivre pour l'autre, vous accomplissez, sans contestation, sans grève à ce que je sache, une sainte Parole qui veut que le but de la vie soit de donner sa vie à ceux qu'on aime et qu'on sert. Les plus jeunes ici, sont autant chez elles que les plus âgées. Les plus malades deviennent parfois plus importantes dans la pratique de l'amour quotidien que les plus solides de corps et d'esprit. Votre manière féodale de structurer votre gouvernement contredit notre manière démocratique d'agir. Ici, ni les dossiers, ni les papiers ne remplacent la personne. Vous nous contestez !

Il arrive, comme par merveille, que cette célébration ouvre la grande semaine de l'Unité. La vocation sociale et spirituelle de cette abbaye et son efficacité spirituelle n'en paraissent que plus évidentes. Sans que vous vous en doutiez toujours, et c'est toujours agréable à constater, vous êtes et vous représentez dans la société un pouvoir, un ferment spirituel, une force même. Ce pouvoir spirituel vous aura permis à toutes de créer et de recréer chaque jour cette abbaye, d'y recevoir celle qui y vit depuis 25 ans et tant d'autres qui y sont venues.

De notre côté, nous savons de plus en plus que l'humanité d'aujourd'hui a soif de spirituel vécu. Au moment où nous célébrons cet anniversaire, nous ne pouvons pas oublier que des jeunes de tout âge, partout dans le monde, sont à la recherche du beau, du silence, de la méditation ; ils désirent ces moyens humbles qui s'appellent : prière, pauvreté, liberté intérieure, artisanat, travail manuel, docilité à la vie quotidienne.

Enfin, nous apprenons par vous ce que nous constatons souvent sans toujours mesurer nos preuves : le pouvoir de minorités convaincues sur le monde. Les minorités ! De plus en plus, dans une société globale et technocratique, les minorités apparaissent comme seul vrai *sel de la terre, lumière du monde, ferment dans la pâte, semence* qui fait grandir l'ensemble. Jésus l'avait bien dit.

Telles sont en résumé les premières raisons de cette fête : un anniversaire, oui, mais d'abord la gratitude vis-à-vis de Dieu qui nous a aimés le premier ; pour nous, le bienfait de savoir que vous représentez ici, individuellement et collectivement, une force, une vérité, une manière noble de vivre. L'occasion est belle. Nous n'allons pas la manquer. L'occasion est belle de vous remercier, Madame l'Abbesse, à cause de l'abbaye et pour ce que vous représentez toutes, pour le pays, l'Église et le monde. [...]

(*Vie des communautés religieuses*, mai 1979, p. 153–157)

Les Dominicaines Missionnaires Adoratrices
Réminiscences

Françoise Guillot, o.p.

Je veux que tu vives :
Voilà le cri du Pain de la Parole.
Je veux que tu vives :
Voilà le cri du Pain de la vie !
(Benoît Lacroix , o.p.)

Père Lacroix, vous souvient–il ?

C'était un 14 avril 1991... En reconnaissance pour votre amitié fraternelle envers nous et pour votre précieux apport aux rencontres de l'*Union Eucharistique Pro Mundi Vita* à Québec, nous avions, au cours d'un repas, célébré votre 50e anniversaire d'ordination sacerdotale. À l'occasion de votre 80e anniversaire de naissance, nous aimons faire mémoire de cette fête chez vos jeunes sœurs de Beauport, les Dominicaines Missionnaires Adoratrices.

Toast

Le jour des noces de Marie de Saint–Michel avec Joseph de Beaumont, il y avait, paraît-il,

> beaucoup d'invités ; les cloches qui carolaient, chantaient, valsaient, à ne plus vouloir s'arrêter. Il y avait des talles et des talles de lilas éclatés de la veille, des papillons nouveau-nés, des hirondelles en plongées et remontées, des écureuils en chevauchées sur les pagées, une bonne dizaine de merles sur la clôture du cimetière. Tout l'univers noçait.
> (*Marie de Saint–Michel*, p. 26)

Faut dire que c'était un 31 mai.

Aujourd'hui, 14 avril, le printemps n'est pas aussi avancé. Tout de même, pour un jubilé d'or sacerdotal, on peut aussi nocer ! Ah ! la fête est moins grandiose... Les cloches n'ont pas carillonné à votre arrivée. Mais au cours de la journée, des centaines de religieuses agenouillées ont adoré. Dans notre jardin, le banc de neige a baissé d'un pied, et dans nos grands arbres, des dizaines de merles ont voltigé et chantonné.

Père Lacroix, par notre fête toute simple, nous voulons rendre hommage au savant théologien, à l'historien chevronné, au prédicateur de renom, au grand homme que vous êtes. Surtout, nous voulons, en petites sœurs, rejoindre en vous le grand frère dominicain, le prêtre aimé, l'ami fidèle et dévoué.

Vive notre jubilaire !
Vive notre amitié !
Beauport, 14 avril 1991

À L'OCCASION DU JUBILÉ D'OR SACERDOTAL DE NOTRE CHER FRÈRE BENOÎT LACROIX, O.P.

Le dimanche 14 avril 1991

Avant la création du monde et de sa jeune beauté,
avant le premier jour des milliards d'années de l'âge de l'univers,
quand aucune nuit encore n'existait pour mesurer le temps,
et que seule la paix de ton amour planait sur le néant
dans l'infini de ton éternité,
Père, tu m'as aimé.

Tu es le seul saint, Seigneur Dieu, toi qui fais des merveilles !

Avant que ne jaillît de la ténèbre le premier soleil,
et que naquît à l'horizon la première aurore,
avant que le chant de la première nuit ne berçât les étoiles
et que les premières nébuleuses ne tracent pour toi des rondes de
                                joie, dans l'infini de ton éternité,
Père, tu as voulu mon âme.

Avant que fussent enfantées les collines et creusés les abîmes,

dans l'infini de ton éternité,
Père, tu as prédestiné mon corps
et jusqu'à la couleur de mes yeux, c'est toi qui l'as voulue.
Et tu m'as aimé en ton Fils Jésus.
Tu veux que ces yeux — mes yeux ! — pleins de ta lumière,
au dernier Jour, te voient face à face,
que te chanter, Père, sinon :
Tu es le seul saint, Seigneur Dieu, toi qui fais des merveilles !

Avant que fut façonné le premier cœur capable d'éternité,
et que naquît au berceau des lèvres le premier sourire d'amour,

dans l'infini de ton éternité,
Père, tu as voulu mon cœur.

Avant que naquît Dominique de Guzman
et qu'il s'enflamme d'amour pour Jésus notre Sauveur,
avant qu'il donne ses nuits à Dieu et ses jours au prochain
et qu'il fonde l'Ordre des Frères Prêcheurs
dans l'infini de ton éternité,
Père, tu m'as choisi,
De Saint–Michel–de–Bellechasse, tu m'as appelé
dans la « religion fraîche et parfumée » de Dominique
pour être « prêtre de Jésus–Christ » et avec Lui donner ma vie par
                                                       amour
que te chanter, Père, sinon :
Tu es le seul saint, Seigneur Dieu, toi qui fais des merveilles !
(Adaptation d'un texte de Lucien Deiss, *Prières pour tes merveilles,* t.1)

Le pain

> Le pain que l'on rompt ensemble,
> le pain partagé,
> ça n'a pas d'égal ;
> Une table à manger, à causer, c'est beau !
> (Benoît Lacroix , o.p.)

Anecdotes tirées des conférences données par le Père Benoît Lacroix à notre communauté et à des rencontres de l'*Union Eucharistique Pro Mundi Vita* offertes aux religieuses de la région de Québec.

Anecdote familiale

Un jour, à l'occasion des Rogations, mon père était descendu des Rangs au village, à l'église, pour y faire bénir des grains. Il les avait mis dans un petit sac en toile blanche, découpé à même un sac de sucre. Mais, avant d'aller les mettre dans le champ, il m'avait dit en riant : « T'es mieux de les regarder ces grains parce qu'ils sont bénits, pis tu ne les verras plus jamais. » Ce que nous avons revu ce sont les épis d'avoine. Puis nous mangions du bon pain. Finalement, les grains étaient devenus du pain et le pain nous réunissait tous les jours. [...] Peut-être même une hostie est-elle née de ces grains, une hostie, Jésus, son Royaume, les noces éternelles, le repas sacré d'une éternité partagée que nous nous souhaitons à tous !

Un souvenir qui en dit long

Une femme du Troisième Rang de Saint-Michel, que nous habitions, allait accoucher et perdre son bébé. Sa mère lui dit : « Baptise ton bébé tout de suite ; il communiera au ciel »... C'est ma mère qui m'a raconté cela, donc c'est vrai. Une fois de plus est affirmé par une parole toute simple le lien entre Dieu et nous, comme entre la vie, le pain, la terre, le ciel. Nourris de Pain, nés de Dieu, nous sommes en fin de compte des êtres comblés !

Un souvenir de Saint-Michel

À Saint-Michel-de-Bellechasse, en mon temps, il y a six ou sept décades et plus, on entendait parler à l'église et à la maison du curé « Panet ». C'était un saint prêtre. Pourquoi était-il plus saint que les curés voisins ? Parce que durant les plus gros froids d'hiver, il allait porter le bon Dieu aux malades, tête nue ! Peu importe le rhume, les oreilles gelées, « le bon Dieu mérite cela ! » Tête nue en plein hiver par respect pour le Saint-Sacrement. Souhaitons-nous cela ensemble après avoir interrogé nos ancêtres, cette foi pure et claire comme de l'eau ! Si nous avons cette foi, ce respect pour le Saint-Sacrement, je crois que nous n'aurons jamais froid spirituellement.

Une anecdote de mon pays

Quand j'étais tout petit, il m'arrivait d'accompagner mon père qui allait herser ou faucher « en haut de la terre ». Or en haut de la terre, à la limite de l'horizon, il y avait un bois, qu'on appelait en terme amérindien la forêt de Maska. Je trouvais que la forêt de « Maska », pourtant à deux kilomètres de la maison était bien loin et trop en haut pour mes petites pattes. Comme je me plaignais, mon père, une fois, s'est arrêté et il m'a donné deux biscuits de son dîner, puis il m'a dit : « Mange ça, pis regarde là-bas, pis regarde longtemps : tu verras que la forêt de Maska est toute proche »... Peut-être que si, en route durant le voyage de notre vie, nous nous arrêtions pour recevoir un peu de pain eucharistique, Dieu nous paraîtrait moins lointain et la Trinité moins inaccessible, comme la forêt de Maska... Chacune, chacun marche, et nous marchons tous ensemble, par étapes, d'âge en âge, de l'Eucharistie à la Trinité !

Une histoire

– Que faut-il avant toute chose pour cuire un pain, demande un jour un sage ?
On lui répondit :
– De la farine et de l'eau.
– Non, répondit-il. Il faut du soleil pour faire lever le blé et mûrir la moisson. Il faut la nuit pour reposer le soleil et le jour pour reposer la nuit.
Survint un autre sage :
– Pour cuire un pain, il faut beaucoup d'amour. Car le pain est partage et communion.
Morale de cette histoire : le pain est ici plus que les apparences extérieures. Il est blé, semence, soleil, saison, travail, solidarité, amour et communion.
– Que faut-il pour dire la messe ?
Le sacristain du village m'a répondu :
– Il faut une table, des burettes, du pain, deux cierges et un missel.
Et moi, en votre nom j'ai répondu avec vous :
– Pour dire la messe, il faut les mots de Jésus, un repas sacré, une communauté de croyants, un mémorial et surtout beaucoup d'amour.

C'est ce que nous nous souhaitons ensemble de tout cœur : beaucoup d'amour !

Une Fête-Dieu

Un jour, en Bellechasse, à Saint-Michel, nous fîmes à l'occasion de la Fête-Dieu un beau reposoir : des banderoles, des lampions, des fleurs et des petites filles à genoux déguisées en anges adorateurs... La procession fut longue et belle et les cloches ont sonné durant une bonne demi-heure... Cependant ma mère, malade, n'était pas à la procession. Elle était demeurée à la maison, seule. Quand nous revînmes, elle nous a posé mille questions sur le déroulement de la cérémonie. Qui portait le dais, qui fit le sermon ?... Un peu curieuse, ma sœur aînée a demandé à ma mère :

– Et vous, qu'est-ce que vous faisiez pendant tout ce temps-là ?
Elle a répondu :
– Mais je faisais la procession moi aussi, les grains de mon chapelet ont défilé tout le temps que les cloches ont sonné et qu'a duré la procession.

Aujourd'hui je comprends l'unité de sa vie et sa Fête-Dieu : le chapelet l'avait conduite jusqu'au reposoir : en compagnie de la Sainte Vierge elle avait vécu à sa manière ce que vous appelez l'union eucharistique... L'union eucharistique en compagnie de Marie, c'est ce que je nous souhaite à jamais !

Musique — chant

Je souhaite toujours qu'il y ait un peu de musique et de chant. Ça donne un certain rythme à la vie, à la journée. Il y aura donc du chant, de la musique, des paroles. La musique est sacrée. Comme on disait autrefois, elle a été inventée par Dieu qui a voulu rendre aux êtres humains un certain rythme qu'ils ont toujours envie de perdre.

Crise de jalousie

Moi, j'ai parfois des crises de jalousie vis-à-vis des cuisiniers, des cuisinières, des réfectoriers, des réfectorières, de les voir ranger le pain, le trancher, le voir arriver.

Jésus a dit : Le pain c'est notre signe de ralliement : faites ceci en mémoire de moi. Je suis là, c'est le rendez-vous, trompez-vous pas : le pain et moi ça va ensemble. L'Eucharistie et la résurrection, ça va ensemble. C'est logique, c'est la logique du pain, c'est la logique du repas, de l'amour !

Cher Père Lacroix,

En action de grâce pour votre 80ᵉ anniversaire et communiant à l'estime que vous portait notre regrettée Mère Julienne du Rosaire, nous faisons nôtre ce merci qu'elle vous exprimait, le 7 août 1983, à la fin d'une retraite prêchée chez nous :

> Au terme de cette semaine,
> où vous nous avez entraînées dans la « célébration de notre Dieu »
> nous voulons vous traduire quelque chose de notre profonde
> gratitude
> pour cette retraite si « dominicaine »
> où tout fut centré sur Dieu, sur la Parole vivante et vivifiante
> qui ne cherche qu'à « faire son nid » en nous !...
>
> Que le Christ Eucharistique,
> centre de notre vie dominicaine missionnaire adoratrice,
> et la Vierge du Rosaire, notre si bonne Mère à tous,
> vous expriment nos sentiments les plus fraternels
> de façon toute divine,
> et continuent de veiller sur leur fils dominicain
> en faisant porter toujours plus de fruit à sa Parole de Prêcheur...

POUR LE PAIN DE VOTRE VIE, MERCI !

LE PÈRE BENOÎT LACROIX ET LES SŒURS DES SAINTS NOMS DE JÉSUS ET DE MARIE

Claire Laplante, s.n.j.m.

Telle une plante vivace, une longue amitié a germé au cours des ans. Elle prit racine dans cette terre d'Outremont, non loin du monastère Saint–Albert–le–Grand. Autour de cette église, plusieurs religieuses des S.N.J.M., vivant en petites résidences, y gravitaient, toujours enrichies par la liturgie dominicaine et en particulier par les homélies du Père Benoît Lacroix.

Chez lui, l'*absolu de Dieu* est incontestable. Ainsi le 25 mars 1972, il est invité à la réunion des sœurs de la province d'Outremont pour développer le thème : « Vie religieuse, hier et demain ». Voici son mot de la fin :

> La vie religieuse, c'est l'absolu de Dieu dans notre monde, et cet absolu ne passe pas. Le moyen de persévérer dans la vie religieuse, c'est la prière.

Pour lui l'*espérance* est la vertu des temps difficiles. En novembre 1980, élèves et professeurs fêtent pour la dernière fois la Sainte-Cécile à l'école Vincent–d'Indy. À cette occasion le Père Lacroix célèbre la messe à la salle Claude–Champagne. Voici quelques bribes de son homélie :

> Nous descendons de la montagne pour retrouver la plaine, pour continuer la route de l'amour, de l'action et de la beauté. Ce n'est donc pas la fin de l'école Vincent–d'Indy, nous vivons l'espérance de bâtir dans la plaine.

Lors de la réélection de Sœur Hermance Baril, supérieure générale en juillet 1982, il dit dans son homélie ces paroles encourageantes :

> Dieu ne nous lâchera jamais. Il est le plus fort. Il est le Maître des temps. La route du Royaume paraît très étroite, mais c'est la route d'une amitié éternelle avec Dieu, en Jésus, unis à jamais à l'Esprit. Notre première patrie, c'est l'univers ; notre cité préférée, c'est l'humanité : tout ce qui est à faire, tout ce qui est à donner, à partager, c'est merveilleux. Ne craignons pas notre offrande, elle est trop belle pour être crainte.

Voici un fait qui dénote combien la beauté de la *musique* l'enchante. C'est le 7 juin 1980, la province d'Outremont fête le 25e anniversaire de profession religieuse de Sœur Monique Thériault, supérieure provinciale, et le Père Lacroix est invité à présider la célébration eucharistique. À cette occasion, Sœur Huguette Désourdy chante « Longue route ». Émerveillé par sa voix, le Père lui demande spontanément de bien vouloir chanter à ses funérailles.

À l'occasion de la béatification de *Mère Marie–Rose,* en mai 1982, il écrit un article qui sera publié dans l'*Informateur catholique* : « Prière secrète à la Bienheureuse Mère Marie–Rose, s.n.j.m. ». Ce texte dénote bien son estime envers Mère Marie–Rose qui a joué un rôle privilégié pour l'avancement de la *condition féminine*. En voici un extrait :

> Toi, femme de ce pays chéri, ma compatriote [...] je te supplie d'intercéder pour qu'il y ait de plus en plus sur la terre des places et des rôles privilégiés féminins qui viennent tout naturellement, au mérite et non par législation [...] Intercède surtout pour qu'on ne dise plus que tu ne peux pas être ou faire ceci parce qu'Aristote ne le pense pas, parce que Moïse ne le veut pas, ou parce que Jésus ne l'a pas énoncé, lui qui pourtant est venu non pas pour

répéter mais pour accomplir la Loi et la convertir historiquement au Royaume où il n'y a déjà ni femme ni mari et discrimination d'aucune espèce.

Quelques semaines plus tard, le 28 mai 1982, il est commentateur à Radio–Canada pour la béatification de Marie–Rose Durocher, notre fondatrice. Voici quelques–unes de ses réflexions :

> La sainteté naît spontanément du terroir. Québécoise authentique, Mère Marie–Rose a une spiritualité pratique dominée par une charité immédiate qui s'impose par une œuvre. Elle découvre tout à coup un besoin de l'éducation dans notre milieu. Elle répond à un besoin public et fait rayonner la foi qu'elle a elle–même. C'est une femme de grande foi qui manifeste des qualités sociales remarquables. À partir d'un héritage reçu et devant un besoin immédiat, elle répond par une spiritualité de la vie concrète. C'est aujourd'hui la fête de l'amour par excellence, l'amour caché. Comment expliquer la force de la foi ? Ceux qui ont fait le plus sont ceux qui avaient le moins. C'est le grand message des béatifications d'aujourd'hui.

Outre les nombreuses célébrations eucharistiques célébrées dans les petites résidences, voici une chronologie d'événements vécus avec le Père Lacroix :

Mars 1972 : Causerie sur la vie religieuse aux Sœurs de la Province d'Outremont.
Novembre 1979 : Commémoration des défunts à la résidence Outremont.
Novembre 1980 : Amicale Vincent–d'Indy à la salle Claude-Champagne.
Janvier 1981 : Fête du Saint Nom de Jésus à la résidence Outremont.
Juillet 1981 : Réélection de Sœur Hermance Baril, supérieure générale, à Saint–Lambert.
Mai 1982 : Commentaires sur la béatification de Mère Marie–Rose à Radio–Canada.
Janvier 1983 : Remise des nouvelles constitutions à la salle Marie–Stéphane.
Juillet 1985 : Célébration de noces d'argent à Longueuil et visite des archives.
1987 : Rencontre des groupes de profession religieuse à Saint–Lambert et fête de la lumière.

Et j'en passe...

Encore aujourd'hui, à la Saint-Valentin, Sœur Huguette et son groupe le reçoivent pour les agapes fraternelles.

À l'occasion de votre 80e anniversaire, nous souhaitons, Père Lacroix, que cette plante vivace de l'amitié puisse étendre ses racines profondes et durables dans le sol arrosé par la poésie et l'accent de prière qu'on vous connaît.

HISTOIRE D'UNE AMITIÉ ENTRE LE PÈRE BENOÎT LACROIX, O. P. ET LES SŒURS DE SAINT-PAUL DE CHARTRES

Maria Richard, s.p.c.

À vrai dire, cette histoire était commencée avant mon arrivée à Montréal (1978) et j'en ignore les racines. Seraient-elles cachées dans le campagnard qu'est Benoît et les Gaspésiennes que constituaient plusieurs membres de notre Communauté ? La terre et la mer ont des connivences !

Lorsque j'ai connu le Père Lacroix, il avait l'âge de répondre à bien des besoins, de partager ses expériences et d'en faire bénéficier les autres. Doté d'une résistance exceptionnelle, il répondait à toute demande dès que son horaire le lui permettait.

L'amitié dans les célébrations

À cette époque le Père Benoît était préoccupé de transmettre la « Bonne Nouvelle » incarnée dans notre culture québécoise, avec les mots, les lieux et les saisons de chez nous. Il a su s'entourer d'une équipe dynamique dont j'ai été heureuse de faire partie. Nous prenions la route régulièrement pour expérimenter ce qui sera publié sous le titre *Célébration des saisons* (1981). C'est ainsi que nous nous retrouvions dans les monastères (Carmel, Dominicaines de Berthierville), dans différents foyers de personnes âgées, dans quelques communautés religieuses et paroissiales : promenades joyeuses et priantes. Le Père Lacroix nous transmettait la PAROLE qu'il avait méditée et retraduite selon la réalité de chez nous. Et nous, nous apportions un élément indispensable à cette prière : la beauté de nos paysages et visages de tous âges, de toutes saisons (diapositives de Lucille Côté s.s.a.). Nous ajoutions aussi la musique et le chant qui soutenaient la réflexion, l'intériorisation et qui accentuaient la gravité ou la joie véhiculées à travers les textes. Quelle belle époque pour nous tous et toutes ! Quelle chance m'a été donnée pour favoriser mon intégration dans la grande métropole et ses environs, pour m'ouvrir dans ce nouveau milieu !

Proche de nous au quotidien

Le Père Lacroix s'est souvent retrouvé au milieu de nous pour nos célébrations communautaires, nos fêtes de toutes sortes, les récollections dans nos communautés locales du 3813 Lacombe et du 5595 Woodbury, ici à Montréal. Il avait le souci de nous rejoindre dans notre spiritualité centrée sur le Christ dans son mystère pascal.

Il est venu nous retrouver jusqu'à Sainte–Anne–des–Monts en Gaspésie, à notre Maison Provinciale les 18–19 août 1984. Benoît y a animé le Conseil de Province qui rassemblait les Responsables de nos Communautés locales du Québec. Développant le thème « Mission pastorale des responsables locales », il a puisé abondamment dans notre « Livre de Vie » et les « Actes capitulaires » de 1983. Ses exposés étaient marqués de son expérience humaine très riche ainsi que de sa simplicité et de son humour. Benoît a fait travailler tout son monde en équipe pour aider chacune à puiser dans sa propre expérience et à intégrer cette mission pastorale dans sa vie concrète.

Présent à nous, il l'est aussi aux personnes et aux œuvres qui nous sont chères. C'est ainsi que nous le retrouvons auprès des Ami(e)s de Saint–Paul, associés laïques de notre Communauté. Il a vécu, présidé des célébrations simples et profondes donnant aux laïcs leur place dans l'Église. Nous pouvons dire que dans le sillage de saint Paul, il sait se faire « tout à tous », capable de les rejoindre tous là où ils sont !

Présence aux temps d'épreuve, de séparation

À l'automne 1982, Sœur Evelyne LeBreux, notre guitariste de l'Équipe des Saisons, est entrée dans une phase de maladie qui l'a conduite à sa dernière demeure le 5 mars 1983.

Durant cette période difficile, Benoît a visité cette jeune Sœur chaque jour. Nous le croisions sur la rue ou à l'hôpital. Sa rencontre avec Evelyne était brève, marquée par l'amitié, la prière, le sens de l'offrande, l'humour. Et l'humour était dans les deux camps ! Quel réconfort pour elle et quel soutien pour nous toutes ! Je me rappelle spécialement la célébration de Noël vécue dans le salon de l'hôpital St. Mary's où se mêlaient la joie de la naissance et le spectre du cancer ! Mais, la note d'espérance y était quand même.

Et Benoît, nous l'avions vu auparavant au chevet de Sœur Estelle Cormier. Il a célébré l'Eucharistie avec elle, l'a soutenue durant les derniers mois de sa vie (1980).

Plus récemment, il a été avec nous lors de la maladie de Sœur Claire Audet. D'une présence vraie et réaliste, tenant compte de Claire, il a continué d'allier l'offrande au Seigneur avec l'humour, malgré la gravité du moment, apportant une note d'espérance et d'abandon à notre malade.

Pour Claire, comme il l'avait fait pour Evelyne, il a présidé une messe de funérailles à Saint–Albert–le–Grand. Ce qui nous a permis de réunir parents et amis des Sœurs, qui n'avaient pas pu se rendre en Gaspésie la semaine précédente. Oui, Benoît, tu as été près de nous en ces expériences riches mais difficiles. Tu nous as aidées à retracer l'héritage que nous laissaient l'une et l'autre. Nous avons apprécié tes gestes de solidarité et d'amitié en ces circonstances.

Benoît, l'ami des jeunes

Benoît a toujours été près de nous et des jeunes qui ont pensionné chez nous durant quelques années. Il a été assidûment avec nous au 3055 Lacombe où j'ai vécu durant deux ans avec les plus jeunes de la Communauté. Dès qu'il sortait de l'Université le soir il s'arrêtait chez nous plusieurs fois par semaine. Il célébrait l'Eucharistie et nous faisait un bref commentaire d'Évangile. Souvent il mangeait et faisait la vaisselle avant de partir rapidement. Parfois, il prenait le temps de marcher avec la plus jeune pour un échange plus personnel.

Benoît s'intéressait à ce qui nous engageait. Découvrant une famille vietnamienne venue ici sans être parrainée, nous avions décidé de leur apporter du support pour favoriser leur intégration dans notre milieu. Benoît est devenu un ami de cette famille et cette relation dure encore. Aux heures de joie et de peine il est là avec eux : mariages, naissances, baptêmes, profession religieuse, anniversaires de deuil, etc... Benoît est là. Les liens tissés avec cette famille sont bien vivants toujours [2] !

Partager nos engagements, Benoît le fait encore. C'est ainsi que nous le retrouvons à l'accueil « Soleil Levant », foyer où Sœur Claire Pelletier accueille des jeunes handicapés physiques : brèves visites amicales ou célébration eucharistique où il met tout en œuvre pour rejoindre les jeunes : ça, c'est à la manière de Benoît.

Il est très présent à la maison « Le Carrefour » où Sœur Brigitte Savage accueille des étudiantes de niveaux collégial et universitaire, venues de régions éloignées ou d'autres pays. Benoît se retrouve là aussi pour elles. Il prépare et préside des célébrations eucharistiques pleines de sens : réflexions, échanges, prières soutenues par du beau, favorisent le recueillement et une pensée profonde. Puis, c'est le moment d'une rencontre joyeuse autour du repas et hop ! il repart rapidement : d'autres l'attendent !

Ainsi, au fil des jours, nous avons tissé, serré des liens de part et d'autre. Nous avons vécu avec grand plaisir des visites, planifiées ou imprévues de même que des lancements de volumes, dans l'intimité. Bien oui, avant le lancement officiel ! Je pense spécialement à celui de *Folklore de la mer et Religion* (1980). C'était tout indiqué de s'entourer de Gaspésiennes dans un décor de filets de pêche et de coquillages pour souligner cet événement !

Une autre fête que Benoît a souvent célébrée ici : la Chandeleur. Avec tout ce que cet événement comporte de coutumes et de traditions : offrande, lumière, sans oublier les crêpes ! à la douzaine, ce n'est pas de trop ! Un visiteur l'a surnommé « mangeux de crêpes » !

Voilà ! Cette amitié a grandi par des contacts fréquents au départ et qui se sont espacés par la suite. Aujourd'hui nous nous retrouvons quelques fois durant l'année à la maison et nous sommes fidèles au rendez-vous du jeudi à Saint-Albert pour l'Eucharistie. Après dix-sept ans, un terrain solide s'est construit, un terreau riche d'où cette amitié réciproque a fleuri, grande et forte comme une plante exotique bénéficiaire de chaleur et de clémence.

En cet anniversaire, Benoît, permets-moi de t'exprimer, au nom de toutes mes compagnes, des vœux pour que cette fête soit à la mesure de ton cœur. Demeure un octogénaire joyeux, toujours engagé selon tes priorités du moment. Reste ce bon campagnard proche de la nature et de la vie qui allie simplicité et érudition pour rejoindre toute personne humaine.

Pour tout ce que tu es pour nous : MERCI !

Avec nos hommages et nos félicitations !

Avec toi de tout cœur.

Hommage au Révérend Père Benoît (Joachim) Lacroix, o.p. par les Dominicaines de la Trinité

Denise Favreau, o.p.

C'est un honneur et un privilège pour les Dominicaines de la Trinité d'être invitées à souligner, d'une manière toute particulière, les quatre-vingts années d'existence du Père Benoît (Joachim) Lacroix, o.p.

Elles sont très heureuses de lui redire toute leur amitié, leur admiration et leur reconnaissance pour tout ce qu'il a été, ce qu'il a fait pour elles au cours des ans et pour ce qu'il représente pour elles, encore aujourd'hui.

Les Dominicaines de la Trinité considèrent depuis longtemps ce frère en saint Dominique, « haut en couleurs » comme une vraie réplique de notre bienheureux Père saint Dominique. Tout comme le Père des Prêcheurs, notre frère Benoît Lacroix aime tout le monde et... tout le monde l'aime ! Homme affable, aimable, compatissant, attentif aux besoins spirituels de tous les membres de la Famille dominicaine, il se donnait sans compter : conférences, cours, articles dans les journaux et revues. Plusieurs d'entre nous se souviennent encore des enseignements solides et substantiels, convaincus et convaincants, teintés d'humour et de bonhomie qu'il a dispensés à toutes les religieuses du diocèse de Montréal et du mouvement *Pro Mundi Vita* à Québec. Le Père Benoît Lacroix attirait beaucoup la clientèle religieuse, sa popularité était très enviable auprès d'elle. Dès qu'on annonçait sa présence à une rencontre de la Famille dominicaine ou ailleurs, à une émission radiodiffusée ou télévisée animée par cet orateur émérite, les Dominicaines étaient à l'écoute et au premier rang des auditrices. Elles étaient très fières de ce « petit gars de Bellechasse ». Quelques-unes parmi nous l'ont connu à diverses époques de sa vie religieuse : nos Sœurs Outaouaises l'ont côtoyé comme jeune frère étudiant dominicain au couvent d'Ottawa, nos Sœurs missionnaires du Rwanda l'ont vu à l'œuvre en ce beau « pays aux mille collines », d'autres, à l'âge mûr, comme prédicateur, orateur, professeur et aujourd'hui, toutes le reconnaissent comme un sage aux cheveux blancs mais au sourire taquin et au cœur éternellement jeune.

En tant que Dominicaines de la Trinité, nous lui devons beaucoup. Nous n'oublierons jamais que c'est lui qui nous a présenté Madame Giselle Huot, celle qui est devenue en 1987 la biographe de notre fondatrice, Mère Marie de la Charité. La prieure générale du temps, Sœur Rita Stang, avait approché le Père Benoît en vue d'écrire l'histoire de notre fondation et la vie de notre fondatrice, étant donné que celle-ci était originaire, elle aussi, de cette belle région de Bellechasse dont il parlait avec tant d'amour. Ses nombreuses activités et le peu de temps libre l'ont empêché d'acquiescer à notre demande. Mais il nous recommandait Madame Giselle Huot qui a écrit « cette fresque d'histoire religieuse », ce « récit attentif et sérieux d'une aventure spirituelle assez unique en histoire québécoise », cette « œuvre scientifique tout à l'honneur de celle qui en est l'objet » : Philomène Labrecque, Mère Marie de la Charité (Benoît Lacroix, Préface). « Figure de proue imposante aux yeux de braise ardente, le cœur à fleur de visage et porté en triomphe par son nom », notre fondatrice est surgie des textes et des témoignages de ce beau volume devant les yeux émerveillés de ses filles. Merci cher Père Benoît Lacroix pour ce don que vous nous avez fait. Merci aussi de la belle préface que vous avez rédigée comme présentation de cette biographie : *Une femme au séminaire* où vous nous avez laissé un aperçu de la spiritualité de cette femme au « zèle de feu et au courage de fer ».

Daignez agréer, cher Père Benoît, l'expression de notre vive gratitude et de nos félicitations sincères à l'occasion de votre quatre-vingtième anniversaire de naissance. Quatre–vingts ans, au service de la Parole de Dieu et de vos frères et sœurs, c'est tout un exploit ! Vous avez incarné la belle devise dominicaine : « Contempler et livrer aux autres les fruits des mystères contemplés ». Nous rendons grâce au Seigneur pour les merveilles accomplies en vous et par vous. Et nous osons dire : *AD MULTOS ANNOS* !

Le Père Benoît Lacroix et les Sœurs de Notre–Dame du Saint–Rosaire

Bérangère Provost, r.s.r.

Les liens entre notre Congrégation et le Père Benoît Lacroix ont commencé à se tisser le 19 novembre 1971, alors que Sœur Lumina Arsenault, supérieure générale, sollicitait l'aide du Père Lacroix en vue d'orienter l'actualisation du charisme de notre fondatrice, Sœur Élisabeth Turgeon. Cette actualisation devait précéder le chapitre général d'orientation de la Congrégation à l'été 1973 et, en 1974, le centenaire de fondation de la Congrégation des Sœurs des Petites–Écoles, devenue les Sœurs de Notre–Dame du Saint–Rosaire.

Le 12 décembre 1971, après une rencontre personnelle avec la supérieure générale, le Père Lacroix lui fait parvenir un bref exposé de ses réactions à la lecture des documents qui concernaient notre fondatrice et ses premières intuitions. Il se montre très enthousiaste envers Élisabeth Turgeon, d'autant plus qu'il se découvre de son milieu et que des liens de parenté les unissent.

Il ne veut pas « arriver en prophète, ni encore moins en réformateur–à–recettes » et ne veut en rien se substituer à l'Esprit. Il est touché par le nom de la congrégation qu'elle a fondée et voit en ce nom l'essentiel de sa mission. Je cite :

> Tout est, à mon avis dans les trois mots : SŒURS des PETITES-ÉCOLES ! La formule est si bien choisie, encore toute fraîche, sauf que ces « petites » écoles ne seront plus celles de Sœur Turgeon. Elles sont à créer, à re–créer, non plus en les reliant au

> Ministère ou au Gouvernement qui les subventionneraient mais plutôt aux familles qui participeraient à leur élaboration et parfois à leur soutien provisoire. Non plus des écoles de bois et de pierre à côté des foyers et des loyers, mais des écoles–en–foyers, mobiles, qui attendraient l'enfant là où il est et où il revient. Des écoles domestiques quoi !

Il retourne aux sources, il nous relance vers l'avenir, vers la re–création, vers un projet qui, à l'aurore de l'an 2000, deviendra peut–être notre principale forme de présence auprès des enfants.

> Le vrai objet de la fondation est l'enfant, souligne–t–il avec insistance, et il importe de cerner ses besoins aujourd'hui, comme Élisabeth le faisait dans son temps. Ces besoins, pour vous, se présenteront en termes d'éducation permanente de l'enfance, comme éducatrices, non plus au service de l'État, mais des familles.

Il incite chaque sœur à s'engager personnellement dans ce projet en visitant des familles de son milieu « pour connaître les besoins et les vœux exacts des parents en matière d'éducation d'enfant ». Ces suggestions, émises il y a vingt ans déjà, apparaissent aujourd'hui plus prophétiques que jamais et se présentent devant nos projets comme des pistes d'avenir teintées d'espérance, à la suite de Jésus et d'Élisabeth Turgeon.

Le 15 août 1972, le Père Benoît Lacroix est le conférencier invité au Congrès communautaire annuel de la Congrégation qui a lieu à Rimouski. À cette occasion, il développe avec compétence et simplicité le thème, audacieux selon lui, de *Notre engagement religieux et le charisme religieux de notre Mère Fondatrice*. Dans cet exposé, il reprend, en les dépassant largement, les quelques réflexions présentées dans sa lettre du 12 décembre 1971. Après avoir fait revivre les premières intentions, les origines, les premières intuitions de notre fondatrice, il offre bien humblement sa vision du charisme de Mère Marie–Élisabeth. Il le présente comme un charisme d'amour maternel et virginal visant avant tout l'enfance. Les enfants « que Dieu a mis sur sa route » elle les entoure de respect, de sollicitude, de tendresse. Cette version du charisme d'Élisabeth prépare la définition officielle que lui donnera le chapitre général de 1979 :

> Appelée par Dieu à manifester la tendresse et la sollicitude de Jésus et de Marie sa mère, Élisabeth Turgeon a fondé un Institut

religieux voué à l'instruction et à l'éducation chrétienne des enfants dans les petites Écoles.

L'engagement qu'il nous propose dans la seconde partie de la conférence rejoint celui de notre fondatrice. « Ouvertes, disponibles, prêtes à mettre le prix de votre vie pour que des enfants connaissent Jésus et l'amour désintéressé, tel est votre premier engagement. » Il nous faudra inventer la route pour continuer à « donner et enseigner l'amour ». Le souhait qu'il exprime à la Congrégation avant de nous quitter ce jour-là nous interpelle encore aujourd'hui : « Qu'à force de penser à Jésus, elle devienne, grâce à son premier charisme d'amour des petites Écoles, de plus en plus elle-même école d'amour ».

À l'été 1983, le Père Benoît Lacroix revient à Rimouski dans le cadre de notre rencontre annuelle de Congrégation. Il est présenté par la supérieure générale, Sœur Rita d'Astous, « comme un porteur de la Parole, du Souvenir et de l'Espérance ». Il vient « pour écouter l'âme de notre fondatrice et de notre Congrégation » à travers le témoignage de dix de nos sœurs et pour exprimer Élisabeth Turgeon à la lumière de la Parole de Dieu. Conférencier chevronné, il devient cette fois auditeur attentif et émerveillé. En établissant un lien entre tous les éléments apportés par les sœurs, il repeint à grands traits un portrait nuancé et très riche d'Élisabeth et de la Congrégation. Il y va avec finesse et avec une grande justesse d'interprétation, émaillant le tout de traits d'humour et de poésie. Il s'émerveille devant Élisabeth, la pauvre de notre temps, Élisabeth, la missionnaire courageuse encore présente à travers chacune de nous, Élisabeth, la mère spirituelle que nous aimons avec tendresse. Il dessine avec émotion la Congrégation, entité bien vivante dans ses différences, à l'image des bûches et du feu.

> Des bûches diversifiées brûlant ensemble, parce que rapprochées. Mais c'est au-dedans des bûches qu'apparaît la verticalité du feu et que c'est le plus beau ! [...] C'est ainsi que peut être assurée la continuité d'une Congrégation où chacune est responsable de son mandat, de son bonheur et du bonheur des petites bûches d'à-côté, sachant que la flamme est en haut et qu'il est nécessaire que les bûches soient à leur place, se rapprochant et brûlant ensemble parce que le grand feu de l'Amour existe [...] Jésus est le Feu qui embrase les bûches.

Porteur d'espérance, il nous rappelle que les chemins de l'amour ne sont pas à sens unique, mais « ils sont ouverts, invitants, et c'est ensemble, en communauté en se souhaitant du bonheur, que l'on peut s'y engager avec confiance et enthousiasme. Ce qui importe c'est de continuer de chercher à être authentiques, s'en allant, dans la diversité vers un but d'unité. » Il nous invite à donner, donner toujours à l'exemple d'Élisabeth et de Jésus.

> Les nouveaux « autres » vers lesquels serait certainement allée Élisabeth, ce sont des gens de toutes catégories de nos milieux publics, des gens qui ne nous acceptent pas toujours au niveau de la foi, des pauvres de tous styles.

Porteur du souvenir et de la Parole, il nous décrit ensuite Élisabeth Turgeon à travers le prisme de la Parole de Jésus. Revus à cette lumière, les chemins de joie comme les chemins de croix de notre Mère reflètent clairement les couleurs de l'Évangile.

En 1991, le Père Lacroix, qui vénère depuis tant d'années notre chère fondatrice, devient le président de la Commission historique pour la cause d'Élisabeth Turgeon. Un autre texte, écrit par Sœur Rita Bérubé, postulatrice de la cause, témoigne de la précieuse contribution du Père Lacroix dans cette Commission.

Un regard en rétrospective sur les vingt-cinq ans de relation du Père Lacroix avec notre Congrégation nous permet de constater que toute son approche a été marquée par les liens très forts qui l'unissent à notre fondatrice, Élisabeth Turgeon. Il ramène constamment la Congrégation à sa fondatrice, à ses origines et l'invite en même temps à aller de l'avant avec audace. Le thème du centenaire de notre Congrégation : *Fières de notre passé, tournées vers l'avenir*, n'a-t-il pas été marqué par l'influence du Père Lacroix ? Il sait si bien nous ramener à l'essentiel : Jésus, l'amour, le charisme de fondation, la personne, le monde, les enfants. Les semences multipliées durant un quart de siècle n'ont certes pas porté tous leurs fruits, certains grains ne sont pas encore levés, d'autres sont lents à croître. Ce qui importe, comme il nous l'a souvent répété, c'est d'inventer notre route avec enthousiasme et patience pour continuer de « donner et enseigner l'amour » aux jeunes, à la suite de Jésus et d'Élisabeth Turgeon.

LE PÈRE BENOÎT LACROIX, O.P.
ET LA CAUSE D'ÉLISABETH TURGEON

Rita Bérubé, r.s.r.

Le 19 septembre 1990, Sœur Béatrice Gaudreau, supérieure générale des Sœurs de Notre-Dame du Saint-Rosaire, et Sœur Rita Bérubé, postulatrice diocésaine, portent à Mgr Gilles Ouellet, archevêque de

Rimouski, la demande d'ouvrir la cause de canonisation de leur fondatrice, Élisabeth Turgeon.

Cette première démarche officielle est l'aboutissement des interventions qui l'ont préparée et qui ont fait grandir le désir de glorification de la Servante de Dieu chez les sœurs de sa communauté et chez les fidèles du diocèse de Rimouski.

Qui est Élisabeth Turgeon ?

Élisabeth Turgeon, fille de Louis-Marc Turgeon et d'Angèle Labrecque, est née à Beaumont le 7 février 1840. Malgré sa faible santé, dès le bas âge, et les besoins de la famille après la mort de son père en 1855, Élisabeth réussit des études solides et obtint le diplôme modèle de l'École Normale Laval de Québec en 1862.

Elle s'engagea dans la carrière d'institutrice qu'elle exerça en trois localités : Saint-Romuald, Saint-Roch-de-Québec et Sainte-Anne-de-Beaupré, avant de se joindre aux Sœurs des Petites-Écoles le 3 avril 1875. Elle répondait alors à un appel de Mgr Jean Langevin, évêque de Rimouski, qui souhaitait la voir diriger les études et les classes de cet Institut en formation. Mais Élisabeth désirait la vie religieuse pour elle et pour les femmes qui accepteraient de collaborer à l'éducation chrétienne des enfants dans les écoles de paroisse. Patiente et ferme, elle obtint l'autorisation d'émettre les vœux de religion et, avec douze compagnes, elle fit profession le 12 septembre 1879. Le même jour, elle fut nommée supérieure de l'Institut, passé au rang de congrégation religieuse.

En moins de deux ans, Mère Marie-Élisabeth (les sœurs la nomment ainsi depuis le 12 octobre 1879) réussit à donner l'élan à la mission de la Congrégation en envoyant des sœurs enseigner dans trois paroisses du diocèse de Rimouski. Son décès, survenu le 17 août 1881, laisse un grand vide, mais l'œuvre survit grâce au courage de celles qui lui succèdent.

La cause de canonisation d'Élisabeth Turgeon

Une vie apparemment si simple n'a toutefois pas semblé « ordinaire » aux personnes qui ont connu Mère Marie-Élisabeth comme à celles qui, avec le Père Benoît Lacroix, ont scruté les documents de son histoire.

Après avoir signé le Décret d'ouverture de l'enquête diocésaine, le 15 novembre 1990, et fait censurer les écrits de la Servante de Dieu, Mgr Gilles Ouellet décide de former la Commission historique le 17 août 1991. Il lui donne comme mandat de « vérifier si tous les documents attribués à la Servante de Dieu ont été bien recueillis ; évaluer ces documents et porter jugement sur leur authenticité ; exprimer un jugement de valeur sur la personnalité de Sœur Élisabeth Turgeon d'après ce qui ressort des documents soumis à la commission. » Par le même acte, il nomme le Père Benoît Lacroix président de cette commission, et les autres membres : les abbés Noël Bélanger et René DesRosiers, les Sœurs Jeanne Desjardins et Cécile Girard, madame Giselle Huot et monsieur Sylvain Gosselin.

Le choix du Père Lacroix s'est avéré justifié, en premier lieu, par une sorte de parenté d'origine : lui–même et Élisabeth Turgeon sont fils et fille d'une même région, le comté de Bellechasse, où les paroisses de Saint–Michel et de Saint–Étienne–de–Beaumont sont voisines, sur la rive sud du Saint–Laurent. Mais avant tout, Mgr Gilles Ouellet a considéré la compétence du théologien et de l'historien qu'est le Père Lacroix, en particulier dans le domaine des religions populaires. Il appréciait cet homme pour qui la dimension culturelle de la foi chrétienne est importante, et pour qui un « saint est à la fois inculturé dans le pays et inculturé dans l'Évangile ».

La présidence de la Commission historique

C'est avec tact, conviction et chaleur que le Père Lacroix dirige les travaux de la Commission historique dans la cause de sa compatriote. Il accepte les douze voyages Montréal–Rimouski, utilisant très souvent l'autobus, un moyen de transport bien modeste... C'est avec sa générosité coutumière et une simplicité toute fraternelle qu'il participe aux onze séances de travail et au procès diocésain de mars 1994.

Admirateur de la personnalité humaine et religieuse de la Fondatrice beaumontoise, le Père Lacroix a souhaité que chaque membre de la Commission puisse vivre une rencontre personnelle avec cette femme de Dieu, bien incarnée dans un quotidien difficile et désireuse de s'employer comme religieuse à l'éducation des enfants dans « les écoles ordinaires » (Mgr Jean Langevin, 3 septembre 1875). À l'intérieur de chaque séance de travail, le Père Lacroix a maintenu un souci de la vérité pour qu'à travers les éléments positifs, dominant dans les écrits, les aspects négatifs ne soient pas évacués. Il n'a pas perdu de vue la rédaction du rapport à produire, qui se devait d'être bref et concis, à la hauteur des études faites par les membres de la Commission.

L'apport du Père Benoît Lacroix

La correspondance et les témoignages, inclus dans le dossier historique, ont fait l'objet d'une attention particulière de la part du Père Lacroix. Il en a déduit qu'Élisabeth avait une spiritualité théocentrique et que sa renommée de sainteté était réelle et soutenue.

Voici une synthèse des principales idées qu'il a partagées en commission.

Dans la vie de cette femme, Dieu est vraiment premier. Il a pour nom : Dieu, le « bon Dieu », Père, Providence, qui fait miséricorde, qui « aime voir ses enfants s'amuser », qui « dispose toutes choses pour le mieux ». Les Sœurs des Petites-Écoles sont vues comme « les aides de Notre Seigneur dans l'œuvre de la rédemption ».

Jésus est médiateur pour tous, modèle pour les enfants, modèle pour les sœurs dans la souffrance et dans l'état de privation au quotidien. Élisabeth réfère souvent au Jésus de la Passion, au Jésus crucifié, à Jésus enfant et à Jésus époux.

Il n'est pas dans l'habitude de l'époque de nommer souvent l'Esprit Saint. Cependant, Élisabeth demande à ses sœurs de se laisser « guider » par l'Esprit dans les situations nouvelles à vivre, surtout en paroisses éloignées.

Théocentriques, sont aussi les notions de temps et d'espace chez la Servante de Dieu. Pour elle, le temps humain débouche sur l'éternité qui l'accomplit. Son temps est un temps biblique et sacré. Élisabeth vit sur la terre, mais le ciel est tout aussi présent à sa pensée : « Le ciel est au bout », répète-t-elle souvent. Cet univers mental, celui de l'époque et le sien, la conduit à tenir compte des anges, des saints et des saintes, des âmes du purgatoire et même du démon. Les images, les médailles, les reliques et d'autres insignes sont l'objet de sa vénération et un moyen d'exprimer sa tendre affection envers ses sœurs et envers les enfants.

Dans la collection des témoignages des contemporains, le Père Lacroix a constaté que l'on a aimé et admiré Mère Marie-Élisabeth. Sa renommée de sainteté a été immédiate ; elle n'a pas connu de retard. Le Père Lacroix l'exprime ainsi en ces paragraphes d'un de ses rapports d'études :

> Billets, lettres, poésie, pièces théâtrales, homélies affirment tout de suite après sa mort et fidèlement par la suite, sa grande foi en Dieu, son imitation du Christ souffrant et jusqu'à sa confiance absolue, totale, en l'Église et à son évêque, et ce, malgré des inconvénients nombreux.

> Non seulement sa foi est globale et entière, mais son espérance est tout autant connue et appréciée. [...] Quant à sa charité, chacun est unanime : beaucoup d'humilité dans ses rapports humains, une grande tendresse pour les enfants qu'elle aime faire prier, une grande simplicité dans l'amour et une politesse bien incarnée.
>
> Les témoins notent aussi sa piété liturgique, ecclésiale et personnelle : ses dévotions marquées envers la Vierge Marie, saint Joseph, sainte Anne, et même les âmes du purgatoire.

Le Père Benoît Lacroix sait bien qu'il faudrait relever d'autres traits de la spiritualité de Mère Marie-Élisabeth. Il n'a pas oublié son obéissance patiente, son obéissance héroïque et « super évangélique », l'essentiel de l'éloge prononcé par Mgr Jean Langevin le jour des funérailles de la Servante de Dieu.

Conclusion

Le président de la Commission historique a-t-il bien compris sa concitoyenne ? Avec lui, nous en laissons le jugement à l'Église. Une certitude : pendant plus de deux ans, le Père Lacroix s'est toujours montré respectueux d'Élisabeth Turgeon dont le mystère n'a été qu'approché en cette étape diocésaine vers la canonisation. Il n'a pas hésité à implorer et à faire implorer la Servante de Dieu pour mener à bien les travaux, dont le rapport final a été accueilli avec joie et espérance, le 8 février 1994, par le nouvel archevêque de Rimouski, Mgr Bertrand Blanchet. Un des grands désirs du Père Lacroix est que la puissance d'intercession de Mère Marie-Élisabeth s'affirme de plus en plus pour le bien de toutes les personnes qui chercheront à la connaître, se confieront à elle ou visiteront son tombeau à la maison mère de la Congrégation.

L'ÉVANGILE SELON BENOÎT OU « LE 5^E ÉVANGILE »

Regardez vos érablières. Or je vous dis que Salomon lui-même dans toute sa gloire n'a pas été vêtu comme l'une d'elles.

Que si Dieu colore ainsi vos automnes et des feuilles qui demain partiront au vent et seront brûlées à l'abatis, ne peut-il pas faire autant sinon plus pour vous, gens de Bellechasse ?

La vie n'est-elle pas plus que vos forêts et votre corps plus que l'enluminure de vos arbres ?

Voyez les oiseaux de votre automne, outardes et fous de Bassan : ils n'ont ni semé, ni moissonné, ni engrangé, et votre Père les nourrira durant leur voyage.

Regardez les moineaux : ne valez-vous pas plus qu'eux ?

Qui d'entre vous en s'inquiétant peut ajouter une seule coudée à la longueur de sa vie ?

Observez les abeilles qui viennent boire à l'eau des fleurs de vos jardins. Elles n'ont ni outres ni digues. Elles croient à la rosée, elles ne s'inquiètent pas. Le Père sait ce dont elles ont besoin.

L'eau qui coule entre vos doigts
    retient-elle la main qui l'accueille ?
La pluie qui pleure sur vos champs
    empêche-t-elle le soleil de les sécher ?
Les pierres qui traînaillent dans la rivière
    vont-elles en changer le parcours ?

Voilà pourquoi je vous dis : Ne vous inquiétez pas pour votre vie de ce que vous mangerez, ni pour votre corps de quoi vous le vêtirez. La vie n'est-elle pas plus que la nourriture et le corps plus que le vêtement ?

Oui, cherchez le royaume de Dieu et tout cela vous sera donné par surcroît.[...]

Bienheureux les malchanceux, les pouilleux, les perdants, les inquiets, les névrosés, les paralysés, les malades, les perdus, les oubliés, les prisonniers, les derniers des derniers. Bienheureux surtout les pauvres !

[...]

Bienheureux les pauvres, car ils posséderont le royaume de Dieu !
[...]

Heureux les doux, car ils posséderont la terre ! [...]

Bienheureux ceux qui pleurent, car ils seront consolés ! [...]

Bienheureux les miséricordieux, car ils obtiendront miséricorde.

Quand la neige blanchit les ruelles de Saint-Michel, qu'elle ensevelit les oiseaux morts sur la grève, qu'elle étend sa laine blanche sur vos champs, elle est à sa manière tapisserie en fils blancs et tissu de mes pardons : c'est qu'elle voile tout, cache tout, oublie tout. Un vrai blanc de mémoire !

Bienheureux tous les miséricordieux, car ils verront Dieu !

Les pierres qu'on vous lance
qu'elles soient les pavés de vos routes !
Les roches qui heurtent vos charrues
qu'elles deviennent vos plus solides clôtures !
Les abeilles qui vous harcèlent
qu'elles vous donnent le meilleur de leur miel !
Les épines qui vous grafignent
qu'elles protègent vos plus beaux rosiers !
Bienheureux les persécutés pour la justice
car le royaume des cieux est à eux !

[...]
Pierre, regarde ce papillon. Son chemin m'enchante et m'étourdit. Quel merveilleux voyage il fait ! Avec son air d'être là et de ne pas être là, il est heureux ; il ne demande pas mieux qu'un royaume de fleurs. Toujours en voyage, toujours les plus beaux paysages ! Pourquoi ?
Parce qu'il est libre, en paix avec l'univers.
Bienheureux les pacifiques !
[...]
Bienheureux les cœurs purs, car ils verront Dieu.
[...]
Vous dites : Maudites soient les rivières à cause des ponts à bâtir.
Moi je dirais : Bienheureuses les rivières car elles mènent à l'océan.
Vous dites : Maudite soit la forêt qui encombre les routes.
Et moi je dirais : Bénie soit la forêt qui est silence et chapelle d'oiseaux.
Vous dites : Maudit soit le froid qui cache les visages et ferme les yeux.
Moi je dirais plutôt : Bienheureux le froid qui vous muscle de force et de courage.
Vous dites : Maudite soit la neige qui empêche d'aller en ville.
Et moi je dirais encore : Bienheureuse la neige qui fait des routes lisses comme la soie.
Vous dites : Maudit soit le vent qui fait des bancs de neige.
Moi je dirais surtout : Bienheureux le vent qui chasse vos nuages en un rien de temps.

Puis seul, il priait :

Loué sois–Tu, Seigneur du ciel et de la terre,
à cause des moulins parce qu'ils sont forts et fiers,
capables aussi de couper l'eau en deux brasses.

Loué sois–Tu à cause des trains
parce qu'ils sont fidèles et hospitaliers.

Loué sois–Tu à cause des voitures
parce qu'elles sont maisons de pèlerinage.

Loué sois–Tu à cause du béton
parce qu'il épaule les ponts pour la marche des amoureux.

Loué sois–Tu à cause du fer
parce qu'il rassure les arcs de leurs chambres d'amour.

Loué sois–Tu à cause des avions
qui feront bientôt de leurs quais de brume
des gares d'amitié pour la visite des pays.

Loué sois–Tu à cause des fusées et satellites
trajectés d'un empire à l'autre pour allumer des feux de fête,
arcs–en–ciel des libertés conquises.

Loué sois–Tu à cause de la musique,
déesse du rythme et mesure du vent,
qui fait chanter les planètes et délirer les ondes.

Loué sois–Tu, ô Dieu unique,
pour cette nation irréversible,
saule magnifique sur la rive abreuvée de Tes promesses.

(*Quelque part en Bellechasse,* 1981, p. 14–26, *Trilogie en Bellechasse,* p. 156–167)

LES COMMUNAUTÉS RELIGIEUSES D'HOMMES

LE PÈRE BENOÎT LACROIX ET L'ABBAYE SAINT–BENOÎT–DU–LAC

Jacques Bolduc, o.s.b.

Le Père Benoît Lacroix a toujours entretenu des liens affectueux avec les moniales et les moines de Saint–Benoît. Nous faisons appel à lui parce que nous savons qu'il a une connaissance exceptionnelle de la Règle de saint Benoît et de la spiritualité monastique. Il a étudié les grands auteurs du Moyen Âge et les vieux maîtres de la tradition de saint Benoît. Il peut les comparer avec les docteurs dominicains ou même franciscains. Comme saint François d'Assise, il a une âme de frère universel. Il a prêché la retraite à l'Abbaye des Bénédictines de Sainte–Marie des Deux–Montagnes et les moniales nous en ont dit tant de bien que nous l'avons invité pour nous édifier à notre tour. Nous aimons bien sa manière simple et enjouée de dire des vérités profondes avec un ton de bonhomie et une pointe d'humour.

Dès le début des années cinquante, le Père Lacroix amenait des groupes d'étudiantes en pèlerinage à Saint–Benoît. Il les faisait marcher toute la nuit et elles arrivaient au monastère à moitié mortes. Mais le Père était toujours prêt à recommencer l'année suivante.

Maintenant que le Père Lacroix arrive à sa quatre–vingtième année, il va pouvoir commencer une nouvelle carrière à laquelle il aspire depuis toujours : celle du vieux sage, comme il y en avait autrefois dans le comté de Bellechasse. Ses meilleures années sont devant lui. *Ad multos!*

LES 75 ANS DE SAINT–BENOÎT–DU–LAC

Depuis sa fondation du 4 décembre 1912, Saint–Benoît–du–Lac est devenu le havre de paix et de silence que l'on sait. Les lieux sont magnifiques tellement qu'un certain film, parlant de déclin et d'empire, film bien peu monastique on en conviendra, aura été tourné à côté, tout près. Quels contrastes !

Tout orientée vers la gratuité d'une louange quotidienne à Dieu, la tradition monastique est pleine de signes signifiants. La qualité de la prière chantée là–bas, une prière pacifiante et largement contemplative, nous renvoie au mystère de ces vies d'adultes librement offertes.

Comme dirait un de leurs beaux livres sacrés : « cette prière perce les nuées ».

Pourquoi ne pas avouer tout de suite notre reconnaissance à l'égard de cette « divine maison » ouverte à toute personne de bonne volonté qui veut y venir. Vous arrivez, vous entrez : on ne vous questionne pas sur votre statut religieux, ni sur vos conduites particulières ; aucune demande de passeport, ni de numéro d'assurance sociale, ni de carte de crédit. C'est cette hospitalité discrète qui aura permis à des milliers et des milliers de personnes de trouver à travers une action spirituelle à distance, à travers le rite simple d'un sourire, d'une poignée de main, la preuve d'une affabilité courtoise qui devient plus que gratifiante.

Il y aurait aussi à rappeler en cet anniversaire le désintéressement des frères aux travaux manuels, qui va jusqu'aux détails les plus quotidiens. Grâce à ces efforts et à de généreux bienfaiteurs, le domaine de Saint-Benoît-du-Lac est devenu, au cœur de l'Estrie et en Amérique tout entière, une oasis privilégiée de beauté et même le lieu d'heureuses retrouvailles écologiques.

Enfin, l'on so[u]haite, à voix basse, que l'idéal vécu par ces moines trouve toujours des jeunes qui assurent la relève et signifient à leur manière que le pays d'ici n'est pas nécessairement décadent. Citadelles d'espérance que tous ces monastères contemplatifs du Québec ! C'est qu'ils nous font penser tout à coup que, malgré nos hivers spirituels, le printemps reste toujours possible. Comme disaient nos ancêtres autour de la cheminée : « Quand il y a de la braise quelque part, tu peux toujours espérer le feu. »

(« Témoignage. Les 75 ans de Saint-Benoît-du-Lac », *Le Devoir*, 4 décembre 1987)

L'Abbaye cistercienne de Notre-Dame du Lac

Yvon Moreau, o.c.s.o.

Nous aimerions souligner, comme il se doit, les 80 ans du Père Benoît Lacroix, mais, pour notre part, nous ne pouvons que contribuer très modestement.

En fait, Père Benoît n'est venu que peu de fois ici, à Oka. La retraite qu'il nous a donnée en janvier dernier et qui avait comme titre « La quête contemplative de Dieu » était de fait le premier vrai contact qu'il avait avec notre communauté monastique. Nous avons pu y apprécier l'homme et le Dominicain, simple et fraternel, qui sait présenter « un Dieu simple et fraternel dans le mystère de sa gratuité ».

Le seul petit souvenir que je puisse partager avec vous ne le concerne pas lui personnellement, mais son frère aîné, je crois, qui s'appelait Léopold. Il nous a raconté comment leur père, qui était une sorte d'inspecteur agricole dans son temps, avait donné le nom de Léopold à son fils à cause de l'admiration qu'il avait envers un moine trappiste, le Père Léopold : entré à La Trappe d'Oka en 1901, il a été professeur à l'Institut Agricole d'Oka à compter de 1911 et directeur du même Institut à partir de 1921. Ce Père est décédé en 1947 après une longue et riche carrière universitaire.

Je regrette de ne pouvoir apporter une plus ample contribution, mais je suis sûr que les beaux témoignages ne manqueront pas sur Père Benoît : le religieux qui sait présenter et rayonner l'Évangile dans sa part la plus belle, la simplicité.

Que la Paix du Ressuscité soit votre Paix !

LES AMIS JÉSUITES

Un chrétien aimable
Irénée Beaubien, s.j.

Averti tardivement de la fête bien méritée qu'on prépare au Père Benoît Lacroix, je veux bien y apporter une petite contribution en me laissant guider par la façon dont je l'ai perçu à travers les contacts que j'ai eus avec lui.

À cause de son immense bonté, de sa grande ouverture d'esprit et de cœur, je me suis toujours senti sur une même longueur d'ondes avec ce dominicain à la fois sympathique et accueillant. Sans s'imposer, fidèle à lui-même, le Père Lacroix fait partie du paysage humain et chrétien de chez nous. Il possède ce rare charisme de rendre la vie aimable, la religion aimable. Il a une façon bien à lui de témoigner des valeurs humaines et chrétiennes. Il reflète une passion vraie pour ce Royaume proclamé par Jésus Christ, Royaume à l'œuvre dans notre société. Le Père Lacroix jouit d'une intuition qui lui permet de détecter ce Royaume spirituel en des personnes et des lieux souvent considérés peu « orthodoxes ». Il se sent à l'aise tant dans les milieux populaires que dans les milieux intellectuels.

Pendant plus de deux ans, le Père Benoît et moi-même avons collaboré à l'animation d'un groupe informel qui portait le nom de *Carrefour-midis*. Il s'agissait de rassembler une dizaine de personnes chaque premier lundi du mois, de midi à 13h30, pour échanger sur un sujet d'actualité qui piquait notre curiosité et notre besoin de connaître. Les participants et participantes apportaient leur lunch, écoutaient un exposé d'une vingtaine de minutes, puis les réactions et les échanges se poursuivaient dans un climat de fraternelle amitié. Chaque fois, on en sortait enrichi. Merci, Père Benoît, pour avoir été activement fidèle à ces rendez-vous mensuels.

Le Père Benoît Lacroix
homme de cœur et homme de synthèse
Gilles Langevin, s.j.

Je connaissais depuis longtemps, comme tout le monde, notre ami, le Père Benoît, quand nous nous sommes rencontrés la première fois, il y a une quinzaine d'années, à Ottawa. Il présentait une communication à un congrès de la Société royale du Canada, sur la formation théologique dans notre milieu. Je proposai quelques difficultés, qui, adressées à d'autres orateurs, auraient probablement piqué des susceptibilités. Le dialogue s'engagea le plus courtoisement du monde avec un conférencier qui m'invita à rédiger mes observations en vue de la publication de son texte. Nous sommes depuis lors des amis qui se retrouvent, à l'occasion, avec un grand plaisir.

Commençait une relation avec un des hommes les plus cordiaux, ouverts et généreux que j'aie connus. Le Père Lacroix est un homme intéressé à l'autre, présent à l'autre, offrant libéralement son amitié et accueillant celle de l'autre, un homme sans morgue ni prétention, un homme toujours jeune, qui a des projets et qui encourage ceux des autres. Au surplus, un religieux de grande classe, qui vit dans la joie et la simplicité, son allégeance au Christ, à l'Église et à l'Ordre de saint Dominique.

Peu étonnant alors que des gens de tout âge et de toute condition fassent confiance au Père Benoît, sollicitent son avis et s'attachent à lui. Je mentionnerai seulement ici les personnes ou les groupes dont le Père Lacroix m'a, lui-même, parlé ou que j'ai vus en relation avec lui.

Je pense à la troupe de jeunes acteurs, dont il était devenu le guide (et qui essayait de le convaincre de l'opportunité d'acheter, sans argent, une église désaffectée). Je songe au comité de théologie des évêques du Québec, qui voulait entendre parler des rapports de la foi et de la culture en notre milieu. Je vois les groupes de tous ordres qui se réunissent régulièrement dans son bureau-musée du Couvent Saint-Albert, où tout se retrouve, sur le plancher et sur les murs, de notre patrimoine culturel et religieux. Se sont réunis aussi à son invitation et à l'invitation de quelques confrères dominicains, les participants de colloques de grande tenue, comme celui, prestigieux, qui eut lieu en 1984 au Collège dominicain d'Ottawa, sur *L'altérité : vivre ensemble différents*.

J'ai toujours été fasciné enfin par la variété des intérêts et des compétences du Père Benoît : théologie, philosophie, spiritualité, histoire des idées, formes populaires de la religion, enfin —réalité inattendue pour les seules personnes qui ne connaissent pas la personnalité profonde du Père Lacroix — la poésie (qui ne lui est reconnaissant pour la magnifique édition, préparée en collaboration avec Jacques Brault, des *Œuvres* de Saint-Denys Garneau ?). Oui, le Père Lacroix est un homme de synthèse, en qui convergent et s'unissent les préoccupations et les orientations de notre peuple.

Comment souhaiter *ad multos et faustissimos annos* à un homme toujours jeune, dynamique et joyeux ?

DU SOUVENIR AU TÉMOIGNAGE

René Latourelle, s.j.

Nous nous sommes rencontrés, Benoît et moi, en des circonstances inoubliables : une première fois, au début de notre carrière universitaire ; puis, une seconde fois, après un intervalle de quarante ans, pour une fin de carrière...

Dans les années 48-50, nous préparions tous deux une thèse de doctorat, moi sous la direction d'un véritable maître, Guy Frégault, mort prématurément, au moment où plusieurs grands ouvrages le désignaient comme le plus célèbre de nos historiens. Je publiai alors une *Étude sur les écrits de saint Jean de Brébeuf,* en deux volumes. Or, je dois à Benoît le premier compte rendu de cet ouvrage, paru dans la *Revue dominicaine* : une recension élaborée, intelligente, sympathique, stimulante pour un auteur encore à ses débuts.

Quelques années plus tard, chacun de nous s'engageait dans la vie universitaire : Benoît, au Canada, dans une longue et féconde carrière de professeur, de chercheur, d'écrivain, conjuguée avec une activité pastorale époustouflante et multiforme. Pour ma part, j'étais destiné par mon supérieur général à l'Université Grégorienne de Rome, comme professeur de théologie fondamentale et comme doyen de faculté. J'y ai travaillé 33 ans. C'est ainsi que le temps et la distance de deux continents nous ont séparés, sans toutefois affaiblir les liens d'une robuste amitié.

À mon retour de Rome, il y a cinq ans, je retrouvai Benoît, devenu l'un des « grands » de notre pays, partout demandé, poursuivi par le succès, célèbre par son enseignement, ses écrits, ses conférences, son engagement pastoral, ses apparitions à la radio et à la télévision. Pour une deuxième fois, lorsque je publiai une vie de Jean de Brébeuf, en 1993, Benoît en fit le compte rendu, toujours avec une égale bienveillance. Nous nous sommes ensuite rencontrés aux réunions annuelles des « Chefs de file », à la villa Trestler de Dorion.

De ces trop brèves rencontres avec Benoît, je garde le souvenir d'un homme et d'un religieux d'une exceptionnelle qualité. Benoît portait sur les hommes et les femmes qu'il rencontrait un regard qui d'emblée les conquérait. Par delà les différences de religions, de croyances, d'attitudes (distants, indifférents, incroyants), il voyait en chacun *le Mystère de Dieu*. À vrai dire, dans ce mystère de Dieu chez l'autre, Benoît dépassait le langage de nos catégories. D'emblée, il se plaçait du côté de Dieu qui voit en chacun de nous la possibilité d'un amour à naître, d'un être nouveau à engendrer, à jamais libre et libéré, d'un fils à introduire dans la vie trinitaire. Un dialogue qui se poursuit entre Dieu et ses enfants au plus profond des cœurs, et par des voies connues de lui seul. Tous ceux et celles qui ont rencontré Benoît, ont saisi dans son regard le regard de Dieu, plein d'amour et d'infini respect, sans l'ombre d'un jugement, même dans des situations d'évidente agressivité. Par ses dispositions d'écoute et d'accueil inconditionné des autres, Benoît se faisait proche de chacun et le rapprochait de Dieu. Ce regard sur le Mystère de Dieu dans les autres est sans doute le secret de sa personnalité si attachante.

Cette image serait incomplète si je n'y ajoutais un autre trait : son esprit, toujours alerte, rebondissant, avec un humour venant à bout des situations les plus inconfortables. Entre nous deux, cet amour se traduisait par des joutes olympiques où s'affrontaient Dominicains et Jésuites dans le plus pur esprit œcuménique. Je termine en rapportant un exemple de ces savoureux duels.

Dans une réunion de religieux de toutes couleurs et dénominations, on échangeait des propos...évidemment religieux. Un membre du groupe soudain s'exclame : « Chers confrères, n'est-il pas admirable de constater que plusieurs grands Ordres ont créé, par un savant mélange de poisons et de fines herbes, des liqueurs qui ne cessent de réjouir l'humanité ? Les Chartreux nous ont légué la chartreuse, les Bénédictins, la bénédictine, les Prémontrés, l'élixir du Père Gaucher. » Puis, se tournant vers les Jésuites : « Et vous, mes bons Pères, quelle a été votre contribution au bonheur de l'humanité ? » Un jésuite aussitôt de répondre, avec la modestie qui caractérise son Ordre : « Voyez-vous, chers confrères, l'esprit, dans la Compagnie de Jésus, est d'une telle profusion qu'on peut difficilement l'emprisonner dans une bouteille ! » Vif comme l'éclair, Benoît lance aussitôt : « N'oubliez pas, mon bon Père, que l'esprit, à l'air libre, s'évapore aussitôt ! » La réplique était si fine que je n'ai pas voulu en émousser la pointe !

Cher Benoît, je me réserve le mot de la fin. Amour et humour : tes incomparables dons de charmeur, tu as su les faire fructifier pour le bonheur de tous ceux qui t'ont connu.

Utopies pour l'an 2000

Tout ce qui a été fait de grand dans le monde a été fait au nom d'espérances exagérées [3].

Bien sûr, l'hiver sera tout aussi froid, le fleuve descendra encore à la mer, Montréal restera une île, il y aura des gens gentils, d'autres moins ; il y aura des religions et des sectes satellites et le Canada, en général et en particulier, sera toujours trop grand pour être uniformisé. Mais au plan de la culture, de tout cet ensemble des idées, des croyances, des doctrines, des attitudes et des comportements individuels et collectifs, qu'en sera–t–il en l'an 2000 ? [...]

1. Des Québécois américains ?

Une première utopie serait de nous définir culturellement, ouvertement, sans honte ni fausse repentance, de plus en plus en direction Nord–Sud. Au lieu du seul regard traditionnel parfois béat vers l'Europe, vers la France et sa prestigieuse culture, nous aurions un nouvel axe culturel nord–sud. Pure fantaisie ? Je connais des peintres québécois que déjà le Mexique inspire. La poétesse Marie Uguay s'expliquerait–elle sans Neruda ? Saint–Denys Garneau sans Supervielle ? Mes frères théologiens pourraient citer tout de suite certains textes sud–américains qui les dynamisent beaucoup plus que la théologie égocentrique européenne. Que nous le voulions ou non, nos voisins les plus près ne sont pas les Français ni les gens de l'Ouest canadien, mais bien les Américains. New York–Montréal–Boston–Philadelphie. Les financiers du sport savent tout cela. Les U.S.A. sont nos principaux partenaires économiques et c'est significatif que nous devenions matériellement nord–américains et de moins en moins européens. Ne nous trompons pas : la langue ne peut pas créer à elle seule une culture, ni l'imitation continue des autres. Malgré nous souvent, nous deviendrons de plus en plus Franco–Américains.

2. L'Orient au Québec

Toujours dans la même perspective d'une mutation culturelle accélérée par le contexte économique et les techniques électroniques et à cause de l'agrandissement progressif de notre champ mental, il y a l'Orient ; il est parmi nous sous forme d'exploration de la conscience. Qui n'est pas déjà fasciné ? Qui sait si le peuple total ne le sera pas un jour ? Moins de théories, plus d'intuitions. Moins d'intellect, plus de cœur. Moins de mots pour plus de silence. Sans oublier que l'Asie possède une symbolique cosmique étonnante, tout comme nos Amérindiens que nous commençons à mieux apprécier. Même s'il n'est pas question pour nous d'être, en l'an 2000, des Québécois orientaux, il reste néanmoins beaucoup à prévoir de ce côté. *Lux ex oriente !*

3. La chance de l'accueil

Que dire des migrants maintenant au Québec et de ce qu'ils seront en l'an 2000 ? Option fondamentale et urgente, assez bien amorcée d'ailleurs. Quand nous serons moins préoccupés par la langue d'usage et que nous nous rendrons compte des richesses ethniques d'un milieu comme Montréal, peut-être apprécierons-nous mieux à sa juste mesure la chance de dialoguer ici même, au Québec, avec tant de cultures nouvelles. Non, non, ne parlons pas du multiculturalisme, mais plutôt d'une forme raffinée de culture francophone active. À ceux qui ont quitté parfois douloureusement leur pays d'origine et qui sont venus librement vers un nouveau pays, il s'agit ni plus ni moins d'offrir un lieu de comparaisons bienveillantes et un même intérêt partagé pour la transmission des valeurs culturelles. Voilà qui pourrait, soit dit en passant, nous guérir tous, autochtones, migrants, eux et nous, d'un certain racisme latent propre à toutes les institutions encerclées. Nous croyons en tout cas que le meilleur lien que l'on puisse établir avec les autres cultures est encore de les bien accueillir quand elles viennent à nous. Cela suppose l'ouverture aux autres, beaucoup d'échanges au niveau de la vie quotidienne et un certain détachement vis-à-vis de la culture écrite. Tout ce que nous devons culturellement aux Juifs, minorité stratégique, comme aux Grecs, aux Italiens et même aux Portugais et aux Espagnols, apparaît déjà. Il suffirait d'aller au maximum de nos possibilités d'intégration sans attendre toujours le feu vert de l'État.

4. Encore le Moyen Âge

Une quatrième utopie serait la concentration de l'étude scolaire de la langue française québécoise, la nouvelle et la traditionnelle, à partir des premiers dialectes *latins* du Moyen Âge. Le tout dans un contexte d'histoire des mentalités et des habitudes qui ont forgé cette langue jusqu'en ces dernières années. Devrions-nous le répéter en écoutant notre parler rural, maritime et forestier ; en entendant les Acadiens et tout ce qu'il y a de plus enraciné dans nos chansons, nos contes et nos légendes d'autrefois : nous sommes les descendants directs du Moyen Âge latin. Même langue à sa racine, des institutions similaires jusqu'en 1960, mêmes réflexes religieux, même goût de la politique et de la logique, même dualisme aussi. Passé irréfutable et irréversible. C'est la manière de se référer à ce patrimoine qui est révisable. Souhaitons, pour demain, moins d'hagiographes et plus de prophètes qui créent l'avenir en fonction du milieu immédiat, le seul réel.

Ainsi la langue française restera pour nous, encore en 2000, une *question culturelle vitale.* Dans ce cas, espérons de nouveaux lieux formels d'étude et d'apprentissage qui cernent les commencements, les habitudes et la structure initiale du langage courant plutôt que le dernier anglicisme à la mode. C'est à la source que l'eau est le plus pure. Le critère des origines vaut tout autant, sinon mieux dans notre cas que celui de l'usage. Entre l'*Atlas linguistique* de Gaston Dulong et le « dictionnaire » improvisé à la dernière heure du joual militant, il y a toute la différence qui existe entre la culture et son résidu commercial.

5. À la frontière de l'impossible

Enfin, il arrivera à chacun d'entre nous d'être confronté, un jour ou l'autre, avec l'impossible mystère de la vie et de la mort, avec les énigmes du bonheur et du malheur. Nos désirs ne peuvent pas être absolument vains. Forcément nous nous retrouvons tous ensemble à la frontière de l'utopie et du sacré, quelque part entre le refus et l'engagement. Eh oui ! « il faut se parler » jusqu'à nous faire mal (la chirurgie guérit aussi des maladies tenaces) à propos de nos croyances réciproques. Rêvons moins pour l'instant que pour l'an 2000 (ce n'est pas si loin !) à de nouveaux discours qui respectent la liberté des consciences et les cheminements secrets de l'être humain. *D'égale à égal,* comme dirait telle amie féministe en voie de devenir plus égale que moi !

Surtout pas de rapiéçage ni de collage superposé comme on peut en voir à Saint–Pierre d'Orléans : une église toute neuve à côté de l'autre idéalisée en relique du patrimoine. « Personne ne coud une pièce d'étoffe neuve à un vieux vêtement... Personne ne met du vin nouveau dans de vieilles outres. » Et il savait ce qu'il disait, celui qui a dit cela. Souhaitons–nous plutôt en tant que peuple autonome (nous le sommes à bien des niveaux en Amérique du Nord) des échanges d'envergure au–delà du dolorisme des années 60 et de la récupération d'une certaine droite.

C'est possible ? Je le pense. Pratiquement désarmé, le « peuple catholique » peut se présenter en « citoyen », dire son idée, d'autant plus qu'il subit avec courage, avouons–le, toutes les critiques possibles jusqu'à l'insulte ouverte. Qu'en l'an 2000 nous nous retrouvions différents, ne cherchant plus à nous intimider, sans rapport de force, avec le même besoin d'aimer, d'espérer et de croire à un au–delà du possible, voilà qui s'appelle accrocher ensemble sa charrue à une étoile. La *reconquista* demeurera l'objectif permanent de notre commune histoire. Mais, moins obsédés peut–être par les luttes constitutionnelles, nous rechercherons dans les religions les solidarités qui ont fait leurs preuves. Il est urgent de sortir de notre ignorance religieuse tragiquement évidente et de reprendre, c'est un exemple, la lecture de ce grand livre le plus lu, le plus traduit dans tous les continents : la Bible.

Peut-être qu'avec les retours écologiques et une conscience plus vive de l'environnement, les religions pourront au XXIe siècle réviser leurs symboles et offrir à leurs associés d'ici d'autres formes de piété aussi authentiques mais plus populaires. Au lieu d'un alignement statistique sur la pratique, au lieu d'une seule vie sacramentelle de significations, mesurables, pourquoi ne pas avoir plus de liturgies libres et festives ? De même qu'on aurait substitué l'humanisme aristocratique à base d'imprimés à un humanisme expérimental moins sélect et plus personnalisé, ainsi nous aurions une religion davantage incarnée dans les saisons et l'univers mental québécois. « Tout est possible à celui qui croit. » Le retour à la vérification du langage religieux est une autre avenue de l'an 2000 à ne pas oublier dans une culture où la langue restera toujours une question de vie ou de mort.

6. *Éclectiques ou cohérents ?*

À beaucoup d'égards, nous sommes déjà — et à quel rythme — dans un monde éclectique et interplanétaire. Notre vie sera-t-elle facile ? L'a-t-elle été jamais ? Telle est pourtant la condition humaine. Pour vivre individuellement et survivre comme peuple, il nous faudra, d'une part, un minimum de cohésion et une harmonie de plus en plus vérifiable autour des biens qui durent et qui font l'être civilisé : les biens culturels. D'autre part, l'avantage de l'éclectisme culturel inévitable sera de nous faire prendre conscience, une fois de plus, que nous ne sommes ni uniques ni parfaits, et que les limites sont aussi propres à la connaissance individuelle que le sont les frontières à l'identification des collectivités nationales. Comment éviter de devenir las ou superficiels ? Non, il ne faut pas nous perdre dans la confusion universelle de ceux qui ne savent plus aimer ni connaître. Sans idéal, sans utopies, pas d'avenir pour un peuple, à moins qu'il ne se contente d'une petite vie d'instants à répétitions : ce qu'à l'unanimité, au fond du cœur, nous refusons.

Entre-temps...

Entre-temps, pour les années qui nous séparent de l'an 2000, il nous faut vivre, travailler, espérer. Langue, foi, culture ! Non plus un duo mais le trio ! Au lieu du binaire qui jette les hommes dans la dualité, préférons le ternaire qui les force à dialoguer.

Bref, habitants, marins, voyageurs et coureurs de bois enfin arrivés en ville, il nous faut absolument inventer, d'ici l'an 2000, de nouvelles fiertés pour de nouveaux comportements humanistes face au RÉEL. Des comportements qui soient à la fois matérialistes et spiritualistes. On ne réussit pas l'un sans l'autre. L'histoire québécoise sera toujours inachevée. Il nous appartient cependant d'enchaîner le passé vers l'avenir à travers le présent, privilégiant d'abord la jeunesse et les étudiants. Que vivent tout de suite l'utopie et l'espérance exagérée pour tous ceux et toutes celles qui croient encore à l'amour, aux fleurs, au printemps, aux racines !

(Dans *Le Devoir*, vol. 73, n° 23, 4 février 1982, p. 23 [Sous le titre : « Québec, aujourd'hui »] ; *La Religion de mon père*, 1986, p. 288–293)

RETRAITE PAROISSIALE

Retraite paroissiale à Saint–Thomas de Montmagny
26–29 mars 1995

Comment remercier la communauté chrétienne de Saint–Thomas de Montmagny, ainsi que ses invités de la retraite paroissiale du dimanche 26 mars au mercredi 29 mars au soir.

Merci aussi au personnel et aux prêtres du presbytère : j'y ai trouvé le même accueil, généreux, joyeux, hospitalier. D'autres prêtres sont venus. Trois jours de printemps ! À l'église une merveilleuse assistance, une liturgie de qualité. Le ciel (déjà !) sur terre.

Merci de m'avoir fait vivre de vrais beaux jours dans la fraternité et l'espérance. Dieu est bon. Vous aussi !

Benoît Lacroix, dominicain et prédicateur de la retraite
(Dans Bulletin paroissial de la *Communauté chrétienne de Saint–Thomas de Montmagny,* n° 15, 9 avril 1995, p. 3)

Retraite paroissiale animée par le Père Benoît Lacroix
à Saint–Thomas de Montmagny

Jacques Simard, ptre

Tous les ans à Saint–Thomas on aime avoir une retraite paroissiale. Comme les excellents prédicateurs sont rares ces temps–ci, il faut se prendre au moins deux ans d'avance pour en dénicher un !

En tant qu'ancien du Collège de Sainte–Anne–de–la–Pocatière, j'avais entendu parler des 400 coups que Joachim–Benoît avait faits alors qu'il tentait de réaliser des études classiques dans cette vénérable institution et, comment, sur les chemins abrupts de la montagne du Collège, il s'était converti à la pensée et à la spiritualité de saint Dominique. Pour répondre aux erreurs théologiques véhiculées par certains médias d'aujourd'hui et sécuriser surtout les personnes âgées de plus en plus mêlées dans leurs croyances, il me fallait décrocher ce dominicain devenu célèbre. Je communiquai avec lui d'abord par téléphone le 5 mai 1994. Je lui rappelai les beautés des paysages de la Côte du Sud, la majesté du Saint–Laurent qui, avec ses 25 kilomètres de largeur, enveloppe l'archipel de l'Isle–aux–Grues. Bien plus je lui rappelai ses racines terriennes de Saint–Michel–de–Bellechasse rattachées aux vieux bois de la Seigneurie de la Côte du Sud et aussi comment le Fédéral, un jour, avait relié officiellement Montmagny au comté de Bellechasse ! Tout de suite, j'ai fait vibrer son âme de poète : il était touché. « Mais je ne suis pas un prédicateur, je donne surtout des conférences », ajouta-t-il. « C'est exactement ce que nous voulons pour ici », répliquai-je. La brèche était ouverte.

La semaine suivante, je recevais par la poste une liste de thèmes possibles à élaborer qui cadraient bien avec les problèmes d'aujourd'hui : Dieu, le Christ, la souffrance, la mort, les chers disparus, le ciel, la réincarnation et la résurrection. Il fallait maintenant se rendre au 25 mars 1995. « Si je ne suis pas mort ! », c'était la condition ultime. « Le ciel peut attendre », ai-je répondu.

À Saint–Thomas, nous avons prié Dieu de remettre ça à plus tard. Le Seigneur a bien collaboré. Ce jour-là, le 25 mars, il faisait beau. C'est important : les gens d'aujourd'hui aiment le temps doux, ça aide les sorties et favorise la réflexion dans la joie. Autrefois les paroissiens préféraient le temps gris du Vendredi saint : les prédicateurs centraient leur stratégie sur la peur.

À l'homélie du samedi soir, le Père Lacroix, vieux routier des chemins du monde, a annoncé que ses exposés viseraient la vie de tous les jours au Québec : « la P'tite Vie » chrétienne. Il voulait concurrencer le Radio-Canada du lundi soir. La curiosité fit mouche dans l'assemblée.

Avant tout, une chose importait, même pour un conférencier émérite : le conditionner davantage en le plongeant dans la géographie du milieu.

Le dimanche après-midi, je le promenai à travers les vieilles rues de « la cité des Oies blanches ». N'en déplaise au Cap Tourmente, c'est que nos joncs sont plus tendres ici qu'ailleurs ! Je lui fis voir la Chute, le Quai neuf, la Gare maritime, la Normandie, la Basse-Bretagne, le Manoir des Érables, les sculptures des parcs, l'église Saint-Mathieu et enfin, dans le transept du temple paroissial, la grande fresque de saint Albert le Grand, dominicain, érigée en l'honneur des six Albert qui ont construit ce temple des années 1950.

La retraite pouvait commencer !

Environ 800 personnes sont venues régulièrement chaque jour pour entendre notre dominicain parler du Dieu de la création, du Dieu de l'homme et de la femme de 1995, de Jésus-Christ son Fils et de l'Esprit saint. Les anges ne furent pas en reste. Et puis les grandes interrogations contemporaines. « La P'tite Vie » et ses problèmes. Comment se sanctifier au jour le jour ? Comment rester en union avec ses morts ? La vie éternelle et bien sûr quelques mots sur l'enfer. Faut dire que pour ne pas commettre d'erreur contre l'Église, l'homme de

Dieu avait mis au moins cinq heures de recherches dans le Catéchisme de l'Église catholique. Aussi bien préparé et sans doute grâce aux années qu'il porte en lui-même, le Père Lacroix a inspiré à son auditoire une confiance qui ne s'est pas démentie. Ses propos sur la tendresse de Dieu, son amour de toujours envers sa créature, son désir de salut pour tous, la confiance qu'on doit lui faire, ont créé un climat de sérénité et d'apaisement des consciences surtout chez les gens du 3e âge ; à l'instar de Siméon et d'Anne, ils retournaient chez eux l'âme en paix. Et comme les instructions étaient transmises sur la télévision communautaire, de nombreuses personnes retenues à la maison, sont entrées elles aussi dans cette atmosphère de bien-être spirituel et se sont senties rassurées face à leur propre salut.

Faut-il ajouter encore une autre surprise ? De très nombreux paroissiens et paroissiennes ainsi que des gens de l'extérieur sont allés au sacrement de réconciliation. Cinq prêtres, une demi-heure durant après les exposés, ont entendu les confessions tous les soirs de la retraite. Bref, ces exercices spirituels resteront pour notre paroisse un témoignage à l'Esprit saint et un hommage à celui qui a accepté, à 80 ans, de partager sa sagesse, sa vie intérieure avec des gens simples, aux prises avec le quotidien, et les a fait cheminer vers Dieu.

Un gros merci au Père Benoît Lacroix.

Comment gagner des indulgences en retraite

Pendant une retraite dans la région de Valleyfield vers 1990, lors de la première pause de la journée, une dame apporte un verre d'eau au Père Lacroix.

– Merci Madame. Vous venez de vous mériter plusieurs indulgences.

L'après-midi, inondé, il était aux prises avec plus de verres qu'il ne pouvait en boire.

Le ciel et l'enfer

Foi communautaire, foi partagée, foi vécue par des rites collectifs. L'espérance obéit à la même spiritualité. Il songe moins à sa résurrection personnelle reportée à la fin des temps qu'à une sorte de familiarité immédiate entre les vivants et les morts. Les vivants feraient tout de suite pour les âmes du Purgatoire ce que les saints du Paradis font pour lui. L'Église douloureuse, l'Église glorieuse et l'Église militante ne forment au bout du rang qu'un même grand univers inséparable, sans quoi il n'aurait rien compris. « Si Dieu vit tout le temps, pourquoi eux ne vivraient–ils pas toujours ? »

Dieu lui a donné une vie, un pays, une famille et une si belle terre ! C'est sûrement pour que tout ça serve aussi de *l'autre bord*. Jamais il n'aurait pensé une seconde au bonheur éternel sans sa terre et ses amis autour de lui. Pour être heureux il faut être ensemble. Faire sa vie pour son seul salut personnel ne lui vient pas à l'esprit et son Paradis est surtout un rang d'amis. On naît avec les autres, on vit pour les autres, on se retrouvera avec les autres. Le salut en soi et pour soi n'existerait pas. Du moins, par pour lui. Dieu n'aurait jamais eu une idée aussi saugrenue que de vouloir le sauver, lui, sans les siens : « Ou même qu'i' en manquerait un de ma famille au Paradis... ça ne se peut pas. Le Bon D'Yeu est quand même poli... Pis qu'y a de la place pour tout son monde En Haut. »

Bien entendu, les Bleus passeront par le Purgatoire, mais, à moins d'être ivrognes et couailleux, tous les gens de Saint–Michel–de–Bellechasse iront « direct au ciel ». « Et les sacrés maudits protestants ? » Peut–être oui, « à cause que les catholiques prient pour eux et pis qu'i' sont peut–être ben pas aussi méchants qu'on dit. ». Quelle langue parlera–t–on au ciel ? La réponse va de soi ; un être de son espèce ne peut concevoir une éternité muette. « On causera peut–être ben latin, comme à la messe, c'est la langue du Bon D'Yeu... Mais tout le monde se comprendra. Et toé, qu'est–ce que t'en penses ? Parle ! j't'ai pas fait instruire pour rien. »

(*La Religion de mon père*, 1986, p. 31–32)

L'ENFER OU COMMENT Y ALLER

Dans cette retraite paroissiale a–t–il repris ce qu'il avait dit lors d'une conférence à 150 jeunes dames de son âge, à Saint–Lambert en mars 1995, alors qu'il avait dû répondre à plusieurs questions reflétant de sérieuses inquiétudes au sujet de l'enfer ?

Il leur répond alors :

– Je vais vous dire quoi faire pour aller en enfer. Il y a dix moyens pour y arriver.

Après cette énonciation, des applaudissements nourris lui firent comprendre que les dames, soulagées, avaient découvert qu'elles n'étaient pas suffisamment « douées » pour aller en enfer.

Lorsqu'il m'a raconté cette histoire, je lui ai demandé de me décrire ces moyens sûrs pour aller en enfer, afin que je puisse à mon tour savoir quoi ne pas faire. Voici sa réponse du 24 avril 1995 :

Chère Giselle,

Puisque l'enfer est un objet de tes méditations, j'aimerais quand même t'offrir quelques précisions au cas où tu souhaiterais y aller faire un tour !

Certains principes à nous rappeler :

1. Que Dieu ne peut pas vouloir le mal.

2. Que selon les Écritures (I *Pierre* 3, 9), Dieu veut que TOUS SOIENT SAUVÉS, que personne ne périsse et donc que tous arrivent au repentir.

3. Le repentir ? C'est simple : nos fautes sont limitées, la miséricorde de Dieu est illimitée.

4. D'où la célèbre remarque du Christ : « Les courtisanes peuvent nous précéder dans le royaume des cieux. »

5. Une phrase de Thérèse d'Avila est citée dans le nouveau catéchisme officiel de l'Église catholique : « Au soir de cette vie, nous serons jugés sur l'amour. »

Ceci étant dit, je me permets de te rappeler les conditions ESSENTIELLES pour aller en enfer. Ces conditions, je les emprunte à la foi (et non à quelques théologiens en mal de publicité) pure.

1. *Avoir une aversion volontaire de Dieu, et y persister jusqu'à la fin.* (Caté[chisme], 1037)

2. Mourir sans s'être jamais repenti et sans accueillir la parole de Dieu : ce qui oblige Dieu à respecter notre liberté. (Cf. Caté[chisme], 1033)

3. Refuser Dieu directement en toute connaissance plénière de cause, et le refuser toujours, le détester sans l'ombre d'un désir de repentance et de pardon.

4. Refuser jusqu'à la fin de sa vie de croire en Dieu, de se convertir à la confiance, à la miséricorde de Dieu, d'être pardonné, de prier.

5. Ne jamais avoir aucun regret de ses péchés.

6. Et pécher vraiment par méchanceté et malice ferme et consentir, plutôt par faiblesse. Faire le mal, toujours vouloir faire le mal, un mal grave, sérieux, sans désir jamais de changer de conduite. Être toujours malicieux et ainsi librement être digne d'une malice *éternelle*... Toujours de plein consentement de volonté !

7. Librement et de plein vouloir et de pleine intelligence, sans l'ombre d'un remords et repentir détester les autres, toujours les détester...

8. Choisir librement de ne pas aimer, ni Dieu, ni soi–même, ni les autres.

9. Ne pas vouloir jamais vouloir connaître Dieu, son Amour, ni le Christ. Bref, ne croire qu'en soi–même et à ses propres forces.

10. Ne jamais accepter d'être pardonné par Dieu quand nous nous trompons, que nous errons, quand nous nous sentons fragiles, vulnérables et faillibles.

Et caetera !...

Père Lacroix

Christian Bourgault, ptre

Je vous connais si peu... En fait, je ne vous ai côtoyé qu'en ces jours où vous êtes venu « prêcher » dans l'ordre la retraite à Saint–Thomas de Montmagny.

Je garde de vous le souvenir d'un homme de paix. D'une très grande paix. D'une paix qui habite ceux qui ont connu les tempêtes et qui ont su les traverser. Paix de celui qui fait confiance. Paix de ces bateliers qui, ayant franchi la pointe de l'Île en route vers Québec, peuvent enfin souffler : la mer revient au calme. Cette paix, vous avez su la communiquer aux gens d'ici, un comté plus loin, et ils l'ont bien reçue.

Souvenir aussi d'un homme de combat. Car c'est au bout des combats qu'arrive la paix. Combats de table... Et les mots « ça c'est bon ! » qui jaillissaient de votre bouche n'allaient pas précisément pour la nourriture, si bonne soit–elle, mais plutôt pour les coups portés qui font sortir ou se déployer les vraies réponses... et les vraies personnes ! Saint Thomas, c'est un combattant et ici, il transcende encore les siècles.

Et, pour mon troisième point, souvenir d'un homme de travail. Comme l'hiver qui travaille très fort dans Bellechasse et spécialement sur les vallons de Saint–Michel. À l'hiver de votre vie, vos cheveux si blancs nous rappelant les congères, vous gardez cette énergie digne de ceux qui travaillent à la vigne toujours estivale du Seigneur. Composer hymnes et poèmes, préparer sermons et prières : voilà ce que vous avez fait pendant votre séjour ici. Et le travail n'est–il pas le combat pour la paix ? Dieu a travaillé : maintenant il combat pour nous convaincre de son Amour... Un jour, le Sien, il aura la Paix et nous avec Lui. Et vous, Père Lacroix, vous le voyez déjà...

Les Pharisiens

Ce fut une des rares fois où on le vit en colère. Comme s'il avait mal dormi.

Un jour je leur dirai en pleine face :
Maudits critiqueurs d'imbéciles instruits ! Jamais un pied à l'église, le nez toujours au clocher !
Maudites élites encagées de savantes pensées dorées, de mots piégés et de diplômes encadrés ! Cœurs de pierre, parasites syndiqués, lampions de sacristie qui éclairez à peine la nuit. Vous me faites honte.
Votre seul lieu de vérité : le lit. Et encore !
Maudits curés multiplicateurs de rites et d'homélies–cérémonies qui ne pensez pas un instant à vos meilleurs fidèles, les artistes, les poètes, les philosophes, les voyous, les « voyelles », les mal habillés, les pas habillés, les barbus, les pauvres d'argent...
Maudits paquets de pharisiens qui n'aimez que votre profit. Vous ne travaillez que pour la nourriture qui périt. Travaillez plutôt pour celle qui subsiste jusque dans la vie éternelle.
Les stripteaseuses vous précéderont dans le royaume de Dieu.
Gare aux censeurs, moralistes, compteurs de péchés et autres défaitistes du genre. Attention tout autant, sinon plus, aux mesureurs de perfection, aux hagiographes d'églises et distributeurs de miracles.
Baveux de baveux ! Maudits hypocrites ! À l'église tous les dimanches, mais toute la semaine à chiâler.

....

Vous trouvez que j'exagère ? C'est que vous ne les connaissez pas comme je les connais. Ils sont comme ces marchands de fleurs qui palpent, mesurent, tournent et retournent recto verso avec un ciseau prêt à trancher les plus belles roses de vos jardins.
Stupides capitalistes !

Eux, les gens du Rang des Cascades, n'en revenaient pas de l'entendre parler, lui, le tendre, le doux, le pacifique et le tolérant.
(*Quelque part en Bellechasse*, 1981, p. 50-51, *Trilogie en Bellechasse*, p. 191-192)

Le Bon Pasteur

Le Bon Pasteur connaît ses brebis autant qu'un marchand connaît ses gens, leurs dettes, leurs additions, leurs soustractions, leurs hypothèques, leurs comptes ouverts, oubliés, fermés.

Ah! leurs fautes et leurs comptes, je m'en fiche comme de l'an quarante! Qu'ils les regrettent, qu'ils me le disent, et j'envoie tout au fleuve. Les misères les plus évidentes sont à coup sûr les plus aisées à pardonner. Leurs pires échecs ne sont souvent que l'envers de leurs meilleures aspirations.

Si je les aime... malgré eux!

Comme ces vents qui une fois enroulés font chanter la forêt, mon pardon enveloppe tout et pousse au fond de l'horizon les brindilles de foin sec.
C'est plus fort que moi, j'adore leur pardonner.

Quand l'outarde égarée va rejoindre son volier
tout l'univers est raccordé.

Mon amour pour tous, il éclate en feux et étincelles à travers temps et espace.
(*Quelque part en Bellechasse*, 1981, p. 62–63, *Trilogie en Bellechasse*, p. 202–203)

LES MÉDIAS

LE DEVOIR EST AUSSI SA MAISON

Lise Bissonnette

Je rédige ce texte au lendemain de Pâques, à la campagne, un lundi de lumière. Je relis l'éditorial que le Père Benoît Lacroix a proposé samedi à nos lecteurs, la veille de la fête. D'une légende indienne sur l'arc-en-ciel, il a fait une allégorie de la résurrection dont il célèbre non seulement la possibilité mais aussi la beauté.

Je pense à une lettre que j'ai reçue il y a quelques jours, d'un militant de la laïcité dans nos institutions publiques, par ailleurs bien intentionné. Avant même que l'éditorial pascal du Père Lacroix soit publié, il me mettait en garde contre la poursuite de ce rituel d'homélie chrétienne en nos pages, à la veille de Noël et de Pâques. Puisque vous vous situez d'emblée du côté de la laïcité dans la vie publique au Québec, puisque vous réclamez notamment la déconfessionnalisation du système scolaire, arguait-il, pourquoi donnez-vous à l'Église catholique ce statut particulier ? En toute logique, ne devriez-vous pas inviter aussi un rabbin ou un imam, pour souligner les fêtes d'autres religions pratiquées au Québec ? Mon correspondant souhaitait évidemment que je m'en abstienne.

Il y aurait long à dire sur le sujet. D'abord que *Le Devoir* n'est pas une institution publique malgré que ses lecteurs aient l'impression de le posséder collectivement. Ensuite qu'il fut un journal d'obédience catholique avant de larguer les amarres plus ou moins formellement durant la Révolution tranquille tout en continuant, je crois, à s'inspirer de valeurs de justice et de solidarité qui sont, aussi, des valeurs chrétiennes. Tout en accueillant avec enthousiasme la transformation de la société québécoise, son abandon d'un folklore religieux qui avait peu à voir avec la foi, son accueil d'autres peuples et par conséquent d'autres traditions religieuses, j'ai appris à ne pas gommer l'histoire. Je n'ai plus, personnellement, que des rapports très lointains avec l'Église de mon enfance et rien de ce qu'elle devient, sous son magistère actuel, ne m'inciterait à quelque rapprochement, même si j'avais la foi. Mais je reconnais que les grands mythes chrétiens font partie de ma culture, de celle de la majorité de nos lecteurs, et je trouve du contentement à céder deux fois par année la place éditoriale — ce marché quotidien des idées sur l'instantané — à une réflexion qui ne craint pas la part du mystère dans nos vies.

Je ne sais si j'oserais le faire, toutefois, sans le concours du Père Lacroix. Car nul mieux que lui, dans l'Église du Québec, n'incarne le refus de l'exclusion. Je ne parle pas, ici, de l'œcuménisme politiquement correct qui accompagne la pensée à la mode sur « l'interculturalisme ». Il y a des colloques pour ça. Je pense plutôt à son instinct sûr pour faire le lien entre les vies païennes du temps présent et les vies chrétiennes, entre leurs zones communes d'ombre et de lumière. Jamais de jugement, et partout une simple célébration de l'être, qui est un nœud complexe d'espérances. Ces textes font appel à la liberté, c'est pourquoi ils sont des nôtres.

Ils font appel à la liberté parce qu'ils sont d'un homme libre. Benoît Lacroix puise où il veut, et plus souvent chez les poètes que dans les tables de la loi. Du mécréant André Breton jusqu'au mystique Tagore en passant par le déchirant Alfred DesRochers, il nous enseigne que la culture n'est pas une lecture éphémère, un accompagnement agréable dans nos rares moments d'arrêt, mais un inlassable travail d'incarnation du sens. C'est pourquoi il y a de la nuit, du vent et hier un arc-en-ciel dans les éditoriaux de ce poète qui nous propose d'abord la vie sur terre, et qui en sait les drames. *Le Devoir* est aussi jalonné, depuis près de trente ans, de courts textes de Benoît Lacroix sur des littéraires ou des philosophes, dont il suggère l'être au-delà de l'œuvre. Il observe, tout en lisant. Si ce regard n'était si discret, il donnerait à plusieurs le vertige.

Je suis touchée de participer aujourd'hui à un hommage au Père Benoît Lacroix. Nous ne nous connaissons que par téléphone et par courtes lettres touchant notre rituel. Je lui sais gré d'avoir compris, sans que jamais la chose soit dite, qu'il absorbait une partie de présence éditoriale dont je n'aurais pu m'acquitter sans imposture. Jamais il ne m'a fait sentir de réserve, il ne doute pas que *Le Devoir* soit aussi sa maison. Et il a raison.

Pâques arc-en-ciel

Selon ce qu'en raconte une jolie légende indienne, tout aurait commencé un jour d'orage, en plein ciel, quand certaines des plus belles couleurs jamais vues au firmament entrèrent en conflit. La jalousie ! Le ton monta, la discussion s'envenima — discussion de vedettes — comme au Parlement, chaque couleur arguant, se croyant et se disant la plus belle. Tout à coup, croyez-le ou non, sans avertissement, un cling ! clang ! aussitôt suivi d'un bing ! bang ! sec et incisif : l'éclair, on dirait, à la poursuite du tonnerre ! Frustrées, apeurées, sept des couleurs en guerre se blottirent les unes contre les autres. Et commença une douce pluie en pointillé, filtrée au soleil, qui se mit à « crayonner » une écharpe multicolore du plus bas au très haut firmament, et jusqu'à la ligne d'horizon. L'arc-en-ciel : épiphanie cosmique ! C'est alors que le soleil, ou l'ondée, on ne sait plus trop, prit la parole : « Mais pourquoi cette querelle et ces désirs de domination ? Vous êtes déjà, chacune, si belle ! Toi rouge, toi orangée, toi jaune, toi verte, bleue, indigo, toi violette. Si belles, et pourtant si différentes ! Ne savez-vous pas que vous avez été ainsi rassemblées pour que chacune, ensoleillée et côte à côte, vous témoigniez face à l'univers de la diversité créatrice de la beauté ? »

Bien entendu, il existe des versions plus savantes et donc moins romantiques de l'origine de l'arc-en-ciel. Je les confierais aujourd'hui à quelque astrophysicien célèbre, Hubert Reeves par exemple, à savoir que l'arc-en-ciel, sorte de météore, se produit lorsque les rayons du soleil enluminent à distance des gouttelettes de pluie qui, dès lors, réfractent la lumière et la décomposent pour créer ces arcs translumineux offerts à nos yeux jamais rassasiés, jolies aquarelles joyeusement ancrées d'un versant à l'autre du ciel. Et visibles jusque par-dessus nos plus prétentieux gratte-ciel ! Qui n'aime pas les arcs-en-ciel ?

Prophétie des temps à venir autant que victoire du soleil, l'arc-en-ciel symbolise, après tant de nuages et de conflits plus ou moins supportables, le retour au beau temps, c'est-à-dire à la tendresse, à l'amour, à la lumière. Eh oui ! il est possible qu'après les violences verbales et les tempêtes de la vie, renaissent tout à coup la communion, la compassion partagée, l'amour. Amours perdues et retrouvées ! Les paysans en Bellechasse diraient : « Après la pluie, l'accalmie ! » Le beau temps finit toujours par avoir raison.

Mystifiés par ces étranges ponts aériens en arc renversé allant du ciel à la terre pour annoncer la fin d'une ondée, de sages anciens, soucieux de révélations et préoccupés de combler la distance entre le visible et l'invisible comme entre le lointain et le proche, se sont demandé ce que signifiait cet escalier lumineux, ce frère du soleil de nos Amérindiens, ce pont des dieux des anciens Pygmées. Est-il exact de croire, comme on l'a fait jadis, que seuls des dieux forts et puissants franchissent avec succès les lieux enfermés dans l'arc-en-ciel ? Qu'en pense Iris, fille d'Électre et messagère d'Olympe, dont on a dit qu'elle savait certains secrets d'en haut ?

Il fallait s'y attendre : plusieurs grandes religions qui ont subi l'épreuve des siècles accordent à l'arc-en-ciel des rôles de prédiction, de divination et même de réconciliation. Dans les récits premiers de la *Genèse*, au temps de Noé, l'arc–en–ciel récapitule une amitié divine faite d'alliance et de promesses : « Voici le signe de l'alliance que je mets entre moi et vous et tout être vivant avec vous, pour toutes les générations futures... J'ai mis mon arc–en–ciel dans la nuée pour qu'il devienne un signe d'alliance entre moi et la terre » (*Genèse* 9, 12ss). La prière juive dont on ne dira jamais assez la richesse mystique raconte que, par cet art illuminateur, « tout le ciel et la terre sont remplis de la gloire de Dieu » (*Psaume* 8 ; aussi *Ézéchiel* 1, 28). Ainsi le proclament plusieurs autres textes sacrés des années 180 avant Jésus Christ, *Le Siracide* par exemple : « Vois l'arc–en–ciel et bénis Celui qui l'a fait. Il est si beau dans sa splendeur, il trace dans le ciel un cercle de gloire : les mains de Dieu l'ont tendu. »

Héritières de ces trésors de poésie biblique, nos spiritualités chrétiennes, tant en Orient qu'en Occident, n'ont pas manqué de saluer en l'arc–en–ciel Jésus de la Nouvelle Alliance, Jésus dit le Christ qui, au premier siècle de notre ère, meurt dans le bruit d'une commotion cosmique (cf. *Matthieu* 37, 51–52) pour réapparaître vivant et glorieux dans un corps transfiguré. Jésus arc–en–ciel ! Des paroles issues de la tradition orale et mises en écrit dans les années 100 lui prêtent en effet le rôle non équivoque d'un être de généreuse clarté. « Je suis la lumière du monde » (*Jn* 8, 12). « Pendant que vous avez la lumière, croyez en la lumière, pour devenir des enfants de lumière » (*Jn* 12, 36).

Tel est justement le sens fondamental de la fête chrétienne de Pâques à travers le monde depuis 2000 ans. Plus que la seule « révélation » cosmique du printemps, plus que le souvenir des temps mythiques de l'arche de Noé, Pâques est pour les croyants de la Vie, la fête lumineuse d'un être divin, Jésus, exubérant de vitalité qui, durant sa courte existence terrestre, n'a cessé de crier à qui voulait l'entendre la valeur éternelle de chaque vie humaine et cela, en dépit de la mort physique qui devient dès lors un incident provisoire traversé d'éternité. Pâques célèbre glorieusement le triomphe superdésirable de la vie sur la mort, comme celui du printemps sur l'hiver, de l'arc–en–ciel sur l'orage. D'où le cri jamais oublié dans la mystique chrétienne d'un converti des premières heures : « Mort, où est ta victoire ? » (I *Cor.* 15, 55).

À sa célébration de la lumière, au 2715, chemin de la Côte-Sainte–Catherine, à Montréal, réunie au matin de Pâques à 4 h 15 et pour trois heures d'affilée, la jeune communauté chrétienne de l'Université de Montréal relira cette année encore les mêmes textes sacrés de la *Genèse*. Elle chantera, interrogera les signes des temps et fêtera par rites et cérémonies le passage de la nuit au jour. *Pâques arc–en–ciel !*

Revenons à la légende indienne et résumons pour ceux et celles qui n'ont pas eu le temps de lire ! De même qu'un jour le soleil brouillé par l'orage fit naître l'arc–en–ciel, ainsi d'un amour piégé peut naître une réconciliation, ainsi de l'épreuve de la mort du Christ surgit la fête de la vie, cette vie retrouvée et par lui promise à jamais à toute personne de bonne foi. *Alleluia* !

(Dans *Le Devoir*, 15 et 16 avril 1995, p. A10, « Éditorial »)

L'ARC–EN–CIEL BENOÎT LACROIX

Paul Tremblay, ptre

J'emprunte cette image de l'arc–en–ciel au dernier texte que je viens de lire sous la signature de Benoît Lacroix. Il s'agit de l'éditorial du journal *Le Devoir*, à la date du 15 avril 1995, intitulé « Pâques arc–en–ciel ». C'est devenu une tradition : c'est à Benoît Lacroix, jeune de ses quatre–vingts ans, que s'adresse le journal soi–disant branché et intellectuel de Montréal lorsqu'il veut avoir une parole spirituelle lisible et vibrante à la veille des fêtes de Noël et de Pâques. Toute une reconnaissance !

Benoît Lacroix est véritablement un arc–en–ciel dans le firmament québécois.

Un homme de toutes les couleurs ! Un homme bleu, comme le ciel et le fleuve de Saint–Michel, bleu comme l'avenir du Québec. Un homme vert, qui a grandi en Bellechasse et y est toujours demeuré, de cœur, tant il est demeuré proche de la nature généreuse et des grands espaces. Un homme jaune, comme les athlètes au maillot de tête au vélo ou au tennis. Un homme rose, qui a su s'adapter, avec un brin de malice — car il connaît trop l'histoire et les palinodies des humains — à tous les changements de modes, de mentalités et de pratiques soi–disant « modernes » dont se targue le Québec depuis trente ans. Avant tout un homme blanc, toujours, le blanc qui efface et distingue, le blanc de la liberté des fils de saint Dominique.

Un homme d'espérance ! Ce qui m'a toujours frappé chez Benoît Lacroix, c'est la sérénité et la capacité d'espérer. Il voit du bien partout. Au point que parfois il en devient déconcertant. Quelle que soit la situation, on dirait que rien ne l'inquiète. Le dicton veut que l'arc–en–ciel du matin annonce le chagrin et l'arc–en–ciel du soir, l'espoir. Chez Benoît Lacroix même l'arc-en-ciel du matin rime avec refrain.

C'est un homme d'aurore. On dirait qu'il est constamment aux aguets pour saisir les signes et les moments qui annoncent le jour : à travers la vie des personnes qu'il côtoie ou qui viennent le consulter, à travers les hésitations et les vicissitudes de la société québécoise et de l'Église québécoise. Il sait depuis toujours que la nuit étrangement s'assombrit juste avant l'avancée irrésistible de la lumière. Il voit même à travers ces matins masqués de nuages, quand les rayons du soleil cherchent en vain un chemin libre. C'est un homme d'aurore, c'est-à-dire un homme de certitude, qui sait que la lumière va surgir, mais également un homme d'accueil, ouvert à la surprise, étonnamment ouvert aux questions de l'étrange et du neuf qui surgit sans cesse. Un homme d'aurore, car il sait que les humains jamais ne cessent d'être en route, qu'ils sont libres de vouloir ou de refuser la surprise, que tout n'est jamais joué.

J'ai eu le plaisir de mettre au point avec lui la formule initiale de l'émission du dimanche matin *Messe sur le monde,* qui fut à l'affiche à la radio de Radio-Canada pendant plus d'une décennie. À chaque enregistrement, j'étais émerveillé de voir l'élan et le souffle que Benoît Lacroix y impulsait. On aurait dit qu'à chaque émission il voulait vraiment saisir le monde dans ses bras et offrir cette immense brassée en prière. Il disait même, sur un ton à la fois taquin et sérieux, qu'il voulait prier en pensant aussi aux vaches que son frère était en train de traire dans une étable de Saint-Michel tout en écoutant l'émission !

Il y a une erreur que Dieu a commise un jour mais que Benoît Lacroix s'est juré, lui, de ne pas faire. C'est l'erreur de condamner le monde. Car Dieu en effet, un jour, se désespéra de voir évoluer les humains et il décida de les punir en faisant venir le déluge. Par la suite, Dieu se repentit d'avoir ainsi manqué de patience. Et il se jura de ne plus jamais recommencer. Il en donna un signe : ce fut l'arc-en-ciel.

Benoît Lacroix a toujours su éviter cette erreur. Auprès de lui, nulle condamnation, jamais de déluge. Ce n'est pas par manque de lucidité : il n'y en a pas comme lui pour voir les sottises, les calculs, les petites histoires et les soi-disant grandes révolutions de nous tous, pauvres humains. Mais il ne juge pas. Il sourit, un peu narquois, et il voit au-delà. Dans le ciel spirituel québécois, chargé dans le passé de tant de menaces, de peurs et de condamnations, il a voulu être simplement un arc-en-ciel, l'annonce de l'espoir, du beau temps promis, de la condamnation à jamais révoquée. C'est pourquoi les gens se sont toujours sentis à l'aise auprès de lui. En lui se retrouvent, depuis des décennies, les gens de toutes conditions humaines et spirituelles : artistes, savants, urbains, terriens, et probablement aussi même les extraterrestres ! C'est pourquoi les médias n'ont cessé de faire appel à lui aux heures de drames, de doute, d'épreuves collectives. C'est pourquoi nous avons été nombreux à déceler chez lui l'écho sympathique, tendre, actuel, de la Bonne Nouvelle.

Il écrit pour *Le Devoir*, car il est lettré et informé. Mais il pourrait tout aussi bien écrire pour le *Journal de Montréal*, tant il est simple d'approche et mal à l'aise dans tout ce qui sent la coterie et le faire semblant. C'est ainsi qu'il a osé écrire des contes et des fables. Et le récit de la religion de son père. Et le récit imaginatif d'un Évangile revécu dans le paysage de Bellechasse.

Oui, vraiment, Benoît Lacroix, c'est un arc–en–ciel ! Lumineux, coloré, étincelant, spirituel. Quelle belle vocation d'homme et de croyant ! L'arc–en–ciel ne nous dit pas ce que sera le jour. Il suffit qu'il nous donne d'aimer et de vivre le risque de chaque jour.

EN HOMMAGE À BENOÎT LACROIX

Claudette Lambert

Automne 1984. Je prépare pour le réseau FM de Radio–Canada une série d'émissions sur les manifestations de la foi populaire vécues à travers les divers lieux de pèlerinage au Québec. Un sujet passionnant qui touche aux racines religieuses de notre peuple.

Sur ces questions, me dit–on, Benoît Lacroix est un « incontournable ». Je le reçois donc en entrevue et dès les premières minutes je suis totalement séduite par ses talents de conteur. Et un conteur, c'est connu, est le rêve de tout interviewer...

Dans son regard pétillant je vois défiler les paysages, les bonheurs et les malheurs des gens, leur marche douloureuse et confiante vers le SACRÉ, source de VIE et d'apaisement.

Avec des mots tout simples il m'explique l'âme humaine portée par le désir d'être liée au Tout, à la Force agissante, à l'Envers du monde... Enraciné dans le passé et l'ailleurs le Père Lacroix m'apprend à lire les symboles et à nouer les fils du temps et de l'éternité. Puis il me parle de ses voyages, de ses études médiévales et toujours, la magie du langage, la fraîcheur du regard et l'humilité devant la beauté du monde.

De son séjour au Rwanda qu'il décrit comme « le choc culturel d'un homme instruit », il a rapporté quelques proverbes qu'il offre à ma réflexion :

« Le savoir c'est comme le feu, ça vient du voisin. »

« L'eau qu'on a puisée soi-même est toujours bonne. »
« Le roi d'une personne, c'est son cœur. »
Ce dernier, il aurait pu l'inventer. C'est tout dire !
Les mois passent et un jour je reçois une lettre. Quelques lignes seulement.
« [...] J'ai vu votre émission [...] Bravo ! Continuez [...] »
Elle est signée Benoît Lacroix. Je suis surprise et touchée. Animer des émissions à la radio ou à la télévision, c'est lancer chaque jour une bouteille à la mer sans savoir qui l'ouvrira. Et quand le visage de l'AUTRE prend forme, on a soudain l'impression d'exister. Plusieurs fois par la suite il aura pour moi cette délicatesse. De courtes lettres pleines de fraîcheur qui m'auront souvent aidée à traverser les jours.

Et pendant un deuil particulièrement difficile il m'a simplement dit : « Je vais prier pour vous. » Moi qui ne savais plus prier depuis si longtemps... J'ai reçu ce cadeau étonnant comme un trésor dont on ne sait que faire et qui me rejoignait bien au-delà du mystère.

Mon cher Benoît Lacroix,
Nous sommes nombreux à vous rendre hommage pour vos 80 ans. Je l'avoue humblement je connais mal votre œuvre, je n'ai pas lu tous vos livres et de grands morceaux de votre histoire m'échappent.

Mais je garde en mémoire l'image de l'homme croyant, toujours un peu poète, attentif au moindre signe d'éternité. Ce que j'ai reçu de vous c'est votre humanité.

PÈRE BENOÎT LACROIX, O.P.

Raymond Beaugrand-Champagne

L'un des hommes qui m'a le plus marqué, sans doute sans le savoir, c'est le jeune Père Benoît Lacroix. Alors que l'Institut d'études médiévales était fondé dans un bâtiment de briques, avenue Rockland, à Outremont, j'avais la chance d'habiter juste derrière et d'aller causer parfois avec quelques dominicains qui se promenaient dans la ruelle ! Celui qui suscitait en moi le vif désir adolescent de me faire dominicain, c'était ce jeune Benoît Lacroix qui gardait de son adolescence un sourire sans pareil et un enthousiasme que l'on n'a qu'à dix-sept ans. Un tel désir m'a percé le cœur pour la vie.

Je n'ai malheureusement pas suivi ce curieux désir. Je suis allé ailleurs... Mais lui, il a toujours su conserver ce sourire, cette âme enthousiaste et cette passion du vrai dominicain. Il n'a pas fait fausse route !

Quand, après quelques années de séparation, je le retrouvai à l'Université de Montréal où j'ai fait des études de philosophie, il était solidement le même, si accueillant, si attachant qu'on ne pouvait que vouloir l'écouter, et si possible le suivre.

Toujours, au cours des ans (plus de cinquante ans déjà), sa présence demeure pour moi un enchantement. Car Benoît Lacroix n'a pour ainsi dire rien perdu de son « adolescence », de sa jeunesse, même si ça risque parfois, rarement, de lui jouer des tours. On ne saurait lui en vouloir, car on l'aime. En effet, on l'aime même si l'on n'est pas toujours du même avis, car on sait qu'il est à peu près impossible de tant se dévouer, de prêcher ou de prendre la parole aussi souvent sans parfois dire quelque chose qui nous échappe.

Son intérêt profond pour nos racines québécoises l'a d'autre part amené à écrire des livres qui m'ont enchanté. Que ce soit *Marie de Saint-Michel* sur la Vierge Marie, *Célébration des saisons* chargé d'émerveillement, ou *La Religion de mon père*, on y trouve toujours cette même délicatesse du cœur et cette même finesse de l'âme qui nous touchent.

Enfin j'ai eu quelques fois l'occasion de le remercier après ses conférences à la Bibliothèque nationale. Toutes étaient passionnantes, mais celle qui m'a le plus marqué fut celle du 15 février 1988 intitulée « Religion et merveilleux au Québec » ; ce que le Père Lacroix y avait dit sur Marie était exceptionnellement beau.

Merci, cher Père Lacroix, pour tout ce que nous vous devons ! Nous serions moins heureux si vous n'aviez pas été là.

TEXTE RÉDIGÉ À L'OCCASION DU 80ᴱ ANNIVERSAIRE DE BENOÎT LACROIX

Marcel Brisebois

Tout de go, j'avouerai que j'éprouve un certain malaise à parler de Benoît Lacroix. Et cela pour plusieurs raisons dont l'une, et non la moindre, tient tout autant à notre ami qu'à moi-même. Comment en effet être à la hauteur d'un homme si habile à manier les mots, à plonger dans leur sens le plus profond, à les réunir de façon aussi inattendue que véridique, à modeler la phrase de façon presque incantatoire.

S'il m'était demandé de décrire notre ami d'un seul mot, je dirais qu'il est un homme tranquille. Non pas comme on dit d'un enfant qu'il est tranquille, signifiant par là sa retenue, sa discipline, voire même son manque de vivacité. Benoît Lacroix n'est pas un homme tranquille parce qu'il ne dérange pas, mais plutôt parce que sa démarche apparaît précise, sûre, constante. Un peu à la manière d'un paysan. Oui, c'est cela. Benoît Lacroix c'est un paysan. Un paysan au sens que Proust accorde à ce terme dans lequel il voyait un titre de la plus haute noblesse. Du moins c'est le jugement que l'auteur de *La Recherche* prête à la duchesse de Guermantes, si raffinée, si élégante ou plutôt si juste en toutes choses. Paysan, homme du pays, homme qui plonge des racines dans un sol et qui ne craint pas le vent qui agite les roseaux, mais sait en faire chanter son ramage. Homme de solitude qui sait ce qu'il en coûte de se colleter aux éléments opiniâtres, aux étendues inapprivoisées, à sa propre inexpérience, et cela sans fanfaronnade, mais avec une énergie calme et sereine. Paysan de Bellechasse et du Saint–Laurent, homme de la terre à cultiver, homme du fleuve qui appelle à l'aventure et transporte le désir.

Pendant quelques dizaines de mois, il m'a été donné de collaborer avec Benoît Lacroix dans le cadre de l'émission *Rencontres*. Nous nous rencontrions alors avec Raymond Charette et Wilfrid Lemoyne pour préparer l'émission. Benoît Lacroix et moi assurions la recherche nécessaire aux interviewers. Tantôt nous nous voyions dans les bureaux de Radio–Canada. Tantôt, mais plus rarement, nous nous réunissions autour d'un repas pour faire la critique de la plus récente émission. Le plus souvent, lui et moi, nous nous enfermions dans une des salles du parloir du Couvent de la Côte–Sainte–Catherine où nous passions l'après–midi à réfléchir sur le contenu des futures interviews. Le défi était de taille. Qu'on se rappelle ce qu'était *Rencontres*. Dans la grille de Radio–Canada, l'émission relevait du service des émissions religieuses de cette société. Et pourtant, *Rencontres* n'était ni une émission de propagande ni d'information sur les événements religieux. Par sa forme, *Rencontres* se présentait comme une interview d'une demi–heure d'un invité qui entraînait le téléspectateur dans une réflexion sur ce qui donnait sens à sa vie. À cette époque, l'émission était diffusée en fin de soirée le dimanche. Elle venait clore la période de repos du week–end et amorcer le travail de la semaine qui allait débuter.

Comme recherchistes, notre travail consistait à documenter Raymond Charette et Wilfrid Lemoyne. On sait quels interviewers habiles et perspicaces étaient les deux hommes. L'un et l'autre étaient également des hommes de culture sans doute, mais cette culture était plus littéraire, musicale et politique que philosophique. C'est dans ce domaine que se situait notre apport. En Benoît Lacroix, on reconnaissait le philosophe formé à la pensée néo–thomiste, mais aussi le lettré, exégète de Saint–Denys Garneau, l'homme engagé aux côtés de ceux qui avaient travaillé à engager le Québec dans les voies de la modernité. Quant à moi, j'arrivais de Paris où j'avais été l'élève d'Aron, de Ricœur, de Jankélévitch, de Demida... Il nous incombait, dans un premier temps, de suggérer des noms d'invités et de justifier notre proposition. Puis, si elle était agréée par l'équipe que dirigeaient simultanément, mais séparément, Raymond Beaugrand–Champagne et Marc Cacopardo, il nous appartenait de préciser la démarche qu'emprunterait l'interview et de suggérer des pistes de questions.

N'est–il pas significatif que les premiers invités de *Rencontres* furent non pas des prêtres ou des militants ou des fidèles notoires, mais bien Michel Tremblay et Noam Chomsky. Avec l'un et l'autre, comme avec tous les autres invités qui leur succédèrent sur le plateau de *Rencontres*, il s'agissait moins de cerner un événement, publication d'un livre, présentation d'un spectacle, prise de position politique, obtention d'un prix etc., etc. que d'approfondir, à travers des événements vécus ou des projets de vie, le sens donné à l'existence. Il s'agissait donc moins d'informer le spectateur que de lui exposer une démarche de réflexion par laquelle la vie prend sa cohérence tout en échappant aux aléas des circonstances. En un mot, le but de notre démarche était de faire une lecture des signes du temps.

Cette lecture, on l'aura compris, était pour nous celle de croyants. Quiconque connaît Benoît Lacroix sait que même s'il appartient à l'Ordre des Prêcheurs, il n'a rien d'un Tertullien ou d'un Torquemada. Je le vois plutôt comme un moderne disciple de Thomas d'Aquin, capable d'accueillir toutes les questions qui surgissent du cœur et de l'esprit de l'homme afin de les examiner à la lumière de sa foi et de leur donner en elle une dimension inattendue. Foi qui est moins la certitude d'être dans le vrai que la conviction d'avoir été saisi par quelqu'un et d'être mené par Lui, même là où on ne voudrait pas aller.

BENOÎT LACROIX, CHRONIQUEUR À *PAROLE ET VIE*

Roland Leclerc
en collaboration avec Lise Lapalme

Cinq ! Quatre ! Trois !... Et... Benoît Lacroix, de sa voix chaude, accentuée par le rythme et les clins d'œil de sa pensée, pour bien ménager les coups de cœur et un tantinet de provocation bienveillante, communique !

Il parle à la caméra mais il sait d'instinct son public présent. Il aime l'apprivoiser. Patriarche, grand–père, sage, savant, théologien et mémoire de nos traditions, le « père » Benoît Lacroix collabore depuis cinq ans à la série d'émissions *Parole et Vie* (au début, *Sur la Place*).

En évoquant certains moments de cette joyeuse complicité avec l'un ou l'autre des membres de l'équipe, nous voudrions dire merci à Benoît, notre ami toujours disponible, pour le plus beau et le plus sûr cadeau qu'il continue de nous faire : la liberté et la joie de sa foi.

Sens de l'image et goût de la « formule »

« Faire de la télévision » avec Benoît Lacroix est un charme. Pourquoi ? L'interviewer trouvera chez lui un interlocuteur qui n'a pas besoin de connaître toutes les questions avant de commencer. Il n'a pas peur (!) et il sait donner de la matière substantielle. Il a le sens de la formule qui frappe. Il sait que la vie se passe en 20 secondes lorsqu'il est question de fabriquer une nouvelle. Il le sait tellement que bien souvent, il en met trop. Avec un malin plaisir — plaisir dominicain évidemment — de penser que le réalisateur aura le problème de choisir dans tout ce bon matériel.

Le recherchiste ou le concepteur d'une émission qui demande son aide, en aura aussi pour son argent. Non seulement des idées et des suggestions de mise en scène, mais aussi et continuellement des images. Sa pensée, semble-t-il, sait voir et faire voir.

Nous comprenons mieux maintenant, que lorsque nous lui avons proposé de tourner certaines chroniques de l'émission *Parole et Vie* du côté de Bellechasse, à quel point nous joignions l'utile à l'agréable. Tout devenait possible, car les miracles arrivent en Bellechasse : le ciel et la terre s'unissent en images et en mots.

Un conteur

Benoît Lacroix est un conteur. C'est là qu'il devient vraiment intéressant et qu'il prend toute sa profondeur. Profondeur autant biblique que théologique, historique que poétique.

Aux questions « compliquées » ou bien aux questions abordant des sujets complexes, le « père » Lacroix sait retrousser avec une désarmante simplicité, quelques notions d'histoire, liées aux traditions religieuses, alliées à une pointe de thomisme qu'il rajeunit à l'esprit de Vatican II. Et tout cela avec sens.

Arrive-t-il à se surprendre lui-même par la clarté et la densité de certains de ses propos ?

Au fil des années, le conteur qu'il est nous a entretenus des « grands témoins de la foi », de « la foi de sa mère », des « souvenirs de paroisse », des bases de la Révolution tranquille et des premiers signes de l'Église au Québec.

Dès le moment des rencontres de planification, il commençait à conter. Ses nombreux petits crayons — pourquoi en laisse-t-il traîner autant, partout, et pourquoi sont-ils tous petits, pas plus longs que cinq centimètres ? — ses multiples crayons qu'il utilise pour écrire sur des petits bouts de papier servent à mettre quelques idées en place, pour mieux se souvenir. Et puis, l'image aidant, le filon semble venir tout seul. On peut déjà commencer le tournage.

Un jeune patriarche

Détendu, joyeux, taquin, le patriarche Benoît, convient-il de le dire, a un peu la « bougeotte ». Il est fébrile sur un lieu de tournage. Mais quand vient le temps de tourner, il est contagieusement disponible. Il inspire l'équipe. « Dites-moi quoi faire ! » nous a-t-il souvent fait entendre. Et pas pour la frime. Pour vrai.

Il doit bien avoir une grâce secrète pour donner autant de jeunesse à ses années.

Nous lui avons dit quelques fois « quoi faire », mais nous avons voulu aussi situer la chronique du Père Lacroix en nous basant nettement sur lui et sur ce que nous pensions être ses principales qualités de communicateur. Nous en voudra-t-il de lui avoir enlevé la jeune animatrice qu'il nous avait lui-même suggérée comme interlocutrice ? Cela faisait trop paternaliste. Il lui arrivait même de fabriquer dans la fin de ses réponses, les prochaines questions.

Respectueux contestataire

Benoît Lacroix a vraiment pris au sérieux le précepte de l'Évangile qui demande de ne pas « rabâcher ». Il ne répète pas sans cesse les mêmes formules stéréotypées. Il se sent à l'aise dans la foi. Il en donne le goût.

Est-il aussi à l'aise dans les structures, les mots et les paroles héritées de l'Église ? Son petit côté contestataire fait souvent les délices des recherchistes et des interviewers. « C'est tellement différent de ce que nous réussissons à entendre de la plupart des ecclésiastiques ! » s'exclamait un membre de l'équipe de l'émission *Le Point* à Radio-Canada. Et pour nous, qui avons travaillé avec Benoît Lacroix, avec l'objectif de « communiquer » l'Évangile et la sagesse de l'Église, en mots et en images d'aujourd'hui, cela nous rend fiers. Nous sommes plus audacieux et davantage confiants pour développer une meilleure présence de l'Église dans les médias.

Un homme de foi

Il y a tellement de handicaps à surmonter pour arriver à être entendu dans les médias. Le plus grand et le plus insidieux vient de l'intérieur même de l'Église. La « langue de bois » crée des murs épais comme des tombeaux. La rigidité de plus en plus monolithique de la ligne de pensée vaticane paralyse les plus intrépides. La sévérité avec laquelle des « confrères » apprécient certaines « libertés » de pensée décourage les plus vertueux. Benoît navigue sur cette vague des ondes modernes, en gardant le cap. Nous aimons affirmer en l'entendant parler : « Mais d'où lui vient une telle autorité ? »

Toute communication, quelle qu'elle soit, demande de l'émotion. De la passion même. Est-il trop exiger que nous ayons plus de gens passionnés pour nous dire leur foi ? En tout cas, nous sommes heureux de savoir que, tout à côté de nous, il y a un homme de foi, une foi naturelle ; un prêtre, un « père » s'il vous plaît, qui n'impose pas sa croyance, mais la propose et en donne le goût.

Un homme de joie

Si le psaume vante les mérites de la personne qui arrive à quatre-vingts ans en disant qu'il s'agit d'un exploit, nous voulons ajouter au psaume que l'exploit est encore plus intéressant pour les médias, quand il est porté par la joie et la douce folie que le Royaume lie à la vertu de l'enfance.

Benoît Lacroix a même voulu communiquer sa joie vis-à-vis du mystère de Noël, en s'employant à faire « sourire » un veau devant la caméra. Le nourrissant à la bouteille, lui faisant les plus belles risettes, lui promettant les trésors de sa communauté, le dompteur de veau fit tant et si bien qu'il réussit à lui soutirer le plus majestueux élargissement de la bouche, toutes dents béantes. Mais, la caméra ne tournait pas !

Cependant, des témoins sérieux étaient présents et peuvent attester, comme au bout de l'Évangile de saint Jean, que tout cela est vrai.

Reste que pour que la communication se fasse, l'instant de grâce doit avoir lieu au bon moment... c'est-à-dire celui de la technique. Une chance que la grâce a de bons alliés en Benoît Lacroix.

Merci Benoît !

Chronique sur les âmes du purgatoire

La foi de ma mère, comme la foi d'une partie de nos ancêtres, était habitée par une croyance à la fois merveilleuse, déroutante pour nous, modernes, et en même temps alléchante, si on y pense sérieusement : la croyance aux âmes du purgatoire.

Les âmes du purgatoire font partie de notre vie ; les âmes du purgatoire sont celles qui ont besoin de prières, celles pour lesquelles nous faisons une criée, le deux novembre. Ce sont celles aussi qui peuvent prendre un corps d'emprunt, disent nos traditions folkloriques, et venir en quelque sorte solliciter nos prières.

C'est une croyance assez extraordinaire, ce culte des âmes du purgatoire, qui fait appel à deux croyances : la croyance à la résurrection et la croyance à la solidarité entre les défunts et les vivants. S'il y a tellement de dévotion pour les âmes du purgatoire, je crois que c'est parce que nous croyons encore une fois que nos défunts sont avec nous. Ceci est merveilleux, parce que, si nous croyons cela, nous croyons aussi à la survie. Nous croyons non seulement à ce monde-ci, nous croyons à l'au-delà et nous avons une vision, j'allais dire, presque éternelle de la vie.

(Billet de Benoît Lacroix, *Parole et Vie*, 3ᵉ émission, 1992–1993)

POUR CÉLÉBRER BENOÎT LACROIX
LES MÉDIAS ? COMME AU SALON...

Jean-Guy Dubuc

Benoît Lacroix est né quelques années avant l'apparition des médias électroniques...

Eux, ils viennent de naître ; ils n'ont encore qu'une bien courte histoire. Les Dominicains n'allaient d'ailleurs pas attendre leur arrivée sur notre planète pour qu'à travers les siècles, ils pratiquent leur métier de Frères prêcheurs. Les grandes cathédrales de France résonnent encore des élans oratoires du grand Lacordaire, et depuis Gutenberg, les éditeurs réputés sérieux sont tout honorés de publier les édifiantes réflexions philosophiques et théologiques des petits-fils du grand prêcheur Dominique. Mais quand la radio commença à se créer des auditoires qui dépassaient ceux des églises et encore plus les bibliothèques des lecteurs instruits, il allait de soi que les Dominicains mettraient au moins un pied dans la porte du studio qui s'entrebâillait. Et quand la télévision s'installa chez nous, avec ses airs de séductrice incontournable, il était évident qu'on y trouverait rapidement nos maîtres à penser en bonne place pour y jouer un rôle efficace.

Bien sûr, il y a eu le Père Marcel-Marie Desmarais. Il avait été une vedette des conférences populaires et des livres de poche spirituels. Il transporta du Plateau au poste de radio son public indéfectible qui pouvait toujours l'imaginer dans sa grande robe blanche. Il y conservait le même ton, le même débit, les mêmes images, les mêmes thèmes rejoignant les grandes foules. C'était le style d'une époque, celui que les oreilles d'aujourd'hui ont perdu l'habitude d'entendre.

À la télévision, les universitaires se régalaient, le dimanche après-midi, des « conférences » télévisées du Père Louis–Marie Régis. L'image imposante du personnage ajoutait à la crédibilité des réflexions philosophiques qu'il étalait avec maîtrise. Le ton et l'allure savante du professeur laissaient un sentiment de valorisation personnelle au disciple qui suivait fidèlement la pensée raffinée du personnage.

Enfin Benoît Lacroix vint et le premier chez nous sut apporter aux ondes...

Lui aussi a tâté des médias populaires ; lui aussi a descendu la colline universitaire pour faire face aux caméras de Radio–Canada ou de la télévision communautaire ; lui aussi a choisi la rencontre avec les grands auditoires.

Mais, en fait, qu'est-ce que le Père Lacroix a apporté de nouveau, de particulier, d'original à la réflexion chrétienne des médias électroniques ? Comment se distingue-t-il parmi la panoplie de curés avec ou sans soutane, de religieux ou de laïcs, de prédicateurs ou d'animateurs qui ont envahi la télévision, occasionnellement ou régulièrement, depuis une cinquantaine d'années ?

En deux mots : un accent de vérité...

Pas que les autres jouaient un rôle ; loin de là ma pensée. Ils incarnaient tous une façon particulière d'annoncer une Parole. Certains avec panache, d'autres avec humour, d'autres avec profondeur, d'autres avec gentillesse. Benoît Lacroix parle, lui, avec la simplicité de la vérité. De celle que l'on sert à un ami, quand on partage en tête à tête un dernier verre et un moment d'échange en fin de soirée.

Benoît Lacroix n'a qu'une façon de parler : c'est en dialogue avec l'autre. Même devant les foules d'auditeurs et de spectateurs, il parle à une personne à la fois. À vous. C'est ce qui compte.

On a toujours l'impression qu'il comprend ou qu'il ressent les sentiments de l'auditeur. Il a écouté avant de parler. Il va laisser le temps à la relation humaine de s'établir avant de toucher le spirituel gênant. Il touche par la vie. Par l'histoire d'un village, d'une tradition, d'un conte ou d'une chanson. Il remémore les histoires de cœur, de lien, d'amour et de solidarité. Il fait vivre l'histoire d'hier jusqu'à ce qu'on se rende compte qu'elle nous parle d'aujourd'hui.

Et là, le message spirituel fait son chemin. Benoît suggère, présente, raconte, joue de l'hyperbole et de la parabole, sans jamais obliger. Il concilie et rassemble, il unit et rapproche. Quand on est invité dans un salon, on n'impose pas ses idées à l'hôte ou à l'hôtesse. Non ; on propose. Comme on offre le thé avec ses petits biscuits.

Bien sûr, ce n'est pas tout le monde qui est toujours préparé à une telle visite. Dans le langage sans ambages, avec la complicité de l'intimité, on peut tout se dire, sourire en coin, même ses pires vérités. On conserve son esprit critique sans perdre le respect. On dit sa fidélité sans acquiescer les yeux fermés. On ose se parler face à face au nom de l'amitié qui nous unit. Mais il y en a qui se sentent mal à l'aise au jeu de la vérité. La relation les gêne. Ils ne comprennent pas ; ils restent à la porte du salon.

Et ce n'est pas tout le monde qui peut ainsi se livrer. Parler de la vie avec le sourire, de l'Église avec confiance, des personnes avec amour, du bonheur avec assurance, de tout avec franchise... À la télévision, il faut le faire !

Il n'y a qu'une façon de faire : c'est, au–delà du média, de comprendre que la personne qui écoute est toujours la même : seule. Elle invite qui elle veut dans son salon ; elle écoute celui ou celle qui la respecte, qui la sent, qui l'a entendue et qui veut bien réagir à sa vie. C'est à cette personne que le Père Lacroix sait parler.

Ce ne sont pas les études médiévales qui préparent à la maîtrise des médias, direz–vous. Pourtant, peut–être que oui.

Pour comprendre le passé qui s'est tu, il faut se mettre à l'aimer, à l'observer, à l'étudier, à écouter son silence pour le faire parler et le comprendre avant de tenter de l'interpréter. Après, quand tout cela est fait, la relation s'établit : franche, directe, humaine, aimante.

Il n'y a peut–être pas de langage médiatique ; il n'y a que la parole entre deux personnes. Si les mots servent à la communication, la rencontre est essentielle à la relation. C'est d'elle qu'on se souvient.

Établir la communication par l'intermédiaire d'une caméra et d'un écran, c'est du grand art. Pourtant, à certains, cela paraît tout naturel. Ils ont de la chance ! Ou une mystique qui traverse les ondes...

RENCONTRES AUX « DÉJEUNERS DE LA PRIÈRE »

Sagesse et simplicité du Père Benoît Lacroix, o.p.

Bernard Hubert
évêque de Saint-Jean-Longueuil

Je n'ai rencontré le Père Benoît Lacroix personnellement qu'il y a quatre ou cinq ans. Mais j'ai le sentiment de l'avoir connu bien avant cette période, pour l'avoir découvert dans ses écrits et ses interventions ponctuelles[4]. C'est là d'abord que j'ai pressenti toute l'étendue de sa culture et la profondeur de son intuition spirituelle.

Notre première rencontre s'est faite à l'occasion d'un de ces « Déjeuners de la prière » auquel nous avions été tous deux convoqués. J'étais déjà en place lorsque le Père Lacroix entre et m'aborde en me disant sur le ton de la confidence : « Je m'approche pour que nous puissions nous apprivoiser ! » Cette banale anecdote en dit pourtant long sur son attention aux personnes, la spontanéité de ses rencontres et sa qualité de communication. Ce jour-là, j'ai pu mettre un visage derrière ce qui m'avait toujours séduit chez cet homme : sa sagesse et sa simplicité.

Oui, SAGESSE et SIMPLICITÉ s'harmonisent dans sa riche personnalité ; SAGESSE et SIMPLICITÉ qui disent Dieu dans les mots de tous les jours.

SAGESSE et SIMPLICITÉ qui s'enracinent dans sa capacité de saisir le réel, dans sa connaissance précise des mœurs et des coutumes de son milieu, devinant les différentes facettes de l'expérience humaine et lui donnant parole. C'est même une conviction chez lui :

> Nos rapports avec le cosmos sont loin d'être terminés. Au contraire. [...] Le juste aménagement de l'espace peut éveiller lui aussi, autant que la vision d'une forêt primitive, le sens du sacré et entraîner la cohésion humaine à laquelle nous rêvons tellement.
> (*La Religion de mon père*, p. 155)

Et encore :

> [...] il faut des réponses, de bonnes réponses, des réponses humaines. Il ne faut pas s'enfouir dans le spirituel. Les réponses humaines vont appeler et incarner le spirituel.
> (*Paroles à des religieuses*, p. 164)

SAGESSE et SIMPLICITÉ dans le génie de rassembler tout l'Évangile *quelque part en Bellechasse* et, en même temps, de nous faire vibrer à l'universalité et à la grandeur de la Bonne Nouvelle. Il sait relire l'Évangile dans les réalités d'aujourd'hui. Tel ce passage savoureux dans lequel Dieu dit sa miséricorde :

> Quand la neige blanchit les ruelles de Saint-Michel, qu'elle ensevelit les oiseaux morts sur la grève, qu'elle étend sa laine blanche sur vos champs, elle est à sa manière tapisserie en fils blancs et tissus de mes pardons : c'est qu'elle voile tout, cache tout, oublie tout. Un vrai blanc de mémoire ! Bienheureux les miséricordieux, car ils verront Dieu.
> (*Quelque part en Bellechasse,* p. 20)

Homme du terroir, il est PROPHÈTE de l'INCULTURATION du Message.

SAGESSE et SIMPLICITÉ dans une vision à la fois contrastée et percutante d'un avenir à bâtir. Par exemple, dans sa perception utopique de l'an 2000, il ouvre sur des scènes familières :

> Bien sûr, l'hiver sera tout aussi froid, le fleuve descendra encore à la mer, Montréal restera une île, il y aura des gens gentils, d'autres moins ; il y aura des religions et des sectes satellites et le Canada, en général et en particulier, sera toujours trop grand pour être uniformisé...
> (*La Religion de mon père*, p. 288)

Puis il appelle à la créativité :

> Que vivent tout de suite l'utopie et l'espérance exagérée pour tous ceux et toutes celles qui croient encore à l'amour, aux fleurs, au printemps, aux racines.
> (*La Religion de mon père*, p. 293)

Mais son dynamisme l'entraîne dans des questionnements :

> La question cruciale reste, pour nous : comment conduire le peuple de Dieu du visible à l'invisible, du signe au signifiant, du vu et entendu quotidien aux mystères chrétiens ? de la pensée magique à la foi purifiée ? de la prière de demande par exemple, à l'adoration gratuite ? Telle est la problématique [...]
> (*La Religion de mon père*, p. 263)

Médiéviste réputé, il est PROPHÈTE pour L'ÉGLISE DE DEMAIN.

SAGESSE et SIMPLICITÉ dans la grâce avec laquelle il incarne le charisme dominicain : témoigner des vérités contemplées avec la grandeur d'une extraordinaire humanité. Il sait que la tendresse divine ne se trouve pas que dans la transcendance ; elle se joue aussi dans l'histoire des hommes et des femmes. Toute sa spiritualité se traduit dans des choses humaines, dans du vraiment incarné. Il n'éblouit pas par des interventions abstraites ; il s'émeut devant la beauté et célèbre chaque âge de la vie avec ses noblesses et ses splendeurs.

Historien de la religion populaire, il est PROPHÈTE du QUOTIDIEN transfiguré.

SAGESSE et SIMPLICITÉ que ses quatre-vingts ans viennent auréoler de mille couleurs. Tout ce qu'il a semé, toutes ces Paroles de Dieu appliquées à l'aujourd'hui de nos vies, sa vision de l'Église projetée dans la proximité des cultures et des milieux : tout cela demeure un capital extraordinaire toujours offert aux générations présentes et futures.

Que se lèvent d'autres hommes, d'autres femmes de cette trempe et l'Église vivra de la fécondité d'un nouveau printemps.

Très cher Benoît

J. Robert Ouimet

Au sein des déjeuners silence prière — depuis 15 ans — ton regard, ta présence, tes silences, tes paroles, tes témoignages, tes enseignements, ta célébration de l'Eucharistie, nous ont alimentés de la paix et de la joie du Christ.

J'ai toujours été particulièrement rejoint par ton humilité, celle qui habite toujours les véritables disciples et frères, et sœurs du Seigneur Jésus.

Nous t'aimons beaucoup. Merci Seigneur Jésus, merci Vierge Marie, merci Joseph, de nous avoir prêté notre frère Benoît.

80ᴱ anniversaire de naissance du Père Benoît Lacroix

Madeleine Saint-Jacques

Que vous dire, Benoît, vous que j'admire tant ?

Que c'est un cadeau chaque fois que j'ai la chance de vous entendre à Saint-Albert ; que c'est encore un cadeau chaque fois que, à l'occasion des petits déjeuners de la prière des Chefs de file, grâce à votre sagesse, à votre sérénité, à votre équilibre, à votre humour, je retrouve le rassembleur respectueux et tolérant que vous êtes pour chacun de nous.

Cher Benoît, vous êtes pour moi la plus belle expression de la Foi !

Je voudrais tellement que ce recueil de nos sentiments à votre égard puisse vous dire tout ce que vous nous apportez de même que toute l'amitié que nous vous portons, et qu'ainsi il puisse vous rendre un tout petit peu de cette joie éclatante et sereine que vous semez dans nos cœurs.

« Si tous les hommes vivaient d'amour », les Joachim ne seraient pas seulement en Bellechasse mais partout dans l'univers.

Madeleine
Membre impénitent de votre « fan club »

LETTRE OUVERTE À BENOÎT LACROIX

Michèle Thibodeau–DeGuire

Le 5 mai 1995

Cher Benoît,

Enfin, je vais pouvoir dire haut et fort les sentiments que vous m'inspirez.

Il y a quatre ans, lorsque je me suis jointe aux Déjeuners de la prière, j'ai été vivement touchée par votre profonde simplicité et vos propos d'une si grande sagesse. Votre honnêteté et aussi votre spontanéité, que l'on associe souvent avec « jeunesse », m'ont beaucoup attirée.

Si j'ai pu retrouver Jésus dans ce grand fouillis qu'était alors ma vie, c'est en grande partie grâce à vous, grâce à ce que vous êtes. Merci d'être là... pour éclairer notre petite « gang » du mardi.

Michèle

LES ARTISTES

L'ARTISTE QUÉBÉCOIS : OTAGE OU LIBÉRATEUR

[...] La situation est plutôt douloureuse : culturellement nous sommes identifiables. Politiquement aussi, et toujours au stage des discussions. Mais économiquement ?

Parler d'industrie culturelle et de politique québécoise est juxtaposer des réalités mal préparées à vivre ensemble. Comment vivre concrètement avec ces trois mots côte à côte : culture, politique, économie ? [...]

Dans une société postindustrielle

Tentons d'abord et très provisoirement une description sommaire de cette société postindustrielle déjà étudiée par les politicologues futuristes. Elle serait : société à culture de masse, populaire, universelle, et souvent unanime dans ses aspirations fondamentales sur la santé, le travail, la vie, l'amour, le repos ; société à technologie planétaire ; société programmée, très bureaucratisée par une sorte de féodalité des dossiers et des papiers ; société de proximité des peuples et nations ; société de sans–travail, à loisirs de plus en plus évidents, d'où possibilités d'innovations culturelles ; société où l'éducation échappe vite à la famille, à l'école, mais plutôt soumise aux écoles d'influences parallèles ; société où la jeunesse sera la moins favorisée et peut–être la seule force libre capable de s'élever contre la technocratie bureaucrate ; enfin société si programmée que l'autorité de l'État sera affaiblie par rapport à d'autres centres de décision parallèles à son propre pouvoir.

[...] le créateur est menacé par la vague populaire, par le besoin d'être traité comme les autres au moment où son rôle d'artiste–témoin lui demanderait de fuir les privilèges de la grande société industrielle. Il devient urgent, dans une société globale, que l'artiste redéfinisse sa propre condition de vivre envers et contre toutes les manipulations directes ou indirectes. Si l'artiste veut goûter à tous les privilèges du politique et de l'économique, il risque fort de se dévaluer lui–même. Être artiste, c'est être pauvre s'il faut, indépendant et dur en tous les sens possibles du mot.

Revenant à cette société postindustrielle, on peut toujours dire que la culture de masse favorise l'uniformité et la quantité ; c'est toujours trop vrai. Mais une fois de plus l'artiste–créateur y apparaît plus unique, plus facile à repérer : il est l'archétype référentiel nécessaire à toute culture populaire évoluée. Sans l'artiste éloigné des goûts du peuple, le peuple lui-même ne peut évoluer dans ses goûts. Dans la société à venir, l'artiste jouera ainsi un rôle presque hagiographique : il sera le saint, souvent le meilleur représentant du sacré. Ici encore, comme tous les saints, il ne sera créateur et modèle que s'il garde ses distances par rapport aux pouvoirs économique et politique.

Par ailleurs, la technologie planétaire a déjà sa contre-technique ; elle a pour effet de ranimer l'artisanat, l'amour du métier libre et pur, et de ce point de vue, ni l'économie, ni la politique n'ont à appréhender l'avenir. [...]

Peut-être faudrait-il être moins obsédés par les rapports de classe, par les idéologies en cours, que par les réalités vérifiables. Par exemple, nous constatons que des bureaucraties politiquement et officiellement à gauche pratiquent et favorisent souvent les coutumes reçues, les cultures traditionnelles, le retour au patrimoine, comme en Afrique et au Québec. De même, nous constaterons que la classe dominante ne serait plus nécessairement une classe riche, bourgeoise et cultivée.

Nous en venons à un point discutable peut-être mais néanmoins important à soulever. Les superbureaucraties administratives auront comme effet de faire naître des groupes libres d'action civique et culturelle qui créent des solidarités nouvelles, mobiles, transitoires, qui changent à mesure les rapports entre le culturel, le politique et l'économique. [...]

Autour des groupes mobiles de protestation se définiront souvent les nouvelles valeurs culturelles, tels l'habitat, le jeu, la protection des milieux (je constate cela dans l'Église catholique : ses forces vives ne sont plus chez le pouvoir clérical mais dans des fraternités laïques de prière, des groupes charismatiques, etc.) Les minorités changent le système, et non plus les seules grandes rivalités sociales d'antan, ni même l'économie. Des pays riches peuvent tomber sous le poids de leur richesse, grâce à des minorités de qualité faites de contestataires riches autant que pauvres.

L'avenir du politique, de l'économique et du culturel viendrait plutôt de l'interaction continue entre ces trois forces. Les minorités deviendraient de plus en plus efficaces. L'avenir pour les créateurs n'existe donc que si ces derniers sont minoritaires, et en tant que tels. Les nouveaux rapports de force ne seraient plus binaires mais ternaires : comme une lutte à ne jamais finir entre le politique bureaucratique, l'économique planétaire et le culturel, premier ferment de la société postindustrielle.

Nous ne demandons pas ici que la paix se fasse entre les trois, mais plutôt une rivalité continue au nom de l'avenir pour une nouvelle forme de liberté.

(*Le Devoir*, 8 janvier 1979, p. 5–6)

À Benoît Lacroix, mon ami depuis les années cinquante

René Derouin

En 1954, nous habitions sur la rue Drolet à Montréal dans la paroisse Saint-Édouard. Le Père Benoît Lacroix, en tant que conseiller spirituel de ma Sœur Aline, passait souvent à la maison afin de l'aider à préparer son entrée au monastère des Dominicaines de Berthierville. Avec le temps, le Père Benoît Lacroix est devenu un ami très proche de la famille. Après la mort tragique de mon père durant les années cinquante, Benoît Lacroix aura été une présence chaleureuse et très réconfortante pour la famille.

Lorsque je manifestai à ma famille le désir de partir faire un long voyage de plusieurs mois au Mexique, ma mère et mes sœurs s'y objectèrent vu mon jeune âge, pour l'époque, soit 18 ans. Benoît Lacroix est intervenu pour rassurer ma famille sur l'importance de ma décision et que la vie était devant moi. Il a su par sa générosité et son espoir en l'avenir convaincre ma mère de me laisser partir vers ce pays de révolutionnaires. Ce fut une vraie révolution pour moi : une première migration vers d'autres cultures qui ont marqué toute ma carrière. À chacune de mes expositions, Benoît Lacroix m'écrivait un mot, une critique. Dès ma première exposition à la galerie Agnès Lefort, en 1959, je recevais la première critique de ma carrière d'artiste ; Benoît Lacroix m'écrivait la lettre que voici :

Lettre de Benoît Lacroix à René Derouin

Institut d'études médiévales
Université de Montréal
831, avenue Rockland
Montréal, Canada

Samedi après-midi
27 novembre 1959

Les mois, disons *les années*, passent. Il fallait votre invitation au vernissage et les gouaches de la Galerie Agnès Lefort pour me prouver — mais je m'en doutais ! — que pendant tout ce temps-là vous aviez beaucoup travaillé.

Je n'ai pu assister au vernissage, retenu comme toujours par mes cours de littérature médiévale à l'Université.

Mais je suis allé à la Galerie aujourd'hui, j'y ai passé exactement 78 minutes... Donc j'ai regardé et surtout j'ai vu. Mon jugement sera toujours celui de l'instinct plutôt que celui de la compétence. Ou plutôt, il faut avoir l'instinct pour devenir ensuite compétent. J'en suis encore au premier stage.

Mais j'ai découvert que vous aviez les deux. Quel chemin parcouru depuis les premiers essais de la petite chambre de la rue Drolet ! J'ignore ce que la critique en dira et je m'en inquiète peu, car la critique est faite souvent très vite pour ne pas dire plus. Mais j'aimerais connaître l'avis de vos amis et confrères peintres. Eux ont le droit de parler.

Moi, j'ai été vivement intéressé. Je vous le dis sans détour puisque je ne suis pas tenu à vous faire des compliments inutiles. Vous voulez peut-être savoir ce qu'un profane pense. Soyez courageux... et lisez ceci. *Pueblo* est la gouache que j'aurais achetée si j'avais été millionnaire ! Pourquoi *Pueblo* ? à cause d'un ensemble : dessin discret, tons vifs et en contrastes, et par delà les associations libres de couleurs un appel à la pensée.

Pandemonium est peut-être plus satisfaisante au premier regard. Mais n'oubliez pas que j'ai passé là 78 minutes, René ! D'où viennent les tons de *Flores orientales* ? Je me le suis demandé. *Débris* est une gouache originale, tandis que *Novia,* si sentie, si discrète, trouvera beaucoup d'admirateurs à cause de la précision du dessin initial.

J'en aurais encore à dire qui sans doute vous ferait beaucoup sourire (car au fond l'artiste est seul souvent à connaître le prix intérieur de son œuvre). À propos de *Faisandeau, Engagement* surtout, j'aurais voulu une initiation. Tout ceci prouve qu'il ne faut pas prendre mes impressions trop littéralement. Plutôt, voyez-y une admiration pour votre persévérance et la fierté de savoir que vous êtes avec succès ce que depuis toujours j'oserais dire vous avez voulu être : un peintre-dessinateur. Il vous faudrait la Grèce maintenant et sa lumière de trois heures de midi pour vous rendre encore plus cosmique.

J'achève ! Madame Agnès Lefort, qui m'a donné votre adresse, m'a dit que vous étiez toujours à Radio-Canada, et, qui mieux est, père d'un garçon et aussi l'époux d'une femme de la beauté intégrale de *Novia ! Congratulations !* Félicitations !

Vous êtes vraiment lancé dans la vie ! Et, si jamais tous les trois vous passez devant 831 avenue Rockland, arrêtez une minute si possible. Je serai toujours heureux de vous connaître et vous, René, de vous revoir.

Amitiés à vous ainsi qu'aux autres, votre maman, Aline, Yolande, Janine, etc.

Benoît Lacroix

Pour le 80e anniversaire de Benoît Lacroix, je veux lui dire à quel point il a été décisionnel dans ma carrière d'artiste par son esprit d'ouverture au monde, par sa foi en l'avenir et au rôle important qu'il conférait à la créativité dans une société qui en avait énormément besoin. Pour souligner son anniversaire, j'ai fouillé dans mes cartables du Mexique pour y découvrir une sanguine intitulée *Potier* que j'ai réalisée en 1955 à Oaxaca au Mexique. J'offre cette sanguine à Benoît Lacroix pour son 80e anniversaire en témoignage de ma plus profonde amitié. L'œuvre *Potier* annonçait déjà que 35 ans plus tard je réaliserais à Oaxaca une partie du grand projet *Migrations* (1989–1992) qui a été exposé dans des musées d'art contemporain à Mexico et à Québec en 1992.

Le Père Benoît Lacroix aura été de ma première migration des années cinquante–cinq... Je lui dois beaucoup et lui dit MUCHAS GRACIAS et BON ANNIVERSAIRE.

UN ACCUEIL ÉVANGÉLIQUE ASSEZ EXTRAORDINAIRE

Geneviève Salles–Madre

J'ai connu le Père Benoît Lacroix vers 1962–1963, chez des amies de famille dominicaines. Fraîchement convertie, j'avais besoin de parler de Dieu, ma grande découverte ! J'ai trouvé auprès de lui, une attention, un accueil évangélique assez extraordinaire... si extraordinaire, qu'à part quelques années d'épreuves pour moi, j'ai renoué notre correspondance qui m'aide bien fort en Dieu, et dans le monde.

Extraits de la correspondance du Père Benoît Lacroix qui m'a été adressée :

Le 14 janvier 1965 :

Spiritualité : [...] communiquer au monde d'aujourd'hui quelque chose de l'Évangile qui ne soit pas mesquin et dogmatique [...] Le mot Dieu a tellement été mêlé à toutes les sauces ... qu'on hésite aujourd'hui à dire Dieu, à le nommer.

Pourquoi ? Respect humain ? Peur ? Non. Tout simplement que nous avons davantage le sens du sacré et du mystère. Il faut que l'Évangile redevienne humain,

quotidien, secret, « ferment dans la pâte », ou « trésor caché » pour devenir ensuite, sans nous :
« Lumière du monde ».

Il faut que les chrétiens disparaissent, « meurent » au sens évangélique du mot pour que soit possible la renaissance du christianisme.

Art et nous : Que nous préférions le petit coin franciscain à la grande église, c'est bien.

On choisit bien la couleur de ses rideaux !

Je publie un livre (sérieux cette fois, si sérieux qu'il sera illisible !) ... [C'était *Orose et ses idées*, chez Vrin à Paris, 1965].

Le 8 décembre 1994 :

Art : [...] mes vœux les meilleurs que je vous offre à l'occasion de la grande fête de Noël. En effet, c'est un peu la fête des artistes. Le Verbe s'est fait chair. Ainsi les artistes, à partir d'une intuition, plutôt d'un appel, incarnent à l'intérieur de leur esprit quelque chose. Chaque œuvre est comme un miracle de la Nativité. [...]

Ces lignes illustrent le portrait du Père Benoît Lacroix, tout d'humilité en l'amour de Dieu dont il rayonne. Merci, cher Père, de tout ce que vous m'avez apporté ! En pensant à vos autres amis, je reprends saint Jean : « Qu'ils soient tous un en Dieu... » afin de vous dire merci de ce que vous êtes ! pour nous tous !

SUPPER FOR TWO
(ca the 30 s.)

Offered [5] in honour of Père Benoît Lacroix
and in memory of de Saint–Denys Garneau
Who was responsible of bringing us together.
Otherwise how does one explain chance meetings ?
Meetings that often last a lifetime.
How fine yet strong the thread.

With admiration and respect

Louis Muhlstock
April 6th 1995

LA COUVERTURE COURTEPOINTE
DE GRAND–MÈRE MARIE VENDETTE [6]

Louis Muhlstock

Grandmère's Courtepointe quilt, which decorated her
bridal bed and bedroom was a veritable work of art,
admired by friends and neighbours, and much desired
by immediate members of the Family.

Over the years it was displayed in several artisanat exhibitions ;
and received prizes and ribbons which added extra colour
to the flowered wallpaper in her room.
It was the talk of the town and far beyond Charlevoix.
Ah ! La Fameuse Courtepointe de Marie Vendette ! !
So much love and patience went into creating this « Quilt ».
Countless dozens of cut–up pieces of coloured material,
And thousands of stitches in the quilting.

Eventually it was handed down to the firstborn of her
eight children, when she died. And from him
to his first firstborn when he died. And so this
family heirloom went from a generation to another.

It appears that it was only hung out to air, when spring came ;
but never washed in the outside cauldron ;
for fear it might lose its brilliant colours.

After many years of wear and tear it ended up
as a cover to protect Georges Vendette's Cheval.

Georges and his cheval are now the final heirs of this
once much desired heirloom.

Cheval with his tired, emaciated bony body is now
one with the worn, patched, faded, stable stained,
stable scented patchwork quilt.

And Georges who still remembers, although vaguely,

that Great Grand–mère Marie Vendette made the quilt.
The quilt to cover his « J'val » on cold days and nights.
Otherwise Georges couldn't think of anything else to
remember her by.

Cheval knows not of courtepointe, nor the history of
that once famous quilt and the prizes it won.
For him a quilt is a quilt.
A quilt is a quilt that comforts him. C'est tout.

It's unfortunate that Marie's wonderfull courtepointe
quilt did not find its way into a public collection
for others to enjoy and as a tribute to her memory.

May She rest in Peace.
December 1992

Autographe de Benoît Lacroix dans le livre d'or de Louis Muhlstock

Dans cet univers de lignes et de lumière, de couleurs et de pensée, je remercie celui
(Louis) qui en est l'animateur.
Merci.

Benoît Lacroix
24 mars 1995

Au Père Benoît Lacroix

Sylvia Daoust

C'est avec plaisir que je m'associe à tous les amis du Père Benoît Lacroix, o.p. pour souligner son 80e anniversaire de naissance.

Je connais le Père Benoît Lacroix depuis plus de quinze ans, pour l'avoir rencontré à plusieurs reprises.

D'un commerce agréable, j'ai rencontré en lui un homme dévoué et d'une spiritualité profonde. Son regard d'artiste m'a fait découvrir dans mes œuvres des dimensions auxquelles je n'avais pas pensé.

Comme le dit Marguerite Yourcenar, « le jour où une statue est terminée, sa vie, en un sens, commence ». Et, selon le Père Lacroix, le matériau reçoit peu à peu la forme intérieure qui oblige à la méditation.

Au Père Lacroix, je souhaite encore de bien belles années, un sacerdoce rayonnant et beaucoup de joies à servir Dieu et nos frères comme il l'a si bien fait jusqu'aujourd'hui.

Avec tous mes hommages.

BENOÎT LACROIX ET LE TEMPS

Antoine Prévost

Benoît Lacroix ! Rencontré, il m'avait semblé pour la première fois, dans une réunion intime où s'esquissait ce qui allait devenir la Fondation de Saint-Denys-Garneau, j'avais pourtant l'impression de connaître Benoît Lacroix depuis longtemps. Peut-être entrevu à Sainte-Catherine auprès de mes oncle et tante Garneau, certainement familier par ses textes sur de Saint-Denys, par la publication de la première édition des *Œuvres* du poète, je n'en avais pas, pour autant, d'image précise.

Me pardonnera-t-il de dire que tout ça me semblait si ancien et lui nécessairement si vénérable par son savoir, sa vocation, que je fus étonné de la jeunesse, de la désinvolture de l'homme élégant dans son col roulé, un sac de provisions à la main, sa quote-part d'un goûter ?

Cette rencontre allait devenir pour moi, sans que j'y aie songé, mieux que les voyages occasionnels au pays de mon enfance — si changé, l'évocation du temps de Sainte-Catherine, le temps retrouvé. Mais le temps de Benoît Lacroix ne peut être le temps perdu puisqu'il n'en est évidemment pas marqué, et ce n'est pas non plus celui de tout le monde. Le temps de Benoît Lacroix, je l'ai appris à le fréquenter, c'est, avec la plus aimable des convictions, le temps qui n'a pas eu de commencement, le temps qui n'aura pas de fin. Cela, ce dominicain qui ne prêche pas dans le quotidien ne l'impose pas, mais il n'empêche qu'on le sente et qu'on en soit, en quelque sorte, rasséréné.

Mais ce temps si vaste dont Benoît Lacroix témoigne, c'est aussi, je suis tenté de dire, surtout, le temps présent, ce à quoi je ne m'attendais pas d'un médiéviste, d'un amateur si épris des traces de l'histoire et que je verrais bientôt vibrer comme le plus néophyte des chineurs, à la re-découverte d'un manuscrit qu'il craignait perdu à jamais.

C'est ce temps présent aussi de quelque beau matin en Bellechasse où, mèche au vent, défiant le plus commun des gros bons sens, il nous rappelle que Marthe est là, aujourd'hui encore, à la cuisine auprès de Marie et que Christ doit arriver bientôt ; temps passé et temps présent qu'il mobilise avec une rare intensité pour nous dire qu'il n'y a pas de honte à revenir à celui de l'innocence dont il est lui-même animé.

Cette innocence nous agacerait sans doute par l'apparence d'une naïveté qui détonne dans l'actuel, si nous ne savions Benoît Lacroix ouvert à toutes ces manifestations d'un Dieu universel que son Ordre, inquisiteur, n'a pas toujours su apprécier, si nous ne le savions lui-même si intensément disponible à l'écoute de l'autre.

Mais, attention ! Benoît Lacroix, sensible à la présence de l'Esprit sous toutes ses formes, sensible au poème, au tableau, si bien capable lui aussi de l'évocation qui fait image, sait bien que le temps ne peut être immobilisé aux pages d'un recueil, d'une partition ou réduit aux limites d'un cadre, comme l'espèrent ceux qui s'efforcent de cerner ainsi des reflets de vérité. Il sait que ce ne sont là que des pauses, des étapes, et s'il nous semble échapper aux contraintes du temps, c'est que ces haltes savourées, dont il se nourrit, il reprend sa marche.

Cette marche, de quel droit imaginer qu'elle lui est moins pénible qu'à d'autres ? Et pourtant, il semble qu'il en soit ainsi, tant il donne généreusement de lui-même pour y encourager ceux qui l'entourent, ceux qu'il va chercher dans sa prédication, c'est son métier, et ceux plus à l'écart, de milieux où on se surprend parfois de le retrouver et qui se sentent si spontanément portés vers lui, vers la joie qu'il dispense.

Benoît Lacroix est un sage ! À sa connaissance du passé, il allie, non pas l'espoir, mais la conviction de la lumière à venir, pour donner au présent le plus positif des éclairages. Il est même si sage qu'il s'étonne sans doute qu'on se refuse à lui reconnaître quelque défaut.

LES AUTEURS ET POÈTES

L'heure du laitier

> À Benoît Lacroix qui m'a enseigné,
> sans le savoir (?), l'accueil.
>
> Jacques Brault

C'était il y a bien longtemps
c'était ma rue avec beaucoup d'arbres
et la lumière joufflue comme le visage
tu sais quand il s'éveille à demi
c'était doux et lent une psalmodie
de vent par les balcons les corniches
un chat de ruelle un rat d'égoût
fuyaient de concert aux grelots
du cheval   la voiture blanche
luisante comme de sueur suivait
c'était la musique des bouteilles
choquées   les sabots jaunes
sur le pavé noir   c'était
la ferveur du matin folie
belle et brisée d'un peu d'effroi
c'était une traînée de nuit
bleu pâle au flanc du lait
j'avais envie de mourir à la fenêtre
petit homme précaire et décliné
de solitaire béatitude
c'était ainsi c'était la bonne heure
et qui sous la cendre des jours
s'attarde comme une rumeur
qui ne sait plus où aller mourir

Fête de roc et de roseau

> À Benoît Lacroix
> éclaireur sur le chemin de la vie
> et de la poésie
>
> Hélène Dorion

Fête de roc et de roseau, d'écorce et de pierres
dressées entre le ciel et la mer.
Héraclite, Empédocle, Anaxagore s'y jetèrent
descendant au fond de l'être ; d'autres sages, philosophes
poètes prirent la sphère entre leurs mains
et le monde fut matière, mouvement, divinité
en toutes choses.

Puis l'enfant dont le royaume était ailleurs
rassembla sur la montagne une poignée d'hommes
et fit de la terre, de l'air, de l'eau et du feu
une seule voix.

Pour Benoît Lacroix

> Paul Bélanger

    certains êtres portent l'eau
    comme s'ils étaient des porteurs de lumière

    ils étanchent les soifs les plus extrêmes
    et dans l'intensité de leur don
    ils accomplissent des prophéties oubliées

    pour ceux–là l'espoir inquiète
    mais sa nécessité naît
    de son isolation du monde
    de son répit fraternel

    son acte interpelle le réel
    pareil au Poète sa lumière
    n'éclaire aucun chemin
    bien qu'elle brûle au fond
    de chacune de ses prunelles

CRIS ET SILENCES DES POÈTES D'AUTOMNE

Qui, de ma génération du moins, ne se souvient du temps où il y avait dans les journaux du matin et même du soir publication d'un poème, d'un court récit ou d'une nouvelle in extenso ? Signe des temps, la parole aujourd'hui est plutôt aux lettres ouvertes. La démocratie y gagne, mais la culture ?

Les poètes, avec les mots de leurs rêves, n'ont–ils pas été, en histoire de l'Humanité, images et reflets, prophètes et souvent hérauts de bonne aventure ? Même sur une société aussi fragile que la jeune société québécoise toujours aux prises avec ses obstinations et ses astinations, le pouvoir du poète correspond à une sorte de pensée magique qui laisse entrevoir, à travers toutes les vicissitudes que l'on sait, comment un peu de lumière sur le pays ne sera jamais de trop. Depuis que la poésie ne se lit presque plus, les poètes, eux, persistent à crier à temps et à contretemps. Bravo ! Ils arrivent, la plupart, à pas feutrés, peu connus, mal connus, inconnus même. Grâce à quelques rares éditeurs téméraires, grâce aux petits tirages à compte d'auteur réservés aux proches, ces hommes et ces femmes appellent de nouveau le peuple à se réveiller et à chercher une route sacrée, fût–elle celle du désert. [...]

Peut–être faut–il toujours partir, repartir pour survivre. Parce qu'il est défeuillé et même enneigné, l'arbre ne signifie pas nécessairement sa mort. Il y a toujours les racines. Le poète doit à l'occasion savoir ne rien dire pour écouter le meilleur en lui, l'invisible racine du pays. Un instinct sacré lui dit : « L'hiver m'appelle au silence. » Mais non ! Il faut encore crier pour réveiller le pays. Comme dirait Borduas : « Un magnifique devoir nous incombe : conserver le précieux trésor qui nous échoit. Lui aussi est dans la lignée de l'histoire ... Ce trésor est la réserve poétique, le renouvellement émotif où puiseront les siècles à venir. Il ne peut être transmis que transformé, sans quoi c'est le gauchissement. » Place aux poètes ? Sûrement.

(Dans *Le Devoir*, 19 décembre 1987, p. D3)

AUTOUR DE BENOÎT LACROIX ?

Pierre Filion

L'homme est entier.

Il est fait de ces forts éléments qui fondent la vie d'un homme : son enfance a été ancrée dans le beau pays de Bellechasse, où foi et langue, d'une même venue, donnent noblesse et courage aux tempéraments qui en font leurs commandements.

Avec le temps, foi populaire et mystique érudite se sont côtoyées chez lui avec une étonnante simplicité. L'homme de Bellechasse peut converser aussi bien avec les théologiens du grand Collège qu'avec l'Abbé Pierre et le paroissien modeste, l'universitaire patenté, l'avocat vorace et la femme moderne. Dominicain — on le dirait pourtant un peu hérétique, non conformiste —, Benoît Lacroix a fréquenté et fréquente toujours la vie humaine dans ses plus hauts comme dans ses plus bas retranchements, mariant, baptisant, confessant, conseillant, écoutant, dirigeant, encourageant, accueillant... Notre homme aurait confessé Dieu que personne n'en serait surpris.

C'est que notre homme a conservé son fonds paysan. De cet état de réalité fondamentale, il est resté psychologue des trains, météorologue du temps humain avec ses tempêtes et ses redoux, conservant une âme de petit prince devant les Pères de l'Église comme devant des philosophes grecs, thomistes et autres fines fleurs de la pensée orale et écrite. Dans son saint des saints, là où les pensées et les idées du monde entier se rencontrent au–delà du temps et de l'espace qui les ont vues naître, il fréquente aussi bien Maeterlinck, Pascal et Dante que Plutarque, Clément d'Alexandrie, Khalil Gibran, le prophète Élie, Lao Tzu, Thérèse d'Avila, Catherine de Sienne, Ben Sira, saint Jean de la Croix, Benoît de Nursie, etc... La liste est longue et vaste...

Ce paysan a l'oreille et l'œil du chat, il est comme lui gardien du temple de l'esprit. Lacroix–Mistigri sait tout de l'homme et de ses illusoires pouvoirs, il furète depuis toujours dans les antichambres de la vie et de la mort, avec un naturel qu'on croit naïf alors qu'il est bien au–delà de cet artifice félin. Lacroix–neuf–vies, Lacroix jeune et canonique, rebelle et pacifique, qui piste la compassion et la confiance.

Lacroix ange et démon, Archange et Séraphin, Trône et Domination, dont on sent passer en nos vies la douceur de l'aile et la lumière de l'aura, les yeux pétillants de joie et de fine malice.

Cet homme de Bellechasse, qui parle si rarement de lui parce que ses secrets sont millénaires, marche droit sur la route des heures, il avance, il y va, il y est déjà, il arrive à la Présence universelle, avec le souvenir de ce qu'il écrivait en 1964 dans *Le P'Tit Train* : « La Vie ne recule jamais. »

Benoît Lacroix ne recule jamais. Il avance, il avance. Il marche déjà sur les eaux de nos mémoires.

Salut, Lacroix l'éternel !

Benoît Lacroix, Dominicain de la fraternité

Mario Pelletier

Dans un texte savoureux, paru pour la première fois en 1964, le Père Lacroix met en scène un « P'tit Train » qui lui permet de recréer tout le climat de son enfance en Bellechasse. À un moment donné, il fait dire à ce brave tortillard, qui chemine consciencieusement par monts et par vaux, soir et matin : « Moi, je sais de science certaine que les hommes ont plus besoin d'amour que de confort. J'en ai assez vu, connu, porté, de leurs misères et de leurs secrets pour savoir ce que je dis. » Tout le Père Lacroix est là. Tout ce qu'on découvre à fréquenter cet homme, dont le savoir et la culture sont toujours restés au service de la fraternité humaine.

Je l'ai rencontré pour la première fois en 1981. Il venait de recevoir un des Prix du Québec, le Prix Léon–Gérin (sciences sociales), et j'étais allé l'interviewer pour *Le Devoir*. Tout de suite m'avaient séduit l'ouverture et la jeunesse d'esprit de ce dominicain déjà sexagénaire. Je ne me doutais pas, à ce moment-là, qu'il deviendrait un ami quelques années plus tard. Ma connaissance du Père Lacroix s'est enrichie depuis ce temps, bien sûr, mais ce que je disais de lui, dans l'article paru le 24 octobre 1981, demeure. On me permettra donc de me plagier moi–même et de puiser quelque peu dans ce texte.

À l'époque, je le décrivais comme un homme des racines. Aujourd'hui, je dirais plutôt qu'il est un homme de la fraternité. L'un évidemment n'empêche pas l'autre, au contraire. L'attachement aux racines est, au fond, une aspiration à la fraternité. Et chez le Père Lacroix, l'élan fraternel est marqué d'un certain pétillement d'humour qui lui est caractéristique, mais où se reconnaît le fond de sagesse et de bonne humeur de « l'habitant canayen ».

Ses racines qui s'enfoncent solidement dans la bonne terre de Bellechasse ont branché, de prime abord, sa carrière d'historien sur le Moyen Âge et inspiré son souci constant de garder le contact avec le peuple. Lui qui revendiquait, en 1971, le privilège de faire entrer avec lui, à la Société royale du Canada, les cultivateurs de son terroir, il récidivait, en 1981, en affirmant ne pas avoir mérité seul le Prix Léon–Gérin. Cet honneur, il tenait à le partager avec l'Institut d'études médiévales de l'Université de Montréal, dont il fut l'un des premiers professeurs à partir de 1945. Mais, par–dessus tout, il voulait que cette distinction retombe sur ses étudiants. « Mes véritables maîtres, disait–il, ce sont les étudiants. Ce sont eux qui m'informent et qui m'inspirent. »

Le Père Lacroix n'a jamais cessé de parler avec enthousiasme de la jeunesse. Au début des années 80, on ne se gênait pas pour vilipender les jeunes. Lui, point. « J'ai connu les étudiants de la certitude, disait-il, et maintenant je connais les étudiants de l'interrogation. J'avoue préférer les derniers. Ils arrivent moins instruits à l'université qu'il y a quinze ou vingt ans, mais plus généreux mentalement, ouverts à toutes sortes de dimensions et notamment, au spirituel. En un sens, ils sont plus religieux que ceux d'autrefois, qui se définissaient par rapport à une pratique ; eux, c'est par rapport à un esprit, ils sont ouverts à l'éternel, l'infini, l'absolu. » C'est sans doute à force de côtoyer la jeunesse et de l'aimer qu'il en a attrapé une jouvence indélébile.

Son espoir dans les jeunes découle logiquement de sa confiance dans la solidité des racines québécoises, dont il est une sorte d'explorateur professionnel. Formé initialement par le philosophe Étienne Gilson, que la guerre de 1939-45 avait amené à enseigner à Toronto, il a découvert assez tôt dans l'étude du Moyen Âge le moyen de renouer en profondeur avec notre culture fondamentale. « Mon père parlait comme les gens du Moyen Âge. Notre folklore, notre tradition orale, notre façon d'être anticlérical : tout était proprement médiéval. C'était aussi la même truculence, la même gaieté. »

Il me décrivait ainsi le locuteur québécois : « Il cherche ses mots, dit-il, il hésite, il sacre un peu, et ça lui donne le temps de penser. » Près de lui, une photo de son frère ferrant un cheval. À côté, une scène identique tirée d'une miniature du Moyen Âge. Il me décrivait son père comme un « organisateur d'élections, crieur public, maquignon ». Cet homme qui avait les deux pieds bien plantés sur terre ne voyait pas pourquoi le curé s'excitait tant avec Jésus qui marchait sur les eaux, parce que, lui, comme m'expliquait le Père Lacroix d'un air goguenard, « il faisait ça tout le temps, en traversant le fleuve sur la glace, l'hiver » ! C'était le même homme qui disait à son fils revenu bardé de diplômes de Toronto, après la guerre : « Ouais, tu sais ben des choses que j'sais pas. Et moi, je sais ben des choses que tu sais pas ! » Une leçon que le Père Lacroix n'a jamais oubliée.

C'est en enseignant à l'étranger (aux universités de Kyoto au Japon, de Butare au Rwanda et de Caen en France) qu'il s'est rendu compte, m'a-t-il dit, à quel point il était « un homme d'ici ». Il a participé à l'effervescence de la Révolution tranquille. « Avec le Père Bradet, je me suis mouillé de façon violente dans la revue *Maintenant*, entre 1960 et 1965. Mais je n'ai jamais eu d'instinct pour des engagements politiques définis, quoique j'adore le Québec. » Il avait ajouté, lors de l'entrevue de 1981, une remarque qui reste encore d'actualité en 1995 : « Il y a un être québécois très authentique, avec une culture bien identifiée. Je dis toujours : le Québec, c'est un fait ; le Canada, ça reste un projet. Bien sûr, si les Québécois veulent travailler au projet, ils sont libres de le faire. » Il y aurait peut-être dans cette formulation de l'éternel problème canadien une clé pour le dénouer. Avis à Messieurs Bouchard, Parizeau, Dumont et autres.

Le passage de la fidélité nationale à la fraternité universelle, le Père Lacroix l'a sans doute trouvé dans la poésie, où toute parole doit se retremper. C'est probablement ce qui l'a préservé de la langue de bois, ce qui l'a tenu à l'écart du prêchi-prêcha et du légalisme clérical. On se tourne souvent vers lui pour bénir des suicidés, des motards, des drogués, des sidéens de tous sexes. Jamais en vain.

Dans le même esprit, il a accepté, en 1989, de bénir mon mariage hors les murs de l'Église, car j'étais divorcé. Je le revois, par cette belle journée d'août, au bord d'un lac des Laurentides, dans sa coule blanche de dominicain, nous donner, à Marie-Noël et à moi, sa bénédiction de prêtre poète devant nos parents et amis, en nous offrant une prière amérindienne. La chrétienté fervente des cathédrales passait tout à coup par la poésie millénaire des contrées canadiennes. Et ce geste de fraternité rappelait un homme qui, autrefois, au bord du lac de Tibériade en Galilée, avait bousculé tous les conformismes sociaux en bénissant les femmes adultères, les prostituées, les collecteurs d'impôt et les soldats romains, tous gens que l'establishment religieux du temps vouait aux gémonies. Tel est le Père Lacroix, aux antipodes du fonctionnarisme clérical, car il sait que l'Esprit souffle où il veut. Et lui, n'a-t-il pas toujours été porteur d'esprit ?

Lettre ouverte à Benoît Lacroix

Françoise Deroy
Gaston Pineau

Tours, jeudi 11 mai 1995

Cher Père Benoît Lacroix,

L'invitation à fêter vos 80 printemps vient de nous rejoindre dans notre repaire tourangeau. Si les télécopieurs courent plus vite que les vents de Loire et d'Atlantique, ces quelques lignes de chez Marie de l'Incarnation parviendront à temps. Pour vous dire merci d'être un homme qui se tient debout et droit, toujours jeune, courageux et patient, au regard doux et compréhensif, à l'humour non émoussé, à la parole d'or remplie d'espérance, le dimanche et même en ces jours de semaine où vos phrases réveillent, fortifient et témoignent inlassablement de Jésus que vous prononcez de manière si convaincante, nommant le Verbe pour manifester sa Présence.

Avec toute la respectueuse affection que nous vous portons.

P.–S. Parlant de *Présence*, aurons-nous la chance d'y découvrir à nouveau sous votre plume les témoins d'aujourd'hui de la spiritualité québécoise ?

LES MUSICIENS

Benoît Joachim Lacroix : un ami

André Prévost

Bleu est son regard
Essentielle est sa présence
Nuancé est son jugement
Ouvert est son cœur
Intense est son action
Totale est son implication

Jamais morose
Ouvert à tous
Amoureux de tout
Croyant en l'homme
Hôte charmant
Indéfectible fidélité
Mage de l'esprit

Libre
Accueillant
Courageux
Réfléchi
Oasis de l'âme
Instinctif
XXX... nous t'aimons

Lettre manuscrite inédite à André Prévost

IQRC
14 oct. 1984

Cher André,

    Ce fut sans doute une belle fête. Je regrette de n'avoir pas été là, comme j'avais été il y a quelques années aux « premières ». Je suis si souvent à Québec que je manque parfois le meilleur de Montréal.

    Quoi qu'il en soit je veux te féliciter pour ce que tu as accompli durant toutes ces années et d'une manière particulière d'avoir souvent donné à tes compositions une coloration spirituelle sinon mystique. Je devine toute l'austérité de ton métier ; mais je sais que tu aimes la musique et qu'elle t'aime aussi.

Pour tout cela, un grand merci en plus des félicitations et des vœux de Bonne Fête.

J'en profite pour dire aussi mes amitiés à Lise et aux enfants, aux « grands » plutôt.

Benoît Lacroix

P.–S. J'ai beaucoup de plaisir à travailler quelques fois avec A. Lauber, cette acharnée elle aussi de la composition. Je crois que l'*Oratorio* sera en beaucoup de sens une œuvre unique en son genre. Merci de la confiance que tu m'as faite en m'invitant à l'aider « textuellement ».

BENOÎT LACROIX ET LA NAISSANCE D'UN ORATORIO SUR LA VIE DU CHRIST

Anne Lauber

Choix et supervision du texte : Benoît Lacroix. Musique : Anne Lauber, dans le cadre d'un doctorat en composition.
Réalisation et production Radio–Canada, les Grands Concerts, le 17 janvier 1986, Basilique Notre–Dame de Montréal.
Oratorio de 90 minutes en quatre parties : Nativité, Béatitudes,
Passion et Résurrection, relatant les principales étapes de la vie du Christ.
5 solistes : Élise Bédard, soprano, Jocelyne Fleury–Coutu, mezzo, Guy Bélanger, ténor, Charles Prévost, baryton (dans le rôle du Christ) et Yves Saint–Amand, basse. Chœur Donavan, direction Bernadette Donavan, Orchestre Métropolitain, direction Mario Bernardi.

Historique

Lorsque j'ai téléphoné au Père Lacroix pour obtenir son aide quant à l'adaptation du texte de mon Oratorio, j'ai pris mes précautions : « J'écris un Oratorio sur la vie du Christ, mais cela ne veut pas dire que j'irai à l'église... » Sa réponse m'a aussitôt rassurée : « Écris ton Oratorio et tu n'auras pas besoin d'aller à l'église ! »

C'était mal le connaître : il a plus d'un tour dans son sac. Si je n'ai pas pris le chemin de l'église, nous avons pris celui de Berthierville. Les petites sœurs dominicaines cloîtrées pouvaient avoir une bonne influence sur moi et elles l'ont eue !

Les quatre parties distinctes de l'Oratorio ont été encouragées par son soutien moral, religieux et amical. Nous discutions du texte, j'écrivais au piano et je lui en chantais (plus ou moins bien) quelques extraits. Nous avons même essayé en duo, mais assez vite abandonné cette sorte de collaboration musicale.

Ce fut un long et laborieux travail. Dans un premier temps, je composais la version avec piano et j'orchestrais ensuite. Après chaque partie, Benoît m'invitait à manger une pizza. Cet Oratorio a donc ainsi été stimulé par un total de 8 pizzas, pour les 4 parties de la version avec piano et les 4 parties de la version orchestrale.

Mais quelle ne fut pas notre joie de voir, ce 17 janvier 1986, la Basilique Notre-Dame pleine à craquer. J'ai eu tellement peur de cette responsabilité que j'ai demandé à ce que l'œuvre soit jouée sans interruption. Et ce fut un grand succès : 10 minutes d'applaudissements valaient bien les deux ans de travail.

Pour couronner le tout, j'ai envoyé l'enregistrement au Pape. L'a-t-il écouté ?... Dieu seul le sait...

Merci Benoît Lacroix, de ton endurance, de ton ouverture d'esprit et surtout d'y avoir cru et participé.

UN ORATORIO POUR L'ANTICIPATION DU MEILLEUR : *JESUS CHRISTUS*

Jesus Christus est un oratorio dont les paroles et la musique entendent signifier, à la manière de notre époque, la vie, les dits, la mort et la présence de Jésus le Christ auprès de nos contemporains. Avec Schweitzer, Barth, Jankélévitch et tant d'autres humanistes de notre temps, nous croyons que la musique par elle-même appelle l'anticipation du meilleur, ce que le Christ nommait le *royaume de Dieu en esprit et en vérité*. Baudelaire dirait : « La musique creuse le ciel ».

Tous les éléments du présent oratorio, chœur, solistes et orchestre, ont donc pour but de souligner les principaux événements de la vie du Christ ainsi que les grands axes de sa prédication aux foules. Il va sans dire que, dans cette perspective, les récits des évangiles, premières sources biographiques de Jésus, prennent une importance capitale : c'est à eux d'imposer à la musique le tracé des mélodies. Il est normal aussi que les mélodies, tonales et atonales selon les requêtes du texte, soient celles de la présente génération avec ses contradictions, ses conflits et ses espérances. [...]

Dans cet oratorio, nous avons opté pour le latin autant pour rejoindre une longue tradition d'Occident que pour honorer la langue des chefs-d'œuvre immortels de la musique sacrée. L'autre avantage du latin est qu'il demeure encore aujourd'hui une langue internationale, surtout dans les pays marqués par le christianisme et son héritage culturel.

Dans l'oratorio *Jesus Christus,* le Christ est le personnage principal ; il préside à la structure de l'œuvre. Autour de lui « gravitent » les voix de Jean le Baptiste, d'un ange messager, de Marie appelée par Luc la « bénie entre toutes les femmes », et celle du peuple qu'interprète le chœur, lequel aura aussi quelquefois fonction de représenter les voix célestes. Il appartient à l'orchestre de soutenir ces voix et de traduire, à l'occasion, les forces bénéfiques, en cause autant que le mal qui menace les meilleures intentions.

Paroles et musique s'unissent dans un même élan pour mieux créer et recréer la tragique destinée de la vie humaine de son héros, *Jesus Christus.* [...]

(Benoît Lacroix, en collaboration avec l'auteure, Anne Lauber dans *Communauté chrétienne*, novembre-décembre 1985, p. 593-594)

HOMMAGE À BENOÎT LACROIX
CONSEILLER ET AMI

poème acrostiche
Hélène Dugal

Béni de Dieu, voilà le sens du nom bienheureux que vous avez reçu jadis, Benoît,
Édifié que le nom paternel gardé vous rappelât néanmoins les chemins de la croix !
Nourri aux sources du salut, vous traversez une longue vie parsemée de grâce,
Orientée tout entière vers ceux de l'âge tendre comme vers ceux du troisième âge.
Impavide dans la foi, héraut d'espérance, votre amour est fort, il est inébranlable ;
Tous ceux qui vous aiment le reconnaissent : votre présence est irremplaçable.

Laissant à d'autres le soin d'honorer les visages multiples de votre héritage,
À vous que j'ai connu sur le tard, je désire offrir ce bien modeste témoignage ;
C'est le frère et le père, et la sage liberté du conseiller fidèle que je veux peindre,
Ruminant dix ans de souvenirs et de jours dont je n'aurai jamais à me plaindre !
Oublierai-je que vous fûtes à l'origine de la série « Orgues, paroles et vêpres [7] »,
Inspirateur, en la cathédrale amie, des « noces du son, des mots et de la prière » ?
Xénophobes et misanthropes ont toujours dû s'incliner devant votre savoir-faire.

Connaître de vous le prêtre, l'historien, le mélomane, le poète, l'ami, le mage !
Obtenir les conseils du théologien, de l'artiste, du stratège même, au passage,
N'était-ce pas la joie d'apprendre que tout, dans la vie en Dieu, tout est grâce ?
S'abreuver à la sagesse de vos mots, quelle paix surgie du tréfonds des âges !
En quelques occasions bénies, mes harmonies, à vos paroles, ont uni leur voix,
Interprétant, à leur manière, le mystère, de la vie et de la mort, le mystère de la foi :
L'hommage au défunt Cardinal Paul-Émile Léger, l'ami de l'Afrique et celui du
Concile,

Les funérailles d'État de Jeanne, Gouverneure mirifique, et grande dame subtile,
Évoquent en moi la communion du sacrement, du verbe, du son et de l'image,
Rappellent que la liturgie est offerte pour que l'âme veuille le mystique mariage.

Éminent Benoît, merci de donner votre affection aux musiciens, aux compositeurs,
Tout à la fois, vous inspirez leur oreille, leur prêtez votre voix, votre don d'auteur.

Aspirez, au terme du cycle quatrième de vos vingt ans, à garder bonne votre santé.
Marchez au-devant de cette décade neuve, accompagné de votre paisible sérénité.
Illuminez encore les esprits : ils réclament toujours votre merveilleuse amitié !

LES COMÉDIENS

Laisse–moi jouer

Danièle Panneton

Cher cher Benoît
Toi qui es « joueur », laisse–moi jouer avec les lettres de ton nom

    B   L
    E   A
    N   C
    O   R
    Î   O
    T   I
         X

Beau comme un grand chêne fortement enraciné dans le sol, puisant son énergie et sa vigueur dans le riche terreau de ses origines paysannes

Étonnant de vitalité, d'humour, d'érudition et d'humanité

Neutre jamais ! Mais engagé avec les gens, sans cesse à l'é-coute, impliqué dans diverses causes, avec toute sa passion mais aussi avec ce recul indulgent que lui dicte une sagesse façonnée par son âge « vénérable » et ses multiples expériences

Ouvert comme les yeux d'un enfant dévorant la vie, comme les bourgeons du printemps qui chantent leur joie d'être

Indicible lové dans son jardin secret, gardant sa part de mystère et de silence à travers tant de gestes et de mots généreux donnés à chacun d'entre nous

Tenace et souple à la fois, allant au bout de lui–même, avec la bonhomie sérieuse de celui qui marche vers l'avant

Léger	comme seuls ceux qui connaissent le poids des choses savent alléger le fardeau des âmes en quête de réponse, de pardon et d'affection
Amoureux	des profondeurs humaines : l'authenticité des êtres, la liberté d'une conscience éclairée mais humble, toute expression artistique comme des petits plaisirs de la vie : des bleuets à la crème fraîche, une blague bien lancée, une fleur au soleil...
Chaleureux	comme il ne s'en fait plus, les bras grands ouverts pour nous accueillir toujours, le rire coquin et franc, toute parole et tout geste d'amitié, véritable baume qui touche droit au cœur
Rusé	...oui, comme un renard subtil et sympathique, amusé de voir l'adversaire se débattre dans un filet, tendu non pour l'anéantir mais pour le voir grandir
Ordonné	plutôt, mais de manière bohème, en faisant confiance à la vie, aux gens, aux circonstances. Et aussi, « Ordonné » devant Dieu, pour Dieu, à travers sa traversée si humaine vers Lui et les autres
Imprévisible	parce qu'éveillé, imaginatif et enthousiaste, curieux de tout, même de ses propres réactions, et nous entraînant dans cette danse qu'est la vie
X	comme la Croix renversée du Christ, signe de son apostolat constant, de sa foi, de ses doutes, de ses souffrances et riche de la Résurrection que cette croix promet et révèle

Tu sais, cher cher
```
         B    L
         E    A
         N    C
         O    R
         Î    O
         T    I
              X
```

que je t'aime comme un père, un ami, un confident.

Je t'ai trouvé, avec beaucoup d'efforts il est vrai, quelques qualités mais le plus merveilleux c'est que je t'aime surtout pour tes défauts — qui sont beaucoup plus nombreux — mais l'espace me manque ici pour les énumérer tous, alors je laisse la place à tous ceux qui t'admirent et t'aiment aussi fort que moi.

BENOÎT

Jean–François Casabonne

Tout de suite me vient
comme un voilier d'oies en tête
quand je pense à toi, Benoît,
comme une grande courtepointe chaude d'automne
qui se dépose sur les battures du fleuve,
concert de plumes dans le vent
tourbillon de joie hurlant.
Tout de suite me vient
le mot LIBRE quand je pense à toi, Benoît.
À ton contact nous devenons toujours plus libres.
Tout de suite me vient
l'arbre avec des racines ancrées dans une terre noble,
une terre sobre, une terre ample,
un arbre qui n'en finit pas de s'étendre
tellement la vie le sillonne.
Benoît c'est un père, un frère, un ami,
un nid,
une fenêtre qui nous ouvre
à l'éternelle liberté.

CHANCE

Marie–Josée Guindon

Quelle grâce, quel cadeau du ciel que de pouvoir connaître Benoît Lacroix. C'est un ami qui m'a donné cette chance inespérée, il y a quelques années déjà, en 1990 je crois, lors d'une rencontre amicale de quelques personnes, où il avait prié Benoît Lacroix de célébrer l'Eucharistie pour nous. Tout de suite, sa simplicité et sa grandeur d'âme m'ont atteinte. Impliquant tous et chacun dans ses gestes eucharistiques et rendant la cérémonie accessible à chacun de nous. Il savait malgré son expérience de vie et ses vastes connaissances devenir l'un des nôtres.

Benoît Lacroix est un homme fascinant, d'une culture qui s'étend sur un ensemble de sujets, mais qui ne s'étale jamais. Un être d'une grande discrétion et d'une générosité sans bornes.

Je suis comédienne et je fais partie du groupe « Parole Plus », dont le nom d'ailleurs a été trouvé par Benoît. Nous sommes une toute nouvelle compagnie théâtrale, formée de comédiens(iennes) désireux(ses) de prendre la parole sur scène au nom de ceux (celles) qui n'ont pas ou peu la chance de s'exprimer sur une tribune publique. Benoît Lacroix était présent lors des premières ébauches de ce projet et il l'a mis sur pied avec nous. Tout au long des différentes étapes, il a su nous conseiller, nous épauler, nous aider par ses nombreux contacts, relevant le moral des troupes dans les moments plus difficiles et partageant nos joies et nos réussites, tout cela avec une générosité absolue. Il est notre pilier, notre patriarche, notre sage conseiller ; notre principal lieu de rassemblement fut d'ailleurs très souvent son bureau, toujours accueillant, chez les Dominicains.

Merci Benoît pour votre joie de vivre exemplaire, votre sourire plein de tendresse, merci pour tous les moments merveilleux que vous nous avez accordés, lesquels, je l'espère, seront encore nombreux, à votre grande table ou dans votre bureau, autour d'une chandelle, lorsque vous vous recueilliez avec nous, alors que votre horaire de la journée était déjà plus que complet. Merci pour tout ce temps que vous nous consacrez, toute cette attention. Merci pour le livre *Silence* que vous avez écrit et que vous m'avez envoyé par courrier, afin que je puisse répondre aux différentes questions que je me posais alors. Ce livre est un cadeau précieux, qui m'a éclairée et qui ne restera jamais loin de moi, comme un gage d'amitié. En fait, il suffit de vous regarder vivre pour trouver la réponse à un tas de questions.

Merci aussi d'être venu me voir jouer sur scène, dans un spectacle humoristique pour lequel vous ne vous seriez sûrement pas déplacé en temps ordinaire. Ce geste m'a beaucoup touchée et m'a démontré une fois de plus combien vous êtes attentif à ceux qui vous entourent. Vous êtes un homme d'Église, un passionné d'histoire, de littérature, de poésie et j'en passe, mais surtout vous êtes un homme de cœur, un passionné de l'Amour divin, de l'Amour du Christ, que l'on retrouve dans chacun de vos gestes. Soyez heureux et fier de fêter toutes ces belles années passées et toutes celles qui sont encore devant vous.

Quand l'enthousiasme vous transporte, vos yeux se mettent à pétiller de joie et nous disent que vous avez encore vingt ans. Que la Paix, la Joie et l'Amour vous accompagnent toujours !

Bonne Fête Benoît !

Rencontre

Lyne Durocher

Quand j'ai rencontré Benoît, il y a de cela trois ans, j'étais une jeune comédienne idéaliste et en quête d'elle-même. Ce sont des amis comédiens qui m'ont présentée à lui en me disant : « Tu vas rencontrer quelqu'un d'extraordinaire ! » Et ils rigolaient tous en me disant cela... ils savaient alors combien j'allais apprécier cet être hors du commun et combien stimulante allait être notre rencontre. Je ne savais pas encore à l'époque que j'allais être entraînée dans une aventure rocambolesque qui allait prendre le nom de « Parole aux Pauvres » ; aventure que nous allions tous vivre sous l'aile de Benoît, notre « père-poule » à tous et à toutes. Quelle odyssée ce fut ! Benoît, dès le début, a été un phare pour nous, un modèle, un guide spirituel. Il nous a apporté la patience, la sagesse ; nous a appris la simplicité du cœur, l'amitié, la solidarité. Que de rires, d'agapes et de prières avons-nous partagés ensemble !

Benoît, c'est une douce présence, la chaleur d'une petite flamme, la douceur d'une main posée sur l'épaule, rassurante. Benoît, c'est un ami qui dès le début fut à nos côtés, discret et fidèle. Il nous a épaulés à des moments difficiles, mais aussi, il a partagé avec nous le rire, la bouffonnerie, la création, le doute, le découragement (en simple spectateur cette fois, car le découragement n'est pas pour lui !) et au moment de l'accomplissement, de l'achèvement, il fut là pour nous applaudir et nous soutenir. Benoît, c'est le patriarche, l'érudit, le champion de tennis, le brillant orateur, mais par-dessus tout, c'est une grande âme comme il est donné à peu d'entre nous d'en rencontrer, ne serait-ce qu'une fois dans sa vie.

Benoît, je me souviens d'avoir aperçu un jour chez toi une « peluche » (un petit ours polaire) qui me plaisait, sur une étagère. Cette peluche, tu me l'avais donnée ce soir-là, par gentillesse, par pure délicatesse. Depuis ce temps, je l'ai conservée précieusement, pour qu'elle me porte bonheur. Sois béni, Benoît !

Benoît Lacroix

Gary Boudreault

Oh ! Cher Benoît, homme à la foi influente. Généreux partenaire, dépositaire de sagesse, hors des lettres comme en elles, toujours d'or sont ses paroles qui portent et touchent comme l'archer une pomme. Humaniste souple, mûr et alerte. Conseiller inépuisable en multiples rouages. Modèle fier et guide singulier de tous nos égarements.

Distingué rassembleur, grand frère affable, disponible et d'humour tendre. Phare tailleur de brume, « cultiveur » d'amour et d'amitié et surtout, comme le vent, les vagues et les étoiles qui débordent l'horizon des causes, son cœur sans prix est gratuit.

Ami Benoît, mes hommages et respects sont à vos pieds. Restez parmi nous de roc, fort et en santé encore longtemps. Nos parfois ténébreux sentiers n'ont pas fini de solliciter vos lanternes.

LE GROUPE *PAROLE AUX PAUVRES* (1990) DEVENU *PAROLE PLUS INC.* (1995)

Benoît Lacroix a mis sa plume de côté pour proposer, dans cette chronique, une lettre, un projet [...]

Depuis deux ans, nous — notre groupe — sommes liés par le besoin profond de pénétrer le mystère qui, toujours, depuis la création du monde jusqu'aux temps présents, habite et réside au cœur de chaque être. [...]

Devant le sentiment vertigineux que provoque cette conscience de l'infini du mystère, nous, artistes, sensibles et remplis d'énergie ne demandions qu'à être mobilisés dans une cause qui ait un sens. Nous vîmes émerger, semblant répondre à l'appel de tous, l'idée de la Terre Promise. Cette idée devint dès lors le thème principal de cette odyssée que nous décidâmes de baptiser *Parole aux Pauvres* ; contents de leur dédier corps et âme notre quête, et désireux de leur apporter l'espérance et le souffle de notre foi.

Étant comédiens, donc par essence porteurs de parole, nous vîmes naturellement le théâtre s'imposer comme outil pour rejoindre le Pauvre. Par Pauvre, nous entendions bien sûr celui et celle de toutes les errances (qu'elles soient mentales, spirituelles, morales, sociales, émotives...) [...] Par ce choix du thème de la Terre Promise, « lieu où l'âme siège entre le monde intérieur et extérieur » (Joseph Campbell), nous voulons arriver à créer une œuvre universelle où le préjugé n'a aucune existence. Une pièce incontournable qu'on ne puisse cloisonner et qui puisse voyager à travers les lieux et le temps. Nous voulons que la Parole qui en naîtra rejoigne tout le monde.

Il est primordial d'ailleurs que dans cette œuvre théâtrale, le Pauvre ait sa place parmi nous pour s'exprimer. Nous voulons un théâtre vivant, pétri d'échanges. Pratiquement, ce théâtre sans frontière s'exprimerait dans le déploiement d'un chapiteau, en quelque lieu que ce soit, chapiteau qui pourrait être remballé aussi vite qu'il a été installé. En créant ce lieu où le merveilleux se manifeste, nous témoignerions que l'impossible est possible et redonnerions vie au rêve et à l'espérance.

Nous espérons par ce projet *Parole aux Pauvres* réveiller et redécouvrir le sens même de la « fraternité », et nous rendre vulnérables aux uns et aux autres, dans un esprit d'amour : « *Aimez–vous les uns les autres* », a dit le Christ, « *et aimez votre prochain comme vous–même* ». Notre prochain n'est-il pas d'abord et avant tout celui ou celle qui se présente à nous dans le besoin ? [...]

Charlotte Bernard, Gary Boudreault, Jean-François Casabonnne, Violette Chauveau, Lyne Durocher, Marie-Josée Guindon, Benoît Lacroix (prêtre) et Marjorie Smith

P.-S. Notre « affaire » : un rêve ou une réalité ? — Les deux. Le rêve de partager un peu de nos habiletés avec les oubliés et les défavorisés. La réalité : recueillir des récits de vie sous forme d'entrevues, parfois filmées, en vue de la rédaction d'une pièce de théâtre dont la première version serait entendue en lecture publique, avec la participation des « pauvres ». Puis nous envisageons de présenter la version finale de la pièce dans des lieux publics (parvis des églises, la rue, maisons de la culture) là où le monde se rassemble. *Vie rêvée, rêve vécu.*

(« La parole aux comédiens », *Présence*, vol. 1, n° 7, décembre 1992, p. 6-7. Les membres actuels du groupe : Benoît Lacroix, Jean-François Casabonne, Gary Boudreault, Lyne Durocher, Marie-Josée Guindon et Danièle Panneton.)

LE MILIEU SCIENTIFIQUE

Les qualités du scientifique

Jacques Genest, m.d.

On me demande ma collaboration pour ce volume et m'écrit que pour célébrer l'occasion du 80ᵉ anniversaire de naissance de Benoît Lacroix, il y « aura une section sur Benoît Lacroix et les représentants du monde scientifique... Vous serait–il possible d'écrire un texte... ? » Je suis profondément perplexe car Benoît Lacroix n'est pas un scientifique (dans le sens courant du terme) et il n'a jamais œuvré directement dans le domaine des sciences. Alors que puis–je écrire sur Benoît Lacroix au point de vue scientifique ? À première vue, peu ou rien. Mais à y bien réfléchir, beaucoup, beaucoup !

Car Benoît Lacroix présente des qualités extraordinaires que beaucoup de scientifiques auraient intérêt à acquérir et à imiter. Ces qualités sont une humilité digne de saint François (pardon, Dominique !), une simplicité d'approche et une faculté incomparable de savoir écouter et une disponibilité totale et en tout temps à servir. Toujours il essaie de comprendre l'homme et sa situation sans jamais condamner. À tous ceux qui viennent en contact avec lui, scientifiques, étudiants, historiens ou autres, il apporte un exemple de sérénité, de douceur et de bonté. À la messe entre le Pater et la Communion, l'Église insiste à six reprises sur la paix : « Donne la paix à notre temps... Je vous laisse la paix, je vous donne Ma paix..., donne toujours à Ton Église la paix... Que la paix du Seigneur soit toujours avec vous. Agneau de Dieu, donne–nous la paix. » Il y a une raison pour cette répétition, car seule cette paix est celle qui mène à l'amour de Dieu et à celui du prochain. Merci, Benoît Lacroix, d'en être un exemple vivant.

Tous louent sa grande finesse d'esprit qui lui vient sûrement de son âme de poète, sa culture encyclopédique non seulement sur le plan de l'humanisme mais aussi de l'histoire en général et du Moyen Âge en particulier et de la culture canadienne–française.

Benoît Lacroix est le complément idéal du scientifique rigoureux pour lequel seules l'expérimentation et la raison servent de guides. Ses participations aux deux Symposiums sur la Santé Positive en 1992 et en 1994 ont été remarquables (*Le Médecin du Québec,* février 1993 et mars 1995) et en sont le témoignage. Quelle richesse pour un peuple d'avoir un Benoît Lacroix, consulté par tous même par les premiers ministres et les personnes les plus en vue de notre société. Notre malheur c'est qu'il en faudrait beaucoup plus ! Le Québec doit se créer dans tous les domaines une élite composée de grands hommes comme Benoît Lacroix. Il est un « *role model* » dans notre société et nous lui souhaitons de nombreuses autres années actives. C'est heureux qu'il « ne paraisse pas ses 80 ans ».

ITINÉRAIRES SPIRITUELS POUR L'AN 2000

(Conférence prononcée au 2e Symposium sur la Santé Positive organisé par le Dr Jacques Genest et l'Institut de recherches cliniques de Montréal, en octobre 1994)

Il s'agit du devenir, en l'an 2000, de la santé de l'âme, du cœur et de l'esprit, tant du point de vue individuel que collectif. D'où le titre quelque peu aérien : itinéraires spirituels pour l'an 2000. Au moment d'aborder le troisième millénaire, il est normal de vouloir anticiper le chemin de sa vie. D'ailleurs, *itinéraire* veut dire chemin, route en devenir ; *spirituel* renvoie à tout ce qu'il y a d'intelligence, de bon vouloir, de mémoire et d'imagination en nous et dans l'humanité. [...]

Le pouvoir de croire

Malgré ses refus, l'homme du XXe siècle reste habité par un profond sentiment religieux, par un sens instinctif du sacré. Il possède une étonnante capacité de croire ; ce pouvoir de croire se manifeste plus spécifiquement, et à longue durée, dans les spiritualités proposées par le judaïsme, le bouddhisme, le christianisme, l'islam. Le sacré, le spirituel, débordent de l'institutionnel ; l'esprit déborde de la loi. Les spiritualités naissent des profondeurs de l'être humain ; elles précèdent les religions instituées ; ainsi la conscience précède la loi, comme la foi précède la connaissance, comme le laboratoire précède souvent la découverte scientifique. L'enfant croit avant de savoir. Le langage est essentiellement un acte de foi partagée, de même l'aptitude qui précède l'habitude. Il n'y a jamais eu autant de croyants — au sens littéral du mot — que depuis l'invention de la télévision, avec l'image qui s'impose. Les médias électroniques et la publicité marchande se sont emparés de nos écrans, nous n'en finissons pas de les croire. Dans un tel contexte, il est normal que les religions soient en crise. Crises de croyances. Crises d'incroyances. [...]

Le droit d'espérer

Même si le salut absolu n'est pas de ce monde, espérer est-il possible ? Comment faire naître sans cesse l'avenir des spiritualités de salut ?

De l'espoir, on a dit qu'il était comme une étoile : faut-il la nuit pour briller ? Une chose est certaine : nos itinéraires spirituels ne seront pas plus aisés en l'an 2000 qu'ils le furent en l'an 1000. Au dire des anciens Grecs : toute la vie est un combat, une route ascensionnelle. En l'an 2000, la technologie, le pouvoir médiatique, la multiplicité des groupes « religieux » dépasseront le contrôle de l'individu, voire de l'État ; l'information menacera la vie privée, l'exhibitionnisme sexuel continuera à banaliser l'amour et ses secrets, la culture de l'immédiat retardera toujours les projets à long terme ; le quotidien sera annulé au profit de la soif d'actualité ; les relations courtes, immédiates, menaceront les biens durables de l'amitié ; l'insolite risquera de se confondre avec la normalité. Le racisme à l'horizon, l'égoïsme pervers des pays riches qui obligent les petits à la pauvreté, sinon à la famine, seront toujours en action. [...] Malgré ses déboires évidents, l'humanité peut encore espérer la liberté contre les dictatures les mieux équipées ; elle peut toujours choisir entre lumière et ténèbres, entre désespoir et présomption. L'humanité peut espérer le meilleur dans la difficulté. Il n'est point d'arbre fort que le vent n'ait secoué. Les crises ne signifient pas nécessairement des ruptures. Elles sont plutôt une loi du devenir.

Parmi les diverses raisons d'espérer en des itinéraires spirituels, il y a en tout premier les expériences acquises de l'humanité et celles qu'elles provoquent. [...]

Outre la présence de l'être humain dans l'univers, une autre raison d'espérer en un itinéraire spirituel est l'influence durable des religions monothéistes dans l'histoire humaine. [....]

Un troisième facteur spirituel qui permet d'espérer malgré tout est l'ouverture spirituelle de l'Occident aux sagesses de l'Orient. Cela nous rappelle, en tant qu'historien du Moyen Âge latin, le XIIIe siècle européen alors que le christianisme s'ouvre — non sans crises de refus — à l'univers juif, arabe et à son héritage gréco-romain. Espérons que cette nouvelle ouverture à la sagesse d'Orient ne sera pas compromise par les grandes politiques mondiales.

La science d'amour

Avec le pouvoir de croire, le droit d'espérer, il y a cet acte suprême qui s'appelle aimer. Aimer, c'est souhaiter à l'homme d'aujourd'hui un itinéraire qui lui permettra de vivre en village global et de survivre dans sa « propre maison ». Aimer, c'est respecter l'autre, lui donner sa parole, voire sa vie ! La nouvelle ère des communications favorise cette force d'aimer en plusieurs sens ; unanimement chantée encore aujourd'hui, la même force promet, tel l'Esprit divin, de renouveler la face de la terre ; elle permettrait à toute personne de vivre les crises les plus encombrantes.

Qu'est-ce que l'amour, sinon le don de soi partagé en communion jusqu'à l'amitié dont parlent si agréablement Platon, Aristote, la *Bible*, le *Coran*, les troubadours et tant de sages d'Orient ? La croyance et l'espérance passent ; l'amour ne passera jamais. À lui seul, il surpasse tout savoir, il permet des recommencements, des renaissances étonnantes. Nous sommes convaincus que l'amitié est l'élément le plus décisif pour l'avenir, le bonheur et la survie de l'humanité. Ni la politique, ni l'économie, ni la science, ni aucune institution ne saurait remplacer l'amour. Le XXIe siècle n'entreprendra pas un itinéraire spirituel valable au milieu des risques de conflits de toutes sortes sans d'abord miser sur l'harmonie, la paix, la compréhension, la compassion, l'amour. [...]

Nous espérons de nouvelles amitiés entre les peuples, comme il est arrivé en Afrique du Sud, au Proche-Orient, et nous le souhaitons encore en Afrique. En ces temps d'émigration massive, nous nous devons, comme à la fin de l'Empire romain, de prévoir de nouveaux regroupements, de nouvelles communautés de cultures, de peuples et de nations. La tolérance ne suffit pas, il faudra en arriver à parler de l'amitié entre les peuples comme on parle de l'amitié entre les personnes : des amitiés particulières, positives, au nom du partage des biens et de la paix universelle. Les trois grandes religions monothéistes ont la mission de susciter cet itinéraire spirituel de la divinisation de l'amour et de la vie, seules valeurs qui puissent nous faire échapper à la guerre, à la violence et à la mort. [...]

Mais à quoi bon cette paix officielle et publique si les individus entre eux ne savent plus s'aimer d'abord dans la vie quotidienne ? L'amour et surtout sa fleur préférée, l'amitié, sont en crise à cause d'une composante individualiste trop prononcée, à cause d'une valorisation amoureuse trop exclusivement physique ou sexuelle, à cause d'un manque de liberté responsable, à cause de l'appui sur la technologie, à cause de l'oubli de l'amour qui est le don de soi et le partage des biens. Il est très significatif qu'Ovide ait remplacé Aristote dans nos mœurs publiques et que le culte du *je* se fasse aux dépens du *tu* de l'autre.

Avec les grandes spiritualités d'Orient, constatons encore une fois l'importance des itinéraires spirituels personnels qui, dans la médita-

tion, le silence et la prière, favorisent non seulement la connaissance de soi mais aussi la maîtrise de soi, le goût d'aimer et de donner sa vie. [...]
Sur le plan individuel, souhaitons–nous des amitiés profondes entre personnes de différentes religions, couleurs et sexes. Et ce, sans arrière–pensée et sans volonté de pouvoir. Amitié veut dire gratuité. [...]
Cela m'amène à citer un représentant des plus autorisés de la physique nucléaire, Jacob Robert Oppenheimer qui, en 1967, s'adressant à des étudiants à Columbia University, disait :

> *L'unité du savoir, la nature des communautés humaines, la notion même de société et de culture se sont si profondément transformées au cours des dernières années que notre monde est, à beaucoup d'égards, un monde nouveau. Cette transformation n'est pas due seulement à l'introduction d'éléments nouveaux dans notre vie : elle est le fait d'un changement dans la qualité de ce qui existait déjà (...). C'est un monde dans lequel chacun de nous, connaissant ses limites — le danger d'être superficiel et la tentation d'être las —, doit s'accrocher à ce qui l'entoure, à ce qu'il peut faire, à ses amis, à son amour, sous peine de se perdre dans la confusion universelle, de ne plus rien connaître, de ne plus rien aimer.*

Tous d'accord ! Nous assistons à la naissance d'un monde nouveau. Nouvel univers riche en cultures et en religions, doté de possibilités illimitées. Ce qui a été acquis jusqu'ici nous invite à espérer en l'humanité, même aux pires nuits de son histoire, à croire, à aimer cet univers qui est le nôtre, en un sens incomparable.

Lors du premier voyage des astronautes dans l'espace, il y a 25 ans, la terre leur est apparue comme une étoile verte et bleue. Une étoile parmi plusieurs autres. Et aujourd'hui ? Même s'il fait parfois nuit sur la terre, nous persistons à croire en cette étoile–terre, à cause de toutes ses richesses matérielles, humaines et spirituelles.

Avec un potentiel énorme de savoir et de sagesse, l'humanité est capable de nouveaux itinéraires vers l'infini. Aussi nous plairait–il de saluer, en terminant, et tout en respectant ceux et celles qui ne le reconnaissent pas, l'indicible, l'absolu. Nous le faisons avec les mots qui terminent l'*Ode à la joie* de la *Neuvième symphonie* de Beethoven, alors que chœurs et orchestre chantent allègrement le Créateur, maître des temps et de l'histoire :

Qu'ils s'enlacent tous les êtres!
Que tous les êtres se prosternent!
(Ô Monde), tu cherches le Créateur?
Il est là au–dessus de l'univers des étoiles!
(Dans *Le Médecin du Québec,* mars 1995, p. 115–118)

ÉTHIQUE ET RECHERCHE BIOMÉDICALE
RESPECTER LA LIBERTÉ DE L'INDIVIDU

(Entrevue de Claude Gravel avec Benoît Lacroix)

[...]

C.G. *En somme, vous dites que l'évolution de la science et des techniques a multiplié les possibilités de choix, mais que, finalement, c'est l'être humain, comme personne libre, qui doit décider.*

B.L. C'est bien cela. Je crois que la médecine doit travailler pour la liberté. Ce sera à l'individu, non au corps médical, de choisir sa propre solution. Dans le cas de la jeune fille enceinte, c'est à elle de prendre une décision. Et c'est là que la médecine donne à l'être humain un éventail de libertés qu'il n'avait pas auparavant. Plus la médecine aide l'être humain à se guérir ou à prendre des décisions, plus il peut exercer sa liberté. Il faut croire à la liberté, parce que c'est dans le choix personnel que l'être humain se trouve à son meilleur. C'est quand il choisit personnellement qu'il devient heureux. Mais j'ai peur que les gens ne croient plus à la liberté. Parce que tout le monde choisit pour autrui.

[...]

C.G. *J'aborderai le thème de la santé positive. Quelle est la part du spirituel, de la foi, de la croyance personnelle dans un processus de guérison?*

B.L. C'est une question qui m'intéresse énormément. Il y a longtemps que j'y pense. [...] Disons que mon expérience est venue d'abord comme historien. J'ai toujours cru qu'il y avait unité entre le corps et l'âme. C'est ma formation. Comme prêtre, je me suis aperçu que ma croyance au Christ me faisait accepter certaines souffrances que je n'aurais pas acceptées autrement. Il n'y a rien de mieux que d'accepter une situation pour la voir diminuer dans sa violence intérieure ou même extérieure. Mon expérience humaine me dit que la prière peut donner à un malade une force psychique très grande qui peut modifier sa manière de souffrir. Mais la prière n'enlève pas la souffrance. La souffrance est un mal. Je ne voudrais pas cesser de recourir aux médecins à cause de raisons spirituelles [...]

C.G. *[...] vous dites qu'une souffrance alimentée par l'idée d'offrande et de partage devient positive. Qu'est-ce à dire ?*

B.L. Je m'occupe de sidéens. Le sida, c'est un mal pour tout le monde, pour vous, pour moi. Mais je m'aperçois que beaucoup de ces personnes créent tellement d'amour et de générosité autour d'elles que cela devient un peu comme la maladie d'un enfant. Je continue à maintenir que le sida est un mal, mais je m'aperçois que la souffrance, tout à coup, crée du bonheur, souvent même beaucoup plus de bonheur chez celui qui souffre que chez les autres qui sont autour de lui. Cela me renverse.

C.G. *Mais vous ne dites tout de même pas que la souffrance est donnée par Dieu et qu'on ne peut rien faire pour la changer ?*

B.L. Non, non, non ! Je suis contre cette mystique. Si tu souffres, va voir ton médecin. Tout de suite. Il ne faut rien enlever à la sphère médicale. Je crois à la souffrance, non parce qu'elle est un mal, mais parce qu'elle engendre le bien.

Il y a des choses très belles que j'ai vues se produire auprès de gens qui étaient en phase terminale. L'amour qu'on rencontre à ces moments-là est un amour qui n'est pas faux. Quand on a un cancer, on ne triche plus. Mais c'est là où je dis que l'acte médical est très beau. Avant, les gens mouraient sans savoir pourquoi. Aujourd'hui, ils le savent. La médecine nous permet de négocier avec notre mal. Elle nous permet de savoir que nous sommes mortels et que notre moment est arrivé. Cela fait mal au début, mais on s'aperçoit que la personne qui sait devient un instrument de cohésion auprès des autres.

C.G. *Est-ce que les Églises, aujourd'hui encore, n'errent pas souvent en délibérant sur des faits et des matières qui ne sont pas directement de leur ressort ?*

B.L. Les grandes religions ont pour but — je parle comme membre de la mienne, je ne peux pas parler autrement — de chercher à raconter que Dieu agit dans l'Histoire. Elles sont d'abord là pour nous rappeler le mystère de la vie. Mais elles sont portées à oublier l'essentiel de leur message. Elles aiment bien dire aux gens quoi faire ou ne pas faire. Je maintiens que, quand on descend dans les sphères de la morale, on oublie l'éclairage. Je vais vous dire ce qui m'a inspiré. Vous allez trouver cela païen, c'est une phrase de Tacite : « Dans un État corrompu, les lois se multiplient. » Ce qui a nui au catholicisme québécois, c'est d'avoir multiplié les lois, les obligations, avec les péchés au bout et, au bout du péché, l'enfer. [...] Le danger des

Églises, c'est de dire à l'avance aux médecins : « Vous avez tort de faire cette expérience–là », de le dire avant que l'expérience soit tentée. Je sais que c'est délicat, mais il faut respecter les objets. [...] Quand les Églises — et pas seulement la mienne — commencent à se prononcer sur la médecine, la politique, j'ai peur. Ce n'est pas leur domaine. Elles sont là pour donner un éclairage. Les religions devraient tout faire pour favoriser la liberté, pour donner à chacun sa chance de décider finalement lui–même, en toute conscience.

(*Forces,* nº 101, printemps 1993, p. 123–125)

Hommage à Benoît Lacroix

Pierre Dansereau

Rendre hommage à Benoît Lacroix est une occasion que je ne voudrais pas manquer. À vrai dire, je ne le connais pas très bien, n'ayant guère eu de rencontres seul avec lui, et n'étant pas un familier de ses écrits.

Son personnage public, toutefois, projette une image chargée de sens en tout ce qui concerne les valeurs qui me sont les plus chères.

Les générations qui nous suivent manifestent soit l'indifférence, ou le rejet face aux croyances et même à l'éthique explicitement catholiques. Ceux–là de ma génération qui survivent dans le quatrième âge se sont fermés à la modernité ou bien ils auront pris leurs distances vis–à–vis des enseignements et des coutumes de l'Église. L'exercice qui consiste à distinguer les adhésions de foi des obéissances disciplinaires est chargé de périls. La fidélité ambiguë qui nous empêche de quitter l'Église doit se nourrir de sentiments plutôt que de certitudes. Mais elle ne peut survivre que dans une lucidité et une solidarité très fortes.

Il me semble, justement, que Benoît Lacroix aura été un des rares parmi les clercs à reconnaître la légitimité d'une telle position. Il aura maintenu le dialogue avec les hommes de bonne volonté, leur aura offert des repères, aura été attentif à ce qu'il y a d'authentique dans leurs demandes d'aggiornamento. Il aura moins contribué à nous rassurer ou à nous consoler qu'à nous encourager dans nos cheminements individuels. N'aura–t–il, sans bravade, pris lui–même des positions qui devancent la discipline vaticane ? Ne se sera–t–il pas dévêtu de l'apologétique irritante de notre Église québécoise ?

C'est un bonheur, pour moi comme pour d'autres, de reconnaître ma dette et d'exprimer ma confiance et mon admiration à un contemporain qui a beaucoup fait pour donner de la substance à notre culture spirituelle.

RENCONTRES SUR DIFFÉRENTS REGISTRES OU VARIA EN MODE MAJEUR

Hommage

Gretta Chambers

Je voudrais par la présente rendre hommage à un grand éducateur, promoteur du patrimoine et praticien de l'engagement littéraire et social à l'occasion de son 80e anniversaire de naissance. La réputation du Père Benoît Lacroix n'est plus à faire. Tous ceux qui ont eu le bonheur de le côtoyer de près ou de loin ne peuvent que ressentir à son égard beaucoup d'admiration, de respect et d'affection.

Son dévouement au rayonnement des œuvres de Saint-Denys Garneau est devenu son œuvre à lui et nous lui savons gré pour sa contribution à l'enrichissement des lettres québécoises et à la mémoire d'un de nos grands poètes. Mais cet homme de Dieu nous est cher pour sa personne aussi bien que pour la moisson de sa carrière pédagogique, sacerdotale et patrimoniale.

Il incarne l'esprit dominicain de rigueur, spirituel, ancré dans le vécu de l'être humain. Son humanité, sa sagesse, son humour, sa bonté, son savoir-vivre avec les petits et les grands de ce monde et le charme de son intelligence nous amènent à vouloir fêter ce qu'il nous donne de lui-même tout en le félicitant d'avoir gagné ses épaulettes de service spirituel et communautaire d'une façon si magistrale.

Un certain Benoît Lacroix

Madeleine Brault

Qui peut prétendre connaître Benoît Lacroix ? A-t-il déjà vraiment parlé de lui-même, de qui ou de quoi se plaint-il, vous-a-t-il un jour demandé conseil ?

Inutile d'essayer d'entrebâiller la porte de son jardin intérieur, elle est blindée. Le mur entourant sa propriété doit bien avoir quelques mètres d'épaisseur. Notre affection pour notre ami Benoît nous autorise peut-être à risquer un portrait indiscret...

On dit que Benoît préférerait travailler, construire, restaurer, plutôt que bavarder. Il serait plus sérieux qu'on pense, aiguillonné, semble-t-il, par la quête d'un univers idéal. Pour le bâtir, il aurait renoncé à la sécurité de sa maison, et après avoir prié et jeûné, il serait sorti de bon matin, marchant contre dangers et imprévus vers les places publiques.

Là, on l'aurait même vu faire bon accueil aux importuns, et ne comptant ni sa fatigue, ni son temps, ni sa peine, apporter chaque jour une heureuse nouvelle aux affamés d'espérance, en déclarant, jusqu'à en perdre la voix, à qui veut comprendre :

> Les pierres qu'on vous lance
> qu'elles soient les pavés de vos routes !
> Les roches qui heurtent vos charrues
> qu'elles deviennent vos plus solides clôtures !
> Les abeilles qui vous harcèlent
> qu'elles vous donnent le meilleur de leur miel !
> Les épines qui vous grafignent
> qu'elles protègent vos plus beaux rosiers !
> Bienheureux les persécutés pour la justice
> car le royaume des cieux est à eux !
>
> Donne à qui te demande
> et ne te détourne pas
> de qui veut t'emprunter.
> Si ton frère te dérange,
> sois dérangé,
> et cent fois dérangé, et tout de suite...
> Vivre alerté vaut mieux que mourir de solitude...
> Vous avez reçu gratuitement, donnez gratuitement.

(*Quelque part en Bellechasse,* p. 20, 64 et *Trilogie en Bellechasse,* p. 161, 204)

Benoît n'aurait pas l'habitude de se donner en exemple. Son entourage est d'ailleurs convaincu qu'il n'a pas à se faire violence pour être vertueux, tout en remarquant qu'il ne méprise jamais ceux qui ne le sont pas. Trop miséricordieux pour les autres, il serait très exigeant envers lui-même... La tolérance serait sa caractéristique, puisque nul ne sait mieux que lui prendre en patience les défauts d'autrui, et même les excentricités.

On raconte que Benoît aurait discrètement accumulé des objets antiques qui ornaient autrefois nos églises québécoises, ce qui témoignerait de son attachement à la tradition. Parmi son trésor, a-t-on remarqué la photo d'une enfant ? C'est Thérèse Martin à 10 ans ; elle est morte au Carmel de Lisieux en 1897, à 24 ans. Il en parle si souvent qu'il se pourrait qu'elle soit sa préférée, et même son modèle. Il y a gros à parier qu'ils ne se sont jamais quittés d'une semelle. Benoît a réalisé le désir de Thérèse : elle aurait voulu devenir prêtre et missionnaire ; il est dominicain et sa parole tient toujours en éveil la mémoire du Seigneur, tel un veilleur sur les remparts de l'Église.

Benoît aurait un destin privilégié. Il est alors aisé d'imaginer son entrée au Paradis où il souhaiterait vivement trouver enfin la tranquillité ! Chacun, reconnaissant en lui un frère, voudra lui aménager une place à ses côtés : Martin de Porrès, Catherine de Sienne, Dominique, Vincent Ferrier. Il est possible que Thérèse de Lisieux ait le dernier mot, tandis que sur la terre, une multitude se disputera ses reliques !

Notre cher saint Benoît, comme il nous a aimés !

RENCONTRE PROVIDENTIELLE

Marie Desmarais

Il y a de ces rencontres que seul l'humour de la Providence peut susciter. Il me fallait à tout prix une hostie. Une tante allait subir une intervention thérapeutique draconienne dont elle risquait de ne pas se relever. À l'époque, mon estime de l'Église allait de pair avec le respect que je portais à toute institution... Rebelle, je pratiquais ma religion à ma façon !

J'étais persuadée que ma tante préférée mourrait le lendemain. C'était un dimanche. J'ai séché mes larmes, me suis faite belle et, sans faire ni un ni deux, suis allée sonner au Couvent de Saint-Albert-le-Grand pour voir un prêtre, n'importe lequel, afin de me procurer cette hostie. J'ai sonné à la porterie où l'on m'a demandé à qui je voulais parler. Prise au dépourvu, je me suis souvenue du nom d'un certain Père Lacroix, dominicain, dont une autre tante, très curieuse intellectuellement, avait vanté la finesse et l'originalité. Je l'ai donc tout simplement demandé. Le portier de questionner : « Il vous attend ?... » Malgré la négative, il le fit demander après une brève hésitation.

Le Père Lacroix est venu au parloir, préoccupé de savoir qui m'envoyait à lui ou si je le connaissais. Je lui ai dit : « Personne. Je ne vous connais pas. » Je me souviendrai toujours de ce regard de bonté, à la fois scrutateur et franc. Vu ma grande émotion et ma ferme conviction que ma tante allait mourir, il reconnut le sérieux de ma requête. Sa réponse fut à la fois prudente et simple : « Je comprends votre démarche. Vous me semblez sérieuse. Dites à votre tante que si je pouvais me libérer, je viendrais lui porter la communion moi-même ; ce soir ça m'est impossible, c'est pourquoi je vous envoie à ma place. »

Voilà un « curé », me suis-je dit, qui ne s'approprie pas le Seigneur ! J'aurais pu lui sauter au cou. Je suis partie éblouie, portant respectueusement mon précieux trésor dans un boîtier d'argent. Mais il y avait plus, j'étais émue de reconnaissance, comme Madeleine rapportant son parfum...

Ma tante m'accueillit, étonnée de mon initiative. J'avais apporté dans sa chambre une bougie de Pâques, une serviette de fine toile écrue bordée de dentelle de Bruges, une simple croix et ma Bible. Nous avons prié ensemble, communié. Nous nous sommes aimées une dernière fois... Le lendemain, elle n'est pas morte ! J'étais à la fois confuse et ravie.

Quelques jours plus tard, j'ai cru nécessaire d'appeler le bon Père pour lui apprendre la nouvelle. Je voulais, dans ma joie, l'inviter pour une tasse de thé. Il m'a suggéré plutôt une conversation téléphonique car il était, disait-il, très occupé. À mon tour, je lui demandai d'attendre un moment, que j'aille chercher ma lessive pour la plier tout en lui parlant. Il a ri, m'a dit que l'image lui plaisait. Et c'est ainsi que tout a commencé.

Je vivais à l'époque une période intense et pour le moins troublée. Il a su m'accompagner par beaucoup d'écoute et de patience. Mon besoin était tel qu'il m'arrivait souvent de lui téléphoner sous le moindre prétexte. Il savait ménager son espace sans pour autant me blesser ni d'aucune façon me faire sentir que j'exagérais. Quelle liberté !

Un jour, je lui ai confié une liasse d'écrits que je redoutais de voir tomber aux mains des indiscrets, c'était du matériel de psychothérapie. Je lui en montrai quelques pages sans me douter qu'il y verrait autre chose que mon évident mal à vivre. Il m'a regardée sérieusement et m'a dit : « Mais tu sais écrire ! Tu vas écrire, mais pas de la prose, ça t'est trop facile. C'est plein d'images. Essaie la poésie. » Je pensais qu'il se foutait de moi. Lui ai répondu carrément : « T'es fou ! Tu sais bien que je n'ai rien à dire ! De la poésie ! Ben voyons Benoît ! »

Je n'avais jamais eu confiance en moi, mais je ne pouvais pas douter de lui. J'ai donc risqué. Une semaine plus tard, je lui ai apporté *Gallinule,* mon premier poème. J'avais pondu le texte sans brouillon. J'avais peur, mais il me plaisait assez pour que je risque de le lui montrer. Il l'a lu, m'a dit : « C'est toi ? C'est toi qui as écrit ça ?... Mais oui, c'est toi et il est très beau, c'est de la vraie poésie. » Du coup, vingt ans de tristesse, de doute, de regrets ont commencé à fondre comme glace au soleil. Parmi ces « poèmes », il y avait plein de souffrance étalée sans pudeur, mais petit à petit, des boutons d'or se sont mêlés aux pissenlits. La tempête a fait rage encore quelques années, puis des événements plus heureux ont commencé à changer le cours des choses.

Il y eut ensuite ce départ vers l'Ouest canadien, un exil nécessaire dans la francophonie minoritaire. Là encore, mon ami a su me soutenir à distance et pimenter mon « deuil » de notes d'humour expédiées en vitesse ; dans l'aller-retour de sa navette fantaisiste, il y tissait une étoffe chaleureuse pour tempérer l'inévitable isolement. Un jour, ce fut une invitation à produire une lettre à mes fils, comme accompagnement de textes de recherche de l'ACELF sur le thème de foi, langue et culture pour une édition de la revue *Éducation et Francophonie*. Il s'agissait de dire à mes petits pourquoi je tenais à ce qu'ils conservent leur foi catholique, leur langue et leur culture françaises. C'était du Benoît tout pur, car il se doutait bien qu'en m'invitant à relever ce défi, j'allais retrouver moi-même sens et foi en ma démarche éducatrice à un moment de doute radical. Sacré Benoît !

Aujourd'hui, mes chimères sont du passé. Je travaille en pastorale auprès des personnes âgées. J'écris beaucoup en anglais autant qu'en français et à l'occasion je me laisse inspirer par un vent de poésie. C'est toujours un cadeau, un étonnement et le sentiment que le ciel s'entrouve pour permettre à l'inconscient de nous atteindre. Cela aurait-il été possible sans la perspicacité et la généreuse patience de mon ami ? Je ne le crois pas. Il fallait qu'un être absolument libre, accueille ma liberté, la reconnaisse comme saine et m'amène à la reconnaître moi-même.

Benoît Lacroix c'est ça pour moi : un être libre comme un poème. Une expression de l'Amour dans ce qu'il a de plus gratuit, de plus chaleureux, de plus ouvert, de plus invitant à vivre d'infini. Il échappe au temps, aux conventions stériles, à la médiocrité et à la platitude des prétentieux. Il reconnaît en chacun ce qu'il a d'unique et sait stimuler son désir de manière à ce qu'il échappe au mal insidieux qui décourage la croissance vers un plus être. Benoît, il est mon père, mon frère, mon ami, mon interlocuteur, mon supporteur, mon libérateur. Il est celui qui m'a reconnue, m'a aimée pour qui j'étais et qui a su me redonner une image de moi que je pouvais accepter dans la joie.

Un jour qu'il quittait notre maison après une brève visite préparatoire au baptême de nos jumeaux, je l'ai vu s'éloigner d'une foulée précipitée sous la maussade pluie de fin janvier, crinière blanche au vent, tache de lumière dans la grisaille. Rien pour le retenir, ni le retarder. Un Survenant ! J'avais le cœur gros tant je désirais sa présence parmi nous. Il m'est venu à cet instant deux poèmes tout simples ; je les reproduis ici, en hommage à Benoît, mon ineffable Ami.

Oh ! L'oiseau

As–tu vu passer l'oiseau
Oh ! ses ailes déployées
Vaste espace pour l'élancée

As–tu vu virer l'oiseau
Oh ! sa tête redressée
Étoile filante vers l'Adoré

As–tu vu chanter l'oiseau
Oh ! sa voix en pleine volée
Chaleur et corps d'éternité

(Montréal, 1er février 1983)

Phare

Cet œil si bleu, si gai, si vif
Cet œil précis et caressant...

Ce pas de feu, pressé, pensif
Cet autre part si attachant...

... un port du Temps.

(Montréal, 1er février 1983)

LE CHARME BÉATIFIQUE DE BENOÎT

Hélène Cyr

Entrer dans l'univers du Père Benoît Lacroix suppose que l'on veuille tenter de vivre une aventure à la fois spirituelle et amicale.

Toucher mon cœur, tel fut le miracle auquel il me convia il y a quelque 15 ans. Depuis, j'ai pu apprécier, au cours de rencontres successives, différentes facettes de sa riche personnalité.

L'attrait magnétique qu'il exerce sur les chercheurs de Dieu n'a rien d'inné. Au contraire, il semble plutôt résulter d'une suite ininterrompue de métamorphoses intérieures qui, chaque fois, l'ont conduit à un plus grand détachement. Aujourd'hui, plus dépouillé que jamais, il est aussi plus libre. Ses mains se sont multipliées, son cœur s'est agrandi. De plus en plus, il communie à la diversité des confessions et touche, à travers elles, une multiplicité d'ethnies.

Qui prétend vouloir se lier d'amitié avec le Père Lacroix ne sait pas ce qu'il demande. Celui qui, comme lui, choisit d'évoluer sur le chemin du Royaume doit porter sa besace, donner sans compter, aimer sans partage. Un tel engagement présente une grande analogie avec les défis que doit surmonter le coureur de fond : lever tôt, coucher tôt, diète frugale, constance à l'effort, contrôle du stress et perfectionnement continu. Héros de l'Olympe ou de Sion, quel bonheur de réaliser que, d'une halte à l'autre, le cœur devient plus jeune, et le pas, plus léger. Avantages vite redistribués aux éclopés de la vie, aux mal aimés, aux plus souffrants qui gravitent sans cesse autour de celui que les longues heures de travail ne semblent pas accabler et pourtant, si.

Un jour, au moment de sa déjà lointaine entrée en communauté, il aurait fait le vœu additionnel de lutter au maximum pour protéger sa flamme intérieure afin de parvenir au Royaume de Dieu avec une joie absolue. Exigence extrême que de choisir d'emprunter la porte étroite à laquelle n'adhèrent que les êtres exceptionnels qui, en retour, se voient inondés de la tendresse divine par une volée d'Anges. Ici, je prophétise sur une grâce mal comprise, reflet de la grandeur du mystère de l'amour de Dieu pour chacun de nous.

Dans l'intimité, on me demandera : « En définitive, qui incarne ce dominicain pour toi ? » Je répondrai simplement ce que je lui ai déjà exprimé à l'occasion de son 50e anniversaire de prêtrise : « Le charme béatifique de la foi évangélique. » À l'orée du troisième millénaire, le témoignage de Benoît préfigure une nouvelle cohorte de saints que l'on pourrait bien surnommer a posteriori la « bande des joyeux bienheureux ».

TEXTE POUR BENOÎT LACROIX

Marina Zito

J'étais déjà partie au Québec, deux fois, en touriste.
Un jour, mes études m'ont amenée à Saint-Denys Garneau ;
j'ai eu la chance de lire le petit livre de Madame Kushner
sur le poète ; elle y exprimait sa vive reconnaissance,
entre autres, au Père Lacroix.
Quelqu'un, à Rome (un dominicain canadien ?)
m'a mise en contact :
je suis partie
— en « étudiante »,

pour connaître un poète
mort depuis longtemps.

C'est alors que j'ai rencontré non seulement ce poète
mais aussi un peuple —
à travers un homme, un dominicain, un ami.

C'est un vrai ami, important pour l'âme et pour l'esprit,
ainsi qu'il l'est pour beaucoup de gens
(cela je l'ai appris peu à peu).
Merci Père Lacroix.

UNE AMITIÉ À TRAVERS L'OCÉAN

Eveline Hasler

Une amitié à travers l'océan, à travers une vie ! En 1953, voilà une petite Suissesse de langue alémanique en pèlerinage des étudiants de la Sorbonne de Paris à Chartres. Il faisait chaud, le chemin était bien long, mais un jeune dominicain chassait la fatigue — on priait, discutait, se taquinait.

Après ce premier contact, le Père Lacroix me donnait au Couvent des Dominicains, rue de la Glacière à Paris, des leçons de latin et je lui enseignais l'allemand. Pour les vacances universitaires, Père Benoît et une jeune Canadienne projetaient un voyage en Espagne. Je les accompagnai en train à Madrid, Granada, Toledo, un voyage aventureux (à Toledo, on attrapait même des punaises !).

Deux ans plus tard, le Père Lacroix me venait voir en Suisse pour faire la connaissance de mes amis — le tour des amis. Plus tard suivrait le tour des maris et le tour des bébés. Mes enfants l'adoraient et à partir de ce tour on l'appelait le « petit père ».

Généralement le petit père ne venait pas seul, il était entouré d'un bouquet de jeunes filles (*safety in number*, comme il disait) et mon mari Paul admirait son bon goût. C'était le prélude d'autres amitiés canadiennes–suisses avec Nicole, Maurice, Dujka et bien d'autres.

Durant les années, beaucoup de lettres traversaient l'océan, les écrivains Benoît et Eveline échangeaient leurs livres (c'était pour le petit père que je tenais beaucoup à des traductions francophones de mes romans). De temps en temps une énorme risse, trouvée jadis en Espagne, se cache dans un paquet, un gâteau, un parapluie qui change de continent et on s'imagine le rire de l'autre de l'autre côté de l'océan. Ce sont des anecdotes ! Mais le plus important c'est de maintenir une amitié pendant toute une vie, l'échange des pensées, des prières, des silences et des mots cachés dans les livres, une histoire de cœur nommée petit père. Merci !

Lettre ouverte au Révérend Père Benoît Lacroix
Catherine Abi–Mrad Gébara

... Oui, et vous êtes arrivé, cette nuit–là, comme un miracle ! sur l'écran de mon téléviseur comme si la détresse de mon impuissance, ayant eu enfin pitié de moi, vous avait envoyé.

Mon cœur fit volte–face, face à ce qu'il venait de croiser, l'espace de deux minutes « avec Benoît Lacroix » à *Rencontre,* comme étant un cœur immense au courage grandiose, dans le corps d'un humain. Oh ! quel miracle... C'était, justement, l'absence d'une pareille combinaison heureuse (comme à la loterie !) qui me faisait croiser l'absurde avec une certaine autorité au pouvoir. Évidemment, cette autorité intellectuelle, vous en souvenez–vous ?...

J'avais, cette nuit–là, retenu, par association, votre nom. Comme la croix, m'étais–je dit pour me souvenir et pour savoir retracer ce monsieur au cas ultime où j'aurais besoin de le contacter. Vous le savez depuis. J'ai eu même un besoin vital de le chercher et j'ai trouvé en lui un PÈRE Lacroix, chez les Dominicains de Saint–Albert–le–Grand, sur la Côte–Sainte–Catherine.

Échaudée, j'ai voulu alors, quand même, me méfier. Et dans mon embarras, qui me fait sourire encore aujourd'hui, je vous ai dit au téléphone avant de raccrocher :

– Mais Monsieur !... Mon père ! ! vous n'allez pas m'expédier ?
– Non ! Non ! on prendra le temps qu'il faut.

Et le temps qu'il faut dure et se prolonge depuis 1982. Car vous le saviez, vous, mais pas moi encore, que l'intelligence à l'enseigne du cœur c'était une question de permanence à longueur d'existence, et vous êtes toujours au poste de la disponibilité, de l'amitié — laissez–moi en être fière autant qu'il est possible de l'être ! (« chère collègue et néanmoins chère amie »), du secours, de l'ouverture, de la patience, de la continuité, bref, de tout ce qui constitue les vertus majeures et mineures de tous vos personnages confondus dans l'Opéra de votre Bellechasse favori. Oui ! Oui ! ne protestez pas. Vous m'avez assez défendu l'emploi de mots que j'aime beaucoup pour parler du génie, par exemple, — Oh ! pardon. Le mot m'a échappé — de l'auteur Benoît Lacroix dont j'étudie les contes à ma manière, « semi-orientale », en raison de ma deuxième culture du pays du Liban. Alors, je disais... c'est bel et bien un chant sublime qui monte vers le ciel chaque fois qu'un conte est signé Benoît Lacroix. Vous avez une obsession. Vous voulez que personne n'oublie jamais de chercher à reconnaître, parmi les biens qui sont à sa disposition, les biens essentiels : « les biens durables qui font l'être civilisé : les biens culturels ». Il y va de la survie des individus et des peuples, dites–vous, car l'oubli ou l'absence de ses trésors entraînerait l'absence et l'oubli du passé, du présent et du futur... proche ou lointain.

Abouna, si j'ai aujourd'hui l'audace de m'adresser à vous ainsi publiquement, c'est que vous m'en donnez le droit et le courage de ma « naïveté instinctive » ; de « la naïveté » que vous jugez même nécessaire pour que l'individu ne soit pas réduit à sa seule compétence rationnelle, sèche et aride souvent, qui ne sait inventer que des systèmes et n'invente jamais Dieu.

« La naïveté », c'est l'autre savoir. Avis aux amateurs ! C'est l'âme dont parle encore le poète :

> La raison, quel chaos sans son âme, quel dièdre
> Embrassant mais sans pleurs, embrassant mais sans feu
> n'est–ce pas ?

Que de fois ne m'avez–vous pas ressuscitée d'assassinats à chaque fois perpétrés sur le plus profond de mon être et dont les cicatrices font maintenant presque partie — c'est de justesse encore — de mon identité. Mais changeons de propos.

Père Lacroix, au moment où je m'applique à tracer ces lignes, combien, comme moi, sont sollicités pour témoigner aussi de votre personne, à l'occasion du 80e de votre naissance, de tout ce qu'ils voudront dire du mieux qu'ils pourront pour exprimer envers vous quelque peu de leur gratitude et vous remercier de vous. Moi, je vous le dis ! — je sais, mes prétentions, que votre indulgence m'inspire, vous amusent et je récidive. — Je suis convaincue que personne parmi nous ne saura dire tout ce qu'il souhaite dire, et comme il faudra le dire, au sujet de votre être si exceptionnel. Il n'y a que vous qui savez nous dire et être ce que vous êtes pour tous, avec tous, parmi tous. Et notre reconnaissance, que nous voudrions tant vous faire parvenir, restera toujours une expression à trouver. C'est peut–être mieux comme ça d'ailleurs. Car ainsi nous tenterons toujours nos efforts vers vous et vous nous aurez secourus sur toute la ligne.

Cher Père Lacroix, Joachim pour faire plaisir à la famille Lacroix, pour peu que je sache dire quelque chose de cohérent, vu les sujets que je voudrais évoquer à cette belle occasion pour répéter mon admiration

— la seule chose en moi qui ose se mesurer, et encore ! à la grandeur de votre foi dans le dévouement au service des hommes et de l'humanité, il faudrait que je m'arrête ici. Mais comment laisser passer cette occasion sans surtout tenir à vous demander de m'excuser de toute la peine que je vous cause chaque fois que je suis consolée de la mienne, comme si vous étiez imperméable à ce phénomène de douleur qui fait souffrir, où qu'il soit. Je sais toute la mesure de votre sensibilité. Mais vous savez aussi, et je sais que vous savez puisque vous savez tout, d'où votre indulgence chronique, que les misères rendent toujours, et malgré eux, les misérables égoïstes avec leurs proches. Vous aurez, sans aucun doute, au moins une fois, voulu étrangler le monstre pour nous, mais vous finissez toujours par nous convaincre, à force d'évidence dans le propos, qu'il vaut toujours mieux lui accorder le bénéfice du pardon qui nous rend notre dignité, pour réussir, après, à titre personnel ! à l'ignorer royalement (prière de trouver ici un aveu de péché, Abouna ! J'espère qu'il n'est pas mortel).

« Du calme ! Ne bouge pas ! » sont les mots magiques d'un secret de savoir dire qui n'appartient qu'à vous.

Dites... Si j'avais à vous présenter au monde entier, je dirais au monde entier : monde, voici votre univers. Métaphorique, pour être conciliante ; je vous l'accorde. C'est ma thèse que vous venez d'accepter et je vous remercie. Ça ne m'aura pas coûté plus d'arguments. Je sais que je vous trahis presque à chaque mot que je prononce. Mais que voulez-vous, sinon je n'aurais jamais eu la chance d'en prononcer aucun. Comment me résigner ? Comment ne pas dire encore à tout le monde que Père (Abouna) Lacroix est un conteur merveilleux sans vous faire vous confondre en une humilité à aucune autre pareille ? Tenez, vous me l'avez même écrit pour protester : « ... en suis-je digne ? », vous êtes-vous interrogé. Eh bien ! voilà. Laissez-nous vous répondre si vous ne le savez pas encore, et en chœur pour la célèbre circonstance. On est tellement moins coupable quand on a des complices. D'accord ! D'accord ! entièrement coupable, pour bien faire attention aux mots, mais heureusement pas toute seule.

OYEZ ! OYEZ ! PÈRE LACROIX EST UN « PROPHÈTE DE L'AMOUR ET DE L'ESPRIT » dont voici le *PROFIL* ébauché par une petite artisane qui ose parce qu'elle croit, comme le veut le poète, au pouvoir de la petite flamme sous l'influence des dieux :

Et tu sauras frêle et dense
Flamme, que, d'intelligence
À main, le fil reste dieu.
(Saïd Akl)

Je vous laisse deviner, Abouna, qui est le catalyseur et je vous prie, pour une fois, de ne pas me contredire ni de protester. Vous êtes tout le temps en train de me reprendre. Merci. Il ne faut pas l'oublier, moi, je viens de loin... de si loin... que je viens du Liban et il faut un peu me ménager. Heureusement que j'ai retrouvé mes racines comme si elles m'avaient suivie jusqu'au Canada français. Ou peut-être même, comme si elles m'y avaient devancée. Oh ! miracle. Et il ne faut pas que j'en parle ? Pourtant les gens accourent, en foule, pour des simulacres de miracles seulement, et ils ne sont pas plus mécontents. Que me défendez-vous là ?

OYEZ ! OY... ! Vous voyez, je ne veux pas vous déplaire ; je n'insiste pas et même je répète après vous : « Oh ! miracle. Elle s'est tue. » À propos, savez-vous aussi l'ampleur de l'effet de votre humour inimitable ? Quel bonheur que celui de l'élévation de l'esprit par la bonne humeur, la joie et les sourires éclatants de toutes vos assemblées quand vous les provoquez à la sagesse du rire qui est cet autre aspect de votre philosophie existentielle en réponse à la condition humaine connue et reconnue pour n'être jamais de tout repos. Que dis-je ? pour n'être jamais d'aucun repos !

Le rire est le propre de l'homme dit-on, par la subtilité de son esprit n'est-ce pas ? Et tout le monde se retrouve génial par la grâce de votre provocation à l'intelligence. Savez-vous quoi ? Avec vous, le sourire devient tout un voyage merveilleux dans l'apesanteur de la poésie d'une jeunesse éternelle, d'une fraîcheur qui ne ternit jamais :

> Qu'enfant et grand enfant sachent
> Qu'on est grand parce que frais.
>
> Amis, le beau vers humecte
> La pensée, arme le pleur,
> Fait de l'instant l'architecte
> De soi, quand soi s'offre fleur

Mais oui, c'est du même Saïd Akl, ce cèdre du Liban, que vous connaissez et que j'aime beaucoup. Voyez-vous, je le cite souvent pour vous convaincre de mon objectivité et vous ne voulez pas me croire ? Seriez-vous de mauvaise volonté ? Êtes-vous capable de mauvaise volonté, vous ?

« Moi ne le crois, moi ne l'entends. » C'est encore lui, pour vous rassurer.

On dit aussi : qui va trop vite, ne va pas loin. Donc aucun cosmonaute, fût-il le meilleur des meilleurs et à bord du vaisseau le plus performant, ne peut rejoindre l'infini où mène la Poésie de votre humour persévérant (à l'oral, à l'écrit et même au silence !), à la fine pointe de l'esprit qui est le reflet ou l'écho de votre philosophie de l'humanisme dont vous voulez imprégner tout le monde ; tous ceux qui oublient encore de « croire à l'amour, aux fleurs, au printemps, aux racines ».

Voilà. Pourquoi prétendre savoir dire ? Je préfère finir sur vos propres mots pour être sûre de savoir vous dire combien, en tout cas, moi, je crois en vous.

Acceptez, ici, très révérend Père Benoît-Joachim, mes FÉLICITATIONS LES PLUS CHALEUREUSES POUR CE 8 septembre que je charge de vous porter MES MEILLEURS VŒUX, À LA TONNE, POUR UNE LONGUE VIE...LONGUE DE CENT ANS INCH ALLAH !

Croyez-moi bien vôtre.

BENOÎT LACROIX, L'INTELLIGENCE DU CŒUR

Lucille Guilbert

La mémoire permet l'avenir.

Une rumeur :
Benoît Lacroix est tellement gentil qu'il est trompé, on se sert de lui. Il est naïf.

Réponse de Benoît Lacroix :
Je suis naïf, c'est vrai.
Mais je suis un naïf qui le sait et qui décide d'être naïf.

Parce que les gens valent mieux que leurs actions.

LA JOIE DE CROIRE

Gilles Collicelli

Je ne connais le Père Lacroix que par de brèves rencontres autour d'une table de travail pour discuter de projets d'édition. Ce qu'il m'a communiqué dans ces rencontres, c'est sa joie de croire. Il m'a semblé déceler en lui un enracinement très fort de sa foi chrétienne — sans le côté un peu arrogant que portent en elles la certitude et l'assurance. La foi du Père Lacroix m'est apparue empreinte de tolérance, de liberté... Une foi chercheuse, en syntonie avec notre monde.

Théologien, historien de la religion, écrivain, communicateur, le Père Lacroix est un observateur attentif, lucide et passionné de l'Église du Québec et de la société québécoise. Peut-être parce que sa personnalité a été façonnée par une longue fréquentation de l'histoire, le Père Lacroix récuse les attitudes et les jugements excessifs, il assume une position critique envers tout moralisme austère et autoritaire. Récemment, lors d'une entrevue accordée à l'émission *Le Point* faisant le bilan du pontificat de Jean-Paul II, il exprimait sans ambiguïté son refus de l'intolérance : « Le défi de l'Église est de répondre aux interpellations et aux aspirations des individus sans tomber dans les excès d'autoritarisme qui ont marqué le passé. »

Dans ses deux ouvrages publiés chez Médiaspaul, *Marie de Saint-Michel* et *Jeunes et Croyants*, le Père Lacroix, avec un bonheur extrême, fait œuvre d'inculturation de l'évangile et il établit une complicité affectueuse entre les générations. C'est dans ces ouvrages que j'ai perçu clairement la joie de son acte de foi qui le rend tellement semblable — dans la différence — à un autre grand croyant, François Varillon.

PROPOS SUR LE RÉVÉREND PÈRE BENOÎT LACROIX EN CE SAMEDI 13 MAI 1995

Gilles Lefebvre

Révérend Père,

Paris, Ottawa, Montréal... trois villes où quelques rares occasions nous ont offert le plaisir de nous rencontrer.

En fait, je vous connais davantage par tout le bien que vos bonnes paroles ont pu apporter de bonheur à ma chère Sœur Yolande, instantanément présente à tout propos qui touche le spirituel des êtres humains que nous sommes.

Personnellement, j'admire en vous la calme densité de votre regard observateur qui semble scruter les secrets messages des œuvres des artistes créateurs pour en dégager ce qui est susceptible de mieux enrichir la sensibilité de chacun et élever son âme d'un cran de plus vers le Très-Haut.

Voilà en peu de mots l'impression qui persiste en ma pensée chaque fois que je pense à vous, celle qui m'invite au plus grand respect, celle qui m'indique la route à suivre.

Joyeux anniversaire.

Merci !

Yolande Richard

Merci, Benoît Lacroix, pour cette simplicité qui vous caractérise si bien et qui est celle des « vrais grands »... Merci pour l'éternelle jeunesse d'âme, pour la parole toujours neuve et inattendue, pour l'amitié partagée et pour la mémoire du cœur ! Merci pour cette intensité et cette profondeur que prend, grâce à vous, tout ce qui a du sens ! Merci de si bien savoir, par tout ce que vous êtes, redire l'essentiel et révéler le pays de Dieu !

Le sourire

Lise Vekeman

La nuit teintait les heures. Immobile et repliée, je restais ainsi, craintive. Il est arrivé, lui, Benoît Lacroix, m'a souri. Depuis, j'avance.

Poète et prophète de l'instant de Dieu

André Auclair

Tradition dominicaine oblige : s'agissant d'un si noble prêtre de l'Ordre des Frères Prêcheurs, il est de débuter en latin, et de citer saint Augustin...

Ubi amatur non laboratur... (Où il y a amour il n'y a pas de travail...)

Or... Benoît Lacroix travaille-t-il ?... N'est-il pas à la retraite quelque part dans les dédales de son couvent ?... Jamais pressé toujours à temps, jamais inquiet toujours présent ; apparaît sans bruit, disparaît comme le Saint–Esprit ; semble absent, puis, soudain, le voilà... Souriant discrètement — quelle bonté enlumine alors ses petits yeux un tantinet malicieux — il feint d'avoir tout son temps, le temps ne comptant plus... il n'y a plus que l'autre, son hôte qui a toute son attention.

Or... ne donnant jamais l'impression de travailler, enrobé dans une aura comme une cotte de velours, il est, pour lui-même, en lui-même d'une discipline de fer. Non seulement fait-il œuvre de bénédictin en tout ce qu'il accomplit (d'ailleurs n'a-t-il pas songé à se faire Bénédictin avant que de devenir Dominicain...), mais c'est inimaginable ce qu'il accomplit.

Ce qu'il en fait des choses le Père Lacroix ! Et soulignons-le : dans le silence et le recueillement, de « la belle et grosse ouvrage bien faite »... *in sudore et patientia* (dans la sueur et la patience).

Or... s'il ne travaille pas... ou mieux fait semblant de ne pas travailler, quel serait donc le secret de cet homme qui abat autant de besogne, réalise autant d'ouvrages et d'écrits et en fait produire encore davantage en apportant conseils, suggestions, relectures à un très grand nombre d'auteurs... sans compter son engagement total aux œuvres de sa Communauté (n'est-il pas en outre assistant père maître des novices) ?... Quel est donc son secret, lui si affable, si joyeux et si plein d'humour, mais si discret — est si secret — sur lui-même ?

Ne serait-ce précisément que Benoît Lacroix aime, qu'il est rempli d'amour, de l'Amour !

« Dieu est amour », dit-il souvent. *Ubi amatur...*

Cet Amour, il le dit par tout son être, par toute l'expression de ses gestes lors de ses conférences, de ses homélies et, plus particulièrement, dans ce qui est la somme de sa vie, à l'Eucharistie. Là, chacun des mots, chacun des gestes qui les accompagnent, qui les dépeignent, s'intègre au sacré, au mystère qu'il préside.

Oui, Benoît Lacroix est ce poète et ce mystique qui sait le sens et la puissance des mots ; il les manie avec l'aisance et même la densité et la beauté d'un peintre, tel ce Fra Angelico, son ancêtre chez les Dominicains des débuts de la Renaissance.

À tel point qu'un ami Trappiste me confiait que même s'il était sourd, il percevrait et comprendrait tout ce que dit le Père Lacroix.

Voilà donc Benoît Lacroix « poète et prophète de l'instant de Dieu » arrivé à ses quatre-vingts ans, et bourlinguant comme s'il n'en avait que quarante.

Vivant et vivace, débordant d'une vitalité vraiment surprenante, on le dirait imbu de cette phrase de l'Évangile, à moins qu'elle n'ait été dite que pour lui :

> « Je suis venu, dit le Seigneur, pour que les hommes aient la vie et qu'ils l'aient en abondance. » (*Jean* 10,10)

Ce n'est pas seulement tout un personnage, c'est... tout un pan d'histoire. En effet, une heureuse symbiose d'un prêtre à la foi et à l'espérance d'un Abraham, à l'éclectisme d'un « honnête homme » du dix-septième siècle, à la saveur d'un ancien Canadien transplanté au cœur de la Grand'Ville et tout à fait adapté — présent et... omniprésent — au troisième millénaire.

Essentiellement, avant tout, au-delà de tout, Benoît Lacroix est de Bellechasse. Jésus, le Christ, n'est-il pas né — d'après le Révérend Poète— *Quelque part en Bellechasse* ? et...n'a-t-il pas récidivé en persistant et signant : *Marie de Saint-Michel* ?...

C'est là sa patrie, sa nation, son lignage, sa famille, son... nationalisme ; il en porte l'empreinte avec fierté dans sa stature, dans le beau profil aigre et doux de son visage (qui assaisonne, un tantinet, son caractère « étrivant »), dans le contour légèrement aquilin de son nez qui sait sentir d'où vient le vent (« ne lutte pas contre le vent, ferme ta fenêtre... », proverbe arabe qu'il aime souvent répéter...), tout en lui porte, transcende le plus beau titre de noblesse hérité de son père, Caïus : « l'Habitant », l'Habitant de Bellechasse (i.e. celui qui possède — qui marche — sa terre et qui en gère le butin).

Philippe-Aubert de Gaspé, seigneur de Saint-Jean-Port-Joli, en aurait pu faire son effigie préférée en écrivant « Les Anciens Canadiens », car lui aussi il est de leur tribu et de leur race.

Prédestiné à la fois par son lieu de naissance, en Saint-Michel — Michel en langue hébraïque signifie : *qui est comme Dieu* — (peut-être aurait-il mieux fait de naître à Saint-Raphaël — *Dieu guérit...* — ce qui lui convient tout aussi bien et est meilleur pour son humilité) (« mais, les gens d'en haut... de Saint-Raphaël, son oncle ne les aimait pas trop »)... prédestiné par son nom de baptême : Joachim, (l'époux de sainte Anne, père de la Vierge Marie et grand-père de Jésus (ouf !... il peut bien l'avoir fait apparaître en Bellechasse)... un 8 septembre 1915, en la fête de la naissance de Sainte Marie... il était donc écrit dans le ciel que Joachim se ferait « benoîtement » le dominicain Benoît, prêcheur et apôtre de Notre-Dame, la Mère de Dieu.

Ubi amatur...

Bien qu'il soit un maître (maître, apparemment, en tout et, bien sûr, un docteur en bien des choses et bien des disciplines), bien qu'on le voie comme un prophète — un interprète de la Parole —, bien qu'il soit recherché par tout ce qui bouge en Église de Montréal et du Tout-Québec : prédicateur de retraite, commentateur d'événements religieux, voire de la situation de partout et... du Moyen Âge des Médiévales, qu'on le vienne chercher comme conférencier... et que sitôt rempli son mandat, prestement, subrepticement il s'efface aussitôt..., le Frère Benoît se fait d'abord serviteur, serviteur de l'autre, serviteur de la Parole. En tout, Benoît Lacroix se comporte et agit comme un serviteur.

« Si quelqu'un veut me servir, qu'il me suive, dit le Seigneur », rapporte *Jean* (12,26).

Terminons également avec saint Augustin : *Ama et fac quod vis (Aime et fais ce que tu veux).*

Qui a le bonheur de connaître Benoît Lacroix, saura découvrir en lui cet homme libre et si respectueux de la Liberté, ce bienfait incomparable octroyé par le Créateur lors de notre naissance.

« Ma vie, personne ne me la prend, je la donne... », dit saint Jean.

Pourrait-on penser que c'est là ce que suggère la vie de Benoît Lacroix, une vie donnée, abandonnée... à l'Amour de son Dieu qu'il fait renaître en tous ceux qui l'abordent, et qui, à son contact, ressentent un courant mystique — cosmique — de joie et de confiance — de Foi — dans l'Espérance.

Magnificat !

LES DÉLINQUANTS

René Bonenfant

C'est aux Presses de l'Université de Montréal que j'ai connu Benoît Lacroix et Jacques Brault. Coauteurs de la monumentale édition critique des *Œuvres* de Saint-Denys Garneau, tous deux passaient souvent aux bureaux des Presses où je venais de prendre la direction du service commercial. Nous parlions bien sûr de publicité, de service de presse, de commercialisation... mais surtout de littérature, plus précisément de poésie, d'autant plus que Célyne et moi venions de publier les premiers livres des Éditions du Noroît, une initiative qu'ils accueillirent avec beaucoup de sympathie.

Avec la simplicité et la délicatesse qu'on leur connaît, ils en vinrent à nous présenter des textes qui, dans le cas de Benoît Lacroix, donnèrent lieu à la publication de *Les Cloches* et dans le cas de Jacques Brault aux *Poèmes de quatre côtés,* en 1975. Et c'est ainsi que le Noroît s'enrichit de deux auteurs exceptionnels... et la famille Bonenfant de deux amis, car le domicile familial abritait les « bureaux » de la maison d'édition et les livres prenaient forme bien souvent autour de la table de cuisine et après un bon repas.

Au fil des ans, d'autres livres ont vu le jour : trois de Benoît Lacroix et cinq de Jacques Brault. Autant d'occasions de revoir ces auteurs devenus des amis et de partager avec eux le plaisir de « la belle ouvrage ».

Nous n'avons donc jamais perdu contact avec eux mais, tout en connaissant l'amitié et la complicité qui les unissaient, nous n'avions jamais eu l'occasion de les inviter ensemble. Ils acceptèrent l'invitation avec empressement et c'est le 6 mars 1990 qu'eut lieu cette rencontre « historique ». Le mot est de Benoît et c'est avec un sourire entendu qu'il précisa : « Oui, historique car vous avez deux "Grand

Prix du Québec" à votre table ». Et il ajouta : « On est les deux délinquants des Prix de la province ! »

En toute amitié, nous ne pouvons que souhaiter longue vie à des délinquants de cette qualité !

L'AMI DES FAMILLES

Célébration pour Benoît (Joachim) Lacroix

Thérèse Corbeil–Parent

Benoît, je le connais depuis 45 ans. Au départ, notre ami me fut présenté par Jacques Parent, alors étudiant en droit à l'Université de Montréal, moi étudiante à l'École Supérieure de Pédagogie familiale. Après avoir discrètement veillé sur nos amours, Benoît, quatre ans plus tard, bénissait nos fiançailles au Couvent des Dominicains de l'avenue Rockland.

Depuis, il a toujours été un ami proche des différents événements importants de notre vie, les heureux comme les malheureux. Proche de nos proches, il était accueil et réconfort, étendant sa bienveillance à chacun de nos enfants, célébrant baptêmes, mariages, rejoignant même la famille élargie : parents, frères, sœurs, neveux et nièces, et plus récemment nos petits–enfants. Il n'était plus seulement l'ami, il faisait partie de la famille. Nous l'avions surnommé « l'Aumônier de la famille ».

Le Père Lacroix a été pour moi personnellement, celui qui relie à Dieu, particulièrement dans des moments où je m'égarais ou me refroidissais. À la fois accueil chaleureux et présence respectueuse, attentive et compréhensive, il témoignait du regard et de l'amour du Père.

À travers ses nombreuses occupations, la fidélité de son amitié, quand j'y pense maintenant à 66 ans, est demeurée comme un phare éclairant nos vies, un espoir qui rappelle l'arrivée au port où nous nous retrouverons tous un jour pour « la Fête » dans la maison du Père. Quand notre barque était secouée, menaçant de chavirer, il était là sur le rivage, debout comme un arbre aux puissantes racines bien enfoncées dans la terre, les branches à la fois tournées vers le ciel et couvrant ses amis. Solide dans la tempête, il demeurait ouvert, ramenant la sérénité, l'équilibre, la paix à des âmes, des cœurs, parfois effrayés.

J'apprécie grandement cette occasion qui m'est offerte aujourd'hui de dire ma reconnaissance et mon affection pour cet homme de Dieu si précieux à nos vies. J'en remercie le Seigneur et le prie de le garder encore longtemps près de nous pour sourire avec lui, grâce à lui, en regardant cette vie qui a passé, qui passe, et qui vient...

BENOÎT OU LA FIDÉLITÉ DANS L'AMITIÉ

Jacques Parent

Les liens profonds qui me relient à Benoît LACROIX sont très anciens. Ils datent de 1950. Plus précisément d'un jour de janvier 1950, où, dans cette Université de Montréal, dont le pavillon principal littéralement à moitié occupé, accueillait une population étudiante dépassant à peine celle d'un gros cégep d'aujourd'hui, s'est présenté dans une classe de la Faculté de philosophie un tout jeune professeur, du moins il le paraissait, qui contrastait singulièrement avec certains de ses vénérables collègues. Sans doute chargé de nous enseigner quelque chose qui devait s'apparenter à la philosophie médiévale, le Père Benoît Lacroix nous a longuement entraînés sur les traces d'Héloïse et d'Abélard, d'un Moyen Âge lumineux où cohabitent passion et spiritualité...

Il n'en fallait pas plus pour que quelque temps après, à mon tour amoureux, j'aille le rencontrer au Monastère de l'avenue Rockland, sis dans un immeuble autrefois occupé par Bell Canada, et échanger de ce sentiment avec celui qui de professeur devait devenir ami. Cet ami, qui 45 ans durant, n'a jamais manqué, fût-ce une seule fois, de me téléphoner le 8 décembre, jour de mon anniversaire de naissance.

Abélard ayant épousé Héloïse (Héloïse a nom Thérèse), le Père Lacroix étant devenu Benoît, les liens d'amitié se sont multipliés ; Dieu sait combien la chose lui est naturelle. L'amitié s'est donc étendue à l'épouse, puis aux enfants, aux petits-enfants, aux frères et sœurs, à la grand-mère. Benoît sera là pour partager les joies d'une nouvelle naissance, la tristesse d'une séparation, d'une disparition.

Nos rencontres, soumises aux caprices des sollicitations de la vie quotidienne, ont connu divers décors : son bureau en annexe au Centre d'études des religions populaires, notre jardin, une maison ensoleillée en banlieue de Caen, une résidence d'étudiants à Cambridge, le jardin de la rue de Babylone de la Fraternité sacerdotale, un restaurant de quartier à Paris, à l'occasion : lancement d'un volume, concert, théâtre, ballet, balades en voiture...

C'est une nièce de Benoît, venue prêter assistance à la naissance de notre premier enfant, qui devait nous apprendre l'existence de Joachim. Pour elle, notre ami Benoît avait nom JOACHIM. Pour nous toutefois Benoît devait demeurer Benoît, même si *Le P'tit Train*, *Les Cloches*, *Quelque part en Bellechasse* (avant *La Religion de mon père*) nous ont amenés, un jour de vacances ensoleillé, à visiter Saint-Michel-de-Bellechasse et les lieux de l'enfance de Joachim.

Comment expliquer une telle amitié ?

Comme beaucoup d'autres — les amis de Benoît sont de tous âges et de tous les milieux — ma famille et moi-même avons été en mesure d'apprécier ce qui faisait de Benoît un être en quelque sorte unique.

Benoît Lacroix incarne le bonheur d'être québécois. Québécois, fier de ses racines paysannes, riche de cette terre qu'on secoue, qu'on réveille chaque printemps, puis qu'on dorlote, pour cueillir les fruits lumineux et essentiels d'un trop court été. Québécois, riche de la vision d'un fleuve immense, généreux et fort qui se perd dans un océan au carrefour de continents, à la croisée de civilisations.

Notre ami Benoît c'est le p'tit gars de Saint-Michel, admirablement transplanté en ville, qui a besoin de cette proximité humaine, tantôt souffrante, tantôt souriante, où chaque être remplace un arbre, où le tumulte de la cité remplace celui du fleuve. De cette ville, où il aime marcher, comme autrefois dans le rang qui était le sien à Saint-Michel de La Durantaye et, par la suite sur les plages du débarquement en Normandie. Marcher lui est source de réflexion, sur un présent paradoxalement proche du passé. Source de paix qu'il redonne avec un sourire à qui l'approche.

Historien, il l'a été et le demeure. Historien, qui a appris à dégager des faits et gestes de la vie quotidienne des petites gens, ceux de Saint-Michel-de-Bellechasse, les grands traits d'une culture qui contre vents et marées constitue en quelque sorte notre hérédité et continue de façonner notre identité collective. Nous sommes aux antipodes des visions tragiques de l'histoire, des analyses des grands événements d'abord tributaires des personnages importants.

Homme de foi et d'espérance, dans tous les sens que l'on peut donner à ces mots, il possède une vision optimiste des choses et des êtres, une vision naïvement optimiste, sans doute inspirée du sermon sur la montagne. Cette naïveté lui permet de dédramatiser les incidents de parcours... Benoît solutionne rarement l'« insurmontable » difficulté à laquelle nous sommes confrontés, mais s'attache à montrer, avec un opportun trait d'humour, comment le tunnel est souvent court et proche la lumière.

Rusé comme un paysan normand, Benoît n'est donc heureusement pas l'homme des solutions concrètes, immédiates.

Il connaît bien les traits de ce petit peuple, souvent opprimé, à l'instinct de survie indéfectible, peu porté à rationaliser et apparemment illogique dans certains de ses choix à court terme, souvent incohérent dans sa démarche, mais qui, avec un inébranlable optimisme, a toujours su s'en tirer et progresser.

Autant que le passé, le présent intéresse Benoît, l'amuse en quelque sorte. Peu porté à juger, encore moins à dénoncer ceux qui semblent emprunter une voie différente de la sienne, il n'a de cesse de découvrir dans les nouvelles façons de vivre de nouvelles manifestations du sacré, dans ce que nombre de ses collègues qualifient volontiers d'errances. La jeunesse actuelle qu'il respecte profondément trouve en lui non seulement un défenseur mais un ami. Il n'est pas de ceux que la lecture de l'avenir fait frémir.

Si les médias font appel à lui pour rendre un dernier hommage aux grands de ce monde, cardinal ou gouverneur général, il accepte volontiers, mais sa sympathie va spontanément aux humbles et aux déshérités. C'est parmi eux qu'il célèbre Noël.

En un mot, notre ami Benoît Lacroix, aussi actif à quatre-vingts ans qu'à vingt ou trente ans, riche du sens de l'enfance retrouvée, contemple avec émerveillement toutes manifestations de la vie, qu'il tente de décrire et de faire partager.

TEXTE PRÉSENTÉ À BENOÎT LACROIX POUR SES 75 ANS (1990)

Michèle-Ann Rainville
pour la famille Rainville

Ce 8 septembre 1915, le jour s'est levé pas pareil aux autres. Sur la Planète Terre, un petit prince, à la fois si pareil aux autres et pourtant tellement différent, offrit au monde ses premiers vagissements d'enfant. Les mots pour le dire, ne les connaissant pas encore, ce fut un temps de sons, de pleurs, de rires et bientôt sans doute, des monosyllabes artistement agencées.

L'histoire déjà ancienne — presque moyenâgeuse — ne rapporte pas si ces propos d'alors furent recueillis, formatés, publiés, mais ce que l'histoire rapporte c'est que Joachim Benoît Lacroix était bel et bien fils de Caïus Lacroix de Saint-Michel-de-Bellechasse.

Sa vie cachée fut cachée là, quelque part en Bellechasse avec *Marie de Saint-Michel*, dans ce coin de fleuve et de train, dans ce coin d'église et de cloches, parmi les sillons, les labours, les moissons et la célébration des saisons.

Depuis lors, il bamboche tant et si souvent qu'on le retrouve partout — au tennis, dans l'église, dans le monde, chez les moines, parmi les vieux, avec les jeunes et — il faut bien le souligner ici — souventes fois, chez les Rainville.

C'est cela que nous fêtons ici, ces 75 ans si peuplés de monde et de souvenirs, d'amitiés faites de partage, d'appui, de simplicité, de complicité, de fraternité.

Fêter un homme, c'est une fête, fêter un grand homme, c'est une grande fête. Aujourd'hui, nous fêtons un grand petit homme et cela c'est spécial : le grand, savant, artiste, scientifique, nous laissons cela aux bons soins des grands.

Nous, les Rainville, petites gens, nous avons pensé souligner le petit grand homme, celui qui s'est fait pareil aux autres, pareil à nous en tant de circonstances au point de devenir en dépit de nos caractères si diversement bien marqués, « l'aumônier des Rainville ». Quelque Rainville que ce fut et quelle que soit la circonstance rainvillement vécue, ça il faut le faire et seul le Père Lacroix a réussi cet exploit, et nous le saluons spécialement tous ensemble aujourd'hui !

Mais, comment tout cela a-t-il bien pu commencer : un Père dominicain, aumônier de la famille Rainville ? Remontons le fil de l'histoire. Vers les années 50, en décapotable jaune, Robert vient chercher Thérèse après le chapelet en famille (il sait que s'il arrive avant ou pendant le chapelet, il devra se mettre lui aussi à genoux dans le hall des Rainville pour la récitation du chapelet). Étudiant aux Hautes Études Commerciales, Robert est déjà d'affaires : il arrive après le chapelet !!

Un jour, il convainc Thérèse de faire avec lui une escapade à Saint-Benoît-du-Lac : les étudiants de l'Université de Montréal y font la Montée, une sorte de long pèlerinage à pied. Habituée à faire plutôt « du pouce », Thérèse hésite mais finalement accepte. C'est là que tout commence puisque le Père Lacroix accompagne ces originaux d'étudiants qui marchent, au lieu de faire « du pouce ».

Or, maman Rainville n'aime pas les décapotables jaunes, les « fils de riche », les voyages tant pieux disent-ils être, pour sa fille de moins de 20 ans et qui, en plus, a déjà trop de caractère ! C'est là que l'action pacifiante du Père Lacroix pour un cœur de mère a commencé et n'a pas cessé depuis lors de s'exercer jusqu'à un point parfois incroyable !

N'a-t-il pas, en effet, béni non seulement certaines de nos escapades mais aussi et surtout les mariages, les baptêmes, accompagné les amours de plusieurs d'entre nous, apaisé les conflits, soulagé les peines et dansé les joies.

Pour finir l'histoire de Thérèse, devenue mère, moi, Michèle-Ann, j'ai hérité de ce parrain dominicain.

Mais finalement, en résumé, qui est donc cet homme ou… « qu'ai-je dit que je suis ? »

La réponse peut se résumer en ce portrait éclair qu'il fait comme en un jeu de miroir du Cardinal Léger :

> une Vérité dans les attitudes et les paroles, qui oscille entre la distance sacrée qu'il tient de sa vocation privilégiée et l'espèce de familiarité que suscite le personnage.
>   Il est prince et il est du peuple avant tout... apte à produire des gestes qui indiquent le mystère tout en restant humain parmi les humains.

C'est donc la première de ces caractéristiques qui font du Père Lacroix, l'être attachant que nous célébrons.

« Ouvert à l'univers merveilleux des êtres et des choses ». L'universalité du Père Lacroix est légendaire. « Il se sent partout chez lui » et avec chacun, il a cet art du langage à la fois simple, direct et adapté à la personne, à telle personne de cet âge dans cette circonstance au vécu bien particulier !

L'art de l'écoute et l'art de la parole, probablement à cause du... *silence* ! Ce qu'il ne dit pas dans son livre sur le silence, ce bijou parmi tant d'autres, c'est que le silence qu'il pratique, c'est le silence de l'écoute du profond des êtres et des choses... Un silence qui parle, quoi !

Ce qui a finalement joué dans la balance des Rainville, c'est la grande simplicité de notre aumônier !

Les Rainville, c'est souvent complexe, des fois, compliqué ; surtout dans les circonstances difficiles. Quel don du Ciel que cette vision simple, cette approche à la fois fraternelle et dédramatisante de nos problèmes les plus aigus. Non seulement ça fait un baume, ça fait souvent sourire et franchement rire de ce sérieux, ce difficile qui parfois nous a pesé si lourd. Ce n'est pas la fin des problèmes, des séparations, des départs... mais une autre façon de les prendre, qui les fait plus légers.

Et cette fête, cher Père Lacroix, « c'est moi, c'est toi ». Pourquoi ? « Même si la charité bien ordonnée commence par soi–même », le don à l'autre, l'offrande, la communion font la vraie vie amoureuse. « Il n'y a pas de plus grand amour que de donner sa vie pour ceux qu'on aime. » Pour vous, nous le savons, « l'univers est cet espace sacré qui invite à la contemplation et au don de l'amour ».

Pour nous, qui vous souhaitons et qui cherchons tous le Bonheur, pourquoi ne pas rappeler cette savoureuse fable orientale dans vos propres mots :

> C'est l'histoire d'un jeune moine au désert à la recherche d'un grand gourou renommé. Après un long et dangereux trajet, le voici enfin arrivé à une grotte. Il frappe : Qui est là ? demande une voix de l'intérieur. C'est moi, répond le pèlerin. Silence ! Pas un mot, rien que le bruit du sable emporté par le vent ! Tout en larmes, le jeune voyageur s'agenouille et passe la nuit en prières, invoquant ardument l'Esprit. Très tôt le matin, il revient à l'ermitage et frappe : Qui est là ? demande la même voix ! — C'est toi. Aussitôt, d'elle-même la porte de la cabane s'ouvre.

Cette fête s'inscrit donc dans « l'Éternel Été des bonheurs partagés ». Comme exemple, le Père Roger Paquet, inspiré par votre *Marie de Saint-Michel*, a réalisé une grande murale de cette *Marie de Saint-Michel* dont nous avons le bonheur de vous remettre une reproduction en cadeau avec une autre photo-souvenir...

Utopies pour l'an 2000

Que le Père Lacroix soit là, bien en forme, un peu plus tranquille et qu'il soit plus souvent chez les Rainville !

Dans le très réel, nous vous souhaitons de toujours et longtemps, rester qui vous êtes, comme vous êtes pour nous :

UN AMI, UN FRÈRE, UN PARRAIN, UN PÈRE, UN VRAI GRAND-PÈRE, UN COMPAGNON PÈLERIN ET SURTOUT UN VRAI TÉMOIN !

La disponibilité de Benoît Lacroix

Aline Derouin-Carreau

Je connais le Père Benoît Lacroix depuis 1949. Je tiens à le remercier pour sa grande disponibilité et son accueil chaleureux qu'il a eu à différents moments importants de ma vie où j'ai eu à le rencontrer... Même après de longs silences... si je lui téléphone... c'est toujours comme si l'on s'était vu la veille ! La différence de milieu et de culture lui importe peu... il était et il est disponible ! Merci Benoît...

Je cite quelques noms qu'il a connus à cette époque 1949-1950 qui lui rappelleront sûrement des souvenirs... Denise Moffette (Dominicaine)... Gisèle Mailhot (Bénédictine)... Marthe Breton... Simone Corbeil... Micheline Latour... Florence Gaudet... Lise Francœur... Philippe Carreau... René Derouin...

J'inclus une carte postale envoyée par lui de Paris le 22 février 1953... s'informant de notre famille... Elle est signée... (Moi !)...

Je garde aussi la photo de notre mariage (Aline Derouin et Philippe Carreau) que le Père Benoît Lacroix a béni le 20 octobre 1956.

Malgré certaines divergences d'opinions sur vos prises de positions actuelles... Philippe s'unit à moi pour vous souhaiter Père Benoît Lacroix nos meilleurs vœux et un grand merci du cœur !

CARTE POSTALE DE BENOÎT LACROIX À LA FAMILLE DEROUIN

C'est clair ! Donnez–moi de vos nouvelles, de vos « pattes », de votre santé, de chez vous, de chez Jeannine, de Yolande, de tous et de tout... sinon je me suicide, ou gare la casse à mon retour.

C'est clair !
C'est définitif !
C'est un choix entre mort et vie !
22 février 1953   *Moi !*

PÈRE BENOÎT LACROIX, O.P.

Philippe Carreau

Pour votre 80e anniversaire de naissance... je tiens à vous souhaiter une bonne fête et mes meilleurs vœux. Que Dieu vous bénisse et vous comble au centuple pour tout le bien que vous avez fait durant votre vie sacerdotale et même avant...

Je tiens à vous signaler trois choses importantes qui ont caractérisé votre personnalité, toute votre vie apostolique... vertus que j'ai toujours admirées chez vous et que j'admire encore aujourd'hui : a) disponibilité à servir, b) pouvoir d'écoute extraordinaire, c) aucune intransigeance... intolérance... arrogance...

Cette disponibilité à servir, en tout temps... en tout lieu, à servir tout le monde, quel qu'il soit, s'avère conforme à la doctrine du Christ. Jésus est venu pour servir et non pour se servir. Je me rappelle lors du lancement de mon livre *Taxicologie,* vous avez été le seul à souligner ce thème du service qui était le thème central de ce livre. Parce que vous étiez un vrai serviteur du Christ, ce point ne vous a pas échappé. Servir tout le monde... comme Jésus l'a fait pour les Juifs... les Galiléens... les Samaritains... les Gentils... les fervents du thé (les « a-thé–es ») pour leur apprendre à aimer le café du christianisme authentique.

De plus... il est à noter que vous répondiez à toutes les lettres que qui que ce soit vous faisait parvenir... Je ne serais pas surpris d'apprendre aujourd'hui qu'il vous arrivait de répondre avant même que ces lettres ne vous soient parvenues... C'est cela qu'on appelle « service » à tous les fils de Dieu, à tous ses enfants. Bravo !

Votre capacité d'écoute de tout le monde me dépasse, m'écrabouille. N'est pas une mince affaire d'avoir la patience d'être attentif aux grands de ce monde, aux savants, aux difformes intellectuellement parlant, aux nantis, aux démunis, aux nullités, surtout comme moi. Que de fois, j'ai dû vous faire perdre votre temps ! Moi, une nullité telle que je l'ai décrite dans mon second livre *La Nullitologie*. Le seul doctorat que je possède est un doctorat en « Déshonoris causa » de l'Université du Bois de Cologne, « Aoum–sic », Montréal. Jamais vous ne m'avez témoigné d'impatience, de fin de non–recevoir ni affiché *Close Shop*.

Encore une fois, vous avez rendu un témoignage merveilleux à la doctrine de Jésus qui est venu sur terre pour sauver les pauvres, les malheureux, les dévoyés, les perdus, les rebuts de la société, les brebis galeuses, égarées et non ceux qui étaient déjà sauvés. Quelle patience, vous avez su témoigner envers tous ces *petits*, ces *minus habens*, sans frustration, sans signe de dégoût, d'écœurement ! Félicitations, Père Lacroix. Je vous remercie d'avoir su m'écouter.

Enfin, jamais vous n'avez manifesté d'intransigeance, d'intolérance, d'arrogance, quelle que fût la circonstance, ou les personnes en votre présence. Jamais on n'a pu sentir cette volonté de gagner à tout prix, de vouloir triompher, de vaincre vos adversaires... Vous n'étiez pas un Judas. Vous donniez votre point de vue seulement si on vous le demandait. Jamais vous n'avez fait valoir la valeur de vos sept ou huit doctorats pour justifier vos opinions, même si vous déteniez un doctorat aussi prestigieux que celui de Harvard Street University, N.D.G. Il semble tout à votre honneur de n'avoir jamais voulu vous imposer, comme Jésus, votre modèle, qui enseignait mais laissait le monde jouir de leur libre arbitre. Vous n'avez pas cédé à la pression de Satan qui a tenté Jésus au désert. « Monte sur le Mont–Royal ou le Moriah et jette–toi en bas. » Jésus fut humble de cœur et vous, Père Lacroix, vous l'avez imité toute votre vie. Félicitations. Je pense que votre attitude démontre clairement une profonde humilité. L'arrogance, l'intransigeance n'ont jamais porté atteinte à votre simplicité, à votre humilité. On pouvait lire dans vos yeux et dans votre cœur ces mots latins *Non touch it*. Encore une fois vous m'avez ébloui d'admiration, Père Lacroix. Merci de votre témoignage digne du Christ.

Bonne fête, Père Lacroix. Le Royaume de Dieu vous ouvre ses portes toutes grandes. Et votre père Dominique nique sur vous sans mépris, mais avec amour. Joyeux anniversaire de votre renaissance au

Christ. Et vous savez qu'il faut renaître à chaque jour. Tout pour Lui, avec Lui et en Lui. Et si parfois, la santé vacille, se « débiograde », s'entourloupète, avertissez–moi. Je vous enverrai mon manuscrit sur *La Méditation transmédicamentale* qui suggère comment on peut faire face à la « pitoune de quatre pieds ou de vingt pieds » que l'on reçoit de plein fouet dans la face, en expiant, en rachetant, en priant et surtout en apprenant comment souffrir. N'attendez pas mon prochain volume : *La Thématique mariavaltortatique* qui ne sera terminé que dans un an ou deux.

Que Dieu vous prête longue vie ! Que la vie vous donne toujours de plus en plus à Dieu !

Un remerciement !

Tam Thi Pham

On m'a demandé d'écrire quelque chose à l'occasion du 80e anniversaire de naissance du Père Benoît Lacroix. Moi ! qui n'ai pas l'habitude d'écrire, même des choses simples comme une carte, une lettre... Alors Sœur Maria Richard a pensé que je refuserais ! J'ai répondu que je vais voir. Il me semble que j'ai quelque chose à dire, quelque chose de caché depuis longtemps dans mon cœur.

Ça fait presque 14 ans que je suis arrivée au Canada (novembre 1981) avec toute ma famille : ma mère, mes deux frères et une sœur, pour rejoindre un frère et une sœur qui étaient déjà ici. Comme tout autre immigrant, laissant tout en arrière avec tant de souvenirs, on repart à zéro, on essaie une nouvelle vie avec tous ses défis, on crée de nouveaux liens, de nouvelles amitiés.

Le Père Benoît Lacroix est parmi nos premières connaissances avec les quelques Sœurs de Saint–Paul–de–Chartres : Sœur Marie–Anne, Sœur Maria, Sœur Christiane, Sœur Josette. Très vite, il devient un ami, un conseiller, un père adoptif pour nous. On a passé des soirées à chanter des chansons de ce pays, de notre pays, avec lui, les Sœurs de Saint–Paul, Madame Dubé, Mademoiselle Danielle Lavoie... Il nous a invités aux célébrations des Saisons. On chantonne, on fredonne : « C'est le printemps, c'est le printemps... » La chaleur est allumée, la vie reprend... l'espoir renaît... Il a essayé de nous comprendre, cherché à nous aider : il a même envoyé un frère dominicain vietnamien chez nous afin de connaître nos besoins. Il a partagé nos joies, nos peines, nos difficultés comme nos réussites. Toujours présent, attentif et disponible, mais avec discrétion. Un des souvenirs que nous nous racontons souvent : une fois, voyant que ma grande sœur était toute maigre, il lui a demandé si elle avait dû se priver pour nous. On a ri à chaudes larmes !

Et les années ont vite passé. À partir de zéro, je suis devenue aujourd'hui radiologiste, épouse et mère de trois enfants. Chacun de mes frères et sœurs a aussi suivi son propre chemin. Nous sommes tous dispersés.

Le temps passe, mais ces années-là demeurent dans mon cœur, comme de doux souvenirs d'enfance, dans ce pays d'adoption, avec des gens généreux, chaleureux ! !

À mon cher Père Benoît ! un gros merci pour tout ce que tu as fait pour nous ! Je pense qu'une des raisons qui m'a poussée à aller en médecine est de pouvoir te soigner au cas où... Cependant j'attendais en vain, et je pense que ce jour-là sera encore très loin... Quel désespoir ! ! !

Nos souhaits pour encore une très bonne santé.
Que ta joie effervescente demeure toujours débordante.

Au nom de la famille Pham
Tam et son époux Jacques Lesage
et leurs enfants An, Nam, Kim

L'AMI TOUJOURS PRÉSENT

Jacqueline et Guy Fournier

Depuis le voyage à New York, en mai 1948, et de multiples rencontres, il bénit notre mariage, baptisa nos filles, bénit leur mariage, baptisa les petits-enfants : tel est Benoît Lacroix, toujours présent.

* * *

Christine Fournier-Lalonde

Amours, délices et... flûte ! Musique qui nous unit, musique de la vie dont vous connaissez si bien la chanson.

LES AÎNÉ(E)S

CÉLÉBRATION DE L'AUTOMNE

Automne !

Pèlerinage des feuilles en voyage
dans l'air et dans l'espace.
Dons et offrandes pour la purification
des prochains paysages.
Parmi les feuilles, souvent les plus belles
partent les premières.

Automne !

Une saison qu'on voudrait
arrêter et savourer
jusqu'à la dernière goutte de soleil
sur la dernière feuille d'érable...
Comme un jardin
qu'on voudrait habiter à demeure,
mais qui se videra vite de ses couleurs...
Comme quelqu'un qu'on voudrait
retenir des mains,
mais qui devra partir...

À lui seul, l'automne symbolise la vie,
la vraie vie avec ses exaltations
et ses brusques dépouillements.
La maison remplie
qui tout à coup est déserte :
la visite est partie.
L'absence après la présence.
Le silence après les mots.
Il en faut si peu pour que tout se décharne
et tourne en tristesse et en abandon.
On dirait que chaque vie,
chaque bonheur doivent connaître,
comme l'automne,

ces moments de contrastes.
C'est déjà une manière de vivre et d'aimer
que d'accepter qu'il en soit ainsi :
qui consent à être périodiquement
comblé et purifié, exalté et angoissé,
peut devenir sage, réaliste et pacifié.

L'automne nous dit
l'ambiguïté des êtres et des choses.
Il mêle la clarté des matins
aux soirées assombries.
Il mêle le rouge et le noir,
l'abondance et le vide.
L'automne nous ressemble.
Nous y apprenons
l'humilité des passages difficiles
et des ruptures douloureuses.

L'automne qui dépouille les branches
et dévaste les jardins atteint l'homme
dans son instinct de propriétaire.
Un jour je possède,
mais un autre jour me dépossède.
« Vous n'êtes pas propriétaires »,
nous redit l'automne.
Et sans ce rappel salutaire,
l'hiver nous abîmerait.
Nos maisons, nos arbres, notre moi,
nos enfants, nos amis
ne nous appartiennent pas.
Vouloir les retenir,
c'est appauvrir l'univers.
Savoir les aimer durant leur voyage,
c'est vivre et les faire vivre.
....

L'automne est aussi prière de nos yeux,
appel intérieur de l'Esprit
et invitation sereine à la contemplation.
....

Dieu de nos automnes
qui chantent la beauté superbe des paysages

> avant le fatal dépouillement de demain,
> fais–nous participer
> au mouvement de ta grâce en nous
> et à l'alternance de tes dons.
> Donne–nous les mots qu'il faut, tes mots,
> pour que nous puissions
> célébrer convenablement
> cette saison de largesse et de tristesse,
> de douceur et de violence,
> d'abondance et de détachement.
> Apprends–nous la vie intérieure et ses rites.
> Garde–nous dans
> l'espérance de la saison parfaite
> quand nous serons réunis avec ton Fils
> pour la moisson des siècles et des siècles.

....

(*Célébration des âges et des saisons*, 1993, p. 121–123, 126, 128)

POUR BENOÎT LACROIX, LES AÎNÉS, C'EST LE POUVOIR DU CŒUR
Hubert de Ravinel

[...] Pour Benoît Lacroix, religieux, dominicain, grand voyageur, professeur d'université au long cours, « les aînés possèdent le pouvoir du cœur ». Cette affirmation constitue en quelque sorte le manifeste d'un homme qui aime visiblement les personnes âgées, et pas seulement parce qu'il a lui–même dépassé l'âge de la retraite. Il reconnaît aux aînés une place unique dans la société.

« Les jeunes ont besoin des aînés »

En premier lieu, Benoît Lacroix est frappé par ce qu'il appelle « l'extraordinaire lien affectif qui relie les aînés aux plus jeunes, aux enfants en particulier... » Ce type de relation tout à fait privilégiée l'incite à préciser davantage le rôle propre des aînés. « Plus qu'un rôle, c'est une mission, une vocation. Ils constituent le seul lien entre les générations dans un contexte où paradoxalement, tout le monde cherche à leur trouver une place à part, bien définie, avec leurs occupations, leurs loisirs, leurs organisations... »

Si Benoît Lacroix a pu demeurer toute sa vie en contact avec les plus jeunes par le biais de l'enseignement, il a enregistré au cours des dernières années des centaines de témoignages d'aînés dans le cadre d'un programme du ministère des Affaires culturelles intitulé

« Mémoire d'une époque ». Cette double expérience lui permet de préciser les besoins des jeunes en sachant de quoi il parle : « Le besoin des jeunes d'être écoutés est inimaginable. Ils souffrent de ne pas réellement être pris en considération. Le plus grand nombre d'entre eux ne se confie pas à leurs parents qui constituent, à leurs yeux, la génération du pouvoir et de l'autorité avec laquelle ils sont justement en conflit. C'est alors qu'interviennent les grands-parents et les aînés en général qui symbolisent pour les jeunes non pas tellement le passé qu'un élément de continuité rassurante dans un monde sans racines, où plus rien n'est certain, où personne n'indique de voie à suivre, sauf le monde des sectes, et dans ce cas c'est dramatique. Face à cette recherche des jeunes, les aînés représentent le patrimoine et il ne faut absolument pas qu'ils tiennent trop compte du refus verbal des jeunes, de leur image extérieure, de leurs multiples formes de contestation, car les jeunes, eux aussi, recherchent le patrimoine... »

« Le péché d'humilité »

Benoît Lacroix rencontre fréquemment des groupes de personnes âgées à l'occasion de manifestations religieuses ou communautaires. Chaque fois il prend davantage conscience de leur état d'esprit face au domaine spirituel. « ... Beaucoup d'aînés souffrent car ils se sentent trompés non pas par l'Église dont ils sont au cœur, mais plutôt par les clercs qui en sont les représentants officiels. Lorsqu'ils étaient jeunes, on les avait plus ou moins maintenus dans la crainte de l'enfer, la haine du péché, etc. On leur avait distribué des recettes de salut. Aujourd'hui, on les laisse à eux-mêmes. Ce qui s'explique d'ailleurs car l'Église "cléricale" est tout à fait démunie et éprouve de la difficulté à comprendre et encore plus à valoriser leur mission de témoins dans un monde qui ne sait plus où il va... »

Face à ce manque de leadership spirituel, Benoît Lacroix convie les aînés à prendre encore plus de place dans l'Église. « ... Ce sont des réconciliateurs, des unisseurs, des rassembleurs. Ils jouissent d'une liberté que ne connaissent ni les jeunes en quête d'une voie à se frayer dans la société, ni les adultes aux prises avec un astreignant quotidien. S'il existe encore une notion de péché, ce serait celui d'humilité dont les vieux seraient coupables ! Ils ne seront jamais assez critiques car ils savent vraiment de quoi ils parlent, ils l'ont vécu et néanmoins ils sont souvent pleins d'enthousiasme et de dynamisme. »

Face aux perceptions spirituelles des aînés, je demandais à Benoît Lacroix, si, à son avis, les aînés d'aujourd'hui s'en tenaient encore à la notion d'un Dieu juge et sévère. « ... Absolument pas. Dans leur grande majorité, les aînés n'ont pas peur. Ils sont capables d'entrevoir un Dieu rempli de miséricorde et de compassion. Ils reconnaissent par en dedans et non à la faveur de courants aussi superficiels que passagers... ! » [...]

(Dans *La Presse*, 24 septembre 1988)

LES CANNES

Février 1986

Cher Monsieur Huot,

Giselle m'a remis le petit chef-d'œuvre que vous avez fabriqué de vos mains pour accompagner mes vieux jours quand mes jambes rétives encore capituleront devant la misère de l'âge.

Comment vous remercier ? Comment vous féliciter en plus ? Comment ne pas désirer l'infirmité pour avoir enfin le privilège de m'appuyer sur ce bâton de vieillesse qui reflète à sa manière votre suprême gentillesse ?

À l'avance... un très grand merci. Me voici avec deux cannes : j'attends dans la confiance !

À bientôt peut-être.

Benoît Lacroix

« L'ENNUAGEMENT »

Bien sûr, mon corps vieillit. Je ne dirais pas qu'il se démembre, mais je le sens rétif et moins allègre ; il devient un peu plus capricieux. Pourtant je sais qu'il reste mon ami, mon frère, ma première église, mon porte-bonheur. Je l'aime et toujours je l'aimerai.

D'ailleurs, un jour, je le crois, mon corps sera beau comme jamais corps de femme n'aura été beau : beau, transfiguré, illuminé. Je rêve encore ? Non, c'est Emmanuel qui l'a promis. [...]

Au dire de Marie Pouliot, des anges seraient venus la chercher :

– *Elle était trop bonne pour rester avec nous.*

– *Moi, qu'a répondu Marthe, je croirais plutôt que si elle est partie, elle est partie dans les airs, tout bonnement, en outarde, pour aller rejoindre Joseph et Emmanuel.*

– *Tu as probablement raison, a répliqué Jean. Quand tu aimes, tu finis toujours par re-trouver l'autre.*

Au sermon du dimanche qui a suivi « le jour de son envolée » le 15 août, monsieur le Curé a déclaré solennellement en chaire :

– *Mes bien chères sœurs, mes bien chers frères, mes très chers enfants,*

Vous dites que Marie s'est ennuagée. Je le dis moi aussi. Il fallait que ça arrive : il n'y a rien pour arrêter le fleuve de couler, rien pour arrêter le soleil de se lever, rien pour arrêter la lune de randonner à travers les nuages, rien pour arrêter la vie de vivre et l'amour d'aimer ; il n'y avait rien pour arrêter Marie d'aller finir ses jours au Paradis. C'est la grâce que je vous souhaite au nom du Père et du Fils et du Saint-Esprit.
 La paroisse s'est signée et a répondu à l'unanimité :
 – Amen!
(*Marie de Saint-Michel*, 1986, p. 126, 129)

CÉLÉBRATION DE L'HIVER

Dans la Bible,
l'hiver appelle tour à tour la force
de Dieu, sa parole vivante,
un temps d'intériorité,
le silence des espaces infinis,
la miséricorde blanche
qui couvre une multitude de péchés.
....
Levant les yeux sur
ces immenses étendues d'hiver,
demeures passagères de nos vies,
nous aspirons au printemps éternel
et nous proclamons
le retour de ton Fils ressuscité.

Nous attendons ta venue, Seigneur,
comme chaque hiver
nous espérons le printemps.

Souviens-toi, Père, de ton Église.
Que ton Esprit accompagne ceux qui la font
et ceux qui la guident,
pour que chacun s'y retrouve
et n'ait jamais froid.
....
Le souvenir de ta mort, Jésus,
nous réconcilie avec toute mort,

car tu es Vie et Résurrection.
....
Accueille nos défunts.
Ils sont partis déjà.
Qu'ils reçoivent lumière et vie auprès de toi.

Nous attendons ta venue, Seigneur,
comme chaque hiver
nous espérons le printemps.
....

(*Célébration des âges et des saisons*, 1993, p. 140, 146–147)

LES FEMMES

Il les aimait toutes : les jeunes, les moins jeunes, les vieilles, les voûtées, les droites, les infirmes, les braillardes, les pauvres, les mal éduquées, les instruites, les intelligentes, les audacieuses et les timides.
(*Marie de Saint-Michel*, 1986, p. 90)

ÈVE LA DIVINE

L'humanité serait-elle par hasard misogyne ? On le dirait bien en lisant tous ces propos canailles de l'antiféminisme depuis Théophraste jusqu'à madame de Beauvoir à la fois bourreau et victime volontaire de sa propre condition. Les flèches viennent de toutes les directions. Bien sûr, on s'amuse. Mais on accuse aussi. Beaucoup de jalousie. De la frustration parfois. « Tu sais, Adam dormait et Dieu voulait en finir. Après, Dieu a dû se reposer toute la journée... » « Pauvre Job ! Tout lui est enlevé sauf sa femme... » « Ma femme au Paradis ? Le repos éternel avec elle : ah non ! » Une épitaphe du XIXe siècle :

> Ci-gît ma femme. Ah ! qu'elle est bien!
> Pour son repos et pour le mien !

Même Baudelaire : « J'ai toujours été étonné qu'on laissât les femmes entrer dans les églises. Quelle conversation peuvent-elles avoir avec Dieu ? » Sois belle et tais-toi ! Jézabel, Dalila, Salomé, toutes les Carolines, chéries ou pas, toutes les Juliettes, toutes les majorettes de l'amour romantique ! Vous pensez bien ! Et si ce n'était que paroles !

Dans la majeure partie du monde, encore aujourd'hui, la femme est exclue de la succession aux trônes, de la magistrature, du sacerdoce. Légalement, une mineure perpétuelle. Le roman, le cinéma et la publicité ne se montrent guère plus généreux quand ils mettent à l'encan son cœur, sa beauté ou son corps. Qu'ils proposent contre la dignité difficile d'un amour rendu adulte par sa durée même, l'hypothèse de l'amour libre, sans foi ni loi, pas d'illusions, mesdames, Adam veille toujours !

Mais en même temps, et fort heureusement d'ailleurs, se déroule l'autre film : après Ève, « la plus émouvante », dira Péguy, voici Ruth, Esther, Judith, Marie, Clotilde, tant d'autres, tant d'autres depuis Jehanne la Pucelle ou Christine de Pisan jusqu'à Madame Curie ou Edith Stein ! En tête de liste, jamais détrônée depuis la première femme, la mère, « chère et douce maman à qui je dois le meilleur de mon âme » (Teilhard, 1926). Oui, il faudrait les nommer toutes, ou presque : autant de mamans, autant de légendes. Chacune implique un rêve, un idéal et les souvenirs les plus beaux.

Associée à la terre, à la vie — je pense aux premières *maternités* de Picasso — la femme reste, pour l'enfant éternel que nous sommes tous, un rite et un mystère, tour à tour folie et sagesse, force et douceur, caprice et ferveur. Depuis toujours, sa virginité et sa pudeur ont été reliées au sacré. Par sa fécondité, elle est victoire de la vie sur la mort. Une lointaine tradition orientale veut que le bonheur, la joie et la vertu du monde dépendent d'elle. Nietzsche a écrit un jour : « Il faut sentir jusqu'au tréfonds de l'être à quel point la femme est un bienfait ». Que de fois peintres et sculpteurs l'ont appelée à personnifier la beauté, la grâce, les Vertus, la Sagesse, le peuple de Dieu, la synagogue, l'Église ! L'*Apocalypse* la revoit, à la fin des âges, couronnée d'étoiles.

Le christianisme va loin. Au départ, Ève. Au centre, Marie en vis-à-vis du Christ. Jusqu'à la fin, l'Église, comme une *épouse parée*. À Marie ont été accordés, on le sait, tous les attributs de la femme-idole. D'ailleurs, dans l'Évangile toujours, de Cana à la *Via dolorosa*, partout où il y a amour et gratuité, elle est là. Oh ! ce n'est pas par hasard que la *Bible* compare souvent l'amour de Dieu pour les siens à celui d'une mère pour ses enfants. Qui s'y connaît quelque peu en matière de cœur humain et de sacré sait quels heureux mystères ces « idolâtries » recouvrent.

Dieu est Amour. La femme aussi. Aussi est-elle tout simplement le premier signe, la première image de cet Amour, Sa première dispensatrice, Sa première responsable, Son premier prêtre. Ève la divine !
(Dans *Maintenant*, n° 53, mai 1966, p. 180, repris en « Dédicace » dans *Paroles à des religieuses,* 1985, p. 11-13 et dans *Le Choix de Benoît Lacroix dans l'œuvre de Benoît Lacroix*, 1987, p. 32-34)

LES FEMMES, LES ENFANTS...

A. Maugey — Derrière l'homme de foi, l'homme intérieur, existe un être qui adore les enfants, la fantaisie et le monde des femmes. Bref un dominicain qui a la réputation de ne pas être coupé de la vie. Est-ce paradoxal ?

B. Lacroix — Saint Dominique était un homme amoureux, joyeux, dévoué, capable de passer des nuits à discuter, très heureux d'avouer son féminisme : il est mon ami, un point de référence depuis 1935. Et s'il y a, croyez-vous, paradoxe, il ne vient sûrement pas d'une volonté de choquer. Quand je dis que le monde féminin me fascine, que les enfants ont tout ce qu'il faut pour enseigner aux adultes, que les caricaturistes, les gens du cirque, les clowns, les mimes et les fous de la scène m'enthousiasment encore comme si j'avais dix ans...

C'est qu'eux tous ensemble font l'espérance de l'humanité. Que de fois on m'a reproché, ici et là, de ne pas prendre la vie au sérieux, de ne pas être adulte, d'être trop enfant. Autant de fois j'ai tenté de me corriger, autant de fois je me décevais en déroutant les autres. Finalement, je me suis souvenu d'une remarque de mon père, fantaisiste jusqu'à l'excès : « Fais ton affaire, mon p'tit gars, les autres la feront pas pour toé. »

(Interview par Axel Maugey, « Benoît Lacroix : La force de l'authenticité », *Relations, n⁰* 478, mars 1982, p. 73)

LES ENFANTS ET LES JEUNES

Il en est du royaume de Dieu comme de garçons et filles
partis à la danse. Il y a la samba, il y a le tango, danses calmes,
danses trépidantes. « L'important, mes enfants,
c'est que vous dansiez bien et qu'oubliant les fatigues de la journée
vous ne cessiez de croire à la mesure de vos musiques et
respectiez les rythmes et les cadences, tandis qu'au bar
perdront leur temps les enfants qui ne savent plus leurs pas.
Seuls seront sauvés ceux qui auront persévéré dans la danse.
Comprenne qui pourra ! »

AH ! LES JEUNES !

Comment ne pas les aimer ? Ils sont le matin du jour qui commence, l'été après le printemps de l'enfance, le rêve avant la difficile réalité de la vie adulte. L'important, pour nous qui avons été jeunes un jour, est de ne pas tromper celles et ceux qui, dans quelques années, dans quelques mois peut-être, vont occuper nos postes, partager nos derniers travaux jusqu'à jalouser des privilèges acquis à la sueur de nos fronts.

C'est pour mieux les aimer et mieux les comprendre qu'un jour j'ouvris la Bible, toute la Bible, avec l'intention de ne penser qu'à elles, qu'à eux. Et justement, je lis un compliment biblique dans le *Ps* 103 : « Tu rajeunis comme l'aigle. » Dieu fait confiance aux jeunes : « Réjouis-toi... aux jours de ton adolescence... Suis les voies de ton cœur et les désirs de tes yeux ! » (*Qohélet* 11, 9). Le livre du *Siracide* (26, 7-18) paraît aussi optimiste :

> Comme une lampe qui brille sur le chandelier sacré,
> tel apparaît un beau visage sur un corps bien planté.
> Des colonnes d'or sur une base d'argent,
> ainsi de belles jambes sur des talons solides.

Il n'est pas sans signification que, dans la Bible toujours, les anges prennent parfois la figure de jeunes gens : un « jeune » Raphaël conduit Tobie (*Tb* 5, 4) ; un « jeune » Gabriel confie ses secrets à Marie (*Lc* 1, 26 et suiv.). Au livre de l'*Exode* (2, 5), une jeune fille, la fille de Pharaon, sauve Moïse qui deviendra le père du peuple d'Israël. C'est « un tout jeune homme inspiré et nommé Daniel » (*Dn* 13, 45 et suiv.), qui prit ouvertement la défense de la chaste Suzanne et la sauva de la mort ; le même Daniel chanta un jour dans la fournaise... pendant que les lions l'écoutaient (*id.* 6, 20 et suiv.). Peut-être n'était-il à l'époque qu'un tout jeune adolescent ?

Un soir, à l'occasion d'une lecture partagée des Évangiles, nous nous demandions si le Christ aurait pu dire tout ce qu'il a dit sans faire intervenir la jeunesse. Avions-nous oublié que Jésus fut jeune lui aussi, « grandissant en sagesse et en taille et en grâce auprès de Dieu et des siens » (*Lc* 2, 52) ? Ils sont jeunes ceux à qui il dit : « Jeune homme, lève-toi » (*Lc* 7, 14) ; « Viens, suis-moi » (*Mt* 19, 21). À ses premiers apôtres, tous de son âge, comme à Marthe, à Marie, à d'autres sûrement, il répète des paroles allumées d'amitié qui, encore maintenant, font battre le cœur de tant de filles et de garçons : « C'est un feu que je suis venu apporter sur la terre, et comme je voudrais qu'il soit déjà allumé ! » (*Lc* 12, 49).

Plusieurs de ses paraboles mettent les jeunes à l'avant-scène du récit : dix jeunes vierges sont en attente de l'époux qui revient (*Mt* 25, 1 et suiv.) ; le royaume des cieux fait penser au roi qui fait des noces pour son fils (*Mt* 22, 1 et suiv.). Quelle tendresse, presque délinquante, pour l'enfant prodigue (*Lc* 15, 11-32) ! Deux fils. « Le plus jeune » veut tout de suite sa part. Il s'en va, dissipe son avoir et revient : « Vite..., la plus belle robe..., un anneau au doigt, des sandales aux pieds... »

Non, au grand jamais, ni le Christ ni les premières communautés chrétiennes n'auraient pu se passer des jeunes. Il en sera toujours ainsi : les jeunes, si turbulents ou si fragiles soient-ils, représentent dans la société, comme dans toute communauté humaine, le goût de l'avenir, la témérité des pionniers et la ferveur des commencements.

(*Jeunes et Croyants*, 1991, p. 7, 9-10)

Lettre à Roseline Gagnon [8] (deux mois)

13 juin 1969

Ma chère Roseline,

Tous les jours je monterai sur le toit de ma maison et à l'aide de ma lunette — dont je te remercie bien — j'essaierai de te deviner. Comme l'amour à bon droit grandit les gens qu'on aime et rapproche ceux qui se cherchent, je suis certain déjà de te voir de très près.

Quelle agréable compagnie déjà tu fais pour moi par-dessus les toits de notre petite ville.

Grand-père t'embrasse avec un bec du Québec.

B.L.

Pour mon « admirateur » ou mon « chum »

Sylviane Girard

La première fois que je l'ai rencontré, c'était le 18 mars 1973, il y a 22 années de cela. Je m'en rappelle comme si c'était hier : ce petit coquin m'a versé de l'eau sur la tête sans aucun avertissement, moi qui n'avais pas encore eu le temps de faire des bêtises (c'était Ève !). Enfin peut-être le savait-il que j'allais par après en faire beaucoup. Mais c'était plus que cela. Dans une lettre à mes parents, il m'avait envoyé ce message : « Oui, Sylviane, le 18 mars, je serai chez toi vers les 2 heures au plus tard pour t'amener rejoindre la *gang* de ceux et de celles qui offrent leur bout de vie à l'amour universel jusqu'à la fin jamais terminée. » (22 février 1973)

J'ai maintenant 22 ans et je le comprends un peu mieux. Surtout ne vous fiez pas à son apparence sage, ne vous laissez pas avoir par son air innocent, car il ne pense qu'à faire des mauvais coups (= jouer des tours). Malgré sa consécration à Dieu, un petit diable règne encore en lui.

Mon père et moi sommes envieux de tous ses talents, de son caractère toujours jovial ; lui ne semble jamais avoir le moindre petit problème. Pourquoi sommes-nous envieux vraiment ? C'est parce qu'il semble parfait ! Un jour, peut-être, réussirons-nous à lui trouver un défaut, qui sait ? En plus, il est « pétant » de santé. Ma mère qui a une trentaine d'années de moins que lui se fait toujours battre au tennis par lui. Non, mais il exagère d'être si bon en tout.

Benoît m'a écrit un paquet de belles lettres romantiques et des poésies, souvent portant la signature : « D'un admirateur » ou « De ton chum ». J'étais fière de pouvoir dire qu'à mon âge (8-10 ans), j'avais déjà un chum plein de maturité et que nous nous écrivions assez souvent. Je ne me souviens plus pourquoi je lui écrivais des lettres, sinon parce que j'avais envie de les écrire... à lui. Même quand ce grand homme était très occupé par ses affaires « sérieuses », il prenait le temps de me répondre, peut-être parce que je partageais mes bonbons de l'Halloween avec lui...

Benoît Lacroix c'est un homme de foi et de parole qui s'entend bien avec les gens de tous les âges, parce qu'il nous aime tels que nous sommes, tout le temps, en accueil. Les jeunes l'aiment beaucoup car il aime briser les règlements, comme les influencer à conduire plus vite et à doubler tous les camions... malgré une présence parentale dans l'auto !

En tout cas, le Père Lacroix n'a pas l'allure d'un père dominicain du tout ; pour nous les jeunes, c'est un gars pas mal *cool* ! C'est bien heureux qu'il existe encore des gens comme lui en ces temps durs !

D'une Admiratrice ou de ta Blonde
Sylviane
XXX

Extraits de sa correspondance avec moi (entre 8 et 15 ans)

29.XII.81

Sylviane,

Je pense à toi et je t'embrasse et je te dis *au revoir* au prochain concert !

Benoît Lacroix

* * *

[février 1982]

Chérie de petite amie Sylviane !

Ton valentin était très beau. Aussi beau que tu es belle.

Ta lettre était amusante. Je l'ai aimée beaucoup.

Je pense à toi.

J'ai hâte que nous donnions ensemble notre concert de piano. Tu verras : ce sera très, très beau... beau, beau !

En attendant je te dis au revoir.

Benoît ♥ L. ♥

* * *

[mai 1982]

Bell'e Sylviane
Joue à la poupée.
Dans sa cabane
Elle veut s'amuser

Bell'e Sylviane
Garde un ourson
Qui se pavane
Dans sa grand'maison

Bell'e Sylviane
Ma petit'e Lolou,
La vraie compagne
De ses beaux nounous

Sylviane ou Lolou
Tous tes beaux nounous,
Benoît aussi,
Te crient grand merci
Pour ta poésie.

* * *

10 oct. 82

Chère Sylviane, my love, my sweetheart !
  Je demande à ton ours de te dire merci, de t'embrasser pour moi, et d'être doux, doux... comme moi pour toi... Réjean ne sait pas que je t'écris : c'est mieux pour lui. Il en pleurerait ! !
  Je t'aime.

Benoît
XXXXX

* * *

Avril '83

Chère petite grande amie,
  Ta mère m'a apporté du chocolat. C'était comme si tu arrivais à mon bureau de travail. Je t'ai « croquée » tout de suite.
  C'était très bon, très bon !
  Je te remercie *beaucoup*, beaucoup.
  Avec un gros bec, et à bientôt.

Benoît qui t'aime... ♥

* * *

14 sept. 1983

My dear !
  Un gros merci sucré comme ton gâteau pour avoir pensé à moi, ton vieux chum de Montréal–Est.
  Je t'embrasse et je t'aime.

Benoît
XXX

* * *

Déc. 84

Ma chère amie Sylviane,
 Je te salue la tête haute et toujours je suis fier de te connaître... Il me semble que tu es la digne fille de ta mère, un génie... (Ne lui dis pas cela, elle se montera la tête...) Je te souhaite un Joyeux Noël, d'heureuses vacances et beaucoup d'amis qui t'aiment autant que moi ! !

Benoît Lacroix, o.p.

* * *

[pour le 14 février 1985]

À toi ma dame de cœur chérie,
 Avec toi je gagne toujours.
 Je ne triche jamais.
 Tu es ma carte d'atout chérie.
  Je t'aime.
  Je t'adore.

Ton as de cœur
V X A X L X E X N X T X I X N X O

[Carte envoyée anonymement, écrite en lettres carrées, complétée plus tard par les lignes suivantes :]

26.2.85

Chère Sylviane,
 Je voudrais être ton Valentino et je suis d'accord avec tout ce qu'il t'écrit. En plus, je suis *jaloux, jaloux, jaloux* !

XXX
Benoît L.

* * *

Paris, 14 avril 1987

Quelqu'un ici te salue et te souhaite des yeux à te regarder comme ce petit minou ! !

Moi

***

Avril '87

Quelqu'un du haut des arbres de Paris qui te cherche entre les branches ! !

Love !
Lui

***

Hiver 1989

Ma chère Sylviane,

Par la radio et la télévision j'ai appris que tu avais un chien pour préserver ton sommeil et garantir ton existence contre des malfaiteurs éventuels.

C'est une bonne affaire pour toi et je suis rassuré que tu sois ainsi en *sécurité maximum.*

Je suis certain maintenant que le dit chien (j'ai oublié son nom) te gardera durant toute l'année 1990 que je te souhaite heureuse et comblée.

Et si pour une raison ou une autre ton chien risquait la prison pour t'avoir défendue, compte sur moi pour l'en sortir.

En toute affection
Un ami
XXX

Lettre à Charlotte Lebeuf [9] (deux ans)

9 sept. 1994

Ma chère Charlotte,

Évidemment j'ai été plus qu'honoré de recevoir ta carte de souhaits et tu ne pouvais pas mieux choisir. Comme tu sais peut-être, je viens de la campagne et chaque fois que je vois, même en photo, une bête à cornes, mon cœur se rallume. Merci ! Merci ! Mais le plus prestigieux, ce fut d'avoir ta photo « affairée à ton ardoise ». À te voir j'ai envie de te conseiller tout de suite de t'affirmer face au pouvoir domestique. Tu es belle, solide, tu as le don de la parole : conteste, proteste, atteste, sans concession et pourvu que tu ne détestes pas : ce qui serait contraire à ta personnalité.

Une fois que tu auras pris le pouvoir, salue tes parents pour moi. Ton autorité doublera la valeur de ces salutations.

De toute manière sois assurée et même si j'ai 78 ans de plus que toi, que je suis de ton bord. Quand même, je te charge de saluer tes parents pour moi en souhaitant avec toi qu'à leur tour ils apprennent à t'obéir.

Je t'embrasse fort.

Benoît dit La Croix

Merci Louise, et toute ma joie de recevoir tes vœux via Charlotte.

Fils et filles de Bellechasse

Bienheureux les cœurs purs, car ils verront Dieu.

Peut-être rêves-tu, petit garçon de mai, d'être cristal pur, fleur sans abeille, forêt sans bruit, lac sans ride, âme sans corps, esprit sans glaise, cœur sans artères, justice sans fouet.

Ton rêve est beau. Si beau que toujours il te poursuivra.

Adulte, il te faudra le plus souvent marcher, écharde dans ta peau, de blessure en blessure, tomber, tomber encore. Mais avance quand même sans jamais douter de l'étoile de ton rêve premier. Ne crains pas. Le lotus grandit pieds dans la boue, la pierre ciselée de Reims devient Ange du Sourire.

Sous la détente de tes lèvres innocentes, avec tes yeux à moitié défrichés et ton corps mal apprivoisé, se cache déjà, à quinze ans, fille de Bellechasse, le feu du bien et du mal. Tandis que chante en romances de tendresse et en nocturnes d'amour la musique de tes rêves désordonnés, comment ancrer, me dis-tu, les bras de tant de tendresse ? À quoi bon ces seins de neige quand la montagne est déserte ?

Quand le vent flirte dans tes cheveux et attise le feu de tes yeux, sache que l'orage qui abreuve la terre tournera bientôt au beau fixe pour l'arc-en-ciel de tes désirs apprivoisés.

Quand enfin sur la plage de tes lèvres atterriront les feux brûlants de la folie et de la passion, et que cognera ton cœur ému, cherche le respect qui apaise, dis le mot qui terrasse le Dragon ; jamais découragée parce que toujours éprise, prie Celle qui « oncques ne trahira ton secret ».

Heureux les cœurs purs, car ils verront Dieu!

Fils et filles de Bellechasse, aimez votre corps comme on aime son frère, sa sœur. Il est abri de vos âmes, temple de l'Esprit, vie issue de l'amour, coupe pour l'eau du matin, tige pour la fleur de demain. [...]

Telle la fleur pour le fruit, telles tes paupières pour l'amour.

Et je sais ce que je dis.

Ah ! tes yeux dans l'espace ! Gouttes de rosée sur cristal, abeilles sur champ de trèfle, vitraux de tes désirs, volets de ta maison, rideaux de ta chambre, fenêtres sous ton toit, ton cœur n'a de meilleures gardiennes que tes paupières quand, à la mesure de l'instant, elles dévoilent et rabrient tes secrets.
La lampe de ton corps, c'est ton œil.
(*Quelque part en Bellechasse*, p. 22-23, *Trilogie en Bellechasse*, p. 163-164)

À L'HEURE DES CHOIX

Annie Gaudreau

Il est difficile de trouver sa voie. Certains y mettent longtemps et même, parfois, leur vie. Il suffit pourtant d'écouter les voix de son cœur et de son être. Mon cher Benoît, toi tu sembles y être parvenu. La lumière qui t'habite en est la preuve.

Plus de 50 ans à se pencher avec générosité et curiosité sur la vie de ses proches, tout en s'accomplissant, c'est tout un exploit.

Merci beaucoup Benoît d'être simplement là, présent en nos cœurs. Pour moi qui avais 20 ans et qui étais à l'heure des choix, ta présence a apaisé mes doutes.

Tendresse.

NÉCESSITÉ D'EXPLIQUER LE CHRISTIANISME AUX JEUNES ?

Je ne dirais pas nécessité, mais urgence. Après avoir quitté l'Université, j'ai accepté d'y revenir pour combler un poste. J'y enseigne le christianisme comme il a été jadis vécu par le peuple québécois. Je me retrouve avec des dizaines d'étudiants qui veulent entendre parler du sacré, du religieux, d'une autre façon, celle de l'objectivité. *Pourquoi ma mère disait-elle son chapelet ? Pourquoi moi, aujourd'hui, je récite des psaumes ? Quelle est la différence entre ces deux prières ? Quelle est la plus valable ?* Etc. Ces questions les intéressent profondément. Ils veulent une culture religieuse ouverte ; ils en sont affamés.

(Dans *Les Dominicains, qui sont-ils ? que font-ils ? où sont-ils ?*, 1986, p. 28-29)

Célébration de l'été

....
Nous annonçons l'espérance
de réapprendre les rythmes du repos
et l'émerveillement des saisons gratuites.
Apprenons ensemble les
significations mystérieuses de cette saison
parfois trop chaleureuse.
À travers l'écorce des mots bibliques,
devinons les fruits de l'Esprit du Seigneur
et créons en nous, en chacun de nous,
des espaces inédits et vastes
comme le monde.
De ces temps doux et humides,
apprenons la soif des terres brûlées
et des lèvres séchées par le vent,
signe des âmes assoiffées d'infini.
....
Si le printemps fête ses racines,
l'été fête ses tiges.
....
Ah ! l'été
comme une île au milieu
de l'année
avec des désirs de partir
invitant à la croisière
des âmes.
L'été, symbole du mitan
de la vie,
saison d'ardeur
et de chaleur remplie
de secrets.
....
(*Célébration des âges et des saisons*, 1993, p. 105–106)

Mon héros préféré

Mon héros préféré, je l'ai longtemps cherché. Un jour je l'ai identifié d'une manière définitive. Quand je suis allé au nom du gouvernement du Québec enseigner en Normandie, il m'arrivait alors, avec des étudiants, de visiter les cimetières canadiens de la région. Sur des milliers

de croix blanches bien alignées je lisais un nom, une courte citation, puis l'âge : 20 ans, 22 ans, 25 ans... Mon héros préféré devint ce jeune garçon qui a donné sa vie un peu pour la patrie, un peu pour la France, un peu pour sa maman, un peu pour sa fiancée, un peu pour le salaire, un peu sans le savoir peut-être. Mon choix fut confirmé quand j'ai lu un magnifique texte du poète Jacques Brault qu'il écrivit en souvenir de son frère mort en Sicile pendant la guerre, et intitulé *Suite fraternelle.*
(Dans *Les Temps changent,* 1988, p. 176)

Souhaits aux jeunes

Je leur souhaite le goût de la liberté, de la vraie liberté, de la liberté libérée. D'éveiller leur conscience, de l'éclairer, de produire des actes personnels. De ne pas se laisser envelopper par une idéologie politique excessive ou par des religions trop sectaires. De ne pas se laisser charrier par les médias et par les opinions des autres. D'être capables de choisir. D'être capables de vivre.
(Dans *Les Temps changent,* 1988, p. 264–265)

LE PAYS

MON PAYS, QUI EST-IL ?

Ce matin, à moi, prêtre depuis 38 ans (déjà... !), dominicain du Québec, nationaliste sur les bords et au milieu, quelqu'un vient demander, question piégée ou pas, si je suis pour la séparation, l'autonomie, l'indépendance, une nouvelle fédération canadienne, ou si plutôt je serais pour un grand Canada en deux morceaux soudés, c'est-à-dire un Canada en deux nations. Pourquoi ne serais-je pas fédéraliste à l'ancienne manière aussi ?

Nationaliste ? Oui, je le suis. C'est instinctif. Patriote aussi. Qui ne l'est pas ? Par ailleurs l'autonomie est un rêve légitime de toute nation adulte. Mais il y a la manière ou les manières juridiques devant lesquelles et comme la majorité des Québécois, j'hésite encore. Avec la plupart de mes amis qui n'ont vraiment pas l'intention de faire de petite politique avec leur patriotisme, je me demanderai si pour le moment il ne me suffit pas d'être québécois pour mieux re-découvrir le Canada un jour.

Mais si j'hésite au point de vue humain, puisque mon père était canadien-français et que moi je suis québécois, il reste que, prêtre d'une Église universelle qui recrute ses citoyens depuis deux mille ans et même avant dans tous les coins et recoins possibles du monde, je me sens parfaitement à l'aise et chez moi là où je suis et là où je vais, comme là où se trouve un être humain. Qu'il soit fédéraliste, séparatiste, associationiste, souverainiste, indépendantiste, féministe ou masculiniste, chaque être humain est mon concitoyen, ma concitoyenne.

Ne me demandez plus de me limiter au Québec mon pays et ma patrie, ni au Canada la patrie de mes ancêtres, ni aux États-Unis mon voisin bien-aimé et riche. Je me sens, comme vous probablement qui lisez ces lignes risquées, frère des plus démunis des îles oubliées du Pacifique, comme prêt à aider tout de suite le plus agressif des athées là où il est s'il a vraiment envie d'un secours humain pour retrouver le goût de vivre. Toute personne, fédérée ou pas, séparée ou pas, est mon frère, ma sœur, mon père, ma mère, mon ami, et davantage encore, dirait Jésus, « si elle écoute la Parole de Dieu et la met en pratique ».

Vive le peuple de Dieu !
Vive le pays où qu'il soit !
(Dans *Esprit-Vivant*, vol. 4, n° 48, 6 septembre 1979, p. 13)

Vision politique

A. Maugey — *Votre vision politique me semble originale et particulièrement nuancée. Pour vous, des deux nations qui forment le Canada, ce n'est peut-être pas comme on l'aurait cru au prime abord, la québécoise qui est à plaindre. Elle au moins s'avère identifiée, contrairement à l'autre. À votre avis, existe-t-il une possibilité d'entente entre Trudeau et Lévesque ? Qu'est-ce qui les sépare et qu'est-ce qui pourrait les réunir ? Aujourd'hui, compte tenu du temps passé, quelle vous semble être la vision ou la démarche politique la plus cohérente de ces deux politiciens si opposés à première vue ?*

B. Lacroix — Pour une fois me voilà hésitant, craintif. Ai-je peur de me tromper ? Sûrement. Est-ce la crainte des engagements personnels ? Non. N'oubliez pas qu'avant tout, je suis historien et médiéviste. L'historiographie relativise les jeux de la politique et impose des points de vue qui ne correspondent pas toujours à ceux de nos contemporains. Comme je connais assez bien la naissance de l'Europe, la formation des États européens et l'essor du nationalisme occidental, ce qui arrive actuellement au Québec et au Canada ne me surprend pas. Je garde toujours présente à la mémoire la *reconquista* espagnole : mouvement lent — il a fallu plusieurs siècles — mais irréversible. Ni les guerres, ni les traités, ni les intrigues de cour n'ont pu arrêter l'Espagne de reprendre les terres que les musulmans lui avaient prises. Un peuple qui veut, peut...

Ce que j'admire le plus des hommes d'État de mon époque, c'est leur intelligence, leur dévouement, leur détermination. Ils sont aux prises, eux aussi, non seulement avec des idéaux, mais avec des faits irréversibles, parce que déjà arrivés. De ce point de vue, le Montréalais internationaliste, M. Trudeau, reste l'idéaliste logique et fidèle à sa propre culture. Il rêve au pays à venir, l'imagine déjà *from coast to coast,* large, généreux, ouvert, bilingue, trilingue, multiculturel. Charlemagne quoi !

Le Gaspésien, M. Lévesque, nous rejoint davantage au niveau des tripes, de l'immédiat. C'est un Normand : il sait où il est, il a le goût du présent. Il connaît tous les châteaux de l'ennemi. Il ressemble à Roland à Roncevaux, toujours menacé par Ganelon. En somme, M. Lévesque affirme un fait : le Québec. M. Trudeau, lui, se débat avec un projet. C'est là toute la différence des options et des techniques d'approche. Deux nations, au départ sœurs ennemies, occupent ce vaste continent nordique : elles devront s'entendre ou se séparer.

Personnellement, je suis, par mes ancêtres, un Québécois de pure laine, descendant des Normands et sûr de mon pays. De tendance et par « profession » j'aime les liens, les affinités, les associations, bref la diversité dans la multiplicité. Comme dirait Nathalie Petrowski : « Je suis nationaliste de cœur et de profession internationaliste. »
(Interview par Axel Maugey, « Benoît Lacroix : La force de l'authenticité », *Relations*, n° 478, mars 1982, p. 73)

MESSAGES ET SOUHAITS

MESSAGE

A. Maugey — *L'homme de Dieu n'aurait-il pas un message à nous adresser ?*

B. Lacroix — Sans exactement m'identifier à ce vocabulaire médiéval *d'homme de Dieu,* jadis réservé aux saints et aux saintes et peu à peu récupéré par les prêtres et les religieux d'Église, le message le plus urgent qui s'impose dans la conjoncture actuelle d'une violente confrontation entre la vie matérielle et le besoin intérieur d'aller au-delà, serait celui de Jésus à Nicodème : « Si quelqu'un ne naît pas de nouveau, il ne peut voir le royaume de Dieu... »

L'important s'avère toujours de savoir naître et renaître. La culture permet ces retours. La culture, en cela semblable au spirituel, est un vent intérieur : « Tu entends sa voix, mais tu ne sais ni d'où il vient ni où il va. Ainsi en est-il de quiconque est né de l'Esprit. »

Eh oui ! À mon avis, l'Esprit sauvera l'humanité de l'aventure industrielle et de ses artifices. J'en suis persuadé. Sans pour autant nier le progrès et la technique.

(Interview par Axel Maugey, « Benoît Lacroix : La force de l'authenticité », *Relations,* n° 478, mars 1982, p. 73)

SOUHAITS

Les dix mots que je vous souhaiterais ? L'âme, le cœur, l'univers, les autres, le Christ, l'accueil, l'enfance, la liberté, la responsabilité et enfin — le dixième, celui qui contient tout, qui unit tout, rajeunit tout et vous reconduira peu à peu, je vous le souhaite, à l'enfance croissante des vrais adultes en esprit et en vérité — l'amour.

(Extrait de « Graduation », *Maintenant,* n° 29, mai 1964, p. 167)

LE P'TIT TRAIN

Cette nuit-là, la nuit de l'accident, je rêvai au P'tit Train. Sans blague ! Je rêvai au P'tit Train, comme les soldats rêvent à leurs enfants et les fiancés à leur amie.

Il tourna à droite de mon lit, recula, s'arrêta...

Comment avait-il pu entrer dans ma chambre ? Messieurs les journalistes, je vous en prie, ne me posez plus de questions. Je ne pourrais vous répondre. Ce dont je suis certain, il m'a parlé :

– Parce que tu es mon ami, je te dirai tout. Si tu n'étais pas mon ami, je ne te dirais pas tout...

Il hésita, avala (Ah ! les timides), reprit :

– Tu comprends, on ne dit pas ses secrets à tout le monde. Ses secrets ?

C'est si beau à la pointe du jour de les surprendre tous à l'entrée du bois : les pinsons qui s'en vont, les perdrix qui arrivent, les chanterelles qui marchent comme de vieilles paysannes. Qu'est-il advenu de ce goéland attendri ? Je ne l'ai pas revu depuis la tempête de grêle. Et ces trois bébés outardes ?

Ô clarté de ma vie !

Chaque matin habiller son cœur, ses yeux, à 6h30 appareiller vers le large, penser à tout ce que je verrai, à ceux que je servirai, sentir la joie renaître et prendre consistance à mesure que s'enfile ma route. Le soir, à 8h29, approchant de Rivière–du–Loup, fourbu, me mettre à récapituler : ma joie, aujourd'hui, c'est d'avoir roulé pour eux ; il n'y a que cela, le travail, les services qu'on peut rendre, l'amour que l'on donne. C'est bon de voir et revoir, de venir, repartir, aimer, aimer encore...

Ma route, mes rochers, mes vieux rochers à pic, de Lauzon et de Bienville, où se nouent, certains soirs de novembre, des vents méridiens venus du Groenland, houleux comme la mer. On dit qu'ils sifflent toute la nuit à cause de « la Corriveau », et qu'ils partent aux petites heures vers l'Australie.

Comme c'est bon, comme c'est beau d'être un P'tit Train, un tout P'Tit Train de rien, et glisser d'un bout à l'autre des paysages, retrouver chaque matin, à chaque percée, les buttes attendues, les espaces illimités, les éternels lointains ; c'est merveilleux sur les hauteurs de Beaumont, à l'épaule des arbres, de découvrir d'une seule fenêtre la totalité de l'horizon, avoir l'impression que le monde m'appartient : en face, le fleuve vert ou blanc, l'Île d'Orléans recueillie et Québec si altière !

Moi je n'en croyais ni yeux ni oreilles. Était–ce bien mon P'tit Train de Lévis–La Durantaye, le 36, qui parlait ?

Il poursuivit :

– L'automne ! Si tu savais ! si tu savais !

C'est bon, c'est beau, un midi d'octobre, arriver après la flache à l'orée du bois. L'érablière est enluminée. Des feuilles ivres mortes valsent et tournent comme les pages d'un Livre d'Heures défeuilleté au vent. Après Harlaka, traverser lentement la savane, en flânant, pour apercevoir la côte, les Anses, la vallée du fond qui attend sa colline, La Durantaye au niveau des nuages.

Tu surviens : les pins te saluent, statues byzantines. Ils sont là, toujours là, beau temps mauvais temps, fidèles, tranquilles. Je les aime !

Surtout, ne te moque pas. Ne ris pas de mon bonheur naïf. Apprendre, connaître, reconnaître aujourd'hui les biens d'aujourd'hui, les nommer, aller-retour, tels qu'ils se présentent, les aimer sans les déranger, en pauvre qui n'a rien attendu et qui a tout reçu : c'est mon pain quotidien.

Vois-tu, si une chose est belle une fois, elle est belle toujours.

Et timidement :

– Il faut que je parle. Il faut que je te le dise, parce que tu es mon ami.

– Quoi ?

– J'aime les fleurs.

Je fis le surpris :

– Toi aussi ?

– Moi aussi.

– Pourquoi ?

Avec une insistance d'incompris :

– J'aime les fleurs, oui, les fleurs. Pourquoi ? Parce qu'elles sont belles, parce qu'elles sont là pour être belles. Et quand elles ne sont plus belles, doucement elles se penchent vers la terre. Je voudrais mourir comme elles. C'est difficile ! J'aime aussi les papillons.

– Les papillons ?

– Puisqu'ils aiment les fleurs ! Aimes-tu la neige ?... la neige !

Je ne crois pas lui avoir répondu. Il continua :

– Je suis fou de la neige. Tendre, douce, unique : elle embellit tout, répare tout, voile tout. Secrète, mystérieuse comme le pardon. Ah ! ces aubes de mars quand il neigeotte et que les sapins en toge courbent la tête sous leur faix blanc. Les taillis, balustrades tout au long de ma route, pétillent au soleil levant. C'est beau ! C'est beau ! Les jours de verglas, une féerie !

La neige ! Tous les ans, aussi vraie qu'avant, elle arrive en nuées de papillons des archipels et des terres de Baffin, comme des nappes tissées au vent.

Je suis fou de la neige ! Je...

Je lui demandai :

– Autant que des papillons ?

– Tu as lu de gros livres, tu compliques les choses. Écoute-moi bien. L'amour aime tout. L'amour est unique, inséparable, infini. Il peut unir les fleurs, les papillons, la neige. J'aime les papillons parce que j'aime les fleurs ; les fleurs parce que j'aime la neige ; les papillons... parce que les fleurs...

Il se moquait de moi. C'était son droit. Admettez qu'il est difficile de prendre un train au sérieux. On connaît si mal ses amis !

Il se fit tout à coup nostalgique :

– Malgré tout, mon sort des fois me pèse : toujours courir, n'avoir jamais le temps de se recueillir, de s'arrêter à la fleur qu'on aime (privilège des papillons !), ne jamais parler à un enfant parce qu'on vous attend là-bas à telle seconde de telle minute, toujours donner à ses amis l'impression qu'on les fuit, qu'on ne s'intéresse plus à eux. Ah ! que j'aurais envie certains jours de gaboter, me dévoyer, prendre par les terres, me jeter dans le lac Harlaka, zigzaguer comme une outarde, m'infiltrer comme une chenille, sans fumée, sans cloche, sans bruit, surprendre mes amis !

Non ! mon sort n'est pas gai ! L'autre nuit « ils » ont décidé quelque part dans une gare que je reculerais. À cause du train à marchandises ? À cause de l'Express ! un fou, que tu n'as pas le temps de voir passer ! J'aurai du mal à m'en remettre. Ils décident : j'obéis. « Va ici ! », j'y vais. « Va-t'en sur des rails rouillés écraser des feuilles », j'obéis. « Roule sur les lucioles étourdies », je le fais. « Va-t'en dormir à la belle étoile, en février », j'y vais.

Se rendent-ils compte de leurs injustices ? Ils n'y pensent pas. Et pourquoi ? Pourquoi ? Parce qu'ils ne pensent pas. Si j'arrêtais de les servir, ils m'oublieraient. L'autre jour ils ont voté 35 à 34, que je suis encore utile. 35 pour moi, 34 contre moi. J'ai failli gagner la remise ! Je suis déjà un synonyme de saleté et de poussière. S'ils pouvaient se passer de moi ! Et dire que moi, fou que je suis, je n'arrive pas à me passer d'eux !

Que les hommes sont étranges ! Ont-ils besoin ? ils sont pleins d'égards, me brossent, me lavent : un radoub de première classe. Dire qu'à l'instant même, si je ne devais pas les conduire où ils veulent, ils m'amèneraient au fond de la cour à charbon. Et le jour où je serai déclaré poussif, incapable de les traîner à leurs affaires, de rouler à leur goût, ils me fourreront dans un coin comme une poupée décapitée.

Seront-ils plus heureux sans moi ? J'en doute. Les trains neufs leur apporteront le grand confort. Moi je sais de science certaine que les hommes ont plus besoin d'amour que de confort. J'en ai assez vu, connu, porté de leurs misères et de leurs secrets pour savoir ce que je dis... *plus besoin d'amour que de confort...*

(*Le P'tit Train*, p. 66–73, *Trilogie en Bellechasse*, p. 139–144)

Postface

Parce que tu es à moi
et que je suis à toi,
Parce que tu es Amour,
c'est tout l'univers
qui maintenant
est à nous.
Tout l'univers.
Tout...

À nous la terre,
À nous le ciel,
À nous la vie.
À nous aujourd'hui
À nous demain
À nous toujours :
Car éternel est ton Amour !

(*Le Cantique des Cantiques et son interprétation,* 1994, p. 74, 76)

NOTES

1. Publiée dans *Vie des Communautés religieuses,* novembre 1970.
2. Voir le texte de Tam Thi Pham, p. 563–564
3 Renan, *Questions contemporaines,* cité par Edmond de Nevers, dans *Avenir du peuple canadien–français,* Montréal et Paris, Fides, coll. « Nénuphar », 1964, p. 160.
4. Principales sources : *La Religion de mon père, Paroles à des religieuses* et *Quelque part en Bellechasse.*
5. Voir photo 21.
6. La courtepointe de grand–mère Marie VENDETTE

La courtepointe de grand–mère Vendette, qui ornait
le lit nuptial et la chambre à coucher, était une véritable
œuvre d'art, admirée par les voisins et les amis
et convoitée par les membres de la famille.

Au fil des ans, la courtepointe avait été exposée dans plusieurs
salons d'artisanat et elle s'était mérité prix et rubans
qui ajoutaient des couleurs nouvelles
au papier peint fleuri de sa chambre.
Elle était le sujet de conversation en ville — et bien au–delà de Charlevoix.
Ah ! La « fameuse courtepointe » de Marie Vendette ! !
Il aura fallu tellement d'amour et tellement de patience
pour créer pareille « Courtepointe ».
Les incalculables douzaines de morceaux découpés dans des étoffes colorées,
Et les milliers de points d'aiguille nécessaires à sa confection.

Un jour, à la mort de Marie, la courtepointe fut léguée
à l'aîné des huit enfants. Puis, à la mort de ce dernier,
à son premier–né. Ainsi, l'héritage familial fut–il
transmis d'une génération à l'autre.

À ce qu'on dit, on se limitait à étendre la courtepointe au grand air
au printemps ; on ne la lava jamais dans le grand chaudron, à l'extérieur
— de peur de lui faire perdre ses brillantes couleurs.

Mais après des années d'usure et de déchirure, elle finit par servir
de couverture protectrice au cheval de Georges Vendette.

Georges et son Cheval sont maintenant les derniers héritiers
de ce legs, autrefois tant convoité.

Fatigué, émacié et osseux, le Cheval fait maintenant corps avec la couverture
usée, rapiécée, décolorée, salie par l'étable et exhalant l'étable.

Et Georges se souvient encore, quoique vaguement,
que l'arrière-grand-mère Vendette avait fabriqué la courtepointe.
La courtepointe qui réchauffe son « Joual » pendant les jours froids et les nuits.
Rien d'autre ne lui rappelle le souvenir de son aïeule.
Le cheval ne sait rien de la courtepointe,
ni de l'histoire passée de la fameuse couverture
ni des honneurs qu'elle a reçus.
Pour lui, une couverture est une couverture.
Une couverture est une couverture qui le tient au chaud. C'est tout.

Il faut le déplorer, la magnifique couverture de Marie n'a pas trouvé gîte dans un musée où d'autres auraient pu l'admirer et se remémorer ainsi l'œuvre de Marie.

May She rest in Peace.
Qu'elle repose en paix.

Décembre 1992
(Traduction par Serge Wagner, revue par Louis Muhlstock, mai 1995)

7. « Orgues, paroles et vêpres », série de récitals d'orgue et de poésie suivis de vêpres solennelles, qui ont eu lieu à la basilique-cathédrale Marie-Reine-du-Monde de Montréal les dimanches du Temps de l'Avent et du Temps pascal des années 1986, 1987 et 1988.
8. Fille de Lise Gauthier-Gagnon.
9. Fille de Louise Richer.

21.

23.

22.

24.

25.

26.

27.

28.

29.

30.

A bientôt peut-être.

Février 1986

31.

Légendes des photos
Section III

21. *Supper for two* de Louis Muhlstock (vers 1930 ss). Linogravure sur papier (Image : 15,6 x 13, 2 cm)

22. *Potier*. Sanguine (22 cm x 17 cm) de René Derouin, réalisée à Oaxaca, Mexique, en 1955.

23. *L'Évangile, lumière du monde* (Père Benoît Lacroix, o.p., 1965) de Geneviève Salles–Madre (huile, 19 cm x 10, 8 cm, 1995).

Ces trois œuvres seront offertes par les artistes à Benoît Lacroix lors de la fête du 24 septembre 1995.

24. Photo du groupe *Parole aux Pauvres* devenu, en 1995, *Parole Plus*. À l'arrière–plan, de gauche à droite : Benoît Lacroix, Charlotte Bernard, Jean–François Casabonne, Danièle Panneton. À l'avant–plan : Gary Boudreault, Marjorie Smith, Marie–Josée Guindon, Violette Chauveau et Lyne Durocher. (Collection Danièle Panneton)

25. Célébrant au mariage de Joseph Pham en l'église conventuelle de Saint–Albert–le–Grand, 2715, chemin de la Côte–Sainte–Catherine, Montréal, au printemps de 1983. Benoît Lacroix s'est occupé de la famille Pham depuis leur arrivée au Québec en 1981. (Collection Tam Thi Pham)

26. Benoît Lacroix, Toronto 1945. (Collection Rolande Lacroix–Lamontagne)

27. Photo officielle du 10 août 1955. (Collection Rolande Lacroix–Lamontagne)

« Appareille ton cœur ! Appareille ton cœur ! [...] Eh bien ! ma vie, je la donnerai, je la donnerai à manger à tout le monde qui a faim. » (*Marie de Saint–Michel*, p. 36, 45)

28. La pause qui rafraîchit après 3h30 de tennis sans relâche sous le cru soleil du midi par une chaleur torride. L'équipe de l'édition critique du *Journal* de Lionel Groulx avait pris la journée d'un vendredi de juin 1981, pour aller « travailler » à la campagne (au chalet de Thérèse Codère–Fournier en Estrie), mais surtout pour fêter Benoît Lacroix qui venait d'être nommé professeur émérite. (Photo Réjean Bergeron. Archives G.H.)

29. Devant le Couvent Saint–Albert–le–Grand, en novembre 1987. (Archives des Dominicains)

30. Du Parc Montmorency, devant le fleuve Saint–Laurent et l'Île d'Orléans, en septembre 1994. (Photo Denyse Bélanger)

« ... j'allais voir le fleuve, simplement pour le voir passer et, sans le savoir peut–être, j'apprenais sa présence fidèle, son sens du devenir, sa manière d'absorber les vagues, sa soumission glacée en hiver. [...] Du fleuve encore, j'ai appris que le quotidien était supérieur à l'actualité. [...] De plus en plus, ma vie avec toutes ses années à la suite m'apparaît comme un chemin fluide : il y a des vagues, des tempêtes aussi, mais un courant de fond. » (*Témoignage*, p. 22–23)

31. Signature coquine de Benoît Lacroix. (Collection Aldéo Huot)

LES COLLABORATRICES ET COLLABORATEURS ASSOCIÉ(E)S

Plusieurs des personnes à qui nous avons demandé un témoignage n'ont pu, pour diverses raisons, et à leur intense regret, répondre à leur désir d'écrire un texte en hommage à Benoît Joachim Lacroix. Ils envoient leurs excuses et leurs meilleurs vœux.

Des membres de la famille, Madame et Messieurs :

Marc Casavant (petit-neveu de Joachim : « À l'homme qui m'a fait découvrir l'histoire »), Albert Gagnon (filleul de l'oncle Joachim), Aline Lacroix-Bégin (« Cher oncle Joachim, mes meilleurs vœux vous accompagnent ! La nièce Aline XX »).

Des ami(e)s et collègues, Mesdames et Messieurs :

Guy H. Allard, Micheline Beauchemin, Pierre Boglioni, Denise Bombardier, Thérèse Codère-Fournier, François David, Jean Delumeau (Collège de France, Paris), Louise A. Demers, m.d., Jean du Berger, Georges Duby (Collège de France, Paris), Yves Duchastel, m.d., Marie-Marthe Élie, Maurice Filion, Claude Galarneau, Stéphane Girard, Richard Guimont, o.p., Mgr Jean-Guy Hamelin, Gabrielle Lachance, Michèle Lalonde, Yves Laurendeau, Georges Leroux, Louis Lesage, Marie Léveillé, Gérard Lévesque, ptre, Antonine Maillet, Suzanne Manseau, s.a., Gilles Marcotte, Yvon Marcoux, Fernand Patry, o.p., Daniel Pourchot, Carmen Roy, Berthe Sévigny, Lucy Sicard, Dujka Smoje, Claude Sutto (qui écrit un long texte sur Benoît Lacroix dans *Les Cahiers d'histoire du Québec au XXe siècle*), André Vachon, Jean Vanier et Jean-Pierre Wallot.

ASCENDANCE DE JOACHIM LACROIX

Jacques de LACROIX	Confolens Évêché de Poitiers, Poitou	Antoinette CHAMBON
	Première génération	
David de LACROIX	20 janvier 1681 [1] L'Islet	Barthélémie MAILLOU
	Deuxième génération	
Louis LACROIX	14 janvier 1714 Beaumont	Suzanne LABRECQUE
	Troisième génération	
Joseph LACROIX	25 mai 1739 Saint–Michel	Marie–Louise BRIDEAU
	Quatrième génération	
Charles LACROIX	4 octobre 1779 Saint–Michel	Marie BAQUET
	Cinquième génération	
Pierre LACROIX	22 février 1802 Saint–Gervais	Marguerite LABRECQUE
	Sixième génération	
Abraham LACROIX	13 octobre 1846 Saint–Vallier	Archange BOLDUC
	Septième génération	
Abraham LACROIX	17 août 1877 Saint–Raphaël	Alphonsine BÉLANGER
	Huitième génération	
Caïus LACROIX (1883–1969)	13 mai 1902 Saint–Raphaël	Rose–Anna BLAIS (1882–1951)
	Neuvième génération	
Joachim (1915–)		

---

[1] Il s'agit de son second mariage. Il avait d'abord épousé Antoinette Bluteau à Notre–Dame de Québec le 19 octobre 1671 (contrat de mariage le 13 octobre 1671 devant le notaire Becquet ; son nom est orthographié : David de la Croix et il habite La Durantaye). Aucun enfant de ce premier mariage.

CHRONOLOGIE

1644

Naissance et baptême de David de Lacroix, fils de Jacques de Lacroix et de Antoinette Chambon, à Confolens, dans l'évêché de Poitiers, au Poitou, France.

1667

Baptême de Barthélémie Maillou.

1671

13 octobre — Contrat de mariage passé devant le notaire Becquet de David de Lacroix et de Antoinette Bluteau. Aucun enfant n'est né de ce mariage.

1681

20 janvier — Mariage de David de Lacroix, fils de Jacques et de Antoinette Chambon, et Barthélémie Maillou, fille de Michel et de Jeanne Mercier, à l'Islet.

1691

Naissance de Louis Lacroix.

1694

15 septembre — Baptême de Suzanne Labrecque à Beaumont.

1714

14 janvier — Mariage de Louis Lacroix, fils de David–Joseph et de Barthélémie Maillou, et Suzanne Labrecque, fille de Mathurin et de Marthe Lemieux, à Beaumont.

1717

29 mars — Baptême de Joseph Lacroix à Saint–Michel–de–Bellechasse.

1726

17 février — Inhumation de Louis Lacroix à Beaumont.

1739

25 mai — Mariage de Joseph Lacroix, fils de Louis et de Suzanne Labrecque, et Marie–Louise Brideau, fille de Jean–Hilaire et de Marie–Josephte Paquet, à Saint–Michel–de–Bellechasse.

1779

4 octobre — Mariage de Charles Lacroix, fils de Joseph et de Marie–Louise Brideau, et Marie Baquet, fille de Jean–Baptiste et de Angélique Quere, à Saint–Michel–de–Bellechasse.

1802

22 février — Mariage de Pierre Lacroix, surnommé Pierriche, fils de Charles et de Marie Baquet, et de Marguerite Labrecque, fille de Joseph et de Marie–Anne Lacasse, à Saint–Gervais de Bellechasse.

1846

13 octobre — Mariage des arrière-grands-parents de Joachim, Abraham Lacroix, surnommé « Abraham 1er » ou « Bram Ier » ou encore « le Grand-Bram », fils de Pierre et de Marguerite Labrecque, et Archange Bolduc, fille de Pierre et Geneviève Raté, à Saint-Vallier de Bellechasse. Demeurent à Saint-Raphaël dans « la Petite Cadie », près de « la Grande Cadie », refuge des Acadiens.

1849

27 novembre — Mariage des arrière-grands-parents maternels de Joachim, François Bélanger, fils de Guillaume et de Rose Blais, et Florence Dugal, fille de Louis et de Josephte Bacquet Lamontagne, à Saint-Michel-de-Bellechasse.

1877

17 août — Mariage des grands-parents de Joachim, Abraham Lacroix, surnommé « le Petit-Bram » ou « Bram II », fils de Abraham, et de Archange Bolduc, et Alphonsine Bélanger, fille de François et de Florence Dugal, à Saint-Raphaël de Bellechasse.

1882

10 juillet — Naissance de Rose-Anna Blais, mère de Joachim à Saint-Raphaël.

1883

9 décembre — Naissance de Caïus Lacroix, père de Joachim, à Saint-Raphaël de Bellechasse, baptisé le lendemain.

1891

3 décembre — Naissance de Joseph-Joachim-François-Xavier Lacroix, le futur chanoine Joseph Lacroix, frère de Caïus et oncle de Joachim.

1902

13 mai — Mariage de Caïus Lacroix et de Rose-Anna Blais, parents de Joachim, dans leur paroisse natale de Saint-Raphaël de Bellechasse. Le soir des noces, ils s'en vont s'installer dans le Troisième Rang Ouest à Saint-Michel.

1903

9 mai — Naissance de Marie-Jeanne, sœur de Joachim.

1904

11 novembre — Naissance de Léopold, frère de Joachim.

1909

19 avril — Naissance d'Alexandre, frère de Joachim.

1915

8 septembre — Naissance de Joachim, baptisé Joseph Joachim François-Xavier. Parrain : Alphonse Lemieux. Marraine : Anaïs Lacroix, sœur de son père.

1918

18 octobre — Naissance de Cécile, sœur de Joachim.

1920

septembre	Début de ses années d'école à l'école du 3ᵉ Rang Ouest de Saint–Michel.

1925

6 juin	Confirmation en l'église de Saint–Michel–de –Bellechasse.

1927

juin	Dernière sortie de l'école du 3ᵉ Rang Ouest de Saint–Michel.
7 septembre	Pour la première fois au Collège de Sainte–Anne–de–la–Pocatière, Joachim, du 104ᵉ cours, est dans le Cours commercial français–anglais en Deuxième A (37 élèves). 650 élèves au collège. Professeurs : les Abbés Armand Proulx et Thomas Bélanger.
9 septembre	1ᵉʳ congé de l'année. « Le Cap Martin revoit la "turbulente jeunesse" qui aime toujours la poésie des flots bleus... et la prose des crêpes et des omelettes préparées sous le soleil de la grève, au grand vent du large. » (*Annuaire*, 1927–1928, p. 104)
14 septembre	Ouverture de la retraite des écoliers, prêchée pour le Cours commercial. par l'Abbé Denis Garon, curé de Saint–Victor.
3 octobre	« Pour la première fois, nous célébrons la messe de Sainte–Thérèse de l'Enfant Jésus [sainte préférée de Benoît Lacroix]. [...] La petite sainte a sa statue dans notre chapelle, et [...] une parcelle *ex ossibus* dans notre reliquaire. » (*Annuaire*, p. 106–107)
30 décembre	Vacances du jour de l'An.

1928

10 janvier	« "Vois à tes pieds, Vierge Marie, les enfants... " C'est le cantique du retour. L'orgue soupire plus fort que ne chantent les voix. » (*Annuaire*, p. 112)
20 juin	Vacances d'été.
5 septembre	Rentrée au collège au Cours commercial dans la classe de Troisième A (35 élèves). 610 élèves au collège. Professeurs : les abbés Gérard Hudon et Hervé Ferland. Joachim est membre de la Société Saint–Louis–de–Gonzague, « fondée en 1870, [qui] a pour but d'encourager les élèves du Cours commercial à s'appliquer au travail avec courage et persévérance, et à tenir une bonne conduite. » (*Annuaire*, 1928–1929, p. 71–72)
28 décembre	Vacances du jour de l'An.

1929

8 janvier	Retour au collège.
7 avril	« Dans toutes les classes, les élèves ont un travail littéraire à faire sur « le repos du dimanche ». » (*Annuaire*, p. 140)
23 mai	« Dollard des Ormeaux est plus que jamais à l'honneur. [...] Le canon tonne et les noms des dix–sept braves du Long Sault sont répercutés par tous les échos de notre montagne. » (*Annuaire*, p. 143–144)
18 juin	Distribution des prix. « Prix de catéchisme » à Joachim. Mention honorable en excellence ; 2ᵉ prix de narration et explication française ; 3ᵉ prix de catéchisme ; 2ᵉ accessit (5ᵉ) d'histoire du Canada ; 3ᵉ accessit (6ᵉ) de solfège (3ᵉ division) ; 4ᵉ accessit (7ᵉ) de version anglaise. (*Annuaire*, p. 170 et 194)
19 juin	Vacances d'été.

29 juillet	« À Saint–Michel–de–Bellechasse, on célèbre avec éclat le 250e de la paroisse et le 50e de la chapelle Notre–Dame de Lourdes. Mgr le Supérieur [Wilfrid Lebon] y représente le Collège. » (*Annuaire*, 1929–1930, p. 124)
4 septembre	Rentrée au collège au Cours commercial dans la classe d'Éléments latins B (33 élèves). 600 élèves au collège. Professeur : l'Abbé Antoine Drapeau.
11 septembre	Ouverture de la retraite des écoliers prêchée, au cours classique, par le Père Bissonnette, o.p. (voir 1934)
28 décembre	Vacances du jour de l'An.

1930

7 janvier	Retour au collège.
24 janvier	« On dirait que les oiseaux de S. François d'Assise sont dans nos parages. Voici ce que nous lisons dans le bulletin de la Société Provancher [...] : « M. l'Abbé René Tanguay, conservateur du musée du Collège de Sainte-Anne, a établi, à titre d'expérience, dans la montagne, un grand nombre de stations d'alimentation pour nos oiseaux d'hiver : les pics, les mésanges, les sittelles, les gros–becs. [...] C'est un véritable succès. [...] » Rien ne fait plus plaisir à nos jeunes raquetteurs que de faire descendre du haut des arbres dans leurs mains les mésanges avides de biscuits ou de fromage. Heureux enfants qui s'amusent ainsi avec les oiseaux ! » (*Annuaire*, p. 131) Sur Joachim, l'Abbé Tanguay et les oiseaux, voir p. 97.
17 juin	Distribution des prix. Joachim : 1er accessit (4e) de récitation latine.
18 juin	Vacances d'été.
3 septembre	Rentrée au collège au Cours classique en Syntaxe B (36 élèves). 600 élèves au collège. Professeur : l'Abbé Joseph Picard. Au Collège de Sainte-Anne, les Éléments latins font partie du Cours commercial et le Cours classique commence en Syntaxe.
5 décembre	« Si vous voulez comprendre l'âme japonaise, venez entendre le Rév. Père Langlais, provincial des Dominicains. » (*Annuaire*, p. 117) Le Père Langlais sera plus tard le père maître de Joachim à son arrivée chez les Dominicains et celui qui lui choisira le prénom de Benoît (voir p. 118).
30 décembre	Vacances du jour de l'An.

1931

8 janvier	Retour au collège.
12 février	« Journée historique par excellence. Ce matin, à 10 h., le Souverain Pontife fait entendre sa voix au monde entier en parlant, pour la première fois, au poste radiophonique du Vatican. [...] Notre communauté est réunie dans la salle académique où une radio a été installée » (*Annuaire*, p. 120–121).
18 juin	Distribution solennelle des prix. Joachim : 2e (5e) accessit d'excellence ; prix de 5 accessits : 1er (4e) accessit de version grecque ; 2es accessits de thème latin et d'histoire romaine ; 3es (6e) accessits d'instruction religieuse, de version latine, de grammaire et thème grecs, de théorie musicale.
19 juin	Vacances d'été.
2 septembre	Rentrée au collège au Cours classique en Versification B (29 élèves).

	595 élèves au collège. Professeur : l'Abbé Robert Côté. Nouveau supérieur : Mgr Auguste Boulet, p.d.
24 décembre	Vacances de Noël pour la 1re fois. « Une fête de Noël au Collège sans les élèves, il lui manque des rires, des chants, de la gaieté ! Faut-il renoncer pour toujours à la Noël collégiale ? Les élèves, eux, ont déjà fait courageusement leur sacrifice... » (*Annuaire*, p. 98)

1932

7 janvier	Retour au collège.
17 avril	« Le R.P. Jean-Marie Dionne, o.p., doit partir bientôt pour les Missions du Japon. Il est venu rendre visite à son Alma Mater ; et ce soir, après la prière, il édifie ses jeunes frères et ses anciens professeurs, en leur disant ce que c'est qu'un missionnaire. » (*Annuaire*, p. 100)
17 juin	Distribution des prix. Joachim : Mention honorable en excellence ; 3es (6e) accessits d'instruction religieuse, de grammaire et thème grecs.
18 juin	Vacances d'été.
7 septembre	Rentrée au collège au Cours classique en Belles-Lettres (46 élèves). Professeurs : l'Abbé Charles-Eugène Raymond, l'Abbé René Tanguay, professeur d'anglais et conservateur du musée, l'Abbé Charles-Eugène Ouellet.
7 octobre	Joachim n'arrive au collège qu'un mois après les autres, le jour de la parution pour la première fois du journal *L'Aiglon*. Ce « fait » est consigné dans le numéro de *L'Aiglon* de juin (p. 36).
23 décembre	Vacances de Noël.

1933

9 janvier	Retour au collège.
juin	Premier article de Joachim dans *L'Aiglon* (voir p. 94).
19 juin	Distribution solennelle des prix. Joachim : Prix Granger (« Volumes offerts par la Librairie Granger de Montréal et tirés au sort parmi les élèves de Belles-Lettres qui ont conservé les quatre-cinquièmes des points en catéchisme ») ; mention honorable en excellence ; 2e prix de théorie musicale ; prix de 5 accessits ; 1er accessit de grammaire et thèmes grecs ; 2e accessit de préceptes et histoire littéraires ; 4es accessits de composition et analyse littéraires, de version latine, d'histoire contemporaine.
20 juin	Vacances d'été.
6 septembre	Rentrée au collège en Rhétorique (45 élèves). Professeurs : l'Abbé Alexandre Jean, l'Abbé Camille Mercier, professeur de latin. Congrégation de la Sainte-Vierge : directeur : Mgr Wilfrid Lebon ; secrétaire : Joachim Lacroix. Cercle Mailloux : cercle de l'Association catholique de la jeunesse canadienne-française fondé au collège en 1909. Aumônier-directeur : l'Abbé Camille Mercier. Parmi les membres : Joachim Lacroix. Société Sainte-Cécile (chorale). Parmi les ténors : Joachim Lacroix.
22 novembre	La Sainte-Cécile. Les élèves jouent *Renégat et martyr* du Père Camille, drame en trois actes. Parmi les acteurs : Joachim Lacroix.
23 décembre	Vacances de Noël.

1934

8 janvier	Retour au collège.

18 juin	Distribution des prix. Joachim : Prix Lambert (« Prix de $5.00 offert par Monsieur F.-X. Lambert, entrepreneur général, et partagé entre les deux élèves qui ont fait la meilleure dissertation sur la désertion des campagnes et ses conséquences néfastes. » (*Annuaire*, p. 162)
5 septembre	Rentrée au collège en Philosophie junior (25 élèves). 463 élèves au collège. Professeurs : l'Abbé Antoine Lévesque, professeur de philosophie, l'Abbé Clément Leclerc, préfet des études. Cercle Mailloux (ACJC). Aumônier-directeur : l'Abbé Clément Leclerc. Parmi les membres : Joachim Lacroix.
20 septembre	« Les "Noirs" d'Afrique vont se convertir en gaieté : le Père Armand Roy, des Pères Blancs, sera au milieu d'eux cet automne. Il fait aujourd'hui sa visite d'adieu au collège. » (*Annuaire*, p. 98)
21 octobre	« Le Rév. Père Am. Fournier, C.SS.R., ex-missionnaire en Indochine [...] parle du magnifique essor missionnaire qui se développe chez nous depuis quelques années. » (*Annuaire*, p. 101)
23 octobre	« Le fameux film : "Les 26 martyrs du Japon" se déroule à la salle académique devant tous les élèves qui savent apprécier l'héroïsme de la foi. » (*Annuaire*, p. 102)
28 novembre	« De terrifiantes histoires de tigres, de lions et de serpents hantent ce soir bien des imaginations... Peut-il en être autrement, après avoir entendu raconter les émotions d'une première journée de missionnaire en Afrique ?... C'est celle du Rév. Père J.-R. Bissonnette, Provincial des Pères Blancs, qui, habile conteur, est encore plus habile conférencier. Devant toute la communauté réunie dans la salle académique, le Rév. Père mêle finement l'agréable et le sérieux, pour faire connaître ses chères Missions d'Afrique si pleines d'espérances apostoliques, selon la parole de Pie XI lui-même :"Le soleil de la Rédemption éclaire aujourd'hui l'Afrique." » (*Annuaire*, p. 104-105)
22 décembre	Vacances de Noël.

1935

8 janvier	Retour au collège.
15 juin	Ordination de Alexandre Lacroix, frère de Joachim.
17 juin	Distribution des prix. Joachim : 2ᵉ (5ᵉ) accessit de théorie musicale.
18 juin	Vacances d'été.
4 septembre	Dernière rentrée au collège en Philosophie senior (20 élèves). 501 élèves au collège. Professeur : l'Abbé Paul Bernier.
11-15 septembre	Retraite prêchée par les Pères Ferdinand Faure et Conrad Hauser, s.j. Congrégation de la Sainte-Vierge. Directeur : Mgr Wilfrid Lebon, p.d. Aux 2ᵉ et 3ᵉ élections, Joachim Lacroix est nommé assistant. J.E.C. « La « Jeunesse Étudiante Catholique », établie au Collège depuis septembre 1935, est un mouvement spécialisé d'Action catholique pour le milieu étudiant. » (*Annuaire*, p. 53) Aumônier : l'Abbé Clément Leclerc. Parmi les jécistes : Joachim Lacroix.
14 novembre	« Le sympathique Père J.-R. Bissonnette, Provincial des Pères Blancs, donne aux élèves un sermon sur l'œuvre des missions ; cette œuvre a besoin de prières, de sacrifices, d'aumônes et aussi... d'ouvriers. (*Annuaire*, p. 145)
16 décembre	Le Cardinal Rodrigue Villeneuve, archevêque de Québec « va causer philosophie et apologétique chez les Finissants » (*Annuaire*, p. 145).
23 décembre	Vacances de Noël.

1936

8 janvier	Retour au collège.
28 février	Inhumation de Abraham Lacroix, grand-père de Joachim, à l'âge de 81 ans et 6 mois, à Saint-Raphaël.
11 mars	« Les Finissants envisagent définitivement le problème de la vocation, sous la conduite de Mgr Wilfrid Lebon, p.d., directeur spirituel. » (*Annuaire*, p. 154)
17 avril	« Heureuse et grande nouvelle annoncée à midi par la radio : le Révérend Père Marie-Joseph Lemieux, O.P., actuellement missionnaire au Japon, est nommé évêque de Sendai (Japon). Le Père Lemieux est un ancien du collège. » (*Annuaire*, p. 157)
26 mai	« Les Finissants font leur promenade annuelle à la Pointe de la Rivière-Ouelle. » (*Annuaire*, p. 162)
27 mai	Assemblée publique de la J.E.C.
18 juin	« L'année scolaire se termine ; les examens sont clôturés par les lectures des notes. Dernière séance à l'amphithéâtre pour la distribution des prix spéciaux [Joachim : 1er (4e) accessit de théorie musicale] et les adieux des Finissants ; M. Raymond Paré parle au nom de ceux qui quittent l'*Alma Mater* ; six d'entre eux s'en vont au monde, quatorze au sanctuaire. Le *Te Deum* chante la reconnaissance de tous pour les bienfaits dont Dieu a rempli les jours qui finissent. "Jours heureux..." » (*Annuaire*, p. 165)
19 juin	Départ définitif du collège.
26 juillet	Entrée au noviciat des Dominicains à Saint-Hyacinthe pour une année de probation.
4 août	Prise d'habit. C'est à partir de ce moment que Joachim devient le frère Benoît (p. 118).

1937

été	Entrée de sa sœur Cécile chez les Missionnaires de l'Immaculée-Conception, à Pont-Viau.
5 août	Arrive au *Studium Generale* des Dominicains à Ottawa (96, avenue Empress). Il y poursuivra ses études jusqu'en juin 1941. De 1937 à 1939 : études philosophiques. Enseignement du Père Louis-Marie Régis, o.p., un de ses « maîtres », dont il dit encore aujourd'hui qu'il était un « sorcier » et « le meilleur pédagogue » qu'il ait jamais connu. De 1939 à 1941 : études théologiques. La plupart des livres qui ont marqué sa vie ont été découverts à Ottawa (p. 25).

1938

février	Premier article, si l'on excepte celui paru dans *L'Aiglon* (1933), sous forme de compte rendu du livre *Croire... ou ne pas croire* de Th. Paravy, dans la chronique « L'Esprit des livres » de la *Revue dominicaine*, à laquelle il collaborera souvent par la suite.

1941

5 juillet	Ordonné prêtre à Ottawa, par Mgr Alexandre Vachon, archevêque d'Ottawa.
6 juillet	Première messe solennelle à Saint-Michel-de-Bellechasse.
septembre	Complète ses études théologiques au St. Basil's Seminary à Toronto, de 1941 à 1943.

En même temps, à partir de 1941 jusqu'en 1946, il fait des études en histoire au Pontifical Institute of Mediæval Studies de Toronto (59, Queen's Park), sous la direction des professeurs G.B. Flahiff et de D. Ladner.

1942

septembre — Fondation de l'Institut d'études médiévales à l'Université de Montréal. Premier directeur pour cinq ans : le Père Thomas–Marie Chenu, o.p. Les premiers cours se donnent au Couvent des Dominicains, au 831, avenue Rockland, à Outremont.

1943

25 septembre — Obtient le titre de Lecteur en Théologie, sur présentation d'une thèse de licence en Théologie titrée : *Ralph Niger's digest on the book of Numbers. A Study on Lincoln Cathedral, Ms. 23* (72 p.) et « après un examen oral de deux heures et demie sur 100 thèses philosophiques et théologiques. »

1944

mai — Obtient une Licence ès Sciences médiévales (section Histoire) au Pontifical Institute of Mediæval Studies de Toronto, avec une thèse intitulée *Critique en Angleterre au temps des premiers Plantagenets* (227 p.).

1945

Début de son enseignement. Chargé de cours (jusqu'en 1950) en historiographie, en méthodologie et en paléographie à l'Institut d'études médiévales de l'Université de Montréal. Aussi secrétaire. Charge de père maître des frères convers dominicains jusqu'en 1960. Il publiera à leur intention : *Compagnon de Dieu* (1961).

février — Premier article de fond : « À la mémoire de Garneau », sur la 8ᵉ édition revue et corrigée de l'*Histoire du Canada* de François–Xavier Garneau, préparée par son fils Hector Garneau, dans la *Revue dominicaine* (p. 74–81).

septembre — Chargé de cours pendant un an en histoire littéraire du Moyen Âge au Collège Dominicain d'Ottawa.

décembre — « D'Orléans à Lisieux », comparaison entre Jeanne d'Arc et sainte Thérèse de l'Enfant Jésus, dans la *Revue dominicaine* (p. 309–312).

1946

Rencontre du philosophe français Étienne Gilson, un autre de ses grands « maîtres », et, également, de Jacques Maritain, professeurs au Pontifical Institute of Mediæval Studies de Toronto. À plusieurs reprises, les trois habitent le Brenner Hall du St. Michael's College, ce qui facilite les rencontres.

Selon Benoît Lacroix, ses véritables débuts d'écrivain datent de cette époque (*Essai de bio–bibliographie...*, p. 6).

Il y rencontrera aussi Henri–Irénée Marrou de La Sorbonne (Paris), l'un de ses plus importants « maîtres ». Marrou et Gilson seront souvent invités à l'Institut d'études médiévales de l'Université de Montréal.

juin — Compte rendu de la 2ᵉ édition de *La Philosophie au moyen âge des origines patristiques à la fin du XIVᵉ siècle* de son maître Étienne Gilson

	(Paris, Payot, 1944), dans *Culture* (p. 194–219).
septembre	Chargé de cours en langue et littérature latine, jusqu'en 1950, à l'Institut d'études médiévales de l'Université de Montréal.
décembre	Premier article au sujet de Lionel Groulx, l'un de ses derniers « maîtres », au sujet d'une entrevue accordée au journal *Le Devoir* sur l'Institut d'histoire de l'Amérique française : « En marge d'un[e] interview », dans la *Revue dominicaine* (p. 278–284).

1947

	Archiviste de la Société des études médiévales de Montréal, pendant plusieurs années.
	Suit les cours du professeur A. Denomy, titulaire de la chaire romaine (historiographie) au Pontifical Institute of Mediæval Studies.
avril	Compte rendu d'un ouvrage d'un de ses maîtres, Louis-Marie Régis, o.p., *St Thomas and Epistemology*, dans la *Revue dominicaine* (p. 252).
juin ss	Série de conférences sur la liturgie aux Moniales Dominicaines de Berthierville.
septembre	Parution de son premier livre *Sainte Thérèse de Lisieux et l'histoire de son âme* (éd. du Lévrier, 155 p.), sous le pseudonyme de deux villages de Bellechasse, le sien et le village voisin : Michel de Ladurantaye. La découverte de sainte Thérèse aura eu un impact considérable, et fort durable, jusqu'en 1995, sur sa vie spirituelle.
octobre	« Un centre de savoir et de culture », sur l'Institut d'études médiévales de l'Université de Montréal, dans *Relations* (p. 315–317).
21 décembre	*Sermon de première messe du R.P. Pierre Germain, c.s.c.* à Outremont (8 p. dact.).

1948

	Préface à une étude de texte de M.B. Ellis, *Robert Charbonneau et la création romanesque* (p. 7–9).
	« Philosophie et incarnation selon saint Augustin », sur la conférence d'Étienne Gilson, ses idées et sa méthode, dans *Traditio* [revue fondée à New York en 1943] (p. 377–378).
	« The Notion of History in Early Mediæval Historians », résumé de sa thèse de doctorat, dans *Mediæval Studies* de Toronto (p. 219–223).
	« Le Songe de Jean de Meun », dans *Culture* (p. 408–413).
janvier	« Gilson inaugure les conférences Albert-le-Grand », dans la *Revue dominicaine* (p. 50–52).
mars	Compte rendu du livre de M.B. Ellis, *Robert Charbonneau et la création romanesque*, dans la *Revue dominicaine* (p. 180–182), sous la signature : M.L. [Michel Ladurantaye].
1er juillet	« L'Institut d'études médiévales », dans *L'Action universitaire* de Montréal (p. 362–370). Article repris dans *L'Action catholique* de Québec (1er septembre 1948, p. 4) et dans *Le Droit* d'Ottawa (28 septembre 1948).

1949

mars	Article « Pourquoi le moyen âge ? », dans la *Revue dominicaine*.
avril	Suite de l'article précédent : « Le moyen âge et le Canada français », dans la *Revue dominicaine*.
avril	Secrétaire de la Société d'études médiévales Albert-le-Grand de

	Montréal, présente une conférence *Notion d'histoire au moyen âge* (6 p. dact.).
septembre	« Avons–nous des historiens ? », sur l'historiographie ecclésiastique au Canada (1940–1948), dans la *Revue dominicaine* (p. 84–96).
septembre	Compte rendu de Lionel Groulx sur les articles de Benoît Lacroix parus dans la *Revue dominicaine* de mars et avril, dans *Revue d'histoire de l'Amérique française*, p. 287–288.
novembre	« Notule sur un texte de M. Robert Élie », à propos du *Refus global de P.–E. Borduas*, dans la *Revue dominicaine* (p. 236–237).
	« Canada », sur l'histoire au Canada français de 1940 à 1949, dans la *Revue d'histoire ecclésiastique* de Louvain (p. 721–725).

1950

janvier	À l'occasion de la semaine sainte, prépare en collaboration avec la direction, un numéro spécial pour la *Revue dominicaine*, qui publie des textes de plusieurs écrivains et théologiens. Sous la plume de Benoît Lacroix, l'article « Les espoirs de l'année 1950 » (p. 52–64).
mars	Premier ouvrage, opuscule, sous le nom de Benoît Lacroix, *Pourquoi aimer le moyen âge ?* (L'Œuvre des tracts, 16 p.) Nouvelle version des deux articles parus dans la *Revue dominicaine* en 1949. Mandaté par le Père Demnan, o.p., fondateur des Filles de Sainte–Catherine de Sienne, institut séculier fondé à Paris en 1947, pour tenter d'établir au Canada une branche de cet Institut. Devient, à la mort du fondateur, responsable pour quelque temps, de l'Institut en Europe et au Canada. Ensuite, il continuera de s'occuper de la branche canadienne–française et de participer à la rédaction du bulletin mensuel qu'il fondera en 1954 : *Vigilantes*. Lettres signées : Père Lacroix. Conférencier régulier chez les Moniales Dominicaines de Berthierville de 1950 à 1955 et sporadiquement par la suite.
16–19 février	Journées des intellectuels catholiques de l'Université de Montréal. Article « À la sortie de Carrefour "50" », dans la *Revue dominicaine* (avril 1950, p. 212–222).
juillet–août	« La queste de joie », sur les Moniales Dominicaines de Berthierville à l'occasion de leur 25e anniversaire de fondation, dans la *Revue dominicaine* (p. 5–11).

1951

	Bourse du Conseil de recherches en sciences humaines du Canada, pour des recherches sur la notion d'histoire.
janvier	Compte rendu sur les contes *Le phénix doré. Le fin voleur de Valenciennes. La princesse de Tomboso. L'eau qui rajeunit. La fontaine de Paris. Bague de vertu*. Illustrations par Marius Barbeau, dans la *Revue dominicaine* (p. 59). Sous la signature : M.L. [Michel Ladurantaye].
16 janvier	Décès de Rose–Anna Blais, épouse de Caïus Lacroix, mère de Joachim, à Saint–Michel, à l'âge de 68 ans et 5 mois.
avril	« La date du XIe livre du *De civitate Dei* » de saint Augustin (ce livre serait de 417/418), dans *Vigiliæ Christianæ* (Nimègue ; p. 121–122).
mai	Obtient un Doctorat ès Sciences médiévales, avec la mention *magna cum laude*, avec une thèse intitulée : *Les débuts de l'historiographie médiévale. Ses origines. Son esprit. Ses méthodes* (1950, 274 f. dactylo-

| | graphiés, 7 exemplaires).
Premier doctorat ès Sciences médiévales accordé par le Pontifical Institute of Mediæval Studies de l'Université de Toronto (depuis sa fondation en 1929).
Polycopie de cette thèse en 200 exemplaires sous le titre : *Les Débuts de l'Historiographie chrétienne. Ses origines patristiques et médiévales* (Montréal, Institut d'études médiévales, 1951, 275 p.).
31 mai | Communication au Congrès régional du Conseil canadien des recherches en humanités, à l'Université de Montréal : *L'humanisme des historiens du moyen âge*, reproduite dans *Culture* (septembre 1951, p. 275–285).
septembre | Nommé professeur agrégé (jusqu'en 1960) de l'Institut d'études médiévales à l'Université de Montréal. Cours sur l'historiographie et ses problèmes.
Publie un recueil de textes grecs et latins avec traduction française en regard : *L'Histoire dans l'Antiquité. Florilège suivi d'une étude* (Montréal, IEM, Paris, Vrin, 252 p.). Préface de Henri–Irénée Marrou (un extrait, p. 147–148).
septembre | Compte rendu de Lionel Groulx sur *L'Histoire dans l'Antiquité*, dans *Revue d'histoire de l'Amérique française*, p. 287–288.
14 octobre | Communication au 19e Congrès de l'ACFAS à Montréal : *Un historien au moyen âge* (8 p. dact.).
octobre | « Quand Marrou parle », sur la conférence Albert–le–Grand présentée par l'Institut d'études médiévales, dans la *Revue dominicaine* (p. 185–186).
octobre | « Cinquantenaire des Pères Blancs canadiens », sur cette communauté où il avait d'abord pensé entrer, dans la *Revue dominicaine* (p. 186–187), sous la signature : O.P.
novembre | « Méditations de novembre », dans la *Revue dominicaine* (p. 195–206). Sur cet article, note dans *Culture* (décembre 1951, p. 538).
23 novembre | Décès de l'oncle et du parrain de Joachim, Alphonse Lemieux, époux de Anaïs Lacroix, à Saint-Raphaël, à l'âge de 73 ans et 1 mois.
décembre | Sur « *Le Petit Monde de Don Camillo* » de Giovanni Guareschi, qu'il « faut lire dans la joie », dans la *Revue dominicaine* (p. 304).

1952

| | Série de 30 conférences données aux Moniales Dominicaines de Berthierville de 1952 à 1955 : *Saint–Dominique et Jésus* (412 p.).
juin | « André Mignault, violoncelliste », sur le premier concert d'un jeune artiste, dans la *Revue dominicaine* (p. 306).
juin | Compte rendu de *Histoire du Canada par les textes* de Michel Brunet, Guy Frégault et Marcel Trudel, dans la *Revue d'histoire de l'Amérique française* (p. 140–142).
juillet–août | « Lettres canadiennes et historiographie », compte rendu sympathique du livre de René Latourelle, s.j. sur Jean de Brébeuf, dans la *Revue dominicaine* (p. 54–57). Voir p. 461.
octobre | « Concours littéraires et scientifiques de la Province de Québec ». Le deuxième prix de la section de philosophie, théologie et sciences religieuses, est accordé à sa thèse de doctorat *Les Débuts de l'Historiographie chrétienne* (voir mai 1951).
3 octobre | Conférence, « Spiritualité du quotidien », au Carmel de Montréal.

	Publiée dans *Paroles à des religieuses* (1985, p. 189–198).
24 novembre	Conférence à la Société de Philosophie à Montréal : *L'intelligibilité de l'historique chez St Augustin* (étude de *De Musica* ; 8 p. dact.).
	Bourse du Conseil de recherches en sciences humaines du Canada pour des recherches sur les sources latines du Moyen Âge, à l'École des Hautes Études (1952–1953) et à l'École des Chartes (1953) de Paris. S'embarque à destination de l'Europe. Étudiant à l'École des Hautes Études de Paris, où il fait la connaissance de Paul Vignaux, qui sera souvent par la suite invité à l'Institut d'études médiévales de l'Université de Montréal.
décembre	« Une spiritualité pour les laïcs », sur le Tiers–Ordre dominicain, dans la *Revue dominicaine* (p. 258–269).

1953

	Aumônier adjoint au Centre Richelieu, Place de La Sorbonne à Paris (lieu de rassemblement des étudiants catholiques) et au Centre Saint–Yves de la Faculté de Droit de La Sorbonne. Conseiller des étudiants étrangers.
	Durant cette année, il accompagne les étudiants dans des pèlerinages à Chartres, des voyages à Rome, à Assise, en Grèce, au Proche–Orient et en Espagne.
31 mars	Carte postale de Paris à sa nièce Rolande Lacroix–Lamontagne : « Nous partons *en train* pour la Suisse. Le train file. 1200 étudiants à bord. Ça fait du tapage, mais c'est vivant ! "Mon Oncle" » Voir p. 422–424
avril	« Notes et variantes sur un nouveau Nelligan », à propos de l'édition critique de Luc Lacourcière, *Poésies complètes* de Émile Nelligan, dans la *Revue dominicaine* (p. 176–179).
6 avril	*Sermon aux Moniales Dominicaines de Prouille* (6 p. dact.).
28–30 avril	Seul délégué canadien au premier Colloque international de paléographie à Paris.
[Début juin]	Carte postale de Paris à son père : « Je pars pour Chartres dans quelques heures. Je prierai Notre–Dame pour vous. — La semaine prochaine je serai probablement en Allemagne [...] »
12 juin	Carte postale de Paris : « Cher Papa, Avec l'été, le beau temps reviendra. Votre garçon arrive d'une petite "trotte" qui avec des amis l'a amené de l'Alsace en Allemagne occupée, puis en Suisse, puis en Italie et de nouveau en France. Je parle... d'aller en Espagne et au Portugal. On ne sait jamais une fois parti. J'irais avec un groupe. Vers la mi–juillet. [...] »
22 juin	Départ de Paris pour l'Espagne.
été	Voyage en Palestine.
novembre	Sur l'océan, en route vers le Québec.

1954

De retour au pays, s'occupe de plusieurs organismes étudiants : Pax Romana, l'Action catholique universitaire, Carrefour, le Centre des Intellectuels catholiques canadiens.

Publication de *Vie des lettres et histoire canadienne*, suivi d'un lexique pour servir à l'étude de notre histoire littéraire (éd. du Lévrier, 77 p.).

Nouvelle version des articles publiés dans la *Revue dominicaine* : « Vie

	des lettres » (janvier–février 1953), « Vérités littéraires » (mars 1953), « Les Enfances canadiennes de la littérature, I et II » (avril et mai 1953), « Littérature comparée et histoire canadienne » (juin 1953). *Early Mediæval Historiography* et *Carolingian Humanism and its Historiography*, dans un ouvrage en collaboration : The Development of Historiography (Harrisburg, Ed. Fitzsimons, Pundt, Nowell. p. 15–35). Préface signée Michel Ladurantaye de *« D'abord un mot... Coups de dés* par Marjorie Mac Cubbin (p. 7).
mai	« Quand nous sommes à l'âge du courage », sur la préface de Gilles Marcotte au *Journal* de Saint–Denys–Garneau (Beauchemin, 1954), dans la *Revue dominicaine* (p. 247–248).
juin	« "Je me souviens", donc je prévois », sur la fête nationale du 24 juin, dans la *Revue dominicaine* (p. 259–264).
octobre	« De Chrétien de Troyes à Saint–Denys–Garneau, 1165 et 1937 », dans la *Revue dominicaine* (p. 130–136).
novembre	« Sous presse... », sur le livre de Henri–Irénée Marrou, *De la connaissance historique*, dans la *Revue dominicaine* (p. 247–248).
décembre	Compte rendu *De la connaissance historique* de son maître Henri–Irénée Marrou, dans la *Revue d'histoire de l'Amérique française* (p. 435–441).

1955

15 janvier	« Quand le père Lacroix se corrige », *L'Action catholique* de Québec (p. 4), repris sous le titre de « Réponse à Erasmus, "celui de Québec" », dans la *Revue dominicaine* (janvier–février 1955, p. 48–52), à propos de son ouvrage *Vie des lettres et histoire canadienne* (1954).
	Organise avec des étudiantes le premier pèlerinage annuel à Saint–Benoît–du–Lac.
	Comité de publication (secrétaire) de la collection « Classiques canadiens », chez Fides, jusqu'en 1975.
1er août	Conférence au Congrès d'études sur le patronage de saint Joseph à l'Oratoire Saint–Joseph à Montréal : *Le sens du patronage de saint Joseph*, reproduite dans *Les Cahiers de Joséphologie* (juillet–décembre 1955, p. 193–218).
septembre	Nommé par le Chapitre Provincial promoteur pour toutes les sœurs Dominicaines de la Province canadienne, pour une durée de trois ans.
octobre	« Culture française et histoire canadienne », dans la *Revue dominicaine* (p. 143–153).
novembre	Professeur invité à l'Université Laval de Québec, il donne une série de 15 cours sur la littérature médiévale.
20 décembre	*Sermon de prise d'habit de Louise Codere (Sœur Marie Pia de la Trinité)*, au Monastère des Moniales Dominicaines de Berthierville (7 p. dact.).
23 décembre	*Thomas–André Audet, o.p.* (paru sous la signature du prieur général, Thomas–M. Rondeau, o.p. ; 16 p.).

1956

Publie *Saint–Denys Garneau*. Choix de textes groupés et annotés (95 p.), le n° 4 de cette collection. Édition originale : 5000 exemplaires. Nouvelles éditions en 1967 et 1969 (96 p.). Voir p. 340.

mars	« Micheline Legendre et ses marionnettes », dans la *Revue dominicaine* (p. 113).
mars	Compte rendu de *Saint Augustin et l'augustinisme* de Henri–Irénée Marrou, dans la *Revue dominicaine* (p. 121–122).
	Directeur fondateur, avec Jean Ménard, de la collection « Vie des lettres canadiennes » (aujourd'hui « Vie des lettres québécoises ») aux Presses de l'Université Laval de Québec, jusqu'en 1975.
7 octobre	Visite chez Mgr Félix–Antoine Savard, qui lui transcrit un poème *La coquille de Saint–Jacques* (1951), ainsi dédicacé : « Au cher ami, le Père Benoît Lacroix, o.p. en souvenir de sa visite chez moi, le 7 octobre 1956 ».
3 novembre	Communication au 24e Congrès de l'ACFAS à l'Université de Montréal : *Toynbee et la religion*, reproduite dans *Sciences ecclésiastiques* (janvier 1957, p. 67–75).
27 novembre	Conférence à la Société de Philosophie à Montréal : *Un cas de philosophie de l'histoire au Ve siècle* [Orose] (12 p. dact.).

1957

Pierre Tisseyre, du Cercle du Livre de France, propose à Benoît Lacroix de préparer un livre sur la littérature religieuse au Canada. Ce projet n'a pas eu de suite.

janvier	« Toynbee et la religion », dans *Sciences ecclésiastiques*, Montréal (p. 67–77).
	« La importancia de Orosio », dans *Augustinus* II, Madrid (p. 5–13).
juillet–août	Boursier du « Canadian Humanities Research Council » du Canada et du « Conseil canadien des Arts », il retourne en Europe pour des études sur l'art médiéval.
	Séances d'été au Centre d'études supérieures de Civilisation médiévale de l'Université de Poitiers : art et archéologie romans. Re–découverte de l'art roman, qu'il aime toujours passionnément.
9 septembre	À Paris.
1er octobre	Départ de Paris pour la Suisse.
10 octobre	Départ de la Suisse pour Paris.
22 octobre	Départ de Paris pour Le Havre où il s'embarque sur le *Homeric* à destination de Montréal.

« Le Père Lacroix établit des correspondances savantes entre l'art littéraire et la philosophie. » (Samuel Baillargeon, *Littérature canadienne–française*, Montréal, Fides, [1957], p. 428 : « La critique littéraire »)

1958

Prédication de la retraite annuelle chez les Carmélites de Montréal.

« Les adversaires... dans la *Cité de Dieu* », dans *Mediæval and Renaissance Studies*, Londres (p. 163–175).

« L'enseignement des humanités », dans *Culture*, 12 (p. 432–437).

janvier–février	Compte rendu de *L'Aventure poétique et spirituelle de Saint–Denys–Garneau* par Romain Légaré, o.f.m., dans la *Revue canadienne* (p. 60–61).
Vendredi saint	Causerie à la radio de Radio–Canada : *Les chants de la douleur* (5 p. dact.). Texte lu lors d'un concert sous la direction de Fernand Gratton, avec la participation de Denys Harbour et de Richard Verreault.

septembre	« Hommage au Chanoine Groulx », à l'occasion de son 80ᵉ anniversaire de naissance, dans la *Revue dominicaine* (p. 110). Voir p. 309 ss.
décembre	Invité par l'École de Bibliothécaires de l'Université de Montréal, donne une série de cours sur l'histoire de l'écriture et du livre. Enseignera également pendant les années 1959–1960 et 1960–1961.
décembre	Compte rendu critique sur *La Présence anglaise et les Canadiens* de Michel Brunet, dans la *Revue d'histoire de l'Amérique française* (p. 428–434). Reproduit dans *Lectures* (avril 1959, p. 252–254).
1958–1959	Conférence sous les auspices de l'ACFAS présentée aux Collège Basile–Moreau, École Ignace–Bourget, Collège Saint–Denis, Externat classique Saint–Viateur de Montréal et au Collège de Victoriaville : *Qu'est-ce qu'un milieu cultivé selon les anciens et quelques modernes ?* (13 p. dact.).

1959

19 et 27 mars	Causerie à la radio de Radio–Canada à l'émission *Le Réveil rural* : *La passion du doux Jésus* [méditation pour le Vendredi saint] (6 p. dact.).
avril	« Les tapisseries de Micheline Beauchemin », dans la *Revue dominicaine* (p. 183).
avril	« Conrad Laforte bibliographe, dans la *Revue dominicaine* (p. 183–184).
avril	Boursier du « John Simon Guggenheim Memorial Foundation de New York » (1959–1960), il poursuit ses recherches sur la philosophie de l'histoire au Vᵉ siècle (ce qui deviendra *Orose et ses idées*, 1965) à Widener College Library de l'Université Harvard (Cambridge, Mass.).
mai	« Hugues de Saint–Victor et les conditions du savoir au Moyen Âge », dans *An Etienne Gilson Tribute*. Presented by his North American Students with a Response by Etienne Gilson (Milwaukee, The Marquette University Press, p. 118–134).
31 octobre	Communication au 27ᵉ Congrès de l'ACFAS, à l'Université de Montréal : *Dynamique de l'histoire mondiale d'après Christopher Dawson* (10 p. dact.).

1960

janvier–février	S'occupe de mettre sur pied une association de médiévistes de langue française en Amérique.
janvier–février	« Les gouaches de René Derouin », dans la *Revue dominicaine* (p. 53).
23 janvier	Émission *Premier Plan*, animée par René Lévesque, à la télévision de Radio–Canada (dimanche 10h00–11h00). Présentation et commentaire de textes chrétiens sur l'antisémitisme.
avril	« Le père E. A. Langlais et la vie religieuse », le père maître, qui fut le sien, des novices chez les Dominicains, dans la *Revue dominicaine* (p. 131–142). Il écrit ce qu'il dira près de 30 ans plus tard : « on ne naît pas dominicain. On le devient, et longtemps, et même toujours ».
mai	Nommé professeur titulaire (jusqu'en 1981) de l'Institut d'études médiévales.
3 juillet	*Sermon prononcé à l'occasion du XXVᵉ anniversaire de sacerdoce de l'Abbé Alexandre Lacroix*, à Saint–Michel–de–Bellechasse (5 p. dact.).
5 juillet–14 août	Voyage en Europe avec un groupe d'étudiantes. *Notes de voyage* (dact.).

octobre–novembre	Luc Lacourcière lui dédie son article « Les transformations d'une chanson folklorique : Du Moine tremblant au Rapide–Blanc », dans *Recherches sociographiques*, p. 401 : « Au p. Michel de la Durantaye, moine blanc ».
décembre	Nommé membre du Conseil de la Faculté de philosophie de l'Université de Montréal.

1961

	Parution de *Compagnon de Dieu* (éd. du Lévrier, 365 p. ; voir 1945)
avril	Départ pour le Japon, où il est professeur invité à l'Université nationale de Kyoto (voir p. 189 ss).
août	Denise Daudelin, *Essai de bio–bibliographie du R.P. Benoît Lacroix, o.p. (1937–1960)*. Préface de Jean Ménard, Université de Montréal, École des bibliothécaires, 122 p.
29 octobre	Décès de Anaïs Lacroix, épouse de Alphonse Lemieux, tante et marraine de Joachim, à l'âge de 81 ans et 10 mois.

1962

janvier	Premier numéro de *Maintenant*, qui remplace *La Revue dominicaine*. Benoît Lacroix fait partie du comité de rédaction et écrira régulièrement dans la revue jusqu'en 1965. « Invitation à la vie intérieure », dans *Échanges spirituels* (p. 109–112). Repris dans *Paroles à des religieuses* (1985, p. 183–186).
mars	« On dit que les évêques... », dans *Maintenant* (p. 110).
mai	« L'homme de la tradition », dans *Maintenant* (p. 191). Sur le poète de Saint–Denys Garneau.
octobre	« La charité et les élections », dans *Maintenant* (p. 347).

1963

	Membre correspondant du Centre d'études supérieures de civilisation médiévale de Poitiers.
mars	« Normand Hudon dépasse–t–il la mesure ? », dans *Maintenant* (p. 95–96). L'article sera repris peu de temps après dans *La Presse*, avec une caricature de Normand Hudon arborant la légende : « Hudon vu par lui–même après la lecture du présent article ».
mai	« *Communauté chrétienne* au 2715 », dans *Maintenant* (p. 159–160). Nommé directeur (jusqu'en 1966 ; réélu pour un second mandat jusqu'en 1969) de l'Institut d'études médiévales. Bureau dans l'édifice principal de l'Université de Montréal (T 300).
30 juin	Ordination sacerdotale de Raymond Lacroix, Père Blanc, neveu de Joachim, fils de son frère Léopold, en l'église Saint–Michel–de–Bellechasse.
juillet–août	« Saint Jude : cause désespérée ? », dans *Maintenant* (p. 223–224).
24 novembre	Conférence, « Il y a 400 ans : saint Jean de la Croix », au Carmel de Montréal. Publiée dans *Paroles à des religieuses* (1985, p. 199–208).

1964

	« Commentaire », dans *Littérature et Société canadienne–française* (PUL, p. 70–74).
printemps	Parution de son premier conte, *Le P'tit Train*, illustrations de François

	Gagnon (Beauchemin, 74 p.). Nouvelle édition en 1980 et une troisième dans *Trilogie en Bellechasse* en 1986.
13 juillet	« Qu'est-ce que je fais ? Peu de choses à mon avis. Un sermon à l'église [du 2715] (terminé), une conférence sur Alain Grandbois [et l'amour courtois] (brouillon terminé), traduction de textes du moyen âge (inachevables !), conférence aux Moniales de Berthierville (en route), grand dîner intempérant et immodéré [...] (digéré), et du fonctionnarisme pour 22 1/2 mois encore ! » (Lettre)
21 juillet	« Actuellement j'essaie de re-partir un autre conte [*Les Cloches*], qui pourrait prendre bien du temps [publié en 1974], mais dont je tiens quelque peu le fil depuis quelques heures. » (Lettre)
26 juillet	« Je travaille modérément, actuellement, sur Grandbois, textes du moyen âge, St-Denys Garneau. Rien de bien sérieux, chaque fois. Le mois de juillet a été plutôt humide et il a fallu modérer mes activités culturelles pour augmenter mes activités artistiques : musique, visite au Musée. » (Lettre)
31 juillet	Départ pour New York : quelques jours de vacances chez des amis.
4 août	Retour à Montréal.
23 novembre	Conférence « Alain Grandbois et l'amour courtois » au Collège Basile-Moreau de Montréal.

1965

5 avril	Organise une Journée d'études sur le Rapport Parent et l'humanisme traditionnel, à l'Institut d'études médiévales.
début juin	Retraite aux Dominicains à Saint-Hyacinthe.
juillet-août	« Les ambiguïtés de la vocation religieuse féminine. Résultats d'un sondage », dans *Communauté chrétienne* (p. 309-316). Repris dans *Paroles à des religieuses* (1985, p. 93-103).
juillet-août	« Quand des femmes exercent l'autorité », dans *Communauté chrétienne* (p. 331-343). Repris dans *Paroles à des religieuses* (1985, p. 61-75).
8 septembre	« Je suis revenu ici dès hier soir. Je m'y trouve bien, trop bien presque. C'est tranquille ; il fait frais, on a du "fun" et c'est pas compliqué à vivre. Ce matin je suis allé dire ma messe à l'église de St-Michel et après une visite à la tombe de ma mère, je suis allé revoir les fonts baptismaux où il y a 50 ans j'ai été nommé Joachim ! » (St-Michel-de-Bellechasse, 3ᵉ rang !) (Lettre)
octobre-décembre	« Histoire générale et sens des faits dans l'Antiquité chrétienne », dans *Sciences ecclésiastiques* (p. 513-516).
8 novembre	Départ pour le Rwanda où il est professeur invité à l'Université nationale du Rwanda, fondée par le Père Georges-Henri Lévesque, o.p. en 1963.
décembre	Parution de ses livres *Orose et ses idées* (Montréal, IEM, Paris, Vrin, 235 p.) et *Le Japon entrevu* (Montréal et Paris, Fides, 113 p.) pendant son séjour au Rwanda. François Parmentier, « *Le Japon entrevu* », dans *Livres et Auteurs canadiens 1965*, p. 152.

1966

1ᵉʳ février	Conférence *Saint–Denys Garneau et l'amour blessé* (26 f. dactylographiés) à l'Université nationale du Rwanda.
2 février	À la radio nationale du Rwanda, l'on présente la conférence de la veille qui a été enregistrée.
9 février	Départ de Butare (Rwanda) pour Entebbe (Ouganda). À minuit et demi, départ pour Athènes–Rome–Paris. « Au moment où je quitte Entebbe, on parle d'un coup d'état militaire. Ouf ! ! » 5 avions en 16 heures.
10–24 février	À Paris, rencontre Henri–Irénée Marrou, assiste à quelques spectacles (Jacques Douai, Ionesco), voit quelques films, etc. Voyages à Marseille, Aix–en–Provence et Poitiers pour l'Université nationale du Rwanda.
24 février	Retour à Montréal.
mai	« Ève la divine », dans *Maintenant* (p. 180). Repris dans *Paroles à des religieuses* (1985, p. 11–13). Texte, p. 569–570.
mai	Compte rendu de Paule Saint–Onge sur *Le Japon entrevu* dans *Châtelaine*, p. 14.
juin	Lionel Groulx, « Le Japon entrevu », dans la *Revue d'histoire de l'Amérique française*, p. 132–134.
5 juillet	25ᵉ anniversaire de sacerdoce chez les Dominicaines de Berthierville.
6 juillet	Messe du 25ᵉ anniversaire à Saint–Michel–de–Bellechasse.
18 juillet	Lancement offert par le Directeur des Éditions du Lévrier et le Consul honoraire du Rwanda au Canada [Pierre Valcour] de *Le Rwanda. Mille heures au pays des mille collines* (100 p.), à l'Institut coopératif Desjardins à Lévis.
août	Conférence à Joliette : « Histoire de la spiritualité chrétienne ».
18 août	Jean–Yves Théberge, « Au pays d'Imana », dans *Le Canada français*, p. 26, sur *Le Rwanda. Mille heures au pays des mille colllines.*
automne	« Travailleurs manuels du moyen âge roman : leur spiritualité », dans *Mélanges René Crozet*, 1 (p. 523–529).
17 octobre	Début d'une série de conférences sur le Japon.
24 octobre	2ᵉ conférence sur le Japon.
14 novembre	Conférence Albert–le–Grand à l'Université de Montréal. Sujet choisi par Benoît Lacroix : *L'historien au moyen âge* (voir 1971).
15 novembre	Diner–buffet offert par les Dominicains du Couvent Saint–Albert–le–Grand pour marquer la fête patronale du Couvent et de l'Institut d'études médiévales, le 25ᵉ anniversaire de sacerdoce du Père Benoît Lacroix et du Père Hyacinthe Robillard.

« Commentaires », dans *France et Canada français du XVIᵉ au XXᵉ siècle*, éd. C. Galarneau et E. Lavoie (p. 232–235).

« Historiographie et tradition orale », dans *Situation de la recherche au Canada français* (PUL, 1962–1966).

1967

Président du Comité du Conseil des Arts, Québec.

14 janvier–4 mars	Huit colloques organisés par Sept–Jours (hebdomadaire canadien d'information) : « Dieu existe–t–il ? » Quatre philosophes et théologiens débattent la question autour d'une table ronde : « le Père Benoît Lacroix, dominicain, professeur à l'Université de Montréal, porte-

	parole catholique ; le Révérend Jacques Beaudon, pasteur protestant de l'Église Unie du Canada ; M. Naïm Kattan, journaliste, directeur du Cercle juif de langue française de Montréal, et M. François Hertel, professeur à l'Université Queen's de Kingston en Ontario qui a abandonné la prêtrise parce qu'il ne croyait plus en Dieu. La rencontre était animée par Boris V. Volkoff. » « Dieu existe–t–il ? » (14 et 21 janvier) ; « Jésus a–t–il existé et fut–il le Messie ? » (28 janvier et 4 février) ; « Les dogmes et les rites sont–ils nécessaires ? » (11 et 18 février) ; « L'œcuménisme sera–t–il un jour réalité ? » (25 février et 4 mars).
février	Conférence à Westmount : « L'Esprit et la vie dans l'Église ».
février	Conférence à l'École Pie IX, Montréal : « Le Japon et sa culture ».
2 février	Entrevue sur ruban sonore avec son père, Caïus Lacroix, et sa sœur, Marie–Jeanne Lacroix–Gagnon, à Saint–Michel–de–Bellechasse, sur les anciennes coutumes funéraires de Bellechasse.
mars	Conférence d'éducation populaire à la Commission scolaire de Montréal : « Pays et voyages ».
10 avril	À la Bibliothèque de l'Institut d'études médiévales, réception (dégustation de vins et fromages) à l'occasion du 25e anniversaire de l'affiliation de l'Institut (autrefois à Ottawa) à l'Université de Montréal.
23 mai	Lancement le jour même de la mort de Lionel Groulx de *Lionel Groulx* (collection « Classiques canadiens », 96 p.).Voir p. 340–341.
mai–juin	Naïm Kattan, « *Lionel Groulx* », dans *Bulletin du Cercle juif*, p. 3.
17 juin	Roger Duhamel, « Fin de partie ou Les Repentirs retardés », dans *Le Droit*, p. 12.
fin printemps	Lance l'idée d'un Centre d'études des religions populaires. Se qualifie d'« animateur ». Date officieuse de fondation du Centre d'études des religions populaires.
27 août–2 septembre	
	IVe Congrès international de philosophie médiévale, organisée par l'Institut d'études médiévales à l'Université de Montréal. Benoît Lacroix, un des vices–présidents du comité exécutif de la Société internationale pour l'étude de la philosophie médiévale et le directeur scientifique du congrès. donne une communication : « Arts libéraux au Moyen Âge ».
septembre	Parution de la 2e édition revue et corrigée (29e mille) de *Saint–Denys Garneau*. Textes choisis et présentés par Benoît Lacroix (« Classiques canadiens », no 4, Fides).
septembre	Compte rendu du *Lionel Groulx*, textes choisis et présentés par Benoît Lacroix, par Lucien Campeau dans la *Revue d'histoire de l'Amérique française*, p. 316–317.
11 septembre	Entrevue (sur ruban sonore) pour le Centre d'études des religions populaires avec le Père M.–Dominique Chenu, o.p. : *L'instinct de foi ; la foi populaire, la foi savante*.
22 septembre	Entrevue (sur ruban sonore) pour le Centre d'études des religions populaires avec Henri–Irénée Marrou, professeur à la Sorbonne : *La religion romaine et le projet d'études des religions populaires*.
19 octobre	Rencontre le Père Jean-Paul Audet au sujet des religions populaires.
20 octobre	« D'ailleurs ce séjour dans la vieille Europe, si conservatrice, malgré ses révolutions, vous apprendra comment l'Amérique, tout orientée vers l'efficacité, s'est détachée de ses racines et aujourd'hui s'ouvre à des difficultés qui vont peut–être l'ébranler. Ici au Québec, on parle

	toujours beaucoup, on discute, mais au fond c'est un milieu fermé, dépendant, craintif. » (Lettre)
29 octobre	« [...] ce soir rencontre avec des jeunes de l'est [de Montréal] qui veulent parler *contre*... la religion avec un prêtre ! »
	« La *Revue d'hist[oire] de l'Amérique française* publie un compte rendu fervent de mon classique "Groulx". Ô vanité ! J'en suis flatté ! »
novembre	Conférence au Collège Marguerite-Bourgeoys, Westmount : « Catéchèse à N[otre-] D[ame de] G[râce] ».
2 novembre	25ᵉ anniversaire de la Bibliothèque de l'Institut d'études médiévales.
10 novembre	Entrevue (sur ruban sonore) pour le Centre d'études des religions populaires avec le Père Jean-Paul Audet, o.p., de l'Université de Montréal : *La foi populaire dans l'Ancien Testament.*
19 novembre	« Ce que je fais ? D'abord de la catéchèse (2 fois par mois) chez les DAMES de la Congrégation, à *votre* collège [Marguerite-Bourgeoys à Westmount], avec le Père Guay, curé, et Sœur Ste-Madeleine. Auditoire : *150 religieuses.* [...] J'ai prêché à l'église [du 2715] dimanche dernier et j'ai réussi à faire rire les plus sérieux en leur parlant d'une parabole de moisson "au moment où ici nous nous apprêtons à hiverner". Ensuite, mes jeunes couples (jeudi dernier). Une conférence à Laprairie ce 26. Une autre fin de semaine aux Trois-Rivières, en décembre. Nous avons reçu les épreuves de Guillaume de Tyr [voir 1968] [...] Ai écrit deux courts comptes rendus pour une revue annuelle de livres canadiens. De plus je donne mes cours d'introduction au moyen âge ; beaucoup trop d'étudiants. Puis il y a SDGarneau [...] »
30 novembre	« [Ingmar] Bergman. C'est du solide, n'est-ce pas ? Je ne vous avais jamais dit que c'est mon auteur préféré au cinéma, avec Chaplin qui est génial dans ses comédies doublées de mélancolie. Avez-vous vu *le 7e sceau* ; c'est le moyen âge réinventé. » (Lettre)
décembre	Conférence au Centre Saint-Alphonse, Montréal : « L'Afrique centrale ».
19 décembre	Entrevue (sur ruban sonore) pour le Centre d'études des religions populaires avec Giselle Huot (Aix-en-Provence) : *Réflexions sur le projet initial.*
20 décembre	Rencontre de 4 heures avec Luc Lacourcière au sujet du Centre d'études des religions populaires. Il lui promet de lui ouvrir les Archives de folklore de l'Université Laval.
24 décembre	Entrevue (sur ruban sonore) pour le Centre d'études des religions populaires avec le Père Marcel-G. Anawati, o.p., du Caire : *La foi populaire musulmane.*
31 décembre	« La messe de Minuit à St-Albert fut magnifique : des enfants avaient décoré et c'était bien beau, touchant même. »
	« Vite je change d'idées, pour vous avertir que j'ai eu à peine le temps de toucher aux "cloches", que je ne publierai pas d'autres livres si jamais je publie mon dernier livre qui sera un opuscule plutôt, *L'historien au moyen âge.* Donc acte ! » (Lettre)
	Serge Gagnon, « *Lionel Groulx* », dans *Livres et Auteurs canadiens 1967*, p. 159.

1968

Rencontres mensuelles avec des jeunes ménages.
Catéchèse à des religieuses à tous les 15 jours jusqu'au 3 avril.

	« Quelques cours encore sur l'amitié au moyen âge et le cosmos : amitié et dignité de la nature humaine avec Ælred de Rievaux. La rencontre des "païens et de l'héritage chrétien" avec André le Chapelain (+ Ovide), Ælred (+ Cicéron), Thomas d'Aquin (+ Aristote). Les étudiants sont intéressés, intéressants » (Lettre du 12 février 1968). Membre du jury du Prix David, ministère des Affaires culturelles, Montréal.
27 janvier	Entrevue (sur ruban sonore) pour le Centre d'études des religions populaires avec le Père Raymond Caron, ethnologue français : *Les Indiens de Caïpos (Amazonie)*.
31 janvier	« mon brouillon sur *l'Historien au moyen âge*... qui sera, comme vous savez, mon *dernier* livre ». (Lettre)
5 février	Conférence sur le poète Émile Nelligan à Joliette.
14 février	Entrevue (sur ruban sonore) pour le Centre d'études des religions populaires avec le Père Raymond Caron : *Les rites de mort et d'hospitalité des Indiens de Caïpos*.
14 février	Entrevue (sur ruban sonore) pour le Centre d'études des religions populaires avec Fernand Dumont de l'Université Laval : *Foi populaire et sociologie*.
28 février	Concert présenté par les étudiants de l'Institut d'études médiévales à l'auditorium du Couvent Saint–Albert–le–Grand.
mars	« Ai recommencé ma série de conférences du soir sur l'Afrique, le Rwanda, le Japon : je suis placoteux ! » (Lettre du 10 mars 1968).
mars	« [...] des étudiants et même deux professeurs m'ont demandé d'accepter un troisième terme à la direction de l'Institut, étant donné "le climat euphorique" dans lequel va se terminer l'année 1967–68. Non ! Non ! Non ! Sans égoïsme, je crois avoir fait ma part et sans illusion je crois qu'un directeur un peu plus discipliné que moi serait nécessaire. » (Lettre du 19 mars 1968)
24 mars	Homélie du dimanche, « Foi et opinion publique », au Couvent Saint–Albert–le–Grand, qui fit sensation. Reproduite dans les *Étapes. Notes de culture chrétienne pour le temps du carême* (Saint–Albert–le–Grand), 31 mars 1968 (p. 1–4).
5–6 avril	Présente « Projets et perspectives » sur les religions populaires au Colloque des Sciences religieuses à l'Université Laval.
3 mai	« Hommage à Sœur Marie–Éleuthère, c.n.d. », dans *Le Devoir*.
21 mai	Entrevue (sur ruban sonore) pour le Centre d'études des religions populaires avec Guy H. Allard de l'Institut d'études médiévales : *Réflexions libres sur le projet*.
2 juin	« André Laurendeau est mort hier soir : que c'est triste ! C'était un grand humaniste et un homme si raffiné ! Je pense à la peine que le Chanoine Groulx éprouvait à ne plus le revoir, ou plutôt à le voir à Ottawa. Tout cela est étrange : les deux aimaient le Canada français à fond. » (Lettre)
10 juin	Entrevue (sur ruban sonore) pour le Centre d'études des religions populaires avec Dujka Smoje, docteure en musicologie : *La musique religieuse folklorique*.
23 juin	Entrevue (sur ruban sonore) pour le Centre d'études des religions populaires avec le Père André Liégé, o. p. de l'Institut catholique de Paris : *Foi populaire et foi adulte*.

7 juillet	Homélie à Saint–Albert–le–Grand sur la violence.
2–12 juillet	Cinq homélies à Trois–Rivières.
août	Conférence à la Première session des Moniales au Canada : *Le défi contemporain* (voir novembre 1970).
19 août	Entrevue (sur ruban sonore) pour le Centre d'études des religions populaires avec son neveu, le Père Raymond Lacroix, Père Blanc, missionnaire en Tanzanie : *La religion populaire de mes Africains*.
31 août	Entrevue (sur ruban sonore) pour le Centre d'études des religions populaires avec le professeur Guy Lapointe de la Faculté de théologie de l'Université de Montréal : *Liturgies populaires*.
septembre	« Guillaume de Tyr : unité et diversité dans la tradition latine », dans *Études d'histoire littéraire et doctrinale*, 4e série (collection « Publications de l'Institut d'études médiévales », no 19, Montréal et Paris, p. 201–215).
octobre	Article sur Lionel Groulx, « Pourquoi avoir tant aimé l'histoire ? », dans *L'Action nationale*, numéro spécial *Lionel Groulx* (p. 925–935).
octobre	Conférences aux Écoles Pie IX, Saint–Alphonse et Souart de la Commission scolaire de Montréal : « Pays et voyages ».
6 octobre	Réunion dans un chalet à Magog, sous la présidence de Benoît Lacroix et de Michel Meslin de la Sorbonne. À l'ordre du jour : la création éventuelle d'un Centre d'études des phénomènes religieux populaires.
7 octobre	Entrevue (sur ruban sonore) pour le Centre d'études des religions populaires avec Michel Meslin de la Sorbonne : *Comment étudier les religions populaires ?*
18–19 octobre	Colloque sur de Saint–Denys Garneau à l'Université de Montréal. Jacques Brault et Benoît Lacroix y parlent de leur édition des *Œuvres* de Saint–Denys Garneau : « Saint–Denys Garneau : Observations d'un éditeur ».
26 octobre	Entrevue (sur ruban sonore) pour le Centre d'études des religions populaires avec Christian Duquoc, professeur invité aux Universités de Lyon, Sherbrooke et Montréal : *Le phénomène religieux populaire et le sacré*.
novembre	Conférences aux Écoles Saint–Alphonse, Souart et Saint–Luc de Montréal : « Culture comparée : Japon et Rwanda ».
1er novembre	Rédaction par Benoît Lacroix du premier (18 p.) des Cahiers d'études des religions populaires lancés par lui. Il y en aura une vingtaine préparés par diverses personnes, toujours supervisés par lui et auxquels il ajoute presque toujours une introduction.
15 décembre	Homélie à Saint–Albert–le–Grand sur le temps, l'attente avant Noël.
26 décembre	Entrevue (sur ruban sonore) pour le Centre d'études des religions populaires avec Jacques Pohier, docteur en psychologie, professeur au Saulchoir (France) : *Psychologie et foi populaire*.

1969

Membre du jury du Prix David.
Série de 12 séminaires au Centre d'études intercommunautaire de Montréal sur le « Phénomène religieux populaire ».
Pour la première fois donne le cours intitulé *La religion populaire au moyen âge* à l'Institut d'études médiévales.

février	Conférence au Collège Sainte–Marie, Montréal : « Les origines des sciences de la religion au Québec ».

25 mars	Entrevue (sur ruban sonore) pour le Centre d'études des religions populaires avec le Père Cottier, o.p., professeur de philosophie à Genève (Suisse) : *La religion populaire est-elle civilisatrice ?*
26 mars	Entrevue (sur ruban sonore) pour le Centre d'études des religions populaires avec Pietro Boglioni, professeur d'anthropologie médiévale à l'Institut d'études médiévales : *L'étude du miracle et du merveilleux au moyen âge*.
avril	Conférence à l'École de Lajemmerais, Montréal : « Le Japon entrevu ».
avril	Conférence à l'École de Lajemmerais, Montréal : « Voyage au Rwanda ».
12 avril	Entrevue (sur ruban sonore) pour le Centre d'études des religions populaires avec Mgr Philippe Delhaye, doyen de la Faculté de théologie de Louvain (Belgique) : *La morale populaire*.
5 mai	Entrevue (sur ruban sonore) pour le Centre d'études des religions populaires avec Luc Lacourcière, directeur des Archives de folklore et professeur à l'Université Laval : *Le folklore religieux des Canadiens français*.
25 juin	Entrevue (sur ruban sonore) pour le Centre d'études des religions populaires avec Lucien Lemieux, professeur d'histoire à la Faculté de théologie de l'Université de Montréal et deux étudiants, Martin Filion et Hélène Dupuis : *La religion populaire dans les journaux canadiens des années 1800*.
3 juillet	Entrevue sur ruban sonore avec son père, Caïus Lacroix, à Saint–Michel–de–Bellechasse, sur la chapelle et la procession de Lourdes à Saint–Michel. C'est la dernière rencontre entre le père et le fils, puisque Caïus Lacroix décédera le 13 septembre suivant alors que son fils était en Europe depuis le 8 juillet.
8 juillet	Arrivée à Paris.
16 juillet	À Chartres.
mi–fin juillet	À Poitiers.
début août	En Normandie, puis en Bretagne.
8 août	Retour à Paris.
	Rencontre avec Michel Meslin de la Sorbonne au sujet de la réunion du 5 octobre suivant.
	Départ pour la Suisse, l'Italie et la Yougoslavie.
13 septembre	Décès de Caïus Lacroix, père de Joachim, à l'hôpital Notre–Dame–de–Lourdes à Saint–Michel–de–Bellechasse, à l'âge de 85 ans.
27 septembre	Retour à Paris, puis à Montréal quelques jours plus tard.
	Parution de la 3e édition de *Saint–Denys Garneau* (collection « Classiques canadiens »).
	« Les origines ou la naissance des sciences humaines de la religion au Québec (1940–1969) », dans *L'Enseignement et la recherche dans le secteur des sciences humaines de la religion* (ministère de l'Éducation, p. 17–31).
5 octobre	Date officielle de fondation du Centre d'études des religions populaires.
vers 15 octobre	Voyage à « Saint–Michel–de–Bellechasse, lieu devenu historique depuis que j'y ai passé. » (Lettre à Mgr Philippe Delhaye, Montréal, 22 octobre 1969)
22 octobre	« Les étudiants sont plus nombreux que jamais : 20 nouveaux et plus de 60 inscriptions en tout. C'est inimaginable à l'âge de la contestation...

	contestée et au moment où même l'Église a toutes les misères à sortir de son moyen âge. » *Ibid.*
2 novembre	Homélie du dimanche, « Tu aimeras ton Dieu de tout ton cœur, de toute ton âme, de toutes tes forces. Pareillement : le prochain, et toi–même. », à Saint–Albert–le–Grand.
7 novembre	À l'ordre du jour, sous la direction de Benoît Lacroix : projet pour un premier séminaire international des religions populaires, qui se tiendra le 4 octobre 1970. Instrument de travail préparé par Benoît Lacroix (10 p.).
18 novembre	Entrevue (sur ruban sonore) pour le Centre d'études des religions populaires avec William de Bont, des Universités de Nimègue (Hollande) et de Montréal : *La psychologie religieuse.*
18 novembre	Entrevue (sur ruban sonore) pour le Centre d'études des religions populaires avec le Père Pierre Lemay, o.p., prédicateur populaire : *Souvenirs.*

1970

	Membre du jury de bourses prédoctorales au Conseil des Arts du Canada.
	Cours à l'Institut d'études médiévales sur *La religion populaire en Occident latin médiéval.*
7 janvier	Entrevue (sur ruban sonore) pour le Centre d'études des religions populaires avec André Billette, en stage en sociologie des religions à la Sorbonne, Paris : *Récits de conversion.*
janvier–mars	Conférences tous les lundis soirs à l'Institut de pastorale : « Genèse médiévale du fait religieux populaire ».
7 mars	Entrevue (sur ruban sonore) pour le Centre d'études des religions populaires avec Yves Joliff, o.p., professeur de philosophie à Lyon (France) : *L'homme selon Thomas d'Aquin.*
14 mars	Entrevue (sur ruban sonore) pour le Centre d'études des religions populaires avec Mère Thérèse–de–Jésus (80 ans), moniale de Prouille (France) et de Berthierville : *L'ascèse traditionnelle d'une moniale : réflexions et faits.*
2 avril	Entrevue (sur ruban sonore) pour le Centre d'études des religions populaires avec le Père Benoît Montagne, o.p., professeur à Toulouse (France) : *La philosophie de la religion et Thomas d'Aquin.*
31 mai	« *L'historien au moyen âge* : terminé le 31 mai 1970.
	St–Denys Garneau : terminé le 31 mai 1970.
	Les deux iront sûrement à l'impression en 1970.
.	*Les Cloches*, premier brouillon–édition terminé et copié le 31 mai 1970. Ouf ! !
	Hélas ! [...] je songe à une étude sur le phénomène religieux populaire québécois, le tout lié à l'idée d'héritage des XVe et XVIe siècles. » (Lettre du 7 juin 1970)
juin	« Le célibat est–il compatible avec la maturité ? », dans *La Vie des communautés religieuses* (p. 173–182). Repris dans *Paroles à des religieuses* (1985, p. 41–53). « Résumé d'une conférence donnée à divers groupes de religieux de Montréal au début de 1970. »
septembre	Conférence à Douville, Québec : « Notre héritage médiéval et la crise du Québec ».
4 octobre	Premier séminaire international des religions populaires, *Bilan*

	méthodologique, au presbytère Saint–Gervais de Bellechasse, dont le curé est l'Abbé Alexandre Lacroix, frère de Benoît Lacroix. Ce dernier, en plus d'avoir été l'inspirateur et l'organisateur du séminaire, donne une communication : « Le phénomène religieux populaire » (voir 1972).
automne	« Pour lire les mémoires de Lionel Groulx », dans *Revue d'histoire de l'Amérique française*, 24, 3 (p. 413–419).
automne	Cette livraison de la *Revue d'histoire de l'Amérique française* fait était du séminaire du 4 octobre.
novembre	« Le défi du Christ : un défi à l'Église », dans *La Vie des communautés religieuses* (p. 275-284). Repris dans *Paroles à des religieuses* (1985, p. 17-29).
1er décembre	Lancement des *Œuvres* de Saint–Denys Garneau (PUM, 1971, xxvii–1320 p.), édition critique en collaboration avec Jacques Brault, au Centre communautaire de l'Université de Montréal à 17h30.
décembre	Note critique « Lire les *Mémoires* de Lionel Groulx (1878–1967) », dans *Revue d'histoire de l'Amérique française*, p. 413–419. À la fin, il souhaite « une édition nationale des *Œuvres complètes de Lionel Groulx* : une grande et belle édition critique, in–folio, fidèle au texte original, chargée de notes et de variantes qui disent la vie des mots et rappellent celle de l'idéologue qu'il fut. Toutes les grandes nations, toutes les grandes religions savent se payer ce luxe. Pourquoi pas nous ? »

1971

	Nomination à l'Académie des sciences morales et politiques du Québec.
hiver	Deux émissions à la télévision de Radio–Canada et de Télémétropole : *Le jeûne de nos aïeux* et *La fête autrefois*.
18 janvier	*Flashes* de Benoît Lacroix sur la représentation populaire de Dieu au Québec, à Châteauguay.
mars	Parution de *L'Historien au moyen âge* (Montréal, IEM, Paris, Vrin, 301 p.).
29 mars	« Je vous ai fait parvenir mon *dernier* livre...(!) [*L'Historien au moyen âge*] puisque je ne veux pas me débarrasser des cloches, parce que c'est trop beau comme sujet et "imagination". »
	« Mais je ne dois pas me plaindre, car je n'ai jamais été aussi présent à autant de gens à la fois. Et puisque c'est cela ma vie. » (Lettre de Montréal)
6 avril	Entrevue (sur ruban sonore) pour le Centre d'études des religions populaires avec Daniel Fraikain, professeur au Collège dominicain d'Ottawa, en stage de recherche à Divinity School (Harvard, U.S.A.) : *L'étude des religions populaires aux origines apostoliques*.
6–7–8 avril	Série d'articles signés M. Berthault dans *La Presse*, préparés en collaboration avec Benoît Lacroix et le Centre d'études des religions populaires : « La mort et ses rites familiers ».
9–13 avril	À la Maison Montmorency (Courville).
8 mai	« Je passe l'été ici à me reposer d'avoir fatigué les autres durant l'année. Même si je n'écris plus de livres, j'ai beaucoup à faire. » (Lettre de Montréal)
8 mai	Entrevue (sur ruban sonore) pour le Centre d'études des religions popu-

	laires avec Alexis Kagame, Ph. D., folkloriste d'Afrique Centrale, professeur à l'Université nationale du Rwanda : *La tradition orale du Rwanda*.
juin	« Célibataires : mais pourquoi ? », dans *La Vie des communautés religieuses* (p. 180–187). Repris dans *Paroles à des religieuses* (1985, p. 31–40). Dernier exposé d'une série de trois (voir juin et novembre 1970).
12 juin	Communication au Congrès annuel de la Société canadienne de l'histoire de l'Église catholique, à Pont–Viau : « Centre d'études des religions populaires ». Lance l'idée d'une église–musée du Québec religieux traditionnel.
	« Table ronde » au congrès, dans Société canadienne de l'histoire de l'Église catholique, *Sessions d'études*, 38, p. 85–98 : Benoît Lacroix, « Le Centre de recherche en histoire religieuse du Canada ».
juillet–octobre	« Dieu dans la religion populaire franco–québécoise. Sondages et perspectives », dans *Communauté chrétienne* (p. 236–247). Repris dans *La Religion de mon père* (1986, p. 63–71).
14 septembre	Entrevue (sur ruban sonore) pour le Centre d'études des religions populaires avec François Houang, professeur à l'Institut national des langues et civilisations orientales, Université de la Sorbonne Nouvelle : *La religion populaire dans la Chine de mon enfance*.
27 septembre	Entrevue (sur ruban sonore) pour le Centre d'études des religions populaires avec le Père Pierre Crépeau, o.p., premier vice–recteur de l'Université nationale du Rwanda : *Les proverbes du Rwanda*.
automne	Parution du Cahier d'études des religions populaires, n⁰ 12, préparé par Benoît Lacroix (30 p.), qui comprend une série de 150 thèmes à faire développer par les interviewers dans leurs entrevues pour les archives du Centre.
2 octobre	Présentation de Benoît Lacroix à la Société royale du Canada par Luc Lacourcière (p. 373 ss), au Pavillon de Koninck de l'Université Laval à 16h15. Benoît Lacroix prononce son fameux discours : « La sagesse "paysanne" [des habitants de Bellechasse] » (p. 378 ss).
16–17 octobre	Deuxième colloque des religions populaires, *Le merveilleux*, préparé par Fernand Dumont et Jean–Paul Montminy de l'Université Laval en collaboration avec Benoît Lacroix, qui a lieu dans la Cave du Petit Séminaire de Québec. Communication de Benoît Lacroix : « Le Dieu merveilleux des Québécois » (voir 1973).
18 octobre	« Je suis redevenu directeur de l'Institut pour 2 mois, remplaçant Jean Gagné devenu vice–doyen. Maudit ! ! ! » (Lettre)
7 novembre	À Cap–Rouge au Campus des Frères Maristes au Pavillon Central : École Notre–Dame–de–Foy.
décembre	Joseph–Claude Poulin, « *L'Historien au Moyen Âge* », dans la *Revue d'histoire de l'Amérique française*, p. 421–422.
	« Un centre d'études des religions populaires », dans Société canadienne d'histoire de l'Église catholique, *Sessions d'étude*, 38 (p. 88–94).
	« Communication et religion populaire », dans *Actes du XVᵉ Congrès des Sociétés de philosophie de langue française* (Montréal, éd. Montmorency, p. 278–282). Repris dans *La Religion de mon père* (1986, p. 243–246).

Jean Ménard, « Benoît Lacroix : *Vie des lettres et histoire canadienne* », dans *La Vie littéraire au Canada français* (Éditions de l'Université d'Ottawa, p. 252–255 ; voir p. 330–332).

1972

Membre du jury d'Histoire au Conseil des Arts du Canada.
« Les origines de l'observance chrétienne du dimanche », dans *Prêtre et Pasteur*, 75 (p. 275–279).

18 janvier — Entrevue (sur ruban sonore) pour le Centre d'études des religions populaires avec François Houtart, directeur de *Social Compass* et professeur de sociologie de la religion à l'Université de Louvain : *L'étude des religions populaires*.

février — « Une communauté selon Dieu pour demain », dans *La Vie des communautés religieuses* (p. 42–49). Repris dans *Paroles à des religieuses* (1985, p. 127–136).

21 mars — « Notre *Jeu de Robin & Marion* est réussi, au grand désespoir du prof. De Durand absolument scandalisé de cette farce "paysanne" à laquelle les étudiants, appuyés de Guy Dufresne, ont accordé beaucoup de relief. Au Père De Durand esthète je réponds par une citation, comme il se doit. Elle est, elle serait (car je n'ai pas la référence [...]) de Chesterton : "J'aime les paysans, ils ne sont pas assez instruits pour raisonner de travers." À l'Institut tout va pour le mieux. Notre nouveau directeur, M. Ménard, est rassurant. Nous sommes trop peu nombreux pour imposer une grève. Minoritaires nous nous sentons, évangéliquement dit, *le sel de la terre* ! Hum ! Hum ! » (Lettre de Montréal)
« Je ne sais pas si j'irai à Saint–Michel à Pâques, car je dois terminer un article pour les *Mélanges Labande* (Poitiers). J'ai choisi de faire la théologie d'un cri : *Dieu le veut*, le cri des croisés. Plus il y a des marches dans la rue, plus il y a de cris, de processions syndicales, plus je me sens inspiré ! » (*Ibid.* Voir 1974)

25 mars — Conférence aux Sœurs des Saints–Noms de Jésus et de Marie de la province d'Outremont : « Vie religieuse, hier et demain ».

printemps — Parution du numéro 14 des *Cahiers d'études des religions populaires* préparé par Benoît Lacroix : *Un bilan (Été 1967– mars 1972)* (35 p.).

13 juin — « [...] le 13 juin dernier St–Denys Garneau aurait eu 60 ans. C'est ce jour que j'ai remis en dépôt à la Bibliothèque nationale du Québec tous les manuscrits qui avaient servis à notre édition. Georges Cartier [le conservateur] était si heureux. Nous avons fêté cela dans un restaurant allemand de la rue St–Denis. Vin et paroles. » (Lettre de Montréal, 18 juin 1972)
« Saint–Denys Garneau aurait soixante ans aujourd'hui », dans *Le Devoir*.

18 juin — « Jacques Brault me disait la semaine dernière que sa génération re–découvrait avec surprise le poète Garneau. "Notre" édition aura ainsi apporté un peu de feu à notre milieu. » (Lettre)

15 août — Conférencier au Congrès communautaire annuel des Sœurs de Notre–Dame du Saint–Rosaire à Rimouski.

septembre — Conférence à l'Académie des sciences morales et politiques, Québec : « L'étude des religions populaires ».
Les Religions populaires. Colloque international 1970, édité par Benoît Lacroix et Pietro Boglioni (PUL, 154 p.).

14 octobre	Troisième colloque des religions populaires, *L'Imagerie populaire*, à l'Université du Québec à Montréal. Communication.
20 octobre	« Contrat avec Radio–Canada (7 à 8 *du matin*... le dimanche) » : *Messe sur le monde*.
novembre	Communication au colloque nord–américain sur l'historiographie médiévale à Harvard University : « Mediæval Attitudes towards History ».

1973

juin	« Vie consacrée : incertitude et espérance », dans *La Vie des communautés religieuses* (p. 144–160). Repris dans *Paroles à des religieuses* (1985, p. 137–158). « Conférence inscrite au programme de l'Office des religieux du diocèse de Montréal, 1972–1973. »
juillet–août	« Pastorale en préhistoire : un Institut d'études médiévales », dans *Communauté chrétienne* (p. 285–296).
	« Le "Dieu merveilleux" des Québécois », dans *Le Merveilleux. Deuxième colloque sur les religions populaires, 1971*, Fernand Dumont, Jean–Paul Montminy et Michel Stein, dir. (PUL, p. 67–81). Repris dans *La Religion de mon père* (1986, p. 71–81).
	« Pour l'étude de la religion des Canadiens français et Québécois », dans *Travaux et communications*, Maurice Lebel, dir. (collection « Académie des sciences morales et politiques », p. 169–178). Voir p. 369 ss.
9 ou 23 septembre	
	Invité à l'émission *Rencontres* à la télévision de Radio–Canada.
29 septembre	Quatrième colloque des religions populaires, *Archives et religions populaires* à l'Université de Sherbrooke (voir 1976).
septembre–octobre	
	« Obéir en liberté ! », dans *Appoint* (p. 24–25). Repris dans *Paroles à des religieuses* (1985, p. 57–59).
octobre	Départ pour Caen où il est professeur invité (jusqu'en 1975) à la Faculté des lettres de l'Université de Caen.
décembre	« Solitude et communication dans la vie religieuse », dans *La Vie des communautés religieuses* (p. 302–309). Repris dans *Paroles à des religieuses* (1985, p. 77–90).
décembre	« en 1973 (déc.) j'ai consacré deux heures à la lecture de textes du Chanoine [Groulx] à mes étudiants un peu surpris de voir qu'au Canada on n'était pas encore devenu "français" tout en l'ayant été de 1534 à 1760. Vous vous seriez grandement amusée à leur étonnement. Ces Normands sont à leur manière des provinciaux solides, sûrs d'eux–mêmes mais défiants sur les bords. Il faut à chaque cours les "amadouer". Tout un art qui s'apprend. » (Lettre du 30 janvier 1974 à Juliette Lalonde–Rémillard, Archives de l'Institut d'histoire de l'Amérique française)

1974

30 janvier	« Bien oui je fais la leçon aux Français et le plus grave je finis par y prendre goût. J'emprunte leur complexe de supériorité, j'ouvre la bouche, et il semble que tout réussisse à merveille. Même, on m'a déjà réengagé pour 1974–75. » (*Ibid.*)
mars	« La religion populaire » au 99e Congrès national des Sociétés savantes

	à Besançon (France). Benoît Lacroix y assiste.
mai	Parution du second conte, *Les Cloches* (Noroît, 70 p.).
6 juin	30ᵉ anniversaire du Débarquement en Normandie. Participe à la préparation de la fête avec ses étudiants.
	« Entre-temps *Les Cloches* dont je vous avais déjà lu quelques extraits ont paru à Montréal aux éditions du Noroît. Attendez, je vous offrirai un exemplaire en entrant. Ce genre de textes doit faire archaïque, mais reste que j'ai eu du plaisir à le rédiger. » (Lettre de Caen, 11 juin 1974) Dédicace : « Voici mes dernières folies, mon dernier livre, mon testament, avec tout ce que cela comporte de joyeux souvenirs car ces cloches de St-Michel [...] je les ai souvent réentendues au temps où St-Denys Garneau occupait tout le "clocher" de nos existences. Donc Merci ! » (Lettre de Montréal, 1ᵉʳ septembre 1974)
10 août	Au Québec du 10 août au 10 octobre.
	« Deus le volt : la théologie d'un cri », dans *Études de civilisation médiévale, (Mélanges E.-R. Labande)* (Poitiers, p. 461–470).
automne	« L'après-Groulx : à propos d'une anthologie », dans *Revue d'histoire de l'Amérique française* (p. 415–420).
5 octobre	Cinquième colloque des religions populaires, *Foi populaire et foi savante*, au Collège des Dominicains à Ottawa (voir 1976).
3 novembre	Décès de Émile Gagnon, époux de Marie-Jeanne Lacroix, beau-frère de Joachim.
novembre–décembre	
	« Noëls d'autrefois et de demain », dans *Communauté chrétienne* (p. 573–590). Repris dans *La Religion de mon père* (1986, p. 126–140).

1975

janvier	Fracture d'un doigt de la main droite (3 jours d'hôpital et 5 semaines dans le plâtre, enlevé à la mi-février), il ne peut plus écrire !
21/22 mars	À Montréal pour une dizaine de jours.
juin	« À cause d'une conscience québécoise », dans *Maintenant* (p. 9). Repris dans *La Religion de mon père* (1986, p. 36–40).
27 juin	À Montréal. Donne des cours d'été à l'Université McGill.
17–27 septembre	
	Prédication de la retraite du jubilé de fondation des Moniales Dominicaines de Berthierville.
28 septembre	À la télévision de Radio-Canada, dimanche à 17h00.
4 octobre	Sixième colloque des religions populaires, *Religion populaire, milieu naturel et cadre social*, à l'Université du Québec à Chicoutimi (voir 1976).
6 octobre	Départ pour Caen, où il est codirecteur de l'Institut français de l'Université de Caen.

1976

Membre du groupe de travail pour la création éventuelle de l'Institut du Québec, ministère des Affaires culturelles du Québec (voir février 1977).

1 janvier	Carte postale à Marie-Louise et Léopold Lacroix : « Je suis à Paris mais mon cœur part en voyage vers le Troisième Rang. Bonne et Heureuse Année à toute la famille. Joachim »

printemps–automne	
	« Religion populaire, milieu naturel et cadre social : actes du colloque de Chicoutimi 1975 », présentés par Pierre Jacques dans *Protée*, p. 1–82.
13 mars	Carte postale de Caen à Léopold et Marie–Louise Lacroix : « Je me prépare à partir en Italie pour une série de conférences : 20 jours ! »
20 août	Carte postale à Rolande et Clément Lamontagne : « avant le départ pour l'Écosse où je vais passer 10 jours (3 au 13 sept.). »
5 septembre	Carte postale de Caen à Léopold et Marie–Louise Lacroix : « Un dernier mot de la Normandie : je pars pour Londres ce soir avec des amis d'ici. Au revoir, J. »
15 septembre	Retour à Montréal.
	Recherche et religions populaires : colloque international 1973. Textes édités par Andrée Désilets et Guy Laperrière (Bellarmin, 204 p.).
	Foi populaire, foi savante : actes du Ve colloque du Centre d'études d'histoire des religions populaires tenu au Collège dominicain de théologie à Ottawa (Paris, Cerf, 168 p.).
octobre	« Les débuts de la philosophie universitaire à Montréal, les Mémoires du Doyen Ceslas Forest », en collaboration avec Yvan Lamonde, dans *Philosophiques* (p. 55–79).
2 octobre	Septième colloque des religions populaires, *Les Pèlerinages au Québec*, à l'Université du Québec à Trois–Rivières (voir 1981).
novembre–décembre	
	« Sauver l'humain », dans *AREQ* (p. 37–51). Repris dans *Paroles à des religieuses* (1985, p. 159–178).

1977

février	Émission à la radio de Radio–Canada sur le rapport du groupe de travail (Guy Frégault, rédacteur principal, Fernand Dumont et Benoît Lacroix) sur l'Institut d'histoire et de civilisation du Québec (le futur Institut québécois de recherche sur la culture) au ministre O'Neil, des Affaires culturelles du Québec.
mars	Communication à Ottawa, en collaboration avec Albert–M. Landry, o.p. : « Quelques thèmes de la culture populaire chez le théologien Thomas d'Aquin ».
avril	« Paulette Collet, Marie de France : deux patries, deux exils », dans *Voix et Images du Pays. Études québécoises* (p. 445–447).
avril	Communication, en collaboration avec Conrad Laforte de l'Université Laval, au IVe colloque de l'Institut d'études médiévales : « Le moyen âge et la culture populaire en Nouvelle–France : l'exemple de la chanson ».
mai–juin	« Vivre ou survivre ? », dans *AREQ,* 9 p. 169–178). Repris dans *Paroles à des religieuses* (1985, p. 105–117). « Conférence prononcée au mini–congrès de Montréal, le 5 février 1977. »
juin	« Initiation bibliographique à la connaissance du Canada français », en collaboration avec J.–P. Chrestien, dans *Annales de Normandie* (p. 219–228).
été	Réalisateur de *Hymne à l'univers*, 13 émissions radiophoniques (48 minutes chacune), à Radio–Canada.

septembre–octobre	
	« Les couples ? Quoi dire ? Quoi faire ? », dans *Appoint* (p. 16–18). Repris dans *Paroles à des religieuses* (1985, p. 179–182).
1er octobre	Huitième colloque des religions populaires, *Folklore maritime et religion populaire*, à l'Université de Moncton, au Nouveau–Brunswick (voir 1980).
6 octobre	Départ pour le sud de la France.
17–19 octobre	Communication « Au Canada français : typologie des sources », au colloque international du Centre national de la recherche scientifique, à Paris, sur *La religion populaire* (voir septembre 1979).
novembre–décembre	
	« La religion de mon père », dans *Communauté chrétienne*, numéro *Religion populaire des Québécois* (p. 553–578).
	Texte repris dans le livre *La Religion de mon père* (1986, p. 9–36).

1978

Professeur titulaire invité au CELAT (Centre d'études de langues, arts et traditions) du Département d'histoire de l'Université Laval.

Les dimanches de 7h00 à 8h00, émission de culture religieuse à la radio de Radio–Canada, *Messe sur le monde*.

mars	Deux émissions culturelles (60 minutes) à la radio de Radio–Canada.
15 avril ?	Dernière version du document « Édition critique des *Œuvres* de Lionel Groulx (ÉCG) » (manuscrit).
15 avril	« La religion populaire des Québécois en résumé », dans *Informations, Église de Hull* (p. 1–2). Repris dans *La Religion de mon père* (1986, p. 268–271).
	Président de séance finale au Ve colloque de l'Institut d'études médiévales.
septembre	« Église au Québec et Livre Blanc », dans *Nouveau dialogue* (p. 19–20).
	« La tradition orale chez les théologiens du moyen âge », dans *Mélanges en l'honneur de Luc Lacourcière. Folklore d'Amérique*, éd. Jean–Claude Dupont (Leméac, p. 271–279).
	« Lionel Groulx et ses croyances », dans *Hommage à Lionel Groulx*, Maurice Filion, dir. (Leméac, p. 95–118). Repris dans *La Religion de mon père* (1986, p. 199–218).
30 septembre	Neuvième colloque des religions populaires, *Religion populaire et travail*, à l'Université Laurentienne, à Sudbury, Ontario (ville et thème choisis par Benoît Lacroix). Benoît Lacroix y présente une communication en collaboration avec Conrad Laforte (voir novembre 1979).
octobre	Conférence à l'inauguration du Pavillon Lionel–Groulx de l'Université de Montréal : « Lionel Groulx, historien inconnu ».
24 novembre	Présentation à la Société royale du Canada de Philippe Verdier par Benoît Lacroix. À l'Institut de recherches cliniques de Montréal.
décembre	« Lionel Groulx cet inconnu », dans *Revue d'histoire de l'Amérique française*, numéro spécial *Lionel Groulx* (p. 325–346).

1979

Membre du jury pour la Médaille Luc–Lacourcière.
Membre du jury au Mont Saint–Louis et Musée populaire.

février	Conférence à l'Université du Québec à Trois–Rivières : « Saint–Denys Garneau ».

mars	Conférence à la Polyvalente de Drummondville : « Saint–Denys Garneau et l'amour blessé ».
mars	Communication au colloque *L'édition critique au Québec et au Canada français* à l'Université Saint–Paul à Ottawa : « Édition des *Œuvres* de Saint–Denys Garneau (1950-1970) ».
mars	Début du projet d'édition critique des *Œuvres* de Lionel Groulx. Benoît Lacroix en est le directeur.
avril	Entrevue avec Wilfrid Lemoyne à la radio FM de Radio–Canada (17h00–18h00).
avril	Émission de télévision : « Histoire religieuse au Québec ».
27 avril	Départ pour Paris, la Normandie, la Bretagne, la Suisse, avec sa petite–nièce Nicole Lamontagne à l'occasion de ses 18 ans.
mai	Participation au Colloque Gilson, au Collège de France.
mai	Communication, en collaboration avec Guy Rocher, au Pavillon de l'UNESCO à Paris : « Culture et pouvoir politique ».
mai	« Homélie pour une Bénédictine », dans *La Vie des communautés religieuses* (p. 153–157). Repris dans *Paroles à des religieuses* (1985, p. 209–213). Texte, p. 429–431. « Homélie à l'occasion des vingt–cinq ans de profession d'une religieuse bénédictine. »
3 juin	Départ de Paris pour Montréal.
juillet–décembre	
	« L'Oratoire Saint–Joseph (1904–1979), fait religieux populaire », dans *Cahiers de Joséphologie* (p. 255–265). Repris dans *La Religion de mon père* (1986, p. 189–199).
19 août	Décès de Léopold Lacroix, époux de Marie–Louise Rochefort, et frère de Joachim, à l'Hôtel–Dieu de Lévis, à l'âge de 74 ans et 9 mois.
septembre	Manuscrit terminé de *Jésus en Bellechasse*, qui sera publié deux ans plus tard sous le titre *Quelque part en Bellechasse*.
	« Au Canada français : typologie des sources », dans *La Religion populaire. Actes du colloque international C.N.R.S., 576, Paris, 17–19 octobre 1977* (Paris, p. 315–323).
	« Philippe Verdier humaniste », dans *Présentation de P.V. à la Société royale du Canada, 1978–1979* (p. 97–102).
20 septembre	Décès à l'Hôtel–Dieu de Québec du chanoine Joseph Lacroix, oncle de Joachim, supérieur–fondateur du Séminaire de Saint–Georges de Beauce, à l'âge de 87 ans. Funérailles à la Chapelle du Séminaire de Québec le 24 septembre et inhumation le même jour à Saint–Raphaël de Bellechasse.
septembre–octobre	
	« Je veux voir Dieu », dans *Communauté chrétienne* (p. 465–468). Repris dans *La Religion de mon père* (1986, p. 81–84).
octobre	« Homélie pour une journée communautaire vocationnelle », dans *La Vie des communautés religieuses* (p. 252–255). Repris dans *Paroles à des religieuses* (1985, p. 215–219).
octobre	Communication au colloque du XXe anniversaire de l'Hexagone, à l'Université de Toronto : « Michèle Lalonde : *Speak White* ».
novembre	« Religion traditionnelle et les chansons de coureurs de bois », en collaboration avec Conrad Laforte, dans *Revue de l'Université Laurentienne (Religion populaire et travail — Popular Religion in the Daily Life of the Worker*, p. 11–42). Repris dans *La Religion de mon*

	père (1986, p. 156–175).
décembre	« Le moyen âge et la culture populaire de la Nouvelle–France : l'exemple de la chanson », en collaboration avec Conrad Laforte, dans *Revue d'histoire de l'Amérique française* (p. 231–257).

1980

trimestre d'hiver	Professeur invité au CELAT du Département d'histoire de l'Université Laval.
1980–	Directeur de travaux (membre du premier comité scientifique) et chercheur associé à l'Institut québécois de recherche sur la culture (il l'est toujours). Loi qui crée l'Institut adoptée en 1979 et mise en application au début de 1980. Il avait fait partie de la commission d'études (voir février 1977).
mars	« D'un pays à l'autre », dans *Appoint* (p. 23–30).
avril	*Le P'tit Train*, illustrations d'Anne–Marie Samson. Nouvelle édition de l'édition de 1964 (Noroît, 75 p.).
avril	Conférence à l'Université du Québec à Montréal : « Le moyen âge religieux ».
avril	Allocution de clôture au Xe colloque de la revue *Critère*.
	Président de forum au congrès de l'ACFAS : « La culture populaire ».
printemps–automne	
	« Histoire et religion traditionnelle des Québécois (1534–1980) », dans *Culture populaire et littérature au Québec*, René Bouchard, dir., numéro spécial *Stanford French Review*, 19, Saratoga, Calif., Anma Libri, p. 19–41). Repris dans *La Religion de mon père* (1986, p. 41–61).
septembre	« Édition critique de Groulx, VI », dans *Revue d'histoire de l'Amérique française* (p. 502–504).
	« À propos des jurons », Préface, *Le Guide raisonné des jurons*, de Jean–Pierre Pichette (Quinze, p. 7–11). Repris dans *La Religion de mon père* (1986, p. 232–236).
27 septembre	Dixième colloque des religions populaires, *Médecine populaire et religion traditionnelle*, au Centre canadien d'études sur la culture traditionnelle, Musée national de l'Homme, Ottawa (voir 1985).
octobre	Communication au congrès annuel de l'Institut d'histoire de l'Amérique française : « Édition critique et historiographie ».
octobre	Communication au congrès de l'ASTED, Québec : « Le livre aussi est un médiateur de culture ».
30 octobre	Lancement collectif, entre autres, de *Folklore de la mer et Religion* (117 p.) par les Éditions Leméac et le CELAT de l'Université Laval à Québec, de 18h00 à 20h00.
décembre	Participation à l'émission *Portraits culturels*, à la radio de Radio-Canada : il parle de l'Institut québécois de recherche sur la culture.
décembre	Michel Laurin, « Lacroix (Benoît), *Folklore de la mer et Religion* », dans *Nos livres*.
1980–1981	Membre du jury pour la Médaille Luc–Lacourcière.

1981

Membre du jury pour le Prix du Gouverneur général du Canada.
Membre du jury pour la section Revues savantes au Conseil de recherches en sciences humaines du Canada (CRSH) à Ottawa.

	Membre du jury pour la Médaille Chauveau de la Société royale du Canada.
	Émission de télévision, *Les Lundis de Pierre Nadeau*.
janvier	Conférence au groupe « Allo Mondial » : « Culture et comportement ».
janvier	Conférence à l'inauguration de la bibliothèque du Village olympique : « Culture orale, culture populaire des Québécois ».
mars	Parution de son troisième conte *Quelque part en Bellechasse* (Noroît, 81 p.).
mars	Conférence au Pavillon Lalemant du Collège Jean–de–Brébeuf, Montréal : « A–t–on changé de religion ? ».
avril	Communication au colloque pluridisciplinaire, *Les formes de la piété eucharistique populaire* : « La Fête–Dieu : fête publique ou fête privée ? » Au même congrès, membre du *panel* : « Les formes du culte eucharistique ».
avril	« La religion est aussi une culture », dans *Éducation Québec* (p. 6).
2 avril	« L'intériorité du corps d'après saint Benoît », dans *L'Église canadienne* (p. 467–468).
4 avril	Avant le diner du 8e Colloque de l'Institut d'études médiévales, *Les Arts mécaniques au moyen âge* (4–5 avril), remise de cadeaux (raquette et accessoires de tennis !) à Benoît Lacroix pour souligner sa retraite « officielle » en juin.
21 avril	À Radio–Canada, à 16h00, sur de Saint–Denys Garneau.
mai	Conférence au Cap–de–la–Madeleine, Québec : « La culture populaire au Québec ».
29 mai	Titre de professeur émérite à la collation des grades de l'Université de Montréal. (voir p. 385)
	« Compte rendu » de *Les Croix de chemin : au–delà du signe*, de Paul Carpentier, dans *Canadian Folklore Canadien* (p. 162–163).
3–4–5 juin	Organisateur (à titre de membre de l'Institut québécois de recherche sur la culture), avec la revue *Critère*, à Montréal, du colloque « Religion et culture ». Benoît Lacroix y fait une intervention (voir automne 1981).
septembre	Début du projet d'un *Catalogue [critique] des manuscrits de Lionel Groulx*, lancé par Benoît Lacroix plusieurs mois auparavant. Il en est le directeur scientifique.
	Première étape : de 1981 à 1986 (parution d'un premier tome du catalogue en 1987). Seconde étape, avec une autre équipe à partir de 1989, toujours sous sa responsabilité (parution d'un 2e tome du catalogue en 1992).
septembre	« Hagiographie et historiographie — En marge d'un livre de Micheline Lachance sur le Frère André », dans *Revue d'histoire de l'Amérique française* (p. 263–267). Voir p. 252.
8 septembre	Anniversaire de Benoît fêté aux *Rapaillages* à Vaudreuil dans la maison du Chanoine Lionel Groulx, devenue propriété de sa nièce Juliette Lalonde–Rémillard.
	Présentation : « Soixante ans après... », dans *Les Canadiens d'autrefois*, 23 grandes compositions, par Edmond–J. Massicotte (Les Entreprises culturelles, s.p., 1981).
automne	« La religion populaire : opium du peuple ou facteur de civilisation, point de vue de Benoît Lacroix », dans *Critère* (p. 123–127). Repris dans *La Religion de mon père* (1986, p. 239–243). (Voir 3–5 juin 1981.)

	Les Pèlerinages au Québec, édité par Pierre Boglioni et Benoît Lacroix, présentation par Benoît Lacroix (PUL, 160 p.).
automne	« Liminaire », dans *Les Jeunes et la religion* (Textes des lauréats du 5e concours), dans *Critère*.
19 octobre	Benoît Lacroix reçoit l'un des Prix du Québec, le Prix Léon–Gérin (Sciences de l'homme), à la salle Claude–Champagne de l'Université de Montréal, à 17h00. Les autres prix du Québec : René Pomerleau (Sciences, Prix Marie–Victorin), Pierre Lamy (Cinéma, Prix Albert–Tessier), Jean Papineau–Couture (Arts d'interprétation, Prix Denise–Pelletier), Gilles Archambault (Littérature, Prix Athanase–David) et Jean–Paul Riopelle (Arts visuels, Prix Paul–Émile–Borduas). « Chacun des lauréats choisis pour les Prix du Québec reçoit du ministère des Affaires culturelles : une bourse de 15 000$; un certificat d'honneur témoignant de la qualité exceptionnelle de la contribution du lauréat au développement culturel, social et scientifique du Québec ; une médaille d'argent, création exclusive d'un artiste québécois [celle de Benoît Lacroix, par Claude Loranger]. »
20 octobre	Article de Lise Lachance, « Les prix du Québec : deux lauréats sont de la région [Benoît Lacroix et René Pomerleau] », *Le Soleil*, p. A3.
24 octobre	Mario Pelletier, « Les lauréats du Québec : Benoît Lacroix », dans *Le Devoir*, p. 19 et 27.
26 octobre	« Deux professeurs reçoivent des prix du Québec », dans *Forum* (journal des étudiants de l'Université de Montréal), p. 1.
novembre	Conférence à Trois–Rivières : « La culture populaire au Québec ».
novembre	Conférence à la Société canadienne d'études mariales, Centre Saint–Pierre, Montréal : « Marie dans la prière du peuple chez nous ».
novembre	Deux conférences à l'Université du Québec à Rimouski : « La culture religieuse populaire au Québec ».
novembre	Conférence au Cégep du Vieux–Montréal : « Les fêtes religieuses ».
16 novembre	Lancement de *Célébration des saisons* (140 p.) par les Éditions Anne Sigier et le Centre Alpec à Québec au salon 1153 des Services diocésains, 1073, boul. Saint–Cyrille Ouest à Québec, de 17h00 à 19h00. « [...] ce livre de qualité, abondamment illustré et accompagné de chants, vient d'une intuition première : nous avons un beau pays ! L'auteur [...] raconte comment *Célébration des saisons* a vu le jour : "Les textes, dit-il, datent de trois ans. Ils font prier avec le pays ; ils sont la prière du pays" » (Jean Martel, « En prières, Lacroix célèbre les saisons », *Le Soleil*, 24 novembre 1981, p. 4)
novembre	À Paris.
décembre	« À cause du folklore de Noël », dans *Prêtre et Pasteur* (p. 678–686). Repris dans *La Religion de mon père* (1986, p. 118–126).
décembre	Renée Cimon, « Lacroix (Benoît), *Quelque part en Bellechasse* », dans *Nos livres*.

1982

Membre du jury pour le Prix du Gouverneur général du Canada.
Membre du jury pour la Médaille Chauveau de la Société royale du Canada.
Membre du jury pour la Médaille Lorne–Peerce de la Société royale du Canada.
Président du jury pour la Médaille Luc–Lacourcière.

	Membre de la Société des Dix de 1982 à 1990.
	Préface à la brochure *Délia Tétreault et la Vierge Marie* (Missionnaires de l'Immaculée–Conception).
	Compte rendu de Jean Verdon, éd. « La chronique de Saint–Maxent (751–1140) », dans *Les Cahiers de civilisation médiévale*, 25, 1 (p. 75).
hiver	« A–t–on changé la religion ... La famille en onze questions », dans *Le Maringouin* (p. 4–11). (Université du Québec à Rimouski. Feuillet d'information du Service de la Pastorale de l'UQR.)
24 janvier	Retour de Paris.
janvier–août	« Imaginaire, merveilleux et sacré avec J.–C. Falardeau », dans *Imaginaire social et représentations collectives, I, Mélanges offerts à Jean-Charles Falardeau*, numéro spécial de *Recherches sociographiques* (p. 109–124). Repris dans *La Religion de mon père* (1986, p. 84–102).
4 février	« Utopies pour l'an 2000 » [« Québec aujourd'hui »], *Le Devoir*, p. 23. Repris dans *La Religion de mon père* (1986, p. 288–293). Texte, p. 462 ss.
9–10 février	À Québec.
14 février	Présentation à la Société royale du Canada de Paul Zumthor par Benoît Lacroix. À l'Université de Sherbrooke.
	« Présentation de Paul Zumthor à la Société royale du Canada », dans *Présentations, 1981–1982* (Société royale du Canada, p. 65–67).
26 février	Émission *Rencontres* à la télévision de Radio–Canada. Sur *Quelque part en Bellechasse*. À Marcel Brisebois qui le qualifie de « 5e Évangile », il dit : « J'ai voulu prendre un peu le langage des gens de Bellechasse et presque obliger Jésus [...] à dire les paroles comme les gens de Bellechasse les disent. Comme on l'a entendu en grec et en latin, on va l'entendre selon le langage de Bellechasse. Ce n'est pas l'Évangile de Benoît Lacroix, c'est l'Évangile selon Jean, Matthieu [...] Il n'y a pas de mots tellement nouveaux. »
mars	Axel Maugey, « Benoît Lacroix : La force de l'authenticité », *Relations*, p. 71–73.
12 mars	« Mort et survie des religions », dans *Le Devoir* (p. 19 et 27). Repris dans *La Religion de mon père* (1986, p. 284–288).
	Jésus au fil des jours. Lettre spirituelle écrite par le comité conjoint des évêques et des religieux. Conférence des Évêques catholiques du Canada. Feuillet préparé par Benoît Lacroix et réadapté par la CECC (Pentecôte).
mai	Commentaires de Benoît Lacroix à l'émission spéciale *Béatifications : Mère Marie-Rose, Marie Rivier, Frère André*, à la radio de Radio–Canada, sur la solennité à Rome.
mai	Conférence au congrès national de liturgie, Montréal : « Dévotions : hier — aujourd'hui ». Aussi, personne–ressource au congrès.
mai	Entrevue (30 minutes), en collaboration avec Pierre Anctil, ministère des Affaires culturelles, Montréal : « Montréal, capitale culturelle en Amérique francophone ».
mai	Personne–ressource à la maison mère des Sœurs de la Providence (CRC), Montréal.
4 mai	Émission *Rencontres* à la télévision de Radio–Canada, de 23h15 à 23h45, avec Marcel Brisebois (réalisation : Raymond

	Beaugrand–Champagne).
14 mai	Allocution à titre d'invité d'honneur pour l'inauguration des fêtes du 150ᵉ anniversaire de Saint–Lazare de Bellechasse.
16 mai	Émission *Second Regard* à l'occasion de la béatification du Frère André, à la télévision de Radio–Canada de 17h00 à 18h00.
18 mai	Reprise à 21h30 de l'émission du 16 mai.
23 mai	Radio–Québec à 20h30 (60 minutes).
	Télémétropole à 21h00 (B.L. en ligne directe avec le Vatican, sur le Frère André, 30 minutes).
juin	Présentation du Prix Esdras–Minville, Montréal : Jacques Grand'Maison.
juin	Communication au congrès annuel de la Société royale du Canada, Ottawa : « De la scolastique aux sciences morales de la religion ».
10 (?) juin	Émission *Société 82,* à la télévision de Télémétropole, sur « Les religions ».
juillet	*Si père et mère m'étaient contés*, émission radiophonique de 30 minutes, à Radio–Canada.
août	« La fascinante mission de l'Institut québécois de recherche sur la culture », en collaboration avec Jack F. Fortin, dans *Le temps de vivre* (p. 33–35).
été–automne	« L'édition critique des *Œuvres* de Saint–Denys Garneau : démarches et méthodologie (1950–1970), dans *Histoire littéraire du Québec et du Canada français*, 4, *L'édition critique* (p. 66–78).
	« La fête religieuse au Québec », dans *Que la fête commence ! : Actes du colloque national sur la fête populaire, organisé par la Société des Festivals Populaires du Québec*, Diane Pinard, dir. (Société des Festivals Populaires du Québec, p. 49–60). Repris dans *La Religion de mon père* (1986, p. 103–118).
	Quelque part en Québec (Paris, Cerf, 82 p.).
	Préface à *Chansons de voyageurs, coureurs de bois et forestiers*, de Madeleine Béland (PUL).
	« De la scolastique aux sciences morales de la religion », dans *Mémoires de la Société royale du Canada* (4ᵉ série, tome 20, p. 222–224).
27 septembre	« Aurons–nous le temps de... ! », *Le Devoir*, p. 13.
30 septembre	Onzième colloque des religions populaires, *Croyances, rites et rituels*, à l'Université Laval, Québec (voir *Religion populaire, religion de clercs ?*, 1984).
septembre–octobre	
	« Saint François pour moi », dans *La Revue franciscaine* (p. 370).
22 octobre	« La Toussaint des stades », dans *Le Devoir* (p. 17).
18 novembre	« Changer notre âme terrestre en papillon blanc libéré », dans *L'Église canadienne* (p. 177–178). Repris dans *Paroles à des religieuses* (1985, p. 235–238). « Homélie au Carmel de Montréal à l'occasion du quatre centième anniversaire (15 octobre 1982) de la mort de sainte Thérèse d'Avila. »
décembre	« Parlons d'espérance », dans *La Vie des communautés religieuses* (p. 315–316). Repris dans *Paroles à des religieuses* (1985, p. 239–241). « Homélie donnée à l'occasion d'un engagement temporaire, chez les Sœurs Missionnaires de l'Immaculée–Conception. »

décembre	Émission *Le 18 heures* à la télévision de Télémétropole : « L'espérance » (6 minutes).
24 décembre	« L'enfant terrible », *Le Devoir*, p. 17 : « [...] Qu'on ne se méprenne point sur le sens de sa mission : il est venu non pour être servi mais pour servir, non pour dominer mais pour donner. La miséricorde, la paix, le pardon, la justice sociale l'attirent davantage que tous les tics d'usage de certains rigoristes de son temps qui lui reprochent de ne pas suivre la Loi à la lettre, de se prendre pour un autre, de se dire même Fils de Dieu. [...] Non ! il ne veut pas qu'un iota disparaisse de la Loi mais que la Loi soit pour l'homme et non l'homme pour la Loi. [...] Sa première raison de vivre, le secret de son dynamisme, son "premier commandement" [...] est déjà inscri[t] au fin fond de chaque cœur humain normal, il s'agit d'aimer. Aimer ! Rien que cela, tout cela. [...] »
26 décembre–15 janvier 1983	« Le temps des fêtes : Aujourd'hui comme hier ? », dans *L'Informateur catholique* (p. 2–3).

1983

Membre du jury pour le Prix du Gouverneur général du Canada.
Membre du jury pour la Médaille Chauveau de la Société royale du Canada.

hiver	*La religion traditionnelle au Québec*. Animation : Lise Lacoste (Montréal, Info–cassette, 2 cassettes sonores).
hiver	*Les Fêtes traditionnelles de Noël et de Pâques au Québec*. Animation : Diane Carrier (Montréal, Info–cassettes, 1 cassette sonore).
janvier	Conférence au Centre communautaire de l'Université de Montréal : « Littérature québécoise : *Quelque part en Bellechasse* ».
janvier	Émission *Second Regard* à la télévision de Radio–Canada, sur « Les grands rassemblements religieux » (5 minutes).
janvier	Émission *Vie quotidienne* à la radio de Radio–Canada, sur le concours « Mémoire d'une époque » (11 minutes).
12 janvier	*De jour en jour*, émission à Radio–Québec à 20h30.
janvier–février	« Dévotions : hier et aujourd'hui », dans *Bulletin national de liturgie* (p. 14–18 ; 22–25 ; 34–36). Repris dans *La Religion de mon père* (1986, p. 262–267). « Il s'agit d'une conférence à des responsables nationaux de liturgie en milieu nord–américain. »
février	Conférence au Patro–Montréal : « Morale populaire ».
mars	Conférence à l'Assemblée des évêques du Québec, Québec : « La culture traditionnelle du peuple québécois ».
mars	« Les risques de l'édition critique », dans *Revue d'histoire de l'Amérique française* (p. 640–644).
mars	Émission *Télé–midi* à la télévision de Télémétropole, sur le concours « Mémoire d'une époque ».
avril	Émission *Le 18 heures* à la télévision de Télémétropole sur le « Sens de la souffrance » (11 minutes).
avril	Conférence au Centre d'Accueil, Shawinigan : « Solitude et culture ».
avril	Conférence, Montréal, AVQ : « Parole et musique religieuse traditionnelle ».
23 avril	Décès de l'Abbé Alexandre Lacroix, frère de Joachim, à l'âge de 74 ans. Funérailles le 26 avril.
22 mai–4 juin	Article de Benoît Lacroix, « *Ecce Homo* : le prêtre québécois »,

	L'Informateur catholique, p. 5 ; il parle de son frère Alexandre (voir p. 71–72).
mai–août	Compte rendu de *Survivances médiévales...*, de Conrad Laforte, dans *Recherches sociographiques* (p. 292–294).
juin	« À quel Dieu te comparer ? », dans *Appoint* (p. 13–14).
juin	Émission *Société 83*, à la télévision de Télémétropole : « Analyse sur les événements religieux depuis janvier 83 ».
début août	Prédication de retraite aux Dominicaines Missionnaires Adoratrices de Beauport.
août	Conférencier au Congrès communautaire annuel des Sœurs de Notre-Dame du Saint-Rosaire à Rimouski.
septembre	*Musée des religions de Nicolet*, en collaboration avec Michel Lessard, Catherine Elbaz, Anne MacLaren et Jean Simard (Montréal, 431 p.). Commission spéciale des Musées en rapport avec le projet de Nicolet.
septembre	Conférence au XVIIe congrès mondial de philosophie, Montréal : « Culture populaire et rite ».
	Président de séance au colloque international *La Légende dorée* à l'Université du Québec à Montréal.
	Président de séance au colloque international *Mémoire au Moyen Âge* à l'Institut d'études médiévales de l'Université de Montréal.
	« Bonheur et souffrance », dans *Initiation à la pratique de la théologie*, T.4 : *Éthique*, en collaboration avec Fernand Dumont, sous la direction de Bernard Lauret et François Refoulé (Paris, Cerf, p. 673–686).
	« À propos du cycle de Pâques », Préface, *Le Cycle de Pâques au Québec et dans l'Ouest de la France* (PUL, p. vii–x). Repris dans *La Religion de mon père* (1986, p. 141–144).
	« L'impasse : religion et culture », dans *Évangélisation et culture dans le Québec, démarches proposées par l'Assemblée des évêques du Québec* (Fides, p. 56–63).
	« Quand les religieux prient ensemble », dans *Conférence Religieuse Canadienne* (Ottawa, p. 215–236).
	« Que racontaient les anciens ? », dans *Écologie et Environnement* (Fides, p. 141–150). Repris dans *La Religion de mon père* (1986, p. 147–156).
	« Archives familiales en Bellechasse », dans *La Vie quotidienne au Québec. Histoire, métiers, techniques et traditions. Mélanges à la mémoire de Robert-Lionel Séguin*, René Bouchard, dir., Québec (PUQ, p. 203–216).
29 septembre	Remise des Prix du Gouverneur général en présence de Edward Schreyer au Séminaire de Québec. Benoît Lacroix est le président du jury français. « Benoît Lacroix a ouvert la porte à Roger Fournier en le présentant comme un écrivain "truculent" dont l'œuvre fut "souvent incomprise de la critique" parce que faisant partie d'une forme de littérature jugée "populaire, négligeable, secondaire". [..] Réjean Ducharme (*Ha! Ha!*) n'y était évidemment pas [...] Cela n'a pas empêché Benoît Lacroix de prononcer sa plus enthousiaste présentation de la journée. Il s'est déclaré "subjugué" par l'humour caustique et la "lucidité à faire peur" de Ducharme. [...] » (*Le Soleil*, 30 septembre 1983, p. C8)
22 octobre	« L'édition critique du *Journal* de Lionel Groulx », dans *Le Devoir*.
novembre	« 35e anniversaire du drapeau », dans *L'Action nationale* (p. 203–208).

1984

	Membre du jury pour le Prix du Gouverneur général du Canada.
	Membre fondateur du Centre d'interprétation des nouvelles religions, avec Richard Bergeron.
12 janvier	Départ pour Panama pour le Congrès des religions populaires.
31 janvier	Retour de Panama.
29 mai	Colloque organisé par la Société royale du Canada : *Québec : 450 ans d'histoire, 2ᵉ partie, Culture*, à Guelph, Ontario. Communication en collaboration avec Conrad Laforte : *La contribution culturelle de la chanson folklorique au Québec* (texte paru dans *Mémoires de la Société royale du Canada*, 1984, 4ᵉ série, t. 22, p. 115–130).
18–19 août	Animateur au Conseil de Province des Sœurs de Saint–Paul de Chartres, à Sainte–Anne–des–Monts.
	« Introduction » à *Jean–Paul II au Canada. Tous les discours* (éd. Paulines, p. 5–19). Benoît Lacroix a préparé un texte qui a servi aux discours du pape à travers le pays, plus particulièrement pour son discours dans la ville de Québec.
	« La langue gardienne de la foi ? », dans *Le Statut culturel du français au Québec : actes du congrès Langue et société au Québec*, tome II, Michel Amyot, dir. (Éditeur officiel du Québec, p. 103–106). Repris dans *La Religion de mon père* (1986, p. 227–232).
	Religion populaire, religion de clercs ?, Benoît Lacroix et Jean Simard, dir. (IQRC, 444 p.).
	« Un ami fervent de la culture ouverte », dans *Jean–Paul II. Une Église au rendez–vous* (éd. Paulines, p. 140–143).
	« Un séminaire international sur les religions du peuple à Panama », dans *Studies in Religion / Sciences religieuses* (p. 363–364).
	Livret de *Jesus Christus : oratorio pour chœur, 5 solistes et orchestre*, musique : Anne Lauber, texte, supervision et adaptation : Benoît Lacroix (Université de Montréal, 2 vol.).
novembre	« Les pèlerinages », dans *Actuelles* (Radio–Canada, p. 57–63). Entrevue par Claudette Lambert qui prépare une série d'émissions sur les pèlerinages pour la radio FM de Radio–Canada.
décembre	Parution du *Journal* de Lionel Groulx aux Presses de l'Université de Montréal. Préface de Benoît Lacroix.
décembre	« Le silence d'après la Règle de saint Benoît », dans *L'Ami de Saint–Benoît–du–Lac* (Noël 1984, p. 20–22).
23 décembre	Émission *Entre les lignes* à la télévision de Radio–Canada avec Denise Bombardier, sur le *Journal* de Lionel Groulx.
hiver 1984–1985	
	Relire Saint–Denys Garneau, Benoît Lacroix et Robert Melançon, dir., numéro spécial d'*Études françaises*, 127 p. Article de Benoît Lacroix : « Sa bibliothèque privée » (p. 97–111).

1985

trimestre d'hiver	
	Chargé de cours à la Faculté de théologie de l'Université de Montréal.
1ᵉʳ semestre	« Tipologia en la religiosidad popular en Canada », dans *La Antigua* (Panama, Universidad Santa Maria la Antigua, p. 87–108).
avril–juin	« La mythologie religieuse traditionnelle des Canadiens français »,

	dans *Revue de l'Université d'Ottawa* (p. 63–75). Repris dans *La Religion de mon père* (1986, p. 247–262). « Conférence donnée à l'Université d'Ottawa à l'occasion du XXVe anniversaire du Centre de recherche en civilisation canadienne–française. » Communication « Alain Grandbois chez les théologiens », au colloque sur Alain Grandbois à l'Université de Toronto.
mai	*Paroles à des religieuses (1950–1985)* (Fides, 254 p.).
26 juin	Lucia Ferretti, « Benoît Lacroix et Madeleine Grammond, *Religion populaire au Québec [...]* », dans *Le Devoir*, p. 9.
29 juin	Titre d'Officier de l'Ordre du Canada (La Gazette du Canada). (Voir 9 avril 1986)
juillet	« Délia Tétreault : femme de chez nous », dans *Le Précurseur* (p. 261–264).
	« La contribution culturelle de la chanson folklorique au Québec », en collaboration avec Conrad Laforte, dans *Mémoires de la Société royale du Canada* (4e série, 22, p. 115–130).
	Religion populaire au Québec. Typologie des sources, Bibliographie sélective (1900–1980), Benoît Lacroix et Madeleine Grammond, en collaboration avec Lucille Côté (IQRC, 175 p.).
	Médecine et religion populaire. Textes présentés et édités par Pierre Crépeau (Musées nationaux du Canada, 186 p.).
	« La mer comme espace sacré : un cas d'ethnologie religieuse », dans *Traditions maritimes au Québec* (Gouvernement du Québec, p. 585–605). Repris dans *La Religion de mon père* (1986, p. 176–189).
	« Pierre Angers », dans *L'Essai et la prose d'idées au Québec*, sous la direction de Paul Wyczynski, François Gallays et Sylvain Simard (Fides, coll. « Archives des lettres canadiennes », 6, p. 427–452).
	Préface à *Anouilh ou la passion du devenir*, de Catherine Abi–Mrad Gébara (p. 9–10).
	Préface à *Hymne des alliances*, de Marie–Anastasie.
septembre–octobre	« Responsable des vocations : quel ministère ! », dans *La Vie des communautés religieuses* (p. 229–239).
24 octobre	Voyage en France, à Paris surtout.
Fin octobre	Quelques jours en Normandie.
30 octobre	Passage de Benoît Lacroix (préenregistrement) au *Point* à la télévision de Radio–Canada.
24 novembre	Retour à Montréal.
novembre–décembre	« Les jeunes ont–ils la vocation ? », dans *La Vie des communautés religieuses* (p. 275–288).
	« Un Oratorio pour l'anticipation du meilleur : *Jesus Christus* », dans *Communauté chrétienne* (p. 593–601).

1986

trimestre d'hiver	Chargé de cours à la Faculté de théologie de l'Université de Montréal.
janvier	*La Religion de mon père* (Bellarmin, 306 p.).
7 janvier	1re émission à *Rencontres* à la télévision de Radio–Canada à 23h20 avec Denise Bombardier (réalisation Raymond Beaugrand–Champagne), sur *La Religion de mon père*.

9 janvier	Billet de Jean-Louis Roy, « La foi de nos ancêtres », *Le Devoir*. Sur le passage de Benoît Lacroix à l'émission *Rencontres*.
14 janvier	2e émission à *Rencontres* sur le sentiment religieux des Québécois après 1960.
17 janvier	Création de l'oratorio *Jesus Christus* (musique : Anne Lauber ; livret : Benoît Lacroix) en la basilique Notre-Dame de Montréal à 20h30. Concert radiodiffusé en direct au réseau FM stéréo de Radio-Canada. Orchestre métropolitain du Grand-Montréal sous la direction de Mario Bernardi. Solistes : Élise Bédard (soprano), Jocelyne Fleury-Coutu (mezzo-soprano), Guy Bélanger (ténor), Charles Prévost (baryton), Yves Saint-Amant (basse). Chorale Donovan, préparée par Bernadette Donovan.
19 janvier	Émission *Second Regard* à la télévision de Radio-Canada sur l'Oratorio. Article de Claude Gingras, « Création à Notre-Dame. Une œuvre solide : *Jesus Christus*, de Anne Lauber [livret de Benoît Lacroix] », *La Presse*, p. 65.
29 janvier	Marie Laurier, « Benoît Lacroix, sociologue de la religion populaire au Québec », *Le Devoir*, p. 6.
février	Le « Choix du libraire » pour le mois : *La Religion de mon père*.
18 février	À trois livres en chantier : *Trilogie en Bellechasse* (Éditions du Noroît) ; *Silence* (Éditions du Silence) ; Vierge en Bellechasse (Éditions Paulines). *Nous sommes un peuple en marche : carnet d'Avent 1986* (Québec, Vie liturgique, 64 p.).
mars	Madeleine Bellemare, « *La Religion de mon père* de Benoît Lacroix », dans *Nos livres*, p. 4–5.
28 mars	Vendredi Saint à *Retraite-Action* de Radio-Québec à 19h30 : « L'amour agit à distance. » « Le Christ a donné sa vie par amour pour les autres. » « Aimer ne trompe jamais. »
avril	Parution de *Trilogie en Bellechasse* (*Le P'tit Train*, *Les Cloches* et *Quelque part en Bellechasse*, Noroît, 222 p.).
9 avril	Remise de la médaille d'Officier de l'Ordre du Canada à Ottawa par le Gouverneur général, Jeanne Sauvé.
16 juin	*Station Soleil* de Radio-Québec à 20h00.
23 juin	Reprise de la 1re émission de *Rencontres* à 18h30 sur *La Religion de mon père*.
24 juin	Reprise de la 2e émission de *Rencontres* à 18h30.
juillet	Chargé de cours à la Faculté de théologie de l'Université de Montréal pour les cours d'été. « Conclusion », dans *Actes du Congrès religieux interdiocésain : notre réponse aujourd'hui à l'appel prophétique de Jean-Paul II* (18–20 octobre 1985, Hall d'exposition, 1515, d'Estimauville, Québec, 1986, p. 40–42). « Conclusion », dans *L'Altérité. Vivre ensemble différents*, M. Gourgues et Gilles-D. Mailhiot, dir. (Montréal, Bellarmin, Paris, Cerf, p. 449–455). « L'Église catholique », dans Société canadienne d'histoire de l'Église catholique, *Sessions d'étude*, 53 (p. 93–107). « L'interrogation religieuse », dans *Urgence de la philosophie*, C. De

Koninck et L. Morin, dir. (PUL, p. 563–570).

Préface, *La Dimension spirituelle de notre projet de société*, de Marcel Laflamme (éd. Paulines et Médiaspaul, p. 7–10).

« Mort et religion traditionnelle au Québec : bibliographie », en collaboration avec Madeleine Grammond, dans *Bulletin d'histoire de la culture matérielle*, 63, (Musées nationaux du Canada, p. 56–64).

« Icônes, cathédrales et vidéotex : rupture ou continuité », dans *Inter* (Information et documentation sur les moyens de communication sociale, Montréal, Office des Communications sociales, vol. 20, n° 16, 9 p.).

septembre	Compose le texte du diaporama préparé à l'occasion du cinquantenaire de la fondation de l'Abbaye de Sainte–Marie des Deux–Montagnes.
26 septembre	« Benoît Lacroix m'a déclaré solennellement qu'il n'écrira plus jamais de livre, qu'il est fatigué d'écrire, que c'est une drogue et que de toute façon les gens se moquent bien de ce qu'on écrit. Lui ai *promis* d'inscrire ici sa *promesse* au cas où sortirait un jour un futur petit dernier, qui serait son prochain dernier, comme tant d'autres déjà. Évidemment, il ne faut pas compter, dit-il, son livre sur Marie (qui sortira en octobre) et son opuscule (pas un livre !) sur le silence (au début de 1987) ! Son livre sur le silence serait-il le signe du silence à jamais ? À suivre. » (Extrait de mon agenda)
27 septembre	Suzanne Lafrenière, « *Trilogie en Bellechasse* de Benoît Lacroix. Souvenirs et béatitudes », dans *Le Droit*, p. 20.
30 septembre	1er enregistrement de l'émission de radio avec l'historien René Durocher. Benoît Lacroix, commentateur. Éd. en N.-F. : « Je vais leur parler de l'influence du moyen âge. Ça énerve les historiens ! »
19 octobre	Célèbre l'Eucharistie et prononce l'homélie au dimanche des Missions chez les Missionnaires de l'Immaculée–Conception à Montréal.
22 novembre	Lancement collectif, entre autres, de *Marie de Saint–Michel* par les Éditions Paulines au Salon du livre de Montréal, de 17h00 à 19h00 (Place Bonaventure).

1987

	Médaille Chauveau de la Société royale du Canada, accordée pour une remarquable contribution aux humanités.
mars–avril	« La mort des autres par mots et par rites », dans *Communauté chrétienne* (p. 107–113).
1er avril	Ouverture officielle des fêtes du centenaire de la fondation des Dominicaines de la Trinité. Célébration de la messe et homélie par Benoît Lacroix, qui présente aussi la conférencière qui parle de la fondatrice, Mère Marie de la Charité, à la maison mère du boulevard Saint–Cyrille à Sillery, à 15h00.
5–30 avril	Voyage en France.
13 avril	Carte postale de Paris : « [...] Mon travail ici avance bien. Je retourne en Normandie dans quelques jours. [...] »
19 avril	*En toute amitié*, entrevue avec Roland Leclerc (Montréal, Télémétropole, 30 minutes, 1 cassette vidéo).
juillet–août	« La religion populaire. Notre héritage à nous », dans *RND* (*Revue Notre-Dame*, p. 1–13).

4 août	Célèbre ses 50 ans de profession religieuse chez les Moniales Dominicaines de Berthierville.
23 août	Inauguration de la Bibliothèque Benoît-Lacroix, au 8, avenue Saint-Charles, de Saint-Michel-de-Bellechasse. Dévoilement de la plaque (p. 387). Allocution de Benoît Lacroix sur son enfance au 3e Rang Ouest de Saint-Michel.
24 août	« Bibliothèque Benoît-Lacroix », *Le Soleil*, p. B3 : photo représentant Benoît Lacroix en compagnie de son neveu Benoît Gagnon, responsable du projet, et du maire de Saint-Michel, Maurice Vézina.
	« École française et religion populaire au Canada français », dans *Actes du Congrès de l'École française de spiritualité* (p. 100–102).
	« La mémoire orale comme acte culturel », dans *Mémoire d'une époque. Un fonds d'archives orales au Québec*, sous la direction de Gabrielle Lachance (IQRC, p. 15–25).
	Préface, *La littérature populaire religieuse au Québec. Sa diffusion, ses modèles et ses héros*, de Claude-Marie Gagnon (PUL, p. 11–16).
	Préface, *La Vie traditionnelle au pays de Caux et au Canada français. Le cycle des saisons*, de Anne-Marie Desdouits (PUL et Paris, CNRS, p. vii–x).
	Préface, *Le Père Pierre Lemay, o.p., prédicateur populaire au Québec, 1905–1980*, de Christiane Lemay (p. 1–2).
	Préface, *Le Soleil noir*, de Rina Lasnier (Les Presses Laurentiennes, p. 7).
	Préface, *Marie de Dieu*, de Pierre Matthieu (éd. Paulines, p. 9–10).
25 octobre	Membre d'honneur de la Société historique de Bellechasse. Conférence à Saint-Michel sur Bellechasse.
novembre	Préface, *Pauvre ou vagabond. Le quêteux et la société québécoise*, de Lucille Guilbert avec la collaboration de Jean Du Berger, Sylvie Dion et Alain Lacasse (PUL, p. i–ii).
5 novembre	Allocution au lancement de *Une femme au séminaire* de Giselle Huot, préface de Benoît Lacroix (p. 11–16), à la Bibliothèque de l'Institut d'études médiévales.
4 décembre	« Les 75 ans de Saint-Benoît-du-Lac. Témoignage », dans *Le Devoir*, p. 11.
9 décembre	Lancement de *Le Choix de Benoît Lacroix dans l'œuvre de Benoît Lacroix* (Les Presses Laurentiennes, 80 p.) à la librairie Hermès à Outremont (Montréal), de 19h00 à 21h00.
16 décembre	Lancement de *Le Choix de Benoît Lacroix dans l'œuvre de Benoît Lacroix* à la librairie Vaugeois à Sillery (Québec).
19 décembre	« Cris et silences des poètes d'automne », dans *Le Devoir*, p. D3.

1988

	Dieu qui nous appelles à vivre : carnet du Carême 1988 (Québec, Vie liturgique, 64 p.).
5 février	« Homélie à l'occasion des funérailles de Louis-Marie Régis, o.p. », à l'église conventuelle de Saint-Albert-le-Grand.
15 février	Conférence, « Religion et merveilleux au Québec », à la Bibliothèque nationale du Québec, à Montréal.
avril	« Au Québec, y a-t-il plus qu'une Marie ? », dans *Prêtre et Pasteur* (p. 214–219).
16 mai	« Un appel à devenir missionnaire », dans *Pastorale Québec*

	(p. 215-216).
mai-juin	« Il y a longtemps que je t'aime », dans *Revue franciscaine* (p. 308-309).
juillet-août	« Y a-t-il plus qu'une Marie ? », dans *Je crois* (p. 26-29).
	« Quelle est la place de Marie dans nos vies ? », interview de Jérôme Martineau, dans *Notre-Dame-du-Cap* (p. 11-13).
15 août	*Il se souvient de son amour, neuvaine de l'Assomption* (Cap-de-la-Madeleine, éd. RM, 1 cassette sonore).
	« Benoît Lacroix », dans *Les temps changent. Une génération se raconte*, propos recueillis par Jean-Paul Lefebvre (Fides, p. 11-12 et 165-186).
	« Lettre ouverte à Françoise Hamel-Beaudoin », dans *Guetteurs des Saisons* (Fides, p. 7).
	Préface, *Chansons folkloriques à sujet religieux*, de Conrad Laforte et Carmen Roberge (PUL, p. vii-x).
	Préface, *Le Calumet*, de Ronald Lemieux, (s.é., p. 5).
	« Présentation » de *Ouvrons notre cœur*, de Madeleine Dubé, o.p. (Beauport, p. 1).
septembre	« De quelques incroyances religieuses du peuple du Québec », dans *Nouveau Dialogue* (p. 4-14).
septembre	« Travail et repos », dans *Le Temps de vivre* (p. 36).
	« Saint au Cochon », dans *Hagiographie cuite* (Montréal, Garamond du Roseau, p. 217-219).
24 septembre	Hubert de Ravinel, « Pour Benoît Lacroix, les aînés, c'est le pouvoir du cœur », dans *La Presse*, p. H2.
octobre	« Comme un arbre », dans *Pastorale scolaire. Bulletin de liaison* (p. 8-16).
23 octobre	« Délia Tétreault, femme de chez nous », dans *Cahiers d'animation missionnaire* (4 p.).

1989

16 avril	Décès de Marie-Jeanne Lacroix, épouse de Émile Gagnon, et sœur de Joachim, à l'âge de 85 ans et 11 mois.
15 mai	« Aux sources de notre spiritualité populaire », dans *Pastorale Québec* (p. 204).
mai-juin	« Descendre dans la rue », dans *Vie liturgique* (p. 35-36).
	« La foi de nos poètes », dans *Actes des fêtes et assises de Notre-Dame-des-Neiges* (p. 9-12).
	Compte rendu de *La Normandie et le Québec vus du presbytère*, de Chaline-Hardy-Roy, Montréal (Boréal, 1987), dans *Recherches sociographiques*, 30, 2 (p. 307-309).
automne	« Visibilité de l'Église », dans *Communauté chrétienne* (p. 245-247).
	« Lionel Groulx en 1930 », dans *Les Cahiers des Dix*, 44 (éd. La Liberté, p. 199-229).
	« Gens des terres d'en haut », dans *Mélanges offerts au Cardinal Louis-Albert Vachon* (Université Laval, p. 239-245).
	« La religion populaire comparée : Normandie-Québec », dans *45èmes Journées d'études normandes* (Rouen, France, p. 35-37).
	La Piété populaire : Le Québec, Répertoire bibliographique, Canada, Tome I, en collaboration avec Madeleine Grammond, Lucille Côté, Nelson Dawson, sous la direction de Bernard Plongeron et Paule Lerou

	(Paris, Brepols, Montréal, Bellarmin, 154 p.).
octobre	« Les jeunes Québécois et leur religion », dans *Prospectives* (p. 133–144).
1er octobre	Remise d'une plaque avec le titre « L'Ancien de l'année », lors du conventum du 104e cours au Collège de Sainte–Anne–de–la–Pocatière. Le discours qu'il prononce à cette occasion est publié sous le titre « Le mot de l'Ancien », dans *L'Union amicale* (novembre 1989, p. 3–4 ; voir p. 107–109). Dans ce même numéro, Pierre Beaudoin le présente dans « L'Ancien de l'année » (p. 1–2).
3 octobre	Lancement de *Silence*, accompagné d'un dessin de Chantal Lévesque (45 p.), par les Éditions du Silence à la Bibliothèque des Dominicains, au 2715, de 17h00 à 19h00.
25 octobre	Invité d'honneur et conférencier — « Le sacré et les jeunes » — au Déjeuner–bénéfice de l'Ordre Équestre du Saint–Sépulcre de Jérusalem (Lieutenance du Canada–Québec) sous le patronage du cardinal Louis–Albert Vachon, Grand Prieur de la Lieutenance, en faveur des écoles catholiques de Terre Sainte, en la salle de bal du Château Frontenac à Québec, à 12h00.
octobre–décembre	« La religion populaire au défi de la modernité », dans *Science et Esprit* (p. 371–377).
décembre	Préface au premier tome (1894–1906) de l'édition critique de la *Correspondance, 1894–1967* de Lionel Groulx (idée de Benoît Lacroix), par Giselle Huot, Juliette Lalonde–Rémillard et Pierre Trépanier (Fides, p. ix–xiii).
décembre	« Noël : hier pour demain », dans *Liturgie, foi et culture* (autrefois *Bulletin nationale de liturgie*).

1990

printemps	« Les bibliothécaires en otage ? », dans *Argus* (p. 32–36).
9 juin	Doctorat honorifique (*honoris causa*) en théologie, à l'Université de Sherbrooke.
1er août	« Pour le saint François du pays d'ici », dans *François 1990* (Almanach–agenda pour le centenaire du retour des Franciscains 1890–1990, 2 p.).
	Préface, *La Maison jaune. Les Sœurs de la Charité de Saint–Hyacinthe*, de Claude–Marie Gagnon (Fides, p. 9–12).
	« Alain Grandbois chez les théologiens », dans *Grandbois vivant, colloque à l'Université de Toronto, 1985* (L'Hexagone, p. 111–122).
	« *Speak White*, de Michèle Lalonde », dans *La poésie de l'Hexagone* (L'Hexagone, p. 159–174).
	« Bibliothèque Luc–Lacourcière », mot d'ouverture (Québec, Roger Auger Libraire, p. 1).
octobre	Compte rendu de *Reweaving Religious Life*, de Sister Mary Jo Leddy, dans *The Catholic New Times* (Fall Book Supplement, p. 3).
29 octobre	Départ pour Paris. On lui offre de prendre la direction d'un dictionnaire sur les religions populaires. Il refusera.
16 novembre	Retour à Montréal.
22 novembre	*Témoignage* présenté dans le cadre des « Déjeuners de la prière » devant 600 femmes et hommes d'affaires de Montréal (voir p. 21–32).
décembre	« Quand Noël s'en mêle », dans *L'Appel du Sacré–Cœur* (p. 5).

1991

7 février	« Admirables vieilles dames », dans *Le Devoir* (p. A8).
11 février	Cérémonie de remise des insignes de l'Ordre national du Québec par le Premier ministre du Québec, Robert Bourassa, à la Salle du Conseil législatif de l'Hôtel du Parlement à Québec, à 14h30. « Le lundi 11 février à 13h30 je devrais arriver à l'Hôtel du Parlement à Québec pour recevoir — avec une vingtaine d'autres personnes — le titre de *Chevalier de l'Ordre National du Québec*. Faut dire que je ne sais pas ce à quoi cela correspond. Mais je sais que j'ai droit à DEUX INVITÉS D'HONNEUR. J'ai donné vos noms [...] De toute façon, je ne crois pas que cette cérémonie changera l'histoire du monde... [...] Joachim » (Lettre à Rolande et Clément Lamontagne, [fin janvier 1991])
mars	« Mariage et noce du terroir », dans *Liturgie, foi et culture. Le Mariage* (p. 53–54).
30 mars	« Pour la survie de nos désirs », dans *Le Devoir*, p. A10. *Dieu fait les premiers pas : carnet du Carême 1991* (Québec, Vie liturgique, 64 p.).
printemps	« Présentation », *Ébauches. Revue littéraire* (Saint–Félix de Kingsey, Québec, Les Éditions de la dernière minute).
avril	« L'autre conscience », dans *Communauté chrétienne* (p. 3).
mai	« Pour la survie de nos désirs », dans *Communauté chrétienne* (p. 15). *L'Eucharistie : Pentecôte du don de l'Amour « in finem » : IV. Éclatement de l'Amour* (Québec, Union eucharistique « Pro mundi vita », 1 cassette sonore).
juin	« Veillées, glas et cimetière », dans *Liturgie, foi et culture. Les funérailles* (p. 43–44).
juin ?	Parution de *Jeunes et Croyants* (éd. Paulines et Médiaspaul, 93 p.).
juin	Préface, *Un rêve inouï... Des milliers de jeunes*, de Giselle Huot (Anne Sigier, p. 7–13).
5 juillet	Célèbre son jubilé d'or de sacerdoce chez les Moniales Dominicaines de Berthierville.
30 juillet	« Je suis toujours en vacances, toujours à la retraite, toujours professeur émérite, toujours n'écrivant plus de livres, toujours au tennis (j'ai gagné 2 fois sur 6. Mon ego est revenu normal). À mort l'humilité ! » (Lettre de Montréal)
17 août	Mgr Gilles Ouellet, archevêque de Rimouski, forme une Commission historique pour la cause de canonisation d'Élisabeth Turgeon, fondatrice des Sœurs de Notre–Dame du Saint–Rosaire. Benoît Lacroix en est nommé président.
17 août	« Le *Journal de Montréal* cherche chaque jour des variantes policières et il réussit à nous tenir en alerte ; *La Presse* sait tout ; *Le Devoir* fait son petit *Le Monde* et réussit courageusement à se maintenir. Et moi ? Je suis toujours à la retraite... Je perds *mal* au tennis en jouant bien mes mauvais coups de raquettes. » (Lettre) « Religion populaire et inculturation de la foi », dans *Le Christ et les cultures dans le monde et l'histoire* (Bellarmin, p. 321–330).
8 septembre	Sa famille, les Lacroix et les Gagnon le reçoivent à Saint–Michel–de–Bellechasse pour fêter ses 50 ans de vie sacerdotale.
automne	Compte rendu de *Plaisir d'amour et crainte de Dieu*, de Serge Gagnon, dans *Revue d'histoire de l'Amérique française* (p. 279–281).

octobre	« Nouvel Âge. Vieilles Paroles », dans *Communauté chrétienne* (p. 3).
décembre	« Pour te rappeler que je t'aime », dans *Communauté chrétienne* (p. 4).
9 décembre	Conférencier au colloque « L'héritage de Lionel Groulx : actualité et renouveau » à la Bibliothèque nationale, rue Saint–Denis, à Montréal, à 19h30.
	« Cathédrales », texte d'introduction aux disque et cassette consacrés à la musique d'orgue par Hélène Dugal (Montréal, cassette Dolby, S–111016–2).

1992

hiver	« Le dominicain Benoît Lacroix se vide le cœur sur la situation de notre peuple », dans *L'Espoir* (p. 25–48).
	Lance l'idée d'une revue au Centre de recherche Lionel–Groulx, qui deviendra *Les Cahiers d'histoire du Québec au XXe siècle* (1er numéro en février 1994).
10 janvier	Réunion pour la Cause Élisabeth Turgeon à Rimouski.
	« Viens, Seigneur Jésus », *Chant d'entrée pour l'Avent*, paroles de Benoît Lacroix et musique de Jean Le Buis (éd. Laudem, 4 p.).
9 avril	Publication dans *L'Église de Montréal* de *Hymne du 350e anniversaire. Peuple de Dieu à Montréal*. Paroles : Benoît Lacroix. Musique : Pierre Grandmaison.
17 mai	Messe commémorative à la basilique Notre–Dame dans le cadre du 350e anniversaire de la ville de Montréal, célébrée par l'archevêque Mgr Jean–Claude Turcotte. La musique de la *Messe* du 350e anniversaire commandée pour l'occasion est l'œuvre de Pierre Grandmaison, organiste de la basilique, et le texte de Benoît Lacroix.
	Peuple de Dieu à Montréal : hymne du 350e de Montréal, (Service de pastorale liturgique, Archevêché de Montréal, 4 p. (Partition à 4 voix avec acc. d'orgue)).
19 mai	Article de Claude Gingras, « La *Messe* de Grandmaison : une œuvre belle et efficace [Paroles : Benoît Lacroix] », *La Presse*.
21 mai	Célébration de la messe et homélie en mémoire du 25e anniversaire du décès de Lionel Groulx, en l'église Saint–Viateur à Outremont, à 17h00. Conclusion : « En ce 25e anniversaire de la mort de Lionel Groulx célébrons ensemble l'univers des peuples dans l'espérance qui était la sienne qu'un jour avec et par le Christ il y aurait une place de choix pour son *petit peuple* en Amérique du Nord, sinon dans l'univers tout court. Tel est le sens de cette messe anniversaire partagée dans la même gratitude. »
juin	« L'espoir : une chandelle allumée », dans *Prêtre et Pasteur* (p. 322–327).
18 juin	« Vacances ! Vacances ! Prendre enfin le temps », dans *L'Église canadienne* (p. 277–279).
été	« Célébrer l'été », dans *Liturgie, foi et culture* (p. 51–52).
juillet	« Lettre confidentielle à une moniale en mal de voter », dans *Présence* (p. 6–7).
	« Un idéal pour le peuple », dans *Le Cardinal Léger* (Fondation J. et P.–É. Léger, p. 56).
	Préface à *La Voie sacrée* de Michel Mathieu (Sainte–Anne–des–Plaines, éd. La Voie, p. 11–12).
	Préface à *Un rosaire rénové et partagé* de Fernand–M. Fortin, o.p. (éd.

	du Lévrier, p. 6–10).
16 septembre	Soirée en l'honneur des Ordres fondateurs à l'Université de Montréal à 19h30. Benoît Lacroix est l'un des conférenciers.
octobre	« Pourquoi des prêtres ? », dans *Présence* (p. 6).
30 octobre	Conférence, « Facteurs spirituels », prononcée au 1er symposium sur la santé positive organisé par l'Institut de recherches cliniques de Montréal et le Dr Jacques Genest, à l'hôtel Ritz–Carlton à Montréal.
10 novembre	« À la recherche de nos racines », dans *La Revue Sainte–Anne* (p. 443).
	« Au moins dix raisons de célébrer Noël » (Office des communications sociales, p. 8).
24 décembre	« Minuit ! », dans *Le Devoir* (p. A8).
1992–1993	*Billets de Benoît Lacroix*, 9 réflexions (Québec, Régie du cinéma, 1992–1993, 2 cassettes vidéo).

1993

	Directeur–fondateur de l'organe du Centre de recherche Lionel–Groulx, *Les Cahiers d'histoire du Québec au XXe siècle*.
	Compte rendu de *Au–delà de son rêve, Délia Tétreault* (Fides, 1991), dans *Recherches sociographiques*, 34, 1 (p. 152–153).
février	« Facteurs spirituels », dans *Le Médecin du Québec* (p. 115–117). (Voir 30 octobre 1992.)
6 février	Les Samedis de la Foi. Couvent Saint–Albert–le–Grand. « À mesure que je vieillis, je deviens de plus en plus obsessif à l'égard du cosmos. Il est la base ; depuis les psaumes jusque dans toutes les formes possibles de la spiritualité. »
	« Les personnes âgées, mais comment ? », dans *Frontières* (p. 24–27).
printemps	Entrevue de Claude Gravel avec Benoît Lacroix, « Éthique et recherche biomédicale. Respecter la liberté de l'individu », dans *Forces* (p. 123–127).
	« Miséricorde », *Chant pour le carême*, paroles de Benoît Lacroix et musique de Jean Le Buis (Montréal, éd. Laudem, 4 p.).
31 mars	Intervention chirurgicale (hernie) à l'Hôpital St. Mary's.
mars–avril	« Un instant s'il–vous–plaît », dans *Présence* (p. 7–8).
avril	« Langue, foi et culture : la langue gardienne de la foi », dans *Éducation et francophonie* (p. 2, 62–63).
19 avril	Découverte de nouveaux manuscrits de Saint–Denys Garneau chez un des neveux du poète.
23 avril	Allocution à la réception offerte par les étudiants du Département d'études classiques et médiévales de l'Université de Montréal, à la Bibliothèque de l'Institut de 16h00 à 18h00, à l'occasion du 50e anniversaire de l'implantation de l'Institut d'études médiévales à l'Université de Montréal.
15 mai	En présence de Benoît Lacroix, inauguration des nouveaux locaux de la Bibliothèque Benoît–Lacroix à Saint–Michel–de–Bellechasse. (Voir *La Voix du Sud*, 23 mai 1993, p. 4)
26 mai	Préside une autre réunion de la Commission historique pour la cause de canonisation d'Élisabeth Turgeon, à Rimouski.
juillet–août	« Une spiritualité trinitaire à composantes cosmiques », dans *Le Précurseur* (p. 493–501).
juillet–août	« Sur les routes du paradis », dans *La Revue franciscaine*, (p. 100–101).
	Célébration des âges et des saisons (éd. Anne Sigier, 149 p.). Nouvelle

édition de *Célébrations des saisons* (1981).

« Du médical au spirituel », dans *Actes du 13ᵉ congrès annuel du Carrefour des chrétiens du Québec pour la santé* (Montréal, p. 56–57).

« La place de la culture populaire dans la culture canadienne–française », dans *L'Œuvre de Germain Lemieux, s.j. Bilan de l'ethnologie en Ontario français*, textes rassemblés et publiés sous la dir. de J.-P. Pichette (Sudbury, Centre franco–ontarien de folklore, p. 505–520).

« La religion populaire », dans *Religion catholique et appartenance franco–américaine. Franco–Americans and Religion. Impact and Influence*, Claire Quintal, dir. (Worcester, Mass., Assomption College, p. 6–10).

« Sa foi comme source », dans *Simonne Monet–Chartrand. Un héritage et des projets*, Hélène Pelletier–Baillargeon, dir. (Fides, p. 183–186).

15 septembre	« Saint–Denys Garneau et l'art spiritualiste », dans *Pastorale Québec* (p. 294–295).
octobre	Préface, *L'Autre Saint–Denys Garneau*, de Jacques Roy (éd. du Loup de Gouttière, p. 7–12).
	Préface, *Les Galeries du Nouvel âge*, de André Fortin (Novalis, p. 7–8).
24 octobre	Célébration de la messe et homélie à l'occasion des fêtes du 50ᵉ anniversaire de la mort du poète de Saint–Denys Garneau en l'église de Sainte–Catherine–de–la–Jacques–Cartier.
27 octobre	Communication « Mémoires d'un chasseur de manuscrits — Le cas De Saint–Denys Garneau » au Colloque *Saint–Denys Garneau parmi nous*, à l'Université McGill (Actes puliés en 1994). Voir p. 342–345.
10 novembre	Préside une réunion de la Commission historique pour la cause de la canonisation d'Élisabeth Turgeon à Rimouski.
19–21 novembre	
	Colloque *Saint–Denys Garneau, cinquante ans après*, à l'Université de Toronto. Benoît Lacroix y prononce une allocution lors de l'ouverture le vendredi soir, y donne une communication le samedi matin : « Saint–Denys Garneau, l'être humain » et participe à une table ronde le dimanche après–midi sur « L'influence de Saint–Denys Garneau sur les poètes québécois d'aujourd'hui ». (Les Actes seront publiés en 1995.)
24 décembre	« Nocturne », dans *Le Devoir* (p. A8).
1993–1994	« Souvenirs de paroisse avec Benoît Lacroix », 19 chroniques extraites des émissions *Parole et Vie* (télévision communautaire, saison 1993–1994, 60 minutes, 1 cassette vidéo).

1994

hiver	« Raison d'être des cahiers » (Benoît Lacroix en est le directeur fondateur) avec Stéphane Stapinsky, et « Guy Dufresne, l'ami », dans *Les Cahiers d'histoire du Québec au XXᵉ siècle* (p. 5–10 et 67–69).
hiver	« Les funérailles de Marcellus François », dans *Liturgie, foi et culture* (p. 16–18).
janvier	Série de conférences à tous les évêques du Québec (retraite).
20 janvier	Préside la dernière réunion de la Commission historique pour la cause d'Élisabeth Turgeon, à Rimouski. Signature du rapport qui sera présenté à l'Archevêque de Rimouski, Mgr Bertrand Blanchet, le 8 février 1994.

21 janvier	« Opération-hernie remise à l'automne faute de temps ! ! » Signé : « Joachim Le Sage » ! (Lettre à Rolande et Clément Lamontagne) À l'été 1995, le temps n'est toujours pas au rendez-vous. L'opération attend toujours...
5 février	Les Samedis de la Foi. Couvent Saint-Albert-le-Grand.
17 février	La Fondation de Saint-Denys-Garneau dont Benoît Lacroix est un membre fondateur (vice-président), est légalement constituée..
12 mars	Lancement de *Le Cantique des Cantiques et son interprétation* (77 p.), poèmes de Benoît Lacroix et lithographies de Albert Carpentier, o.p., par le Musée des religions et les Éditions du Noroît au Musée des religions de Nicolet à 15h00.
mars–avril	« De Saint-Denys Garneau et sa mère », dans *Présence* (p. 11-12).
été	« Au cours des prochaines années, la SHB entend proposer des personnalités bellechassoises pour l'octroi du prix d'excellence La Survivance. Les personnalités proposées sont Arthur Labrie, le père Benoît Lacroix [membre d'honneur de la SHB], Rosaire Saint-Pierre et Marianna O'Gallagher. » *Au fil des ans*, Bulletin de la Société historique de Bellechasse, vol. 6, n° 3, p. 4. « Noble simplicité et harmonie », dans *Chant et musique liturgiques en pays francophones* (Université Laval, École de musique, p. 75-84 ; homélie, p. 87-88). *La part des aînés* (Télé universitaire, Services audiovisuels de l'Université de Montréal, 57 minutes, 7 secondes, 1 cassette vidéo).
été	« Quand deux baobabs croisent leurs racines », entrevue avec Georges-Henri Lévesque, o.p., dans *Les Cahiers d'histoire du Québec au XXe siècle* (p. 61-83).
juillet	« Les valeurs religieuses à l'origine de Ville-Marie et en 1994 », dans *L'Ami de Saint-Benoît-du-Lac* (p. 26-29). Préface, *Choisir l'enfant handicapé. L'alternative de l'adoption*, de France Beaudoin (Drummondville, éd. Emmanuel).
octobre	Conférence, « Itinéraires spirituels pour l'an 2000 », prononcée au 2e symposium sur la santé positive, organisé par l'Institut de recherches cliniques de Montréal et le Dr Jacques Genest.
5 octobre	Autre pèlerinage au Manoir Juchereau-Duchesnay à Sainte-Catherine de Fossambault (aujourd'hui Sainte-Catherine-de-la-Jacques-Cartier). Accueil par les propriétaires du manoir Nicole et Louis Rochette (ce dernier est un ami des dernières années de Saint-Denys Garneau).
8 octobre	Première des 6 conférences-dialogues données par Benoît Lacroix, en collaboration avec l'Institut Saint-Dominique au Couvent Saint-Albert-le-Grand, en 1994-1995, de 15h00 à 17h00, dans le cadre de « Les Samedis de la Foi ». Première conférence : « Le Dieu de Thérèse de Lisieux ».
11 novembre	Lancement à la Bibliothèque des Dominicains du 2e numéro des *Cahiers d'histoire du Québec au XXe siècle*, dans lequel Benoît Lacroix présente une entrevue avec le Père Georges-Henri Lévesque, o.p.
12 novembre	Deuxième conférence des « Samedis de la Foi » : « Les valeurs qu'on espère ».
3 décembre	Troisième conférence des « Samedis de la Foi » : « Propos sur la spiritualité ».
4 décembre	« Ce que l'étude des religions populaires m'a appris », dans *Status*

Quæstionnis, actes du colloque tenu à l'occasion du 25ᵉ anniversaire du Centre de recherche en histoire religieuse du Canada, le 4 décembre 1994, éd. par Pierre Hurtubise et J.-M. Leblanc (Ottawa, Université Saint–Paul, p. 11–22).
Billets de Benoît Lacroix : Saint–Michel (Québec, Régie du Cinéma, 1994, 2 cassettes vidéo).

24 décembre « Sur les ailes du vent », dans *Le Devoir* (p. A8).

« Mémoires d'un chasseur de manuscrits — Le cas De Saint–Denys Garneau », dans *Littératures* : [Actes du colloque] *Saint–Denys Garneau parmi nous* (Université McGill, p. 77–81).

28 décembre « Benoît L. ex–écrivain » (Lettre de Montréal).

1995

Il y a 50 ans, début de l'enseignement de Benoît Lacroix à l'Institut d'études médiévales.

hiver « Histoire et fiction : une nécessaire vigilance », dans *Les Cahiers d'histoire du Québec au XXᵉ siècle* (p. 3–5).

21 janvier Quatrième conférence des « Samedis de la Foi » : « Quand Teilhard de Chardin prie ».

fin janvier Prédication de retraite à l'Abbaye cistercienne de Notre–Dame–du–Lac à Oka.

25 février Cinquième conférence des « Samedis de la Foi » : « Nouvel âge de la Foi ».

mars « Itinéraires spirituels pour l'an 2000 », dans *Le Médecin du Québec* (p. 115–118). (Voir octobre 1994)

25 mars Sixième et dernière conférence des « Samedis de la Foi » : « L'Annonciation ».

26–29 mars Prédicateur de la retraite paroissiale à Saint–Thomas de Montmagny (voir p. 468 ss).

printemps « Univers sacré de nos ancêtres. Des souvenirs partagés », dans *L'Horizon de la culture. Hommage à Fernand Dumont*, sous la direction de Simon Langlois et Yves Martin (PUL, IQRC, p. 399–402).

16 avril « Pâques arc–en ciel », dans *Le Devoir* (éditorial, p. A10).

17 avril Entrevue (montage) à l'émission « Jean–Paul II à la croisée des siècles » au *Point* à la télévision de Radio–Canada.

30 juin Benoît Lacroix et les jeunes, à Radio Ville–Marie.

Été « Le Québec, un arbre aux racines médiévales. Entrevue avec le Père Benoît Lacroix, o.p. », dans *Cap–aux–Diamants*, numéro spécial *Présence du Moyen Âge au Québec* (p. 14–17).

1ᵉʳ août Devient assistant père maître des novices (4) au Couvent Saint–Albert–le–Grand.

11 août Conférence à l'église Saint–Dominique (175, Grande–Allée à Québec) de 15h30 à 16h00 dans le cadre des Médiévales qui se tiennent à Québec du 9 au 13 août : « Une intuition au XIIIᵉ siècle : Dominique et ses prêcheurs ». Conférence suivie par les vêpres présidées par Denis Gagnon, o.p. et chantées par la chorale Schola Gregoriana de Cambridge.

Commentaire de Benoît Lacroix : « L'église était remplie : ils étaient sûrement venus pour le concert » !

8 septembre 80ᵉ anniversaire de Benoît Lacroix. Parution de *Amour*, nouveau livre — mais non le dernier ! — de Benoît Lacroix aux Éditions du Silence.

	Extraits (p. 407–409).
24 septembre	Fête de l'amitié au Couvent Saint–Albert–le–Grand, 2715, chemin de la Côte–Sainte–Catherine à Montréal. La célébration de l'Eucharistie est suivie du lancement de *Dits et Gestes de Benoît Lacroix, prophète de l'amour et de l'esprit*.
fin septembre	Parution du n° 4 des *Cahiers d'histoire du Québec au XXe siècle*, fondés par Benoît Lacroix, et dont une partie lui est consacrée.

1996 ss

5 juillet	55e anniversaire de son ordination.
6 juillet	55e anniversaire de sa première messe.

A déjà promis *Cosmique* aux Éditions du Silence.

La Foi de ma mère, manuscrit dactylographié de plus de 500 (ou 600) pages, à soumettre à Bellarmin après une dernière révision et de multiples corrections.

Un livre en collaboration aux Éditions Sogides, sur le sacré. Lui parle, l'autre écrit !

Multiples articles, etc. qui ne sont pas des « livres ».

Célébrations eucharistiques, de la parole, baptêmes, mariages, funérailles, retraites dans les communautés religieuses, retraites paroissiales, visites aux personnes dans le besoin, aux malades et accompagnement, sermons, homélies, conférences, cours, « conseils privés en tous genres » sur demande, écoute inconditionnelle et amour tout autant.

BENOÎT LACROIX :
BIBLIOGRAPHIE SÉLECTIVE (1947-1995)

Madeleine Grammond, s.s.a.
Avec la collaboration de Lucille Côté, s.s.a.

Le Père Benoît Lacroix écrit sa vie en contrepoint. Telle une immense polyphonie, sa carrière étale les lignes les plus variées et illustre l'histoire d'une réussite. Son activité, intense et soutenue, est ponctuée de notes inédites, de rythmes imprévisibles qui ne cessent d'étonner.

Une bibliographie s'impose pour rendre compte, partiellement hélas, de son œuvre importante. Pourquoi l'exhaustivité y est-elle impossible ? Le Père Lacroix a perdu (volontairement peut-être ? !) un bon nombre de ses manuscrits et, de plus, modeste comme le sont les maîtres, il laisse dormir dans ses classeurs des textes qui mériteraient d'être connus.

Libre comme lui, dégagée des contraintes de la stricte observance, la présente bibliographie répertorie donc les ouvrages retrouvés sous des titres de chapitres dictés par les qualifications multiples de l'auteur. On y rencontre successivement le théologien, le médiéviste, l'historien, l'homme de lettres, le critique littéraire... et toujours, en filigrane ou en « surplus » (un terme qui lui est familier), le poète.

Chaque chapitre présente les ouvrages selon le schéma de classement préféré du Père Lacroix : les écrits, les documents visuels et oraux, c'est-à-dire les émissions télévisuelles ou radiophoniques et les cassettes sonores ou vidéo.

À l'image de celui qu'elle entend honorer, cette bibliographie, par un itinéraire très souple, évolue vers un destin qui repousse délibérément les frontières et se nomme plus justement une médiagraphie.

I
LE THÉOLOGIEN

Livres

Amour, Montréal, éd. du Silence, 1995.
Célébration des âges et des saisons, Québec, éd. Anne Sigier, 1993, 149 p.
Célébration des saisons, Québec, coédition Anne Sigier et Centre Alpec, 1981, 140 p.
Compagnon de Dieu, Montréal, éd. du Lévrier, 1961, 365 p.
Dieu fait les premiers pas : *carnet du Carême 1991*, Québec, Vie liturgique, 1991, 64 p.
Dieu qui nous appelles à vivre : *carnet du Carême 1988*, Québec, Vie liturgique, 1988, 64 p.
Jeunes et Croyants, Montréal, éd. Paulines et Médiaspaul, 1991, 93 p.
Nous sommes un peuple en marche : *carnet d'Avent 1986*, Québec, Vie liturgique, 1986, 64 p.
Paroles à des religieuses, Montréal, Fides, 1985, 254 p.
Sainte Thérèse de Lisieux et l'histoire de son âme, [par] Michel de Ladurantaye, pseud., Ottawa, Montréal, éd. du Lévrier, 1947, 155 p.
Silence, accompagné d'un dessin de Chantal Lévesque, Montréal, éd. du Silence, 1989, 45 p.

Articles

« À quel Dieu te comparer », dans *Appoint*, 16, juin 1983, p. 13–14.
« Admirables vieilles dames », dans *Le Devoir*, 82, 31, 7 février 1991, p. A8.
« Un ami fervent de la culture ouverte », dans *Jean-Paul II. Une Église au rendez-vous*, Montréal, éd. Paulines, 1984, p. 140–143.
« Un appel à devenir missionnaire », dans *Pastorale Québec*, 100, 8, 16 mai 1988, p. 215–216.
« L'autre conscience », dans *Communauté chrétienne*, 2, 10, avril 1991, p. 3.
« Bonheur et souffrance », dans *Initiation à la pratique de la théologie, T.4 : Éthique*, en collaboration avec Fernand Dumont, sous la direction de Bernard Lauret et François Refoulé, Paris, éd. du Cerf, 1983, p. 673–686.
« Changer notre âme terrestre en papillon blanc libéré », dans *L'Église canadienne*, 26, 6, 18 novembre 1982, p. 177–178.
« Comme un arbre », dans *Pastorale scolaire, bulletin de liaison*, 23, 5, octobre 1988, p. 8–16.
« Conclusion », dans *Actes du Congrès religieux interdiocésain : notre réponse aujourd'hui à l'appel prophétique de Jean-Paul II*, 18–20 octobre 1985, Hall d'exposition, 1515, d'Estimauville, Québec, 1986, p. 40–42.
« Conclusion », dans *L'Altérité . Vivre ensemble différents*, M. Gourgues et Gilles-D. Mailhiot, dir., Montréal, Bellarmin, Paris, Cerf, 1986, p. 449–455.
« Descendre dans la rue », dans *Vie liturgique*, 210, mai–juin 1989, p. 35–36.
« Du médical au spirituel », dans *Actes du 13e congrès annuel du carrefour des chrétiens du Québec pour la santé*, Montréal, 1993, p. 56–57.
« D'un pays à l'autre », dans *Appoint*, 13, mars 1980, p. 23–30.
« Église au Québec et Livre Blanc », dans *Nouveau dialogue*, 26, septembre 1978, p. 19–20.
« L'Église catholique », dans *Société canadienne d'histoire de l'Église catholique, Sessions d'étude*, 53, 1986, p. 93–107.
« Facteurs spirituels », dans *Le médecin du Québec*, 28, 2, février 1993, p. 115–117.

« La foi de nos poètes », dans *Actes des fêtes et assises de Notre-Dame -des-Neiges*, 1989, p. 9–12.

« Les funérailles de Marcellus François », dans *Liturgie, foi et culture*, 28, 140, hiver 1994, p. 16–18.

« L'impasse : religion et culture », dans *Évangélisation et culture dans le Québec*, démarches proposées par l'Assemblée des évêques du Québec, Montréal, Fides, coll. « L'Église aux quatre vents », 1983, p. 56–63.

« Un instant s'il-vous-plaît », dans *Présence*, 2, 9, mars–avril 1993, p. 7–8.

« L'intériorité du corps d'après saint Benoît », dans *L'Église canadienne*, 14, 15, 2 avril 1981, p. 467–468.

« L'interrogation religieuse », dans *Urgence de la philosophie*, C. De Koninck, L. Morin, dir., Québec, Les Presses de l'Université Laval, 1986, p. 563–570.

Jésus au fil des jours, lettre spirituelle écrite par le Comité conjoint des évêques et des religieux, Conférence des Évêques Catholiques du Canada, un feuillet préparé par B.L. et réadapté par la CECC, Pentecôte 1982.

« Les jeunes ont-ils la vocation ? », dans *La vie des communautés religieuses*, 43, 5, novembre–décembre 1985, p. 275–288.

« Les jeunes Québécois et leur religion », dans *Prospectives*, 25, 3, octobre 1989, p. 133–144.

« Noble simplicité et harmonie », dans *Chant et musique liturgiques en pays francophones*, Québec, Université Laval, École de musique, 1994, p. 75–84 ; homélie, p. 87–88.

« Un Oratorio pour l'anticipation du meilleur : *Jesus Christus* », dans *Communauté chrétienne*, 24, 144, novembre–décembre 1985, p. 593–601.

« Les personnes âgées, mais comment ? », dans *Frontières*, 6, 2, 1993, p. 24–27.

« Pour la survie de nos désirs », dans *Communauté chrétienne*, 2, 11, 1991, p. 15.

« Pour le saint François du pays d'ici », dans *François 1990* (Almanach-agenda pour le centenaire du retour des Franciscains 1890–1990), 1er août 1990, 2 p.

« Quand les religieux prient ensemble », dans *Conférence Religieuse Canadienne*, coll. « Donum Dei », 28, Ottawa, 1983, p. 215–236.

« Quelle est la place de Marie dans nos vies ? », interview de Jérôme Martineau, dans *Notre-Dame-du-Cap*, 97, 1988, p. 11–13.

« Responsable des vocations : quel ministère ! », dans *La vie des communautés religieuses*, 43, 4, septembre–octobre 1985, p. 229–239.

« Sa foi comme source », dans *Simonne Monet-Chartrand. Un héritage et des projets*, Hélène Pelletier-Baillargeon, dir., Montréal, Fides, 1993, p. 183–186.

« Saint-Denys Garneau et l'art spiritualiste », dans *Pastorale Québec*, 105, 11, 15 septembre 1993, p. 294–295.

« Saint François pour moi », dans *La Revue franciscaine*, 95, 11, septembre–octobre 1982, p. 370.

« Le silence d'après la Règle de saint Benoît », dans *L'Ami de Saint-Benoît-du-Lac*, 65, Noël 1984, p. 20–22.

« Une spiritualité trinitaire à composantes cosmiques », dans *Le Précurseur*, 36, 16, juillet–août 1993, p. 493–501.

« Sur les routes du paradis », dans *La Revue franciscaine*, 101, 4, juillet–août 1993, p. 100–101.

« La Toussaint des stades », dans *Le Devoir*, 63, 244, 22 octobre 1982, p. 17.

« Travail et repos », dans *Le Temps de vivre*, 10, 9, septembre 1988, p. 36.

« Utopies pour l'an 2000 », dans *Le Devoir*, 72, 28, 4 février 1982, p. 23 ; dans *La Religion de mon père*, p. 288–293.

« Visibilité de l'Église », dans *Communauté chrétienne*, 28, 166, automne 1989, p. 245–247.

Documents visuels et sonores

Béatifications : Mère Marie–Rose, Marie Rivier, Frère André, émission radiophonique, commentaires sur la solennité à Rome, Montréal, Radio–Canada, mai 1982.

Billets de Benoît Lacroix, 9 réflexions, Québec, Régie du cinéma, 1992–1993, 2 cassettes vidéo.

Le 18 heures : sens de la souffrance, émission de télévision, 11 min., Montréal, Télémétropole, avril 1983.

L'Eucharistie : Pentecôte du don de l'Amour « in finem » : IV. Éclatement de l'Amour, Québec, Union eucharistique « Pro mundi vita », 1991, 1 cassette sonore.

Hymne à l'univers, 13 émissions radiophoniques, 48 min. chacune, Benoît Lacroix, réalisateur, Montréal, Radio–Canada, été 1977.

Il se souvient de son amour, neuvaine de l'Assomption, 15 août 1988, Cap–de–la–Madeleine, éd. RM, 1988, 1 cassette sonore.

La part des aînés, Montréal, Services audiovisuels de l'Université de Montréal, 1994, 57 min., 7 sec., 1 cassette vidéo.

Second regard : béatification du Frère André, émission de télévision, 60 min., Montréal, Radio–Canada, mai 1982.

11
LE MÉDIÉVISTE

Livres

L'Historien au moyen âge, Paris, J. Vrin et Montréal, Institut d'études médiévales, 1971, 301 p.

Orose et ses idées, Paris, J. Vrin et Montréal, Institut d'études médiévales, 1965, 235 p.

Pourquoi aimer le moyen âge ?, Montréal, l'Œuvre des Tracts, 367, 1950, 15 p.

Thèse

Les Débuts de l'historiographie médiévale, thèse de doctorat (sciences médiévales), Pontifical Institute of Mediæval Studies, Toronto, 1951, 274 f. dactylogr. Prix de la province de Québec, 1952.

Articles

« Les adversaires... dans la Cité de Dieu », dans *Mediæval and Renaissance Studies*, Londres, 1958, p. 163–175.

« La chronique de Saint–Maxent (751–1140) », dans *Les Cahiers de civilisation médiévale*, 25, 1, 1982, p. 75.

« Deus le volt : la théologie d'un cri », dans *Études de civilisation médiévale*, (Mélanges E.–R. Labande), Poitiers, 1974, p. 461–470.

« Guillaume de Tyr : unité et diversité dans la tradition latine », dans *Études d'histoire littéraire et doctrinale*, 4e série, coll. « Publications de l'Institut d'études médiévales », 19, Paris, J. Vrin, 1968, p. 201–215.

« Hugues de saint Victor et les conditions du savoir au moyen âge », dans *The Etienne Gilson Testimonial Volume*, mai 1959.

« L'humanisme des historiens du moyen âge », dans *Culture*, 12, 2, 1951, p. 275–289.

« La importancia de Orosio », dans *Augustinus II*, Madrid, 1957, p. 5–13.

« Le moyen âge et la culture populaire de la Nouvelle-France : l'exemple de la chanson », en collaboration avec Conrad Laforte, dans *Revue d'histoire de l'Amérique française*, 32, 3, décembre 1979, p. 231-257.

« The Notion of History in Early Mediæval Historians », dans *Mediæval Studies,* 10, 1948, p. 219-223.

« Pastorale en préhistoire : un institut d'études médiévales », dans *Communauté chrétienne*, 12, 70, juillet-août 1973, p. 285-296.

« La tradition orale chez les théologiens du moyen âge », dans *Mélanges en l'honneur de Luc Lacourcière. Folklore d'Amérique*, éd. J.-C. Dupont, Montréal, Leméac, 1978, p. 271-279.

« Travailleurs manuels du moyen âge roman : leur spiritualité », dans *Mélanges René Crozet*, 1, 1966, p. 523-529.

III
L'HISTORIEN

Livres

Les Débuts de l'historiographie chrétienne : ses origines, son esprit, ses méthodes, Toronto, Institute of Mediæval Studies of Toronto, 1950, 274 p.

L'Histoire dans l'Antiquité, florilège suivi d'une étude, préface de H. Marrou, Paris, J. Vrin et Montréal, Institut d'études médiévales, 1951, 252 p.

Articles

« L'après-Groulx : à propos d'une anthologie », dans *Revue d'histoire de l'Amérique française*, 28, 3, 1974, p. 415-420.

« Commentaire », dans *Littérature et Société canadienne-française*, Les Presses de l'Université Laval, Québec, 1964, p. 70-74.

« Commentaires », dans *France et Canada français du XVIe au XXe siècle*, éd. C. Galarneau et E. Lavoie, coll. « Cahiers de l'Institut d'Histoire », 7, Québec, Les Presses de l'Université Laval, 1966, p. 232-235.

« Culture française et histoire canadienne », dans *Revue dominicaine*, 61, 2, 1955, p. 143-153.

« De la connaissance historique », dans *Revue d'histoire de l'Amérique française* », 8, 3, 1954, p. 435-441.

« Les débuts de la philosophie universitaire à Montréal, les Mémoires du Doyen Ceslas Forest », en collaboration avec Yvan Lamonde, dans *Philosophiques,* 3, 2, octobre 1976, p. 55-79.

« Délia Tétreault : femme de chez nous », dans *Le Précurseur*, 33, 10, juillet 1985, p. 261-264.

« Histoire générale et sens des faits dans l'Antiquité chrétienne », dans *Sciences Ecclésiastiques*, 17, 1965, p. 513-516.

« Lionel Groulx cet inconnu », dans *Revue d'histoire de l'Amérique française*, 32, 3, décembre 1978, p. 325-346.

« Lionel Groulx en 1930 », dans *Les Cahiers des Dix*, 44, Québec, éd. La Liberté, 1989, p. 199-229.

« Les origines ou la naissance des sciences humaines de la religion au Québec (1940-1969) », dans *L'Enseignement et la recherche dans le secteur des sciences humaines de la religion*, Québec, ministère de l'Éducation, 1969, p. 17-31.

« Pour lire les mémoires de Lionel Groulx », dans *Revue d'histoire de l'Amérique française*, 24, 3, 1970, p. 413-419.

« Pourquoi avoir tant aimé l'histoire ? », dans *L'Action nationale*, 57, 10, 1968, p. 925–935.

« Quand deux baobabs croisent leurs racines », entrevue avec Georges-Henri Lévesque, o.p., dans *Cahiers d'histoire du Québec au XXe siècle*, 2, été 1994, p. 61–83.

« Les risques de l'édition critique », dans *Revue d'histoire de l'Amérique française*, 36, 4, mars 1983, p. 640–644.

« Toynbee et la religion », dans *Sciences Ecclésiastiques*, 9, Montréal, 1957, p. 67–77.

« 35e anniversaire du drapeau », dans *L'Action nationale*, 63, 3, novembre 1983, p. 203–208.

« Les valeurs religieuses à l'origine de Ville-Marie et en 1994 », dans *L'Ami de Saint-Benoît-du-Lac*, 84, juillet 1994, p. 26–29.

IV
L'HISTORIEN DE LA CULTURE POPULAIRE

Livres

Folklore de la mer et religion, coll. « Connaissance », Montréal, Leméac, 1980, 119 p.

Musée des religions de Nicolet, en collaboration avec Michel Lessard, Catherine Elbaz, Anne MacLaren et Jean Simard, Montréal, septembre 1983, 431 p.

La Religion de mon père, Montréal, Bellarmin, 1986, 306 p.

Articles

« À cause de notre folklore de Noël », dans *Prêtre et Pasteur*, 84, 11, décembre 1981, p. 678–686.

« Archives familiales en Bellechasse », dans *La Vie quotidienne au Québec. Histoire, métiers, techniques et traditions. Mélanges à la mémoire de Robert-Lionel Séguin*, René Bouchard, dir., Québec, Les Presses de l'Université du Québec, 1983, p. 203–216.

« A-t-on changé la religion ... La famille en onze questions », dans *Le Maringouin*, 5, 14, hiver 1982, p. 4–11. Feuillet d'information.

« Au Canada français : typologie des sources », dans *La religion populaire*, actes du colloque international C.N.R.S., 576, Paris, 17–19 octobre 1977, Paris, éd. du Centre national de la recherche scientifique, 1979, p. 315–323.

« Au Québec, y a-t-il plus qu'une Marie ? », dans *Prêtre et Pasteur*, 91, 4, avril 1988, p. 214–219.

« Aux sources de notre spiritualité populaire », dans *Pastorale Québec*, 101, 8, 15 mai 1989, p. 204.

« Ce que l'étude des religions populaires m'a appris », dans *Status Quæstionnis*, actes du colloque tenu à l'occasion du 25e anniversaire du Centre de recherche en histoire religieuse du Canada, le 4 décembre 1994, éd. par Pierre Hurtubise et J.-M. Leblanc, Ottawa, Université Saint-Paul, 1994, p. 11–22.

« Un centre d'études des religions populaires », dans Société canadienne d'histoire de l'Église catholique, *Sessions d'étude*, 38, 1971, p. 88–94.

« Communication et religion populaire », dans *Actes du XVe Congrès des Sociétés de Philosophie de langue française*, Montréal, éd. Montmorency, 1971, p. 278–282.

« La contribution culturelle de la chanson folklorique au Québec », en collaboration avec Conrad Laforte, dans *Mémoires de la Société royale du Canada*, 4e série, 22, 1985, p. 115–130.

« De quelques incroyances religieuses du peuple du Québec », dans *Nouveau Dialogue*, 76, septembre 1988, p. 4–14.

« Dévotions : hier et aujourd'hui », dans *Bulletin national de liturgie*, 17, 88, janvier–février 1983, p. 14–18 ; 22–25; 34–36.

« Dieu dans la religion populaire franco–québécoise : Sondages et perspectives », dans *Communauté chrétienne*, 10, 58–59, juillet–octobre 1971, p. 236–247.

« Le Dieu merveilleux des Québécois », dans *Le merveilleux : deuxième colloque sur les religions populaires*, Fernand Dumont, Jean–Paul Montminy et Michel Stein, dir., coll. « Histoire et sociologie de la culture », n° 4, Québec, Les Presses de l'Université Laval, 1973, p. 67–81.

« École française et religion populaire au Canada français », dans *Actes du Congrès de l'École française de spiritualité, 1987*, Montréal, 1987, p. 100–102.

« La fascinante mission de l'Institut québécois de recherche sur la culture », en collaboration avec Jack F. Fortin, dans *Le temps de vivre*, 4, 8, août 1982, p. 33–35.

« La fête religieuse au Québec », dans *Que la fête commence ! : Actes du colloque national sur la fête populaire*, organisé par la Société des Festivals Populaires du Québec, Diane Pinard, dir., Montréal, Société des Festivals Populaires du Québec, 1982, p. 49–60.

« Gens des terres d'en haut », dans *Mélanges offerts au Cardinal Louis–Albert Vachon*, Québec, Université Laval, 1989, p. 239–245.

« Histoire et religion traditionnelle des Québécois (1534–1980) », dans *Stanford French Review*, 4, 1–2, Spring–Fall, 1980, p. 19–41.

« Historiographie et tradition orale », dans *Situation de la recherche au Canada français*, Québec, Les Presses de l'Université Laval, 1962–1966.

« Un idéal pour le peuple », dans *Le cardinal Léger*, Fondation J. et P.–É. Léger, 1992, p. 56.

« Imaginaire, merveilleux et sacré avec J.–C. Falardeau », dans *Imaginaire social et représentations collectives, I, Mélanges offerts à Jean–Charles Falardeau*, numéro spécial de *Recherches sociographiques*, 23, 1–2, janvier–août 1982, p. 109–124.

« L'impasse : religion et culture », dans *Évangélisation et culture dans le Québec*, démarches proposées par l'Assemblée des évêques du Québec, coll. « L'Église aux quatre vents », Montréal, Fides, 1983, p. 56–63.

« Langue, foi et culture : la langue gardienne de la foi », dans *Éducation et francophonie*, 21, 1, avril 1993, p. 2, 62–63.

« La langue gardienne de la foi ? », dans *Le statut culturel du français au Québec : actes du congrès Langue et société au Québec, tome II*, textes colligés et présentés par Michel Amyot, Québec, Éditeur officiel du Québec, c1984, p. 103–106.

« Lionel Groulx et ses croyances », dans *Hommage à Lionel Groulx*, éd. M. Filion, Montréal, Leméac, 1978, p. 95–118.

« Mariage et noce du terroir », dans *Liturgie, foi et culture. Le Mariage*, 25, 125, mars 1991, p. 53–54.

« La mémoire orale comme acte culturel », dans *Mémoire d'une époque. Un fonds d'archives orales au Québec*, sous la direction de Gabrielle Lachance, coll. « Documents de recherche », 12, Québec, Institut québécois de recherche sur la culture, 1987, p. 15–25.

« La mer comme espace sacré : un cas d'ethnologie religieuse », dans *Traditions maritimes au Québec*, Québec, Gouvernement du Québec, 1985, p. 585–605.

« La mort des autres par mots et par rites », dans *Communauté chrétienne*, 26, 152, mars–avril 1987, p. 107–113.

« La mythologie religieuse traditionnelle des Canadiens français », dans *Revue de l'Université d'Ottawa*, 55, 2, avril–juin 1985, p. 63–75.

« Noëls d'autrefois et de demain », dans *Communauté chrétienne*, 15, 78, novembre–décembre 1974, p. 573–590.

« L'Oratoire Saint–Joseph (1904–1979) : fait religieux populaire », dans *Cahiers de Joséphologie*, 27, 2, juillet–décembre 1979, p. 256–265.

« Les origines de l'observance chrétienne du dimanche », dans *Prêtre et Pasteur*, 75, 1972, p. 275–279.

« Les pèlerinages », dans *Actuelles*, novembre 1984, p. 57–63. Texte fourni par le service de transcription de Radio–Canada.

« La place de la culture populaire dans la culture canadienne–française », dans *L'Œuvre de Germain Lemieux, s.j. Bilan de l'ethnologie en Ontario français*, textes rassemblés et publiés sous la dir. de J.–P. Pichette, coll. « Ancrages », Sudbury, Centre franco–ontarien de folklore, Prise de parole, 1993, p. 505–520.

« Pour l'étude de la religion des Canadiens français et Québécois », dans *Travaux et communications*, Maurice Lebel, dir., coll. « Académie des sciences morales et politiques », 1, Sherbrooke, éd. Paulines, 1973, p. 169–178.

« Quand Noël s'en mêle », dans *L'appel du Sacré–Cœur*, 42, 4, décembre 1990, p. 5.

« Que racontaient les anciens ? », dans *Écologie et environnement*, coll. « Cahiers de recherche éthique », 9, Montréal, Fides, 1983, p. 141–150.

« La religion de mon père », dans *Communauté chrétienne*, 16, 96, novembre–décembre 1977, p. 553–566.

« La religion est aussi une culture », dans *Éducation Québec*, 11, 6, avril 1981, p. 6.

« La religion populaire », dans *Religion catholique et appartenance franco–américaine. Franco–Americans and Religion. Impact and influence*, Claire Quintal, dir., Worcester, Mass., Assomption College, 1993, p. 6–10.

« La religion populaire au défi de la modernité », dans *Science et Esprit*, 41, 3, octobre–décembre 1989, p. 371–377.

« La religion populaire comparée : Normandie–Québec », dans *45èmes Journées d'études normandes*, Rouen, France, 1989, p. 35–37.

« Religion populaire et inculturation de la foi », dans *Le Christ et les cultures dans le monde et l'histoire*, Montréal, Bellarmin, 1991, p. 321–330.

« La religion populaire : notre héritage à nous », dans *RND (Revue Notre–Dame)*, 7, juillet–août 1987, p. 1–13.

« La religion populaire : opium du peuple ou facteur de civilisation, point de vue de Benoît Lacroix », dans *Critère*, 32, automne 1981, p. 123–127.

« Religion traditionnelle et les chansons de coureurs de bois », en collaboration avec Conrad Laforte, dans *Revue de l'Université Laurentienne*, 12, 1, novembre 1979, p. 11–42.

« La Sagesse "paysanne" », dans *Réception à la Société royale du Canada*, 1971, p. 53–58 ; dans *Le choix de Benoît Lacroix dans l'œuvre de Benoît Lacroix*, p. 10–14.

« Saint au Cochon », dans *Hagiographie cuite*, Montréal, Garamond du Roseau, 1988, p. 217–219.

« Un séminaire international sur les religions du peuple à Panama », dans *Studies in Religion / Sciences religieuses*, 13, 3, 1984, p. 363–364.

« Le temps des fêtes : aujourd'hui comme hier ? », dans *l'Informateur catholique*, 2, 2, 26 décembre 1982 au 15 janvier 1983, p. 2–3.

« Tipologia en la religiosidad popular en Canada », dans *La antigua*, 26, primer semestre 1985, p. 87–108.

« Univers sacré de nos ancêtres : des souvenirs partagés », dans *L'Horizon de la culture : hommage à Fernand Dumont,* sous la dir. de Simon Langlois et Yves Martin, Sainte–Foy, Les Presses de l'Université Laval, Institut québécois de recherche sur la culture, 1995, p. 399–402.

« Veillées, glas et cimetière », dans *Liturgie, foi et culture. Les funérailles,* 25, 126, juin 1991, p. 43–44.

« Y a–t–il plus qu'une Marie ? », dans *Je crois,* juillet–août 1988, p. 26–29.

Documents visuels et sonores

Billets de Benoît Lacroix : Saint–Michel, Québec, Régie du Cinéma, 1994, 2 cassettes vidéo.

Les Fêtes traditionnelles de Noël et de Pâques au Québec, animation, Diane Carrier, Montréal, Info–cassettes, 1983, 1 cassette sonore.

Mourir autrefois, mourir aujourd'hui, Montréal, Centre Saint–Pierre, s.d., 1 cassette sonore.

La Religion traditionnelle au Québec, animation, Lise Lacoste, Montréal, Info–cassette, 1983, 2 cassettes sonores.

Si père et mère m'étaient contés, émission radiophonique, 30 min., Montréal, Radio–Canada, juillet 1982.

Souvenirs de paroisse avec Benoît Lacroix, 19 chroniques extraites des émissions *Parole et Vie,* saison 1993–1994, 60 min., 1 cassette vidéo.

V
L'HOMME DE LETTRES

Livres

Le Choix de Benoît Lacroix dans l'œuvre de Benoît Lacroix, Québec, Les Presses Laurentiennes, 1987, 80 p.

Lionel Groulx, coll. « Classiques canadiens », Montréal et Paris, Fides, 1967, 96 p.

Saint–Denys Garneau, coll. « Classiques canadiens », Montréal, Fides, 1956, 95 p., nouvelle édition en 1967 et 1969, 96 p.

Vie des lettres et histoire canadienne, préface d'Antonin Lamarche, Montréal, éd. du Lévrier, 1954, 77 p.

Articles

« Les bibliothécaires en otage ? », dans *Argus,* 19, 1, printemps 1990, p. 32–36.

« Édition critique de Groulx VI », dans *Revue d'histoire de l'Amérique française,* 34, 3, 1980, p. 502–504.

« L'édition critique des œuvres de Saint–Denys Garneau : démarches et méthodologie 1950–1970 », dans *Histoire littéraire du Québec et du Canada français,* 4, été–automne 1982, p. 66–78.

« Mémoires d'un chasseur de manuscrits — Le cas de Saint–Denys Garneau — », dans *Littératures,* 12, 1994, p. 77–81.

« Saint–Denys Garneau aurait soixante ans aujourd'hui », dans *Le Devoir,* 63, 1972.

VI
L'ÉDITEUR

Livres

Les Pèlerinages au Québec, édité par Pierre Boglioni et Benoît Lacroix, présentation par Benoît Lacroix, coll. « Travaux du laboratoire d'histoire religieuse de l'Université Laval », 4, Québec, Les Presses de l'Université Laval, 1981, 160 p.

Religion populaire, religion de clercs ?, Benoît Lacroix et Jean Simard, dir., coll. « Culture populaire », 2, Québec, Institut québécois de recherche sur la culture, 1984, 444 p.

Les Religions populaires : colloque international 1970, édité par Benoît Lacroix et Pietro Boglioni, Québec, Les Presses de l'Université Laval, 1972, 151 p.

Relire Saint–Denys Garneau, Benoît Lacroix et Robert Melançon, dir., numéro spécial : *Études françaises,* 20, 3, hiver 1984–1985, 127 p.

Saint–Denys Garneau : œuvres, texte établi, annoté et présenté par Jacques Brault et Benoît Lacroix, Montréal, Les Presses de l'Université de Montréal, 1971, 1320 p.

VII
LE CONTEUR

Livres

Les Cloches, Saint–Lambert, Québec, éd. du Noroît, 1974, 72 p.

Marie de Saint–Michel, Montréal, éd. Paulines, 1986, 131 p.

Le P'tit Train, illustrations de François Gagnon, Montréal, Beauchemin, 1964, 74 p. Nouvelle édition en 1980, illustrations d'Anne–Marie Samson, Saint–Lambert, Québec, éd. du Noroît, 75 p.

Quelque part en Bellechasse, Saint–Lambert, Québec, éd. du Noroît, 1981, 81 p.

Quelque part en Québec, Paris, Cerf, 1982, 81 p.

Trilogie en Bellechasse, illustrations d'Anne–Marie Samson, Montréal, éd. du Noroît, 1986, 222 p. (*le P'tit train, les Cloches, Quelque part en Bellechasse*)

VIII
LE NARRATEUR

Livres

Le Japon entrevu, Montréal et Paris, Fides, 1965, 113 p.

Le Rwanda : mille heures au pays des mille collines, Montréal, éd. du Lévrier, 1966, 96 p.

Articles

« Benoît Lacroix », dans *Les temps changent. Une génération se raconte*, propos recueillis par Jean–Paul Lefebvre, Montréal, Fides, 1988, p. 165–186.

« Le mot de l'ancien », dans *L'Union amicale*, série 4, 1, 14, novembre 1989, p. 3–4.

Documents visuels et sonores

En toute amitié, entrevue avec Roland Leclerc, Montréal, Télémétropole, 19 avril 1987, 30 min., 1 cassette vidéo.

Rencontres, émission de télévision, interviewer : Marcel Brisebois ; réalisateur : Raymond Beaugrand–Champagne, 30 min., Montréal, Radio–Canada, mai 1982.

IX
LE PRÉFACIER

« Introduction » à *Jean-Paul II au Canada. Tous les discours*, Montréal, éd. Paulines, 1984, p. 5–19.

« Lettre ouverte à Françoise Hamel-Beaudoin », dans *Guetteurs des Saisons*, Montréal, Fides, 1988, p. 7.

Préface, *Anouilh ou la passion du devenir*, de Catherine Abi-Mrad Gébara, 1985, p. 9–10.

Préface, *Chansons de voyageurs, coureurs de bois et forestiers*, de Madeleine Béland, coll. « Ethnologie de l'Amérique française », Québec, Les Presses de l'Université Laval, 1982.

Préface, *Chansons folkloriques à sujet religieux*, de Conrad Laforte et Carmen Roberge, coll. « Ethnologie de l'Amérique française », Québec, Les Presses de l'Université Laval, 1988, p. vii–x.

Préface, *Choisir l'enfant handicapé. L'alternative de l'adoption*, de France Beaudoin, Drummondville, éd. Emmanuel, 1994.

Préface, *Guide raisonné des jurons*, de J.-P. Pichette, Montréal, Quinze, 1980, p. 7–11.

Préface, *Hymne des alliances*, de Marie-Anastasie, Montréal, 1985.

Préface, *L'Autre Saint-Denys Garneau*, de Jacques Roy, coll. « Le lieu du loup », Québec, éd. du Loup de Gouttière, 1993, p. 7–12.

Préface, *La Dimension spirituelle de notre projet de société*, de Marcel Laflamme, Montréal, éd. Paulines et Médiaspaul, 1986, p. 7–10.

Préface, *La Littérature populaire religieuse au Québec. Sa diffusion, ses modèles et ses héros*, de Claude-Marie Gagnon, coll. « Études et documents en sciences de la religion », Québec, Les Presses de l'Université Laval, Centre de recherches en science de la religion, 1987, p. 11–16.

Préface, *La Maison jaune. Les Sœurs de la Charité de Saint-Hyacinthe*, de Claude-Marie Gagnon, Montréal, Fides, 1990, p. 9–12.

Préface, *La Vie traditionnelle au pays de Caux et au Canada français. Le cycle des saisons*, de Anne-Marie Desdouits, Québec, Les Presses de l'Université Laval, Paris, éd. du Centre national de la recherche scientifique, 1987, p. vii–x.

Préface, *Le Calumet*, de Ronald Lemieux, Montréal, s.é., 1988, p. 5.

Préface, *Le Cycle de Pâques au Québec et dans l'Ouest de la France*, coll. « Les Archives de folklore », 24, Québec, Les Presses de l'Université Laval, 1983, p. vii–x.

Préface, *Le Père Pierre Lemay, o.p., prédicateur populaire au Québec, 1905–1980*, de Christiane Lemay, Québec, 1987, p. 1–2.

Préface, *Le Soleil noir*, de Rina Lasnier, Québec, Les Presses Laurentiennes, 1987, p. 7.

Préface, *Les Galeries du Nouvel âge*, de André Fortin, Ottawa, Novalis, 1993, p. 7–8.

Préface, *Lionel Groulx, Correspondance 1894–1967 : tome I, 1894–1906*, Montréal, Fides, 1989, p. ix–xiii.

Préface, *Marie de Dieu*, de Pierre Matthieu, Montréal, éd. Paulines, 1987, p. 9–10.

Préface, *Pauvre ou vagabond. Le quêteux et la société québécoise*, de Lucille Guilbert avec la collaboration de Jean Du Berger, Sylvie Dion et Alain Lacasse, coll. « Rapports et mémoires de recherche du Célat », 9, Québec, Université Laval, novembre 1987, p. i–ii.

Préface, *Un rêve inouï... Des milliers de jeunes*, de Giselle Huot, Québec, Anne Sigier, 1991, p. 7–13.

Préface, *Une femme au séminaire*, de Giselle Huot, Montréal, Bellarmin, 1987, p. 11–16.

Préface et texte sur Guy Dufresne, dans *Les Cahiers d'histoire du Québec au xxe siècle*, 1, hiver 1994, p. 5–10 et 67–69.

« Présentation », *Ébauches. Revue littéraire*, 2, printemps 1991, Saint–Félix de Kingsey, Québec, Les Éditions de la dernière minute.

« Présentation : Soixante ans après... », dans *Les Canadiens d'autrefois*, 23 grandes compositions, par Edmond–J. Massicotte, La Prairie, Québec, Les Entreprises culturelles, s.p., 1981.

X
LE CRITIQUE LITTÉRAIRE

Compte rendu de *Au–delà de son rêve, Délia Tétreault*, Montréal, Fides, 1991, dans *Recherches sociographiques*, 34, 1, 1993, p. 152–153.

Compte rendu de *La Normandie et le Québec vus du presbytère*, de Chaline–Hardy–Roy, Montréal, Boréal, 1987, dans *Recherches sociographiques*, 30, 2, 1989, p. 307–309.

Compte rendu de *Les Croix de chemin : au–delà du signe*, de Paul Carpentier, dans *Canadian Folklore Canadien*, 3, 2, 1981, 162–163.

Compte rendu de *Reweaving Religious Life*, de Sister Mary Jo Leddy, dans *The Catholic New Times*, 14, 18, October 1990, Fall Book Supplement, p. 3.

Compte rendu de *Survivances médiévales...*, de Conrad Laforte, dans *Recherches sociographiques*, 24, 2, mai–août 1983, p. 292–294.

« Hagiographie et historiographie — En marge d'un livre de Micheline Lachance sur le Frère André », dans *Revue d'histoire de l'Amérique française*, 35, 2, septembre 1981, p. 263–267.

« Paulette Collet, Marie de France : deux patries, deux exils », dans *Voix et Images du Pays. Études québécoises,* 2, avril 1977, p. 445–447.

XI
L'ESSAYISTE

Articles

« Alain Grandbois chez les théologiens », dans *Grandbois vivant*, colloque à l'Université de Toronto, 1985, Montréal, L'Hexagone, 1990, p. 111–122.

« De la scolastique aux sciences morales de la religion », dans *Mémoires de la Société royale du Canada*, Ottawa, Société royale du Canada, 4e série, tome 20, 1982, p. 222–224.

« L'enseignement des humanités », dans *Culture*, 12, 1958, p. 432–437.

« Mort et survie des religions », dans *Le Devoir*, 72, 12 mars 1982, p. 19.

« Philippe Verdier humaniste », dans *Présentation de P.V. à la Société royale du Canada*, 1978–1979, p. 97–102.

« Pierre Angers », dans *L'Essai et la prose d'idées au Québec,* sous la dir. de Paul Wyczynski, François Gallays et Sylvain Simard, coll. « Archives des lettres canadiennes », 6, Montréal, Fides, 1985, p. 427–452.

« Présentation de Paul Zumthor à la Société royale du Canada », dans *Présentations, 1981–1982*, éd. de la Société royale du Canada, 1982, p. 65–67.
« Respecter la liberté de l'individu », dans *Forces*, 101, printemps 1993, p. 123–127.
« Speak White », de Michèle Lalonde, dans *La poésie de l'Hexagone*, Montréal, L'Hexagone, 1990, p. 159–174.

XII
LE POÈTE

Livre
Le Cantique des Cantiques et son interprétation, en collaboration avec A. Carpentier, o.p., Montréal, éd. du Noroît, 1994, 80 p.

Libretto
Jesus Christus : oratorio pour chœur, 5 solistes et orchestre, musique : Anne Lauber ; texte : supervision et adaptation : Benoît Lacroix, Montréal, Université de Montréal, 1984, 2 vol.

Paroles
Miséricorde : chant pour le carême, paroles de Benoît Lacroix et musique de Jean Le Buis, Montréal, éd. Laudem, 1993, 4 p.
Peuple de Dieu à Montréal : hymne du 350ᵉ de Montréal, paroles : Benoît Lacroix ; musique : Pierre Grandmaison, Montréal, Service de pastorale liturgique, Archevêché de Montréal, 1992, 4 p. (Partition à 4 voix avec acc. d'orgue).

XIII
L'ÉDITORIALISTE

« Minuit ! », dans *Le Devoir*, 83, 299, 24 décembre 1992, p. A8.
« Nocturne », dans *Le Devoir*, 84, 298, 24 décembre 1993, p. A8.
« Pâques arc–en ciel », dans *Le Devoir*, 86, 89, 16 avril 1995, p. A10.
« Sur les ailes du vent », dans *Le Devoir*, 85, 299, 24 décembre 1994, p. A8.

XIV
LE BIBLIOGRAPHE

Livres
La piété populaire : Le Québec. Répertoire bibliographique, Canada, Tome I, en collaboration avec Madeleine Grammond, Lucille Côté, Nelson Dawson, sous la direction de Bernard Plongeron et Paule Lerou, Paris, Brepols, Montréal, Bellarmin, 1989, 153 p.
Religion populaire au Québec. Typologie des sources. Bibliographie sélective (1900–1980), Benoît Lacroix et Madeleine Grammond, en collaboration avec Lucille Côté, coll. « Instruments de travail », 10, Québec, Institut québécois de recherche sur la culture, 1985, 175 p.

Articles
« Initiation bibliographique à la connaissance du Canada français », en collaboration avec J.–P. Chrestien, dans *Annales de Normandie*, 27, juin 1977, p. 219–228.

« Mort et religion traditionnelle au Québec : bibliographie », en collaboration avec Madeleine Grammond, dans *Bulletin d'histoire de la culture matérielle*, 63, Ottawa, Musées nationaux du Canada, 1986, p. 56–64.

« Sa bibliothèque privée », dans *Études françaises*, 20, 3, 1985, p. 97–111, numéro spécial : *Relire Saint-Denys Garneau*.

À ceux qui ont parcouru ces pages comme « à ceux qui n'auraient pas eu le temps de lire » (Cf. Benoît Lacroix, « Pâques arc-en-ciel », dans *Le Devoir*, 15–16 avril 1995), je rappelle enfin que le nombre impressionnant des titres recueillis, les richesses qu'ils véhiculent et le mystère que souvent ils recèlent sont des symboles de la générosité proverbiale du Père Lacroix, de son talent créateur et de son discours habité de poésie.

NOTICES BIOGRAPHIQUES

ABBÉ PIERRE, Henri Grouès, dit l'
Capucin français (Lyon, 1912), il s'installe à Neuilly–Plaisance en 1946 alors qu'il est député à l'Assemblée nationale, là où il fondera, en 1949, l'association Emmaüs qui se voue à la construction d'abris provisoires pour les sans–logis, financés par la revente de biens usagés. En 1954, il fonde une revue *Faim et Soif. La voix des hommes sans voix*, dans laquelle il publiera un éditorial mensuel pendant 40 ans. Fondateur de « La Halte d'Emmaüs », communauté d'accueil et de retraite des compagnons d'Emmaüs, à Esteville (Normandie), France, sa résidence actuelle. Auteur de plusieurs ouvrages, dont *Amour, toujours!* (1992), *Une terre et des hommes* (1994), *Testament* (1994); avec Bernard Koucher, *Dieu et les hommes* (1993); avec Albert Jacquard, *Absolu. Dialogue* (1994). Plusieurs études et livres ont été publiés sur l'Abbé Pierre.

ABI–MRAD GÉBARA, Catherine
D'origne libanaise, à l'école de la double culture franco–libanaise. Licenciée ès lettres françaises (École Normale Supérieure) Université Libanaise. D.E.A. La Sorbonne, Paris, D.D.L. La Sorbonne. Spécialiste de Jean Anouilh. Professeur au C.R.D.P. (Centre de Recherche et de Développement pédagogiques) Liban. Actuellement à l'Éducation des adultes (Montréal). Interprète à Paris au ministère des Affaires étrangères (1981). Auteure de *Anouilh ou la passion du devenir* (préface de Benoît Lacroix), de quelques essais dans la *Revue du Liban et de l'Orient arabe*, d'un essai dans la revue l'*Association canadienne d'éducation de langue française* (ACELF) : « À la recherche du temps futur » et d'un manuscrit *Profil de prophète*.

AGASSE–LE PARGNEUX, Anita
Professeur de Lettres à Tours. Étudiante à Caen, a rencontré Benoît Lacroix en 1973–74, année de licence ; puis en maîtrise en 74–75 (Mémoire sur l'identité québécoise). Voyages et séjours au Québec entre 1975 et 1978, dont une année avec le Conseil des Arts du Canada à Ottawa (Musée de l'Homme, section ethnographie), Montréal et Rivière–au–Renard (Gaspésie). D.E.A. de Lettres Modernes en 1977.

ALBERT, Camille
Confrère de Joachim au Collège de Sainte–Anne–de–la–Pocatière.

AUCLAIR, André
Professionnellement, il s'est surtout fait connaître comme concepteur et conseiller en gestion, cependant qu'il fait, depuis toujours, métier d'écrivain, parfois même de poète. Ses principales expertises l'ont mené en Haïti, au Niger et au Zaïre et, bien sûr, partout au Québec qu'il a visité — bourlingué — de part en part. Historien passionné, à la demande du Président de l'Assemblée nationale et du Directeur général des élections, il se consacre présentement au parachèvement d'un important ouvrage sur les cent vingt–cinq comtés du Québec. Il s'agit d'une œuvre unique présentant en autant « de cartes postales impressionnistes » « l'album de famille », la famille du Québec, et ses rapports avec ses comtés d'appartenance... d'élection. Chrétien engagé socialement et politiquement, il est membre depuis 20 ans, avec son épouse Pierrette Courville, de la Communauté Saint–Albert–le–Grand où ils se sont liés d'amitié avec le Père Benoît Lacroix. Les Auclair, parents et grands–parents, sont au cœur d'un « clan » familial de seize personnes.

BATISTA, Filipe
Ancien étudiant de l'Institut d'études médiévales, actuellement professeur de philosophie au Cégep du Vieux–Montréal.

BEAUBIEN, Irénée, s.j.
Jésuite, il fonde, en 1952, le Catholic Inquiry Forum, centre de renseignements sur la foi et les pratiques catholiques. Directeur fondateur du Centre d'Œcuménisme (1963–1984), il est nommé, en 1966, par l'épiscopat canadien au poste de directeur du nouvel Office National d'Œcuménisme. En 1968, nommé par le pape Paul VI consulteur au Secrétariat pour l'Unité des Chrétiens, à Rome (1968–1973). Membre de plusieurs organismes et comités, auteur de plusieurs articles et conférences, passages à la radio et à la télévision, séjours aux États–Unis, en Europe, au Moyen–Orient, en Afrique, en Chine. Directeur fondateur de *Sentiers de Foi* (depuis 1984), organisme au service des chrétiens qui, pour divers motifs, ont pris leurs distances d'avec l'Église. En 1988, l'« American Biographical Institute » le mentionne dans son *International Directory of Distinguished Leadership Hall of Fame*.

BEAUCHAMP, André
Prêtre (Montréal), théologien et catéchète, s'intéresse principalement à l'environnement. Auteur de plusieurs ouvrages, dont : *J'ai tant cherché le soleil* (Fides, 1978) ; *Du Dieu de ma rue au Dieu de Jésus* (Filles de St–Paul, 1988) ; *Pour une sagesse de l'environnement* (Novalis, 1992), *Introduction à l'éthique de l'environnement* (Paulines, 1993) et *Dans le miroir du monde* (Médiaspaul, 1995). Il connaît Benoît Lacroix depuis 1962 (*Maintenant, Communauté chrétienne*, Institut de Pastorale). Il demeure un admirateur de Benoît Lacroix dont il ne sait trop ce qu'il admire le plus : la forme physique, l'immense culture, la finesse spirituelle, la sérénité. Il propose son texte comme un clin d'œil à *Quelque part en Bellechasse*.

BEAUGRAND–CHAMPAGNE, Raymond
Après sa Rhétorique au Collège Jean–de–Brébeuf, il entre à l'Abbaye de Saint–Benoît–du–Lac. Études à l'Université de Montréal : licence en philosohie et baccalauréat en bibliothéconomie. En 1956, il entre à Radio–Canada comme chef de comités de lecture au Service des textes. Quatre ans plus tard, il devient réalisateur d'émissions religieuses à la radio et crée *Terre nouvelle* avec Marcel Brisebois. En 1962, il passe à la télévision et réalise des milliers d'émissions durant 28 ans, dont 20 ans de *Rencontres*, toujours avec l'Abbé Marcel Brisebois. Retraité en 1990, il se consacre à la prédication selon les demandes de nombreux prêtres. Il prêche même des retraites paroissiales. En 1995, il devient animateur à Radio Ville–Marie.

BÉLANGER, Denyse
Fille de Maurice Bélanger et de Madeleine Rochefort, sœur de Marie–Louise Rochefort épouse de Léopold Lacroix, frère de Joachim. Secrétaire de direction au Cégep de Lévis–Lauzon et Institut de Technologie depuis novembre 1958.

BÉLANGER, Paul
Poète, auteur de plusieurs recueils, dont *L'Oubli du monde* (Noroît), et professeur de littérature à l'Université du Québec à Montréal.

BERGERON, Réjean
Né à Montréal en 1952, il est diplômé (maîtrise et doctorat) du défunt Institut d'études médiévales de l'Université de Montréal. Coauteur avec Giselle Huot de l'édition critique du *Journal* de Lionel Groulx. Il est actuellement professeur au Collège de

Sherbrooke, chargé de cours à l'Université du Québec à Montréal et chercheur associé au C.N.R.S. à Paris.

BÉRUBÉ, Rita, r.s.r.
Institutrice avant d'entrer au noviciat des Sœurs de Notre–Dame du Saint–Rosaire de Rimouski en 1943, sœur Rita (ou Marie–des–Archanges) servit la communauté dans cette fonction jusqu'en 1970. Puis, mutée du ministère de l'Éducation au ministère des Affaires sociales, comme agente d'aide sociale. Élue supérieure générale de sa Congrégation religieuse (1973), puis supérieure de la Province Saint–Joseph, avec résidence à Rivière–du–Loup. Depuis juin 1989, sœur Rita est chargée de la cause de canonisation d'Élisabeth Turgeon, fondatrice de sa Congrégation. Postulatrice pendant l'étape de l'enquête diocésaine, elle remplit la fonction de vice–postulatrice depuis que l'enquête canonique a été ouverte à Rome en juin 1994.

BISSONNETTE, Lise, M.S.R.C.
Études universitaires en Sciences de l'éducation à l'Université de Montréal (1965–1970), puis, au niveau du doctorat, à l'Université de Strasbourg et à l'École des Hautes Études à Paris. Commence sa carrière de journaliste au journal *Le Devoir* en 1974, elle en devient la rédactrice en chef en 1982. De 1986 à 1990, elle est journaliste indépendante et consultante et elle collabore à plusieurs médias québécois et canadiens. Elle revient au *Devoir* en 1990 à titre de directrice. Romancière (*Marie suivait l'été* et *Choses crues*, 1992 et 1995), elle détient 4 doctorats honorifiques, a reçu l'Ordre des francophones d'Amérique (1993) et a été élue membre de la Société royale du Canada (1994).

BLAIS, Martin
Comme Benoît Lacroix, je suis né à Saint–Michel–de–Bellechasse. Docteur en philosophie (Laval) et docteur en sciences médiévales (Montréal), j'ai consacré quarante années de ma vie à l'enseignement, dont les 24 dernières à la Faculté de philosophie de l'Université Laval. Je suis à la retraite depuis 1989, professeur émérite depuis 1991. Mes dernières publications : *L'Œil de Caïn. Essai sur la justice* (Fides, 1994, 288 p.), *L'Autre Thomas d'Aquin* (Boréal, 1990, 316 p.), *Une morale de la responsabilité* (Fides, 1987, 248 p.), *L'Anatomie d'une société saine* (Fides, 1983, 248 p.), *L'Échelle des valeurs humaines* (Fides, 1980, 248 p.). J'ai connu Joachim Lacroix à Saint–Michel, dans les années 1930, puis Benoît à l'Institut d'études médiévales, dans les années 1960.

BOLDUC, Jacques, o.s.b.
Bénédictin, prieur de l'Abbaye de Saint–Benoît–du–Lac.

BONENFANT, René
René Bonenfant a fondé les Éditions du Noroît avec Célyne Fortin en 1971 et pendant vingt ans ils ont publiés environ 200 recueils de poèmes et livres d'artiste. Il a dirigé les Éditions de l'Homme pendant six ans et à titre d'éditeur–conseil, il a collaboré avec plusieurs maisons d'éditions québécoises, dont les Éditions Héritage. Il a aussi été chef du service des lettres et de l'édition au Conseil des Arts du Canada de 1991 à 1995.

BOUDREAULT, Gary
Comédien. J'ai eu le bonheur de rencontrer Benoît par l'entremise de Jean–François Casabonne il y a 5 ou 6 ans lors d'une réunion de prières. Depuis, un groupe actif du nom de « Parole Plus inc. » a été fondé auquel nous sommes associés.

BOUET, Pierre
Directeur du Département de latin, Université de Caen, France.

BOULIZON, Guy
Écrivain pour la jeunesse, critique littéraire et critique d'art. Français, il vient au Québec en 1938 pour participer à la fondation du Collège Stanislas de Montréal, où il enseigne jusqu'en 1950. Il fonde alors la Librairie Flammarion et devient directeur des Éditions Beauchemin en 1952, tout en continuant sa carrière d'enseignant. Membre du Conseil supérieur de l'éducation, président du Comité consultatif du livre aux Affaires culturelles, collaborateur à *Vie des arts*, *Communauté chrétienne*, *Critère*, *Études françaises*, il a publié près d'une trentaine d'ouvrages de 1943 à 1985.

BOURGAULT, Christian
Prêtre, vicaire de Saint–Thomas de Montmagny.

BRAULT, Jacques
Poète, nouvelliste, dramaturge, romancier, philosophe, critique, il est professeur de littérature à l'Institut d'études médiévales puis au Département de français de l'Université de Montréal. Coauteur avec Benoît Lacroix des *Œuvres* (section poésie) de Saint–Denys Garneau (1971), auteur de plusieurs articles et recueils de poèmes, il a gagné plusieurs prix, dont le Prix France–Canada, celui du Gouverneur général, le prix Duvernay et la plus haute distinction littéraire décernée par le Gouvernement du Québec, le Prix Athanase–David pour l'ensemble de son œuvre.

BRAULT, Madeleine
Collaboratrice de Jacques Brault pour les *Œuvres* de Saint–Denys Garneau, elle a été secrétaire du Centre d'études des religions populaires à ses débuts.

BRETON, Fernand
Président de la Société historique de Bellechasse.

BRISEBOIS, Marcel
Études de théologie à l'Université de Montréal et de philosophie à la Sorbonne. Carrière d'animateur à Radio–Canada, parallèle à d'autres fonctions, notamment dans l'enseignement. Directeur du Musée d'art contemporain de Montréal, depuis 1985. J'ai connu Benoît Lacroix il y a environ trente ans lors de notre collaboration à l'émission *Rencontres* (recherche pour les interviewers).

CAMPEAU, Lucien, s.j.
Historien, grand spécialiste de l'histoire de la Nouvelle–France, il a publié plusieurs ouvrages. Il a signé plusieurs « Cahiers d'histoire des Jésuistes » (1971–1986) : *La Première mission des Jésuites en Nouvelle–France (1611–1613)*, *Les Cent–Associés et le peuplement de la Nouvelle–France (1633–1663)*, *Gannentaha, première mission iroquoise (1653–1665)*, *Catastrophe démographique sur les Grands Lacs. Les premiers habitants du Québec*. Il est aussi l'auteur d'une édition critique *Monumenta Novæ Franciæ* en plusieurs volumes (1967 ss), de *L'Évêché de Québec (1674). Aux origines du premier diocèse érigé en Amérique française* (1974), *Les Finances publiques de la Nouvelle–France sous les Cent–Associés (1632–1665)* (1975) et *La Mission des Jésuites chez les Hurons (1634–1650)* (1987).

CARON. Gonzague
Confrère de Joachim au Collège de Sainte–Anne–de–la–Pocatière.

CARREAU, Philippe
Après un passage chez les Jésuites, deviens menuisier, puis professeur de latin, de grec, de civilisation gréco-romaine, de français, d'anglais, puis de religion dans huit institutions. Chauffeur de taxi, de 1975 à 1989, d'où mon livre *Taxicologie*. Auteur de *La Nullitologie* et de deux autres manuscrits.

CASABONNE, Jean-François
Comédien. J'ai connu Benoît Lacroix en juillet 1990 lors d'une célébration pour marquer l'anniversaire de ma mère.

CAULIER, Brigitte
Professeure agrégée au Département d'histoire de l'Université Laval, elle y enseigne l'histoire socioreligieuse du Québec. Originaire de France, où elle a poursuivi des études de maîtrise en histoire et en géographie, elle a obtenu son doctorat à l'Université de Montréal (1987) avec une thèse sur les confréries de dévotion à Notre-Dame de Montréal (XVIIe–XIXe siècles). Outre des articles, elle a publié *L'Eau et le Sacré* (Paris, Beauchesne, 1990) et a contribué à plusieurs ouvrages collectifs, dont *Les Catéchismes au Québec, 1702-1963* (Paris/Québec, CNRS/PUL, 1990). Elle a été présidente de la Société canadienne d'histoire de l'Église catholique. Actuellement directrice de la revue *Études d'histoire religieuse*, coresponsable du Groupe de recherche sur l'histoire de l'enseignement religieux au Québec, elle travaille à une synthèse sur ce thème avec Raymond Brodeur et Nive Voisine. Membre fondateur du Centre interuniversitaire d'études québécoises.

CHAMBERS, Greta
Chancelière de l'Université McGill, journaliste de métier et apparentée indirectement à la grande famille de Saint-Denys Garneau. Quoique je le connaissais de réputation, je n'ai rencontré le Père Lacroix qu'en marge de l'organisation d'un colloque inspiré par M. Antoine Prévost et lui-même portant sur l'œuvre de Saint-Denys Garneau et tenu à McGill pour marquer le 50e anniversaire de la mort du poète en 1993. Notre collaboration m'a valu une amitié précieuse.

CLICHE, Charles-Édouard
Confrère de Joachim Lacroix au Collège Sainte-Anne-de-la-Pocatière.

CLOUTIER, Cécile
Poète, dramaturge, conteuse et essayiste, elle est professeure au Département de français de l'Université de Toronto de 1964 jusqu'en mai 1995. Auteure de nombreux articles, de conférences, organisatrice de colloques, d'expositions, elle publie plusieurs recueils de poésie et se mérite plusieurs prix, dont celui du Gouverneur général.

COLLICELLI, Gilles
Prêtre de la Société Saint-Paul, communauté vouée à l'évangélisation par les médias, et directeur de la maison d'édition Médiaspaul depuis 1986. Après sa formation académique en théologie et en philosophie, il a toujours œuvré dans le monde de l'édition.

CORBEIL-PARENT, Thérèse
Formation en psychosociologie de la communication — UQAM — Psychanalyse. Travail en réhabilitation des toxicomanes — C. Alternatives. Formation en arts appliqués — École des Beaux-Arts — C. Arts Visuels. Travail en céramique — sculpture. Mariée, mère de 4 enfants et grand-mère de 7 petits-enfants.

COSSETTE–DUPUIS, Céline
Secrétaire à l'Institut d'études médiévales, détient actuellement un poste en administration à l'Université de Montréal.

CÔTÉ, Lucille, s.s.a.
Membre de la congrégation des Sœurs de Sainte–Anne, actuellement supérieure provinciale. En 1978, elle rencontre le Père Lacroix pour une collaboration dans le domaine visuel. En 1980, lors de l'ouverture du bureau de l'Institut québécois de recherche sur la culture, à Montréal, elle devient agente de recherche à l'Institut et secrétaire de Benoît Lacroix.

COTÉ, Marie–Laure
Native de Sainte–Sabine de Bellechasse, elle connaît Benoît Lacroix depuis près de quarante ans.

CYR, Hélène
Études à l'École des Hautes Études Commerciales, en sciences sociales à l'Université d'Ottawa, puis en sociologie historique (maîtrise et doctorat) à l'Université Laval. Aujourd'hui présidente du cabinet–conseil Profil en tête, firme récemment fondée, spécialisée en recherche et animation ainsi qu'en parcours et entrevues sociohistoriques.

DANSEREAU, Pierre, O.C.
Botaniste et écologiste de réputation internationale, il a été directeur de l'Institut Botanique et a enseigné dans plusieurs universités, de Montréal, McGill, Ann Arbor (Michigan), Puerto Rico, Laval, Waterloo (Ontario), Concordia, Lisbonne (Portugal), Regina (Saskatchewan), Calgary (Alberta). Il est actuellement professeur émérite de l'Université du Québec à Montréal. Membre de plusieurs associations et de commissions, il s'est mérité plusieurs prix et médailles, plusieurs doctorats honorifiques et est l'auteur de multiples publications.

DAOUST, Sylvia, O.C., C.Q.
Une des premières femmes sculpteures du Québec, elle reçoit sa formation artistique à l'École des Beaux–Arts de Montréal. Un premier prix de sculpture au concours interprovincial « Lord Willingdon » (1928) confirme son orientation vers la sculpture. Grâce à une bourse du Gouvernement du Québec (1929), elle séjourne en France et côtoie des artistes notoires. À son retour d'Europe, elle entreprend une carrière de professeure à l'École des Beaux–Arts de Québec (1930–1943) et par la suite à l'École des Beaux–Arts de Montréal (1943–1968). Parallèlement à son travail de professeure, elle a toujours poursuivi une carrière artistique fructueuse, travaillant surtout à des œuvres de commande, ce qui laisse peu de temps pour des expositions. Plusieurs églises du Québec possèdent de ses œuvres sculptées en taille directe. Les œuvres en pierre et en bronze font aussi partie de ses modes d'expression. Encore aujourd'hui active à 93 ans, elle est à sculpter une Vierge et l'Enfant dans un bois d'acajou. Plusieurs prix, médailles et distinctions ont honoré son grand talent.

DE DURAND, Matthieu, o.p.
Français d'origine, assigné dans la Province dominicaine du Canada en juillet 1961, il a quitté le Canada en janvier 1990 pour retourner en France où il est actuellement professeur à l'Université de Montpellier. Patrologue, il a enseigné de nombreuses années à l'Institut d'études médiévales et au Département d'études anciennes (grec) de l'Université de Montréal. Auteur de plusieurs articles et ouvrages savants en patrologie.

DEMERS, Jeanne, M.S.R.C.
Professeure émérite depuis juin 1992, membre du Conseil de l'Université de Montréal de 1990 à 1994, M.A. Wisconsin et docteure de troisième cycle de Toulouse–le–Mirail, elle a été jusqu'à tout récemment directrice scientifique des Presses de l'Université de Montréal et présidente de l'Académie des lettres et des sciences humaines de la Société royale du Canada. Auteure ou coauteure de plusieurs livres — mentionnons, entre autres, *Commynes méMORiALISTE* (PUM, 1975), *L'Enjeu du manifeste / Le Manifeste en jeu* (éd. du Préambule, 1986), *Montréal graffiti, Montréal graffiti bis, Graffiti et loi 101* (VLB, 1987, 1988, 1989) —, d'une édition critique — les *Contes de Pamphile Le May* (PUM, 1993) —, elle a donné des communications ou fait des conférences dans de nombreux pays et publié dans des revues tant européennes que nord–américaines, collaboré également à un grand nombre d'ouvrages collectifs d'ici et d'ailleurs ainsi qu'à la préparation de plusieurs numéros de revues. Elle occupe, depuis le début de septembre 1994, la fonction de présidente du Centre québécois du P.E.N. international, association littéraire d'écrivains francophones regroupant près de deux cents membres tant au Québec qu'à l'étranger.

DEROUIN, René
Né à Montréal en 1936, il habite Val–David au retour de ses fréquents séjours de recherche à l'étranger. L'appartenance continentale domine son œuvre. Il innove par sa quête de « l'origine ». Dès 1955, à la recherche de ses racines sur le continent américain, il se penche sur les cultures précolombiennes et se familiarise avec l'art mural des artistes mexicains. Cette démarche donne une *œuvre de symbiose et de synthèse de nos appartenances culturelles*. Il sonde nos mémoires culturelles et génétiques en produisant de grandes installations exposées dans plusieurs musées du Japon, d'Australie, des États–Unis et du Mexique. *Migrations* (1989–1992), une œuvre regroupant 20 000 pièces céramiques sur un territoire de bois, est exposée au Museo Rufino Tamayo, à Mexico, et au Musée du Québec, en 1992. En juin 1994, il largue 19 000 des pièces céramiques de *Migrations* dans le fleuve Saint–Laurent. À l'automne 1995, il participe, en tant qu'artiste invité, à la « Bienal del Barro de América » au Museo de arte Contemporáneo de Caracas Sofia Imber, au Vénézuela.

DEROUIN–CARREAU, Aline
Artiste professionnelle, peintre graveure, après une formation à l'Université du Québec, en Arts plastiques. Plusieurs expositions solo et de groupe, au Canada, aux États–Unis et en Europe. Enseignement en art dans mon atelier, au cégep et à différents groupes d'intervenants en thérapie par l'art.

DEROY–PINEAU, Françoise
Française d'origine, Montréalaise d'adoption depuis 1969, elle s'intéresse particulièrement aux pionnières de la Nouvelle–France (Marie de l'Incarnation, Madeleine de La Peltrie, Jeanne Mance) dont elle a suivi la trace géographique, cherché à repérer les réseaux sociaux et les démarches originales suscitées par leur « moteur » intérieur. Elle est l'auteure d'une biographie de chacune de ces fondatrices.

DESAULNIERS, Robert
Archiviste en chef au Centre Canadien d'Architecture de Montréal depuis mars 1987 et archiviste–conseil pour l'agence Ricardo Bofill Architectes (Taller de Arquitectura), Barcelone, depuis 1990. Membre de plusieurs comités, il a préparé le *Guide des archives d'architecture du CCA* (1992) et est l'auteur de plusieurs articles et communications.

DESMARAIS, Marie
Connu Benoît Lacroix à l'automne 1980. Il m'a amenée à l'écriture. À part une « Lettre à mes Fils », dans Revue *Éducation et Francophonie* (avril 1993), un recueil de poésie pour le Concours bilingue français–espagnol du *Courrier de l'Orénoque* à Besançon. À Calgary, ai rédigé le texte de la vision et mission du projet de la nouvelle école francophone (1996). Travaille comme « Pastoral Care Coordinator » pour Extendicare Hillcrest, un foyer pour personnes âgées.

DORAN, Anne
Étudiante à l'Institut d'études médiévales au temps où le Père Benoît Lacroix y était à la fois directeur et professeur. Collabore avec le Centre d'études des religions populaires après avoir fait une thèse de doctorat sur le pèlerinage à Sainte–Anne–de–Beaupré, sous la direction du professeur Alphonse Dupront (Paris). Enseigne la patrologie à l'Université du Québec à Chicoutimi.

DORION, Hélène
Elle a publié une douzaine d'ouvrages de poésie, dont *L'Issue, la résonance du désordre* (Belgique, L'Arbre à Paroles, 1993 / Québec, Le Noroît, 1994), *Les États du relief* (Québec, Le Noroît et France, Le Dé Bleu, 1991) et *Un visage appuyé contre le monde* (Le Noroît et Le Dé Bleu, 1990). Ses textes sont traduits dans quelques langues et publiés dans diverses revues au Québec et en Ontario, aux États–Unis, en France, en Belgique, au Luxembourg, en Allemagne, en Angleterre, en Espagne et en Italie. Elle est aussi l'auteure d'une anthologie de poètes québécois et a préparé une édition des poèmes de Saint–Denys Garneau (Québec, Le Noroît/Belgique, L'Arbre à Paroles / Luxembourg, Phi, 1993). En 1992, elle a reçu le Prix International de Poésie Antonio Viccaro–Wallonie–Bruxelles décerné au Marché de la Poésie de Paris. Elle est directrice littéraire des Éditions du Noroît. « Je connais Benoît Lacroix depuis plusieurs années, mais à l'occasion de la préparation de l'anthologie de poèmes de Saint–Denys Garneau, j'ai eu le privilège et la joie de le rencontrer plus fréquemment et d'apprécier ainsi à la fois sa rigueur critique et sa présence accueillante et généreuse. »

DUBUC, Jean–Guy
Prêtre diocésain de Montréal et théologien, il a enseigné à Montréal, Ottawa, Trois–Rivières et Sudbury. Abandonnant le milieu universitaire pour se tourner vers la culture de masse, il travailla alors en radio, télévision, cinéma et presse : éditorialiste en chef de *La Presse*, puis président–éditeur de *La Tribune* (Sherbrooke). Consultant en communications, il conseille certaines entreprises dans leurs interventions publiques tout en conservant une présence de *columnist* dans trois quotidiens du Québec. Complice et ami de Benoît Lacroix, il accompagne avec lui, depuis plusieurs années, le cheminement spirituel de chefs d'entreprises montréalais dans le cadre des rencontres mensuelles des « Déjeuners de la prière ».

DUFRESNE, Thérèse, o.p.
Prieure générale des Moniales Dominicaines de Berthierville.

DUGAL, Hélène
Titulaire du grand orgue de la basilique–cathédrale Marie–Reine–du–Monde de Montréal depuis 1975. « Premier prix » d'orgue du Conservatoire de musique du Québec, elle obtient, entre 1969 et 1977, des prix d'exécution dans les concours internationaux de Vancouver, Bruges, Genève, St. Albans, Bologne et Innsbruck. Tout en menant une carrière active de concertiste, elle fonde le Studio de musique ancienne de Montréal avec ses collègues Réjean Poirier et Christopher Jackson, en 1974. Plus tard,

elle se consacrera de plus près au service liturgique de la cathédrale et à l'organisation de projets culturels. En 1991, elle publie son premier disque compact *Cathédrales*, où elle interprète des œuvres de Vierne, de Franck et de Boëllmann. Consultante à l'Office national de liturgie (Conférence des évêques catholiques du Canada) depuis 1989, elle y coordonne un projet de création musicale pour la liturgie avec plus d'une vingtaine de musiciens et de compositeurs canadiens. Elle est en outre présidente fondatrice de LAUDEM, l'Association des organistes liturgiques du Canada, qui regroupe 150 organistes de 18 diocèses.

DUMONT, Albert, o.p.
Professeur à l'Institut d'études médiévales, il a été assistant–bibliothécaire du Père Raymond Giguère à la Bibliothèque de l'Institut, puis prieur au Couvent Saint–Albert–le–Grand et secrétaire général à la Conférence religieuse canadienne.

DUMONT, Fernand
Sociologue, essayiste et poète, professeur émérite de l'Université Laval, premier président et directeur de l'Institut québécois de recherche sur la culture, cofondateur de la revue *Recherches sociographiques*, codirecteur de la collection « Histoire et sociologie de la culture », aux Presses de l'Université Laval. Collaborateur à plusieurs revues, il a publié plusieurs articles et ouvrages (seul ou en collaboration) sur l'épistémologie et théorie de la culture, la sociologie et l'économie, l'anthropologie religieuse, la sociologie au Canada français. Membre de plusieurs comités, commissions et associations, il s'est mérité plusieurs prix, distinctions, doctorat honorifique.

DUPONT, Jean–Claude, M.R.S.C.
Professeur titulaire d'ethnologie au Département d'histoire de l'Université Laval. Auteur de plusieurs ouvrages portant surtout sur la culture matérielle en Acadie et au Québec, il s'intéresse aussi aux légendes de l'Amérique française. Membre de l'Ordre des francophones d'Amérique et de la Société royale du Canada. Ancien professeur à l'Université Memorial de Terre–Neuve et de Moncton (Nouveau–Brunswick), il a été professeur invité à l'Université de Sudbury (Ontario) et à l'Université de New York à Albany.

DUROCHER, Lyne
Comédienne, professeure de français. Connais Benoît depuis trois ans. L'ais rencontré par l'entremise d'amis comédiens qui m'ont demandé d'écrire une pièce de théâtre dans le cadre d'un projet portant le nom de « Parole aux Pauvres ».

FAVREAU, Denise, o.p.
Entrée chez les Dominicaines de Trois–Rivières en 1951, profession en 1954. Études en service social : diplômée du premier groupe de l'École d'Aide Sociale de Trois–Rivières. Diverses fonctions dans les différentes œuvres de la Communauté, dont au secteur Auxiliaire familiale au Centre de Services Sociaux de l'Outaouais à Hull (1969–1983), puis 6 mois au Pérou, à Ricardo Palma. Prieure au Couvent Notre–Dame à Trois–Rivières pendant 6 ans, elle est élue, en 1990, Prieure générale des Dominicaines de la Trinité.

FERRETTI, Lucia
Historienne, spécialiste de l'histoire socioreligieuse du Québec. Son premier ouvrage, tiré de sa thèse de doctorat, a contribué à renouveler l'historiographie sur la paroisse urbaine et l'interprétation des rapports entre l'Église montréalaise et la société industrielle avant 1930. Un parcours peu orthodoxe l'a conduite ensuite à consacrer un livre à l'histoire de l'Université du Québec et, à travers elle, à une lecture de l'évolution de

l'enseignement supérieur québécois des trente ou quarante dernières années. Elle est actuellement vice-rectrice à l'enseignement et à la recherche à l'Université du Québec en Abitibi-Témiscamingue.

FILION, Pierre
Écrivain et éditeur, il est directeur littéraire chez Leméac éditeur. Il est aussi le fondateur des Éditions du Silence.

FLYNN, Jacques, C.P., C.R.
Sénateur de la division de Rougemont, Québec, depuis 1962. Confrère de Joachim au Collège de Sainte-Anne-de-la-Pocatière, puis poursuite des études classiques au Petit Séminaire de Québec, et de droit à l'Université Laval. Député conservateur à la Chambre des Communes de la circonscription de Québec-Sud (1958-1962) et ministre des Mines (1961-1962).

FOURNIER, Élise
Après un détour dans l'administration universitaire et dans le réseau de la santé : Crépuq, Conseil des universités, Fédération des CLSC, ministère des Affaires sociales, je suis à la Télé-université depuis 1981 et je m'occupe maintenant de formation des adultes, particulièrement la formation non créditée, développée sur mesure dans les entreprises et les organismes publics.

FOURNIER, Jacqueline et Guy
Depuis 1948, des amis de Benoît Lacroix qui est devenu l'ami de toute la famille, enfants et petits-enfants.

FOURNIER-LALONDE, Christine
Biologiste de profession et musicienne amateure (flûte traversière), elle fait partie d'un trio qui joue de la musique aux baptêmes, mariages, funérailles célébrés par le Père Benoît Lacroix, qu'elle connaît depuis toujours.

GAGNON, Benoît
Neveu de Joachim, fils de sa sœur Marie-Jeanne, il a conduit le dossier qui a mené à faire de la bibliothèque de Saint-Michel-de-Bellechasse, la Bibliothèque Benoît-Lacroix (1987).

GAGNON, Claude-Marie
Docteure en littérature québécoise (Université Laval, 1981). Recherches postdoctorales sur la littérature populaire religieuse au Québec. Auteure de plusieurs articles sur le phénomène religieux populaire. Publications récentes : *La Littérature populaire religieuse au Québec : sa diffusion, ses modèles et ses héros* (Université Laval, 1986) ; *La Maison jaune. Histoire des Sœurs de la Charité de Saint-Hyacinthe* (Fides, 1990). En préparation : biographie du père Eugène Prévost (1860-1946), fondateur de la Congrégation de la Fraternité Sacerdotale.

GARNEAU, Jean
Docteur en psychologie à l'Université de Montréal, études en criminologie à l'Université de Washington, Seattle. Chargé de cours à l'Université de Montréal, puis à l'Université Saint-Joseph (Nouveau-Brunswick), il est revenu travailler au Québec, puis en Alberta. Fellow de l'Association canadienne de psychologie, il est ex-président de l'Association des psychologues du Québec et fondateur et ex-président de l'Association des psychologues de l'Alberta. Frère du poète de Saint-Denys Garneau, il est président fondateur de la Fondation de Saint-Denys-Garneau (1994).

GAUDREAU, Annie
Actuellement au « Carrefour Gérin–Lajoie », Granby (Québec), elle a connu Benoît Lacroix lorsqu'elle était étudiante à Montréal.

GAUTHIER–GAGNON, Lise
Secrétaire à l'Institut d'études médiévales de septembre 1962 à avril 1969.

GENEST, Jacques, C.C., G.O.Q., M.D.
Fondateur en 1967 de l'Institut de recherches cliniques de Montréal dont il fut le directeur jusqu'en 1984. Il a créé le Club de recherches cliniques du Québec en 1958, ainsi que le Conseil de la recherche médicale du Québec en 1964, devenu le Fonds de recherche en santé du Québec. Il est professeur de médecine à l'Université de Montréal et de médecine expérimentale à l'Université McGill. De 1972 à 1984, il a dirigé le groupe multidisciplinaire de recherche en hypertension subventionné par le Conseil de recherches médicales du Canada. Il s'est illustré par ses découvertes dans le domaine des mécanismes et du traitement de l'hypertension, a publié trois ouvrages et 700 articles sur le sujet et sur les systèmes de santé. Il a reçu 12 doctorats honorifiques et en 1993 a été élu au Temple de la Renommée Médicale Canadienne.

GIRARD, Paul–Henri, o.p.
Né à Chicoutimi le 2 février 1928. Il fait sa profession chez les Dominicains le 4 août 1951 et est ordonné prêtre le 13 août 1955. Arrivé au Japon en 1957, il étudie la langue japonaise (1957–1960), puis devient curé intérimaire à Koriyama (1960–1961) et vicaire à Matsukicho. Responsable de l'œuvre des vocations (1961–1965), il est ensuite maître des novices à Shibuya et Kyoto (1966–1969), prieur du couvent de Shibuya, vicaire à la paroisse (1969–1975) et curé à Shibuya (1976–1985). Promoteur du Laïcat dominicain et collaborateur à la paroisse de Shibuya (1986–1991), il est, depuis 1991, prieur du couvent de Shibuya et curé de la paroisse.

GIRARD, Sylviane
Fille de Giselle Huot, elle est apprentie comédienne.

GIROUX, Sophie
Enseignante au secondaire en enseignement religieux, chroniqueure de livres à l'émission *Parole et Vie*, je connais Benoît Lacroix depuis peu. Mais, c'est comme si un grand bonheur était entré dans ma vie en le connaissant plus. J'écris un livre avec lui et quand je l'ai vu la première fois, je me suis considérée comme très privilégiée de vivre l'expérience avec ce « monument d'homme » comme je lui dis en le taquinant.

GOULET, Alain
Professeur de littérature française à l'Université de Caen. C'est là qu'assistant, puis maître–assistant, j'ai fréquenté Benoît Lacroix, de 1974 à 1976. Principaux ouvrages : *Les Caves du Vatican d'André Gide : Étude méthodologique* (Paris, Larousse, 1972) ; *Le Parcours Mœbien de l'écriture : « Le Voyeur » d'A. Robbe–Gillet* (Paris, Dunod, 1982) ; *Fiction et vie sociale dans l'œuvre d'André Gide* (Paris, Dunod, 1986) ; *Les Faux–Monnayeurs mode d'emploi* (Paris, SEDES, 1991) ; *Lire Les Faux–Monnayeurs de Gide* (Paris. Dunod, 1994).

GOURGUES, Michel, o.p.
Dominicain, professeur d'exégèse du Nouveau Testament en même temps que Président et Régent des études au Collège dominicain de philosophie et de théologie à Ottawa. En 1964, un an après son entrée dans l'Ordre, à l'époque où les études de philosophie se faisaient au Couvent Saint–Albert de Montréal, il fut l'élève du Père

Lacroix, dont il eut par la suite le privilège de compter sur la longue amitié, favorisée sans doute par une origine commune à Saint–Michel–de–Bellechasse ! Il garde en particulier du temps de ses études de doctorat à Paris, au milieu des années 1970, le bon souvenir de contacts fréquents avec le Père Lacroix, qui tenait alors feu et lieu en Normandie comme professeur — et codirecteur — à l'Université de Caen.

GRAMMOND, Madeleine, s.s.a.
Membre de la Congrégation des Sœurs de Sainte–Anne, elle est bibliothécaire à l'Université de Montréal. Elle a d'abord rencontré le Père Lacroix à titre de professeure d'histoire à la Faculté de musique de l'Université de Montréal en 1971. Depuis les années 1980, elle collabore avec lui à des travaux bibliographiques sur la religion populaire au Québec.

GUILBERT, Lucille
Maîtrise à l'Institut d'études médiévales (1977) et Ph. D. Arts et traditions populaires à l'Université Laval (1983). Professeure en ethnologie à l'Université Laval depuis 1984 ; directrice des études des 2e et 3e cycles pour les programmes d'histoire. Champs de spécialisation : littérature orale, folklore et littérature ; relations interethniques et interculturelles au Québec.

GUILLOT, Françoise, o.p.
Prieure générale des Dominicaines Missionnaires Adoratrices de Beauport.

GUINDON, Marie–Josée
Comédienne. J'ai rencontré Benoît Lacroix en 1990, par le biais de Jean–François Casabonne, lors d'une célébration eucharistique entre amis.

HASLER, Eveline
Étudiante à la Sorbonne à Paris, 1953–1957, c'est là qu'elle a rencontré le Père Lacroix. Mariée, trois enfants, écrivain, elle vit au Tessin, la partie italienne de la Suisse.

HUBERT, Mgr Bernard
C'est en juin 1971 que Bernard Hubert était nommé évêque du diocèse de Saint–Jérôme. En janvier 1977, il devenait évêque coadjuteur de Monseigneur Gérard–Marie Coderre au diocèse de Saint–Jean–de–Québec. Le 3 mai 1978, il assumait seul la responsabilité d'évêque de Saint–Jean–Longueuil. En tant que président de la Conférence des évêques catholiques du Canada (1985–1987) et président de l'Association des évêques du Québec (1991–1993), maintes occasions l'ont amené à prendre la parole sur des sujets de tous ordres, tant au plan humain et social que religieux. La plupart de ces interventions ont été colligées par Paul Longpré et intégrées à son livre *Malgré tout l'espoir* paru en novembre 1994. Il a aussi publié des articles dans la revue *Prospectives* de 1967 à 1971 et dans *L'Église canadienne* depuis 1971. Ayant rencontré le Père Benoît Lacroix à quelques occasions, il a toujours apprécié la richesse humaine et spirituelle, ainsi que les qualités de communication de cet homme passionné de poésie et de gratuité.

HUOT, Giselle
Étudiante à l'Institut d'études médiévales (1963–1967), mémoire de maîtrise (direction Benoît Lacroix), elle poursuit des études doctorales à l'Université d'Aix–Marseille (Professeur Georges Duby), puis à l'École pratique des Hautes Études à Paris (1967–1970). Spécialiste de l'édition critique, elle y est initiée par Benoît Lacroix lors de l'édition des *Œuvres* de Saint–Denys Garneau (PUM, 1971,

1347 p.) ; elle vient de publier le premier des trois tomes d'une seconde édition des *Œuvres* du même auteur (*Œuvres en prose*, Fides, 1995, 1298 p., en rédaction de thèse de doctorat à l'Université Laval sur ce sujet ; à venir : *Correspondance* (1997–98) et *Poésie* (1998–99), qui sera suivie d'une biographie de Saint–Denys Garneau. Associée depuis les débuts (1979) à l'édition critique des *Œuvres* de Lionel Groulx, *Journal, 1985-1911* (préface de Benoît Lacroix, PUM, 1984, 2 vol., 1108 p., coauteure avec Réjean Bergeron, l'un des directeurs est Benoît Lacroix), elle est directrice, et coauteure avec Juliette Lalonde–Rémillard et Pierre Trépanier, de l'édition critique de la *Correspondance* de Lionel Groulx (15 tomes prévus, 2 parus, Fides, 1989, préface de Benoît Lacroix, et 1993, 1012 p. et 925 p.). Auteure de nombreux articles, de communications et de deux biographies (préfaces de Benoît Lacroix) de fondatrices de communautés religieuses, Philomène Labrecque (o.p., Bellarmin, 1987, 525 p.) et Élisabeth Turgeon (r.s.r., Anne Sigier, 1991, 526 p.). Membre fondateur de la Fondation de Saint–Denys–Garneau (1994), elle en est la secrétaire–trésorière ; elle est aussi codirectrice, avec Benoît Lacroix, des *Cahiers de Saint–Denys Garneau*, dont le premier numéro paraîtra en octobre 1995. Deux enfants : Stéphane et Sylviane Girard.

JACQUES, Pierre
Étudiant de Benoît Lacroix à l'Institut d'études médiévales, je l'ai eu comme directeur de mémoire. Études doctorales à Louvain (Belgique). Fis partie de la toute première équipe du Centre d'études des religions populaires en 1967. Professeur d'histoire médiévale et de la Renaissance à l'Université du Québec à Chicoutimi ; y suis actuellement directeur du Module des sciences humaines.

KATTAN, Naïm, O.C., C.Q., M.S.R.C.
Né en 1928 à Bagdad où il fait ses études secondaires et de Droit, il reçoit une bourse du gouvernement français en 1947 pour faire des études littéraires à la Sorbonne. En 1954, il émigre au Canada où il participe activement à la vie culturelle. Il enseigne à l'Université Laval, est rédacteur à la Commission royale d'enquête sur le bilinguisme et le biculturalisme. En 1961 il est membre de l'équipe de rédaction du *Nouveau Journal* de Montréal et depuis 1962 jusqu'à aujourd'hui il est critique littéraire au quotidien *Le Devoir* de Montréal. En 1967 il devient chef du Service des Lettres et de l'édition puis directeur associé du Conseil des Arts du Canada. Romancier, essayiste, nouvelliste et critique, il est l'auteur de nombreux ouvrages et participe à de nombreuses émissions de radio et de télévision au Canada, en France et en Belgique. Il a collaboré à de nombreuses revues et journaux (*Lettres nouvelles, La Quinzaine littéraire, La Nouvelle Revue Française, Critique, Synthèses, Le Devoir, Liberté*, etc...). Il est actuellement professeur associé au Département d'études littéraires à l'Université du Québec à Montréal. Il a voyagé en Amérique du Nord et en Amérique du Sud, en Europe, en Afrique et en Asie où il a pris part à des colloques et donné de nombreuses conférences. Nombreuses distinctions honorifiques, officier des Arts et Lettres de France, il est membre de la Société royale du Canada et de l'Académie des Lettres du Québec.

KLIBANSKY, Raymond
Né à Paris le 15 octobre 1905, éduqué en France et en Allemagne, études à Heidelberg, Kiel, Hambourg ; D.Phil. (1928) et Maître de Conférences (1932), Université de Heidelberg. « Lecturer of Philosophy », Londres (1934), Oriel College, Oxford (1936–1948). Service de guerre (C.I.O., Political Warfare Executive, 1941–1946). Frothingham Professor of Logic and Metaphysics (1946–1975) et (dès 1975) Professeur émérite, Université McGill, Montréal. Professeur invité, Université de Montréal (1947–1968) ; Chaire Cardinal Mercier, Louvain (1956) ; Professeur de

l'OTAN, Rome (1962) ; invité, Gênes, Tokyo, Paris, Téhéran. Fellow, Wolfson College, Oxford. Hon. Fellow, Oriel College, Oxford, et Warburg Institute, Université de Londres. D.Phil (h.c.), Bologne, Marburg, Ottawa. Mérite scientifique, UQAM. Sénateur hon., Université de Heidelberg. Président hon., Institut International de Philosophie, Paris, et Société Internationale pour l'Étude de la Philosophie Médiévale, Louvain–la–Neuve. Membre de l'Académie Nationale Italienne, de l'Académie d'Athènes, de l'American Academy of Arts and Sciences, de l'Académie des Sciences de Heidelberg, de l'Académie d'Histoire des Sciences, Paris, de la Société royale du Canada, de la Royal Historical Society, Londres, et d'autres. Président du Centro di Studi sulla Civiltà del Medio Evo e del Rinascimento. Auteur de *Saturne et la Mélancolie* (avec Panofsky et Saxl), traduit en cinq autres langues ; *The Continuity of Platonic Tradition* (4 éditions) ; *Die Handschriften der philosophischen Werke des Apuleius* (avec Frank Regen) et de nombreux autres ouvrages. Directeur de *La Bibliographie de la Philosophie* (41 volumes, Paris 1954–1995) ; *La Philosophie au milieu du Vingtième Siècle* (4 volumes, Florence 1958–1961) ; *La Philosophie Contemporaine* (4 volumes, Florence 1968–1971), *La Philosophie en Europe* (avec D. Pears, Paris 1993 ; réimpr., 1995). Ed. (avec R. Hunt) *Mediæval and Renaissance Studies* (9 volumes) ; Ed. *Corpus Platonicum Medii Ævi* (*Plato latinus* et *Plato arabus*, 7 volumes) ; *New Letters of David Hume* (avec E.C. Mossner) ; *Philosophie et Communauté Mondiale* (série en plusieurs langues). Prix Lessing du Sénat de la Ville de Hambourg, 1994 ; Prix Nonino, « per una personnalità del nostro tempo », Italie, 1995.

LACASSE, Roger, ptre
Curé de Saint–Michel–de–Bellechasse.

LACHANCE, Micheline
Journaliste au magazine *L'Actualité*, Micheline Lachance est l'auteure de la biographie du Frère André et de celle en deux tomes du Cardinal Paul–Émile Léger.

LACOSTE, Paul, O.C.
Professeur émérite de l'Université de Montréal où il a commencé à enseigner en 1946 (Philosophie), il en a été par la suite vice–recteur (1966–1975), puis recteur (1975–1985). Auteur de nombreux articles sur les problèmes de l'éducation, ainsi que de plusieurs ouvrages en collaboration, il est membre de plusieurs associations et conseils d'administration, il a reçu plusieurs titres honorifiques, dont trois doctorats *honoris causa*.

LACROIX, Arthur
Neveu de Joachim Lacroix, fils de son frère Léopold, il continue la tradition terrienne et vit dans la maison où est né et a vécu son oncle Joachim, dans le 3e Rang Ouest de Saint–Michel–de–Bellechasse. Époux de Colette Gosselin, ils ont quatre enfants, Josée, Martin, Nancy et Guy.

LACROIX, Cécile, m.i.c.
Sœur de Joachim, elle est religieuse de la congrégation des Missionnaires de l'Immaculée–Conception et demeure à Pont–Viau (Laval).

LACROIX, Rosaire, ptre
Petit–cousin de Benoît Lacroix, qui a prononcé l'homélie lors de sa première messe en l'église de Saint–Michel–de–Bellechasse, le 14 juin 1964. Il demeure à Lévis et à Saint–Michel.

LACROIX–BÉGIN, Élaine
Petite–nièce de Joachim, fille de sa nièce Aline Lacroix, fille de son frère Léopold, elle est étudiante en lettres à l'Université Laval.

LACROIX–LAMONTAGNE, Rolande
Nièce de Joachim, fille de son frère Léopold et de Marie–Louise Rochefort, épouse de Clément Lamontagne, mère de Nicole, Alain et Denis.

LAFORTE, Conrad, M.S.R.C.
Folkloriste et essayiste, il est professeur au Département d'histoire de l'Université Laval depuis 1973. Membre d'une douzaine d'associations scientifiques et culturelles, il collabore à plusieurs revues, est l'auteur de plusieurs ouvrages et s'est mérité plusieurs prix. Il est connu surtout pour son *Catalogue de la chanson folklorique française* en six volumes ; sa classification a été adoptée au Canada, en Louisiane et à la Phonothèque nationale de Paris.

LALONDE–RÉMILLARD, Juliette
Études à l'Université de Montréal en histoire, en littérature et en bibliothéconomie (1937–1942) et à l'École des arts graphiques, pour un certificat en reliure et dorure (1940–1943). Secrétaire particulière de son oncle, le chanoine Lionel Groulx (1937–1947), puis secrétaire de Lionel Groulx, de l'Institut d'histoire de l'Amérique française et de la *Revue d'histoire de l'Amérique française* (1947–1967), secrétaire administrative de l'IHAF et de sa revue (1967–1978). De 1978 à 1989, mise sur pied du Centre de recherche Lionel–Groulx ; directrice et secrétaire des deux organismes : Fondation Lionel–Groulx et Centre de recherche Lionel–Groulx. Vice-présidente de la Société d'étude et de conférences (1955–1957), secrétaire du Comité féminin de la Société Saint–Jean–Baptiste de Montréal (1963), elle a donné plusieurs conférences. Elle s'est mérité plusieurs prix, dont la médaille de la Société historique de Montréal (1984) et celle du Mérite et dévouement français (1989). Auteure de plusieurs articles, instruments de recherche du Centre Lionel–Groulx, en collaboration, de quelques ouvrages en collaboration : l'édition critique du *Journal* (PUM, 1984, 2 vol.) et de la *Correspondance* de Lionel Groulx (2 volumes parus, Fides, 1989 et 1993).

LAMBERT, Claudette
Elle travaille pour le réseau français de Radio–Canada depuis 1972, d'abord à Trois-Rivières puis à Montréal. Animatrice de l'émission *Femme d'aujourd'hui* pendant trois ans, elle présente ensuite plusieurs dossiers à caractère sociologique et religieux à la radio FM, dont plusieurs dans la série *Actuelles*. Coanimatrice de l'émission *Le Temps de vivre*, elle travaille aussi à l'émission religieuse *Second Regard* : d'abord aux chroniques de livres et ensuite à l'animation et aux reportages.

LAMONTAGNE, Germain, ptre
Né à Saint–Michel–de–Bellechasse, ancien curé de Saint–Michel et actuel curé de Beaumont en Bellechasse.

LAMONTAGNE, Nicole
Petite–nièce de Joachim, fille de Rolande Lacroix et de Clément Lamontagne.

LANGEVIN, Gilles, s.j.
Professeur de théologie, aux Facultés jésuites de philosophie et de théologie (Montréal), de 1960 à 1970, à la Faculté de théologie de l'Université Laval (Québec), de 1970 à 1994. Auteur ou directeur de divers ouvrages : *Capax Dei...* (Desclée de Brouwer, 1966) ; *La Foi et le Temps* (Desclée de Brouwer et Bellarmin, 1969) ; *Jésus*

aujourd'hui (Bellarmin, 1980, 3 vol.) ; *Les Premiers Chrétiens* (Bellarmin et Cerf, 1983, 3 vol.) ; *Le Christ et les cultures...* (Bellarmin, 1991). Directeur de la revue *Science et Esprit*. Membre de la Commission internationale de théologie (Rome) et du Conseil de la culture (Rome). Directeur du bureau de théologie de la Conférence des évêques catholiques du Canada.

LANGLOIS, Louis–Philippe
Né le 7 septembre 1915, confrère de Joachim pendant cinq ans au Collège de Sainte–Anne–de–la–Pocatière. Demeure à Beauport.

LAPALME, Lise
Assistante à la réalisation à l'émission de télévision *Parole et Vie*, où Benoît Lacroix présente des billets.

LAPERRIÈRE, Guy
Né à Ottawa en 1942, il est professeur d'histoire à l'Université de Sherbrooke depuis 1971. Il a été président de la Société canadienne d'histoire de l'Église catholique, où il est actuellement responsable des comptes rendus pour la revue *Études d'histoire religieuse*. Il a connu le Père Lacroix alors qu'il étudiait chez les Dominicains à Montréal en 1962–1964, puis à l'Institut d'études médiévales en 1966–1968. On peut le compter comme « disciple » du maître ès religions populaires, ayant publié des communications dans trois des colloques (sources orales 1973, pèlerinages 1976, historiographie 1982). Il prépare actuellement un ouvrage sur la venue au Québec des congrégations françaises entre 1880 et 1914. C'est un bien bon garçon...

LAPLANTE, Claire, s.n.j.m.
Archiviste. Je connais le Père Lacroix depuis 1972, date de mon arrivée à la résidence Willowdale. Durant douze ans, je goûtai ses homélies à Saint–Albert–le–Grand. À l'occasion, nous l'invitions chez nous pour le partage du Pain et de l'amitié. En 1982, il me remet en primeur un texte sur Mère Marie–Rose. Lors d'une visite à Longueuil en 1985, j'eus l'honneur et le plaisir de lui faire visiter nos archives pour lesquelles il montra beaucoup d'intérêt.

LAPLANTE, Léon, ptre
Confrère de Joachim au Collège de Sainte–Anne–de–la–Pocatière, il y est toujours.

LATOURELLE, René, s.j., O.C., C.Q.
Né à Montréal, en 1918, il est entré dans la Compagnie de Jésus en 1938. Doctorat en histoire (1950) et en théologie (1957). Professeur de théologie fondamentale aux Facultés S.J. de Montréal, puis durant trente ans à l'Université Grégorienne (Rome) où il a été aussi doyen de la Faculté de théologie durant douze ans. Auteur d'une quinzaine d'ouvrages : *Étude sur les écrits de Jean de Brébeuf* (Bellarmin, 1952–1953, 2 vol.) ; *Brébeuf* (Fides, 1958) ; *Théologie de la Révélation* (Desclée de Brouwer, 1963, 1969. Paru en français, anglais, italien, espagnol, portugais.) ; *Théologie, Science du Salut* (Desclée de Brouwer, 1968. Paru en français, italien, anglais, espagnol, portugais, chinois.) ; *Le Christ et l'Église. Signes du salut* (Desclée et Cie, 1971. Paru en français, anglais, espagnol, italien.) ; *Le Témoignage chrétien* (Desclée et Cie, 1971. Paru en français, italien, croate.) ; *Nuova immagine della Facoltà di teologia* (Éditions de l'Université Grégorienne, 1974) ; *L'Accès à Jésus par les Évangiles. Histoire et herméneutique* (Desclée et Cie, 1978. Paru en français, anglais, espagnol, italien, portugais.) ; *L'Homme et ses problèmes dans la lumière du Christ* (Desclée et Cie, 1981. Paru en français, anglais, espagnol, italien.) ; *Miracles de Jésus et théologie du miracle* (Cerf et Bellarmin, 1986. Paru en français, anglais, italien, espagnol.) ; *Jean de*

Brébeuf (Bellarmin, 1993) ; *De la morosité à l'espérance* (Bellarmin, 1994). Et les collectifs suivants : *Problèmes et perspectives de théologie fondamentale* (avec G. O'Collins, Bellarmin et Desclée et Cie, 1982. Éditions française, italienne, anglaise, espagnole, allemande, portugaise.) ; *Vatican II. Bilan et perspectives, vingt–cinq ans après* (Bellarmin et Cerf, 1988, 3 vol. Éditions française, italienne, anglaise, espagnole.) ; *Dictionnaire de théologie fondamentale* (avec R. Fisichella, Bellarmin et Cerf, 1993. Éditions française, italienne, espagnole, anglaise, portugaise.).

LAUBER, Anne
Doctorat en musique, Université de Montréal (1986). Compositeure d'une trentaine d'œuvres pour tous genres d'instruments, orchestre, solistes et orchestre, musique de chambre et musique de film. Œuvres jouées par les principaux orchestres au Canada : Montréal, Toronto, Ottawa, Québec et, aux États–Unis, Philharmonie de Denver, Colorado. Œuvres interprétées en Europe, en Argentine et en Afrique du Sud. Édition Doberman et disque SNE.

LEBEL, Mgr Robert
Évêque de Valleyfield depuis 1976. Professeur de théologie et de patrologie au Grand Séminaire de Rimouski — et rédacteur du Bulletin diocésain à Rimouski — il en a été directeur des études (1955–1963) et supérieur de 1963 à 1965. Professeur de théologie à l'Université du Québec à Rimouski (1970–1974), il est devenu évêque auxiliaire de Saint–Jean–de–Québec, en 1974. Membre de plusieurs commissions et comités, il a été délégué au Synode romain sur la famille (1980), a été membre du Bureau de direction de la Conférence des évêques catholiques du Canada (1983–1989) et président (1989–1991) ; il a accompagné le Saint–Père durant sa visite au Canada, du 9 au 20 septembre 1984 et à Fort Simpson le 20 septembre 1987.

LECLERC, Michel
Il a enseigné plusieurs années avant d'assumer d'autres fonctions dans le secteur de l'enseignement et de la recherche à l'Université du Québec à Montréal. Entre 1974 et 1983, il fut tour à tour doyen des études de premier cycle, vice–recteur à l'enseignement et à la recherche et finalement vice–recteur à l'administration et aux finances. Depuis 1988, il occupe le poste de vice–président à l'administration au siège social de l'Université du Québec.

LECLERC, Roland, ptre
Ordonné prêtre le 3 septembre 1973, il a toujours exercé son ministère presbytéral dans le milieu des communications sociales. Il a commencé comme recherchiste et animateur de messe télévisée de Radio–Canada, à l'été 1971. Depuis, il n'a jamais cessé d'être présent au petit écran. Mentionnons spécialement les émissions *2000 ans après Jésus Christ* et *En toute amitié*, au réseau TVA ; l'émission *Le Jour du Seigneur*, à Radio–Canada. À titre de producteur, il est responsable de la série télévisée *Parole et Vie* diffusée, chaque semaine, dans plus de 20 compagnies de câbles au Québec. Il en est l'animateur, en ondes. De 1981 à 1991, il fut responsable du secteur Édu/Médias (Éducation de la foi par les médias) à l'Office de Catéchèse du Québec. Il avait d'abord été directeur de l'Office diocésain des communications sociales, au diocèse de Trois–Rivières, de 1973 à 1981. Il est directeur de la collection « La Parole et l'Esprit », aux éditions Logiques, de Montréal. Il signe chaque semaine un billet « Au rythme de la vie », dans les hebdos régionaux de la Mauricie (Cap–de–la–Madeleine, Trois–Rivières, et aussi Shawinigan). Il a été curé–modérateur à la paroisse Notre–Dame–de–la–Présentation de Shawinigan–Sud, de 1988 à 1994.

Depuis août 1994, il est administrateur pastoral à la paroisse Saint–Jean–Baptiste-de–La–Salle, de Trois-Rivières.

LEFEBVRE, Gilles, O.C., C.Q.
Président du Conseil des arts de la Communauté urbaine de Montréal, depuis février 1992. Fondateur du mouvement des Jeunesses Musicales du Canada, il a œuvré pendant de nombreuses années à la promotion de cet organisme, au niveau national et international. Par la suite, il a été directeur artistique associé du Festival mondial de l'Exposition universelle et internationale de 1967, directeur du Centre culturel canadien à Paris, directeur général du bureau des relations culturelles internationales au ministère des Affaires extérieures, et plus tard, sous–secrétaire d'État adjoint de ce bureau, directeur associé du Conseil des Arts du Canada, puis secrétaire général par intérim de la Commission canadienne auprès de l'Unesco. Membre et président de plusieurs associations culturelles, il a reçu plusieurs distinctions honorifiques, dont deux doctorats *honoris causa*.

LEMIEUX, Denise
Professeure–chercheure à l'Institut national de la recherche scientifique (INRS) — Culture et société, elle est sociologue. De 1982 à 1993, elle a dirigé le chantier « Famille, sexes et générations » de l'Institut québécois de recherche sur la culture. Elle est l'auteure d'articles et d'ouvrages sur l'enfance, l'histoire des femmes et la sociologie de la famille. Elle a signé *Une culture de la nostalgie. L'enfance dans le roman québécois des origines à la période contemporaine* (Boréal Express, 242 p.) et, avec Lucie Mercier, *Les Femmes au tournant du siècle. Âges de la vie, maternité et quotidien* (IQRC, 1989, 389 p.).

LEMIRE, Maurice
Critique littéraire, historien des lettres, il est professeur au Département des littératures de l'Université Laval. Il est aussi professeur invité par plusieurs universités américaines, françaises, italiennes et anglaises et directeur de la recherche sur l'imaginaire québécois à l'Institut québécois de recherche sur la culture (1980–1985). En 1971, il lance un vaste projet de recherche qui donne le *Dictionnaire des œuvres littéraires du Québec* (Fides, 1980–1994, 6 vol.). Auteur de plusieurs articles et de plusieurs ouvrages, il travaille actuellement à une histoire de la littérature québécoise.

LÉVESQUE, Georges–Henri, o.p., C.C., O.Q., M.S.R.C.
Né à Roberval en 1903, dominicain depuis 1923, ordonné prêtre en 1928. Après des études philosophiques et théologiques à Ottawa, il poursuit des études doctorales en sciences sociales à l'Université de Lille (France). D'abord professeur au Collège dominicain d'Ottawa (janvier 1933), il enseigne aussi en même temps à l'Université de Montréal et à l'Université Laval. À partir de 1938, il n'enseigne plus qu'à Laval, où il fonde l'École, devenue en 1943 la Faculté des sciences sociales et politiques, dont il est le premier doyen, jusqu'en 1955. Directeur de la Maison Montmorency (1955–1963), jusqu'au moment où il devient fondateur de l'Université nationale du Rwanda et premier recteur (1963–1972), dont il est toujours recteur honoraire, et *Pater Patriæ* du Rwanda. Fondateur, cofondateur ou membre de plusieurs sociétés, membre de la Commission royale Massey sur les arts, les sciences et les lettres au Canada, il a fait une carrière internationale et est l'auteur de nombreuses publications et de conférences, communications tant au Canada qu'à l'étranger. Récipiendaire de multiples prix, médailles, honneurs de tous genres et de douze doctorats honorifiques.

LONGTIN, Pauline, m.i.c.
Missionnaire comme infirmière au Malawi et en Zambie, Afrique, pendant quinze ans, j'en fus rappelée en 1981 pour prendre charge de la promotion de la Cause de béatification de Délia Tétreault, notre fondatrice. Quoique connaissant déjà Benoît Lacroix parce qu'il avait sa sœur chez nous, c'est surtout le travail autour de Délia Tétreault qui me mena à le rencontrer plus souvent : demande d'articles pour notre revue missionnaire, participation à un *panel* sur Délia, préface d'un livre, etc. ; plus spécialement, la tenue, en 1992, d'un Colloque sur « Délia Tétreault et Montréal Missionnaire » où le Père Benoît fit une brillante présentation intitulée : « Une spiritualité trinitaire à composantes cosmiques ». Depuis, je suis mieux en mesure d'apprécier, d'admirer le bon cœur, l'enthousiasme, l'humour, l'audace et l'envergure du Père Lacroix, tous aspects qui feront reconnaître le Père Benoît de quiconque l'a tant soit peu fréquenté.

LUSIGNAN, Serge, M.S.R.C.
Né à Montréal en 1943. Après des études au Collège André–Grasset terminées en 1964, il obtint une maîtrise en philosophie à l'Université de Montréal en 1967. Entre 1967 et 1971, il écrivit une thèse de doctorat à l'Institut d'études médiévales de l'Université de Montréal, sur *La logique dans le Speculum doctrinale livre III de Vincent de Beauvais*. Professeur titulaire à l'Université de Montréal, il enseigna à l'Institut d'études médiévales de 1972 à 1994, avant de se joindre au Département d'histoire. Il fut directeur de l'Institut de 1977 à 1986. Il a été élu membre de la Société royale du Canada en 1989. Parmi ses publications, on compte : *Préface au Speculum maius de Vincent de Beauvais : réfraction et diffraction* (Montréal–Paris, 1979) ; *Lionel Groulx, Journal, 1895–1911*, édition critique par G. Huot et R. Bergeron, sous la direction de B. Lacroix, S. Lusignan et J.–P. Wallot (PUM, 1984, 2 vol.) ; *Parler vulgairement. Les intellectuels et la langue française aux XIIIe et XIVe siècles* (Paris–Montréal, 1986).

MAILHIOT, Gisèle, o.s.b.
Sœur Dominique de l'Abbaye de Sainte–Marie des Deux Montagnes à Sainte–Marthe-sur–le–Lac, c'est le Père Lacroix qui l'y a dirigée.

MARTIN, Paul–Aimé, c.s.c., O.C.
Il s'est fait connaître particulièrement par son travail dans les domaines de l'édition, des bibliothèques et de l'animation biblique. Il a fondé les Éditions Fides en 1937 et les a dirigées jusqu'en 1978. Tout en présidant à la publication de quelque 1 600 titres originaux et au lancement de plusieurs périodiques, il fut l'un des pionniers de l'enseignement de la bibliothéconomie au Québec et du regroupement des bibliothécaires en association. Il consacra aussi une partie importante de ses activités à l'animation biblique en assumant la présidence de la Société catholique de la Bible de 1944 à 1970 et la direction du Centre biblique du diocèse de Montréal de 1980 à 1987. Il fut ensuite, de 1990 à 1992, directeur de la bibliothèque du Grand Séminaire de Montréal. Le Père Martin est membre de l'Ordre du Canada et de l'Ordre des francophones d'Amérique, et membre émérite de l'Association catholique des études bibliques au Canada (ACEBAC).

MELANÇON, Robert
Poète et critique, professeur de lettres à l'Université de Montréal depuis 1972. Auteur de plusieurs articles et livres, il collabore à plusieurs périodiques : *Liberté*, *Études françaises*, *Renaissance et Réforme*, *Voix et Images*, *Livres et Auteurs québécois*, et au

Devoir où il tient, à partir de 1977 et pendant plusieurs années, une chronique littéraire hebdomadaire.

MERCIER, Lucie
Elle a obtenu, en 1993, un doctorat en sociologie de l'Université Laval. Durant les années 1980, elle a participé à des travaux sur la famille et le cycle de vie des femmes à l'Institut québécois de recherche sur la culture. Avec Denise Lemieux, elle est l'auteure du livre *Les Femmes au tournant du siècle (1880–1940). Âges de la vie, maternité et quotidien* (1989). En 1994, elle a publié, avec Madeleine Gauthier, *La Pauvreté chez les jeunes. Précarité économique et fragilité sociale*. Actuellement, elle fait partie de l'équipe de recherche sur les impacts sociaux et psychologiques du travail et s'intéresse au retrait de l'activité professionnelle des personnes de 50–64 ans. Elle a connu Benoît Lacroix à l'occasion de son passage à l'IQRC et depuis ce temps il est un ami, un conseiller, un collègue, etc.

MERCIER–GOYER, Lorraine
Secrétaire à la Faculté de philosophie alors que Benoît Lacroix était directeur de l'Institut d'études médiévales.

MOREAU, Yvon, o.c.s.o.
Abbé de l'Abbaye cistercienne de Notre–Dame–du–Lac à Oka.

MORIN, Ghislain
J'ai connu Benoît Lacroix lorsque j'étais étudiant à l'Institut d'études médiévales de l'Université de Montréal de 1963 à 1968. J'y ai complété une M.A. et la scolarité du Ph.D. Boursier du Conseil des Arts du Canada de 1968 à 1971, j'ai un doctorat en Philosophie à l'Institut Supérieur de Philosophie à l'Université Catholique de Louvain (Belgique). J'ai aussi un Diplôme d'Études Supérieures de l'Institut d'études médiévales de Louvain. En 1973, j'ai publié *Introduction à l'étude de Jacques Leclerq* (Duculot, Gembloux). Depuis juin 1971, je suis professeur de philosophie au Collège de Maisonneuve à Montréal.

MUHLSTOCK, Louis, O.C., LL.D., C.G.P.
Né en 1904 à Narajow, Galicie, province de l'Empire austro–hongrois, Louis Muhlstock émigre au Canada en 1911. S'intéressant tôt à l'art, il s'inscrit aux cours du Monument national en 1918 et devient artiste–peintre à temps plein en 1928, alors qu'il se rend à Paris pour un séjour d'études de trois ans. Depuis son retour à Montréal, en 1931, Louis Muhlstock n'a jamais cessé de dessiner et de peindre. Une amitié le liera à H. de Saint–Denys Garneau, et c'est par son intermédiaire posthume qu'il connaîtra Benoît Lacroix qui, en 1968, vient lui présenter un texte de Garneau, inédit et inconnu, intitulé « Muhlstock », qui sera publié dans les *Œuvres* du poète. Membre de la *Canadian Society of Graphic Art*, du *Canadian Group of Painters*, de la *Contemporary Art Society*, Louis Muhlstock est aussi officier de l'Ordre du Canada.

NOISEUX, Louise
Psychologue. M.A. Ph. (Sciences médiévales, 1968). M.A. Psychologie (UQAM, 1975). C.P.P.Q. Accr. Institut Gestalt Los Angeles (1977). Supervision et psychothérapie en Gestalt, clinique privée. Recherches : questions reliées aux limites existentielles, à la mort et à l'usure professionnelle.

OBADIA–HAZAN, Myriam
Secrétaire à la Faculté de philosophie du temps où Benoît Lacroix était directeur de l'Institut d'études médiévales, elle est aujourd'hui secrétaire au Département d'études françaises du Collège universitaire Glendon à Toronto.

OUIMET, J. Robert
Président et directeur général de Ouimet–Cordon Bleu Inc., il est membre de plusieurs conseils d'admininistration : Banque nationale du Canada, Conseil du Patronat du Québec, Corporate Foods, Société générale de financement, Fondation de l'hôpital Notre–Dame, Institut de recherches cliniques de Montréal, Orchestre symphonique de Montréal. Études universitaires : L. ès Sc. comm. (Université de Montréal), M.A. Sc. pol. & soc. (Université de Fribourg, Suisse), MBA (Université Columbia, New York), il est inscrit présentement en rédaction de thèse de doctorat à la Faculté des sciences politiques et sociales de l'Université de Fribourg, Suisse. Marié, père de quatre enfants.

PANNETON, Danièle
Comédienne. J'ai rencontré Benoît en février 1993 par l'entremise de Jean–François Casabonne. Tous deux, avec quelques comédiens, faisaient déjà partie du groupe « Parole aux Pauvres » dont je suis devenue membre. « Parole aux Pauvres » s'appelle, depuis 1995 : « Parole Plus ».

PAQUETTE, Jean–Marcel, M.S.R.C.
Né à Montréal. Études à l'Université McGill et au Centre d'études supérieures de civilisation médiévale de Poitiers (France). Professeur de littérature médiévale à l'Université Laval de Québec depuis 1968. Membre du Conseil de la langue française de 1976 à 1984. Invité dans de nombreuses universités, notamment Caen (France), Augsburg (Allemagne), Pécs (Hongrie), Sofia (Bulgarie), Wroclaw et Varsovie (Pologne), Denver, Boston, Bloomington, La Fayette, Bâton–Rouge (USA), etc. Romancier et essayiste, auteur notamment du *Joual de Troie* (Prix France–Québec 1974), de *Jacques Ferron malgré lui*, de *Pensées, passions et proses*, du *Triptyque des temps perdus, Hypatie ou la fin des dieux* (Prix Molson 1989), *Jérôme ou de la traduction, Sidoine ou la dernière fête*. Plus récemment : *Des nouvelles de Nouvelle–France* et *Fractions — I*. Membre de la Société royale du Canada.

PARADIS, Michèle
Directrice du Musée des religions de Nicolet depuis 1986, elle détient une maîtrise en ethnologie. Très impliquée dans le milieu muséal tant régional que national, elle fut présidente de la Société des musées québécois en 1992–1993. Elle compte à son actif plusieurs conférences auprès de différents organismes et groupes d'étudiants, à travers le Québec, et de nombreuses publications dans des revues spécialisées. Elle siège au comité provisoire mis sur pied par la Commission des Biens culturels qui doit faire des recommandations sur l'avenir du patrimoine religieux au Québec.

PARÉ, Raymond
Confrère de Joachim au Collège de Sainte–Anne–de–la–Pocatière (104e cours), il est le président des conventums du groupe. Demeure à Montmagny.

PARENT, Jacques
Études en philosophie et en droit. Gestionnaire d'une entreprise familiale pendant 15 ans ; entre autres, membre de l'Institut canadien d'éducation des adultes. De 1969 à 1991, responsable de programmes, vice–doyen au développement et directeur du service aux entreprises à la Faculté de l'éducation permanente de l'Université de

Montréal. De 1991 à aujourd'hui, retraité, contractuel en évaluation de programmes à la Faculté de l'éducation permanente et en rédaction de rapport sur le partenariat école–entreprise à la Direction générale de la formation professionnelle et technique du ministère de l'Éducation.

PELLETIER, Guy, o.p.
Dominicain depuis 1950. Études classiques au Collège de Sainte–Anne–de–la–Pocatière (1942–1950), à Ottawa et à La Sarte–Huy, Belgique (1951–1958). Professeur au Studium dominicain de Fatima (Portugal) et secrétaire du Prieur provincial (1958–1969). De retour au Canada, il est animateur de pastorale (1970–1975), secrétaire du Prieur provincial (1975–1980). Prieur du Couvent de la Reine du Rosaire de Fatima (Montréal) et directeur des œuvres apostoliques (1980–1984), il devient assistant du Prieur provincial (1984–1994), puis sous–prieur du Couvent Saint–Albert–le–Grand depuis 1994.

PELLETIER, Mario
Écrivain, journaliste et traducteur, il a été notamment directeur littéraire des Éditions Quinze, puis journaliste, critique littéraire et directeur des pages culturelles du journal *Le Devoir*. Il a collaboré à divers périodiques et revues, notamment *Liberté* et *Les Écrits du Canada français*. Auteur de deux recueils de poésie (publiés en livres d'artiste), il a aussi écrit une histoire de la Caisse de dépôt et placement du Québec, *La Machine à milliards* (Québec/Amérique, 1989) et un essai autobiographique sur la génération des baby–boomers, *La Traversée des illusions* (Fides, 1994). Il vient de terminer la traduction d'une biographie d'André Laurendeau, pour les Éditions Fides.

PELLETIER, Pierre
Travaille au Centre d'information sur les nouvelles religions (CINR) avec Richard Bergeron.

PHAM, Thi Tam
Originaire de Saïgon au Viet–Nam. Arrivée à Montréal le 19 novembre 1981. Études en médecine à l'Université de Sherbrooke (1982–1986). Résidente en radiologie à l'Université de Montréal (1987–1991). Radiologiste à l'hôpital Santa Cabrini depuis 1991.

PINEAU, Gaston
Français d'origine et Montréalais d'adoption depuis 1969. Professeur de Sciences de l'Éducation à l'Université François–Rabelais de Tours. Ses recherches se polarisent sur la dimension existentielle des histoires de vie, la reconnaissance des acquis et une « théorie tripolaire » de la formation à travers soi, les autres et les éléments matériels. Auteur ou coauteur d'une dizaine d'ouvrages, dont *Les Histoires de vie* (collection « Que sais–je ? »).

PIUZE, Guy, o.m.i.
Oblat, il était confrère de Joachim au Collège de Sainte–Anne–de–la–Pocatière.

POTVIN, Thomas–Raymond, o.p.
Dominicain, ordonné prêtre en 1962, il a fait des études philosophiques et théologiques au Collège dominicain d'Ottawa (1957–1963), à l'Université d'Ottawa, licence et maîtrise en théologie (1963–1964) et à l'Université de Fribourg, Suisse (1965–1967), doctorat en sacrée théologie (1975). Membre de plusieurs sociétés savantes et de commissions, auteur de plusieurs articles, d'ouvrages, seul ou en collaboration, il a enseigné de nombreuses années (1967–1988). Prieur du Couvent

Saint–Jean–Baptiste d'Ottawa (1987–1993), il a été élu Prieur provincial de la Province Saint–Dominique du Canada, le 1er juin 1993.

POULAT, Émile
Historien, sociologue. Docteur ès lettres, Docteur de l'Université de Fribourg-en–Brisgau. Attaché (1955), chargé (1958), maître (1962) puis directeur de recherche (depuis 1968) au Centre national de la recherche scientifique (section de sociologie) à Paris, directeur d'études (depuis 1963) à l'École pratique des Hautes Études devenue (1975) École des hautes études en sciences sociales. Membre fondateur et ancien directeur du groupe de Sociologie des religions (CNRS), de la Société d'histoire moderne et contemporaine, de l'American Working Group on Roman Catholic Modernism, membre du conseil scientifique de l'Institut international Jacques-Maritain à Rome, etc. Membre de comités de direction ou de rédaction et collaboration à plusieurs revues. Quelques ouvrages : *Alfred Loisy, sa vie, son œuvre* (1960) ; *Histoire, dogme et critique dans la crise moderniste* (1962) ; *Naissance des prêtres ouvriers* (1965) ; *Intégrisme et Catholicisme intégral* (1969) ; *Catholicisme, Démocratie et Socialisme* (1977) ; *Église contre bourgeoisie* (1977) ; *Une Église ébranlée* (1980) ; *Modernistica* (1982) ; *Le Catholicisme sous observation* (1983) ; *Critique et Mystique* (1984) ; *L'Église, c'est un monde* (1986) ; *Poussières de raison* (1988) ; *Liberté, laïcité* (1988) ; *L'Ère postchrétienne* (1994) ; *L'Antimaçonnisme catholique* (1994) et *La Galaxie Jésus* (1994).

PRÉVOST, André, O.C.
L'un de nos compositeurs les plus importants, de renommée internationale, il est né dans une famille de musiciens à Saint–Jérôme. Études au Conservatoire de musique de Montréal puis à Paris, où il s'inscrit au Conservatoire dans la classe d'analyse d'Olivier Messiaen et travaille la composition avec Henri Dutilleux à l'École normale de musique. De retour au Québec, il remporte le Prix d'Europe (1963) et retourne à Paris où il suit des cours d'électroacoustique à l'ORTF avec Michel Philippot. Avec *Fantasmes* (1963), il gagne le Prix de l'Orchestre symphonique de Montréal. En 1967, son œuvre *Terre des hommes*, « vaste fresque pour deux récitants, trois chœurs et grand orchestre avec double effectif de cordes », inaugure le Festival mondial d'Expo 67 et lui vaut une reconnaissance internationale. Sa *Cantate pour cordes* (1987), écrite à la demande de Yehudi Menuhin, est créée par lui au Festival du printemps de Guelph (Ontario). Une émission de télévision, qui sera primée, en est tirée : *Menuhin–Prévost, une aventure créatrice*, diffusée par Radio–Canada ici et à l'étranger. Grand pédagogue, il enseigne à la Faculté de musique de l'Université de Montréal depuis 1964. Nombreux prix et distinctions, dont la médaille du Conseil canadien de la musique (1977), le trophée de la Société des droits d'exécution du Canada (1985) et Officier de l'Ordre du Canada (1986).

PRÉVOST, Antoine
Après des études aux Écoles des Beaux–Arts de Québec et de Montréal, il s'est consacré à la recherche historique et à la conservation du patrimoine. Artiste peintre, ses œuvres font partie de nombreuses collections publiques et parapubliques au Canada et à l'étranger. Cousin du poète Hector de Saint–Denys Garneau, il a publié *De Saint–Denys Garneau, l'enfant piégé* (Boréal, 1993). Membre fondateur de la Fondation de Saint–Denys–Garneau (1994).

PROVOST, Bérangère, r.s.r.
Actuellement supérieure générale des Sœurs de Notre–Dame du Saint–Rosaire, elle a œuvré dans le domaine de l'éducation publique comme enseignante puis comme direc-

trice d'école durant de nombreuses années. En 1985, elle quitta l'action directe auprès des jeunes pour devenir conseillère générale. Six ans plus tard, elle acceptait le service d'autorité au niveau général dans sa Congrégation. Elle a rencontré pour la première fois le Père Benoît Lacroix lorsqu'il est venu à Rimouski à l'été 1972 à titre de conférencier invité dans le cadre du Congrès annuel de sa Communauté. Elle a pu apprécier à plusieurs reprises son aimable collaboration, principalement comme président de la Commission historique pour la cause de béatification d'Élisabeth Turgeon.

RAINVILLE, Michèle–Ann
Criminologue, elle est la filleule de Benoît Lacroix.

RICHARD, Maria, s.p.c.
Gaspésienne, elle fait des études en pédagogie à l'Université Laval et en catéchèse à l'Institut de formation humaine intégrale de Montréal. Enseignante à Sainte–Anne–des–Monts et à Sept–Îles (8 ans), conseillère pédagogique en enseignement religieux à Sept–Îles (6 ans) et conseillère en éducation chrétienne du diocèse de Gaspé (6 ans). Responsable de formation dans sa Congrégation. Agente de liaison pour le réseau international de l'Institut de formation humaine intégrale de Montréal.

RICHARD, Yolande
Amie de longue date du Père Benoît Lacroix, elle a été responsable de la production de la revue *L'Église canadienne* de 1980 à 1993.

RICHER, Louise
Diplômée en histoire de l'Université de Montréal (B.A., 1980), mon premier emploi relié à ce champ d'études m'entraîne au Centre de recherche Lionel–Groulx, en 1982. Engagée comme documentaliste pour le *Catalogue général des manuscrits de Lionel Groulx*, j'ai alors la chance de rencontrer et de côtoyer Benoît Lacroix qui dirige le projet. En 1984, un intérêt croissant pour les communications médiatiques m'incitent à occuper d'autres fonctions, notamment celles de journaliste pour une agence de presse, d'agente d'information à la Commission scolaire de Jacques–Cartier et au Cégep Marie–Victorin, puis de rédactrice en chef du magazine *Femme Plus*. Journaliste pigiste pour plusieurs mensuels jusqu'à la naissance de ma fille Charlotte, j'occupe le poste de rédactrice en chef du magazine *Décoration chez–soi* depuis 1993.

ROBERT, Pierre
Études à l'Institut d'études médiévales de 1963 à 1967. Enseignement de la philosophie au niveau collégial. Études en théologie au Collège des Dominicains d'Ottawa. Enseignement de la théologie et enseignement d'ordre plus pastoral. Études de doctorat en théologie à l'Université de Montréal. Depuis 1994, il est rattaché au Centre de recherche de l'Oratoire Saint–Joseph.

ROCHETTE, Jo–Anne
Née le 17 décembre 1965 à Montréal. Baccalauréat (1988) puis maîtrise (1991) en histoire à l'Université de Montréal. Pendant ces années d'études, travail d'assistante de recherche pour l'édition critique de la *Correspondance de Lionel Groulx* avec Giselle Huot (rencontre du Père Lacroix). Depuis août 1991 enseigne l'histoire au collégial. Novembre 1992, naissance d'une fille et d'un garçon.

ROUMAIN–DURAND, Janine
Secrétaire à l'Institut d'études médiévales du temps où Benoît Lacroix y était directeur et professeur, elle travaille toujours à l'Université de Montréal.

ROY, Bruno
Il enseigne le Moyen Âge depuis 1966, d'abord à l'Université Carleton (Ottawa) puis de 1968 à 1993, à l'Institut d'études médiévales de l'Université de Montréal. Il est maintenant rattaché au Département d'études françaises de l'Université de Montréal. Il a publié plusieurs livres consacrés à l'étude de la littérature didactique et aux procédés comiques en littérature française et latine : « *L'art d'amours* » *(XIIIᵉ s.), traduction et commentaire de l'*« *Ars amatoria* » *d'Ovide* (Leyde, E.J. Brill, 1974, 300 p.) ; *Devinettes françaises du Moyen Âge* (Bellarmin et Vrin, « Cahiers d'études médiévales », 3, 1977) ; *Une culture de l'équivoque. Treize études sur le Moyen Âge* (Presses de l'Université de Montréal et Paris, Champion-Slatkine, « Études médiévales », 6, 1992, 205 p.) ; [Coauteur] de *Deux moralités de la fin du Moyen Âge et du temps des guerres de religion :* « *Excellence, Science, Paris et Peuple* », « *Mars et Justice* » (Genève, Droz, 1990, 125 p.), *Les Échecs amoureux* (Paris, Éd. du Chêne, 1991, 95 p.), Évrart de Conty, *Le* « *Livre des Échecs amoureux moralisés* ». Édition critique (Éd. Ceres, 1993, LXX–828 p.) ; [Éditeur], *L'Érotisme au Moyen Âge. Études présentées au IIIᵉ Colloque de l'Institut d'études médiévales* (L'Aurore, 1977, 217 p.) ; [Coéditeur avec Paul Zumthor], *Jeux de mémoire. Aspects de la mnémotechnie médiévale* (Presses de l'Université de Montréal et Vrin, « Études médiévales », 2, 1984, 224 p.).

ROY, Jean
Professeur d'histoire moderne et contemporaine à l'Université du Québec à Trois-Rivières. C'est dans le champ de l'histoire religieuse diocésaine au Québec que se situent ses travaux : sociologie et formation du clergé, encadrement clérical et pastorale, pratique religieuse des fidèles. Il s'intéresse également à l'histoire du pèlerinage au Québec. S'ajoute enfin un intérêt récent pour la prosopographie des religieuses ursulines.

ROY, Louis, o.p.
Professeur de théologie au Boston College (U.S.A.).

SAINT-JACQUES, Madeleine
Présidente du Conseil de Saint-Jacques Vallée Young & Rubicam, elle a été présidente, vice-présidente ou membre de plusieurs conseils d'administration. Elle s'est vu attribuer plusieurs distinctions honorifiques, dont le Prix de gestion de la Faculté d'administration de l'Université McGill, en 1993, pour souligner son apport au monde des affaires, sa réussite personnelle et le rôle qu'elle joue dans la société.

SALLES-MADRE, Geneviève
Peintre. Assistante honoraire des Musées du Havre (France). Née le 14 septembre 1917. Études d'art à l'École de la ville de Nice. 1ᵉʳ Prix de peinture de la ville de Nice. 1ᵉʳ Prix de dessin de la ville de Nice. 2ᵉ Prix de croquis de la ville de Nice. Salon des femmes-peintres. Participe à la Commission diocésaine d'Art Sacré et à l'Art Sacré en Seine-Maritime. Nombreuses expositions à Paris et en province. Tapisserie pour l'église Saint-Michel du Havre (60 m2 : 5 x 12) inaugurée en 1976 et baptisée « Joie pascale ».

SAVARD, Pierre, M.S.R.C.
Né à Québec. Diplômé d'études supérieures de l'Université de Lyon. Docteur ès lettres (histoire) de l'Université Laval. Professeur titulaire au Département d'histoire de l'Université d'Ottawa depuis 1975. Ancien directeur du Centre de recherche en civilisation canadienne-française (1973-1985). Auteur de plusieurs livres et articles sur

l'histoire des idées et de la culture du Canada français. Membre de la Société des Dix et de la Société royale du Canada.

SCARDINO, Anna
Je suis une étudiante de Madame Marina Zito (voir ce nom) et, en 1992, j'ai gagné une bourse d'étude pour faire des recherches au Canada sur de Saint-Denys Garneau, car il est mon sujet de licence. C'est pendant ce séjour au Canada que j'ai connu le Père Benoît Lacroix.

SIMARD, Jacques, prêtre
Ordonné prêtre en 1953, il est nommé au Collège de Sainte-Anne-de-la-Pocatière. Professeur à l'Externat classique de Montmagny (1955-1959). Études en lettres à l'Université de Montréal et en pédagogie à l'École Normale Secondaire de Montréal (1959-1961). Professeur au Collège de Sainte-Anne-de-la-Pocatière (1961-1969), il poursuit ses études à l'Université de Paris (1964-1965). Professeur au Cégep de la Pocatière (1969-1986). De 1976 à 1986, est aussi curé de Rivière-Ouelle. En 1986, il est nommé curé de Saint-Thomas, Montmagny. Détient un baccalauréat en pédagogie, une licence ès lettres, un diplôme en littérature française contemporaine. J'ai connu le Père Lacroix au Collège de Sainte-Anne-de-la-Pocatière à des conventums. Sa réputation d'élève turbulent l'a suivi...

SIMARD, Jean
Docteur en histoire de l'art de l'Université de Strasbourg et professeur d'ethnologie du Québec et des francophones en Amérique du Nord au Département d'histoire de l'Université Laval. Auteur de plusieurs ouvrages sur l'iconographie, l'art et la religion populaires, tels *Les Croix de chemin du Québec. Inventaire sélectif et trésor* (1994), *Les Arts sacrés au Québec* (1989), *Le Grand Héritage. L'Église catholique et la société du Québec* (1984), il a publié en collaboration avec Benoît Lacroix *Religion populaire, religion de clercs ?* (1984). Il connaît le Père Lacroix depuis une vingtaine d'années et ils ont travaillé ensemble à la conception du Musée des religions de Nicolet, puis à la préparation du colloque international sur les religions populaires tenu à l'Université Laval en 1982. Il succède au Père Lacroix à la Société des Dix, dont il est le secrétaire.

SIMARD, René, O.C., M.S.R.C.
Recteur de l'Université de Montréal depuis 1993, il y était auparavant vice-recteur à l'enseignement et à la recherche (1985-1993). Docteur en médecine de l'Université de Montréal (1962), docteur d'État en biologie moléculaire de l'Université de Paris (1968), il est l'auteur de 200 publications et communications dans le domaine de la biologie cellulaire et moléculaire, de la virologie et de la carcinogenèse. Président ou membre de nombreuses sociétés savantes ou de comités scientifiques, il détient plusieurs titres honorifiques, dont deux doctorats *honoris causa*.

STAPINSKY, Stéphane
Il est, au Centre de recherche Lionel-Groulx, rédacteur en chef des *Cahiers d'histoire du Québec au XXe siècle* et responsable du projet du *Catalogue des manuscrits de Lionel Groulx*. Il est titulaire d'une maîtrise en histoire de l'Université de Montréal.

THÉBERGE, Gilbert
Bibliothécaire responsable à la Bibliothèque Benoît-Lacroix de Saint-Michel-de-Bellechasse.

THIBODEAU–DeGUIRE, Michèle
Diplômée de l'École Polytechnique (génie civil) en 1963, elle a exercé sa profession d'ingénieur en structure au sein des firmes–conseils, Francis Boulva et Associés, et Lalonde, Girouard, Letendre et Associés, pendant près de 20 ans avant d'être nommée Déléguée générale du Québec en Nouvelle–Angleterre en 1982. De 1985 à 1991, elle a occupé le poste d'adjointe au président et de directrice des relations publiques à l'École Polytechnique. Elle est présidente et directrice générale de Centraide du Grand Montréal depuis avril 1991. Membre de l'Académie canadienne du Génie, elle siège aux conseils d'administration du Conseil de recherches en sciences naturelles et en génie et du Centre Canadien de Philanthropie. Elle est gouverneur de l'Association des Diplômés de Polytechnique qui lui a décerné le Prix Mérite 1994.

TREMBLAY, Paul, ptre
Prêtre de Chicoutimi. À la direction de l'Office de catéchèse du Québec, au moment où commençait en 1972 l'émission *Messe sur le monde*. Par la suite, président du Comité catholique du Conseil supérieur de l'éducation (1974–1981), professeur en sciences religieuses à l'Université du Québec à Chicoutimi (1982–1988) et sous-ministre associé au ministère de l'Éducation (1989–1994).

TRÉPANIER, Pierre
Titulaire d'un doctorat en histoire de l'Université d'Ottawa, Pierre Trépanier a enseigné à l'Université de Moncton de 1976 à 1980. Il est depuis lors professeur à l'Université de Montréal. Il a publié *Siméon Le Sage. Un haut fonctionnaire québécois face aux défis de son temps (1867–1909)*, (Bellarmin, 1979). Il est coéditeur de la *Correspondance* de Lionel Groulx (Fides, 1989 et 1993). Il a signé de nombreux articles sur l'historiographie canadienne–française, le mouvement leplaysien et les intellectuels de la droite nationaliste. Il est l'auteur du chapitre 33 des *Acadiens du Québec* de Pierre–Maurice Hébert (Éditions de l'Écho, 1994). En 1988, il a été élu au fauteuil numéro un de la Société des Dix, succédant au regretté Philippe Sylvain.

TROTTIER–LANCTÔT, Maryse
Écrivaine, elle est la mère de Mireille Lanctôt. En 1985, elle fondait la maison d'édition Abeille Soleille et publiait *Pomme de Pin*, paroles, poèmes, dessins de sa fille aînée Mireille, décédée accidentellement en 1984. En 1994, elle publia son premier texte personnel *Terre d'origine* qui s'inscrit dans le prolongement de cette démarche d'écriture à laquelle l'a initiée son intime fréquentation des écrits et des lectures de sa fille.

TURCOTTE, Cardinal Jean–Claude
Archevêque de Montréal.

VALCKE, Juliette
Étudiante au Département d'études classiques et médiévales depuis 1990, elle compléta sa maîtrise en 1991 avant d'entreprendre des études de doctorat sous la direction de Bruno Roy. Elle poursuit actuellement des recherches sur le répertoire théâtral de la « Mère folle » de Dijon, société badine des XVe–XVIe siècles, tout en enseignant à l'Université Laval et à l'Université de Sherbrooke. À la suggestion de Bruno Roy, elle rencontra le Père Benoît Lacroix en 1990 afin de recueillir ses souvenirs sur l'Institut d'études médiévales.

VALCOUR, Pierre
Comédien, réalisateur et producteur au cinéma et à la télévision pendant plusieurs années. Collaborateur du Père Georges–Henri Lévesque, o.p. depuis plus de trente–cinq

ans, de la Maison Montmorency à l'Université Nationale du Rwanda. Secrétaire général de la Commission Saint–Thomas d'Aquin de 1960 à 1964. Président fondateur de la Maison Premier Plan et de la Fondation du Patrimoine Laurentien.

VELAY–VALLANTIN, Catherine
Maître de conférences à l'École des Hautes Études en Sciences Sociales à Paris. Publications principales : *L'Histoire des contes* (Fayard, 1992) et *La Fille en garçon* (Carcassonne, GARAE/HÉSIODE, 1992). Je connais Benoît Lacroix depuis 1980. Je l'ai rencontré au Québec lors d'une mission de recherche qu'il a rendue inoubliable !

VEKEMAN, Lise
Romancière, c'est surtout par le biais de l'écriture qu'elle a connu Benoît Lacroix.

VOISINE, Nive
Professeur émérite du Département d'histoire de l'Université Laval de Québec, il est spécialiste de l'histoire religieuse du Canada français. Il a été président de la section française et président national de la Société canadienne d'histoire de l'Église catholique. Auteur d'un grand nombre d'articles, il a publié, en collaboration, une *Histoire de l'Église catholique au Québec (1608–1970)* (1971) et il dirige une *Histoire du catholicisme québécois* (plusieurs volumes parus depuis 1984). Auteur d'un premier tome sur *Louis–François Laflèche, deuxième évêque de Trois–Rivières* (1980), il travaille actuellement au second tome.

ZITO, Marina
Docteure ès lettres, professeure au Département des études littéraires et linguistiques occidentales de l'Institut universitaire oriental de Naples (Italie). Traduction en italien du *Journal* de Raïssa Maritain. Depuis plusieurs années, elle s'intéresse au poète de Saint–Denys Garneau : elle présente plusieurs communications et écrit plusieurs articles sur son œuvre. À l'automne 1995, elle publiera aux Éditions du Noroît une traduction en italien de poèmes de Saint–Denys Garneau.

INDEX

(Les noms des collaborateurs sont en gras, ainsi que les pages de leur textes. Pour les thèmes, les chiffres en gras indiquent qu'il s'agit d'un texte de Benoît Lacroix. L'index ne fait pas état des éléments contenus dans la chronologie.)

A

ABBÉ PIERRE, Henri Grouès, dit l' 409–410, 510
ABÉLARD, Pierre 371, 555
ABI-MRAD GÉBARA, Catherine 83, **543–547**
Académie canadienne-française 369
Académie des sciences morales et politiques **369–372**
Acadie(ns) 217, 223, 236, **464**
Action catholique, L' 98, 100
actualité **23**
adolescence **24**, 72–73
ÆLRED DE RIEVAUX 178
affrontements **22**
Afrique **24**, **26**, **27**, **114**, 417, 418 Voir Rwanda, Congo, Ouganda
AGASSE, Famille 220
AGASSE-LE PARGNEUX, Anita 216–220
Aiglon, L' **94**, 95
aîné(e)s 192, 468 **565–571**
« Mémoire d'une époque » 86
ALAIN, Émile CHARTIER, dit 145
ALBERT, Camille 102
ALBERT LE GRAND, saint 151
ALCUIN 178, 371
ALLARD, Guy H. 176, 597
âme(s) **29**, **122**
    du Purgatoire **470**, **489–490**
Amérindiens 214, **463**
    prière amérindienne 513
Amérique du Nord **465**
ami 555, 560 Voir LACROIX, B.milieux
    des étudiant(e)s **26**
    des familles 499, 554–564
    des jeunes 557
    des médias 18
    des personnes **26**
    des prêtres **30**
    des professionnels 18
    fidèle 554
    son plus grand ami, le Christ **29**
amie(s), petite(s) 73, 81, **117**

amitié **9,** 82, 156, 213, 364
amitiés 13–14, 15, **30**, **31**, **91**, **92**, **93**, **94**, **104**, **105**, 139, 166, 178, 217, 420, **530–531**
    collégiales **108–109**
    québécoises/normandes 219–220
Amour 16, 17, 20, **24**, **31**, **114**, **122**, 219, 220, **409**, 422, 550, **593**
amour 13, 14, 15, 16, 17, 19, **25**, **26**, **28**, **29**, **31**, 78, **122**, 159, 160, 169, 223, **353–354**, **407–409**, **436**, **478**, 518, **526**, **529–531**, **533**, 549, 550, 559
    besoin d' **465**, 511
    ce qui le définit en un mot 36
    courtois 178
    de soi **204**
    des autres 12, 45–51, 461–462, 583
    don de sa vie par 15, **28**, **31**, **117**, **407**, 559
    essentiel de la vie, l' **31**, **109**, **407–408**
    gratuité **531**
    jeunesse, condition de 13
    nous serons jugés sur l' **472**
    théoriciens de l'— au Moyen Âge 178
    universel **116**, **407**, **444**, 461–462, 515, 521
ANAWATI, Marcel G., o.p. 226, **228**
ancêtres **64**, **65**, **69**, 378
ANDRÉ, Alfred Bessette, dit Frère 252
anecdotes 14, 46, 70, 85, 130, 131, 349–350, 417, **434–436**, 462, 470, 493
ANGELICO, Guido di Pietro, en religion Fra Giovanni da Fiesole, di Il Beato et Fra 36, **423**, 550
angélus **22**, **69**
Animistes **25**
Antiquité 151, 175
apôtre **121–122**
Appalaches, montagnes des **22**
Arabes **25**, **149**, 175
arc-en-ciel 476, **477–480**, 481
ARCHAMBAULT, Gilles Photo 17
archives, ses 18
Archives de folklore Voir Université Laval
ARISTOTE **25**, 156, 175, 178
Armagh en Bellechasse **116**
artistes 197, 474, **497–499**

Asbestos, grève d' 99–100
Asie **463**
Assise **27, 422, 423**
AUBERT DE GASPÉ, Philippe 551
Aucassin et Nicolette 178
AUCLAIR, André 549–552
au–delà, l' **31**
AUDET, Jean-Paul, o.p. **225, 226**
AUDET, Louis–Philippe 371
AUDETTE-FILION, Micheline, Me 386
AUGUSTIN, saint **31**, 143, **148–149**, 151, 165, 549, 551
auteurs 507–508, **509**, 509–514, 550
autonomie **465**
avenir 18, 220, **462–467, 499**, 557 Voir passé
AVERROÈS 175
Avila **27**

B

BACHELARD, Gaston 354
balades en voiture 555
ballet 555
BAQUET, Marie (4e génération) 598
Barbares **148**
BARBEAU, Victor 341, 369
BARTH, Karl **517**
Basilique Notre-Dame, Montréal 516, 517
BATISTA, Filipe 163–164
BAUDELAIRE, Charles **517, 572**
BEAUBIEN, Irénée, s.j. 459
BEAUCE **292** ss, 378
BEAUCHAMP, André 359–362
BEAUCHEMIN, Micheline **22,** 597
BEAUDOIN, Pierre 107, 110
BEAUDON, Jacques 257
BEAUGRAND-CHAMPAGNE, Raymond 483–484, 486
Beaumont 217, 251, 378, 379, 449, 450, 598
beauté 16, 18, **408**
Beauvais **210**
BEAUVOIR, Simone de **572**
BECQ, Annie 214, 215
BÉDARD, Élise 516
BÈDE LE VÉNÉRABLE **153**
BEETHOVEN, Ludwig van **21**, 24, **531–532**
BÉGIN, Gabriel 79

BÉLANGER, Alphonsine (7e génération, grand-mère paternelle) 598
BÉLANGER, Denyse 83–84
BÉLANGER, Famille 77
BÉLANGER, Guy 516
BÉLANGER, Jane R. 402, n. 85
BÉLANGER, Madeleine ROCHEFORT– 84, 132, n. 10
BÉLANGER, Maurice 84, 132, n. 10
BÉLANGER, Noël, ptre 450
BÉLANGER, Paul 508
Belgique 120, 155, 206
Bellechasse **22**, 137, 261, 354, **407**, 444, 487, 505 Voir contes
    habitants de **66, 378–381, 478**, 511
    homme de 480, 485, 509, 510, 511, 550
    Jésus en 550
    langue de **30, 292–301**
    Maska, forêt de **61, 435**
    plaine 86
Bellechassois(e)s 85, 86–88
Belles-Lettres **94, 96**, 101, **103**
BEN SIRA 510
BENOIT DE NURSIE, saint 19, **118**, 510
    Règle de 156, 165, 178, 456
BENOIT XI, pape 118 (son patron)
BERGERON, Réjean 166–168, 316
BERGERON, Richard 302
BERGMAN, Ingmar 36
BERLIOZ, Hector **21**
BERNARD, Charlotte 525–526, Photo 24
BERNARD DE CHARTRES 175–176
BERNARDI, Mario 516
BERNIER, Hélène **230, 231**, 233
BERNIER, Paul, mgr 98
BÉRUBÉ, Camille, o.f.m. 176
BÉRUBÉ, Rita, r.s.r. 57, **448–452**
BIBLE 25, **86**, **141**, 178, **411, 465**
    ANCIEN TESTAMENT 23
        Abraham **23, 30, 226**, 550
        Arche de Noé 23
        Dalila **68**
        Déborah **68**
        déluge 481
        Élie 510
        Esther **23, 68**
        Ève **68**
        Ézéchiel **479**
        Genèse **22, 479**
        Isaac **226**
        Jephté **68**

Job 20
Jonas dans la baleine **23**
Judith **23**
Moïse **30**
Noé **479**
passage de la mer Rouge **23**
Proverbes **145**
Psaumes **21, 23**, 123, **479**
Qohélet 20
Ruth 68
Sagesse, La 20
Samson **23**
Siracide 20, **145, 479**
Suzanne **23**
NOUVEAU TESTAMENT 16, **23, 28**, 516, **517–518, 526**
Anne 470
Anne, sainte 551
I *Corinthiens* 20, **146, 479**
Évangile selon Benoît ou cinquième **452–455, 473–475**, 482, 494, **501–502**
Jean 48, **479**, 502, 550, 551, 552
I *Jean* 48
Jean le Baptiste **518**
Joachim 551
Luc 129, **146, 518**
Marc 127
Marie **116**
Marie, sainte **518**
Marthe **116**
Matthieu 49, 126, 128, **145, 146, 479**
Pasteur, le Bon **474–475**
Pharisiens **473–474**
I *Pierre* **472**
Romains 20
Samaritaine **29**
Sermon sur la montagne 556
Siméon 470
bibliothèque 48
Bibliothèque Benoît-Lacroix Voir Saint-Michel-de-Bellechasse
bicyclette **22**, 73, 81, 89–90
BILODEAU, Camille 402, n. 85
biographie 11, 139
BISSONNETTE, J.R., p.b. 114
BISSONNETTE, Lise 476–477
BIZET, Georges 36
BLAIS, Louis 89
BLAIS, Marie-Claire 218
BLAIS, Marguerite 90
BLAIS, Martin 89–90, 365–367
BLAIS-LACROIX, Rose-Anna (mère) **23**, 36–38, **61, 66–67, 68, 69**, 72–73, 80, **117**, 250, **436**, 487, 598 Photos 6–7

enseignements de **23**
BLANCHET, Bertrand, mgr 452
BLUTEAU, Antoinette 598
BODIN, Jean **149, 154**
BOÈCE 178
BOGLIONI, Pierre (Pietro) 176, **231**, 233, **237**, 239, 597
BOLDUC, Archange (6ᵉ génération, arrière-grand-mère paternelle) 598
BOLDUC, Jacques, o.s.b. 456
BOMBARDIER, Denise 597
BONAVENTURE, saint 151
BONENFANT, René 552–553
bonheur **31**, 465, 533 Voir amour par le don **31**
Bonne Nouvelle 16, 19
BORDUAS, Paul-Émile **31**, 36, **509**
BOSSUET, Jacques Bénigne **149**
Boston **463**
BOUCHARD, Guy 402, n. 85
BOUCHARD, Lise 174, **230**
BOUCHARD, Lucien 513
bouddhisme **25, 190–192, 411**
BOUDREAULT, Gary 524–525, 525–526 Photo 24
BOUET, Pierre 209, 215–216, 218
BOULAY, Antonio 109
BOULIZON, Guy 354
BOURASSA, Robert 395 Photo 19
BOURGAULT, Christian, ptre 473
BOUTHENET, Famille 220
BRAULT, Jacques 144, 176, 213, 218, 345, **507, 584**
BRAULT, Madeleine 535–537
BRAUN, BOB (neveu) 84, 132, n. 9
BRAZEAU, Louise 237
BRETON, André 477
BRETON, Fernand 391–393
BRETON, Marthe 560
BRIARD, Danielle 168
BRIDEAU, Marie-Louise (3ᵉ génération) 598
BRISEBOIS, Marcel, ptre 484–486
BRUNET, Adrien-Marie, o.p. 176
BRUNET, Michel 328
Budapest 176
Bukuvu **200**
Burundi **195**, 206
Butare **193** ss, 206
byzantin, monde 175

C

CACOPARDO, Marc 486
Caen 555 Voir Université de Caen
cage **79**
Cahiers d'histoire du Québec au XXe *siècle, Les Cahiers de Saint-Denys Garneau,* 308, 324, 325–326, 345
Cambridge 555
CAMPEAU, Lucien, s.j. 246–248
Canada 206, 207, **209**, 220, **463**, **513**
Canadiens français **92–93, 141–143,** 245
canonisation, causes de 425–428, 448, 449–452
Cap Martin 97
CAPELLANO, Andrea (André le Chapelain) 178
Capétiens 379
capitalisme **411**
Carignan, régiment de 374
CARLE, Gilles 217
Carolingiens 379
CARON, Gonzague 94
CARON, Raymond, père **229**
CARREAU, Philippe 560, 561, **561–563**
CARTIER, Jacques **208**, 379
CASABONNE, Jean-François 522, 525–526 Photo 24
CASAVANT, Marc (petit-neveu) 597
CASTONGUAY, Père, o.p. 207
catéchisme **23, 25, 26**
    références au 469–470, **472**
CATHERINE DE SIENNE, sainte **31,** 510
catholicisme **533** Voir christianisme, Église, religions
CAULIER, Brigitte 242–244
Centre d'études des religions populaires 34, 165–166, 180, 221–224, **224–232**, 232–236, **237–238**, 238–239, 242–244, **253**, 323, **369–372**
    Cahiers d'études des religions populaires 222, **213**, 232
    colloques 215, 223–224, 232, 233–236, 238–239, 243
    enregistrements **226 ss** Voir Chronologie
    fondateur, seul 180
    nom 222, **226, 227,** 229
    réunions 221–222, **229, 230, 231,** 233
Centre d'études supérieures de civilisation médiévale de Poitiers 213
Centre d'interprétation des nouvelles religions 34, 302–303
Centre de recherche Lionel-Groulx 48, 277, 308, 315–322
    Les Cahiers d'histoire du Québec au XXe *siècle* 308, 324, 325–326
    Catalogue des manuscrits de Lionel Groulx 308, 317–321, 324–325
    Édition critique des *Œuvres* de Lionel Groulx 308, 315–317, 324
certitudes **149**
CHAGALL, Marc **22**
CHAMBERS, Gretta 535
CHAMBON, Antoinette (ancêtre française) 598
CHAMPLAIN, Samuel de 370
Chanson de Roland 160, 178, **203,** 296
chansons **21, 66,** 69, 178, **464** Voir contes
chant(s), cantiques **26, 198, 436, 438,** 440, 563 Voir musique
CHAPDELAINE, Maria 217
CHAPLIN, Charlie (Charles Spencer) 36
CHAR, René 260
CHARDIN, Teilhard de **21, 29, 572**
CHARETTE, Raymond 485
charité 17, **122,** 146, 178 Voir amour
CHAUVEAU, Violette 525–526 Photo 24
CHENU, Marie-Dominique, o.p. 155, 159, 174, **225**
chercheur(e)s Voir jeunes
    en sciences pures **28**
    jeunes **258,** 262–277
CHEVALIER, Anne 215
Chine 378
Chœur Donovan 516
choix **22,** 138
CHOMSKY, Noam 486
CHRESTIEN, Famille 220
chrétiens, christianisme **148–150, 502** Voir Église, populaire, religion(s), spiritualité
Christ 7, 16, 20, **23, 28, 30, 31, 473,** 516, **517–518** Voir Dieu, Jésus
    Ecce homo **71–72**
    mort **29**
    plus grand ami **29,** 50
    présence du **29**
    vivant **29**
chronologie 10, 439
CICÉRON 156, 178
ciel **470–471**

cimetières Voir Saint-Michel-de-Bellechasse
    Normandie **28, 584**
cinéma québécois 217, 218
civilisation(s)
    devenir des **148–150**
    européenne 27
    occidentale **149–150**
CLÉMENT D'ALEXANDRIE 510
clergé 140
CLICHE, Charles-Édouard 96–100, 395
CLOUTIER, Cécile 251, 345
CODÈRE-FOURNIER, Thérèse 6, 597
cœur(s) **29**, 463
colère 45, 182–183, **473**
collaboratrices, collaborateurs 14–17, 597
Collège de Sainte-Anne-de-la-Pocatière **24**,
    83, **90–94**, 95–104, **104–105**, 105–107,
    107–109, 109–112, 119
    amusements 73, **95**
    baccalauréat 103
    ce qu'il doit au **24, 108–109**
    conduite 73, **91**, 107
    confessions 91, 107
    confrères **108**
    conventums 99–100, 101, 105–106,
        107–109
    costume **96**
    cours **26**, 92
    cours commercial **96**, 102
    découvertes 24
    maîtres 24, **91–94**, 98, **108**
    pensionnaire, vie de 24, **91**, 96–97
    professeur qui l'a le plus marqué **92–93**
    rendement scolaire 73
    réputation, sa 111–112, 468
    réticence à y aller 72, **90**
    solidarité, apprentissage de la **108**
    sports **91**
    vacances 24
    Voir Chronologie 1927–1936
Collège Marguerite-Bourgeoys 174, 175
COLLICELLI, Gilles 547–548
comédien(ne)s 520–525, **525–526**
Commission d'orientation du Musée des religions de Nicolet 304–307
Commission historique pour la cause de canonisation d'Élisabeth Turgeon 39, 52, 56, 449–452
communautés religieuses d'hommes 110
    Basiliens, Pères **120**
    Bénédictins de l'Abbaye de Saint-Benoît-du-Lac **25**, 456, **456–457**
    Cisterciens de l'Abbaye de Notre-Dame du Lac à Oka (Trappistes) 110, **114**, 457–458
    Dominicains Voir Dominicains
    Jésuites 206, 459–462
    Pères Blancs **24**, **117**
    Rédemptoristes 90
    Sulpiciens 155
communautés religieuses de femmes 110
    Bénédictines de l'Abbaye de Sainte-Marie des Deux-Montagnes 429, **429–431**, 456
    Carmel de Lisieux (France) **25–26**
    Carmel de Montréal 440
    Dominicaines de la Trinité **198**, 443–445
    Dominicaines de Prouille (France) 418
    Dominicaines Missionnaires Adoratrices de Beauport 431–437
    Moniales Dominicaines de Berthierville 414–422, **422–424**, 440, 499, 516
    Petites Sœurs de la Sainte-Famille 96
    Sœurs de Notre-Dame du Saint-Rosaire 100, 445–452
    Sœurs de Saint-Paul de Chartres 440–443
    Sœurs des Petites-Écoles 445, 449
    Sœurs des Saints Noms de Jésus et de Marie 437–440
    Sœurs Missionnaires de l'Immaculée-Conception 424–428
COMMYNES, Philippe de **153**, 382
compétence **154–155**
complot 16
concert 555
Confolens, évêché de Poitiers 374, 598
Congo (en guerre) **200**
CONON DE BÉTHUNE 178
conscience **30**, 51, 75, 365–367, **368**, **463**, **465**, 470, **532**, **534**
contes et légendes **66**, 245, **464**, **477–478** Voir chansons
    ses 39, 81, **353–354**, 482 Voir aussi LACROIX, B., *Cloches, Les, Marie de Saint-Michel, P'tit Train, Le, Quelque part en Bellechasse*
coq 287–291
Coran 175
CORBEIL, Simone 560
CORBEIL-PARENT, Thérèse 554, 555
CORNEILLE, Pierre 24
cosmique, cosmos **191–192**, 493, 552
COSSETTE-DUPUIS, Céline 170

CÔTÉ, Lucille, s.s.a. 6, **268–270**, 440, **652–665**
CÔTÉ, Marie–Laure 88
CÔTÉ, Robert, chanoine 98
CORRIVEAU, la 217, 379
couleurs **26, 31**
coup d'État **205**
coups pendables 98–99, 468
cours, sujets des **201, 209**
   philosophie médiévale 555
coutumes **66**
COUTURE, Maurice, s.v., mgr 395
crayons 487–488
CRÉPEAU, Père, op. 207
critique **500**
CROFT, Famille 220
croire **465–466, 528** Voir foi
croyants 141
   non 128, 561
crucifix **29**
culture(s) **122, 463–465**, 477, **497–499, 509**, 512 Voir populaire
   éclectisme **466**
   francophone active **464**
   langue, foi, culture **466**
   multiculturalisme **464**
CURIE, Marie SKLODOWSKA– **572**
CYR, Hélène 540–541
CYRILLE D'ALEXANDRIE 186

D

D'ALLAIRE, Micheline 329
danse **195–197**
DANSEREAU, Pierre 534
DANTE, Alighieri **148**, 510
DAOUST, Sylvia 504–505
DAVID, François 597
DAVY, Famille 220
DAWSON, Christopher 149
débats 98
DE BONT, Walter 222, **233**
DÉCARIE, Vianney 176
De DURAND, Matthieu, o.p. 130, 151, 176, 179, 184, 185–188, **362–364**
défauts 19 Voir LACROIX, B., portrait moral
défunts 13–14, **31**
« Déjeuners de la prière » **21–32**, 493–496
DELHAYE, Philippe, mgr 155, 176–177, 184–185
DELUMEAU, Jean 235, **237**, 597
DEMERS, Jeanne 381–384
DEMERS, Louise A., m.d. 597
DENBURG, Chaim, rabbin 176
DEROUIN, Jeannine **501, 561**
DEROUIN, René 499–501, 560
   don d'une œuvre à Benoît Lacroix 501
   Photo 22
DEROUIN, Yolande **501, 561**
DEROUIN–CARREAU, Aline 499, **501, 560–561**
DEROY–PINEAU, Françoise 513–514
DESAULNIERS, Robert 317–320, 324
DÉSILETS, Andrée 234, **238**
désir, problématique du **211**
DESJARDINS, Jeanne, r.s.r. 450
DESMARAIS, Marcel–Marie, o.p. 490
DESMARAIS, Marie 537–540
DÉSOURDY, Huguette, s.n.j.m. 438, 440
DESROCHERS, Alfred 477
DESROSIERS, René, ptre 450
deuils **30**
Deux–Montagnes 359–362
Devoir, Le 98, **231**, 476–477, 511
dévouement **67**
dialogue(s) **463–466**, 491–492, **534**
DIAMENT, Joseph, ptre 98
dictons Voir proverbes
Dieu 15, 16, 20, **30**, 261, 438, **457, 501** Voir LACROIX, B., portrait moral (expression de)
   actions de grâces à **26, 32, 421, 424, 429**
   Amour **31, 51, 114, 122, 470, 473, 474–475**
   bon, infiniment **114**
   désir de salut pour tous **470–473**
   interprète de la Parole de 440
   miséricorde **21, 25, 31, 32**, 51, **114, 421**
   Parole de **29, 30, 412**
   tendresse **32**, 470, 495
   vie **26**
Dits et Gestes de Benoît Lacroix 10–17
Dominicains, Pères
   Archives 372
   Bibliothèque Voir Institut d'études médiévales
   ce qu'il doit aux **25, 29, 118**
   Collège de Sainte-Anne-de-la-Pocatière **24, 104, 117**

Collège des Dominicains d'Ottawa 223, 233, 238
conversion à l'étude **25**, **118**
costume **26**, 155
Couvent de l'avenue Rockland (Outremont) 131, 173–174, 483, 555
Couvent Saint-Albert-le-Grand (Montréal) **22**, 179, **209**, 211–212, 214
devise 445
études **121–122**
honneur à son Ordre 18
Institut d'études médiévales 140, 143
liturgie conventuelle 19, **29**, 120
maître **118**
Noviciat de Saint-Hyacinthe **24–25**, **117**
observances régulières 19
Ordre **117**, **121–122**, 138, 206, 208, **411**, 490
père maître 19, **118**
prénom de Benoît 19, **23**, **118**
prière chorale **30**, 129, 130
prise d'habit 19
spiritualité **155**
Studium Generale d'Ottawa **25**, **118**, 119–120, **121**
témoignages de ses frères 19–20, 123–130
vocation dominicaine **253**
vocation spirituelle et intellectuelle **25**
Voir vocation
DOMINIQUE, saint **121**, 129, 421, 444, 490, 527, 562
don 31 Voir amour
DONOVAN, Bernadette 516
DORAN, Anne 164–166, 237
DORION, Hélène 508
DOYON–FERLAND, Madeleine 271
dualisme **464**
DUBÉ, Marcel 219
DU BERGER, Jean **228**, **233**, 597
DUBUC, Jean-Guy 490–492
DUBY, Georges 180, 182, **225**, 597
DUCHASTEL, Yves, m.d. 597
DUFAY, Famille 220
DUFRESNE, Thérèse, o.p. 414–422
DUGAL, Hélène 518–519
DUMONT, Albert, o.p. 6, **130–131**, 176
DUMONT, Fernand 12, **229**, 233–234, 236, **258–261**, 262
DUMONT, Mario 513
duplessisme 99–100, 138
DUPONT, Jean-Claude 287–292, 329

DUROCHER, Lyne 524, 525–526 Photo 24
DUROCHER, Marie-Rose (Mère Marie-Rose), s.n.j.m. **438–439**

E

école 247
École des Chartes, Paris 382
école du rang Voir Saint-Michel-de-Bellechasse 23
École Polytechnique **28**
École Pratique des Hautes Études (Paris) 176
écologie **411**, **466**
économie **463**, **497–499**
édition critique 181, 342
éditions, maisons d' 11, 34, 175, 308, 354. 407, **509**
ÉGINHARD 178
Église **29–30**, **470–472**, **498**
   amour de l' **29–31**
   au Moyen Âge 148–149
   crise 140, **410**
   enseignement de l' **122**, **533–534**
   fait honneur à l' 18
   premier pays **410–412**
   prophète pour l'— de demain **494–495**
   québécoise 477
   sa vie 30
églises 29
électricité 72
Éléments latins **94**, **96**
ÉLIE, Marie-Marthe 345, 597
enfance **21–24**, **26**, 36–38, **67–70**, 72–73, 376, **434–436**, 509, 511
enfant(s) **193**, **196**, **200**, **209**, 214, **573–574**, **576**, 577, **578–582**, 572–579
enfer 222, 469, **470–471**, **533**
   conditions essentielles pour aller en **471–473**
enseignement 42, **154–155**, 177, 178 370 Voir Institut d'études médiévales, Rwanda
   en France 42, **208**, 209
   Faculté de théologie 173, **583**
enseignements 448
Entebbe **201**, **205**
équilibre **122**, 554
ESCHYLE 92
espace 38–40, 49, 151
Espagnols **464**
Espérance 552

espérance **467**
    droit d'espérer **528–529**
    raisons d'espérer **30**
esprit 12, 42–43, 219
Esprit Saint 20, **25**, **30**, **412**, **427**
État **464**
États-Unis **463**
éternité **32**, **470–473**, **479**
ÉTHIER-BLAIS, Jean 312, 316, 341
éthiques, questions 28, **532–534**
ethnies **149–150**, **258**, **463–464** Voir Néo-québécois(e)s
étoiles **9**
étranger 24
études **26**, **65**, **121**
    conversion à l'étude **25**, **118** Voir
        Centre d'études de civilisation médiévale de Poitiers
        Collège de Sainte-Anne-de-la-Pocatière
        Dominicains
        École des Chartes, Paris
        École Pratique des Hautes Études, Paris
        Pontifical Institute of Mediæval Studies de l'Université de Toronto
        Saint-Michel-de-Bellechasse
        Université de Harvard
étudiant(e)s 137–140, 143, **155**, 159, **209**, 211–212, 234, **467**, 512, 554, 555, 558, **583**
    amour des **26**, **27–28**
    ce qu'il doit à ses 27, **253**
    contestation **155**
    français(e)s **209**, 210, 211, 214, 216 ss
    influence auprès des 54, 155
    japonais(e)s **189–190**
    maîtres, ses véritables –, les 511
    rwandais(e)s **193–194**, **195**, **202**, **203**, **204**
Eucharistie **23**, **26**, 157, **436**, 550
EURIPIDE **92**
Européens 370
EURYALE **92**
événement 178
évêques **29**, **30**, 110
évolution de l'humanité **28**
exégèse **121**

F

fable **559–560**
Faculté de philosophie 176

faits **149**
FALARDEAU, Jean-Charles 213, 215, 246
famille **64–71**, **72–85**
FAVREAU, Denise, o.p. 443–445
féminisme **67**, **89**, 159, **465**
femme(s) **23**, **411**, **438–439**, **572–573**
FERRETTI, Lucia 273–275
FERRY, Jules 249, 250
fêtes **417**
    au Rwanda **195–198**, **205**
    Fête-Dieu **436**
    religieuses **26**, **28**, **69**, **91**, 247, **436**, 443
    sportives **91**
fidélité **69**
Fides, Éditions 339–341
    coll. « Classiques canadiens » 34, 339–341
fierté **92**
FILION, Maurice 597
FILION, Pierre 11, 407, **509–510**
FLAHIFF, G.B., cardinal 120
FLEURY-COUTU, Jocelyne 516
Florence **422**, **423**
florilège 152
FLYNN, Jacques, c.p., c.r. 101, 106
Foi 552
foi **121**, 486, **488–489**, 509 Voir populaire
folklore 236, 243, **279–280**, 280–292
    amour du 18
    nouvelle approche 280–284
fondateurs 370
Fondation Albert-le-Grand 34
Fondation de Saint-Denys-Garneau 34, 323, 342, 345, 347, 505
Fondation Lionel-Groulx Voir Centre de recherche Lionel-Groulx
Fondation Mireille-Lanctôt 34, 323, 351
FORTIER, Jean-Marie, mgr Photo 20
FOSTER, Jean 106
FOURNIER, Élise 159–161, **228**, **231**
FOURNIER, Guy 564
FOURNIER, Jacqueline 564
FOURNIER-LALONDE, Christine 564
France **25**, **27**, **64**, **65**, **69**, 137, 206, **208**, **209**, **210**, 220, 417, 418, **422**, 463
Franco-Américains 463
FRANCŒUR, Lise 560
FRANÇOIS D'ASSISE 456, 527
FRÉGAULT, Guy 44, 316, 339, 341, 461
    Commission Frégault, membre de 262

FREUD, Sigmund **89**, 370
FROISSART, Jean **153**
funérailles, ses Voir mort

G

GAGNAN, Dominique **231–232**
GAGNÉ, Jean **230, 232**, 262
GAGNON, Albert (neveu et filleul) 597
GAGNON, Benoît 76–77, 402, n. 85
GAGNON, Claude 402, n. 85
GAGNON, Claude-Marie 271–272
GAGNON, Émile (beau-frère) 37 Photo 7
GAGNON, Famille 77, 81
GAGNON, Roseline 576
GALARNEAU, Claude 597
Galiléens 561
GAMACHE, Roméo, ptre **24**
GANDHI, Mohandas Karamchand, dit le Mahatma **21**
GARNEAU, Hector de Saint-Denys 15–16, 42, 45, **79**, 83, 144, 166, 174, 177, 181, **201, 202, 204, 209, 210, 211**, 218, **225**, 342–350, **463**, 485, 502
    Regards et Jeux dans l'Espace **22, 25, 209**
GARNEAU, Hermine PRÉVOST- (mère de Saint-Denys) **343–344**, 505
GARNEAU, Jean 345, **346–348**
GARNEAU, Paul (père de Saint-Denys) **343–344**, 505
GAUDET, Florence 560
GAUDREAU, Annie 583
GAUDREAU, Béatrice, r.s.r. 448
Gaule **141, 208**
GAULLE, Charles de 213
GAUTHIER-GAGNON, Lise 168–169, 595, n. 8
GEIGER, Louis-B., o.p. 176
Gênes **422**
GENEST, Jacques, m.d. 527–528
Gentils 561
GÉRAUD DE FRACHET 151
GÉRIN, Léon 385 Voir LACROIX, B., Prix du Québec Léon-Gérin
GIBRAN, Khalil **25**, 178, 510
GIGNAC, Louis-Marie, o.p. 176
GIGUÈRE, Raymond-Marie, o.p. 27, 151, 155, 172, 176, 212

GILSON, Étienne **26, 27**, 37, **120, 142**, 150, **154**, 155, 159, 173, 177, **342–343**, 377, 383, 512
GINGRAS, Lise 168
GIRARD, Cécile, r.s.r. 450
GIRARD, Paul-Henri, o.p. 123–126
GIRARD, Stéphane 180, 597
GIRARD, Sylviane 180, **577–581**
GIROUX, Sophie 276–277
GOSSELIN, Sylvain 450
GOULET, Alain 214–215
GOURGUES, Michel, o.p. 126–130
GRACCHUS, Tiberius Sempronius 374
grâce **26, 122**
GRAMMOND, Madeleine, s.s.a. 6, 232, **652–665**
GRANDBOIS, Alain **209**, 218
GRAND'MAISON, Jacques 50
GRAVEL, Claude 532–534
GRÉBAN, Arnoul 158
GRECO, Domenikos Theotokopoulos, dit le 36
Grecs **25, 464**
GRÉGOIRE DE TOURS 151, **153**, 178
GROULX, Lionel, chanoine **27**, 31, 43, **92**, 110, 144, 166, 181, **226, 229**, 308–310, **310–311**, 311–317
    lettre de 309–310
    parallèle avec 44, 51, 322–324
GUENÉE, Bernard 152
guerre(s) **21, 27, 200, 205, 209**, 218, 219
GUILBERT, Lucille 547
GUILLAUME DE LORRIS 178
GUILLAUME DE MACHAUT 178
GUILLAUME DE MALMESBURY **153**
GUILLOT, Françoise, o.p. 431–437
GUIMONT, Richard, o.p. 597
GUINDON, Marie-Josée **522–523**, 525–526 Photo 24
GUITÉ, Suzanne 218

H

habitants Voir Bellechasse
hagiographes **464, 474**
HAMELIN, Jean-Guy, mgr 597
HARVEY, Vincent, o.p. 176
HASLER, Eveline 542–543
HÉBERT, Anne **209**, 218

HEGEL, Friedrich 149
Héloïse 555
HÉMON, Louis 217
hérétiques **148–149**
HÉRODOTE 147
héros préféré 584
HERTEL, François 257
HEYEN, Jacques 176
histoire 118, 149, 156, **467**, 476
    au/du Moyen Âge 27, **141–143**, 143–144, 178
    dans/de l'Antiquité 147, 151
    des mentalités **464**
    du Canada 92–93, **141–143**
    du Québec 245 Voir Centre d'études des religions populaires, Moyen Âge, populaire
    leçons de l' **27**
    sainte **23**, **25**
historiens 138, 245, 261
    du Moyen Âge **148–150**, 150–152, **153–154**, 178
    selon Benoît Lacroix 140, 261
HOMÈRE **24**, **105**, 371
HORACE 24, **91**, **92**, 371
Horloge, la Grand' **353–354**
hospitalité **69**
HUBERT, Bernard, mgr 493–495
HUGUES DE SAINT-VICTOR 178, 322
humanisme
    antique 148
    expérimental **466**
humilité **122**
Huon de Bordeaux 212
HUOT, Aldéo **228**, **569**
HUOT, Giselle 10–17, 34–57, 70, 83, **131**, 172, **173–188**, 316, **345**, 349–350, 444–445, 450, **470**, **598–651**, **667–735**
    lettres à **193–205, 208–211, 224–232**
    Chronologie 1964–1995 *(passim)*
HURTUBISE, Claude 345
hypocrites **473–474**

I

iconographie 160, 239 ss
idéal **466**
identité collective 556 Voir société
immigrants Voir ethnies, Néoquébécois(e)s
index 13

individualisme **192**
indulgences **470**
Institut catholique de Paris 176
    Institut d'études médiévales 11, **27**, 110, 137–188, **209**, **210**, 213, 483, 511 Voir Dominicains
    Bibliothèque **27**, 48, 111, 151, 155, 172, 176, 179
    Centre d'études des religions populaires à l' 222
    climat 172, 179, 183
    Congrès international de philosophie 172
    cours et séminaires (B.L.) **26–27**, 156, 157, 159, 160, 165, 175, 177, 178, **226**
    débuts **26**, 173
    directeur 110, 137 ss, 155, 156, 159, 173, 177 ss, **225**, **230**
    directeur de mémoires et de thèses Voir thèses
    « disputes », les 183–188
    étudiant(e)s 155–168, 171–188, 232 ss, 511
    professeur (B.L.) 137 ss, **154–155**, 156, 159–160, 177 ss, **252**, 511
    professeurs 143–145, **145–147**, 147–148, 150–152
    rapports professeurs–étudiant(e)s 179–183
    recherche 178
    secrétaires 168–171
    université, véritable 182
Institut québécois de recherche sur la culture **27**, 236, **258**, 258–272
    thèmes privilégiés 262
institutions 127, 146
    médiévales 370, **464**
institutrice rurale **89**
intelligence **118**
intuition(s) **463**
Islet, L' 598
Israël **202**
Italiens **464**

J

JACQUES, Pierre 180, **221–224**, **230**, 234, **237**
jalousie **436**
JANKÉLÉVITCH, Vladimir **517**
Japon 26, 27, 117, 137, 167, **189–192**, **206**, 417, 418 Photos 9–10
JEAN, Alexandre, ptre 98

JEAN DE LA CROIX, saint 510
JEAN DE MEUN(G) 178
JEAN XXIII **21**
JEAN-PAUL II **21**, 34
JEANNE D'ARC, sainte **228, 572**
JÉRÔME, saint 143
Jérusalem **25**
Jésuites
Jésus 7, **479**, 512, 514, 550, 561, 562 Voir Christ
Jésus en Bellechasse 10
Jeu de Daniel **210**
Jeu de Saint-Nicolas 187-188
jeunes(se) **27-28**, 180-181, 246, 324, 326, 429, **430-431**, 442-443, 467, 512, **575-576**, 577-578, **582-583, 583-585**
   et la religion, le sacré **583**
joie 552 Voir amour
   sa plus grande **407**
JOINVILLE, Jean, sire de 153
JOLIVET, Jean 155, 176
JOURDAIN DE SAXE 421
Juifs **25**, **27**, **149**, **464**, 561
JULIEN, Pauline 218

K

KATTAN, Naïm **253-257**
Kigali **203, 205**
King, Martin Luther **21**, 50
KLIBANSKY, Raymond **27, 143-145**, 176
KUSHNER, Eva 345
Kyoto **25** Voir Université nationale de Kyoto

L

LABRECQUE, Angèle 449
LABRECQUE, Marguerite (5e génération) 598
LABRECQUE, Philomène (Mère Marie de la Charité), o.p. 444-445
LABRECQUE, Suzanne (2e génération) 598
LACASSE, Roger, ptre 86-87
LACHANCE, Gabrielle 597
LACHANCE, Micheline 252
LACORDAIRE, Henri-Dominique, o.p. 490
LACOSTE, Paul 139-141, 385 Photo 13
LACOURCIÈRE, Luc 39, **66, 225, 227, 228, 230, 231, 239**, 251, 259, 272, 327, 329, 339, 373-377, 378, 379, 383
LACROIX, Abraham I ou Grand-Bram (6e génération, arrière-grand-père) **65**, 186, 375, 598
LACROIX, Abraham II ou P'tit-Bram (7e génération, grand-père) **65**, **85**, 375, 598
LACROIX, Alexandre, ptre (frère) 24, 36, 37, **71**, 72, 98, 102, 103, 180, 233 Photos 4, 7
LACROIX, Anaïs (tante et marraine) 376
LACROIX, ancêtres **65**, 374-375
LACROIX, Arthur 78
LACROIX, Benoît Joachim Photos 4, 6-20, 24-30
activités, profondes et diverses 143
   analyste 18, 144
   animateur 110, 138, 221, 459
   artiste 137
   bibliographe 34
   chef de file 141
   chercheur 34, 137, 138, 461
   commentateur d'événements religieux et autres 551 Voir médias
   commissions, membre de 262, 304-307, 449-452
   communicateur 34
   conférencier 34, 75, 80, 110, 158, **469**, 484, 551
   conseiller 102, 499, 510, 550
   conteur 34
   critique 499
   directeur 217
   directeur de collection 339-341
   docteur 551
   dominicain 18, 34, 138, 150, 159, 221, 480, 483, 495, 510, 511-513
   écrivain 34, 102, 137, 461
   éditorialiste 258
   essayiste 34, 246
   folklore, amour du 18, 34, 258
   fondateur
      au Centre de recherche Lionel-Groulx 308 ss
      Centre d'études des religions populaires 221 ss
      Centre d'interprétation des nouvelles religions, membre – 302
      Fondation de Saint-Denys-Garneau 342, 345, 347, 505
      Fondation Mireille-Lanctôt 351
      Institut québécois de recherche sur la culture, membre — 258 ss
   historien de l'Église 244-246
   historien des cultures, des mentalités et des religions populaires 19, 34, 42, 86, 127, 221 ss, **239**, 244-246, **253**,

258, 259, 271, **410**, 450, **464**, 482, 495, 510, 512, 527
historien des idées 34, 42, 128, 160, 212, 216, 262, 417, 432, 518, 527, **532**, 556
idéateur, inspirateur, initiateur 221
   à l'origine de la série « Orgues, paroles et vêpres » 518
jury, membre de 351 Voir Chronologie
littérature québécoise 34, 156, 259, 330–338, 485
liturgiques, textes 34, 258
médiéviste 19, **27**, 34, 42, 80, 126, 127, 137 ss, 150, **201**, 221, 243, 244, 246, 258, 259 417, 494, 527, 551
mélomane 518
moraliste 365–368
orateur 34, 75, 102, 119, 137, 524
penseur 18, 137, 164
philosophe 34, 42, 98, 156, 365–368, 460, 485
poète 34, 460, 513, 518 Voir portrait moral
prédicateur de retraites **30**, 34, 110, 432, 457, 468, **469**, 551
président de la Commission historique dans la cause de canonisation d'Élisabeth Turgeon 448, 449–452
prêtre **26**, **29**, **30**, **31**, 34, 48–51, 138, 141, 159, 258, 461, 489, 513
professeur **26**, **27**, 34, 80, 110, 137 ss, 159, 216 , 461
recherchiste pour la télévision 485–486
recteur (refus) **202**, 207, 208
rédacteur des textes du pape 34
scientifique 137
sociologue 42
théologien 18, 34, 42, 156, 259, 432, 450, 459, 460, 469–470, 486, 518
traducteur, talent de (latin/français) 152
universaliste 139
universitaire, brillant 141
animaux, oiseaux 39, **68**, 200, 489
   outardes 39, **90**, **475**
comparé à
   Abraham 550
   ancien Canadien 550
   ange gardien 156, 157
   arbre 522, 554
   bénédictin 19
   chat 510
   chêne 520
   chèvre de montagne 97
   chevreuil 97
   « coureur de bois » 39–40, **117**
   érable 78
   espoir 554
   fenêtre 522
   « honnête homme » 389–391, 550
   jésuite 15
   nid 522
   petit prince 557
   phare 554
   prospecteur 166
   renard 520
   saint François d'Assise 456
   saule 171
   sel de la terre 126–130
   sourcier 166
   terre d'accueil 56
   vent, coup de 78
   vent du large 56
   Vincent de Beauvais 152
milieux divers fréquentés 13, 19, **24**, **29**, 128, 141, 155, 156, 157, **202**, 440, 460, 461, 481–482, 510, 534, 535 ss Voir ami
   affaires, gens du milieu des 21
   aîné(e)s 74, 518, 567 ss
   artistes 482, 497 ss
   auteurs et poètes 507 ss
   « Chefs de file », réunions des 461
   comédiens 520 ss
   communautés religieuses 110, 414 ss
   déshérités 557
   élite 527
   étudiants **26**, 527
   évêques 110
   extraterrestres ! 482
   grands 20, **29**, 557
   historiens 527
   humbles 557
   incroyants 50–51, 506
   intellectuels 110, 459
   jeunes 518, 576 ss
   malades 74, 441–442
   médias 18, 476 ss
   musiciens 515 ss
   Néoquébécois 442, 563–564
   ouvrières, associations 110
   patronales, associations 110
   pauvres **29**
   petits 20, **29**
   populaires 13, 110, 459
   prêtres **30**, 110
   professionnels 18
   riches **29**
   savants 482
   scientifiques 13, 527 ss
   sidéens **533**
   simples 138
   terriens 482
   théologiens 510

urbains 482
universitaires 139, 510, 535
nom 29
Œuvres
articles 444
« L'artiste québécois : otage ou libérateur » 497–499
« Ce que l'étude des religions populaires m'a appris » 233
« Cris et silences des poètes d'automne » 509
« Délia Tétreault, Femme de chez nous » 426–427
« Ecce Homo : Le prêtre québécois » 71–72
« Évolution du 104e » 94
« Homélie pour une Bénédictine » 429–431
« Itinéraires spirituels pour l'an 2000 » 528–532
« Maman ! » 66–67
« Mémoires d'un chasseur de manuscrits – Le cas de Saint-Denys Garneau – » 342–345
« Mireille Lanctôt » 352
« Mon pays, qui est–il » 586
« Le mot de l'Ancien » 107–109
« Pâques arc–en–ciel » 477–480
« La paroles aux comédiens » 525–526
« Pour l'étude de la religion populaire des Canadiens français et Québécois 369–372
« Prière secrète à la Bienheureuse Mère Marie–Rose, s.n.j.m. » 438–439
« [Retraite paroissiale à Montmagny] » 468
« La sagesse « paysanne » » 378–381, 398, n. 24
« [Sur le Musée des religions de Nicolet] » 305–307
« Un oratorio pour l'anticipation du meilleur : Jesus Christus » 517–518
« Une spiritualité trinitaire à composantes cosmiques » 427–428
« Utopies pour l'an 2000 » 462–467, 494, 560
billet de *Parole et Vie*
« Chronique sur les âmes du purgatoire » 489–490
Carrefour–midis 459
communications 236, 342–345, **427–428**, 459
comptes rendus **428**, 461 Voir *Revue d'histoire de l'Amérique française*
conférences 81, **201, 202**, 204, **414–415**, 418, 429, 444, 484, 550

discours 106, **107–109**
écrits 81, 8 , **202**
homélies, sermons **31**, 203, **429–431**, 473, 513, 550
messages 219, 220
entrevues dans
Le Devoir 511
Forces **532–534**
L'Ordre des Frères Prêcheurs. Les Dominicains, qui sont–ils ? que font–ils ? où sont–ils ? 117, 121–122, **253**, 583
La Presse **567–569**
Relations 342, 574, **587–588**
Les Temps changent **68–70**, 89, **91–93**, **113–114**, 117, 118, 120, **154–155**, **182–183**, 368, 407, **410–412**, **584–585**
livres 10–11
Amour 11, **407–409**
Cantique des Cantiques, Le 593
Célébration des âges et des saisons **114–115**, **565–567**, **570–571**, **583–584**
Célébration des saisons 83, **114–115**, 419, 440, 484, 563, **565–567**, **570–571**, **583–584**
Choix de Benoît Lacroix dans l'œuvre de Benoît Lacroix, Le **572–573**
Cloches, Les 10, 37, **63**, 158, **228**, **354–356**, 482, 555
Compagnon de Dieu 48, **114**
Cosmique (en préparation) 11
dernier livre 10–11
Foi de ma mère, La (en préparation) 11, 40, 248, **489**
Folklore de la mer et Religion 138, 166, 272, **279–280**, 280–281
Histoire dans l'Antiquité, L' 147–148
Historien au moyen âge, L' 10, 138, 143, 150–152, **153–154**, 261
Japon entrevu, Le 144, **189–192**
Jésus en Bellechasse 10
Jeunes et Croyants 11, **575–576**
Marie de Saint–Michel **33**, 61, **67–68**, **113**, 126, 417, 432, 482, 484, 551, 555, 557, 560, **569–570**, 572
Lionel Groulx, textes choisis et présentés 311, 340–341
Œuvres de Lionel Groulx, *Journal* et *Correspondance, promoteur des* 34, 181
Œuvres de Saint-Denys Garneau, édition des 34, 46, 138, 144, 174, 176, 181–182, 183, 186, 213, **342–345**, 346, 349–350, 505
Orose et ses idées 130, 138, 143, **148–150**, 186–187, **502**
Paroles à des religieuses 493, **572–573**,

594, n. 4
P'tit Train, Le **9**, 37, 55, 76–77, **90**, **93**, 99, **104–105**, 158, 167, **220**, 264, 354, 417, 482, 510, 511, 555, **589–592**
La Piété populaire : Le Québec, Répertoire bibliographique, Canada, Tome I 232
Pourquoi aimer le moyen âge **141–143**
Quelque part en Bellechasse **7**, 10, **29**, **63**, **115–116**, 158, 167, 173, 220, **407**, **452–455**, **473–475**, 482, **494**, 551, 555, **582–583**, 594, n. 4
Religion de mon père, La 11, 38, 40, **64–66**, 126, 127–128, 223, 232, 242, 244–248, 261, 262, 367, **462–467**, **470–471**, 482, 484, **493**, **494**, 555, 594, n. 4
Religion populaire au Québec. Typologie des sources — Bibliographie sélective (1900–1980) 223, 232
Religions populaires, Les, dir. 239
Rwanda. Mille heures au pays des mille collines, Le 12, 144, **194**, **196**, **198–199**, **205–206**, **207–208**
[Sacré, livre sur le] (en préparation) 11
Saint-Denys Garneau, textes choisis et présentés 174, 340
Sainte Thérèse de Lisieux et l'histoire de son âme **122**
Silence **412–413**, 523, 559
Trilogie en Bellechasse **7**, **9**, 55, **63**, **104–105**, **115–116**, 263, 354, **354–356**, **407**, **473–475**, 482, **494**, **582–583**, **589–592**
Vie des lettres et histoire canadienne 259–260, 330–338

livrets
   Oratorio *Jesus Christus* (musique Anne Lauber)
   Peuple de Dieu à Montréal : hymne du 350ᵉ anniversaire de Montréal (musique Pierre Grandmaison) 646

médias 18, 34, 476–492, 557
   journaux 18, 20, 106, 110, 476–477, **477–480**, 480
   mazazine 20
   radio 18, 74, 110, 439, 444, 461, 481, 482
      Messe sur le monde 481
   revue scientifique 20
   télévision 18, 20, 74, 80, 101, 106, 110, 419, 444, 461, 484–492
      Parole et Vie 39, 486–489
      Point, Le 51, 488
      Rencontres 485–486

périodiques, collaboration aux
   Aiglon, L' 94
   Communauté chrétienne 180, **518**
   Devoir, Le 110, 128, **203**, 258, 476–477, 482, **509**
   Esprit Vivant 38, 157
   Informateur catholique, L' **438–439**
   Maintenant 13, 512
   Médecin du Québec, Le 527
   Précurseur, Le **426**, **427**
   Présence 514, **525–526**
   Recherches sociographiques 428
   Revue dominicaine 461
   Revue d'histoire de l'Amérique française **311**, 327–329
   Sept Jours 257
   Union amicale, L' **107–109**
   Vie chrétienne, La **305–307**

préfaces **425–426**, **444**, 445
textes inédits
   anecdotes **434–436**
   autographes, inscriptions dans **93**, **94**
   cartes postales 66, 560, **561**, **580–581**
   conférences **437**, **446–447**, **447–448**
   conte **353–354**
   dédicaces **93**, 158, 251
   exposé **445–446**
   homélies **145–147**, 156, **352**, **425**, 438
   lettres, billets 10, 49, 52, 70, 76, 79, 80, 84, **100–101**, 103, **120–121**, 140, **157**, 160, **161**, 170, 172, 178, 180, **181**, **183**, **184–185**, **193–205**, **208–211**, **224–232**, 234, 235, 236, **237–238**, 239, **310–311**, 320, **415**, **416**, **419–420**, **421**, **422–424**, 427, **472–473**, 483, **499–501**, **501–502**, **569**, **576**, **577**, **578–580**, **581–582**
   lettres de recommandation 213, 272, 321
   livres d'or ou d'hôte, inscriptions dans **414**, **421**, **504**
   notes diverses 178
   poèmes **119–120**, **578–579**
   Témoignage 15, **21–32**, 37, 38, 50, 51, 132, n. 2

pastorale **122**
   baptêmes 46, 110, 158, 220, **423**, **424**, 510, 554, 558, 564
   confession 510
   Eucharistie 443, 495, 522
   fiançailles 110
   funérailles **28**, 46, 110, 141, **145–147**, **352**, 442
   mariages 46, 110, 510, 513, 554, 558, 560, 564
   messes **198**, **200**

portrait moral 36–57 Voir ami, amour, surnoms

abandon à Dieu 552
absolu, désir d' **21**
accueil inconditionnel, accueillant 19, 20, 47, 56, 165, 178, 459, 460, 462, 481, 484, 507, 510, 515, 554, 560, 577
activité, débordant d' 13, 141, 144, 157, 515, 557
adaptation, faculté d'— aux personnes 47–48, 77, 170, 219, 558, 559
affable 78, 444, 525, 550
agréable, commerce 504
aide 111, 178, 219, 563
ailleurs, le goût de l' 38–40, **68**
aimable 17, **76**, 444, 459
aimant 19 Voir amour, Amour, amitié
aimer, art de se faire 50, 74, 80, 129–130, 444
air espiègle 76
alerte 524
ami 123, 159, 213, 424, 518, 521, 522, 524 Voir ami, amitié, amour
ange, non 75
apôtre **122**, 141
appliqué 102
appui 364, 557
arc-en-ciel, l' 480
arrogance, absence d' 561, 562
artiste 504, 518
ascendant 110, 484 Voir influence
ascèse **25**, 46
assurance 19
attachante, personnalité 74, 81, 462
attentif, attention(s) 19, 47, 109, 172, 179, 182, 416, 444, 483, 523, 563
audacieux 160
aurore, homme d' **22**, 481
autorité 489
avance, celui qui 510
avant-gardisme 81
avenir, foi en l' 128, 556
beauté 18, 40
beauté, admirateur de la 100, 482, 495
bénédictin 19, 212, 549
bienveillance 554
blagueur **68**
bonheur, don du 12
bonheur d'être québécois 556
bonhomie 75, 520
Bonne Nouvelle, l'écho sympathique, tendre, actuel de la 482
bon sens 417
bonté 47, 143, 170, 459, 527, 549
calme 485
caricaturiste 119
centuple, désir du 16
certitude, homme de 481
chaleur, chaleureux 19, 138, 140, 144, 213, 521, 560
chanteur 217
charisme 18, 36, 220, 416, 459
charisme de Dominique 417, 495
charité souriante 364
charme 18, 461, 462, 495, 515
Christ, à la suite du 86
clairvoyant 128
cœur, homme de 123, 523
combat, homme de 473
communicateur 18, 20, 81, 82, 140, 486–489, 491–492
compagnon pèlerin 560
compatissant 444
complicité 75, 159, 557
compréhensif, compréhension 19, 75, 82, 138, 513, 527, 554, 563
conciliateur 188
condamnation, absence de — ou de jugement 19, 50, 160, 462, 477, 481, 527
confiance 19, 20, 470, 552
confiance, suscite la 143, **205**
confident 521
conformiste, non 510, 513
conseiller 18, **79**, 212, 510, 518, 523, 524, 527, 550
contact, qualité de 162, 164–165
contemplatif 19, **122**, 429
contestataire, respectueux 488
conteur, art du 18, **68**, 109, 138, 159, 165, 214, **353–354**, 354, **354–356**, 357–358, 482, 487
convaincu 19
cool, un gars pas mal 578
copain 560
coquin 14, 521, 577
cordial 460
cosmique 552
coups pendables 98–99, 101
courageux 513, 515
crainte, sans 123
croyant, l'homme 483
culture, homme de (vaste) 18, 140, 156, 527
curiosité 42, 109, 138, 521, 583
debout, se tient 513
débrouillard 74
dédramatiser, capacité de 75, 81, 462, 521, 556, 559
défauts (ou absence de) 52–54, 75, 130, 379, 522, 577
délicatesse 157, 416, 417, 483, 484, 524
délinquant 277, 552–553
départ, homme du 164 ss
dépassement 50
devoir, sens du **23**

dévouement sans bornes 82, 110, 258, 417, 432, 504
diable, petit — en lui 577
dialogue 462
Dieu, expression ou témoin de 17, 19, 20, 50–51, 123, 160, 461–462, 502, 514, 523, 549, 550, 554
dignité 162, 171
discipline 24, 549
discret, discrétion 75, **79**, 155, 156, 158, 416, 417, 523, 524, 550, 563
disponibilité constante 47, 83, 110, 123, 130, 138, 140, 157, 159, 170, 171, 178, 487, 488, 506, 523, **525**, 527, 560, 561, 563, 577
distance 559
diversité 27
docile, enfant 73
don à l'autre, rapports avec autrui 83, 138, **155**, 559
dons hors du commun 20, 143
donnée, vie 552
douceur 45, 143, 510, 513, 524, 527
droiture 81, 513
durée, goût de la **27**
dynamique 19, 82, 460, 494
éclaireur 508
écoute, art de l', capacité d' 18, 19, 20, 47, 83, 219, 258, 462, 491, 506, 510, 520, 527, 559, 561, 562
émerveillement 13, 18, 109, 321, 557
encourager, art d' 18, 47, 83, 178, 460, 510, 534
endurance 517
énergie 20, 110, 473, 485
enfance retrouvée 557
engagement 138, 443, 520
enjouée, apparence **96**
ennui, soumis à l' **31**, 74
enracinement 138 Voir racines
enthousiasme 483, 521, 523
entier 509
entrain, bon 75
équilibre 495
équilibre harmonieux entre contemplation et action 19, 20, 129, 130
érudition 18, 54, 443, 520, 524
espérance, homme d' 13, 480, 506, 513, 518, 550, 556
espièglerie 417
espoir, porteur d' 84
esprit, homme d', porteur d' 462, 513
étude, homme d' 19, 100–101
Évangile, homme de l' 19, 128, 488
Évangile, sait présenter et rayonner l' 458, 494
évasion, besoin d' 96, 97

éveillé 521
éveilleur d'idées 165, 242 ss
exceptionnel 129, 171, 461
exclusion, incarnation du refus de l' 477
exigeant 50
familiarité 138, 559
famille, amour de la 81, 82
fantaisiste **70**
fermeté 143
fidèle, fidélité 19, **27**, 50, 82, 123, 140, 157, 158, 432, 459, 515, 524, 554
finesse 45, 416, 484, 527
foi, homme de 13, 20, 56, 80, 128, 138, 261, 488–489, 515, 517, 518, 524, 550, 556
  expression de la 496
folichon **53, 68**
franc 123, 521
fraternel 557, 559
fraternité, homme de la 511
frère ou grand 123, 424, 432, 518, 522, 525, 560
gamin **96**
générosité, généreux 48, 78, 123, 178, 219, 460, 523, 524, 583
gentillesse inlassable 171, 364, 524
grandeur 47–48, 50, 522, 524, 549
grand-père **320**, 321, 486, 560
graphologue 119
gratuité 15, 169, 525
guide 18, 75, 524
« habitant » 551
héritage 219–220
histoire, attachement à l' 86
honneur, fait 18
hospitalité 47
humain 159, 559
humaniste 13, 19, 42, 139, 140, 155, 156, 262, 524, 527
humanité 19, 483, 495, 520
humeur, bonne 511
humilité 16, 20, 50, 52, 82, 106, 321, 495, 551, 562
humour, sens de l' 14, 53–54, 75, 96, 103, 130, 138, 140, 159, 223, 261, 462, 495, 502, 511, 513, 520, 525, 550, 556
idées farfelues 81
identité 128
imaginatif 521
imitateur 99, 109
implication totale 515
incarnation de la devise dominicaine 445
incarné 19
indifférent 103
indulgence 50, 520

710

influence 13, 14, 15, 16–17, 54–57, 110, 156, 167, 170, 214, 219–220, 244, 245, 409, 485, 495, 496, 501–502, 505, 524
innocence 505
insouciant 102–103
inspirateur 18
instinct 477, 515
intellectuel 19, 159
intelligence supérieure 102, 143
intensité 549
intercesseur 558
intéressé à l'autre 460
intolérance, absence d' 561, 562
intuitif, intuition 159, 166, 219, 223
jeunesse éternelle, 13, 18, 166–167, 171, 444, 460, 484, 488, 496, 505, 511, 513, 549
    jouvence indélébile 512
joie 19, 20, 41, 74, 75, 163, 170, 174, 460, 487, 489, 496, 510, 515, 523, 564
joueur 520
joueur de tours 14, 16, 73, 98–99, 102, **105**, 111, 185 ss
jovial 74, 171, 577
joyeux 129, 130, 443, 460, 550
jugement sûr 102, 515
langage simple, direct 559
largesse 14
légèreté 100
liberté, respectueux de la 552
libre, homme 38, 49, 51, 258, 477, 487, 515, 521, 522, 534, 552
liens, créateur de — entre personnes, mise des personnes en contact 220, 419, 440
louanges, allergique aux 15
loyal, loyauté **23**, 123
lucide 128, 140, 144, 481
lumière, porteur de 508, 510
lumière qui l'habite 583
mage 515, 518
maître 46, 551
malcommode **94**
malice, sans 109
malicieux 510, 549
mémoire 47, 138
    de nos traditions 486
    du cœur 549
mère, héritage de Rose-Anna, sa **23, 69–70**, 81
mime 99, 214
modèle 524, 528
modèle, étudiant 102
modeste 78, 81
moqueur **96**
morgue, sans 460

mots, puissance des, art de manier les **9**, 484, 550
multiplicité de ses talents et compétences, de ses intérêts et de ses engagements 13, 14, 18, 20, 34–36, 43, 50, 75, 258, 365, 460, 518
mystère 520, 559
mystique 18, 550, 552
naïveté 50, 506, 510
narquois 481
nature, amour de la 96, 97, 100, 443, 480
naturel 510
oasis de l'âme 515
observateur 477
offrande 460
oiseaux, amour des 96, 97, 100
omniprésence 550
opinion sur demande seulement 562
optimiste, vision — des êtres et des choses (voit le bien partout) 480, 556
organisation, sens de l' 81
orgueil **117**
originalité 128
oubli de soi 219
ouverture du cœur et de l'esprit 13, 18, 42, 45, 47, 50, 81, 128, 138, 141, 179, 459, 460, 480, **463–464**, 481, 486, 506, 511, 515, 517, 520, 554, 559
ouvre les voies 42, 160, 172, 181, 223,
paix, homme de paix 20, 473, 556
parfait, non 75
parole, art de la 137, 513, 549, 550, 551, 559
Parole, serviteur de la 128, 551
partage des joies et des peines 47, 167, 442, 524, 555, 557, 558, 563
partage, sens du 18, 19, **32**, 86
passé, aime le 557
passion 45, 520
patience 54, 138, 513, 524, 562
patriarche 486, 488, 523, 524
paysan 102, 159, 484–485, 510, 511, 520
pédagogue 34, 42, 109, 110, 140, 156, 159, 164, 172
père 518, 521, 522, 560
père-poule 524
père, héritage de Caïus, son **22, 23, 68, 70,** 80–81
personnalité marquée 143
peuple, homme du 74
phare 49, 524, 525
phénomène 12
piété quotidienne **23**
pilier 523
pince-sans-rire 102

711

poète 119, 123, 137, 159, 166, 246, **353–354**, 354, **354–356**, 460, 469, 477, 483, 513, 518, 527, 550
ponctualité **23**, 78
pont entre Dieu et les hommes 87
populaire 12
popularité 18
potentiel en veilleuse 103, **107**, 109, 110
prêchi-prêcha, absence de 15
préjugés, sans 123
prescience 143
présence 14, 16, 19, 47, 130, 156, 219, 460, 495, 515, 518, 524, 550, 554, 563, 564, 583
présence rayonnante 145
présent, vit au 557
prétention, sans 20, 460
prêtre 87
prière, homme de 83
prince, âme de petit 510
profondeur 549
prophète 40, 82, 87, 494, 495, 550, 551
propose, mais n'impose pas 491
provocateur 14
prudence 96
psychologue, fin 109, 510
qualités évangéliques 18, 20, 172
quotidien, amour du **25**, 495
racines, homme de, fier de ses origines ou de ses 39–40, 78, 81, 82, 86, 137, 167, 217, 246, 484, 485, 511, 522, 556
rage **120**
rassembleur 16, 100, 109, 166, 175, 188, 496, 525
rayonnement 110–111, 220, 321
réalisme 19
réconfort 84, 364, 554
réfléchi 515
reflet du Québec 137
règlements, aime briser les 577
religieux de grande classe 460
réservé 109
respecté 128, 141
respectueux 128, 462, 491, 496, 554
rêveur 96, 100
riche 13, 55
rieur 78
rigueur dans la recherche 137
rire 41, 53–54, 73, 171, 521, 524, 559
romantique **209**
rusé 138, 521, 556
sacré, sens du 86
sage(sse) 20, **76**, 137, 163, 444, 456, 486, 493–495, 496, 506, 511, 518, 520, 523, 524
savant 432, 486

savoir 178
secours matériel 219
secours moral 219
secret 510, 550
séduisant de charité 17, 55
sensibilité 45, 144, 506
sérénité 128, 155, 480, 485, 495, 527, 554
sérieux **76**
service, au 86, 156
servir 12, 16, 78, 158, 527, 551, 561
silence, homme de 100, 549, 559
simplicité 18, 47, 75, 162, 163, 170, 171, 219, 443, 458, 460, 482, 487, 493–495, 496, 510, 522, 524, 527, 549, 557, 559, 562
sincérité 217
solidarité 524
solide 554
solitude, homme de **209**, 485
sollicité, constamment 140
souci de notre héritage historique 130
souple 520, 524
souriant 109
sourire 41, 123, 155, 178, 481, 483, 523, 549, 556, 559
    moqueur ou taquin 76, 444
soutien 219, 364
spiritualité 18, 50, 130, 138, 219, 504
spontanéité 496
stimulation 178
studieux 102, 109, 110
style, limpidité du 144
suavité 75
subtilité 75
support 178
surpasser, élan à se 109
surprise, ouvert à la 481
sympathie, sympathique 18, 123, 459
synthèse, homme de 460
« système Lacroix » 139, 188
taquin 14, 20, 181–182, 444
témoignage 19, 20
témoin 19, 129, 140, 248, 560, 562
ténacité 138, 520
tendre(sse) 14, 74, 523, 525
terrien 138
Thomas d'Aquin, disciple moderne de 486, 487
timide 54, 101, 140
tolérance 138, 496
traditions, sens des 18
tranquille **76**, 101, 484
transcendance, appel à la 54–55
travail, homme de 251, 473
travailleur **107**
unique 556

unité 14, 36
universel, homme de l' 13, 19, **24**, 42–43, 123, 130, 155, 444, 456, 559
valeurs humaines et chrétiennes, passion vraie pour les 459
vérité, accent de 160, 170, 491–492, 559
vérité, souci de 450
vie, amour de la 82, 86, 109, 138
vie intérieure profonde 19, 75
vie riche culturellement, socialement, culturellement 123
visionnaire 42, 159
vitalité 520, 550
vivace 550
vivant 19, 550
vocation 82
volonté déterminée 86
volubilité 75

portrait physique 40–42
   agréable, physique **96**
   cheveux 41, 81
   démarche 41
   gestes 41, 119, 550
   nez 551
   poignée de main 123
   profil 551
   regard 47, 123, 143, 164, 174, 482, 513, 515
   toupet proéminent **96**
   voix 486
   yeux 41, 96, 510, 523, 549

prénoms 551, 555
   Benoît 19, **23**, 34, 56, 76, **118**, 239 ss, 518
   Joachim 19, **23**, 34, 75, 76, 80, 81, **118**, 359, 598
   Joseph Joachim François–Xavier 37

prix et distinctions
   Académie des sciences morales et politiques **369–372**
   Ancien de l'année 1989 au Collège de Sainte-Anne-de-la-Pocatière 101, 102, 106, 107–109, 110
   Bibliothèque Benoît-Lacroix 387–388 Photo 3
   Chevalier de l'Ordre National du Québec 395 Photo 19
   Doctorat honorifique (*honoris causa*) en théologie de l'Université de Sherbrooke 393–395 Photo 20
   Lettre de l'archevêque de Québec pour son jubilé d'or de prêtrise 395
   Médaille Chauveau de la Société royale du Canada 387
   Membre d'honneur de la Société historique de Bellechasse 391–393
   Membre de la Société des Dix 633
   Officier de l'Ordre du Canada 387 Photo 18
   Prix de la Province de Québec 369
   Prix du Québec Léon–Gérin 385–386, 511 Photos 15–17
   Professeur émérite de l'Université de Montréal 137, 150, 385 Photo 13
   Société royale du Canada **372**, 373–377, **378–381**, 383–384, 398, n. 24

sentiments des parent(e)s, des ami(e)s
   actions de grâces 20, 57
   admiration 20, 82, 126, 137, 443, 495, 534
   amitié 82, 126, 156, 159, 354, 443
   amour 15, 17
   bonheur
   cadeau 12, 161, 174, 522, 495
   chance 13, 16, 522
   émotion 137, 477
   fierté 82, 137
   gratitude 84
   hommage 14
   honneur 137, 443
   hymne d'amour 14
   orgueil 102
   privilège 137, 443
   reconnaissance 16, 17, 82, 84, 443

surnoms
   ange 510
   anti–cultivateur 72
   archange 510
   Aumônier de la famille, l' 554, 558, 559
   « Beau Chasseur » 39
   Benoît le Grand
   démon 510
   « dernier des Mohicans » **171**
   Doctor Amor 34, 57
   l'éternel 510
   le Grand de la famille Lacroix 82
   le Huron **216**
   « un intellectuel » 75
   le « mangeus de crêpes » 443
   le « Mic–Mac » 216
   Mistigri 510
   « Personne–pour–les autres » 20
   le petit gars de Bellechasse 417, 444
   le p'tit gars de Saint-Michel 556
   le P'tit Train 40, 78
   Séraphin 510
   Trône et Domination 510
   troubadour d'Amour 34
   troubadour moderne 173

LACROIX, Caïus (père) **23**, 36–38, **61**, **64–66**,

80, 82, 89, 90, 111, 126, 245, 246, 251, 260, 272, 274, 375, **413**, **434**, **435**, 557, 598 Photos 4, 6, 7
    arrivée à Saint-Michel **64**
    caractère **67, 68, 69, 70**
    contes et chansons **66, 69**
    enseignements de **22, 23**
    influence **253**
    langue **292** ss, 512
    noces **64**
    opinions **471**
    similitudes entre le père et le fils 41, 102
    village natal **64, 65**
LACROIX, Cécile, m.i.c. (sœur) 15, 36, 37, 40, **72–75**, 424 Photos 4, 7
LACROIX, Charles (4e génération) 598
LACROIX, David de (1re génération) 374, 598
LACROIX, Famille 77, 81
LACROIX, Jacques de (ancêtre français) 598
LACROIX, Joseph (3e génération) 598
LACROIX, Joseph, chanoine (oncle) 263 Photos 7–8
LACROIX, Léopold (frère) 36, 37, **65**, 72, 75, 78, 81, 82, 376, 481, 512 Photos 4, 7
LACROIX, Louis (2e génération) 598
LACROIX, Marie-Jeanne (sœur) 36, 37, 72, 376–377 Photos 4–7
LACROIX, Pierre, surnommé Pierriche (5e génération) **65**, 598
LACROIX, Raymond (neveu) Photo 8
LACROIX, Rosaire, ptre (petit-cousin) 82–83
LACROIX-BÉGIN, Aline 597
LACROIX-BÉGIN, Élaine (petite-nièce) 78, 79
LACROIX-BRAUN, Monique (nièce) 84, 132, n. 9
LACROIX-LAMONTAGNE, Rolande (nièce) 75–76, 80, 82, 83, 132, n. 8, 220
LADURANTAYE, Michel de (pseudonyme de Benoît Lacroix) 34, **122**, 241
La Durantaye Voir Saint-Gabriel de La Durantaye
LAFLAMME, Famille 77
LAFLAMME, Paul-Arthur 402, n. 85
LAFORTE, Conrad 284–287
LAGRANGE, M.J., o.p. **25**
laïcs 243, 244–245, **411–412**, 476
LALONDE, Michèle 597
LALONDE-RÉMILLARD, Juliette 229, 312, **315–317**

LAMBERT, Claudette 482–483
LAMONTAGNE, Alain (petit-neveu) **209**, 220
LAMONTAGNE, Clément (neveu) 76, 80, 83, 132, n. 8, 220
LAMONTAGNE, Denis (petit-neveu) **209**, 220
LAMONTAGNE, Germain, ptre 87–88
LAMONTAGNE, Nicole (petite-nièce) 80–82, 209, 220
LAMY, Pierre Photo 17
lancement 555
LANCTÔT, Mireille 351–352
LANDRY, Albert-Marie, o.p. 37, **146–147**, 151, 172, 176, 177, **201**, **202**
LANGEVIN, Gilles, s.j. 459–460
LANGEVIN, Jean, mgr 449, 450, 452
LANGLAIS, Émile-Alphonse, o.p. (père maître) 118
LANGLOIS, Louis-Philippe 102
langue **463**, **464–465**, **471**, 509
    accent 216–217
    allemande 542
    anglaise **120**
    anglicismes 465
    dialectes normands/québécois **210**
    française **26**, 127, 370
    grecque **24**
    joual **465**
    latine **24**, **25**, **26**, 92, 98, 370, **464**, **471**, **517**, 542
    médiévale 127, 295–296, 298–301 **464**, 512
    populaire 292–301, **464**
    québécoise 512
    populaire du Rwanda **193**, **195**, **201**
LAO TZU 510
LAPALME, Lise 486–489
LAPERRIÈRE, Guy 228, **232–236**, **237–238**
LAPLANTE, Claire, s.n.j.m. 437–440
LAPLANTE, Léon, ptre 15, **93**
larmes **24**, **92**
latin Voir langue
LATOUR, Micheline 560
LATOURELLE, René, s.j. 461–462
LAUBER, Anne 516–518
LAURENDEAU, Yves 597
Laurentides, montagnes des **22**, 83
LEBEL, Robert, mgr 357–358
LEBEUF, Charlotte 581–582
LEBON, Wilfrid, mgr

LEBRUN, dit le soldat 21
LECLERC, Clément, abbé 45, **92–93**
LECLERC, Félix **31**, 217
LECLERC, Jacques, ptre **71**
LECLERC, Michel 158–159
LECLERC, Roland 486–489
lectures **25**, **26**, 98, **201**, **202**
    de journaux 98
    qui l'ont le plus marqué **25**
LEFEBVRE, Gilles 548
LEFEBVRE, Marcel **226**
Légende dorée, La Voir VORAGINE, Jacques de
légendes Voir contes
LÉGER, Paul–Émile, cardinal 43, 518, 557, **558–559**
LEMIEUX, Alphonse (oncle et parrain) 264
LEMIEUX, Denise 262–265
LEMIEUX, Jean–Paul **22**, **31**, 218
LEMIRE, Maurice 333–336
LE MOYNE, Jean **204**
LEMOYNE, Wilfrid 485
LE PARGNEUX, Famille 220
LEROUX, Georges 597
LESAGE, Jacques, m.d. 564
LESAGE, Louis 597
LESSARD, Michel Photo 14
Lettres d'Héloïse et Abélard 178
LÉVEILLÉ, Marie 597
LÉVESQUE, Antoine, ptre 98
LÉVESQUE, Charles–Henri, mgr 106
LÉVESQUE, Georges–Henri, o.p. 38, **123**, **202**, 206–207, 208, 312
LÉVESQUE, Gérard, ptre 597
Lévis **68**, 83
liberté **30**, 51, 146, 368, **499**, **532–534**
    liberté d'expression 98
Lisieux **25–26**
littéraires 477
littérature(s) 156
    canadienne 402, n. 74
    française **24**, **92**, 93
    grecque 371
    latine 151, 371
    médiévale 178, 212
    québécoise 213, 215, 217–219, 402, n. 74
liturgie 370
    conventuelle 19
logique **464**

LONGTIN, Pauline, m.i.c. 424–428
LUSIGNAN, Serge 150–152, 316

M

MABILLON, Jean **154**
MÆTERLINCK, Maurice 510
MAILHIOT, Gisèle, o.s.b. 429, 560
MAILLET, Antonine 217, 597
MAILLOU, Barthélémie (1re génération) 598
MAILLOUX, Benoît, o.p. 173
Maintenant 512
MAISONNEUVE, Paul de Chomedey de 370
maîtres, ses **27**, 138, **154**, 176, 177
mal 20
malheur **465**
MANDROU, Robert 235
MANSEAU, Suzanne, s.a. 597
MANSELLI, Raoul 235
MARCOTTE, Gilles 597
MARCOUX, Yvon 597
MARIE, Famille 220
MARIE, sainte **23**, **67**, **436**, 551
MARIE DE FRANCE **226**, **296**
MARITAIN, Jacques **120**, **154**
MARROU, Henri–Irénée 11–12, **27**, **66**, 147–148, **154**, 155, 159, 177, 182, 222, **225**, **230**, 327, 377, 383
MARTIN, Paul–Aimé, c.s.c. 339–341
MATTHIEU PARIS 153
médecine **532–534**
Médiévales, les 551
MELANÇON, Robert 336–338
mélanges 11–12
mémoire 12–13, **107–108**
    du cœur **67**, **107**
mère Voir BLAIS, Rose–Anna
mères **67**
MÉNARD, Jean 330–332
MERCIER, Camille, mgr **93**, 98, 99, **105**, 109
MERCIER, Lucie 265–268
MERCIER–GOYER, Lorraine 171
MESLIN, Michel 221, 222, **230**, **231**, 233
messe(s) **21**, 91, **435**
    « Messe sur le monde » 481
    première **26**
Mexique 370, **463**, 499, 501
MICHEL–ANGE, Michelangelo BUONAR-

ROTI, dit **423**
minorité(s) **128, 431, 463–464**, 498
MIRON, Gaston 218
miséricorde **25, 108** Voir Dieu
missionnaires **114**, 425, 426 Voir vocation
modèle **121**
MOFFETTE, Denise 560
MOLIÈRE, Jean-Baptiste POQUELIN, dit **24**
montagne(s) **24** Voir Appalaches, Laurentides
Montmagny 468–469
Montmorency, chutes de 83
Montréal **463**
morale 248–250
MOREAU, Yvon, o.c.s.o. 457–458
MORENO, Garcia **66**
MORIN, Auguste-Norbert **64**
MORIN, Ghislain 155–156, 175
mort(s) 11, **28**, **203**, **204**, **225**, **410**, **465**, **470–471**, 479, 490
    sa **30–32, 438**
Moyen Âge 175–176, **189**, **192**, 555
    descendants, héritiers du, nos racines au 127, **141–143**, 175, **225**, **231**, 244, **253**, 259, 260, 279, 284–287, 313, 370–371, **464**, 511, 512
    occidental **27**
    rites médiévaux au Rwanda **202**
    spécialiste du 551
MOZART, Wolfgang Amadeus 36, 174
MUHLSTOCK, Louis 345, **502–504, 594-595**
    don d'une œuvre à Benoît Lacroix 502
    Photo 21
multiculturalisme Voir culture
musée, son — du 2715 18
Musée des religions de Nicolet 304–307
    membre de la Commission d'orientation du 304, 305
Musée national de l'Homme, Ottawa 223, 236
musiciens 515, **515–516**, 516–517, **517–518**, 518–519
musique **21, 24, 27**, 83, 98, **436**, 440, **516**, **517–518**, 564 Voir chant(s)
    au Rwanda **194–195**
Musulmans **25**
mystère **30, 31, 114, 149, 501**
mystiques **29**

N

Napoléon **92**
nation 551
nationalisme 551
nationaliste **92**
nature **191–192**
NELLIGAN, Émile 218
Néoquébécois(e)s 163, 170, 543, 563–564
NERUDA, Neftali Ricardo REYES, dit Pablo **463**
neuvaines **69, 117**
NEWTON, Isaac 176
New York **463**
NISUS **92**
noblesse, titre de 551
Noël **26**, 110, 128, **197–198**, 476, 480
NOËL, Marie 55
NOISEUX, Louise 161–163
nord–sud, axe culturel **463**
Normandie **28, 65, 209–211**, 213–220, 235, **292**, 556, **584**
Notre-Dame-du-Lac 100
nourriture 46, **209**, 219, 443
Nouvelle-France 244, 248, 370, 374
Nyanza **195**

O

OBADIA-HAZAN, Myriam 171
océan **32**, 38–39
œcuménisme **29, 203**, 477
OGER, Famille 220
Oka **22**
oratoire, art **24**
ORDERIC VITAL **210**, 216, **237**
Ordre du Canada, Officier de l' 387 Photo 18
Ordre National du Québec, Chevalier de l' 395 Photo 19
Orient **463, 529**
originalité 128, 244, 245
Orléans, Île d' **22**, 83, **409, 465**
OROSE, Paul 143, **148–150**, 151, 166, 186
OTHON DE FREISING **149**, 151
OUELLET, Gilles, mgr 449, 450
Ouganda **201, 202, 203**, 205
OUIMET, J. Robert 495

OVIDE 178

P

pacifistes **411**
païens **149**
paix 527, 554
PALANQUE, Jean-Rémi 182
Palestine 429
PANNETON, Danièle 520–522, 526 Photo 24
pape **29, 410, 423–424**
PAPILLON, Antonin-Marie, o.p. 176
PAPINEAU-COUTURE, Jean Photo 17
Pâques **26**, 110, 128, 247, **422–424**, 476–477, **477–480**, 480
PAQUET, Roger, père 560
PAQUETTE, Jean-Marcel 211–214, 215
PARADIS, Michèle 304–307
PARÉ, Raymond 102–104, 105–106
PARENT, Jacques 554, **555–557**
parents **26**, 31
Paris 66, **202, 203**, 218, 555
PARIZEAU, Jacques 513
paroisse **64**
parole, amour de la **65**
Parole aux Pauvres Voir *Parole Plus*
Parole et Vie 486–489, **489–490**
Parole Plus 523, 524, **525–526**
parrain 558, 560
PASCAL, Blaise 100, **226**, 510
passé 18, 260–262, **464, 465**, 491, 556
  passé vers l'avenir à travers le présent 55, 326, **467**, 505
patrie 14, **63, 438**
patrimoine **464**
PATRY, Fernand, o.p. 597
pauvreté **121**
PAYEN, Jean-Charles 213, 214
pays **22, 27, 206, 211**, 513, **586–588**
  luttes constiturionnelles 465
paysan(s) 64
péchés 19, **29**, 122, **472–473, 474–475**, 533
pédagogue(s) **118**, 146, 176
PÉGUY, Charles **572**
peine(s) **30**, 105
peintre **9**
pèlerinage(s) 88, 144, 417–418, 422–424, 456, 482, 558
PELLETIER, Guy, o.p. 6, **107–109**
PELLETIER, Mario 511–513
PELLETIER, Pierre 302–303
penseurs **29**
Perche **292**
père 69 Voir LACROIX, Caïus, RÉGIS, Louis-Marie, o.p.
Pères de l'Église **30**, 247, 510
PERRAULT, Pierre 218
personnes 49
PETITOT, Père, o.p. **25**
peuple québécois 556
PHAM, Tam Thi, m.d. 563–564, 594, n. 2 Photo 25
Pharisiens **474–475**
Philadelphie **463**
philosophes 36, 145, 146, 150, 156, **474**, 477, 510
philosophie **118, 121**, 151
  arabe **27**
  juive **27**
Philosophie I (junior) 96, **103**
Philosophie II (senior) 96, **103**
PILON, Paul-Marie, o.p. 176
PINEAU, Gaston 513–514
PINSONNAULT, Marcel **231**
PISAN, Christine de **572**
Pise **422**PIUZE, Guy, o.m.i. 95, 106, **109–111**
PLATON **25, 27**, 159, 175, 176, 178
pluralisme ethnique, religieux, culturel **27**, 302–303, **463–464**, 531
PLUTARQUE 178, 510
poésie 513
poète(s) **9**, 36, **79**, 217–219, **474**, 477, 507–508, **509**, 509–513, 538–540
Pointe-au-Pic **409**
Poitiers, évêché de 374, 598
Poitou **65, 292**, 374, 598
politique **464**, **497–499**, 512
POMERLEAU, René Photo 17
Pontifical Institute of Mediæval Studies de l'Université de Toronto **26, 120–121**, 173, 177
populaire, culture et religion 12, 14, 18, **26**, 138, 144, 247, 510, **583** Voir Centre d'études des religions populaires, LACROIX, B., historien
  française **27**
  mentalités populaires 152

717

populaire 12, 138
québécoise 556
portraits par Benoît Lacroix **145–147**
Portugais 464
POTVIN, Thomas Raymond, o.p. 16, **19–20**
POULAT, Émile 235, **248–250**
POULIN, Joseph–Claude **228**, **231**
POURCHOT, Daniel 597
présent **467**, 505, 556 Voir passé
prêtre(s) **26**, **30**, **71–72**, **93**, 110, **410–412**, **434**
prêtrise et profession 417, 419–421
    jubilé d'or 74, 80–82, 395, 421
PRÉVOST, André 515–516
PRÉVOST, Antoine 345, **505–506**
PRÉVOST, Charles 516
prière(s) **23**, **25**, **31**, 50 420, 421, **422–423**, **437**, 440, 483, 513, 524
procès 85
processions 64, **436**
Proche–Orient **27**
professeur
    le plus grand défi **154–155**
    Voir cours, enseignement
    Centre d'études des religions populaires
    émérite 385
    Faculté de philosophie 555
    Faculté de théologie
    Institut d'études médiévales
    Université de Caen
    Université Laval, CELAT
    Université McGill
    Université nationale de Kyoto
    Université nationale du Rwanda
professeurs Voir Collège de Sainte–Anne–de-la–Pocatière, institutrice, maîtres
prophètes 464
Prouille 418
PROUST, Marcel 485
proverbes, adages, dictons
    arabes 551
    chrétien 146
    de Chine 378
    du Rwanda 12, 482–483
PROVOST, Bérangère, r.s.r. 445–448
PSEUDO–DENYS 178
pseudonyme Voir LADURANTAYE, Michel de
psychiatres **23**, **69**
Pulchérie, sainte 364
purgatoire **470–471**
    âmes du **489–490**

Q

Québec 83, **210**, **217–220**, 512, 513 Voir pays
quotidien **23**, **25**

R

RABELAIS, François **296**
RACINE, Jean **24**
racines 18, **509** Voir LACROIX, B., Moyen Âge
racisme 464
radio 21, **68**, 490
RAINVILLE, Michèle–Ann 557–560
RAINVILLE, Thérèse 558
RAPHAËL, Raffællo Sanzio ou Santi, dit **423**
RAVINEL, Hubert de 567–569
recensement 374–375
recueillement 549
regard **408**
RÉGIS, Louis–Marie, o.p. **25**, **117**, 118, 141, **145–146**, **154**, 176, 491
    son père spirituel **118**
règlements **91**
regret 122
religieuse, crise **26**, **71** Voir Église
religieux **28**
    réflexes **464**
    renouveau **191–192**
religion(s) **25**, **28**, **29**, **30**, **91**, 156, **190–192**, 203, **465–466**, **478**, 513, **533–534**
    culture et 253–257
    orientales **30**, **463** Voir bouddhisme, shintoïsme
    sa 12, **26**
    sciences de la **121**
    Voir populaire
religion familiale **69**
Renaissance **149**, **154**, 175
RENAN, Ernest 594, n. 3
Rencontres 485–486
résurrection **490**
retraite(s) **29**, **30**, 110, **468**, 468–470, 471, **472**, 473
    paroissiale 468–473
retraite, sa **29**, 137, 141, 173, 549
rêve(s) 68, **208**, **209**
Révolution tranquille **26**, **127–128**, 260, 487, 512

Revue d'histoire de l'Amérique française 327–329
Rhétorique **96**
RICHARD, Clément Photo 15
RICHARD, Maria, s.p.c. 440–443, 563 Photo 25
RICHARD, Yolande 549
RICHARD DE BURY 178
RICHÉ, Pierre 371
RICHER, Louise 319, **320–321**, 595, n. 9
Rimouski 100, 446, 447, 450
RIOPELLE, Jean–Paul **31** Photo 17
rites et cérémonies **23**, **69**, **480**
Rivière–du–Loup **68**
Rivière–Ouelle 97, 104
ROBERT, Pierre 156–158, 175
ROCHEFORT–LACROIX, Marie–Louise (belle-sœur) 37, **66**, 72 Photos 4, 7
Rochelle, La 292
ROCHETTE, Jo–Anne 277
RODRIGUES, Urbano TAVARES 163–164
Romains 148
Roman d'Enéas, Le 178
Roman de la Rose 178, **296**
Roman de Renard 203
Rome **27**, 143, **149**, 422–424
ROUMAIN–DURAND, Janine 169–170
ROUSSEAU, Louis 234
ROUSSEAU, Robert, ptre **92**, 98
ROY, André 100
ROY, Bruno 111–112, 176
ROY, Carmen 597
ROY, Égide, o.f.m **24**, 114
ROY, Famille 220
ROY, Gabrielle 218
ROY, Irène R. 402, n. 85
ROY, Jean 327–329
ROY, Louis, o.p. 130
Rwanda **25**, 137, 167, 418, 444, 482 Photo 11
  Voir Université nationale du Rwanda

S

sacré **465**, **501**, 557
SAINT–AMAND, Yves 516
Sainte–Anne–de–Beaupré 88
Saint–Benoît–du–Lac
  Montée à 456, 558

Sainte–Catherine de Fossambault (–de–la–Jacques–Cartier) 83, 343–344
Saint–Gabriel de La Durantaye **25**, 87, 88, 100, 354, 375
Saint–Gervais de Bellechasse 223, **232**, 233, 238, 375, 376, 598
SAINT–JACQUES, Madeleine 495
Saint–Lambert 471
Saint–Laurent, fleuve **22**, 38, 39, 41, 83, 86
Saint–Michel–de–Bellechasse **21–24**, 36, 39, **61**, **63**, **64**, 75, 80, 86, 87, 88, 100, 102, **116**, 217, 272, 357, 358, **408**, 413, 433, **434**, **436**, 450, 473, 551, 555, 557, 598 Photos 1–8
  Bibliothèque Benoît–Lacroix 48, 77, 387–388, 402, n. 85
  boulangerie **63**
  chapelles **64**
    Notre–Dame de Lourdes **64**, 88
    Sainte–Anne **64**
  cimetière **63**
  Deuxième Rang **22**, 374
  école du 3e Rang **23**, **25**, **89**, 90
  église **21**, **24**, **26**, **64**
  Fête–Dieu **436**
  forge **63**
  gens de **470–471**
  légende 291
  maison et terre paternelle **21–23**, **61**, 75, 86, **90**, 481
  moulin à scie **63**
  paroisse **64**
  paysans 378–381
  population **64**
  poste **21**, 68
  quai **63**
  rangs **64**
  Troisième Rang Ouest **21**, **22**, **26**, **61**, 75, 80, 86, 89, 126, 138, 215, 365, **434**
  valeurs en honneur **69**
  village **21**, **63**
  visites à 70, 74, 75, 81
Saint–Nérée 63, **116**
Saint–Raphaël de Bellechasse **64**, **69**, 100, **116**, 272, 375, 376, 551, 598
Saint–Vallier de Bellechasse 90, 217, 375, 379, 598
sainteté 421
saint(s) **470**
saisons **69**, **206**, 419, 440
  automne **565–567**
  été **583–584**
  hiver **206**
  printemps **114–115**
SAJO, Géza 176

SALIMBENE, Fra **153**
SALLES-MADRE, Geneviève 501-502
 don d'une œuvre à Benoît Lacroix
 Photo 23
salut **470-473, 480**
Samaritains 561
santé **210**, 527, **532-533**
Sarajevo **25**
Saulchoir (France) 176
SAUVÉ, Jeanne 387, 518, 557 Photo 18
SAVARD, Félix-Antoine, mgr 217, 233, 339
SAVARD, Pierre 235, **238-239**
SCARDINO, Anna 275-276
SCHWEITZER, Albert **517**
scientifique, milieu **28**, 527-528, **528-534**, 534
secret 16
SEEBACHER, Jacques 215
SÉGUY, Jean 222, 233, 235
semaine sainte **28**
Séminaire de Québec 233
SERTILLANGES, Père, o.p. 145
SÉVIGNY, Berthe 597
sexualité **28, 529**
shintoïstes **25, 190**
SICARD, Lucy 597
sida **533**
silence 82, **121-122, 412-413**, 463
SIMARD, Jacques, ptre 468-470
SIMARD, Jean 239-241 Photo 14
SIMARD, Marie 402, n. 85
SIMARD, René, m.d. 137-139
SIMON, Marcel 215
SLAKTA, Denis 215
SMITH, Marjorie 525-526 Photo 24
SMOJE, Dujka 27, 213, **228, 231, 232**, 233, 597
société **531**
 permissive **30**
 postindustrielle **497-499**
 québécoise, évolution, mutations de la — **21-22, 127-128**, 140, **410-412**, 476, 509
 refus de la **28**
Société historique de Bellechasse, Membre d'honneur de la 391-393
Société royale du Canada **372**, 373-377, **378-381**, 383-384, 459, 511
sociologues 243
solidarité 109

solitude **209**
SOPHOCLE **92**
Sorbonne, la (Paris) 176, 177
sorcellerie 376
souffrances **532-533**
sources orales 152
souvenirs **21 ss**, **93, 105, 107**, 220
SPENGLER, O. **149**
spiritualité(s) **426, 427**, 451-452, **463, 479**
spirituel(le)(s) 18
 ferveur **410-412**
 groupes **227, 410, 498**
 quête du **430-431**
sport(s) **25**, 91
 tennis
STANG, Rita, o.p. 444
STAPINSKY, Stéphane 308, 322-326
STEIN, Edith **572**
STENDHAL, Henri BEYLE, dit 178
suicide(s) **28**
sujets d'intérêt 18
supériorité, complexe de **192**
SUPERVIELLE, Jules **463**
Sur la Place 486 Voir *Parole et Vie*
surprise **107, 108**
SUTTO, Claude 176, 597
Syntaxe **94**, 101

T

tâches ménagères 170, **209, 211**, 442
TACITE 148, 151, **410, 533**
TAGORE, Rabindranath 477
Taizé 165
Tanganyika **205**
TANGUAY, René, ptre 97
TCHAÏKOVSKI, Piotr Ilitch **21**, 174
TEILHARD DE CHARDIN, Pierre **226**
téléphone **21, 68**, 90, **200, 202**
téléphones 555
télévision **21**, 491
TELLIER, Sylvie 319
témoignage **122**
temps **21, 31-32**, 49, 152, **211**, 505-506, 549
TERESA, Gonxha Bojaxhiu, dite Mère **21**
ternaires, rapports **466, 498-499**
Terre Sainte 429
testament 10, 260, 261

TÉTREAULT, Délia (Mère du Saint–Esprit) 425–428
théâtre **24, 92,** 98, 158, **210,** 524, **525–526,** 555
THÉBERGE, Gilbert 387–391, 402, n. 85
théologie **26, 118, 121,** 151, 459–460, **463**
    facultés de **411–412**
théologiens **29,** 36
THÉRÈSE D'AVILA **472,** 510
THÉRÈSE de l'Enfant–Jésus, de Lisieux, sainte **25–26, 31,** 51, **68,** 119, **122, 237,** 407
thèses, mémoires, travaux, directeur de 159, 179–180, **210, 211,** 217, **224–225, 228,** 264, 265–268
    sa thèse **120–121**
THIBODEAU-DeGUIRE, Michèle 496
THOMAS D'AQUIN, saint **25, 26, 118, 145,** 151, 178, 187, **226,** 367
    disciple de 365, 486, 487
TITE–LIVE 151
TOYNBEE, Arnold 149
tradition orale **21,** 152, 160, **228,** 245, **279–280,** 280–292, **292–301,** 479
    au Rwanda **193–195, 200,** 203
    racines médiévales 284–287
traditions, sens des 18
train, le petit **21, 24,** 38, 40 **68,** 78, 87, **90**
translatio studii 148
travail **69, 122,** 549
    aux champs 24
    manuel 72–73, 75, 81
TREMBLAY, Famille 220
TREMBLAY, Paul, ptre 480–482
TRÉPANIER, Pierre 311–315, 316
Tristan et Iseut **203,** 296
TROTTIER–LANCTÔT, Maryse 351–352
TRUDEL, Marcel 339
TURCOTTE, Famille 220
TURCOTTE, Jean–Claude, cardinal 18
TURGEON, Élisabeth (Mère Marie–Élisabeth) 445–452
tutoiement 184–185

U

UGUAY, Marie **463**
Union Eucharistique Pro Mundi Vita, Québec **431, 434–436,** 444
univers **26, 593**
université **26–28, 29**

« des âmes et des cœurs » **29**
Université d'Aix–Marseille (France) 179, **203,** 224
Université de Caen (France) **25, 27, 28,** 109, **208–211,** 211–220, 235, 512
Université de Clermont–Ferrand (France) **203**
Université de Fribourg (Suisse) 176
Université de Harvard (USA) **20**
Université de Louvain (Belgique) 177, 179
Université de Lyon (France) 179
Université de Moncton 223, 236, 238
Université de Montréal **26–28, 29,** 109, 137 ss, 555, 558
Université de Paris 179
Université de Poitiers (France) **203**
Université de Sherbrooke 223, 232–235, 238
Université de Sudbury 223, 236, 238
Université de Toronto **202** Voir Pontifical Institute of Mediæval Studies
Université du Québec à Chicoutimi 215, 223, 233
Université du Québec à Montréal 223, 233, 238
Université du Québec à Trois–Rivières 223, 233, 238
Université Laval de Québec 109, 223, 235, 236, 238
    Archives de Folklore **227, 228,** 233, 239 ss, 243, 375
Université McGill 176, **210**
Université nationale de Kyoto **27,** 109, **189–190,** 512
Université nationale du Rwanda **27, 195, 201–204,** 206–208, 512
Université Saint–Paul d'Ottawa 236
utopies **462–467**

V

VACHON, André 597
VACHON, Lucien 393–394
VALCKE, Juliette 171–173
VALCOUR, Pierre 206–208
valeurs **69, 121, 411, 534**
Valleyfield 470
VANIER, Jean **21,** 597
Vatican II, concile de 177, 184
Vaugeois, Denis 315
VEKEMAN, Lise 549

VELAY-VALLANTIN, Catherine 280–284
Vendredi saint **26**
vêpres 91
VERDIER, Philippe **27**, 44, 176, 383–384
vérité 145, 146
Vérité 20
Versification **94**, 101
vêtements 81
VEUILLOT, Louis 187, 362
VÉZINA, Maurice 402, n. 85
vie **28, 122**, 465, 466
    affective **30**
    apostolique **121, 122**
    contemplative **122**, 429–431, 456–457
    éternelle Voir éternité, salut
    intellectuelle **25**
    religieuse **437**
    sa **23, 30–32**, 129, 130, **407**
    spirituelle **122**
    sur terre 477, 493
    valeur de la **479**
VIERGE, Sainte Voir MARIE, sainte
VIGNAUX, Paul 155, 176
VIGNEAULT, Gilles 217, 218
VINCENT DE BEAUVAIS 150, 151, 152, 180
VIRGILE **24, 92**, 371
vocation **113–114, 115–116, 117–118**, 261
    intellectuelle **25**
    missionnaire **24, 26**, 114, **117**, 253
    religieuse **24**, 104, **113–114**
    spirituelle **25**
VOISINE, Nive 244–246
volonté **118**
VOLTAIRE, François Marie AROUET 52, **149**
VORAGINE, Jacques de *La Légende dorée* 151, 180, **224–225, 226, 227, 228**, 241
voyage(s) **9, 22, 108**, 210 Voir Caen, Japon, Rwanda
    avec des étudiant(e)s **27, 422–424**, 429
    Congo (en guerre) **200**

W

WAGNER, Serge 594–595
WALLOT, Jean-Pierre 316, 597
Waterloo **92**

Y

yeux **408**

Z

Zen, le **191–192**
ZITO, Marina 345, **541–542**
ZUMTHOR, Paul 44–45, 383–384

TABLE DES MATIÈRES

Exergue Benoît Lacroix	7
Préface à voix basse Benoît Lacroix	9
Dits et Gestes de Benoît Lacroix, prophète de l'amour et de l'esprit Giselle Huot	10
Hommage au Père Benoît Lacroix Jean–Claude, cardinal Turcotte	18
Benoît (Joachim) Lacroix, o.p. (1915–09–08) Thomas Raymond Potvin, o.p.	19
Témoignage de Benoît Lacroix	21
Troubadour d'Amour Benoît Lacroix	33
Troubadour d'Amour ou *Doctor Amor*	
Une âme à cœur battant ou la séduction de la charité Giselle Huot	34

I
LES GENÈSES

Exergue Benoît Lacroix	61
Saint–Michel–de–Bellechasse. La petite patrie Benoît Lacroix	63

LA FAMILLE

« **J'ai pour mon dire...** » **Caïus Lacroix** Benoît Lacroix	64
Carte postale de Joachim à Caïus Benoît Lacroix	66
Maman ! Benoît Lacroix	67
L'enfance Benoît Lacroix	68
Mon plus beau souvenir d'enfant Benoît Lacroix	68
Mon enfance Benoît Lacroix	69
Caïus le fantaisiste Giselle Huot	70
Ecce homo : **le prêtre québécois et son frère Alexandre** Benoît Lacroix	71
Quelques faits, bien oui Cécile Lacroix, m.i.c.	72
Racines et liens familiaux Rolande Lacroix–Lamontagne	75
Lettre à Rolande Lacroix et à Clément Lamontagne Benoît Lacroix	76
Cher oncle Benoît–Joachim Benoît Gagnon	76
Juste à temps Arthur Lacroix	78
L'oncle Joachim Élaine Lacroix–Bégin	78
Lettre de l'oncle Joachim à sa petite–nièce Élaine Lacroix–Bégin Benoît Lacroix	79
Fête du jubilé d'or de prêtrise à Saint–Michel Benoît Lacroix	80
Texte intégral adressé à Joachim Lacroix par sa famille pour commémorer ses 50 ans de prêtrise Nicole Lamontagne	80
Pensées profondes pour vous « Mon Oncle Joachim » Nicole Lamontagne	82
Bonjour Benoît Rosaire Lacroix, ptre	82

Lettre ouverte Denyse Bélanger	83
Les deux procès ou la mort contrariante Benoît Lacroix (G. H)	85

LES AMIS BELLECHASSOIS

Il n'y a jamais de départ trop humble pour participer à la mission apostolique
  Roger Lacasse, ptre — 86
Lettre au Père Benoît Germain Lamontagne, ptre — 87
Pour Benoît Lacroix Marie-Laure Côté — 88

LES ÉTUDES

L'école du Troisième Rang Ouest de Saint-Michel (1920-1927) Benoît Lacroix — 89
À bicyclette ! Martin Blais — 89

Le Collège de Sainte-Anne-de-la-Pocatière (1927-1936)

Le départ pour le grand collège Benoît Lacroix — 90
Nos maîtres au collège Benoît Lacroix — 91
Le professeur qui m'a le plus marqué au collège Benoît Lacroix — 92
Dédicace du *P'tit Train* au professeur qui l'a le plus marqué, 30 ans plus tard
  Benoît Lacroix — 93

Inédits de Joachim Lacroix — Juin 1933

À Léon Laplante Benoît Lacroix — 93
Un ami sincère Gonzague Caron — 94
Premier article de Joachim Lacroix : Évolution du 104e — 94
Minuit l'heure des crimes Guy Piuze — 95
Les années de collège de Joachim *dit* Benoît Lacroix Charles-Édouard Cliche — 96
L'étude et les livres Benoît Lacroix — 100
Mon ancien confrère du Collège de Sainte-Anne Jacques Flynn, c.p., c.r. — 101
Le confrère Joachim Camille Albert — 102
À un camarade, mon cadet d'un jour Louis-Philippe Langlois — 102
L'étudiant au Collège de Sainte-Anne-de-la-Pocatière Raymond Paré — 102
L'adieu des finissants Benoît Lacroix — 104
Conventums Raymond Paré — 105
Fils de Sainte-Anne Guy Pelletier, o.p. — 107
Le mot de l'Ancien Benoît ou Joachim LACROIX du 104e — 107
Une figure de proue : Benoît (Joachim) Lacroix, o.p. Guy Piuze, o.m.i. — 109
Portrait d'un malcommode Bruno Roy — 111

LA VOCATION

La vocation Benoît Lacroix — 113
Les outardes Benoît Lacroix — 113

[Lente à devenir, ma vocation religieuse] Benoît Lacroix	113
Compagnon de Dieu Benoît Lacroix	114
Célébration du printemps Benoît Lacroix	114
Le départ pour le voyage vers l'amour Benoît Lacroix	115

L'ORDRE DES FRÈRES PRÊCHEURS OU LA FAMILLE DOMINICAINE

L'Ordre des Frères Prêcheurs (1936–1995) Benoît Lacroix	117
L'arrivée chez les Dominicains à Saint–Hyacinthe (26 juillet 1936) Benoît Lacroix	117
Joachim métamorphosé en Benoît Benoît Lacroix (G. H)	118
Les études au Couvent des Dominicains à Ottawa (1937–1941) Benoît Lacroix	118
Extrait de *Sous les cloîtres*	
Chronique des Frères étudiants dominicains d'Ottawa (février 1941)	119
Adieux au décanat Benoît Lacroix	119
Les études à Toronto Benoît Lacroix	120
Qui est saint Dominique et qu'est–ce que l'Ordre des Dominicains ? Benoît Lacroix	121
La voie de Thérèse de Lisieux Benoît Lacroix	122
Ce très cher Benoît Lacroix, l'incomparable Georges–Henri Lévesque, o.p.	123
Avant–dire Paul–Henri Girard, o.p.	123
Psaume dominicain	123
Sel de la terre Michel Gourgues, o.p.	126
L'admirable frère aîné Louis Roy, o.p.	130
Bien pris qui croyait prendre Albert Dumont, o.p.	130
Demandez et vous ne recevrez pas Benoît Lacroix (G.H.)	131
Notes	132

II
L'ESPRIT DANS LE TEMPS ET L'ESPACE
À CHEF–D'ŒUVRER

INSTITUT D'ÉTUDES MÉDIÉVALES
Professeur (1945–1981) et directeur (1963–1969)

L'Université de Montréal rend hommage au Père Benoît Lacroix, o.p. René Simard	137
Benoît Lacroix Paul Lacoste	139
Pourquoi aimer le moyen âge Benoît Lacroix	141
Rencontres avec Benoît Lacroix Raymond Klibansky	143
Homélie à l'occasion des funérailles de Louis–Marie Régis, o.p. Benoît Lacroix	145
Homélie aux funérailles du Frère Albert–Marie Landry, o.p. Benoît Lacroix	146
L'Histoire dans l'Antiquité **(1951)** Préface de Henri–Irénée Marrou	147

Orose et ses idées (**1965**) Benoît Lacroix	148
Benoît Lacroix, o.p. et les historiens du Moyen Âge Serge Lusignan	150
L'Historien au moyen âge (**1971**) Benoît Lacroix	153
Le plus grand défi du professeur (1945–1986) Benoît Lacroix	154
Benoît Lacroix, humaniste Ghislain Morin	155
Benoît Lacroix comme discret ange gardien Pierre Robert	156
Arnoul Gréban et le Père Lacroix Michel Leclerc	158
Témoignage d'une étudiante Élise Fournier	159
En l'honneur des 80 ans du Père Benoît Lacroix	
À propos de sa qualité de contact Louise Noiseux	161
Témoignage pour Benoît Lacroix Filipe Batista	163
Benoît Lacroix, l'homme du départ Anne Doran	164
Le chat Réjean Bergeron	166
Secrétariats de la Faculté de philosophie et de l'Institut d'études médiévales	
Lise Gauthier–Gagnon	169
Janine Roumain–Durand	169
Céline Cossette–Dupuis	170
Lorraine Mercier–Goyer	171
Myriam Obadia–Hazan	171
Le saule Juliette Valcke	171
Le directorat de Benoît Lacroix (1963–1969) ou l'âge d'or de l'Institut d'études médiévales (1942–1993) en ce 50ᵉ anniversaire du début de son enseignement Giselle Huot	173
Les « disputes »	183
L'ENSEIGNEMENT À L'ÉTRANGER	
L'Université Nationale de Kyoto (avril–août 1961) Benoît Lacroix	189
L'Université Nationale du Rwanda (novembre 1965–février 1966)	
Le Rwanda. Mille heures au pays des mille collines	
(Extraits du texte publié et de lettres inédites) Benoît Lacroix	193
Les Fêtes	195
Les dangers de l'Afrique	198
Les activités au Rwanda	201
Le poète de Saint–Denys Garneau en Afrique	204
Le départ	205
L'avenir du Rwanda	205
Le professeur invité à l'Université Nationale du Rwanda Pierre Valcour	206
L'Université de Caen (1973–1976) (Extraits de lettres) Benoît Lacroix	208
Mon cher voisin et successeur Jean–Marcel Paquette	211

Souvenirs Alain Goulet	214
Cher Benoît Pierre Bouet	216
Le maître québécois en pays français Anita Agasse–Le Pargneux	216

HISTORIEN DES CULTURES ET THÉOLOGIEN, FONDATEUR DU CENTRE D'ÉTUDES DES RELIGIONS POPULAIRES (1967)

Benoît Lacroix, inspirateur, fondateur, animateur du Centre d'études des religions populaires (1967–1982...) Pierre Jacques	221
Journal des débuts du Centre d'études des religions populaires (Extraits de lettres) Benoît Lacroix	224
Comment s'organisaient les colloques des religions populaires Guy Laperrière	232
Lettre manuscrite inédite de Benoît Lacroix à Guy Laperrière	237
Benoît Lacroix, inspirateur des colloques du Centre d'études des religions populaires Pierre Savard	238
Le choix du patron Jean Simard	239
L'éveilleur d'idées Brigitte Caulier	242
L'historien de l'Église Nive Voisine	244
Hommage au Père Benoît Lacroix, o.p. auteur de *La Religion de mon père* Lucien Campeau, s.j.	246
La foi de ma mère, la morale de nos pères Émile Poulat	248
« Pour le plaisir de partager des souvenirs » Cécile Cloutier	251
Le Père Lacroix et le Frère André Micheline Lachance	252
Évolution de l'orientation première Benoît Lacroix	252
Culture et religion Naïm Kattan	253
Extrait de *Portraits d'un pays*	257

MEMBRE FONDATEUR DE L'INSTITUT QUÉBÉCOIS DE RECHERCHE SUR LA CULTURE

[Interview de Benoît Lacroix par Axel Maugey]	258
Benoît Lacroix ou le souci de l'héritage Fernand Dumont	258
Benoît Lacroix, l'historien et le cousin Denise Lemieux	262
Du récit légendaire au récit de vie Lucie Mercier	265
Benoît le Grand Lucille Côté, s.s.a.	268

LES JEUNES CHERCHEURES

Le Père Lacroix et moi : itinéraire d'une jeune chercheure Claude–Marie Gagnon	271
Présentation de Benoît Lacroix au 25e anniversaire du Centre de recherche en histoire religieuse du Canada de l'Université Saint–Paul à Ottawa Lucia Ferretti	273
Le Maître et l'étudiante italienne Anna Scardino	275

Découvertes Sophie Giroux 276
Un maître de passage au Centre de recherche Lionel-Groulx Jo-Anne Rochette 277

FOLKLORE — TRADITION ORALE
Folklore de la mer et Religion Benoît Lacroix 279
Pour une nouvelle approche du folklore québécois : de l'entreprise de Benoît Lacroix Catherine Velay-Vallantin 280
Racines médiévales dans la tradition orale Conrad Laforte 284
Le coq Jean-Claude Dupont 288
Légende de Saint-Michel-de-Bellechasse Jean-Claude Dupont 291
Gens des terres d'en haut Benoît Lacroix 292
    Petit lexique médiéval en Beauce québécoise 298

MEMBRE FONDATEUR DU CENTRE D'INTERPRÉTATION DES NOUVELLES RELIGIONS (CINR — 1984)
Le pluraliste du Moyen Âge Pierre Pelletier 302

MEMBRE DE LA COMMISSION D'ORIENTATION (1983) DU MUSÉE DES RELIGIONS DE NICOLET (1991)
Hommage au Père Benoît Lacroix Michèle Paradis 304

AMI DE LIONEL GROULX, IDÉATEUR, FONDATEUR, BIENFAITEUR, À LA FONDATION ET AU CENTRE DE RECHERCHE LIONEL-GROULX, COLLABORATEUR À LA REVUE FONDÉE PAR LIONEL GROULX
Benoît Lacroix et la Fondation et le Centre de recherche Lionel-Groulx
    Stéphane Stapinsky 308
Lettre inédite de Lionel Groulx à Benoît Lacroix 309
Réponse inédite de Benoît Lacroix à Lionel Groulx 310
Une admiration intelligente Pierre Trépanier 311

Édition des *Œuvres* de Lionel Groulx
Hommage à un homme d'action Juliette Lalonde-Rémillard 315

Catalogue des manuscrits de Lionel Groulx
Hommage au Père Benoît Lacroix, o.p. Robert Desaulniers 317
À mon vieil ange gardien Louise Richer 320
Entre le passé et l'avenir. Benoît Lacroix, initiateur du *Catalogue des manuscrits de Lionel Groulx* et directeur fondateur des *Cahiers d'histoire du Québec au XXᵉ siècle* Stéphane Stapinsky ... 322
Revue d'histoire de l'Amérique française
    (fondée en 1947 ; collaboration de Benoît Lacroix à partir de 1952)
Sérénité et engagement Jean Roy 327

LITTÉRATURE QUÉBÉCOISE. L'HISTORIEN DE LA LITTÉRATURE

Benoît Lacroix : *Vie des lettres et histoire canadienne* Jean Ménard — 330
Réflexions à propos de *Vie des lettres et histoire canadienne* Maurice Lemire — 333
Trois propositions pour l'étude des lettres québécoises Robert Melançon — 336

LE DIRECTEUR DE COLLECTION

Le Père Benoît Lacroix et les « Classiques canadiens » Paul-Aimé Martin, c.s.c. — 339

AUTEUR DE L'ÉDITION DES *ŒUVRES* DE SAINT-DENYS GARNEAU (1950-1970) — MEMBRE FONDATEUR DE LA FONDATION DE SAINT-DENYS-GARNEAU (1994)

Pourquoi l'édition des œuvres de Saint-Denys Garneau et de Lionel Groulx ?
    Interview de Benoît Lacroix par Axel Maugey — 342
Mémoires d'un chasseur de manuscrits — Le cas de Saint-Denys Garneau —
    Benoît Lacroix — 342
Fondation de Saint-Denys-Garneau Giselle Huot — 345
Une amitié née à cause de mon frère de Saint-Denys Garneau Jean Garneau — 346
L'influence orthographique de Saint-Denys Garneau ou le pensum du maître
    Giselle Huot — 349

MEMBRE FONDATEUR DE LA FONDATION MIREILLE-LANCTÔT (1985)

Fondation Mireille-Lanctôt Maryse Trottier-Lanctôt — 351
À cause de Mireille Lanctôt Benoît Lacroix — 352
Mireille Lanctôt (1952-1984) Benoît Lacroix — 352

LE CONTEUR — POÈTE

Le P'tit Train (suite, version [inédite]) Benoît Lacroix — 353
Un souffle de Brocéliande au pays de Bellechasse Guy Boulizon — 354
Les cloches Benoît Lacroix — 354
Benoît de Saint-Michel Robert Lebel — 357
Quelque part en Deux-Montagnes André Beauchamp — 359
Extrait des *Anachronica Monspessulianiensia* Matthieu G. De Durand, o.p. — 362

LE PHILOSOPHE — MORALISTE

Benoît Lacroix, moraliste Martin Blais — 365
Conscience et liberté Benoît Lacroix — 368

PRIX ET DISTINCTIONS

Prix de la Province de Québec (1952) — 369
Académie des sciences morales et politiques (1971) — 369
Pour l'étude de la religion populaire des Canadiens français et Québécois
    Benoît Lacroix — 369

Présentation à la Société royale du Canada (2 octobre 1971)	372
Présentation de M. Benoît Lacroix par M. Luc Lacourcière,	
de la Société royale du Canada	373
Réponse de M. Benoît Lacroix, de la Société royale du Canada	
La sagesse « paysanne »	378
Benoît Lacroix, l'homme au-delà du savant Jeanne Demers	381
Professeur émérite à l'Université de Montréal (29 mai 1981)	385
Prix du Québec Léon-Gérin (19 octobre 1981)	385
Allocution de présentation Me Micheline Audette-Filion	386
Officier de l'Ordre du Canada (29 juin 1985)	387
Médaille Chauveau de la Société royale du Canada (1987)	387
Bibliothèque Benoît-Lacroix à Saint-Michel-de-Bellechasse (23 août 1987)	387
Pour le Père Benoît Lacroix, au nom de la bibliothèque qu'il connaît bien Gilbert Théberge	387
Membre d'honneur de la Société historique de Bellechasse (25 octobre 1987)	391
La Société historique de Bellechasse Fernand Breton	391
Docteur *honoris causa* en théologie de l'Université de Sherbrooke (9 juin 1990)	393
Éloge de Benoît Lacroix Lucien Vachon	393
Lettre de Joachim à son confrère de collège Charles-Édouard Cliche	395
Chevalier de l'Ordre National du Québec (11 février 1991)	395
Lettre du 7 juillet 1991 (avec sceau) de l'Archevêque de Québec à l'occasion de son 50e anniversaire de prêtrise le 5 juillet Maurice Couture, s.v.	395
Notes	396

III
L'AMOUR PERPÉTUEL ET PERPÉTUÉ À TRAVERS LES GROUPES ET LES PERSONNES
« L'UNIVERSITÉ DES ÂMES ET DES CŒURS »

Ma plus grande joie Benoît Lacroix	407
Amour (Extraits de son nouveau livre) Benoît Lacroix	407
Père Benoît Lacroix Abbé Pierre	409
L'Église, mon premier pays Benoît Lacroix	410
Silence Benoît Lacroix	412

LES COMMUNAUTÉS RELIGIEUSES DE FEMMES

Hommage des Moniales Dominicaines de Berthierville Thérèse Dufresne, o.p.	414
Lettre manuscrite inédite de Benoît Lacroix aux Moniales Dominicaines de Berthierville	422
Les Sœurs Missionnaires de l'Immaculée-Conception	
Les amitiés du Père Benoît ... Pauline Longtin, m.i.c.	424

Le Père Benoît Lacroix et l'Abbaye de Sainte-Marie des Deux-Montagnes
    Dominique Gisèle Mailhiot, o.s.b. 429
Homélie pour une Bénédictine Benoît Lacroix 429
Les Dominicaines Missionnaires Adoratrices
    Réminiscences Françoise Guillot, o.p. 431
Le Père Benoît Lacroix et les Sœurs
    des Saints Noms de Jésus et de Marie Claire Laplante, s.n.j.m. 437
Histoire d'une amitié entre le Père Benoît Lacroix, o.p.
    et les Sœurs de Saint-Paul de Chartres Maria Richard, s.p.c. 440
Hommage au Révérend Père Benoît (Joachim) Lacroix, o.p.
    par les Dominicaines de la Trinité Denise Favreau, o.p. 443
Le Père Benoît Lacroix et les Sœurs de Notre-Dame du Saint-Rosaire
    Bérangère Provost, r.s.r 445
Le Père Benoît Lacroix, o.p. et la cause d'Élisabeth Turgeon Rita Bérubé, r.s.r. 448
L'Évangile selon Benoît ou « le 5ᵉ évangile » Benoît Lacroix 452

LES COMMUNAUTÉS RELIGIEUSES D'HOMMES
Le Père Benoît Lacroix et l'Abbaye Saint-Benoît-du-Lac Jacques Bolduc, o.s.b. 456
Les 75 ans de Saint-Benoît-du-Lac Benoît Lacroix 456
L'Abbaye cistercienne de Notre-Dame du Lac Yvon Moreau, o.c.s.o. 457

LES AMIS JÉSUITES
Un chrétien aimable Irénée Beaubien, s.j. 459
Le Père Benoît Lacroix, homme de cœur et homme de synthèse
    Gilles Langevin, s.j. 459
Du souvenir au témoignage René Latourelle, s.j. 461
Utopies pour l'an 2000 Benoît Lacroix 462

RETRAITE PAROISSIALE
Retraite paroissiale à Saint-Thomas de Montmagny, 26-29 mars 1995
    Benoît Lacroix 468
Retraite paroissiale animée par le Père Benoît Lacroix à
    Saint-Thomas de Montmagny Jacques Simard, ptre 468
Comment gagner des indulgences en retraite Benoît Lacroix (G.H.) 470
Le ciel et l'enfer Benoît Lacroix 470
L'enfer ou comment y aller Benoît Lacroix (G.H.) 471
Père Lacroix Christian Bourgault, ptre 473
Les Pharisiens Benoît Lacroix 473
Le Bon Pasteur Benoît Lacroix 474

LES MÉDIAS

Le Devoir est aussi sa maison Lise Bissonnette	476
Pâques arc-en-ciel Benoît Lacroix	477
L'arc-en-ciel Benoît Lacroix Paul Tremblay, ptre	480
En hommage à Benoît Lacroix Claudette Lambert	482
Père Benoît Lacroix, o.p. Raymond Beaugrand-Champagne	483
Texte rédigé à l'occasion du 80ᵉ anniversaire de Benoît Lacroix Marcel Brisebois	484
Benoît Lacroix, chroniqueur à *Parole et Vie* Roland Leclerc en collaboration avec Lise Lapalme	486
Chronique sur les âmes du purgatoire Benoît Lacroix	489
Pour célébrer Benoît Lacroix. Les médias ? Comme au salon... Jean-Guy Dubuc	490

RENCONTRES AUX « DÉJEUNERS DE LA PRIÈRE »

Sagesse et simplicité du Père Benoît Lacroix, o.p. Bernard Hubert	493
Très cher Benoît J. Robert Ouimet	495
80ᵉ anniversaire de naissance du Père Benoît Lacroix Madeleine Saint-Jacques	495
Lettre ouverte à Benoît Lacroix Michèle Thibodeau-DeGuire	496

LES ARTISTES

L'artiste québécois : otage ou libérateur Benoît Lacroix	497
À Benoît Lacroix, mon ami depuis les années cinquante René Derouin	499
Lettre de Benoît Lacroix à René Derouin	499
Un accueil évangélique assez extraordinaire Geneviève Salles-Madre	501
Supper for two Louis Muhlstock	502
La couverture courtepointe de grand-mère Marie Vendette Louis Muhlstock	503
Autographe de Benoît Lacroix dans le livre d'or de Louis Muhlstock	504
Au Père Benoît Lacroix Sylvia Daoust	504
Benoît Lacroix et le temps Antoine Prévost	505

LES AUTEURS ET POÈTES

L'heure du laitier Jacques Brault	507
Fête de roc et de roseau Hélène Dorion	508
Pour Benoît Lacroix Paul Bélanger	508
Cris et silences des poètes d'automne Benoît Lacroix	509
Autour de Benoît Lacroix ? Pierre Filion	509
Benoît Lacroix, Dominicain de la fraternité Mario Pelletier	511
Lettre ouverte à Benoît Lacroix Françoise Deroy, Gaston Pineau	513

LES MUSICIENS

Benoît Joachim Lacroix : un ami André Prévost	515

Lettre manuscrite inédite à André Prévost Benoît Lacroix	515
Benoît Lacroix et la naissance d'un Oratorio sur la vie du Christ Anne Lauber	516
Un oratorio pour l'anticipation du meilleur : *Jesus Christus* Benoît Lacroix	517
Hommage à Benoît Lacroix, conseiller et ami Hélène Dugal	518

LES COMÉDIENS

Laisse–moi jouer Danièle Panneton	520
Benoît Jean–François Casabonne	522
Chance Marie–Josée Guindon	522
Rencontre Lyne Durocher	524
Benoît Lacroix Gary Boudreault	524
Le groupe *Parole aux Pauvres* **(1990) devenu** *Parole Plus Inc.* **(1995)** Benoît Lacroix en collaboration	525

LE MILIEU SCIENTIFIQUE

Les qualités du scientifique Jacques Genest, m.d.	527
Itinéraires spirituels pour l'an 2000 Benoît Lacroix	528
Éthique et recherche biomédicale : respecter la liberté de l'individu (Entrevue de Claude Gravel avec Benoît Lacroix)	532
Hommage à Benoît Lacroix Pierre Dansereau	534

RENCONTRES SUR DIFFÉRENTS REGISTRES OU VARIA EN MODE MAJEUR

Hommage Gretta Chambers	535
Un certain Benoît Lacroix Madeleine Brault	535
Rencontre providentielle Marie Desmarais	537
Le charme béatifique de Benoît Hélène Cyr	540
Texte pour Benoît Lacroix Marina Zito	541
Une amitié à travers l'océan Eveline Hasler	542
Lettre ouverte au Révérend Père Benoît Lacroix Catherine Abi–Mrad Gébara	543
Benoît Lacroix, l'intelligence du cœur Lucille Guilbert	547
La joie de croire Gilles Collicelli	547
Propos sur le Révérend Père Benoît Lacroix en ce samedi 13 mai 1995 Gilles Lefebvre	548
Merci ! Yolande Richard	549
Le sourire Lise Vekeman	549
Poète et prophète de l'instant de Dieu André Auclair	549
Les délinquants René Bonenfant	552

L'AMI DES FAMILLES

Célébration pour Benoît (Joachim) Lacroix Thérèse Corbeil–Parent	554

Benoît ou la fidélité dans l'amitié Jacques Parent	555
Texte présenté à Benoît Lacroix pour ses 75 ans (1990) Michèle-Ann Rainville	557
La disponibilité de Benoît Lacroix Aline Derouin-Carreau	560
Carte postale de Benoît Lacroix à la famille Derouin	561
Père Benoît Lacroix, o.p. Philippe Carreau	561
Un remerciement ! Tam Thi Pham	563
L'ami toujours présent Jacqueline et Guy Fournier	564
Christine Fournier Lalonde	564

LES AÎNÉ(E)S

Célébration de l'automne Benoît Lacroix	565
Pour Benoît Lacroix, les aînés, c'est le pouvoir du cœur Hubert de Ravinel	567
Les cannes Benoît Lacroix	569
« L'ennuagement » Benoît Lacroix	569
Célébration de l'hiver Benoît Lacroix	570

LES FEMMES

Ève la divine Benoît Lacroix	572
Les femmes, les enfants... Interview de Benoît Lacroix par Axel Maugey	573

LES ENFANTS ET LES JEUNES

Ah ! les jeunes ! Benoît Lacroix	575
Lettre à Roseline Gagnon (deux mois) Benoît Lacroix	576
Pour mon « admirateur » ou mon « chum » Sylviane Girard	577
Extraits de sa correspondance avec moi (entre 8 et 15 ans)	578
Lettre à Charlotte Lebeuf (deux ans)	581
Fils et filles de Bellechasse Benoît Lacroix	582
À l'heure des choix Annie Gaudreau	583
Nécessité d'expliquer le christianisme aux jeunes ? Benoît Lacroix	583
Célébration de l'été Benoît Lacroix	584
Mon héros préféré Benoît Lacroix	584
Souhaits aux jeunes Benoît Lacroix	585

LE PAYS

Mon pays, qui est-il ? Benoît Lacroix	586
Vision politique Interview de Benoît Lacroix par Axel Maugey	587

MESSAGES ET SOUHAITS

Message Interview de Benoît Lacroix par Axel Maugey	589
Souhaits Benoît Lacroix	589
Le P'tit Train Benoît Lacroix	589

Postface Benoît Lacroix	593
Notes	594
LES COLLABORATRICES ET COLLABORATEURS ASSOCIÉ(E)S	597
ASCENDANCE DE JOACHIM LACROIX Giselle Huot	598
CHRONOLOGIE Giselle Huot	599
BENOÎT LACROIX : BIBLIOGRAPHIE SÉLECTIVE (1947–1995)	
Madeleine Grammond, s.s.a. avec la collaboration de Lucille Côté, s.s.a.	653
NOTICES BIOGRAPHIQUES Giselle Huot en collaboration avec les auteur(e)s	667
INDEX Giselle Huot	695
TABLE DES MATIÈRES	723

Dits et gestes de Benoît Lacroix,
Prophète de l'amour et de l'esprit
dont la conception graphique
est de Claude Prud-Homme et Normand Champagne,
a été composé en caractères Times corps 11
et achevé d'imprimer par
Marc Veilleux Imprimeur Inc.
le vingt-deuxième jour du mois de septembre
mil neuf cent quatre-vingt-quinze
pour le compte des Éditions du Noroît et
La Fondation Albert–le–Grand.